E-commerce

De la stratégie à la mise en œuvre opérationnelle

3e édition

Henri Isaac
Université Paris-Dauphine
Pierre Volle
Université Paris-Dauphine

PEARSON

Publié par Pearson France
Immeuble Terra Nova II
74 rue de Lagny
93100 Montreuil
Tél : + 33 (0)1 43 62 31 0

Mise en pages : IDT

ISBN : 978-2-7440-7678-7

Table des matières

Partie II
METTRE EN ŒUVRE LE COMMERCE ÉLECTRONIQUE 163

Chapitre 4
Choix d'une infrastructure technologique de commerce électronique 165

Chapitre 5
Construction du catalogue électronique 207

Liste des études de cas

Liste des tableaux et des figures

Liste des tableaux

Liste des figures

Introduction

Pour de nombreux secteurs économiques, l'apparition d'Internet au milieu des années 1990 a entraîné un bouleversement dans la conduite des affaires. Après une phase d'euphorie et l'éclatement de la bulle au début des années 2000, les entreprises ont progressivement investi ce réseau afin de développer leurs activités. C'est ce que l'on appelle le *e-business*. Ces activités sont très variées puisqu'elles incluent aussi bien la vente en ligne de produits et de services, que le jeu, la consultation des comptes bancaires, l'achat et la vente de titres financiers, le paiement des impôts et taxes, l'achat de voyages, etc.

Appréhender cet ensemble de façon globale conduit à un risque de dispersion, voire d'incohérence. Nous envisageons ici le commerce électronique comme une sous-catégorie du domaine plus vaste du *e-business*. Nous excluons ainsi de notre propos les services de type *e-learning* ou *e-administration* qui relèvent de logiques différentes du point de vue managérial et traduisent de façon plus globale la digitalisation de l'économie et de la société. Cet ouvrage se limitera donc aux transactions marchandes faisant l'objet d'un échange de biens et de services. Nous traiterons majoritairement des transactions (quelles qu'en soient leurs modalités) entre une entreprise et un consommateur final (*B2C*), mais nous aborderons également les transactions entre entreprises (*B2B*) lorsque celles-ci s'écartent dans leurs modalités techniques, juridiques, économiques des transactions *B2C*. Enfin, nous n'ignorerons pas les transactions entre consommateurs (*C2C*).

Cet ouvrage est une synthèse des meilleures pratiques managériales qui se sont consolidées au cours de la dernière décennie. Il s'appuie à la fois sur les résultats de recherches académiques et sur une observation fine des pratiques des acteurs du commerce électronique. La méthode adoptée consiste à envisager la question du commerce électronique comme un véritable projet managérial. Notre but est de structurer la réflexion et l'action d'un projet de commerce électronique en s'appuyant sur une analyse séquentielle des différentes étapes d'un tel projet, comme l'illustre la figure i.1.

Après avoir présenté dans le chapitre 1 le phénomène du commerce électronique, son contexte et ses variantes, nous aborderons, avec le chapitre 2, l'élaboration d'une stratégie de commerce électronique. Le chapitre 3 précise la question centrale de l'articulation du canal électronique par rapport à d'autres canaux de commercialisation, dans une perspective multicanal. Le chapitre 4 présente les questions liées aux choix des infrastructures techniques nécessaires à la réalisation d'une transaction commerciale électronique, que celle-ci se réalise depuis un ordinateur, un téléphone mobile ou une tablette. Le chapitre 5 aborde la question de la structuration de l'offre en ligne au travers du catalogue électronique, des choix de l'assortiment au choix de la structure technique du catalogue. Ce chapitre aborde également l'intégration des catalogues électroniques dans le cadre des échanges commerciaux entre entreprises. Le chapitre 6 se penche sur la conception de l'interface marchande et la création de valeur pour le client. Le chapitre 7 s'intéresse à la création de trafic sur le site marchand. Le chapitre 8 examine la question de la conversion de ce trafic en clients, grâce à l'amélioration de l'expérience en ligne et la gestion du processus d'achat. Le chapitre 9 porte sur l'importante question de la chaîne logistique du commerce électronique et plus particulièrement sur la livraison du produit au client final dans le cadre du commerce *B2C*. Le chapitre 10 examine la problématique de la fidélisation des clients et la gestion d'une relation dans la durée avec ces clients. Le chapitre 11, enfin, conclut en abordant le pilotage de la performance d'un site de commerce électronique.

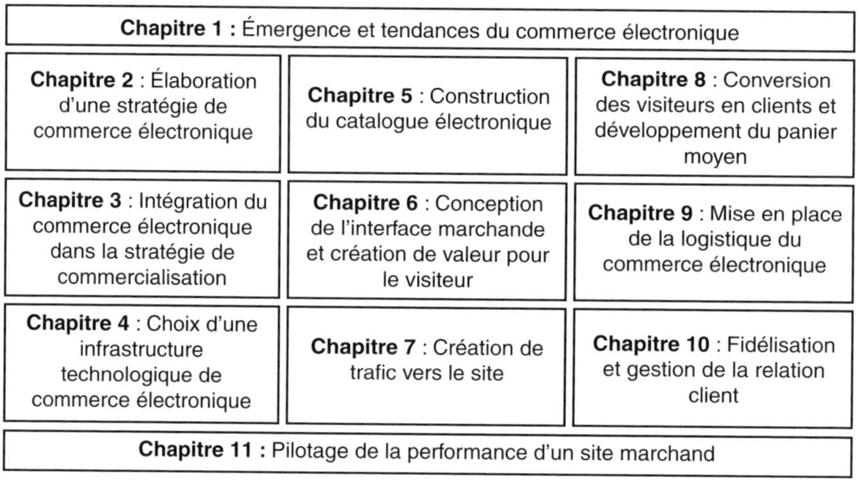

Figure i.1 : Plan général de l'ouvrage.

Étant donné l'importance des aspects juridiques dans le commerce électronique, des encadrés précisent dans chaque chapitre les points juridiques essentiels que tout manager doit connaître dans le cadre d'un projet de ce type.

Dans chaque chapitre, le lecteur trouvera :

- un cas d'introduction, véritable ressource pédagogique pour les enseignants, illustrant un thème central du chapitre ;
- de nombreux exemples, issus du contexte européen, français ou international ;
- un résumé synthétisant les principaux points clés du chapitre ;
- des questions de révision destinées aux étudiants ;
- des questions à débattre, ouvertes et sans réponses définitives, représentant également une ressource pédagogique pour les enseignants et leur permettant d'animer des séances de cours ;
- une bibliographie de base ;

- une webographie proposant des liens vers des sites qui illustrent le propos du chapitre ou lui apportent des ressources complémentaires.

Dans cette nouvelle édition :

- Le chapitre sur la stratégie contient de nouveaux éléments concernant le financement du projet e-commerce.
- Le chapitre sur l'intégration du commerce électronique dans la stratégie de commercialisation a été entièrement revu.
- Le chapitre 4 ainsi que plusieurs autres chapitres intègrent de nombreux développements sur le commerce mobile.
- De nombreux développements ont été ajoutés sur les évolutions récentes du commerce électronique : *social commerce*, commerce mobile, leviers d'acquisition de trafic (sites de *cash-back* et de *deals*, *retargeting*, modèles d'attribution), etc.
- Les problématiques de la logistique du commerce électronique à l'international ont été introduites, tout comme le cas spécifique du *drive*.
- Les cas ont tous fait l'objet d'une actualisation (Amazon Kindle, Decathlon, Société Générale, Vente-privée, Chapitre.com, Voyages-sncf, etc.). Deux nouveaux cas sont disponibles (Pêcheur.com et ‡Fnac.com).

Un jeu de diapositives (PowerPoint, Impress, Keynote) destinées aux enseignants est également disponible auprès de Pearson France.

Enfin, un site Web (**http://www.livre-ecommerce.fr**) permet de prendre connaissance de façon détaillée du contenu des chapitres et d'interagir avec les auteurs. Une actualisation des cas présentés est aussi proposée sur ce site. Celui-ci offre également des ressources complémentaires (exemples, bibliographie étendue, etc.). Une page Facebook (**https://www.facebook.com/livreecommerce**) ainsi qu'un fil Twitter (**http://twitter.com/livre_ecommerce**) permettent de suivre au quotidien l'actualité du e-commerce.

Les auteurs

Henri Isaac, docteur en sciences de gestion, est maître de conférences à l'université Paris-Dauphine et membre de l'équipe Management & Organisation du laboratoire Dauphine Recherches en Management (UMR CNRS, 7088). Il a été directeur académique et de la Recherche à Rouen Business School (2009-2012). Il est l'auteur de nombreuses publications sur la transformation des organisations et de leur management liée à la transformation digitale actuelle. Il est l'auteur d'un rapport pour le ministère de l'Enseignement supérieur sur « L'Université numérique » (2008). Il est chargé de mission « Transformation numérique » à l'université Paris-Dauphine. Il est également membre du *think tank* Renaissance Numérique.

Pierre Volle, docteur en sciences de gestion, est professeur à l'université Paris-Dauphine où il a dirigé le Master Distribution et Relation client (2004-2010), puis le département Marketing & Stratégie (2011-2013). Vice-président honoraire de l'université Paris-Dauphine, il dirige l'*Executive Doctorate in Business Administration* (*Executive DBA*) depuis 2013. Membre de l'équipe Marketing & Stratégie du laboratoire Dauphine Recherches en Management (UMR CNRS, 7088), Pierre Volle anime le *Center for Customer Management* (C | CM). Il est l'auteur de nombreux articles et ouvrages sur le commerce et sur le management de la relation client, et membre de la Commission des comptes commerciaux de la nation et de Renaissance Numérique. Il est également président de l'Association Française du Marketing (2014-2016).

PARTIE I

Concevoir le commerce électronique

Chapitre 1

Émergence et tendances du commerce électronique

Objectifs pédagogiques

- Appréhender la réalité du commerce électronique
- Définir le commerce électronique et ses variantes
- Comprendre les évolutions actuelles du commerce électronique
- Décrire les différentes formes du commerce électronique
- Décrire les principaux modèles d'affaires dans le commerce électronique
- Comprendre pourquoi les entreprises et les consommateurs adoptent le commerce électronique

Chapitre.com : la puissance d'Internet au service de la vente de livres rares et épuisés

Après plus de dix ans sur le Minitel avec le 3615 ALIR, le site marchand Chapitre.com a été créé en 1997 par Juan Pirlot de Corbion. Riche de plus de 450 000 références de livres neufs français, de plus de 1 million de références de livres neufs en langues étrangères, d'un catalogue unique en France de 3 millions de livres d'occasion, d'un second catalogue de plus de 15 millions de livres d'occasion fournis par des partenaires étrangers, de 400 000 revues épuisées, d'un catalogue inédit de livres neufs à prix réduits, de nombreuses images (gravures, tableaux, affiches), CD, DVD et cadeaux, Chapitre.com propose à la vente en ligne « tout, même l'introuvable ».

Chapitre.com s'appuie sur un réseau de 2 000 partenaires, libraires spécialisés dans le livre ancien. Le marchand s'appuie également sur la plate-forme EDI de Dilicom, qui offre aux libraires de toute la France (et aussi à certains libraires étrangers) la possibilité de se connecter au système de base de données pour passer commande de livres de Chapitre.com.

Chapitre.com a établi un partenariat avec le site Fnac.com. Il permet aux clients de ce site de trouver un ou des ouvrages introuvables sur le site de la Fnac. Il a également mis le catalogue de la BNF sur son site et propose à ses clients de commander des reproductions d'ouvrages antérieurs à 1870, si leur état permet un passage dans un scanner. Un devis gratuit est envoyé sous huit jours à l'internaute intéressé, pour un « *prix moyen d'environ 40 euros pour une centaine de pages* », d'après Didier Ballot, directeur commercial de Chapitre.com. L'ouvrage est livré trois à quatre semaines plus tard, soit en fichier PDF sur un CD, soit au format papier, ou encore par e-mail en fichier PDF. Le site enregistre une soixantaine de demandes quotidiennes.

Le chiffre d'affaires de Chapitre.com est passé de 1,7 million d'euros en 1999 à 9,3 millions d'euros en 2011. En 2008, Chapitre.com a vu DirectGroup, filiale du groupe Bertelsmann, entrer dans son capital, puis prendre la totalité du contrôle. C'était l'occasion de prendre le pari d'un modèle *brick and mortar* (voir la définition à la section 3.1), en profitant du réseau des 300 points de vente de France Loisirs et du Grand Livre du mois, avec pour objectif de créer des synergies entre clubs de livres, magasins physiques et sites marchands. Ce rapprochement permet de donner plus d'envergure à Chapitre.com en développant des synergies avec les deux principaux clubs de livres de France. « *Chapitre se fixe l'objectif de doubler son chiffre d'affaires en 3 ans, et vise les 25 millions d'euros, grâce à une croissance régulière* ». En effet, la vente de livres sur Internet ne cesse de progresser. « *Le marché du livre en France est de l'ordre de 4 milliards d'euros. Aujourd'hui, la part de marché d'Internet est d'un peu moins de 4 %, mais la tendance actuelle est très bonne. Internet atteindra les 10 % de part de marché rapidement* », estime Juan Pirlot de Corbion.

Dans le cadre du rachat de Chapitre.com par Bertelsmann, les synergies opérationnelles développées portent sur plusieurs aspects de l'activité : la combinaison des réseaux physiques et électroniques avec la possibilité de retrait de la commande dans l'une des 58 librairies, l'achat en magasin après réservation en ligne, la mutualisation du programme de fidélité. En outre, des synergies marketing accompagnent le déploiement de la marque « Chapitre.com » sur les librairies physiques.

En 2008, au moment du rachat par Bertelsman, la fréquentation du site augmente de 50 %, s'élevant à 2 millions de visiteurs uniques. Le nombre de commandes est en hausse de 46 %. En revanche, le panier moyen diminue, passant de 36 euros en décembre 2007 à 30 euros fin 2008.

En 2012, Chapitre.com, en plus de la liseuse Sony Reader commercialisée depuis 2011, lance sa propre liseuse électronique, l'Arnova Gbook, en partenariat avec l'entreprise française Archos et distribue 160 000 références au travers de ses différentes liseuses. Depuis 2012, Chapitre.com référence désormais son catalogue sur la place de marché eBay.

L'architecture technique du site permet d'assurer une expérience client très satisfaisante.

En amont, connecté à plus de 2 000 fournisseurs, l'entrepôt de Chapitre.com voit passer des centaines de milliers de livres par mois. Ce stock est géré en flux tendu. Pour chaque commande saisie dans le *back-office*, un code-barres unique servira à identifier les produits. Une fois que la commande d'un internaute est validée, celle-ci est transmise au *back-office* du site pour être traitée. Dialoguant avec les fournisseurs par le biais d'EDI, de Web Services, de fichiers XML, ou simplement par la méthode manuelle, le système transmet l'ordre d'achat, se charge des relances si nécessaire, détecte les commandes complètes et lance les ordres d'emballage.

En aval, ce processus est ouvert au client, qui peut en permanence consulter l'état de sa commande grâce au suivi des stocks par code-barres.

Lors du lancement du site en 1997, le directeur technique coordonnait la sous-traitance des développements. En 2000, l'informatique a été réintégrée et fait partie désormais du cœur de métier de la société. L'hébergement, sujet critique pour un site transactionnel comme Chapitre.com, a été confié à Colt Telecom. Il est toutefois suivi régulièrement par l'équipe informatique du site (charge des serveurs, temps de réponse moyen, nombre de connexions, commandes reçues, etc.). Depuis juin 2000, le site n'a connu que quelques évolutions mineures, mais sans changement radical d'architecture, ni même de charte graphique.

En 2013, la conjoncture économique et les changements d'habitudes de consommation du livre amènent le groupe à liquider son réseau de librairies.

Sources : *01.net, Livres Hebdo, IRnews.com, Le Journal du Net, Dilicom, societe.com, chapitre.com*

Questions :

Comment Chapitre.com utilise les spécificités d'Internet pour bâtir une offre de services ?

Comment l'architecture technique permet la réalisation de cette offre ?

Quelle est la valeur apportée au client par un tel site marchand ?

À quelle catégorie de commerce électronique peut-on rattacher Chapitre.com ?

Quel est le modèle d'affaires de Chapitre.com ?

Pourquoi Chapitre.com se rapproche-t-il de France Loisirs ?

Quelles sont les raisons qui amènent le groupe Bertelsmann à acquérir Chapitre.com ?

Quels sont les risques pour les deux entreprises dans cette fusion ?

Depuis l'ouverture au grand public du réseau au début des années 1990, Internet s'est progressivement transformé en un canal de distribution électronique au sein duquel les entreprises et les consommateurs échangent, commercialisent des biens et des services. Conçu à des fins militaires puis universitaires, le réseau Internet n'avait pas pour vocation initiale de permettre la réalisation de transactions commerciales, encore moins de se substituer à d'autres canaux de distribution. Cette transformation d'Internet en un espace économique a cependant été très rapide, et il constitue désormais un espace marchand incontournable. Toutefois, la place d'Internet est très variable selon les secteurs économiques. Après une phase de démarrage euphorique au début des années 2000 (la « bulle Internet »[1]), Internet revient à des réalités plus complexes que le simple basculement de transactions physiques vers des transactions électroniques. En effet, il ne se limite désormais plus au Web, mais est accessible depuis de nombreux autres réseaux et terminaux comme les téléphones mobiles, les tablettes, les télévisions connectées, mais aussi bien d'autres objets encore, comme les voitures équipées de tablettes multimédias intégrées où les transactions marchandes se développent également. Après avoir présenté la réalité actuelle du commerce électronique, les tendances et les facteurs qui influencent son développement, il est nécessaire de se pencher sur la définition du commerce électronique, tant les utilisations d'Internet à des fins marchandes sont multiples. Il convient également de comprendre la variété des différents modèles d'affaires envisageables sur cet espace numérique. Enfin, les raisons de l'utilisation d'un tel canal pour les consommateurs et les entreprises sont examinées, afin de comprendre l'intérêt de cette forme de commerce.

1. Chiffres clés et tendances du commerce électronique

Malgré de très belles réussites d'entreprises désormais mondialement connues, comme Amazon (chiffre d'affaires en 2012 de 61,1 milliards de dollars) ou eBay (chiffre d'affaires en 2012 de 14,1 milliards de dollars), le commerce électronique reste une réalité complexe à appréhender de par sa portée mondiale et sa structure en réseau.

1. Voir Mauriac L. (2002), *Les Flingueurs du Net*, 400 p., Calmann-Lévy.

Évaluer l'importance actuelle du commerce électronique est un réel défi pour les entreprises, les investisseurs et les régulateurs. Cette évaluation précise se révèle pourtant nécessaire, car malgré une forte croissance au cours de la dernière décennie, il est important de comprendre que le commerce électronique reste encore une forme de commerce relativement marginale à l'échelle des échanges commerciaux. Par ailleurs, le commerce électronique ne revêt pas la même importance selon les secteurs économiques. La croissance reste très disparate selon les pays, et des évolutions contrastées s'esquissent d'ores et déjà.

En outre, il importe de comprendre que le développement futur du commerce électronique repose sur un certain nombre de facteurs indispensables à la consolidation de ce canal de distribution. Ces facteurs expliquent le niveau de pénétration du commerce électronique dans les différentes zones économiques.

1.1. Le commerce électronique : quelles réalités ?

De nombreux experts datent l'émergence du commerce électronique à l'arrivée d'Internet et à la création des sites de vente en ligne aux États-Unis. C'est oublier qu'Internet n'est pas le seul réseau électronique permettant de réaliser des transactions commerciales (voir chapitre 4). Bien avant l'existence d'Internet, la France a bénéficié, grâce au Minitel, d'une infrastructure de commerce électronique très aboutie pour l'époque[1]. Aussi, les contours du commerce électronique ne sont pas si simples à dessiner. Des transactions s'effectuent ainsi désormais aussi bien depuis un téléphone mobile ou une tablette, que depuis d'autres objets connectés à Internet comme par exemple la cafetière Nespresso dans sa version *B2B* ou encore la Renault Zoé.

Le poids du commerce électronique dans l'économie reste délicat à évaluer. Les statistiques officielles des États l'appréhendent difficilement. La réalité du commerce électronique est également très différente selon les régions du monde, tout comme elle l'est selon les secteurs dans lesquels il se déploie. En outre, pour certaines industries, ce nouvel espace économique n'est pas toujours appréhendé comme une opportunité de développement.

1.1.1. Une réalité statistique mal définie

Les entreprises n'ont pas attendu la disponibilité d'Internet pour réaliser des transactions électroniques. Depuis la fin des années 1980, elles utilisent l'échange de données informatisé (EDI) (voir la définition au chapitre 4) comme infrastructure d'échanges électroniques. En 2010, les ventes par EDI restaient majoritaires en comparaison des ventes par Internet : elles représentaient 10 % des ventes en valeur des entreprises contre 3 % pour Internet[2]. Aux États-Unis, les flux EDI en 2010 représentaient 89,7 % du commerce électronique et concernaient 45,3 % des livraisons au sein de l'industrie[3].

---

1. Le Minitel a représenté jusqu'à 17 % du chiffre d'affaires de La Redoute en 1997, voir **http://www.journaldunet.com/0206/020610fevad.shtml**.
2. Tableau de bord des TIC et du commerce électronique, novembre 2010, voir **http://www.dgcis.redressement-productif.gouv.fr/etudes-et-statistiques/conjoncture/numerique**.
3. The 2010 E-commerce multi-sector E-Stats report, US Census Bureau, 10 mai 2012.

En outre, de nombreuses transactions commerciales sont encore réalisées par téléphone en vente à distance (elles représentaient encore 4,7 milliards d'euros en 2012[1]). Il est également de plus en plus fréquent d'effectuer des transactions commerciales directement depuis un téléphone mobile disposant d'un accès Internet.

L'appareil statistique des États peine encore souvent à identifier avec exactitude cette forme de commerce.

Ainsi, les statistiques américaines ont longtemps inclus le commerce électronique dans une catégorie regroupant les ventes par correspondance et les échanges EDI. Les statistiques françaises englobent également dans une même catégorie la vente à distance et le commerce électronique. Au niveau européen, des difficultés semblables existent, même si l'Union européenne a désormais standardisé des indicateurs qui permettent d'établir de meilleures comparaisons entre les pays membres. Toutefois, les indicateurs européens ne résolvent pas l'épineuse question du périmètre. Il existe bien des tentatives, tant aux États-Unis[2] qu'en France[3], pour mieux définir le périmètre du commerce électronique et préciser la nature des transactions qui sont prises en considération, mais elles n'ont pas encore abouti. Les estimations du volume des transactions électroniques sont en effet délicates à effectuer avec précision, du fait de la nature internationale du réseau et de la possibilité de réaliser des transactions dans le monde entier depuis un pays comme la France. Ainsi, en 2012, 11 % des Européens ont acheté des produits en ligne en provenance d'un autre pays[4].

Ni les données de paiement en ligne par cartes bancaires, ni les données douanières ne permettent de reconstituer le volume exact de transactions. Ces éléments permettent juste de mesurer approximativement l'ampleur de cet espace économique. Par conséquent, il convient d'être prudent sur les différentes estimations du volume des transactions et leur progression.

Le volume des transactions entre entreprises et particuliers (*B2C*, hors produits financiers) est estimé en France à 37,7 milliards d'euros pour 2011[5], 45 milliards d'euros pour 2012, et devrait atteindre le seuil des 50 milliards d'euros en 2013[6]. Ce volume reste modeste au regard du total des ventes du commerce de détail en France, puisqu'il ne représentait que 5 % du commerce de détail en 2011[7]. Aux États-Unis, le commerce électronique *B2C* ne représentait que 5,1 % du commerce de détail au second trimestre 2012[8].

1. Chiffres clés, Fevad, 2013, voir **http://www.fevad.com**.
2. Pour les États-Unis, voir **http://www.census.gov/econ/estats/**.
3. Voir « Rapport du groupe de travail sur le commerce électronique », septembre 2008, Direction des Statistiques d'Entreprises, Insee, document de travail, disponible à l'adresse **http://www.insee.fr/fr/themes/document.asp?reg_id=0&id=2323**.
4. Eurostat, **http://epp.eurostat.ec.europa.eu/portal/page/portal/information_society/data/main_tables**.
5. Chiffres clés, Fevad, 2013, voir **http://www.fevad.com**.
6. Chiffres clés, Fevad, 2013, voir **http://www.fevad.com**.
7. La situation du commerce en 2011, Rapport établi pour la Commission des Comptes de la Nation, Insee, 199 p., juillet 2012.
8. E-Stats, US Census Bureau, octobre 2012, voir **http://www.census.gov/retail/mrts/www/data/excel/tsadjustedsales.xls**.

1.1.2. Une réalité géographique hétérogène

Outre le fait que la mesure du commerce électronique s'avère délicate, les chiffres existants mettent en évidence des situations très variées d'un pays à l'autre, y compris au sein des pays développés.

En Europe, le commerce électronique en 2011 (27 pays) représente en moyenne 14 % du chiffre d'affaires des entreprises contre 9 % en 2004[1], avec des écarts importants entre pays : en Finlande, le commerce électronique représente 20 % du chiffre d'affaires des entreprises, 11 % aux Pays-Bas, 17 % au Royaume-Uni et moins de 5 % en Italie. Si l'on observe les comportements des clients européens, en 2011, 10 % des Italiens ont effectué un achat en ligne au cours des trois derniers mois, contre 64 % des Britanniques. Cette hétérogénéité ne facilite donc pas le développement européen du commerce électronique, rendu plus difficile qu'aux États-Unis ou en Chine par la multiplicité des langues, des moyens de paiement et des systèmes de taxes que doit gérer un site marchand.

1.1.3. Une réalité sectorielle disparate

En plus d'être fortement hétérogène d'un pays à l'autre, la situation du commerce électronique l'est également par secteur économique et par catégorie de produits. Très développé dans le secteur du tourisme et du voyage, le commerce électronique peut constituer, pour certaines entreprises, une part très significative de leur activité. Par exemple, il représente 36 % du chiffre d'affaires de la SNCF en 2011.

En revanche, dans d'autres secteurs économiques, le commerce électronique occupe une part encore modeste, comme pour les livres électroniques (*e-books*) qui ne représentent que 2 % du chiffre d'affaires des éditeurs en 2012[2]. La vente en ligne représente cependant 13,2 % du marché français pour les livres et 11 % pour le prêt-à-porter en 2011, et 16 % pour les produits techniques[3] en 2012. Les ventes de musique digitale ne représentent que 14 % des ventes de détail en France contre 50 % aux États-Unis[4]. Par ailleurs, alors que 56 % des internautes français ont acheté en 2011 un voyage ou un séjour en ligne, ils ne sont que 16 % à avoir effectué un achat alimentaire et seulement 2 % à avoir acheté une voiture[5].

1.1.4. Une réalité d'usages variable

Même si l'on assiste à une homogénéisation progressive des comportements d'usage d'Internet pour des transactions marchandes, son utilisation pour réaliser des achats n'est pas encore totalement répandue au sein de la population. Ainsi, sur 40,5 millions d'internautes en France, seuls 31 millions achètent en ligne[6]. Si 87,2 % des 25-34 ans ont effectué un achat en ligne en 2011, 69,3 % des plus de 65 ans ont fait de même sur cette période.

1. Eurostat, voir **http://epp.eurostat.ec.europa.eu**.
2. GfK, **http://www.gfkrt.com/imperia/md/content/rt-france/cp_gfk_cc_bilan_du_march___du_livre_en_2012.pdf**.
3. Économie du Livre 2010-2011, Ministère de la Culture, mars 2012 et CCMBenchmark, juin 2012.
4. IFPI.
5. Chiffres clés, Fevad, 2013, voir **http://www.fevad.com**.
6. Observatoire des usages d'Internet, Médiamétrie, 1er trimestre 2012.

1.1.5. Une réalité financière et commerciale difficile

Souvent vu comme un eldorado, le secteur du commerce électronique connaît une réalité plus contrastée :

- Les chiffres d'affaires progressent régulièrement d'environ 20 à 30 % par an, mais après quinze ans de développement, le commerce électronique (particuliers et entreprises) ne représente encore qu'une faible proportion des échanges marchands.
- Sur 117 500 sites marchands français, 65 % ont un chiffre d'affaires mensuel inférieur à 1 000 euros et seuls 0,8 % réalisent un chiffre d'affaires mensuel supérieur à 1 million d'euros[1]. Par ailleurs, 79 % des sites réalisent moins de 100 transactions par mois[2].
- En 2011, environ un tiers seulement (34 %) des personnes interrogées dans les 27 pays de l'Union européenne a effectué un achat en ligne au cours des trois derniers mois.
- Les entreprises présentes sur Internet existent en grand nombre et sont parfois profitables... mais un leader comme Vente-privée ne réalise en France que le chiffre d'affaires d'une dizaine d'hypermarchés (Leclerc en compte près de 500 sur le sol français). La distribution en ligne, même lorsqu'elle constitue une indéniable réussite, reste modeste dans une problématique plus vaste de distribution dans laquelle des entreprises de taille mondiale opèrent depuis de nombreuses années.
- Au fur et à mesure de la croissance d'Internet, le nombre de sites marchands augmente. Mi-2013, on estime le nombre de sites marchands en France à 117 500[3], en augmentation de 17 % par rapport à l'année précédente. Attirer des clients sur un site dans un tel univers concurrentiel devient de plus en plus coûteux et complexe (voir chapitre 7), ce qui rend difficile l'équilibre économique de nombreux sites.
- Les transactions électroniques sont nombreuses, mais le réseau permet aussi de contourner les logiques marchandes et, donc, ne conduit pas nécessairement à la création de valeur économique (échange *peer-to-peer* de musique ou de vidéos entre particuliers, vente de contrefaçons, reprise sauvage de contenus d'information en infraction avec les droits d'auteur, etc.). Malgré de nombreuses mesures de restriction prises dans différents pays, le piratage de contenus est une réalité dans de nombreux secteurs.
- La numérisation des biens informationnels recompose fortement les chaînes de valeur d'industries comme la presse, l'édition, la communication, le divertissement (musique, cinéma, jeu, télévision). Cette recomposition conduit à de fortes restructurations dans ces industries, avec des pertes d'emploi non négligeables et des transformations de la chaîne de valeur au profit d'acteurs puissants, comme Google, Apple ou Facebook.

1.2. Les axes de développement du commerce électronique

Aujourd'hui, les sites marchands qui recueillent le plus d'audience sont ceux qui vendent des biens culturels, les comparateurs de prix, les plates-formes d'intermédiation entre individus (notamment les sites d'enchères et de vente de biens d'occasion) et les sites de

1. *CCMBenchmark*, juin 2012.
2. Chiffres clés, Fevad, 2013, voir **http://www.fevad.com**.
3. Le e-commerce en 2013, Fevad, voir **http://www.fevad.com**.

tourisme (les agences de voyages et les compagnies aériennes). Mais la plus forte progression concerne les sites de commerce traditionnel, qu'il s'agisse d'hypermarchés en ligne, de sites de vente à distance généralistes ou encore de sites du domaine de l'équipement de la maison, de l'habillement ou des cosmétiques.

À un horizon de trois à cinq ans, les axes de développement suivants paraissent particulièrement prometteurs :

- Une démocratisation croissante des achats électroniques sur Internet (tous âges, toutes conditions de revenu). Les sites qui répondent aux femmes, aux seniors et aux jeunes de 18-24 ans sont particulièrement en phase avec l'évolution démographique des internautes. Pour les entreprises, le réservoir de clients potentiels du côté des TPE et des PME reste considérable.
- Un fort développement du commerce sur téléphone mobile, ou *m-commerce* pour *mobile commerce* (voir chapitre 4). L'arrivée à maturité des terminaux mobiles intelligents (*smartphones*), combinée au développement des réseaux mobiles haut débit (3G+, 4G), a permis un réel démarrage du commerce mobile. Ainsi, en 2012, une entreprise comme eBay a d'ores et déjà réalisé 10 milliards de dollars de volume de transactions grâce à ses applications mobiles. PayPal a traité 4 milliards de dollars de transactions sur mobile en 2012. Le taux d'équipement ne cesse d'augmenter et les prévisions laissent à penser qu'une part croissante, voire majoritaire, du trafic Internet proviendra des terminaux mobiles. Le téléphone deviendra également sans nul doute un terminal de paiement grâce aux technologies NFC (*Near Field Communication*) et se substituera progressivement à la carte de paiement. Son potentiel dans les transactions commerciales apparaît donc très important, particulièrement dans les pays en développement.
- Le développement du commerce électronique de proximité (petits commerçants, supermarchés, etc.). À mesure que les technologies de géolocalisation se démocratisent et sont intégrées dans les standards du Web (notamment le HTML 5), il devient de plus en plus évident que l'intégration de ces données développera de nouvelles formes de transactions commerciales fondées sur la proximité.
- La poursuite de la croissance du commerce entre particuliers. Le succès du site français Leboncoin.fr en atteste (**http://www.leboncoin.fr/**). Sur le marché français, il dépasse en audience un leader mondial comme eBay.
- Un décollage progressif des cybermarchés (achats de produits courants sur Internet) avec de nouvelles modalités de livraison (principe du *drive*, voir chapitre 9) et de vente (abonnement).
- Le développement d'un commerce électronique communautaire ou *social commerce* par l'imbrication croissante des offres marchandes dans les réseaux sociaux comme Facebook, Pinterest, Twitter ou YouTube, ou la mobilisation des bloggeurs dans des réseaux de prescripteurs.
- Le développement du commerce de produits culturels numériques – notamment la musique, mais aussi la vidéo à la demande et le livre numérique (*e-book*) avec l'arrivée à maturité de terminaux dédiés de lecture comme le Nook de Barnes & Noble, le Kindle d'Amazon ou l'iPad d'Apple.

- Dans le commerce entre organisations, la substitution progressive de l'EDI par d'autres technologies comme les *Web Services* ou les API (*Application Programming Interface*).
- L'hybridation croissante du commerce physique avec le commerce électronique grâce au *e-couponing* (coupon promotionnel électronique), à la géolocalisation, au m-paiement, aux codes-barres et, plus généralement, à l'utilisation du téléphone mobile en magasin, mais aussi grâce à la commande en ligne en magasin sur bornes interactives. Le site marchand deviendra un élément, parmi d'autres, du commerce connecté.
- La diversification des sources de revenus, avec des modèles d'affaires (*business models*) hybrides (marge commerciale, commissions sur les ventes, prestations de service, etc.).
- Le développement de dispositifs de réalité augmentée (comme les lunettes *Google Glass*) permettra d'accroître l'expérience d'achat en combinant des données numériques à un achat dans le monde physique.
- L'encastrement du commerce électronique dans des objets. L'Internet des Objets (IoT, *Internet of Things*) ajoute à de nombreux objets une connectivité qui les transforme en interface marchande comme la voiture, la cafetière, la montre et bien d'autres objets à venir.

1.2.1. Évolution des technologies *vs* des usages

L'environnement des activités de *e-business* est sensiblement plus instable que pour les autres secteurs, les technologies évoluant à grande vitesse. En revanche, il faut bien garder à l'esprit que les usages évoluent nécessairement moins vite que les technologies. Par exemple, si le m-commerce est technologiquement possible depuis plusieurs années, on constate que les usages n'ont réellement décollé que très récemment en Europe. Il en va de même pour la VOD (*Video On Demand*) : la technologie est commercialement prête depuis 2005, mais, en 2013, seuls 28,9 % des internautes ont déjà essayé ce mode de distribution et seulement 8,4 % depuis un ordinateur et 1,8 % depuis un terminal mobile[1].

L'exercice de prospective est donc particulièrement complexe en matière de commerce électronique. Qui aurait pensé, il y a dix ans, que la publicité prendrait la forme dominante de liens promotionnels sur des moteurs de recherche (SEA, *Search Engine Advertising*) ? Qui aurait pensé que le commerce entre particuliers (*C2C, Customer to Customer)* allait devenir l'une des formes les plus dynamiques du commerce moderne ?

1.2.2. Pour trouver de l'or, il faut des pelles et des pioches !

Au moment de la ruée vers l'or, en Californie, à la fin du XIXe siècle, ce sont les vendeurs de pelles et de pioches qui ont fait fortune, plus que les chercheurs d'or. De la même façon, le commerce électronique emporte dans sa course de nombreuses entreprises, prestataires et fournisseurs de technologies diverses.

En matière de flux physiques, les logisticiens apportent un soutien essentiel aux commerçants électroniques (La Poste, DHL, FedEx, TNT, etc.). En matière de flux d'informations, les prestataires sont nombreux et indispensables. Ils facilitent les transactions, les rendent possibles ou simplement plus faciles, plus rapides et plus sûres : éditeurs d'applications logicielles qui permettent de configurer des boutiques en ligne ; régies qui mettent en

1. Le marché de la vidéo, CNC, mars 2013.

relation les annonceurs et les sites marchands ; entreprises qui proposent des systèmes de sécurisation des paiements ou de facturation électronique ; institutions qui proposent des crédits à la consommation ; sites qui gèrent des programmes de fidélisation mutualisés, etc.

Mais plus encore que ces prestataires, le développement du commerce électronique nécessite un environnement favorable constitué par plusieurs facteurs technologiques, économiques, financiers et juridiques.

1.2.3. Les facteurs favorisant le développement du commerce électronique

Plusieurs facteurs favorisent le développement du commerce électronique. L'observation des pays dans lesquels celui-ci se développe le plus rapidement permet de les identifier.

L'environnement technologique

Le commerce électronique combine l'utilisation de terminaux et de réseaux. Si l'accès haut débit à Internet constitue un facteur essentiel (voir section suivante), l'accès à des terminaux connectés en est un autre, tout comme la variété des accès au réseau Internet. Le développement de réseaux sans fil Wi-Fi (**http://fr.wikipedia.org/wiki/wi-fi**) élargit les possibilités d'accès à Internet dans des zones publiques comme les gares, les aéroports ou encore les hôtels. La disponibilité de terminaux de connexion bon marché est également un facteur clé de l'équipement des consommateurs. À cet égard, le développement des réseaux téléphoniques mobiles sans fil à haut débit (3G+, 4G) permet de transformer le téléphone mobile en un puissant terminal d'accès à Internet qui multiplie d'autant le nombre de clients potentiels du commerce électronique.

Les infrastructures publiques

La croissance des ventes en ligne est fortement corrélée au taux de pénétration de l'accès Internet haut débit. Par conséquent, l'infrastructure réseau permettant l'accès à Internet constitue un facteur significatif du développement du commerce électronique. L'accès haut débit dépend fortement de la qualité des infrastructures de télécommunications d'un pays. En effet, la principale technologie d'accès haut débit, l'ADSL, est très dépendante de la qualité physique des lignes téléphoniques et de la distance entre le client final et le central téléphonique (**http://fr.wikipedia.org/wiki/ADSL**). Par ailleurs, pour que le maximum de citoyens puisse accéder à cette technologie, il est nécessaire que la puissance publique favorise, par un cadre légal adapté, le développement de l'accès Internet sur l'ensemble du territoire. À cet égard, la délégation de service public confiée aux collectivités territoriales facilite le déploiement de l'accès haut débit dans des régions à faible densité dans lesquelles les opérateurs privés répugnent à investir. Le déploiement d'infrastructures utilisant la fibre optique (très haut débit) augmentera les débits disponibles et favorisera l'émergence de nouvelles interfaces (univers virtuels) et d'usages inédits, comme l'ADSL a développé le Web 2.0.

Le taux d'équipement informatique

Le taux d'équipement en ordinateurs est un facteur fondamental du développement du commerce électronique. En effet, même si des alternatives de connexion à Internet existent (connexion depuis le lieu de travail, cybercafés, bornes publiques), la plupart des consommateurs préfèrent utiliser leur équipement personnel pour passer une commande en ligne. Cet équipement informatique constitue un réel coût d'accès au commerce électronique, coût qui avait été rendu nul lors de l'introduction du Minitel en France par une distribution gratuite du terminal de connexion. Le taux de pénétration de la micro-informatique dans les foyers français a dépassé les 50 % en 2005 et a atteint 81 % en 2012[1]. Ce taux est dans la moyenne de l'Union européenne. L'Europe du Nord (Danemark, Suède) connaît cependant des taux de pénétration bien supérieurs à 85 %[2]. Le succès commercial des terminaux mobiles « intelligents » (*smartphones*) dotés de capacités Internet équivalentes à celles d'un ordinateur portable (Wi-Fi, interface de navigation simplifiée) démocratisera l'accès à Internet. En outre, l'arrivée de l'iPad et autres tablettes ou la diffusion des netbooks (petits ordinateurs portables bon marché) élargissent encore le nombre de terminaux à partir desquels l'accès Internet est possible. Au coût du terminal s'ajoute le coût de l'abonnement à un accès Internet. Ces coûts d'accès constituent un frein réel au développement d'Internet et contribuent à la « fracture numérique » au sein d'une population.

Ce coût d'accès au commerce électronique est certes en forte diminution grâce à des équipements informatiques de moins en moins coûteux et grâce à une concurrence entre fournisseurs d'accès Internet qui a conduit en France à une offre d'accès Internet haut débit relativement bon marché et à 24,1 millions d'abonnements ADSL au premier trimestre 2013[3]. Il n'en demeure pas moins que pour une partie des consommateurs ces coûts resteront toujours trop élevés par rapport aux éventuels bénéfices liés à l'utilisation d'Internet.

L'environnement financier

Afin de développer les ventes en ligne, il est nécessaire de permettre le paiement en ligne pour clore la transaction sur le même canal. Si la carte bancaire n'est pas le seul moyen de paiement possible (voir chapitre 4), elle reste le mode de règlement le plus simple pour le client.

La première condition est donc le taux d'équipement des clients en carte bancaire. De ce point de vue, les taux de pénétration de la carte bancaire comme moyen de paiement sont très variables d'un pays à l'autre, et au sein même de l'Union européenne. La seconde condition concerne l'offre par le système bancaire d'une solution technique et commerciale pour gérer les paiements par carte bancaire en ligne. Cette offre est connue sous le nom de « contrat VAD » (vente à distance). Ce contrat permet à un commerçant d'encaisser des transactions par carte bancaire sur un compte bancaire. Il est obligatoire. La seule alternative possible consiste en une solution de paiement électronique de type PayPal (voir chapitre 4).

Dans de nombreux pays, l'une ou l'autre de ces conditions n'est pas réunie, rendant plus difficile le développement des transactions commerciales en ligne. Outre l'existence d'un système de paiement adapté au commerce électronique, la possibilité de sécuriser les transactions commerciales grâce au chiffrement est également primordiale. Certains pays n'autorisent pas l'utilisation de méthodes employant des clés de chiffrement de 128 bits, minimum nécessaire pour garantir un niveau de sécurité suffisant dans la transmission de données de transactions commerciales (voir chapitre 4).

1. *La Diffusion des TIC dans la société française*, CREDOC, octobre 2012.
2. Eurostat, 2012.
3. Arcep, 2013.

L'environnement juridique

Le commerce électronique est une des formes de vente à distance, laquelle est définie comme la réalisation d'une « *vente d'un bien ou fourniture d'une prestation de service conclue, sans la présence physique simultanée des parties, entre un consommateur et un professionnel qui, pour la conclusion de ce contrat, utilisent exclusivement une ou plusieurs techniques de communication à distance* » (Directive n° 97/7/CE du 20 mai 1997 relative à la protection des consommateurs en matière de contrats à distance).

Il s'agit donc d'une vente ou de la fourniture d'une prestation de services classiquement appelée « entre absents ». La réglementation européenne et nationale, en tout état de cause pour la France, a évolué grandement depuis ces dernières années. Les évolutions majeures se sont concrétisées sur trois points fondamentaux :

- protection du consommateur en tant que cocontractant d'un professionnel effectuant des opérations de commerce dites « de commerce électronique » ;
- protection du consommateur dans l'utilisation de moyen de paiement dématérialisé et/ou électronique ;
- protection des données personnelles du consommateur.

Depuis la directive précitée de 1997 sur la vente à distance, le législateur européen et le législateur français sont intervenus à de multiples reprises.

L'innovation majeure a été la directive 2000/31/CE du Parlement européen et du Conseil du 8 juin 2000 dite « directive sur le commerce électronique ». Au plan français, cette directive a été suivie par de nombreux textes dont on peut signaler les textes majeurs suivants :

- loi n° 2004/575 du 21 juin 2004, dite LCEN, pour la confiance dans l'économie numérique ;
- ordonnance n° 2005/648 du 6 juin 2005 relative à la commercialisation à distance des services financiers auprès des consommateurs ;
- ordonnance n° 2005/674 du 16 juin 2005 relative à l'accomplissement de certaines formalités contractuelles par voie électronique ;
- loi n° 2008/3 du 3 janvier 2008, dite loi Chatel, pour le développement de la concurrence au service des consommateurs ;
- loi n° 2010/737 du 2 juillet 2010, dite loi Lagarde, sur le crédit à la consommation ;
- à partir de 2014, la loi sur la consommation, dite loi Hamon, augmente les délais de rétractation du client et le délai de retour du produit en cas d'insatisfaction du client.

L'axe de la législation s'inscrit donc à la fois du point de vue de la protection des consommateurs et dans l'avènement du commerce électronique et de la dématérialisation des échanges. Cet ensemble législatif s'est trouvé par ailleurs conforté par de multiples dispositions légales françaises complémentaires notamment issues de directives européennes. On peut citer entre autres le renforcement des pouvoirs d'autorité en matière de protection des données personnelles comme, en France, ceux de la CNIL (Commission nationale de l'informatique et des libertés) avec les modifications législatives intervenues en août 2004 ou encore en matière de preuve et de signature électroniques avec la loi du 13 mars 2000. Ainsi, en Europe et notamment en France, le consommateur mais également le professionnel bénéficient, en matière de dématérialisation d'activités commerciales et de contrats électroniques, d'un véritable arsenal juridique permettant d'encadrer leurs activités et de réduire les risques. C'est dans ce cadre juridique extrêmement précis que trouve en France sa place le commerce électronique, forme particulière de la vente à distance et d'une vente entre absents. Aujourd'hui, ce dispositif juridique fait de cette absence de présence physique simultanée du vendeur et de l'acheteur sur un lieu destiné à la vente une force et une caractéristique essentielle.

Début 2012, l'Union européenne a introduit une communication au Parlement européen, prélude à un nouveau cadre juridique pour les échanges électroniques, avec la volonté d'offrir un cadre cohérent pour renforcer la confiance dans le marché unique numérique du commerce électronique et des services en ligne. Le cadre légal du e-commerce évoluera en faveur des consommateurs, mais favorisera aussi les commerçants en abattant de nombreux obstacles juridiques et fiscaux subsistant en Europe (harmonisation des droits d'auteur pour faciliter les plateformes de musique en ligne par exemple). Par ailleurs, l'Union européenne a introduit un nouveau règlement concernant les accords verticaux de distribution et de pratiques concertées (Règlement (UE) n° 330/2010). Ce règlement limite certaines pratiques de vente du commerce en ligne[1].

Au-delà du strict cadre juridique, des organismes étatiques ou para-étatiques peuvent contribuer au développement de la confiance dans les transactions marchandes dématérialisées. Il en va ainsi des organismes en charge de la protection des données privées comme la CNIL (Commission nationale de l'informatique et des libertés) en France. Le Forum des droits sur Internet a assuré jusqu'à fin 2010 une mission d'information, d'éducation et de médiation entre les acteurs du monde numérique et les consommateurs.

L'environnement fiscal

Le développement du commerce électronique, tout comme le développement d'Internet de façon plus générale, questionne la territorialité des transactions et des échanges et, par là même, les règles juridiques applicables, mais aussi les règles fiscales. Les États-Unis ont ainsi considéré jusqu'à aujourd'hui que les transactions électroniques ne devaient pas être soumises aux taxes locales sur les ventes que les États prélèvent. Ainsi, l'*Internet Tax Freedom Act* a été promulguée le 21 octobre 1998 par le président Bill Clinton. Cette loi a été trois fois prorogée par le Congrès depuis sa promulgation. Elle prolonge le moratoire jusqu'au 1er novembre 2014. Il s'agit alors de promouvoir et préserver le potentiel commercial, éducatif et informatif d'Internet. Cette loi interdit aux gouvernements fédéraux, provinciaux et locaux d'imposer Internet, en empêchant des taxes sur la bande passante par exemple, ou sur les courriers électroniques. La loi interdit également de multiples taxes sur le commerce électronique.

On ne peut s'expliquer le développement du commerce électronique aux États-Unis sans comprendre qu'il a bénéficié d'un cadre fiscal aménagé très avantageux dès son origine. Cet avantage n'existe pas en Europe, dans la mesure où la structure de l'impôt sur la consommation est très différente, du fait de l'existence d'une taxe nationale (TVA), bien différente de la structure fédérale des taxes aux États-Unis (taxe fédérale et taxes locales).

1. Règlement (UE) n° 330/2010, Journal officiel de l'Union européenne, 23 avril 2010

En Europe, aucun État membre n'a souhaité soustraire les ventes en ligne à la TVA. En outre, des taxes européennes sur certains produits numériques telles que la taxe pour la copie privée en Belgique, en France ou en Allemagne sur les supports numériques, qui s'appliquent aussi aux ventes en ligne, n'existent pas aux États-Unis. Là-bas, les ventes en ligne ne sont donc pas taxées comme les ventes physiques, ce qui a beaucoup favorisé l'essor de ce canal. Cet avantage est désormais remis en question[1]. Les États cherchent des ressources fiscales et nombreux sont ceux qui ont des projets de taxation des ventes en ligne, comme la Caroline du Nord ou la Californie. L'État de New York taxe d'ores et déjà les ventes en ligne. Les ténors du e-commerce comme Amazon et eBay tentent de s'opposer à ce changement de législation, qui amoindrit l'intérêt du canal et pénalise davantage les *pure players* que les *brick & mortar.* Mais il est désormais certain que l'on s'achemine vers une taxation généralisée du commerce électronique aux États-Unis, mettant ainsi fin à une période où ce canal a bénéficié d'un avantage-prix indéniable.

2. Du e-business au e-commerce

Le développement rapide d'Internet dans les pays occidentaux a conduit à une multiplication des services disponibles sur le réseau. De l'apprentissage des langues aux services financiers en passant par l'achat de vidéo ou de musique en ligne, de l'impression de livre à la demande au paiement en ligne des impôts, des formulaires administratifs en ligne au *e-learning*, les activités sur Internet sont extrêmement nombreuses et variées. Des services marchands et non marchands s'y côtoient, tout comme des services illégaux (téléchargement de musique, de films, ou de logiciels).

Le terme générique de *e-business* désigne ainsi toute activité économique réalisée sur Internet. Le commerce électronique n'est qu'une partie de cet ensemble plus vaste d'activités qu'est le *e-business.* Mais de nombreuses personnes utilisent indifféremment les deux termes.

Aussi, il n'est pas toujours aisé de cerner avec justesse ce que l'on entend par « commerce électronique ». Afin de clarifier cette notion, le recours à des catégorisations met en évidence les caractéristiques majeures des différentes variantes et permet de préciser la notion de commerce électronique retenue dans cet ouvrage.

2.1. Typologie fondée sur la nature des acteurs

Cette approche du commerce électronique met l'accent sur la nature des parties en présence dans la transaction commerciale pour caractériser les différents types de commerce électronique. Elle met en évidence les catégories suivantes :

2.1.1. Le commerce *B2C* (*Business to Consumer*)

Le *B2C* est la forme de commerce électronique qui connaît la plus forte progression depuis l'émergence d'Internet. Il s'agit de la vente au grand public par une entreprise depuis un site Internet. La variété des sites *B2C* est immense et de nombreux

1. Internet Retailer, août 2010, « Tax Attacks », P. Demery, pp. 20-25, voir **http://www.nxtbook.com/nxtbooks/verticalWeb/201008_InternetRetailer/index.php?startid=20#/22.**

modèles d'affaires existent au sein de cette catégorie (voir section 4). Des sites comme **http://www.fr.lastminute.com/** ou **http://www.ldlc.fr** en sont des exemples typiques.

Un des principaux avènements de la directive du 8 juin 2000, dite « directive sur le commerce électronique », a été de définir les droits du consommateur, mais bien évidemment également la notion de consommateur.

L'article 2 de la directive précitée définit le consommateur comme « *toute personne physique agissant à des fins qui n'entrent pas dans le cadre de son activité professionnelle ou commerciale* ».

Le consommateur bénéficie d'une protection extrêmement importante, notamment dans le cadre d'un contrat conclu par voie électronique. On peut relever à ce titre les dispositifs de la loi du 21 juin 2004, dite « loi pour la confiance dans l'économie numérique » (LCEN), qui précise qu'il n'est pas possible de priver un consommateur « *ayant sa résidence habituelle sur le territoire national de la protection que lui assurent les dispositions impératives de la loi française relative aux obligations contractuelles, conformément aux engagements internationaux souscrits par la France* ».

Sur la base de ce principe, le consommateur électronique français bénéficie de la protection de la loi nationale de la France en matière de consommation, à savoir du Code de la consommation. Dès lors qu'il répond à la définition de consommateur, et quelles que soient les conditions dans lesquelles ladite personne va conclure un contrat électronique, elle sera toujours protégée par le droit national de la consommation.

Le Code de la consommation français s'applique donc ainsi au consommateur électronique établi sur le territoire national français, et ce quelles que soient les dispositions dont il est convenu avec son partenaire commercial, que celui-ci soit établi en France, dans un autre pays appartenant à l'Union européenne, ou ailleurs. Le Code de la consommation a donc valeur supérieure pour le législateur français à toute stipulation contractuelle ou encore à toute autre loi étrangère. Il doit être noté que cette protection nationale du consommateur électronique français est un principe par ailleurs retenu par l'ensemble des législations d'autres États.

Bien évidemment, cette dimension particulière d'application du droit de la consommation doit être prise en compte dans le cadre de la mise en place d'un site et/ou d'un espace de commerce électronique.

2.1.2. Le commerce *B2B* (*Business to Business*)

Il s'agit de commerce électronique entre entreprises. Cette forme de commerce est plus ancienne que la précédente. Historiquement, elle s'appuie sur des solutions d'interconnexion de réseaux utilisant l'EDI. Les places de marché électroniques sont une variante de cette forme de commerce. Les sites **http://www.elemica.com** ou **http://www.manutan.fr/** constituent une bonne illustration de ce type de commerce électronique.

La loi du 21 juin 2004, dite LCEN, et l'ordonnance du 16 juin 2005 sont venues modifier la prise en compte entre professionnels de l'impact de l'électronique, en précisant notamment que « *la voie électronique peut être utilisée pour mettre à disposition des conditions contractuelles ou des informations sur les biens et les services* ».

La LCEN définit les règles à respecter pour les consommateurs, mais aussi pour les professionnels.

L'article 1369-1 du Code civil prévoit désormais que « *quiconque propose à titre professionnel, par voie électronique, la fourniture de biens ou la prestation de services met à disposition les conditions contractuelles applicables d'une manière qui permette leur conservation et leur reproduction...* ».

Il est indiqué que les mêmes dispositions du Code civil (article 1369-3) précisent les conditions dans lesquelles, entre professionnels, il peut être dérogé à certaines règles en matière de contrat électronique.

2.1.3. Le commerce *G2C* (*Government to Citizen*)

Il s'agit de toutes les solutions électroniques que développent un État, une administration ou une collectivité territoriale afin de faciliter les démarches administratives des usagers d'un service public. On parle également d'administration électronique ou encore de e-administration. En France, l'État a par exemple développé un portail d'accès à de très nombreux services pour les citoyens, accessible à cette adresse : **http://www.service-public.fr**.

2.1.4. Le commerce *G2B* (*Government to Business*)

Il s'agit des solutions électroniques mises en place par les structures publiques (administrations, collectivités territoriales) pour gérer les relations et les démarches des entreprises avec ces institutions. Ce sont des sites qui centralisent les appels d'offres publics des administrations, comme le site **http://www.achatpublic.com/**. Mais cette catégorie inclut également les systèmes de dématérialisation de certaines déclarations (liasses fiscales, déclaration de TVA, déclarations douanières), qui ont depuis plusieurs années été dématérialisées grâce à l'EDI et migrent pour certaines sur Internet, comme la déclaration de TVA (**http://www.impots.gouv.fr**).

2.1.5. Le commerce *C2C* (*Consumer to Consumer*)

Ce type de commerce existait avant Internet (petites annonces entre particuliers). Internet lui donne une nouvelle dimension puisqu'il démultiplie les possibilités d'échanges et facilite la recherche d'un bien selon de nombreux critères portant sur le produit, sur le vendeur ou sur sa localisation. Un site d'enchères comme **http://www.ebay.com** a su très tôt mettre en place une structure fiable et robuste pour ce genre de commerce en offrant de nombreux services à valeur ajoutée comme l'évaluation des vendeurs et des acheteurs, des outils marketing, des solutions de paiement. Un site comme **http://www.leboncoin.fr/** est un exemple de site de type *C2C* fondé sur la simplicité et la proximité géographique des acheteurs et des vendeurs.

L'ouvrage se focalise sur les deux premières formes de commerce électronique (*B2C* et *B2B*) et, dans une moindre mesure, sur la dernière (*C2C*). Ce choix repose sur l'existence d'une transaction fondée sur le transfert de propriété d'un bien ou d'un service.

2.2. Typologie fondée sur les processus

La typologie du commerce électronique fondée sur la notion de processus identifie trois dimensions pour caractériser les formes existantes de commerce électronique. Elle privilégie la matérialité des produits, la logistique nécessaire pour la livraison de la commande au client, et l'automatisation des processus pour traiter la commande du client. Elle est représentée à la figure 1.1.

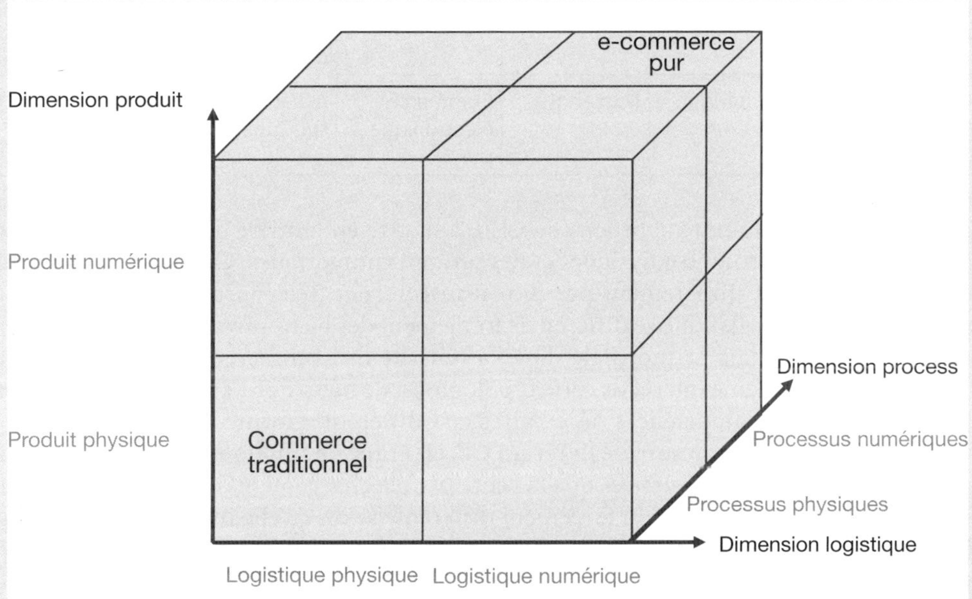

Figure 1.1 : La typologie du commerce électronique par les processus.

Cette typologie identifie donc huit formes de commerce et propose un continuum entre le commerce traditionnel et le commerce électronique pur. Six d'entre elles sont identifiables dans la réalité. Le tableau 1.1 précise ces différentes formes de commerce électronique ou non.

Tableau 1.1 : Les formes de commerce fondées sur les processus

Dimension offre produit/service	Dimension logistique	Dimension commande	Forme de commerce	Exemple
Physique	Physique	Physique	Commerce traditionnel	Achat d'un livre dans un hypermarché Carrefour
Numérique	Physique	Physique	Commerce traditionnel	Achat d'un jeu vidéo sur CD-ROM dans un magasin Micromania
Physique	Physique	Numérique	Commerce électronique classique	Achat d'un livre sur Fnac.com
Numérique	Physique	Numérique	Service électronique	Achat d'une prestation de développement photographique sur Photoservice.com, puis envoi par La Poste des tirages

Dimension offre produit/service	Dimension logistique	Dimension commande	Forme de commerce	Exemple
Numérique	Numérique	Physique	Service électronique	Achat d'un billet d'avion électronique auprès d'un centre d'appels
Numérique	Numérique	Numérique	Commerce électronique pur	Achat d'un morceau de musique sur iTunes Music Store

Le premier intérêt de cette approche consiste à mettre en lumière des différences entre la distribution des produits physiques et des produits numériques. Ces derniers pouvant être livrés au client directement par le réseau Internet (téléchargement ou courrier électronique), leur logistique se différencie totalement des biens physiques. Cette dimension semble désormais primordiale dans la réussite du commerce électronique (voir chapitre 9). Le deuxième intérêt de cette typologie est de mettre en exergue les différences de ressources et de compétences nécessaires aux différentes formes de commerce électronique. Ainsi, être en mesure de livrer un CD en France n'implique pas la maîtrise des mêmes ressources et compétences que la vente par téléchargement de la même musique. Par conséquent, la stratégie sera forcément différente selon qu'elle inclut une dimension logistique physique ou non.

L'ouvrage insiste plus particulièrement sur les formes de commerce électronique qui nécessitent une logistique physique. En effet, du point de vue managérial, les enjeux opérationnels d'une telle forme de commerce électronique se révèlent plus complexes à maîtriser et nécessitent la prise en considération des aspects logistiques dès la phase de conception du canal électronique (voir chapitres 2 et 3). L'ouvrage n'exclut pas pour autant la vente électronique de services aux consommateurs ou aux entreprises, qu'il s'agisse de vente ponctuelle de service (comme un contrat d'assurance) ou de vente par abonnement (une chaîne de vidéo à la demande, par exemple).

2.3. Typologie fondée sur le nombre d'acteurs

Cette approche met l'accent sur le nombre d'acteurs impliqués dans une transaction commerciale sur Internet. Elle identifie quatre types de commerce électronique, comme le met en évidence le tableau 1.2.

Tableau 1.2 : Typologie du commerce électronique fondée sur le nombre d'acteurs

	Un acheteur	Plusieurs acheteurs
Un vendeur	EDI Extranet (*one to one*)	Site Internet de commerce électronique (*one to many*)
Plusieurs vendeurs	Centrale d'achat (*many to one*)	Places de marché Internet (*many to many*)

Cette typologie met en avant le fait que les technologies mobilisées dans ces différentes configurations ne sont pas identiques.

Ainsi, dans une opération « un acheteur/un vendeur », très représentative du commerce *B2B*, les relations électroniques entre entreprises reposent encore massivement sur des technologies EDI. Dans ce cadre, les besoins de sécurisation et d'authentification des transactions nécessitent l'utilisation de technologies différentes de celles qui sont employées dans d'autres types de transactions électroniques, notamment les transactions *B2C*.

Les transactions « un vendeur/plusieurs acheteurs » correspondent à celles des sites de commerce électronique orientés vers le grand public ou des publics ciblés. Cette catégorie est celle qui est la plus développée actuellement sur Internet.

Les transactions « plusieurs acheteurs/plusieurs vendeurs » correspondent à la logique des places de marché et sont plutôt destinées aux entreprises. Ces places de marché sont initialement conçues pour gérer les achats et l'approvisionnement des entreprises, même si la plus belle réussite de place de marché électronique est un modèle *C2C* : eBay.com. Il faut également garder à l'esprit que les plus grandes places de marché électroniques sont les Bourses comme le NASDAQ ou le NYSE-Euronext ! Comparativement aux années 2000, très peu de places de marché électroniques subsistent aujourd'hui (voir section 3).

Enfin, les transactions « un acheteur/plusieurs vendeurs » correspondent à la logique des centrales d'achat. Peu de sites de cette nature ont vu le jour. Le plus notable d'entre eux est la plate-forme Neogrids (**http://www.neogrid.com/fr**). Elle offre un ensemble de services qui facilitent les relations entre fournisseurs et distributeurs (voir section 3).

L'ouvrage aborde à la fois les technologies génériques du commerce électronique et les problématiques techniques spécifiques aux relations entre entreprises lorsque celles-ci s'éloignent fortement de celles qui sont utilisées massivement dans le commerce *B2C*.

La multitude des formes de commerce ne saurait se résumer à ces trois typologies. En effet, au sein même de ces diverses formes de commerce électronique, on retrouve différents modèles d'organisation des transactions et de génération des revenus. Dans le cadre du commerce électronique, de nombreux modèles d'affaires coexistent. La section suivante synthétise l'ensemble des modèles d'affaires répertoriés à ce jour.

3. Panorama des modèles d'affaires du commerce électronique

Dans le domaine du commerce, on distingue les commerçants (ceux qui achètent et revendent en l'état) des intermédiaires du commerce (ceux qui mettent en relation des acheteurs et des vendeurs). De la même façon, en matière de commerce électronique, on peut distinguer les modèles transactionnels (l'entreprise vend ce qu'elle a produit ou revend ce qu'elle a acheté) des modèles relationnels (l'entreprise met en relation des acheteurs et des vendeurs).

Les modèles transactionnels sont relativement simples (même s'il ne faut pas caricaturer l'activité d'achat/vente, qui recouvre de nombreux processus complexes, comme l'achat, l'encaissement ou la livraison). En revanche, les modèles relationnels sont très divers, car tout dépend du nombre d'acheteurs et de vendeurs (d'un à plusieurs centaines de milliers), du sens de la relation (qui se tourne vers qui), ainsi que des modalités d'échange (simples demandes d'information, devis ou cotations, appels d'offres formels, commandes fermes, placement d'enchères, ordres de réapprovisionnement, etc.).

Qu'il s'agisse de relations entre entreprises (*B2B*) ou entre entreprises et particuliers (*B2C*), on distinguera le site marchand, le site de vente directe, le site de vente privée, le site de courtage, la galerie marchande, l'infomédiaire, le site *C2C*, le site d'achat groupé *C2B*, le site de troc et la place de marché électronique.

La typologie présentée ici n'est pas exhaustive, puisque des experts considèrent que certains modèles ne génèrent pas directement de revenus (ni transactionnels, ni relationnels), mais permettent d'enrichir l'offre et donc d'accroître la valeur délivrée aux clients, en *B2B* comme en *B2C*. Il en va ainsi des sites qui proposent des services aux revendeurs, comme de ceux qui permettent de configurer des offres sur mesure ou qui offrent des services après-vente.

Cette typologie n'est pas non plus définitive car la créativité des entrepreneurs du Net étant ce qu'elle est, le futur nous réserve probablement de nombreuses surprises en matière de modèles d'affaires. La montée en puissance des réseaux sociaux électroniques (Web 2.0) débouche notamment sur de nombreuses expérimentations qui visent à monétiser ces communautés d'internautes. Nul doute que de nouvelles formes de modèles d'affaires continueront à émerger dans les années à venir.

3.1. Les modèles transactionnels

L'ensemble des modèles transactionnels repose sur l'existence d'une marge brute réalisée entre les achats et les ventes de produits ou de services. Il existe cependant plusieurs variantes des modèles transactionnels.

3.1.1. Les sites marchands

Les marchands électroniques, ou *e-tailers* (contraction de *electronic retailers*), sont emblématiques de la nouvelle économie des années 2000. À l'époque, on prédisait même que ces distributeurs *pure players* (c'est-à-dire qui ne possèdent pas de magasins physiques) allaient balayer le commerce traditionnel.

Selon Internet Retailer, en 2013, les *pure players* ne représentent que 6 % des ventes en ligne (42 % si on y inclut Amazon) aux États-Unis, les distributeurs physiques près de 38 % des ventes, les vépécistes traditionnels 10 % du commerce électronique et les marques en vente directe 10 %[1]. Par ailleurs, certains de ces sites ont même développé une présence physique (catalogues ou boutiques comme Ldlc.com, Grosbill.com, Cdiscount, Meilleurtaux.com). La plupart des commerçants en ligne aujourd'hui sont des distributeurs

1. Top 500, *Internet Retailer*, 2013, pp. 24-31.

traditionnels *brick and mortar* (pour signifier que les magasins « en dur » sont constitués de briques et de ciment) qui ont complété leur activité de vente en magasin par un site marchand. On parle alors de distributeurs *click and mortar*, comme la Fnac (avec Fnac.com), Auchan (avec Auchandirect.fr), etc. Des distributeurs par catalogue, comme La Redoute, ont également développé des activités de vente en ligne. On parle alors de distributeurs *click and paper*. Les vépécistes d'antan se sont transformés en « VADistes », en passant de la vente par correspondance à la vente à distance. Aujourd'hui, il est courant que plus de 75 % du chiffre d'affaires de ces entreprises soit réalisé en ligne.

Le commerce en ligne est particulièrement pertinent quand il s'agit de produits numériques comme l'information ou la musique, pour lesquels toute la chaîne est numérisée, y compris la livraison. Les Anglo-Saxons donnent le nom de « *bits vendors* » *à* ces entreprises entièrement numériques, comme Telecharger.com de 01.net ou iTunes Music Store d'Apple. Le marché des biens virtuels est également en forte croissance, qu'il s'agisse de mondes virtuels, de jeux massivement multijoueurs (MMORPG) comme *World of Warcraft*, de jeux sur les réseaux sociaux comme *Farmville* (*social gaming*), mais aussi d'enseignement avec les MOOC (*Massive Open Online Courses*).

D'autres modèles de marchands en ligne ont émergé durant ces dernières années, comme les sites de déstockage (la frontière avec les sites de vente privée, dont nous parlons ci-dessous, est parfois mince). On trouve également des sites « horizontaux » qui rassemblent les acteurs d'une profession, par exemple les libraires (ici la frontière avec les galeries marchandes, dont nous parlons aussi ci-dessous, est également ténue). Les cybermarchés font également partie de cette catégorie de sites, dont le volume d'affaires est appelé à se développer.

Exemples de sites : amazon.fr, overstock.com, lastminute.com, cdiscount.com, mistergooddeal.com, houra.fr, woot.com, playfish.com

3.1.2. Les sites de vente directe

Il arrive que les sites marchands soient créés, animés et gérés directement par les industriels (au sens large, incluant des produits et/ou des services). Certaines entreprises réalisent une partie substantielle de leur chiffre d'affaires en ligne. Ainsi, en 2012, Accor réalise 27,8 % de ses ventes en ligne[1].

Ces industriels sont parfois des assembleurs, qui produisent sur mesure en assemblant des composants achetés par ailleurs (*build to order*). On trouve de nombreux exemples dans le domaine des produits informatiques (comme Dell) ou dans le domaine du tourisme (comme Terres d'aventure). L'accès à des services en ligne (comme un titre de presse ou un logiciel) est également considéré comme une vente directe, puisque c'est la société de presse ou l'éditeur du logiciel qui les vend au client final. Par extension, la souscription en ligne de services entre également dans le champ de la vente directe (comme la vente d'abonnement en ligne dans la téléphonie mobile ou dans l'énergie).

En matière de vente directe, les modalités transactionnelles sont diverses. Il peut s'agir d'une vente, d'une location, d'un *leasing* ou même d'un paiement à l'usage, lorsque par exemple un titre de presse vend ses archives à l'unité, ou qu'une société de *gaming* en ligne vend l'accès à un jeu en fonction du temps passé.

1. Rapport annuel 2012.

Exemples de sites : terdav.com, dell.com, pearson.fr, nespresso.com

3.1.3. Les sites de vente privée

L'expression « vente privée » semble aujourd'hui magique (mais pour combien de temps ?), alors qu'elle est parfois utilisée pour des opérations promotionnelles très classiques. Derrière ces termes se cache pourtant un modèle assez spécifique, à base de « coups » commerciaux (qui engendre des méthodes particulières d'achat, de stockage… et de vente). Initialement, les ventes privées ont été proposées par des marques de luxe ou de mode pour écouler des produits en fin de saison, à des prix défiant toute concurrence : il s'agissait d'offrir des soldes privées à des clientes triées sur le volet. Quelques sites spécialisés ont récupéré l'héritage sémantique. Aujourd'hui, sur Internet, les sites de vente privée proposent des produits en quantités limitées, avec l'idée de faire profiter le client d'une bonne affaire ou d'une promotion fracassante. Il s'agit d'une logique de club, avec parfois un droit d'entrée et/ou une obligation de parrainage. Le côté sélectif est renforcé par la nécessité de s'inscrire préalablement. Le leader incontesté de ce secteur en France est Vente Privée, entreprise créée en 2001, dixième site de commerce électronique français en 2012, avec plus de 7,5 millions de visiteurs uniques par mois et un chiffre d'affaires de 1,3 milliard d'euros pour 1 600 salariés. Le concept se développe dans de nombreux autres secteurs (voyages, automobile, etc.).

Exemples de sites : vente-privee.com, achatvip.com, voyage-prive.com, monshowroom.fr

3.2. Les modèles relationnels

Les modèles relationnels sont nombreux. Ils se rémunèrent tous par une commission de mise en relation. Ils diffèrent entre eux selon la nature des parties mises en relation, leur nombre, la nature des produits, ainsi que l'organisation de la mise en relation.

3.2.1. Les sites de courtage

Dans le commerce traditionnel, on distingue les commerçants des intermédiaires du commerce (agents, courtiers, mandataires, etc.). De la même façon, le commerce électronique voit foisonner des intermédiaires variés, comme les sites de courtage qui proposent des offres au nom des différentes entreprises qu'ils représentent. On trouve des courtiers dans le domaine des produits financiers, de la billetterie, du tourisme, etc. La vente de tickets et de billets faisant partie du commerce en ligne, les courtiers pèsent assez lourds sur le marché du commerce électronique.

Les intermédiaires sont généralement rémunérés par une commission, fixe ou variable selon le montant de la transaction. Les sites de courtage se distinguent des comparateurs de prix (voir section 3.2.2) qui ne représentent pas commercialement des entreprises, mais diffusent des informations comparatives pour aider les clients à faire leurs choix. Les sites de courtage accompagnent le client dans son acte d'achat en ligne, jusqu'à la transaction finale.

Exemples de sites : lastminute.fr, expedia.fr, voyages-sncf.com, meilleurtaux.com

3.2.2. Les infomédiaires

Le terme « infomédiaire » désigne les intermédiaires spécialisés dans la diffusion d'informations aux cyberacheteurs potentiels. À la différence des sites de courtage, les infomédiaires n'accompagnent pas les clients jusqu'à la transaction, mais les aident à mieux choisir. Il faut distinguer les guides et annuaires (qui référencent des sites) des comparateurs (qui référencent des offres de produits/services spécifiques). On peut aussi parler de « métamédiaires », des sites spécialisés dans un univers d'offres comme le déménagement ou le mariage. Les comparateurs sont très utilisés par les internautes. De fait, la plupart des sites marchands paient pour être présents sur les guides, annuaires et comparateurs. Les comparateurs sont généralement rémunérés en fonction du nombre de clics générés (autour de 0,20 euro par clic envoyé chez le site partenaire), mais certains peuvent aussi être rémunérés en fonction des ventes réalisées.

Le monde des infomédiaires est en ébullition permanente. La tendance de fond est de faire en sorte que les clients puissent faire les choix les plus éclairés possibles : les comparateurs se transforment alors en véritables guides d'achat. Cela suppose de pouvoir comparer le plus grand nombre d'offres (et donc de référencer aussi les sites qui ne paient pas pour être comparés), sur le plus grand nombre de critères (ne pas se limiter à comparer des prix, mais inclure également des critères de qualité). Les sites évoluent donc vers une plus grande sophistication en termes de contenus. Certains intègrent des commentaires rédigés par les internautes, dans la lignée de l'esprit collaboratif (Web 2.0). Les sites tentent également de se différencier les uns des autres. En plus des comparateurs généralistes (comme Leguide.com), on assiste à l'émergence de comparateurs plus pointus : comparateurs sectoriels (notamment pour les produits technologiques, les voyages, les cybermarchés, ou la mode/décoration), comparateurs solidaires dont le revenu est versé à des associations caritatives, etc.

Exemples de sites : leguide.com, kelkoo.fr, ciao.fr, shopping.com, soliland.fr, shopoon.fr

3.2.3. Les galeries marchandes

Dans le commerce traditionnel, il existe des centres commerciaux et des galeries marchandes. En général, ces équipements commerciaux sont construits par des sociétés foncières (souvent filiales de grands groupes bancaires) ou des grands distributeurs généralistes (comme Auchan, avec sa filiale Immochan). Ces sociétés commercialisent des espaces de vente à des chaînes de grande envergure, à des boutiques plus modestes et à des commerces de proximité (boulangeries, pressing, presse, tabac). Il en va de même sur Internet, où des sites peuvent rassembler des marchands électroniques qui souhaitent accroître leur visibilité et avoir « pignon sur rue » (ici, la rue est le réseau Internet mondial).

Cependant, les galeries marchandes qui ont éclos dans les années 1995-2000 ont finalement échoué – comme la galerie Surf & Buy lancée par IBM en 1997 – pour des raisons essentiellement marketing. En effet, la véritable raison d'être d'un centre commercial est de permettre une mutualisation des infrastructures (un centre commercial peut coûter plusieurs centaines de millions d'euros) et, surtout, d'attirer un trafic massif (plus de 40 000 personnes, chaque samedi, dans un centre commercial régional comme celui de Val d'Europe à côté de Marne-la-Vallée). Or les galeries marchandes qui se sont ouvertes sur le Net n'avaient ni la notoriété ni la surface financière pour créer plus de trafic que les marchands eux-mêmes.

Aujourd'hui, ce modèle d'affaires n'a pas totalement disparu, mais il prend des formes différenciées :

- espace de vente sur les sites à fort trafic (comme Yahoo! ou Google Shopping) ;
- regroupement de marques issues d'un même secteur (comme dans le luxe, avec Brandalley.fr) ;
- regroupement de marques partageant la même infrastructure (comme le site Stores Place, qui propose à des marchands d'ouvrir une boutique) ;
- regroupement de commerçants proches géographiquement. Dans ce dernier cas, les galeries réunissent des petits commerçants qui y voient une possibilité attractive de mutualiser leurs frais de structure et de commercialisation (par exemple : **http://www.commercants.com** pour les commerçants de Strasbourg) ;
- espace de vente sur une place de marché (comme eBay, Amazon ou RueduCommerce) ;
- centre commercial « réel » qui peut avoir intérêt à communiquer auprès de ses visiteurs (comme le centre commercial parisien Italie 2, **http://www.italie2.com/**).

Au fond, la question est de savoir si certaines formes du commerce réel sont transposables ou non sur Internet et si oui, comment ? Le modèle d'affaires reste donc à confirmer sur le long terme. Le concept de galerie semble parfois peu éloigné du concept de guide d'achat (la seule vraie différence réside dans le fait que la galerie est organisée par marques/boutiques, alors que le guide est plutôt organisé par types de produits).

Exemples de sites : brandalley.fr, commercants.com, 3fontaines.com

3.2.4. Les sites de *C2C*

Autour de l'emblématique eBay, les sites de *C2C* (*Consumer to Consumer*) sont devenus un véritable phénomène de société. En 2012, les différents sites internationaux d'eBay réalisent 14,1 milliards de dollars de chiffre d'affaires pour un volume d'échanges représentant 75,4 milliards de dollars. En France, un internaute sur trois visite eBay chaque mois, pour 8,9 millions de visiteurs uniques. eBay et PriceMinister, également un site français de vente entre particuliers (7,5 millions de visiteurs uniques mensuels), sont parmi les cinq premiers sites marchands en France. Le groupe chinois Alibaba possède deux sites (**http://www.taobao.com/** et **http://www.tmall.com**) de vente entre particuliers et d'entreprises aux particuliers qui rassemblent 145 millions d'utilisateurs et ont généré 161 milliards de dollars de chiffre d'affaires en 2012, soit la quasi-totalité du marché américain du e-commerce *B2C* (191 milliards de dollars)[1].

Ce modèle d'affaires repose sur un flux de revenus liés à la mise en ligne des produits à la vente (montant fixe et/ou pourcentage de la transaction). Au-delà de ce modèle, le site est désormais utilisé comme canal de vente par les professionnels, à la manière d'une galerie marchande (le site perçoit un abonnement spécifique pour l'hébergement de la boutique). Pour la plupart, il s'agit de petites entreprises, mais certaines réalisent un chiffre d'affaires supérieur à 5 millions d'euros. Le développement d'eBay s'accompagne d'une diversification liée dans les systèmes de paiement (PayPal). Derrière eBay, d'autres

1. Internet Retailer, **http://www.internetretailer.com/2012/12/03/chinas-e-commerce-giant-reaches-milestone-ahead-schedule**.

acteurs se pressent pour tirer profit également de cette nouvelle façon d'acheter et de consommer. Ainsi, en France, PriceMinister.fr et Leboncoin.fr concurrencent fortement le leader. Néanmoins, l'un des facteurs clés de succès dans ce modèle d'affaires repose sur le nombre d'objets en vente (et corrélativement le nombre d'acheteurs), ce qui induit une forte concentration du marché et limite naturellement le nombre de concurrents.

Le *C2C* marchand inclut également les réseaux sociaux comme YouTube, Facebook et Twitter qui tentent d'évoluer vers du e-commerce, même si ce n'est pas leur vocation première. Ces sites permettent déjà d'acheter des produits culturels numériques ou de réaliser des paiements. Ils ne vont certainement pas s'arrêter à ces seuls produits dans les années qui viennent.

Exemples de sites : ebay.fr, priceminister.com, leboncoin.fr, placedesventes.com, taobao.com

3.2.5. Les sites d'achat groupé *C2B*

Le principe de l'achat groupé consiste à réunir plusieurs acheteurs qui, ensemble, peuvent négocier une remise auprès du fournisseur *via* le site (le site d'achat se rémunère avec une commission sur les ventes). Ce modèle d'affaires est qualifié de *C2B* (*Customer to Business*), dans la mesure où ce sont les clients qui prennent l'initiative de se regrouper, soit pour bénéficier d'un meilleur prix, soit encore pour exercer une forme de pouvoir vis-à-vis du fournisseur, notamment sur les marchés peu régulés (Wang *et al.*, 2013). L'achat groupé présente quelques similarités avec les communautés de marque (voir chapitre 10), mais s'en distingue dans la mesure où l'affiliation à une marque n'est pas nécessaire pour fédérer les consommateurs.

Ce modèle a été lancé en France par Clust en 2000, site qui a gagné le premier prix des Clics d'Or (récompense donnée par des professionnels) et qui, la même année, s'est déclaré en faillite ! La plupart des sites d'achat groupé ont d'ailleurs suivi la même trajectoire. Rares sont les survivants de cette époque. Ce modèle a été adapté pour le crédit immobilier (obtenir un meilleur taux en négociant à plusieurs), mais sans réel succès. Le problème fondamental de ce modèle d'affaires réside dans la faible capacité de négociation du site vis-à-vis des fournisseurs. Cependant, la remise obtenue du fournisseur compense rarement la remise consentie aux clients et la commission prise au passage. Par ailleurs, une des bases du modèle repose sur le recrutement de clients par le marketing viral (les clients ont intérêt à mobiliser leur réseau de contacts afin de faire baisser le prix du produit désiré) ; cependant il est très peu probable que vos amis veuillent acquérir le même produit en même temps que vous, ce qui limite fortement la force (théorique) de ce modèle. Ce modèle a peut être un potentiel auprès des entreprises, mais les expériences actuelles restent modestes.

L'évolution actuelle vers des modèles promotionnels offre sans doute des opportunités plus importantes que le modèle initial. Le bouche à oreille *via* les réseaux sociaux permet non pas de négocier le prix, mais simplement de réunir des acheteurs pour un prix très réduit connu à l'avance.

Exemples de sites : bernardtapie.com, discounteam.com, clubdeal.fr, groupon.fr

3.2.6. Les sites de troc en ligne

Le troc est historiquement l'une des premières formes d'échange, pratiquée depuis la nuit des temps. Aujourd'hui, il s'inscrit plutôt dans une tendance à la déconsommation (ou à la consommation responsable), qui constitue une forme de résistance à l'emprise de la société de consommation. Ce modèle d'affaires a été adapté sur Internet, mais avec un succès très relatif. Le principal site de troc (Troc.com) a d'ailleurs évolué vers un modèle marchand. Les frontières avec le dépôt-vente sont parfois assez floues : le site devient plutôt la vitrine d'un réseau (comme Cash Converters ou Troc de l'Île). Ce modèle a peut-être du potentiel auprès des entreprises (système de *bartering*), mais comme l'achat groupé, les expériences restent modestes.

> ***Exemple de site :*** trocminute.com

3.2.7. Les places de marché électroniques

L'expression « place de marché électronique » s'est rapidement imposée pour caractériser des intermédiaires de commerce entre organisations : ce sont donc des termes exclusivement réservés aux activités de *B2B*. Cette mise en relation recouvre plusieurs services : identification des fournisseurs par les acheteurs potentiels (bases de données de fournisseurs et catalogues électroniques de produits), consultation d'appels d'offres par des fournisseurs, négociation de prix, gestion des commandes et facturation, mise à disposition d'une infrastructure sécurisée pour les échanges… L'expression de place de marché est assez générique, dans la mesure où il existe différents types de places. En outre, l'expression « place de marché » (*marketplace*) caractérise désormais une pratique de sites marchands *B2C* à fort trafic qui ouvrent leur site à des vendeurs tiers afin d'augmenter leurs revenus et de rentabiliser ainsi leur audience.

Les différentes formes de places de marché

On distingue les places de marché verticales (qui regroupent des acheteurs d'un même secteur d'activité, comme l'automobile, la chimie ou la distribution de produits de grande consommation) et les places de marché horizontales (qui regroupent un ou des fournisseurs d'un même secteur qui s'adressent à des clients issus d'industries différentes, par exemple pour du matériel de bureau).

> ***Exemple :*** Elemica est une place de marché de l'industrie chimique. Elle met en relation les différents intervenants de cette industrie comme Dupont De Nemours, BP, Shell, BASF, Bayer MaterialScience, Procter & Gamble, etc., avec des fournisseurs (essentiellement des transporteurs, mais on trouve des prestataires logistiques, des mandataires douaniers, des sous-traitants). Elle offre une palette de prestations de services qui vont de la gestion des appels d'offres à la gestion de la logistique, et au paiement.
>
> *Source : http://www.elemica.com*

On peut également distinguer les places de marché publiques (tout le monde peut y accéder, à condition de s'inscrire et de payer un droit d'entrée) et les places de marché privées (un regroupement de partenaires proches, qui sont naturellement en nombre limité). Par ailleurs, certaines places sont dites *sell-side* (les fournisseurs se connectent sur un site qui référence des acheteurs) et d'autres sont dites *buy-side* (les acheteurs se connectent sur un site qui référence des fournisseurs). Il faut noter que de nombreuses places de marché sont à la fois *sell-side* et *buy-side* (les acheteurs sont mis en relation avec les fournisseurs de façon symétrique).

Exemple : Fondé à Hangzhou, en Chine, par Jack Ma en 1999, Alibaba.com est la première place de marché professionnelle mondiale *B2B*. Elle est utilisée par 76,3 millions d'usagers dans 240 pays et a réalisé 995,7 millions d'euros de chiffre d'affaires en 2011. Cette plate-forme permet aux entreprises du monde entier d'accéder aux fournisseurs chinois. Elle rassemble 10 millions d'entreprises, dont 2,2 millions qui travaillent à l'international.

Source : http://www.alibaba.com, rapport annuel 2011

Les places de marché permettent différents types de transactions : simple prise de commande à un prix négocié auparavant (*order fulfillment*), achat classique à un prix donné ou négocié, diffusion et soumission à des appels d'offres (*tendering*), système de *name your own price* (l'acheteur annonce le prix auquel il est disposé à acheter et les fournisseurs potentiels se manifestent auprès de lui) qui va jusqu'aux enchères inversées (l'acheteur fixe un prix de départ et les fournisseurs potentiels enchérissent à la baisse). On peut même envisager que plusieurs acheteurs se regroupent pour acheter sur des bases communes (comme la mise en commun des données sur les fournisseurs).

La place de marché électronique se rémunère à partir des droits d'entrée, des commissions fixes (par exemple pour la mise en ligne d'un appel d'offres) et des commissions variables, en fonction des transactions réalisées. Les modèles d'affaires ont fortement évolué en quelques années et la plupart des entreprises survivantes vendent désormais des prestations intellectuelles et technologiques. La frontière entre le commerce et le conseil est parfois mince.

Exemple : Covisint était un projet très ambitieux de l'industrie automobile qui a fini en simple prestataire technologique après un échec retentissant. Conçue pour être une plate-forme mondiale de gestion électronique des approvisionnements, de la chaîne logistique et à terme du client final, elle n'a jamais percé, confrontée à l'existence de multiples autres places de marché concurrentes et à des stratégies des constructeurs automobiles pas toujours très claires à son égard. Devant le très faible volume de transactions et les pertes conséquentes, Covisint a cédé la partie enchères inversées à Freemarkets, elle-même rachetée par Ariba. Covisint est aujourd'hui une SSII spécialisée dans les transactions électroniques.

Sources : http://www.01net.com, 2006, Howard M., Vidgen R., Powell P., 2006, http:/www.covisint.com

La transformation progressive des places de marché

Les places de marché électroniques avaient soulevé de grands espoirs en 2000/2001, lors de leurs débuts. Gartner, principal cabinet de prévision en *e-business*, avait prédit qu'à l'horizon de 2004 les transactions mondiales réalisées sur ces sites pourraient dépasser 2 500 milliards de dollars (plus de deux fois le PIB de la France).

Mais aujourd'hui la réalité est bien différente, comme l'exprime Andy Kyte, vice-président… de Gartner : « *Les places de marché ont toutes disparu car c'était une idée survendue. La réalité est que les relations entre entreprises sont complexes, à plusieurs niveaux. Or, les places de marché ont tenté de ramener ces relations à des transactions électroniques. […] Les quelques millions d'euros de chiffre d'affaires réalisés par les rares sociétés qui prétendent encore être des places de marché ne représentent rien par rapport au marché global.* »[1]

Les raisons de cet échec sont multiples. Une des raisons essentielles tient au fait que les échanges en *B2B* comportent bien souvent une très forte dimension relationnelle et qu'il

1. *Le Journal du Net*, 16 janvier 2006.

est difficile de transformer cette relation en échanges électroniques (pour peu qu'on souhaite le faire, ce qui n'est pas forcément le cas). Les échanges entre entreprises, notamment à l'international, fonctionnent aussi sur des bases de fidélité, de confiance... qui sont difficilement transposables dans les processus électroniques des places de marché (acheter des commodités au prix le plus bas possible).

Les politiques d'achat des entreprises expliquent également l'échec des places de marché, dans la mesure où ces politiques visent à obtenir des prix d'approvisionnement fixes sur une période donnée, et non des prix variables en fonction d'une offre et d'une demande.

Enfin, les aspects d'intégration technique et de standards d'échange de données ont été totalement sous-estimés dans ces projets. Les entreprises souhaitent en effet intégrer directement les catalogues électroniques de leurs fournisseurs dans leur système d'information. Cette intégration est techniquement complexe et nécessite des compétences techniques pointues que de nombreuses places de marché ne possédaient pas (voir chapitre 5).

Il n'en reste pas moins que quelques places de marché fonctionnent encore et se développent, même si elles ne sont pas toutes rentables. Des entreprises se sont même lancées récemment, preuve que les investisseurs y croient encore.

> ***Exemple :*** Kalidea est une plate-forme de produits et de services qui s'adresse aux comités d'entreprise. Elle fonctionne soit sur le modèle de l'achat/revente (marge commerciale prélevée sur les ventes), soit sur le modèle de l'intermédiation (commission prélevée sur les ventes). La société propose environ 60 000 offres, « de l'assistance juridique à l'organisation d'événements pour les CE, en passant par les chèques-cadeaux et les voyages pour les salariés ». La société a cinq agences physiques à partir desquelles elle démarche les CE avec une force de vente. Elle vise également les TPE, qui n'ont pas d'obligation d'avoir de comité d'entreprise.
>
> *Sources : Le Journal du Net, http://www.kalidea.com/*

Avec quelques années de recul, on constate que les places de marché électroniques s'inscrivent dans un mouvement plus général de *e-sourcing*, qui consiste à utiliser les nouvelles technologies de l'information pour identifier les fournisseurs, gérer les appels d'offres, négocier afin d'abaisser le coût des achats.

Les applications de *sourcing* permettent de gérer les catégories d'achat, de standardiser et de préparer les demandes de devis (*Requests For Quotation*, RFQ) et les appels d'offres (*bids*), de gérer la base de fournisseurs, de prendre en charge le *workflow* (du brouillon de demande jusqu'au contrat final), de partager un espace de travail avec les fournisseurs et d'échanger des informations, de suivre les achats dans le temps, etc. Ces applications de *sourcing* s'adressent aux professionnels des achats, y compris des achats de production.

En prolongement du *e-sourcing*, on trouve la démarche de *e-procurement*, qui vise à réduire les coûts administratifs liés aux achats (essentiellement pour les achats hors production, comme l'informatique, les fournitures de bureau, les consommables, la formation, etc.). Cette démarche s'appuie sur des solutions applicatives qui permettent aux grandes entreprises de créer des catalogues sur mesure incluant leurs fournisseurs, puis de donner à leurs collaborateurs (parfois plusieurs milliers) un accès à ces catalogues afin qu'ils puissent les consulter, passer commande en ligne, obtenir les autorisations d'achat et, éventuellement, payer en ligne. Les systèmes comptables sont liés à ces applications *via* les applications ERP (*Enterprise Resource Planning*).

Exemple : 123industries permet la diffusion et la consultation d'appels d'offres dans le domaine industriel (métal, plasturgie, électricité et électronique, emballage, transport et logistique), appels d'offres qui peuvent venir du secteur privé ou du secteur public. Le site permet également la recherche de fournisseurs nationaux ou régionaux. Il propose la diffusion de communiqués de presse, ainsi que des offres d'emploi. Les informations sont disponibles sur le site, mais sont également diffusées par newsletter sectorielle. Le site organise également des journées de rencontres avec les fournisseurs, édite des guides sur les achats industriels et réalise des observatoires professionnels (observatoire de la machine-outil, par exemple).

Source : http://www.123industries.com

Face à ces échecs et au développement du *e-sourcing*, on constate que les modèles d'affaires des places de marché électroniques ont évolué d'un côté vers le référencement (plus ou moins sophistiqué) de fournisseurs et de l'autre vers la vente de prestations intellectuelles (conseil) et technologiques (applications). Au sein de ce marché, on distingue plusieurs types d'activités :

- Les *annuaires, guides d'achat et comparateurs* qui aident les acheteurs à s'orienter et à choisir les meilleures prestations. Certains guides s'adressent plutôt à des structures de petite taille, alors que d'autres concernent également les grands comptes, comme Bobex (*Buyers Online Business Exchange*). La plupart sont généralistes, mais d'autres tentent une spécialisation sectorielle pour se différencier. L'un des facteurs clés de succès de ce modèle réside dans la taille critique en nombre de fournisseurs et d'offres référencés… tout en étant sélectif sur la qualité des fournisseurs. Il s'agit également d'apporter un conseil et de guider l'acheteur potentiel, et pas simplement de lister les fournisseurs et leurs offres. Comme le précise Laurent Horwitz, P-DG de Companeo : « *L'intervention humaine est importante au niveau du centre d'appels, pour qualifier et orienter les demandes. Dans le B2B, le tout automatique ne fonctionne pas. Nous avons également su maîtriser le nombre de nos fournisseurs, tout cela explique que nous soyons toujours vivants.* »

Exemple : Companeo est un service qui permet de sélectionner les meilleurs fournisseurs. Les chefs de marché agréent des fournisseurs (5 000 à ce jour) sur la base de critères de qualité et de réactivité. En 2012, près d'un million d'organisations (TPE, PME, CE, collectivités locales, associations, etc.) ont utilisé le site et formulé environ 3 millions de demandes. Concrètement, l'acheteur émet une demande qui est ensuite validée par Companeo afin d'étudier son adéquation avec les fournisseurs choisis. Une fois la demande validée, les fournisseurs peuvent répondre aux demandes des acheteurs (sous 48 heures), et si le devis est accepté par l'acheteur, ils réalisent la transaction. La transaction est gratuite pour les acheteurs car le site se rémunère exclusivement auprès des fournisseurs. En plus de la mise en relation, Companeo offre des conseils d'achat par type de produits/services, met en avant les nouveautés et les promotions, et prodigue des conseils gratuits et personnalisés par téléphone. Le site négocie également des promotions dont peuvent bénéficier les entreprises, à tarif négocié. Il édite un catalogue papier et plusieurs newsletters. Companeo est présent dans quatre pays (Belgique, France, Pays-Bas et Royaume-Uni), mais d'autres projets d'internationalisation sont à l'étude.

Source : http://www.companeo.fr

- Les *catalogues électroniques* et la synchronisation de données, avec des acteurs comme Agentrics, qui référence plus de 100 000 industriels auprès de 50 grands distributeurs dans le monde (Ahold, Auchan, Best Buy, Carrefour, Marks & Spencer, Metro, Tesco, Sears, etc.).
- Les *applications complètes d'e-sourcing*. Les plus importants vendent à la fois du contenu (les offres produits/services), des applications informatiques, et les services qui les accompagnent (Ariba).
- Les *applications d'e-procurement*, dont l'un des leaders est Hubwoo (avec des actionnaires de référence comme SAP ou les Banques populaires).

> ***Exemple :*** Les solutions développées par Hubwoo facilitent la mise en œuvre des politiques d'achat hors production des entreprises. Comme le précise le site de la société : « *Nos services aident nos clients dans la sélection de leurs fournisseurs, la mise en place de leurs contrats-cadres et la définition des principales procédures et pratiques. Les coûts opérationnels sont significativement réduits grâce à la diminution spectaculaire des procédures «papier». Les transactions électroniques automatisées, la dématérialisation des factures et l'acuité du* reporting *sont autant de facteurs d'amélioration de la transparence des transactions, de l'application rapide et de la systématisation des politiques d'achat.* » Avec plus de 200 000 fournisseurs connectés, Hubwoo gère l'une des plus grandes communautés *B2B* au monde (à l'issue de plusieurs opérations de croissance externe). Les applications de Hubwoo sont utilisées par plus de 60 000 collaborateurs dans 70 entreprises. Le chiffre d'affaires s'élève à 36,5 millions d'euros en 2011.
>
> *Source : http://www.hubwoo.com*

- Les *prestations de conseil proposées aux vendeurs* pour être présents sur les places de marché *C2C et B2C*. PriceMinister, eBay, Amazon, ou encore CDiscount, Fnac.com et Pixmania deviennent aujourd'hui des places de marché importantes pour les entreprises. Des prestataires spécialisés, comme Neteven, Lengow ou Sellermania, les assistent dans la diffusion de leur offre en ligne sur ces places de marché. Ces acteurs se rémunèrent par des commissions liées aux ventes. Pour l'entreprise cliente, l'intérêt d'une telle prestation consiste à gérer les activités qu'elle réalise sur de multiples sites (eBay, PriceMinister, Amazon, etc.) à partir d'une solution technique unique.

> ***Exemples de sites :*** agentrics.com (place de marché verticale et SSII), 123industries.com (site diffusant des appels d'offres), Hubwoo.com (*e-procurement*), companeo.fr (place de marché généraliste), bobex.fr (place de marché de devis)

Au terme de cette présentation de la variété des formes de commerce électronique, il convient désormais de comprendre l'intérêt pour les acteurs économiques, entreprises et consommateurs, d'une telle forme de relation commerciale.

4. L'adoption du commerce électronique par les consommateurs et les entreprises

De nombreux utilisateurs d'Internet achètent en ligne. Toutefois, tous les internautes n'utilisent pas le commerce électronique pour effectuer des achats (un peu plus des deux tiers en 2011). Il convient alors de comprendre les motivations des utilisateurs et des non-utilisateurs, afin de mieux appréhender les raisons de l'adoption du canal de distribution électronique. D'autant que les raisons de non-adoption ne sont pas exactement inverses de celles qui expliquent l'adoption du canal électronique.

De la même façon que tous les internautes n'achètent pas en ligne, tous les distributeurs traditionnels n'ouvrent pas un site marchand. Il en va de même pour les industriels. La Fevad (Fédération du e-commerce et de la vente à distance) estime qu'il existe environ 117 500 sites actifs en France, sur plusieurs centaines de milliers d'entreprises ! Toutes formes de commerce électronique confondues, 13 % des entreprises européennes ont reçu une commande en ligne (Eurostat, 2011).

4.1. L'adoption du commerce électronique par les consommateurs

Si le volume des achats sur Internet ne représente encore qu'une faible partie du commerce de détail, il n'en demeure pas moins qu'un nombre croissant de consommateurs se tourne vers ce canal pour effectuer leurs achats.

Un site marchand fournit beaucoup d'informations sur les produits, notamment les spécifications techniques. Il est donc autant une source d'information qu'un lieu d'achat. Par conséquent, adopter le commerce électronique ne consiste pas seulement à acheter en ligne, mais également à consulter le site à un moment ou un autre du processus d'achat (pour s'informer sur l'offre, pour comparer les prix entre vendeurs, etc.). Toutefois, dans les paragraphes qui suivent, notre propos est centré sur la fréquentation des sites marchands afin de réaliser un achat en ligne. La question plus large du rôle d'Internet au sein du processus d'achat est approfondie plus loin (voir chapitre 3).

4.1.1. Les motifs d'adoption du canal électronique

L'adoption du canal électronique par les consommateurs a fait l'objet d'un grand nombre de recherches académiques et d'études. Il se dégage de cet ensemble d'études quatre raisons essentielles qui motivent l'utilisation d'un site marchand par un consommateur.

La praticité

Il s'agit de la principale raison avancée par les consommateurs effectuant des achats en ligne. La praticité provient de la disponibilité du site marchand (horaires d'ouverture) et du gain de temps (pas de déplacement).

Le choix

Le Web permet aux acheteurs éventuels de consulter une quantité d'informations considérables. Structurées par fiches-produits (voir chapitre 5), les informations objectives sont souvent enrichies par des appréciations plus subjectives portées par le site marchand, ou par les consommateurs eux-mêmes. La possibilité de comparer différents produits entre eux, ou de comparer l'offre de plusieurs sites marchands sur un comparateur de prix, augmente la quantité d'informations disponibles avant la décision d'achat. Le passage d'un site à un autre est facilité par l'interface numérique, contrairement à un processus de comparaison en magasin qui est très consommateur de temps pour l'acheteur. Sur Internet, il est par ailleurs possible de présenter un plus grand nombre d'articles qu'en magasin. La possibilité de trouver sur Internet des produits introuvables dans le commerce physique améliore encore le choix offert aux acheteurs potentiels.

Les économies

Internet est perçu par le consommateur comme un espace commercial dans lequel les prix sont plus bas que dans le commerce physique. Internet est souvent considéré comme un marché « parfait », du fait d'une large circulation de l'information imposant aux distributeurs en ligne d'ajuster constamment leurs prix pour maintenir un avantage concurrentiel. Cette perception est accentuée par l'existence d'un nombre croissant de comparateurs de prix en ligne qui facilitent la recherche du « meilleur prix » et réduisent considérablement le coût de cette recherche pour le consommateur.

Le statut et le plaisir

Aux motivations pratiques, qui sont essentielles, s'ajoutent des raisons plus symboliques et hédoniques, comme l'affirmation d'un certain statut social, ou comme le plaisir pris à chasser les bonnes affaires (To, Liao et Lin, 2007). Les recherches les plus récentes montrent que l'achat en ligne ne s'explique pas seulement par la simplicité d'usage et par la confiance du consommateur envers le commerce électronique, mais également par la qualité des services offerts et par le plaisir pris à acheter en ligne (Ha et Stoel, 2009).

4.1.2. Les motifs de non-adoption du canal électronique

L'achat en ligne présente aussi pour de nombreux consommateurs un risque élevé qui inhibe leur intention d'achat (Gutiérrez *et al.*, 2010). Au-delà du risque perçu, les enquêtes et recherches sur les raisons de la non-utilisation d'Internet pour effectuer des achats mettent en évidence trois arguments majeurs.

La dématérialisation de l'interaction avec le produit

L'absence de possibilité d'interaction avec l'objet acheté constitue le premier frein à l'utilisation du commerce électronique. Nombreux sont encore les consommateurs qui souhaitent appréhender *de visu* le produit, le manipuler avant l'achat. Ceci est d'autant plus vrai que le produit constitue un achat impliquant.

L'absence de confiance dans le paiement en ligne

Cet obstacle au développement du commerce électronique, bien qu'en diminution, constitue toujours une raison majeure au refus d'effectuer un achat sur un site marchand. Les problèmes de piratage des données de carte bancaire effraient certains consommateurs. Les efforts pour améliorer la sécurité des transactions en ligne ne semblent encore pas suffisants aux yeux d'une catégorie de consommateurs (voir chapitre 4). La possibilité de payer à réception de la marchandise est peu utilisée par les sites marchands et peu mise en avant par les sites qui proposent cette modalité de paiement.

Le service après-vente et le retour des produits

Bien qu'étant encadrée par les obligations liées à la vente à distance, la vente par Internet comporte un risque lié à la gestion des retours de produits en cas d'insatisfaction du client. Certains consommateurs craignent un manque de fiabilité dans la gestion des processus de retour de produits défectueux ou insatisfaisants. Comment s'effectuera le traitement d'un litige en cas de produit défectueux ? Comment s'organisera le retour de celui-ci ? Qui prendra en charge les frais de retour ? Est-ce qu'un service après-vente existe réellement chez un marchand en ligne ? Ces interrogations sont suffisamment fortes chez certains consommateurs pour les dissuader d'effectuer un achat en ligne. Avec le développement des achats en ligne, la livraison elle-même devient un obstacle à l'achat en ligne. Sans prise de rendez-vous, la livraison peut être compliquée et contraindre fortement le client en termes de temps, et conduire à un fort mécontentement qui aboutira à un abandon du canal électronique.

4.1.3. L'influence des caractéristiques personnelles et des situations d'achat

L'achat en ligne est un comportement qui n'est pas sans rapport avec les caractéristiques personnelles de l'individu. Des recherches ont notamment montré que certains traits de personnalité favorisent l'usage d'Internet, l'achat ou la vente en ligne (McElroy *et al.*, 2007). Les consommateurs impulsifs sont ainsi plus susceptibles que les autres d'adopter le canal électronique, de même que les consommateurs les plus autonomes, ceux qui décident par eux-mêmes (Domina *et al.*, 2012).

Les traits culturels ne sont pas non plus sans rapport avec l'adoption du canal électronique, notamment dans sa version mobile. Ainsi, les individus issus de cultures qui ne craignent pas l'incertitude sont plus susceptibles que les autres d'acheter en ligne (Tengti, 2009). Il faut se méfier des généralisations car certains facteurs expliquent l'adoption du e-commerce dans certains pays, mais pas dans d'autres. Ainsi, la facilité d'usage perçue explique l'achat en ligne aux États-Unis, mais non en Allemagne (Smith *et al.*, 2013).

L'achat en ligne est aussi un comportement fortement marqué par la situation économique et sociale de l'individu. Plus l'individu dispose de ressources (revenus, éducation, etc.), plus la probabilité qu'il achète en ligne est élevée. Cette probabilité dépend également des situations concrètes auxquelles font face les consommateurs. S'agit-il d'un achat pour soi ou d'un cadeau ? Le consommateur dispose-t-il de plusieurs jours ou de quelques heures ?

Finalement, les motivations des consommateurs à acheter en ligne varient également selon les phases du cycle de vie et selon certains événements. Ainsi, la survenance d'une maladie ou l'arrivée d'un enfant peuvent inciter les consommateurs à acheter en ligne (Hand *et al.*, 2009).

Dans de nombreux pays, un écart se creuse entre ceux qui utilisent communément les technologies d'Internet et les autres. Sous peine de voir cet écart se creuser dangereusement (on parle de fracture numérique ou de « *digital divide* »), la question de l'accès de tous aux NTIC devrait certainement faire l'objet d'actions vigoureuses de la part des gouvernements. En plus d'un effort général pour démocratiser et généraliser l'usage des technologies, développer l'achat en ligne passe aussi par le ciblage de populations spécifiques, comme les personnes âgées ou les populations adolescentes.

4.2. L'adoption du commerce électronique par les entreprises

La question de l'adoption du commerce électronique se pose différemment pour les distributeurs traditionnels (*B2C*), pour les entreprises industrielles qui s'adressent à des particuliers *via* des réseaux de distribution professionnelle (*B2B2C*), ou pour les entreprises qui vendent à d'autres professionnels (*B2B*).

4.2.1. Le cas des distributeurs en *B2C*

S'il est vrai que la quasi-totalité des distributeurs par catalogue (les « VADistes ») a sauté le pas, en revanche, certains distributeurs physiques n'ont pas encore de site marchand.

Fin 2012, 70 % des 100 premiers distributeurs vendent en ligne. De nombreux distributeurs se sont lancés tardivement dans le commerce électronique, comme Monoprix, Intermarché ou Micromania. Quant à André, Botanic ou Citadium, ils n'ont ouvert une boutique en ligne qu'en 2012 ou 2013.

Le fait de ne pas vendre en ligne est assez surprenant pour une entreprise dont le cœur de métier est précisément la vente. Les raisons pour lesquelles certains distributeurs sont encore réticents vis-à-vis du e-commerce sont notamment :

- Le manque de compétences (réelles ou perçues) en matière de commerce électronique.
- La faible affinité entre leur cible et la cible des internautes.
- Le risque perçu de dégrader la performance du réseau de magasins.
- La complexité organisationnelle et la « faiblesse » du centre (dans le cas de réseaux constitués de magasins indépendants). La tête de réseau ne souhaite pas ouvrir un site de peur de perturber son organisation commerciale et les relations avec ses adhérents.
- Le risque de conflit avec les magasins (dans le cas de réseaux en franchise).

À terme, il est probable que tous les grands distributeurs auront un site marchand, la pression concurrentielle et le mimétisme constituant de puissants moteurs. Mais la question reste ouverte pour les petits distributeurs, qui seront probablement amenés à rejoindre des places de marché, par exemple, ou à travailler avec des prestataires leur permettant de sous-traiter plusieurs activités dans leur chaîne de valeur.

4.2.2. Le cas des industriels en *B2B2C*

De nombreux industriels s'adressent directement à leurs clients, notamment dans le commerce entre entreprises. Il existe plusieurs configurations :

- L'industriel s'adresse directement à un acheteur final qui achète pour son compte personnel (c'est le cas quand un particulier achète un ordinateur sur la boutique en ligne de HP France ou un voyage sur le site du Club Med).
- L'industriel s'adresse à un acheteur unique qui achète pour le compte de son entreprise, comme c'est souvent le cas pour les TPE ou les petites PME (cette situation n'est finalement pas très différente de la situation précédente, à l'exception éventuelle du processus de paiement de la transaction).
- L'industriel négocie un accord-cadre avec les acheteurs du client, puis les collaborateurs de ce dernier (qui peuvent être plusieurs milliers) accèdent uniquement aux offres négociées auprès du fournisseur sur un catalogue électronique ou sur un espace Web dédié ; dans ce cas, ils ne peuvent qu'acheter les produits négociés aux prix fixés (*e-procurement*).

Si la vente directe semble présenter de nombreux avantages (voir chapitre 2), son coût ne doit pas être sous-estimé : concevoir et développer le site (voir chapitres 4, 5 et 6), attirer le trafic (voir chapitre 7), facturer et livrer chaque client (voir chapitre 9), etc. Par ailleurs, la vente directe n'est pas toujours envisageable, si l'industriel n'a pas une marque forte ou une base de clients disposés à acheter en ligne, ou encore si ses distributeurs habituels menacent de se passer de lui (voir chapitre 3).

Exemple : L'entreprise Levi's, célèbre fabricant américain de jeans, s'est lancée dans la vente directe par Internet en novembre 1998, alors même que son modèle de distribution était fondé sur un réseau de distributeurs exclusifs. Ceux-ci sont entrés en conflit avec Levi's. Face à ce mécontentement, Levi's a, dès 1999, repensé son site Web en arrêtant la vente directe et en renvoyant l'internaute vers les magasins. L'entreprise, après avoir fait évoluer sa stratégie de commercialisation vers un modèle plus intensif (boutiques exclusives, boutiques multi-marques, grande distribution, etc.), propose désormais la vente en ligne.

Malgré les obstacles, de nombreuses marques se mettent au commerce électronique. Ainsi, en 2012-2013, des entreprises aussi notables que Baccarat, Dim, Bourjois ou L'Oréal se sont lancées dans l'aventure de la vente en ligne. La vente directe par les industriels reste cependant assez marginale, même si les premiers experts du Web pensaient qu'elle allait se généraliser (on fait ici référence aux prophéties euphoriques sur la « désintermédiation » avancées entre 1997 et 2000). Dix ans après les premiers essais de vente directe, moins de 15 % du chiffre d'affaires des industriels européens est réalisé *via* Internet (Eurostat, 2011).

4.2.3. Le cas des industriels en *B2B*

Le développement des ventes électroniques entre entreprises (*B2B*) est encore en phase de croissance forte dans la mesure où pour la France, par exemple, seules 38 % des entreprises de plus de 250 salariés achètent en ligne, contre 61 % pour la Suède.

Les motifs d'adoption ou de non-adoption

Des études récentes montrent que des facteurs technologiques, organisationnels et contextuels permettent d'expliquer pourquoi les industriels adoptent ou non le commerce électronique en *B2B* (Sila, 2013) : les coûts, naturellement, mais aussi le soutien de la direction générale ou la pression des concurrents (celle des partenaires commerciaux semble moins déterminante). Les perceptions des managers jouent également un rôle très significatif, relativement à la sécurité des données, à la fiabilité des réseaux ou à la flexibilité des dispositifs de e-commerce (*scalability*). Ce dernier facteur est de loin le plus déterminant.

L'EDI comme alternative

Nombreux sont les industriels qui ne vendent pas *via* Internet à un grand nombre de clients finaux, mais qui réalisent néanmoins des échanges électroniques avec une cible réduite d'intermédiaires (parfois une poignée) de clients industriels, grossistes ou grands distributeurs. Ces transactions électroniques sont antérieures à l'arrivée des technologies Internet. Techniquement, ces échanges électroniques prennent la forme de messages EDI ou Web-EDI (voir chapitre 4) pour les PME, car ce dernier système est moins coûteux pour les petites structures.

De telles configurations d'échanges sont dénommées « systèmes d'information interorganisations » (SIIO). Elles impliquent des contacts récurrents entre acteurs économiques, ce qui est le cas dans les chaînes d'approvisionnement. On se trouve toutefois à la frontière de la notion de commerce, car il s'agit plutôt d'une collaboration entre partenaires dans une chaîne logistique qui doit être optimisée pour éviter les ruptures d'approvisionnement, diminuer les stocks, etc. On parle de gestion partagée des approvisionnements (GPA) ou encore de *Collaborative Planning Forecasting & Replenishment* (CPFR) lorsque cette collaboration dépasse l'échange d'informations sur les stocks et englobe un partage d'informations sur les prévisions de production, de vente, les actions marketing.

Dans le secteur des produits de grande consommation (PGC), 44 % des entreprises utilisent l'EDI ou le Web-EDI avec distributeurs[1]. Dans la plupart des cas, ces industriels ont été fortement incités – voire contraints – par leurs clients (grands distributeurs, notamment) à basculer vers ces systèmes, pour pouvoir tout simplement continuer à travailler avec eux. Ces échanges électroniques permettent cependant de réduire les délais et de diminuer le coût de gestion des transactions (saisie, contrôle, etc.), en apportant une grande fiabilité à l'ensemble des opérations. Dans ce contexte, le commerce électronique *via* l'EDI est une source de productivité importante, normalement pour les deux parties.

Pour les produits basiques, l'usage des technologies d'échange de données permet de diminuer le nombre de fournisseurs, entraînant ainsi des gains de productivité substantiels (Dedrick, Xu et Zhu, 2008). Pour les produits plus sophistiqués, notamment les produits réalisés sur la base de spécifications sur mesure, ces technologies conduisent à augmenter le nombre de fournisseurs, à moins de mieux intégrer les systèmes d'information des partenaires. Autrement dit, les technologies d'échanges de données permettent des gains de productivité même dans le cas de produits sur mesure (sous réserve, pour ces derniers, d'intégrer les systèmes d'information entre partenaires de l'échange).

Sur les enchères inversées

Le développement d'Internet a également permis la multiplication des pratiques d'enchères inversées entre les industriels et leurs fournisseurs. Des recherches montrent que la pratique des enchères permet de baisser les prix. Cependant, ces baisses de prix se font aux dépens de la qualité de la relation entre les partenaires (Jap et Haruvy, 2008). L'agressivité éventuelle des pratiques commerciales sur Internet doit donc être équilibrée avec d'autres objectifs à plus long terme, comme la nécessaire coopération entre les acteurs d'une même chaîne de valeur. Ce point est d'autant plus complexe que l'échange de données n'apporte pas en soi une performance additionnelle notable, s'il se limite à une connexion automatique entre clients et fournisseurs. La vraie valeur de l'Internet marchand pour un acteur du *B2B* est probablement de permettre des collaborations en réseau, notamment lorsque la transaction se prête mal à une contractualisation précise (Mithas, Jones et Mitchell, 2008).

À partir des éléments présentés dans cette section sur l'adoption du e-commerce par les consommateurs et les entreprises, il est raisonnable de penser que les échanges électroniques compléteront les modalités traditionnelles d'échange plutôt que de s'y substituer. Aujourd'hui, on envisage plutôt l'avènement d'un commerce connecté où la dimension électronique va s'intégrer dans l'ensemble des canaux, y compris dans les magasins. Cette tendance est déjà amorcée (avec, par exemple, la possibilité de commander sur le site marchand depuis le point de vente, éventuellement assisté d'un vendeur) et va probablement dominer la scène dans les années qui viennent. À terme, il n'est pas impossible que l'on parle tout simplement… de commerce. Cependant, à l'issue de ce cheminement (commerce / commerce électronique / commerce connecté / commerce), de nouveaux canaux seront apparus, l'ensemble des canaux auront été touchés par l'électronique et, plus important encore, ils seront tous articulés et combinés (voir chapitre 3).

1. Enquête annuelle de la mise en œuvre des standards, GS1, 2010.

Résumé

Apparu à la fin des années 1990 sur Internet, le commerce électronique constitue désormais un canal de vente en forte progression dans les pays occidentaux. Malgré cette croissance, ce canal reste encore marginal par rapport au commerce de détail (environ 5 %). Cette progression masque des réalités très variables selon les secteurs économiques.

Plus généralement, le développement du commerce électronique nécessite que plusieurs facteurs favorables à son essor soient réunis : un environnement technologique proposant des outils informatiques qui facilitent l'usage d'Internet en général ; des infrastructures publiques fiables ; un taux d'équipement des ménages en informatique élevé ; des services financiers adaptés au commerce électronique ; un environnement juridique et fiscal facilitant l'achat en ligne. Mais il est nécessaire de bien préciser ce que l'expression « commerce électronique » signifie. En effet, les utilisations d'Internet sont nombreuses et les confusions le sont aussi entre e-business et e-commerce.

Plusieurs typologies permettent de mieux comprendre les différentes formes d'utilisation d'Internet dans le cadre d'une activité économique marchande ou non. Enfin, il est important de comprendre les différents modèles d'affaires possibles dans le cadre du commerce électronique. L'analyse des différentes variantes met en évidence l'existence de deux grandes catégories de modèles d'affaires en ligne : les modèles transactionnels et les modèles relationnels.

De plus en plus de consommateurs et d'entreprises adoptent le commerce électronique. L'achat ou la vente en ligne sont cependant loin de représenter des comportements généralisés. Plusieurs facteurs peuvent expliquer pourquoi l'adoption du commerce électronique n'est pas plus rapide, comme la personnalité ou les ressources (pour les consommateurs), ou encore la maturité informationnelle (pour les entreprises). Cela dit, à terme, il est probable que le commerce électronique ne remplace pas le commerce traditionnel, mais que l'on assiste plutôt à une convergence des modalités d'échange. Dès lors, il est plus juste de parler de « commerce connecté ».

Bibliographie

Dedrick J., Xu S.X. et Zhu K.Z. (2008), « How does information technology shape supply-chain structure? Evidence on the number of suppliers », *Journal of Management Information Systems*, vol. 25, n° 2, pp. 41-72.

Domina T., Lee S.E. et MacGillivray M. (2013), « Understanding factors affecting consumer intention to shop in a virtual world », *Journal of Retailing & Consumer Services*, vol. 19, n° 6, pp. 613-620.

Gutiérrez S., Camarero Izquierdo C. et San José Cabezudo R. (2010), « Product and channel-related risk and involvement in online contexts », *Electronic Commerce Research and Applications*, vol. 9, n° 3, pp. 263-273.

Ha S. et Stoel L. (2009), « Consumer e-shopping acceptance: Antecedents in technology acceptance model », *Journal of Business Research*, vol. 62, n° 5, pp. 565-571.

Hand C., Dall'Olmo Riley F., Harris P., Singh J. et Rettie R. (2009), « Online grocery shopping: The influence of situational factors », *European Journal of Marketing*, vol. 43, n° 9/10, pp. 1205-1219.

Howard M., Vidgen R. et Powell P. (2006), « Automotive e-hubs: Exploring motivations and barriers to collaboration and interaction », *Strategic Information Systems*, vol. 15, pp. 51-75.

Jap S.D. et Haruvy E. (2008), « Interorganizational relationships and bidding behavior in industrial online reverse auctions », *Journal of Marketing Research*, vol. 45, n° 5, pp. 550-561.

McElroy J.C., Hendrickson A.R., Townsend A.M. et DeMarie S.M. (2007), « Dispositional factors in Internet use: Personality vs. cognitive style », *MIS Quarterly*, vol. 31, n° 4, pp. 809-820.

Mithas S., Jones J.L. et Mitchell W. (2008), « Buyer intention to use Internet-enabled reverse auctions: The role of asset specificity, product specialization, and non contractibility », *MIS Quarterly*, vol. 32, n° 4, pp. 705-724.

Sila I. (2013), « Factors affecting the adoption of B2B e-commerce technologies », *Electronic Commerce Research*, vol. 13, n° 2, pp. 199-236.

Smith R., Deitz G. *et al.* (2013), « Cross-cultural examination of online shopping behavior: A comparison of Norway, Germany, and the United States », *Journal of Business Research*, vol. 66, n° 3, pp. 328-335.

Tengti K.D. (2009), « The impact of transaction trust on consumers' intentions to adopt m-commerce: A cross-cultural investigation », *CyberPsychology & Behavior*, vol. 12, n° 2, pp. 225-229.

To P.L., Liao C. et Lin T-H. (2007), « Shopping motivations on Internet: A study based on utilitarian and hedonic value », *Technovation*, vol. 27, n° 12, décembre, pp. 774-787.

Wang J.J., Zhao X. et Lie J.J. (2013), « Group buying: A strategic form of consumer collective », *Journal of Retailing*, vol. 89, n° 3, pp. 338-351.

Pour aller plus loin

Consultez les références complémentaires proposées sur : **http://www.livre-ecommerce.fr**.

Sites Internet à consulter

http://www.associationeconomienumerique.fr

http://www.census.gov/econ/estats/

http://digitalenterprise.org/models/models.html

http://www.droit-tic.com/

http://www.ebg.net

http://www.fevad.com

http://www.dgcis.gouv.fr/secteurs-professionnels/industriegouvfr/

http://www.journaldunet.com

Activités

Questions de révision

1. Quels sont les facteurs qui favorisent le développement du commerce électronique dans un pays donné ?
2. Quels sont les avantages pour un industriel de vendre en direct par Internet ?
3. Quelles sont les raisons qui expliquent que certains distributeurs ne souhaitent pas développer leurs ventes en ligne ?
4. Pourquoi certains consommateurs n'utilisent-ils pas Internet pour effectuer leurs achats ?
5. Donnez un exemple de site reposant sur le modèle transactionnel. Justifiez votre réponse.
6. À quel type de modèle peut-on rattacher un site Internet comme Kelkoo.fr ?
7. Pourquoi les sites d'achat groupé n'ont-ils pas rencontré le succès escompté ?
8. Qu'est-ce qu'une place de marché verticale ?
9. Donnez un exemple d'une place de marché horizontale.
10. Définissez une enchère inversée en ligne.

Exercices de synthèse

Visitez le **site http://www.eBay.fr**. À quel modèle d'affaires se rattache ce site ? Se limite-t-il aux seules transactions entre particuliers ? Qu'en concluez-vous par rapport à la précédente question ? Décrivez les différentes sources de revenus d'eBay. Qu'en concluez-vous quant aux sources de revenus des sites de commerce électronique ?

Visitez le site **http://www.zazzle.com**. À quel modèle d'affaires se rattache ce site ? Quelles sont les sources de revenus de ce site ? Qu'en concluez-vous sur son modèle d'affaires ? Quelle est la valeur apportée au consommateur final ?

Questions à débattre

1. En quoi les infrastructures publiques d'un pays contribuent-elles au développement du commerce électronique ?
2. Pourquoi le commerce électronique ne s'est-il pas développé aussi vite que les prévisions des années 2000 l'annonçaient ?
3. Pourquoi existe-t-il des différences sectorielles importantes dans l'utilisation du commerce électronique ?

4. Quelles sont les raisons qui expliquent la quasi-disparition des places de marché électroniques en *B2B* ?

5. Pourquoi certaines industries n'envisagent-elles pas de développer le commerce électronique ?

6. Est-il pertinent pour une petite entreprise s'adressant à un marché strictement local de développer un site marchand ?

7. Les enchères inversées en ligne sont-elles une modalité de vente pertinente pour toutes les entreprises ?

8. Le commerce mobile est-il l'avenir du e-commerce ? Discutez.

9. À votre avis, existe-t-il une différence entre les formes de commerce électronique *B2C* et *B2B* ?

10. À partir des différentes typologies du commerce électronique présentées dans ce chapitre, discutez de leur pertinence respective, notamment dans la perspective d'une analyse de positionnement stratégique.

Chapitre 2

Élaboration d'une stratégie de commerce électronique

Objectifs pédagogiques

- Identifier les principales étapes pour élaborer une stratégie de commerce électronique
- Diagnostiquer les ressources et compétences dont dispose l'entreprise
- Comprendre les enjeux associés à l'élaboration d'une stratégie (mission, position dans un réseau de valeur, domaines d'activité stratégique)
- Savoir repérer les facteurs clés de succès d'une activité de commerce en ligne, puis identifier les avantages compétitifs à mettre en avant auprès des clients
- Savoir définir un modèle de revenus réaliste
- Comprendre les enjeux de l'externalisation des activités de la chaîne de valeur
- Savoir définir et positionner stratégiquement une offre
- Comprendre les problématiques de financement d'une activité de vente en ligne
- Comprendre les enjeux associés à la révision de la stratégie

Pêcheur.com : le développement du leader de la vente en ligne d'articles de pêche.

Olivier Bernasson et Pierre Ourliac créent le site en 2000. À cette époque dirigeants d'une agence de communication graphique, ils développent des sites pour des clients. Rapidement, l'idée leur vient de créer un site autour de l'activité de la pêche. À l'origine, celui-ci se limite à un portail communautaire articulé autour de services entièrement gratuits (annuaire, forums, petites annonces, chat, carnets de pêche en ligne, etc.) qui rassemble des centaines de liens vers des sites de pêche. C'est alors un véritable annuaire comme l'était Yahoo!. Pêcheur.com, au départ, n'était qu'un moyen de montrer aux clients de l'agence ses capacités à créer des sites Web. En 2002, le site se transforme une première fois en une place de marché sur laquelle distributeurs et détaillants d'articles de pêche peuvent vendre leurs produits aux visiteurs. Le site se rémunère grâce à des commissions. Progressivement, entre 2005 et 2006, ce modèle est abandonné. En 2006, Olivier Bernasson transforme à nouveau le modèle d'affaires pour faire un site de vente directe en intégrant les achats et la logistique, avec une volonté toujours affichée de proposer une offre exhaustive. Pour accompagner cette évolution, une levée de fonds auprès de sociétés de capital-risque est organisée fin 2006.

Depuis 2004, le site connaît une forte croissance. Le chiffre d'affaires évolue de 358 000 euros en 2004 à 9,2 millions d'euros en 2011. Il est équilibré depuis 2009 et rentable depuis 2010. En 2012, il est de 12 millions d'euros et les prévisions pour

2013 s'élèvent à 16 millions d'euros HT. Le site Pêcheur.com fait partie des sites marchands (ils sont 0,5 % France) à enregistrer plus de 10 000 commandes par mois.

Le site affiche en moyenne 30 000 visiteurs uniques par jour environ. L'augmentation de trafic est d'environ 20 % par rapport à 2011. Depuis décembre 2012, le site enregistre un trafic en hausse de 30 % à 40 % selon les jours, avec un pic de 51 000 visiteurs uniques pour l'ouverture des soldes en janvier 2013.

Le développement international est en cours, avec un site disponible en anglais, en italien et en espagnol. Les ventes internationales représentent d'ores et déjà 6,5 % de l'activité. D'autres langues viendront s'ajouter dans les années à venir. Pêcheur.com livre cependant d'ores et déjà dans 44 pays en s'appuyant sur le logisticien TNT.

En janvier 2011, Olivier Bernasson adosse Pêcheur.com au groupe Oxylane-Decathlon. Il en reste cependant le président. Pour son dirigeant, l'entrée dans le réseau Oxylane s'inscrit dans la perspective d'un fort développement à l'étranger, avec l'ambition de réaliser 50 % de son chiffre d'affaires à l'international d'ici dix ans. L'intégration au sein du groupe a également permis de renforcer l'équipe, passée de 22 salariés en 2010 à 42 salariés fin 2012, et un effectif de 50 salariés est prévu pour fin 2013. L'intégration se traduit également par l'incorporation dans le catalogue des marques passion du réseau Oxylane (Caperlan, Solognac, Quechua, Geologic).

En 2013, Pêcheur.com est considéré comme le leader incontesté sur le marché de la vente de matériel de pêche en France. Cette position de leader, le site la doit à un vaste catalogue de 136 077 articles qu'aucun autre site n'est en mesure d'égaler. Ce très large assortiment dans le domaine de la pêche est complété, pour un quart des références, par des catégories de produits comme la chasse, le camping, l'*outdoor*, la randonnée, l'archerie, l'équitation mais aussi des livres et des DVD spécialisés.

Une équipe de cinq personnes travaille quotidiennement à la constitution et l'actualisation des fiches-produits, au cœur du site. L'entreprise dispose par ailleurs d'un studio photo qui lui permet d'effectuer les prises de vues nécessaires à la création des fiches-produits que de nombreux fournisseurs ne sont pas en mesure de lui fournir directement.

Le développement du site s'est accompagné de celui de l'équipe qui a permis de renforcer les capacités de *sourcing* des produits et la gestion du catalogue. Cette équipe est constituée de passionnés de la pêche, certains d'entre eux étant par ailleurs très connus dans les championnats de pêche au niveau national. Cette visibilité sportive crédibilise fortement le positionnement « expert » du site tant auprès des fournisseurs que des clients.

L'équipe est également constituée d'une équipe informatique qui a développé le site en propre. Seul le moteur de recherche est un logiciel tiers (Antidot). Le site est multilingue et multidevises.

Le développement en propre a permis de mettre au point un module logistique sur mesure : le *cross-docking*. Le site ne stocke ainsi en propre qu'un nombre très limité de références. Les produits sont commandés à la réception des demandes d'achat sur le site. Le système informatique permet une préparation rapide de la commande, ce qui garantit des délais d'expédition entre 3 et 5 jours pour la plupart des articles. Pour l'expédition des cannes à pêche, produit peu aisé à manipuler pour les logisticiens, Pêcheur.com a innové. Grâce à un poste dédié sur la chaîne logistique, et à une innovation dans l'emballage, l'entreprise est capable d'envoyer n'importe quelle canne à pêche par des services classiques de logistique. La croissance des ventes a nécessité, en 2012, de recourir à un autre entrepôt que celui attenant au siège situé à Gannat dans l'Allier. Pour accompagner la croissance prévue, la construction d'un nouvel entrepôt de 3 000 m^2 a débuté à l'été 2013.

La logistique n'est pas le seul atout du site qui s'appuie sur une forte culture de service. Outre l'existence d'une carte de fidélité, le site s'engage bien au-delà des exigences légales minimales sur les retours. Ainsi Pêcheur.com possède une politique de satisfaction client très poussée (**http://www.pecheur.com/satisfait.asp**). Il existe par ailleurs un service de pièces détachées unique dans le paysage concurrentiel : un client peut demander à peu près n'importe quelle pièce, et Pêcheur.com cherchera et expédiera la pièce recherchée. Aucun magasin de pêche n'offre un tel service.

Chez Pêcheur.com, la culture de la performance au service du client est très présente. Dans le hall de l'entreprise, un écran affiche en permanence des indicateurs clés de l'activité de vente en ligne, comme le nombre de commandes en temps réel. Olivier Bernasson nous explique que ces indices de qualité permettent d'évaluer la qualité de service de l'entreprise à partir notamment de l'indice de disponibilité produits, de l'indice de conformité d'informations produit, ou encore de l'indice sur le respect du délai d'expédition sous 24 h. Dans un souci de transparence envers ses visiteurs et clients, ces indices sont diffusés chaque mois, notamment sur le site (**http://www.pecheur.com/performance.asp**).

L'entreprise déploie également sa présence sur les réseaux sociaux. Présent sur Facebook, Pêcheur.com compte début 2013 plus de 25 000 fans ! « *Facebook est le lieu où nous souhaitons faire passer nos valeurs, partager autre chose que notre catalogue produits et nos promos. Nous nous apercevons aussi, chaque jour, que pour peu que l'on prenne le temps de lire, c'est un très bon outil CRM. Facebook tend de plus en plus à devenir un véritable outil de gestion de la relation client. Chez Pêcheur.com, nous ne faisons aucun chiffre d'affaires sur Facebook, en revanche cela nous permet de répondre de façon très rapide et surtout très transparente à nos clients. À la différence de beaucoup d'autres canaux de relation client,* via *les réponses apportées directement sur la Fanpage, Facebook permet de rendre publique notre vision de la relation client. Bref, après avoir attendu pour nous lancer, nous sommes aujourd'hui en phase d'accélération sur Facebook, avec une stratégie dont nous récolterons, je l'espère, les fruits, dans les années qui viennent* », déclare Olivier Bernasson. Pêcheur.com a dédié une personne à temps plein à la gestion de la communauté Facebook et s'apprête prochainement à intégrer l'API Open Graph de Facebook qui permettra d'augmenter considérablement les interactions directes avec les clients et entre clients, et ce directement sur le site. Pêcheur.com retrouvera alors sa vocation originelle : animer la communauté des amateurs de pêche.

Sources : *Entretien privé avec Olivier Bernasson (Président de Pêcheur.com) et visite de l'entreprise en décembre 2012, http://www.oxylane.com, http://www.nicolas39-peche-mouche.com, http://www.touslesprix.com, http://www.webactus.net, http://www.iadvize.com, http://www.lejournaldunet.com, http://www.lexpress.fr, http://www.lemonde.fr.*

Les auteurs remercient Olivier Bernasson et ses équipes pour leur accueil lors d'une journée de visite du site de Gannat, en décembre 2012.

Questions :

Quels sont les différents modèles d'affaires (*business models*) utilisés par Pêcheur.com depuis sa création ? Comment interprétez-vous les changements de *business models* ?

Quelle est la proposition de valeur du site Pêcheur.com ?

Quels sont les avantages comparatifs et compétitifs de Pêcheur.com ?

Peut-on dire que l'avantage concurrentiel de Pêcheur.com est durable et défendable ?

Quelles sont les ressources et les compétences maîtrisées par l'entreprise ?

Pourquoi Pêcheur.com s'adosse-t-il au réseau Oxylane ? Dans quelle perspective stratégique ? Qu'en concluez-vous sur le développement international d'un site marchand ?

Dans ce chapitre, nous exposons et illustrons les principaux concepts de la stratégie appliquée aux activités de commerce électronique. Vendre en ligne est une activité économique qui entre sans difficulté particulière dans le champ du management stratégique général. C'est la raison pour laquelle nous invitons le lecteur à se reporter à un manuel de stratégie pour en maîtriser les concepts essentiels (Johnson *et al.*, 2011), et à consulter un ouvrage sur la distribution afin de comprendre plus spécifiquement les enjeux du commerce (Dioux et Dupuis, 2009). Les outils exposés ici doivent permettre d'améliorer l'élaboration des plans d'affaires, qu'il s'agisse d'attirer les fonds d'investisseurs (cas des *business plans* pour la création de nouvelles entreprises) ou le soutien de dirigeants (cas des *business cases* pour la création de nouvelles activités au sein d'entreprises existantes).

Au pic de la bulle Internet, autour de l'année 2000, de nombreux experts défendaient l'idée selon laquelle la meilleure stratégie sur Internet – pour les « dinosaures de l'ancienne économie » – consistait à faire tout, tout de suite ; qu'il n'était pas question de perdre son temps à réfléchir, de peser le pour et le contre (Gerbert *et al.*, 2000). Ces experts prétendaient aussi que l'élaboration d'une stratégie sur Internet est très différente d'une stratégie traditionnelle, dans la mesure où les choses ne doivent pas être pensées à l'avance, mais s'orchestrent au fil de l'eau… Il n'en est pourtant rien. Les échecs retentissants de la période 2000-2002 sont là pour nous rappeler que, sur Internet *aussi*, l'analyse stratégique permet d'essayer de limiter les risques, afin d'éviter les pertes désastreuses et de construire des *business models* plus solides. Ces entreprises avaient bien un *business plan*… mais celui-ci manquait totalement de réalisme ! L'échec est toujours possible, même après avoir réalisé la meilleure analyse stratégique. Mais formaliser une démarche stratégique réaliste permet certainement d'augmenter les chances de réussite du projet.

La formulation complète d'une démarche stratégique suppose généralement de mettre en œuvre quatre phases itératives d'analyse et d'action :

- l'initiation de la stratégie (analyse du contexte, diagnostic des ressources et des compétences dont dispose l'organisation) ;
- la formulation de la stratégie (choix des options à retenir ou à écarter, qu'il s'agisse des buts à atteindre ou des moyens à mettre en œuvre pour les atteindre) ;
- le déploiement de la stratégie (mise en œuvre des moyens, notamment financiers, pour atteindre les buts et les objectifs spécifiés à la phase précédente) ;
- la révision éventuelle de la stratégie.

Notons que ces phases se superposent bien souvent et que la stratégie émerge aussi des actions quotidiennes de l'entreprise. Il serait donc abusif d'imaginer que les managers s'arrêtent d'agir pendant plusieurs mois pour réfléchir à une stratégie avant de la mettre en œuvre de façon mécanique et systématique, sans plus jamais reconsidérer sa pertinence. La présentation linéaire que nous proposons ici a donc essentiellement des vertus didactiques.

1. Initier la stratégie

La phase de réflexion initiale vise à analyser le contexte stratégique dans lequel se trouve l'entreprise, puis à diagnostiquer les ressources et compétences dont elle dispose pour tirer profit des opportunités identifiées. Cette démarche permettra ensuite de déterminer quelle mission donner et quels buts assigner à la nouvelle activité, puis de définir quels domaines d'activité stratégique investir et quels avantages concurrentiels mettre en avant.

1.1. L'analyse du contexte stratégique

L'analyse du contexte stratégique se déroule généralement en deux temps : analyse des menaces, puis analyse des opportunités. Pour ce faire, il est recommandé d'analyser les forces concurrentielles à l'œuvre dans le secteur : intensité de la concurrence entre compétiteurs, risque de voir arriver de nouveaux entrants dans le secteur analysé, pouvoir des fournisseurs et des clients, risque de substitution entre les produits/services disponibles sur le marché. Il est également souhaitable que l'entreprise mobilise une grille d'analyse large de type PEST (analyse de l'environnement politique, économique, sociologique et technologique).

1.1.1. Les menaces

L'analyse des menaces est particulièrement importante, dans la mesure où l'histoire économique récente nous apprend que des entreprises parfois très réputées ont été menacées dans leur existence même, en l'espace de quelques années. Alcatel a ainsi été sérieusement menacée par l'émergence des technologies Internet et l'arrivée d'un concurrent comme Cisco. Le risque de substitution est une menace particulièrement crédible en matière de *e-business*. On ne saurait donc assez encourager les managers à envisager le commerce électronique comme une alternative à l'activité traditionnelle sur laquelle leur fortune est faite, notamment dans les industries de contenu (information, culture, divertissement, etc.).

> ***Exemple :*** Encyclopædia Britannica (société éditrice pour la France de l'*Encyclopædia Universalis*) est à la fois concurrencée par les encyclopédies des éditeurs (comme *Encarta* de Microsoft, dont la commercialisation est arrêtée depuis 2009) et, plus récemment, par les encyclopédies ouvertes (de type wikis). L'encyclopédie d'autrefois, en 20 volumes reliés, parfois achetée à crédit, est désormais une encyclopédie électronique par abonnement (même s'il est toujours possible d'acheter les DVD ou les volumes). Un changement de modèle d'affaires assez radical !

Il faut cependant également envisager les menaces de relégation (à un rôle subalterne dans la chaîne de valeur) et pas seulement celles de substitution. Pour une entreprise donnée, la menace d'une hypothétique substitution devient plutôt une menace bien réelle qu'un concurrent prenne pied dans le secteur (en amont ou en aval) et que l'entreprise soit finalement réduite à un rôle de fournisseur, entre ce nouvel acteur opportuniste et le client final… ou que l'entreprise soit désormais dépendante d'un fournisseur plus puissant. Par exemple, la majorité des sites marchands doit aujourd'hui composer avec la présence des comparateurs de prix, des guides d'achat et d'importantes places de marché de taille internationale, un type d'intermédiaire qui n'existe pas dans le commerce réel… et qui n'existait pas il y a seulement dix ans.

En matière de Web et de e-commerce, il faut rester particulièrement vigilant car les frontières entre les métiers peuvent évoluer très rapidement. Un acteur qui semble très éloigné d'une activité peut s'en rapprocher en quelques mois, déstabilisant ainsi une entreprise ou une filière tout entière (pour les acteurs les plus puissants, comme Google).

> ***Exemple :*** Google, leader mondial des moteurs de recherche sur le Web (spécialement en France où il représente plus de 90 % des requêtes), devient rapidement un acteur incontournable du e-commerce. Entre 2011 et 2013, ayant pris plusieurs initiatives majeures, Google s'est installé dans le domaine du tourisme (recherche des meilleurs billets dans l'aérien, avec Google Flight Search, couplé avec un site de contenus touristiques racheté à Wiley Publishing en 2012), mais aussi dans celui des produits culturels (Google Play, qui permet de louer et d'acheter de la musique, des vidéos, des livres, des magazines électroniques, des applications, etc.). En 2013, il acquiert Channel Intelligence pour 125 millions de dollars, une société qui donne des informations précieuses sur les stocks de nombreux magasins, comme Target ou Best Buy, enseignes majeures aux États-Unis, et qui entretient des liens très solides avec de grandes marques mondiales (3M, Cisco Systems). Avec le développement parallèle de Google Shopping (un comparateur devenu payant depuis 2012), cette acquisition permet à Google de remonter en amont dans la chaîne de valeur afin de développer rapidement une place de marché directement en concurrence avec eBay ou Amazon. Il faut se rendre à l'évidence, Google est de moins en moins un *search engine* et de plus en plus un *sales engine*.
>
> *Sources : Le Journal du Net, Internet Retailer, E-commerce Magazine*

1.1.2. Les opportunités

Quand l'entreprise décide de mettre en œuvre une démarche de commerce électronique, il faut envisager les multiples opportunités dont elle peut éventuellement se saisir. De façon générale, celles-ci sont liées à la réduction des coûts et/ou à la croissance de l'entreprise. Des buts encore plus stratégiques peuvent également être atteints, même si l'entreprise en a rarement l'intention au moment où elle lance ses opérations en ligne.

Les opportunités de réduction des coûts

En ce qui concerne la réduction des coûts, les opportunités résident dans une standardisation des processus, qui entraîne l'élimination ou le regroupement des tâches, mais aussi une réduction des coûts de traitement de l'information, ainsi qu'une diminution des erreurs (souvent coûteuses quand il s'agit de les corriger *a posteriori*). Les opportunités de réduction des coûts constituent un argument particulièrement solide pour les échanges EDI ou Web-EDI (voir chapitre 4). Le commerce électronique permet au client de réaliser l'essentiel du processus d'achat lui-même, diminuant un certain nombre de coûts : coût du foncier (pas de magasins en centre-ville, par exemple) et coût de la main-d'œuvre (pas de vendeurs). Dans certains cas, le développement de la vente en ligne permet au distributeur de fermer ses magasins les moins rentables (Syam et Bhatnagar, 2010).

Il faut cependant se méfier de l'idée simpliste selon laquelle le commerce électronique permettrait de vendre systématiquement beaucoup moins cher. Comparativement au commerce traditionnel, une entreprise de commerce électronique supporte d'autres coûts, notamment ceux liés à la logistique (stockage, transport, etc. ; voir chapitre 9) et au recrutement des clients (liens promotionnels, affiliation, etc. ; voir chapitre 7). Par conséquent, c'est davantage la nature et la structure des coûts qui se trouvent modifiées que leur niveau global. Dans le commerce électronique, les coûts fixes sont généralement moins élevés que dans le commerce physique, mais les coûts variables peuvent être supérieurs.

Les opportunités de croissance

En ce qui concerne la croissance de l'entreprise, les opportunités sont d'abord liées à la conquête de nouveaux marchés :

- **Recruter de nouveaux clients sur le même territoire.** La vente en ligne permet aux distributeurs d'améliorer leur couverture géographique sur la cible déjà visée, soit dans des régions où ils ne sont pas présents, soit dans des aires où la densité des clients n'est pas suffisante pour ouvrir de nouveaux points de vente rentables (zones rurales ou semi-urbaines, par exemple).
- **Élargir la cible de clients.** La vente en ligne permet de s'adresser à des clients différents, souvent plus jeunes, et parfois plus masculins (cas de la VPC, où la clientèle est traditionnellement très féminine). Comparativement au réseau physique, le site marchand peut également s'adresser à une cible différente, qu'il s'agisse d'un profil de clients différent (*B2B* plutôt que *B2C*, par exemple) ou d'un usage différent du produit/service (pour collectionner, par exemple).
- **Élargir la cible à l'international.** S'il ne faut pas en négliger les coûts, l'internationalisation constitue une réelle opportunité, y compris pour les PME. Nombreux sont les sites marchands qui proposent la livraison internationale ou qui s'adaptent plus fondamentalement aux exigences locales. En ce qui concerne les industriels, les ventes en ligne sont encore freinées par des barrières physiques, juridiques ou psychologiques, mais le site constitue assurément un vecteur puissant de développement international. La mise en œuvre d'une stratégie de vente en ligne favorise le développement de ressources et induit l'adoption de comportements qui favorisent finalement l'exportation « classique » (Gregory *et al.*, 2007).

Les opportunités de croissance sont également liées à l'élargissement de l'offre en produits/services, qui permet de développer le panier moyen (voir chapitre 8).

Les opportunités sont liées aussi à la consolidation des relations entre l'entreprise et sa clientèle existante (voir chapitres 6, 8 et 10) :

- **Valoriser une meilleure connaissance des clients.** Le suivi du comportement en ligne (*tracking*) permet une meilleure connaissance du client, de son profil, de ses centres d'intérêt, des références qu'il apprécie le plus, etc. Celle-ci dépasse de loin ce qu'il est envisageable de découvrir en observant les clients dans un point de vente. L'entreprise peut développer une activité de valorisation de sa connaissance client, mais surtout utiliser cette dernière pour améliorer le service rendu (mise en avant des produits les plus populaires, ajustement des stocks pour éviter les ruptures, développement de nouveaux produits, etc.).
- **Enrichir l'expérience d'achat.** S'il est probable qu'une visite en magasin constitue bien souvent la meilleure expérience d'achat possible (à condition que le magasin soit ouvert, que le personnel soit courtois et compétent… ce qu'il n'est pas toujours donné de voir !), le site Web offre une approche nouvelle et différente qui permet d'enrichir l'expérience totale de la marque. Le travail sur la dimension expérientielle du site est alors fondamental (voir chapitre 6).

- **Personnaliser la relation.** La connaissance individualisée des clients (qui constitue encore un challenge pour de nombreux sites marchands) permet de personnaliser les offres selon leur profil et leurs attentes. Cette personnalisation permet d'abord d'améliorer la satisfaction du visiteur (car les offres sont plus pertinentes), mais également de déclencher l'achat, ou encore d'augmenter le panier moyen (voir chapitre 8).
- **Renforcer les relations avec les acteurs de la chaîne de valeur.** Si Internet permet indubitablement de renforcer les relations avec les clients, adopter une démarche de commerce électronique est aussi un moyen de resserrer les liens avec l'ensemble des partenaires de l'entreprise, le long de la chaîne de valeur (fournisseurs, partenaires, prescripteurs, distributeurs, etc.).

Plus le client est en contact avec l'entreprise, quels que soient les canaux, plus le lien se renforce. Les canaux ne sont donc pas en concurrence, mais s'étayent les uns les autres. L'un des enjeux les plus importants consiste donc à mettre en place une stratégie multicanal (voir chapitre 3) :

- **Générer du trafic en magasin.** Le site permet de créer du trafic en magasin, notamment pour retirer les produits achetés en ligne… et éventuellement acheter des articles complémentaires. Plus généralement, le site marchand et/ou le site mobile permettent de préparer la visite et de donner envie de se rendre dans le magasin (voir chapitre 3).
- **Créer un lien à distance avec le magasin.** Certains sites offrent la possibilité de consulter les prix et les disponibilités en magasin ou de réserver un produit en magasin (voir chapitre 3). D'autres permettent aux clients de contacter les vendeurs par e-mail, une façon de préparer ou de prolonger la visite… L'ensemble de ces dispositifs vise à créer une relation plus continue et plus intense entre le client et l'enseigne, quels que soient les canaux en jeu.

La plupart des buts stratégiques évoqués ci-dessus concernent les entreprises exerçant déjà une activité traditionnelle et pour lesquelles Internet constitue un canal de vente complémentaire au catalogue ou au magasin : ces buts stratégiques remettent rarement en cause la mission de l'entreprise. En revanche, les buts stratégiques d'une entreprise qui démarre sur Internet, un *pure player*, sont souvent plus ambitieux. En effet, si le nouvel entrant doit se faire une place sur un marché existant, il doit nécessairement apporter quelque chose de nouveau au marché, pour avoir une chance de survivre. Si ce nouvel acteur crée un marché, par définition, il s'agit d'une innovation de rupture. En conséquence, le nouvel entrant considère rarement Internet comme l'opportunité de prendre des parts de marché aux acteurs traditionnels, mais bien souvent comme celle de développer le marché, par la remise en cause des schémas établis.

Exemple : Adamence est une bijouterie entièrement sur Internet (à l'exception d'un showroom) qui s'est lancée en 2005, s'internationalise depuis 2010 (Royaume-Uni, Allemagne, Espagne) et a bénéficié d'une levée de fonds de 2,4 millions d'euros en 2011. La principale innovation stratégique consiste à se tourner directement vers les diamantaires d'Anvers, de façon à court-circuiter les intermédiaires habituels, et ainsi de faire baisser les coûts d'achat des matières premières. La structure de coût étant allégée (pas de loyers, peu de salariés, etc.), le site peut par ailleurs proposer des diamants de 20 % à 50 % moins chers que les bijoutiers traditionnels (le slogan du site est « La qualité d'une grande joaillerie au prix du Web »). Mais l'entreprise ne se donne pas la même mission que les bijoutiers traditionnels, avec pour « simple » but de leur prendre des parts de marché. Elle est plus ambitieuse et vise à faire en sorte qu'en France plus de femmes portent des diamants (le taux de pénétration y est de 35 %, contre 65 % en Allemagne et 90 % en Angleterre). Le but est donc clairement de développer le marché… et pourquoi pas, de le doubler. Pour déclencher l'achat en ligne, le site propose 30 jours d'essai à domicile, ainsi que la livraison « gratuite et sécurisée ». Les témoignages de clients satisfaits sont mis en avant sur la page d'accueil, ainsi qu'une vidéo pour découvrir le showroom situé rue de la Paix, à Paris, non loin de la place Vendôme, lieu où les plus grands bijoutiers s'exposent.

Sources : Le Journal du Net, http://www.adamence.com

Les autres opportunités stratégiques

- **Changer les règles du marché.** La mise en œuvre d'une stratégie de commerce électronique peut avoir pour conséquence – le plus souvent non planifiée – de modifier sensiblement les préférences des clients pour tels ou tels canaux. Ce sont les actions volontaires de l'entreprise qui modèlent la demande : le commerce électronique ne constitue pas seulement une réponse aux attentes des clients, il les façonne également. Au fil du temps, l'entreprise oriente de plus en plus ses ventes vers le Net, changeant profondément les comportements d'achat de ses clients. Le site marchand devient finalement la référence à partir de laquelle les autres canaux vont être perçus et jugés. Ce phénomène constitue une opportunité stratégique pour les acteurs les plus puissants qui, finalement, « tirent la couverture à eux » et construisent des normes de marché qui leur sont favorables.
- **S'implanter sur un nouveau marché.** Internet peut également constituer le vecteur par lequel l'enseigne prend pied dans un pays, une base avancée qui permet d'envisager par la suite de nombreux autres développements.

Exemple : Natura Brasil est une chaîne d'origine brésilienne, créée en 1969, qui vend des produits cosmétiques naturels, en s'appuyant sur des valeurs de naturalité, de développement durable et de relationnel fort entre les gens. La marque s'appuie sur un réseau de conseillères-revendeuses (plus de 500 000 au Brésil et plus d'un million au total dans le monde). Depuis son arrivée en France, en 2005, une seule boutique a été ouverte (à Paris, rive gauche). Le site institutionnel, marchand et communautaire constitue clairement la pierre angulaire de la stratégie de développement. Il permet d'installer l'univers de la marque et ses valeurs, de découvrir les produits à travers un parcours sensoriel et de constituer un premier noyau de clients. Le site permet également de recruter les conseillères, Natura Brasil étant un acteur majeur de la vente directe.

Sources : Le Journal du Net, http://www.naturabrasil.fr

- **Transformer le *business model*.** Dans certains cas, la stratégie Internet peut profondément transformer le modèle d'affaires. Internet peut notamment affecter les partenariats et les alliances, les opérations (bases de données, recrutements, communication interne, etc.) et le marketing (automatisation des campagnes, évolution du mix média, etc.). Ces transformations influent significativement sur l'organisation, qu'il s'agisse des façons de procéder (management des ressources humaines ou gestion des relations client, par exemple), mais aussi de la performance globale (Koh *et al.*, 2007). Si l'on se penche plus précisément sur les changements provoqués par la numérisation des activités commerciales, les impacts sur la création de valeur sont multiples : gains d'efficience (notamment par une meilleure exploitation des ressources existantes, grâce aux technologies de l'information), capacité accrue à fidéliser les clients et flux d'innovations (Rapp *et al.*, 2008).

> ***Exemple :*** Cash Converters est un réseau de boutiques en franchise. Il en compte plus de 100 en France et 650 dans 20 autres pays. L'activité de Cash Converters consiste à acheter du matériel d'occasion apporté par des particuliers, puis à le revendre à d'autres particuliers. Avec le développement du site marchand, la stratégie pourrait toutefois évoluer vers un modèle d'intermédiation de type *C2C*, où l'enseigne ne se rémunérerait pas avec une marge à la revente, mais avec une commission prélevée sur les ventes entre particuliers. À l'heure actuelle, Le site Toutcash.com fonctionne cependant sur la même base que les boutiques Cash Converters (achat/revente), et constitue le site fédérateur du réseau.
>
> *Sources : Le Journal du Net, http://franchise.cashconverters.fr, http://www.toutcash.com*

1.2. Le diagnostic des ressources et compétences

Durant la phase de mise en place de la stratégie, on ne doit pas se contenter d'examiner le contexte stratégique, c'est-à-dire les éléments externes à l'entreprise. L'analyse doit se poursuivre par un examen des forces et des faiblesses de l'entreprise *relativement* aux risques qui la menacent et, surtout, aux opportunités qu'elle souhaite saisir. L'objectif consiste donc à déterminer si l'entreprise dispose ou non des ressources et des compétences nécessaires pour réussir sa stratégie de commerce électronique.

1.2.1. Les ressources et compétences nécessaires pour réussir une stratégie de commerce électronique

Une tâche stratégique importante consiste à identifier les ressources et les compétences à rassembler pour mener à bien une activité de commerce en ligne.

Les ressources et les compétences

Pour réussir en matière de commerce électronique, l'entreprise devra réunir les ressources suivantes :

- capitaux abondants pour tenir, le temps d'atteindre une zone de profitabilité ;
- base de données des fournisseurs et catalogue électronique ;
- marque puissante et légitime en matière de commerce électronique ;
- base de données de clients disposés à acheter en ligne ;
- moyens substantiels pour créer du trafic (liens sponsorisés, bannières, etc.) ;
- taille critique pour pouvoir peser sur les fournisseurs, notamment pour les achats commerciaux ;
- système d'information adapté au commerce électronique ;
- logistique capable de traiter et livrer les commandes en ligne.

Pour réussir, les compétences suivantes devront également être réunies :

- savoir identifier les bons fournisseurs et négocier pour acheter aux meilleures conditions ;
- savoir acheter les bonnes références (ce qui impose de bien connaître les attentes des clients) et construire un assortiment cohérent ;
- savoir attirer les acheteurs vers le site (et les vendeurs, pour les sites de *C2C*) et leur donner confiance ;

- savoir transformer un visiteur en client et lui proposer des offres complémentaires avec une bonne probabilité de transformation ;
- savoir comprendre les comportements des clients (notamment, identifier leurs attentes) ;
- savoir élargir l'offre produits/services en fonction des attentes des clients ;
- savoir organiser la livraison des clients à un coût raisonnable, relativement à la marge dégagée ;
- savoir déstocker les produits invendus en les valorisant au mieux ;
- savoir prévenir ou gérer les conflits potentiels avec son réseau physique.

Les ressources et compétences clés

La taille critique

En matière de commerce, le coût d'achat des marchandises vendues représente une part non négligeable du coût total. La capacité à acheter au prix le plus bas est donc un véritable atout maître, qui dépend en grande partie du volume total des achats… et donc de la taille initiale de l'entreprise. Autrement dit, les distributeurs traditionnels ont un avantage vis-à-vis des nouveaux entrants en ce qui concerne les conditions d'achat. Mais ces derniers savent souvent mieux exploiter d'autres compétences clés, comme la connaissance client ou la réactivité stratégique.

La connaissance des clients

La connaissance des clients est également une compétence indispensable pour tout projet de commerce électronique. C'est aussi une compétence clé particulièrement utile car elle permet d'en maîtriser d'autres. À titre d'exemple, la stratégie gagnante des meilleurs discounters consiste à optimiser l'assortiment en proposant le minimum de références possible tout en restant attractif aux yeux du client. Cette approche permet de baisser les stocks et d'acheter aux meilleures conditions…, ce qui permet de vendre moins cher, donc de baisser les stocks, etc. Un cercle particulièrement vertueux, qui permet également d'utiliser moins de capitaux (puisque moins de stocks) et, donc, d'améliorer considérablement la rentabilité financière de l'affaire. Mais encore faut-il savoir très *précisément* quelles références vendre, à quel moment et en quelle quantité.

La connaissance des clients est un enjeu majeur également sur le plan juridique. De nombreux textes viennent encadrer la notion de clients, principalement en raison de la notion de données personnelles.

En France, la loi applicable est celle du 6 janvier 1978, dite « loi informatique et libertés », qui impose à celui, organisation notamment commerciale, qui collecte des données personnelles, donc des données permettant d'identifier directement ou indirectement toute personne physique, de procéder à un certain nombre de formalités préalables, déclarations ou autorisations. La loi de 1978 a fait l'objet de modifications en 2004.

Ainsi, la loi du 21 juin 2004 (loi pour la confiance dans l'économie numérique, LCEN) est venue préciser les conditions dans lesquelles des messages commerciaux non sollicités pouvaient intervenir en modifiant les dispositions du code de la Consommation et du code des Postes et Télécommunications (communications électroniques). Ainsi, en matière de connaissance des clients, il existe une réglementation à suivre, notamment dans le cadre de la prospection électronique.

Les dispositions de cette loi précisent que « *[...] la prospection directe par courrier électronique est autorisée si les coordonnées du destinataire ont été recueillies directement auprès de lui dans le respect des dispositions de la loi n° 78-17 du 6 janvier 1978 relatives à l'informatique, au fichier et aux libertés, à l'occasion d'une vente ou d'une prestation de service, si la prospection directe concerne des produits ou services analogues fournis par la même personne physique ou morale et si le destinataire se voit offrir de manière expresse et dénuée d'ambiguïté la possibilité de s'opposer, sans frais, hormis ceux liés à la transmission du refus, et de manière simple, à l'utilisation de ses coordonnées lorsque celles-ci sont recueillies et à chaque fois qu'un courrier électronique de prospection lui est adressé* ».

Il est précisé que cet article entre dans un cadre plus large de prospection directe par automate d'appel, télécopieur ou courrier électronique.

Le législateur a entendu que le consentement du destinataire est, à chaque fois, reçu et établi notamment en termes de preuve, le législateur précisant que le consentement s'entendait de « *toute manifestation de volonté libre, spécifique et informée par laquelle une personne accepte que des données à caractère personnel la concernant soient utilisées à des fins de prospection directe* ».

Après débat entre Haute Autorité et professionnels du marketing, et avec notamment la position de la CNIL, il a été établi que cette protection s'entendait d'une protection des personnes physiques, soit des consommateurs, mais ne s'entendait pas forcément d'une protection de personnes physiques travaillant au sein des entreprises.

La collecte et le traitement des données personnelles sont des processus très importants qui doivent donner lieu à réflexion. Il est par ailleurs évident qu'un fichier de prospects et/ou de clients est un élément révélateur du succès et de la valorisation d'une entreprise électronique.

La réactivité stratégique

Une compétence clé consiste à savoir innover en matière de *business model* , ce qui suppose de mettre en place un système de veille permanente (au-delà de son secteur d'activité immédiat), mais aussi de pouvoir ajuster rapidement la stratégie de l'entreprise et le modèle d'affaires pour intégrer ces innovations technologiques et/ou commerciales. Cette capacité à s'adapter aux conditions mouvantes de l'environnement en transformant les façons de faire, routines et processus est une capacité maîtresse, qui explique comment certaines entreprises réussissent mieux que d'autres dans la durée, malgré des chocs violents (crises économiques, innovations technologiques, etc.). Le succès des entreprises de commerce électronique repose largement sur une capacité d'apprentissage élevée (Lin, 2007). Ainsi une entreprise comme LDLC (vente de produits *high-tech*) a-t-elle développé une activité en *B2B*, une place de marché pour compléter son offre initiale en *B2C et,* depuis 2012, un réseau de points de vente en franchise.

Plus concrètement, les capacités informationnelles de l'entreprise soutiennent grandement la réactivité stratégique. Le commerce électronique requiert des capacités de calcul très importantes dans de nombreux domaines (Feigenbaum *et al.*, 2009) : intégration des connaissances, sécurité et respect de la vie privée (cryptage et protection des données), communication entre internautes (*peer-to-peer*, Web 2.0, etc.), personnalisation des interfaces et des offres. Disposer d'un système d'information performant est l'une des conditions nécessaires pour que l'entreprise réussisse à se développer dans l'environnement électronique. Ainsi Allocine.fr a-t-elle développé un système de *tracking* fin des vidéos visionnées sur son site qui lui a permis de mettre en place une offre publicitaire très innovante.

L'importance relative des ressources et des compétences

L'importance de telle ressource ou de telle compétence dépend des facteurs clés de succès spécifiques au modèle d'affaires et au secteur considérés. Par exemple, la marque constitue une ressource, mais son importance est plus ou moins forte pour tel ou tel modèle d'affaires. Elle est probablement plus forte dans les modèles marchands (où la marque doit rassurer jusqu'à convaincre le client d'acheter) que dans les modèles d'intermédiation (où elle sert essentiellement à attirer le trafic, mais pas à le transformer directement en achats). De la même façon, la compétence d'approvisionnement va prendre plus ou moins d'importance selon le type de modèle. L'exhaustivité est certainement plus importante dans les modèles *C2C* que dans les modèles marchands, où même un assortiment restreint peut être perçu comme attractif, à l'instar des discounters.

Pour réussir en matière de commerce électronique à l'international, les recherches montrent que la puissance de la marque et la force des relations avec les fournisseurs constituent deux ressources essentielles (Colton *et al.*, 2010). La possibilité de commercialiser ses propres produits et de délivrer un service client de qualité (notamment dans sa dimension logistique) constitue également deux aspects critiques.

1.2.2. Porter un jugement sur les ressources et compétences dont dispose l'entreprise

Porter un jugement sur les ressources et compétences dont dispose l'entreprise suppose d'analyser sa situation de départ, puis l'importance relative des ressources et des compétences, qui dépendent largement du *business model* envisagé.

L'analyse de la situation de départ

Le cas des nouveaux entrants

Dans le cas où l'activité de vente en ligne constitue le point de départ de la société, la plupart des ressources doivent être acquises au moment de la création, grâce au capital rassemblé par les créateurs. Ces derniers peuvent naturellement disposer de compétences utiles pour le succès d'une activité en ligne : compétences pour créer et animer un site, pour optimiser le référencement du site, pour négocier dans les meilleures conditions auprès des fournisseurs, connaissance approfondie des fournisseurs ou des clients potentiels, etc. Les créateurs peuvent également s'entourer des compétences nécessaires auprès de prestataires, alliés, consultants ou collaborateurs à recruter. Dans le cas des nouveaux entrants, le diagnostic repose donc sur le stock de compétences des créateurs, celles qu'ils peuvent activer dans leurs réseaux et le potentiel de ressources que leur capital permet d'obtenir.

Le cas des entreprises déjà installées

Dans le cas où l'activité de vente en ligne constitue le prolongement d'une activité existante, les ressources et compétences dont dispose l'entreprise « mère » peuvent être mobilisées pour l'activité électronique « fille », qu'il s'agisse d'une filiale autonome ou d'une unité opérationnelle (*business unit*). De nombreuses ressources « traditionnelles », immatérielles ou non, peuvent être utilisées pour l'activité électronique (marque, catalogue électronique, etc.). Il en va de même pour les compétences de l'entreprise, qui jouent un rôle non négligeable.

> ***Exemple :*** Pixmania n'est pas un *pure player* d'Internet, loin s'en faut. Au moment du lancement du site marchand, Pixmania est le site « amiral » du groupe Fotovista, l'un des leaders de la distribution d'appareils photo argentiques (avec l'enseigne FOCI). La connaissance du marché par Fotovista – qu'il s'agisse du marché amont des fournisseurs ou du marché aval des utilisateurs – a certainement joué un rôle majeur dans le succès initial de Pixmania.
>
> *Source : http://www.fr.wikipedia.org/wiki/pixmania*

Une expérience proche du commerce électronique (comme la vente par catalogue ou par Minitel) peut se révéler un atout… comme un handicap ! Les avantages comparatifs d'une activité ne se transposent pas facilement dans une autre activité (Pentina *et al.*, 2009). En soi, disposer d'une ressource ne constitue naturellement pas un problème, mais son utilisation par une entreprise n'est pas forcément la meilleure option.

> ***Exemple :*** Les grands vépécistes ont lancé très tôt leur site marchand (1995 pour les 3 Suisses). Typiquement, avant Internet, 50 % des commandes provenaient du canal téléphonique, 30 % du courrier et 20 % du Minitel. La commande en VPC compte souvent plusieurs produits, ce qui n'est pas le cas sur Internet à l'époque. En conséquence, le traitement des commandes Internet ne se révèle pas rentable. Les délais de livraison sont traditionnellement plus longs en vente à distance. La logistique n'est guère adaptée. En outre, au début d'Internet, la plupart des utilisateurs sont des hommes, alors même que l'essentiel de la clientèle des vépécistes est féminine. Les vépécistes auront donc de lourdes difficultés à s'adapter au commerce électronique, malgré leur longue expérience de la vente à distance et du Minitel. Certains péricliteront même, comme la Camif (relancée toutefois en 2009).

Il est préférable de suivre une méthodologie structurée pour analyser les ressources et compétences dont l'entreprise dispose pour se lancer dans la vente en ligne. Par exemple, la méthodologie de Basu et Muylle (2011) distingue l'infrastructure, les processus génériques du e-business et ceux spécifiques au secteur ou à l'entreprise. Les processus génériques comportent les processus marchands (comme la recherche de fournisseurs, l'authentification des produits et des acheteurs, la livraison, le paiement), les processus de décision (comme les processus de *business intelligence* ou de collaboration) et les processus d'intégration des applications et des données. Au total, cette méthodologie d'évaluation distingue 36 processus analysés au travers de plus de 300 questions.

L'analyse relative des ressources et compétences

Les ressources et les compétences qui doivent être réunies dépendent étroitement du modèle d'affaires et du secteur dans lequel l'entreprise veut se développer, dans la mesure où les facteurs clés de succès varient d'un modèle d'affaires et d'un secteur à l'autre. Les ressources et compétences à réunir ne seront, par exemple, pas les mêmes pour le modèle de la vente directe dans le secteur des produits informatiques et pour celui d'un site d'enchères généraliste. Par ailleurs, les ressources et les compétences nécessaires ne seront pas non plus les mêmes selon l'ambition de l'entreprise et le type d'opportunités qu'elle souhaite saisir (réduction de coût ou croissance, élargissement de l'assortiment ou internationalisation, etc.). Autrement dit, il est difficile de porter un regard définitif sur les ressources et compétences dont dispose l'entreprise – sont-elles ou non adaptées ? – sans considérer l'ensemble de sa stratégie.

Il faut en revanche garder à l'esprit que la démarche d'élaboration d'une stratégie est *itérative*. Autrement dit, on peut partir de n'importe quel point : ressources et compétences à valoriser, opportunité de croissance à saisir, idée de produit/service à développer, connaissance des besoins d'une cible particulière, etc. L'essentiel est de s'assurer de la cohérence finale de l'ensemble. Les questions que l'entreprise va devoir résoudre sont par exemple : les ressources actuellement disponibles permettent-elles d'offrir tel service ? Pour proposer telle prestation, quelles compétences doivent être développées ?

1.2.3. Les alternatives à la vente électronique

À l'issue du diagnostic de ses ressources et compétences, si l'entreprise ne souhaite pas se lancer dans une activité de vente électronique, il existe un grand nombre de modalités alternatives pour être néanmoins présent sur Internet… et préparer *in fine* une activité de vente en ligne. On mentionnera notamment le *site institutionnel* (qui permet de présenter les activités de l'entreprise ou sa gamme de produits/services… comme une brochure) et le *site de marque*, moins orienté vers les affaires et plus vers la communication (qui constitue une piste pour les entreprises souhaitant transmettre une identité de marque forte et nouer un contact direct avec leurs clients).

D'autres modalités sont plus fluides et éphémères, mais aussi plus dynamiques. On mentionnera notamment le *site communautaire*, où certaines marques décident de faire parler leurs clients entre eux, et les *sites promotionnels ou événementiels* qui attirent un trafic parfois important autour d'opérations participatives (voter pour le nouveau parfum d'un dessert lacté, proposer un design innovant pour une nouvelle carte bancaire, etc.). De nombreux sites sont également enrichis d'une *dimension relationnelle* (programmes de fidélisation, services, etc.) qui permet de renforcer le lien entre le client et l'entreprise. Les sites sont dotés de nombreux contenus qui permettent parfois d'attirer un trafic très important.

> ***Exemple :*** La Grande Récré ne vend pas ses jouets en ligne… mais cela n'empêche pas l'enseigne d'être très dynamique sur la Toile. « *Vendre en ligne, c'est finalement vendre par correspondance, et nous, notre métier, c'est de vendre en magasin* », indique le directeur marketing du groupe Ludendo. La stratégie consiste à prolonger la relation qui se noue en magasin et de mettre en avant la dimension relationnelle de l'enseigne (relativement aux grandes surfaces comme Toys 'R' Us qui vendent des jouets avec les techniques de la grande distribution alimentaire). Les contenus de la chaîne de télévision diffusée en magasin sont en partie accessibles aux enfants sur le site (dessins animés, clips, démonstrations). Le club du site compte plus de 50 000 membres. De nombreux conseils sont donnés aux parents (Poupons en vacances, Jouer en musique, Les stars de la récré) et les enfants peuvent découvrir de nombreux jouets en avant-première. Des campagnes de e-pub et de liens sponsorisés sont régulièrement menées pour recruter de nouveaux visiteurs… alors incités à visiter les magasins. Le site n'est pas marchand, mais il se situe au cœur du dispositif de communication relationnelle. Le site ne devient marchand que fin 2013.
>
> *Source : Le Journal du Net*

2. Formuler la stratégie

À partir des éléments recueillis lors de la phase précédente, quelle mission donner à l'activité de commerce électronique et quels buts lui assigner ? Dans quels domaines d'activité stratégique investir ? Quels avantages concurrentiels mettre en avant dans chaque domaine d'activité ?

2.1. La mission de l'activité de vente électronique

La mission de l'activité électronique ne saurait se résumer à être la « version électronique de l'activité traditionnelle ». Elle ne s'aligne en effet pas nécessairement sur celle de l'activité traditionnelle car les activités en ligne représentent parfois une sous-partie de l'activité traditionnelle (mais peut-être sur un plus vaste territoire). Parfois, au contraire, les activités en ligne vont permettre à l'entreprise de sortir de son périmètre habituel, pour aborder d'autres rivages. D'une certaine manière, le commerce électronique permet de rebattre les cartes.

Exemple : Avant l'année 2000, la mission de Fotovista consistait essentiellement à « permettre aux familles de se constituer un patrimoine visuel » : prises de photos dans les maternités et en milieu scolaire, et développement de pellicules par correspondance (à partir des Press Labo services et dans les points de vente FOCI). En revanche, à partir de 2001, les activités sur Internet ont porté sur la vente d'appareils photo numériques et d'accessoires, avant que l'activité ne s'étende rapidement à la vente de produits technologiques variés, puis, plus récemment, à celle de jouets, de literie, de bijoux… autant d'activités qui ont fait évoluer sensiblement la mission originelle de l'entreprise.

Sources : http://www.fr.wikipedia.org/wiki/pixmania, Le Journal du Net

En revanche, si l'activité électronique ne s'aligne pas nécessairement sur l'activité traditionnelle, l'entreprise ne part pas non plus d'une page blanche. Son histoire et son identité, ses ressources et ses compétences actuelles conditionnent largement sa trajectoire future. L'univers des possibles n'est pas infini. Il est largement guidé par la situation de départ, qui doit impérativement être intégrée dans la formulation de la stratégie.

2.2. La position dans le réseau de valeur

Pour contribuer à définir la mission de l'entreprise, il est pertinent d'utiliser le concept de réseau de valeur (Johnson *et al.*, 2011). Il s'agit globalement de déterminer quelle place l'entreprise va tenter de prendre entre le producteur et le client final. En matière de commerce électronique, il s'agit plus précisément de savoir si l'entreprise se concentre exclusivement sur l'achat/revente de produits, qui constitue assurément le cœur de métier de tout commerçant, ou si elle prend la décision de 1) produire tout ou partie de l'offre qu'elle commercialise ou encore de 2) se consacrer aussi à la mise en relation des acheteurs et des vendeurs (c'est-à-dire sans acheter et revendre les produits commercialisés). On peut naturellement trouver toutes les combinaisons : l'entreprise qui met simplement en relation, qui commercialise sans produire, qui produit et qui commercialise, ou encore qui produit, commercialise et met en relation.

2.2.1. Faut-il produire tout ou partie de l'offre commercialisée ?

Il est de plus en plus courant de voir un site marchand faire fabriquer les produits qu'il revend, les fabriquer lui-même ou simplement les transformer, notamment dans l'univers du textile et de l'habillement (Monshowroom, Menlook, Enviedefraises, Asos, Spartoo, Zalando, etc.).

Dans le commerce électronique, cette stratégie de marque propre est née dans le secteur de la *high-tech*, lorsqu'il s'agissait surtout de cautionner des articles importés. Elle est désormais plus courante, notamment dans le secteur de l'habillement. La marque propre offre au site marchand une capacité de différenciation supérieure. Elle peut également permettre de couvrir l'entrée de gamme qui, sinon, ne serait pas rentable.

> ***Exemple :*** Fab.com est un site américain qui commercialise des produits de design. Il est présent en Europe et en France depuis 2013, et réalise environ 200 millions de dollars de vente. Ainsi que l'indique Bradford Shellhammer, son P-DG, « *nous offrons une gamme unique de produits* design *pour tous les jours. Ils sont modernes, originaux, décalés et, pour 90 % d'entre eux, ils sont uniques, on ne les trouve nulle part ailleurs* ». D'après lui, « *pour réussir sur ce segment, ce n'est pas une question de* discount, *mais de bons produits. [...] Nous voulons proposer les produits les plus excitants au monde. Il faut donc que les gens ne les aient jamais vus avant* ». Vendre des produits différents, voire uniques, est désormais une nécessité pour faire face à la concurrence des sites marchands généralistes. Comme l'affirme le P-DG de Fab.com, « *la seule façon de se battre dans le monde d'Amazon, c'est de vendre des choses qu'Amazon ne vend pas* ». À l'instar d'autres sites, comme Asos, Fab.com développe une marque propre qui, en 2013, représente environ 10 % de son chiffre d'affaires. Le site travaille avec une communauté de designers qui se concentre sur la conception et s'appuie sur le site pour la fabrication et le marketing de leurs créations. Ainsi que l'indique Bradford Shellhammer, « *nous employons dix* designers *et allons doubler l'effectif de cette équipe dans l'année à venir. Mais nous travaillons aussi déjà avec tout un écosystème de* designers. *Or, je vous garantis que la plupart veut uniquement* designer *et se passerait bien de devoir vendre* ».
>
> *Source : Le Journal du Net*

Malgré les avantages de cette stratégie, vendre des produits sous sa propre marque n'est pas la panacée, dans la mesure où cette approche se révèle coûteuse et potentiellement risquée. En effet, cette stratégie nécessite des compétences spécifiques (celles de l'industriel) et le différentiel de marge est généralement réinvesti dans le marketing (créer une marque de toutes pièces n'est pas facile). Par ailleurs, il s'agit bien souvent de financer la production, en plus du stock, sur un périmètre de chiffre d'affaires plus petit que les vendeurs multimarques.

La décision de vendre sous sa propre marque doit donc être mûrement réfléchie. Des alternatives au développement à partir de zéro sont également envisageables, comme celles qui consistent à marquer commercialiser sous sa propre marque des produits fabriqués par d'autres, à concevoir sans fabriquer ou, au contraire, à fabriquer sans concevoir, en accompagnant une communauté de créateurs/inventeurs/designers. Une solution plus radicale consiste à racheter un fournisseur. Naturellement, les sites marchands peuvent combiner les deux approches : vendre des produits sous leur marque, en plus de marques connues.

2.2.2. Faut-il mettre en relation des acheteurs et des vendeurs ?

Dans les statistiques de l'Insee, la revente et l'intermédiation sont des activités distinctes. L'entreprise appartient soit à la catégorie des commerçants (qui achètent des produits pour les revendre en l'état), soit à celle des intermédiaires de commerce (qui mettent en relation des vendeurs et des acheteurs, sans acheter eux-mêmes les produits à revendre).

Ces dernières années, cette double position de revente et d'intermédiation est devenue plus fréquente, avec le développement des places de marché (Amazon, eBay, CDiscount,

Pixmania, 3 Suisses, Galeries Lafayette, etc.), y compris pour des enseignes spécialisées (la Fnac, Nature & Découvertes, etc.). Les sites marchands sont devenus à la fois commerçants et intermédiaires de commerce : ils vendent des produits achetés pour être revendus, mais prennent aussi des commissions sur des produits mis en vente sur leur site par d'autres marchands.

Naturellement, se pose la question des conflits d'intérêts éventuels entre ces deux missions (revendre et mettre en relation) puisque le site fait lui-même concurrence à ses propres clients/fournisseurs/revendeurs. Un site comme eBay (qui ne fait pas d'achat pour revendre) se prévaut régulièrement de sa neutralité : sa mission est tout entière consacrée à aider les vendeurs à trouver des acheteurs. Amazon, au contraire, fait concurrence aux marchands qui revendent sur sa place de marché.

Si l'ouverture de places de marché est assez naturelle pour les distributeurs *pure players*, elle l'est sans doute moins pour les distributeurs traditionnels (comme la Fnac) qui, historiquement, ne jouent pas ce rôle. Cela dit, le mouvement touche également des acteurs qui ne sont pas familiers avec le commerce, comme les médias (*Be*, *Glamour*, *France Soir*, etc.). À terme, on peut imaginer que le principe des places de marché s'étende à des acteurs de tous types.

Exemple : En 2013, *Glamour*, le magazine féminin du groupe Condé Nast, a ouvert son « Glamstore », une place de marché intégrée aux contenus éditoriaux. Toutes les pages du site la mettent en avant *via* des « *widgets shopping* » insérés aux articles. Le magazine papier communique par ailleurs largement sur le Glamstore. La vocation de cette place de marché est de « *mettre en valeur des marques sélectionnées avec la rédaction et les lectrices pour construire une e-boutique très éditorialisée* ». Le Glamstore commercialise environ 1 500 références de 500 marques.

Source : Le Journal du Net

Le sujet des places de marché se poursuit au chapitre 3 dans la mesure où, aujourd'hui, de nombreuses marques (et même des distributeurs) se posent la question de vendre ou non par cet intermédiaire.

Cette question de la position dans un réseau de valeur est assurément stratégique et détermine en grande partie la nature même de l'entreprise et de ses activités. Elle doit être traitée au plus haut niveau et dépend en grande partie des ressources et compétences initiales dont dispose l'entreprise. Il est même probable que la trajectoire des créateurs du site – leur formation, leurs expériences préalables, etc. – explique en grande partie la position prise dans le réseau de valeur.

2.3. L'identification des facteurs clés de succès et la mise en avant des avantages concurrentiels

Les facteurs clés de succès (FCS) sont définis comme les règles à suivre pour réussir. On peut distinguer les FCS nécessaires (ceux qui permettent de survivre dans le secteur) et les FCS suffisants (ceux qui permettent de se développer et de gagner du terrain vis-à-vis de ses concurrents). Une fois les FCS identifiés, la démarche consiste, *pour chacun d'entre eux*, à déterminer les avantages concurrentiels (AC) que l'entreprise va développer (si elle ne les possède pas déjà) et mettre en avant.

2.3.1. L'identification des facteurs clés de succès

En matière de commerce électronique, les FCS sont nombreux. Ci-dessous, nous distinguons parfois les FCS selon le type d'entreprise (un distributeur revendant des produits achetés par ailleurs, ou un industriel vendant ses propres produits ou services) :

- dans le cas des commerçants et intermédiaires de commerce, pouvoir référencer les bons produits et les acheter aux meilleures conditions ;
- dans le cas des industriels, proposer un portefeuille de produits suffisamment large pour être attractif (éventuellement en mutualisant l'offre avec celle d'un partenaire, ou même d'un concurrent) ;
- quel que soit le type d'entreprise, attirer le client vers le site et lui donner confiance ;
- connaître le client pour pouvoir élargir l'assortiment de façon efficiente (sans gonfler les stocks, avec une bonne rotation des produits) et lui proposer des offres croisées ;
- développer une offre de services attractifs et savoir les délivrer en garantissant un bon niveau de satisfaction client ;
- livrer le client en temps et en heure, sans mettre en péril l'équilibre commercial de l'entreprise ;
- prévenir ou gérer les conflits avec leur réseau de distributeurs (pour les industriels) ou avec leur réseau de points de vente (pour les distributeurs possédant déjà un réseau).

Cette liste générique de FCS doit donc être approfondie et travaillée en fonction de la position de l'entreprise (industriel ou distributeur, acteur en place ou nouvel entrant, etc.).

Les FCS peuvent aussi varier fortement d'un secteur à l'autre. Pour les cybermarchés, les FCS importants seront la capacité à acheter au meilleur prix de façon à ne pas trop s'écarter des prix pratiqués dans les grandes surfaces et celle à livrer des produits fragiles dans des conditions économiquement rentables. Pour une marque qui vend en ligne, la question du coût d'achat des marchandises se pose en des termes très différents, relativement aux distributeurs alimentaires. Pour une bijouterie en ligne, par exemple, les questions de logistique aval seront sans doute moins importantes que dans le commerce alimentaire.

Les FCS dépendent souvent des attentes des clients. Il faut donc se pencher attentivement sur ces dernières en matière d'offre (quels sont les produits/services les plus attendus), mais aussi d'accès à l'offre (quelles modalités de consultation de l'offre, quelles conditions de livraison ou paiement, etc.).

Il faut aussi garder à l'esprit que ce n'est pas parce que l'offre est nouvelle qu'il est plus facile d'identifier et réunir les FCS. Bien au contraire, l'absence de référent ou de *benchmarks* rend probablement les choses plus délicates.

L'un des facteurs clés de succès est la confiance que peut générer l'activité auprès des consommateurs en assurant et en mettant en avant la prise en considération de la réglementation applicable propre au domaine. Les dispositions de la loi du 21 juin 2004 sont importantes, dans la mesure où elles précisent les effets de génération de la confiance, notamment concernant :

– les étapes à suivre pour conclure le contrat ;

– les moyens permettant d'identifier et de corriger les erreurs ;

- la langue du contrat ;
- les modalités d'archivage du contrat et de consultation des règles professionnelles commerciales auxquelles l'auteur de l'offre entend, le cas échéant, se soumettre.

Ces éléments générateurs de la confiance constituent un des axes du succès d'un site de commerce électronique, sachant que d'autres dispositions de la même loi précisent que toute personne physique ou morale exerçant une activité de commerce électronique est responsable de « plein droit » vis-à-vis de l'acheteur de la bonne exécution de ses obligations (voir chapitre 6).

2.3.2. La mise en avant des avantages concurrentiels

Les FCS constituent autant de défis pour l'entreprise. Pourra-t-elle les relever ? La réponse à cette question commence par un examen attentif des avantages concurrentiels dont l'entreprise dispose. Cependant, notons qu'en matière d'avantage *concurrentiel*, il est important de distinguer l'avantage *comparatif* (qui caractérise une véritable différence en matière de création de valeur, relativement aux concurrents) et l'avantage *compétitif* (qui construit ou renforce la préférence du consommateur envers l'entreprise). Sans transformation de l'avantage comparatif en avantage compétitif, on ne peut pas véritablement parler d'un avantage concurrentiel.

Avantages comparatifs *vs* avantages compétitifs

Un avantage comparatif peut permettre à une entreprise de dépasser ses concurrents sur une étape de la chaîne de valeur, mais sans nécessairement offrir un argument direct et décisif aux yeux des consommateurs. Pour progresser sur le marché, il faudra que l'entreprise transforme son avantage comparatif en avantage compétitif important pour les clients.

Exemple : Si un site marchand met en place une nouvelle application informatique qui lui permet d'optimiser ses tournées de livraison, cela lui donne indubitablement un avantage sur ses concurrents en termes d'efficience logistique : une meilleure utilisation des ressources (flotte de camionnettes, collaborateurs chargés des livraisons, etc.), donc une baisse des coûts de livraison et, finalement, une augmentation de la profitabilité à volume constant. Néanmoins, cette nouvelle application (ou ce maillage d'entrepôts, cette méthode de *store picking*, etc.) ne procure pas nécessairement un avantage compétitif susceptible d'attirer plus de clients ou de fidéliser les clients existants. Il faudra, par exemple, que la baisse des coûts de livraison permette une baisse du prix facturé au client (baisse uniforme du prix de chaque livraison, livraison gratuite toutes les trois commandes, etc.) ou que l'entreprise offre un meilleur service à ses clients (livraison en 2 heures plutôt qu'en une demi-journée, fenêtre de livraison plus précise, etc.). En matière de livraison, par exemple, Amazon, leader mondial du commerce électronique, avec ses plus de 100 entrepôts et ses technologies logistiques, dispose d'un avantage comparatif transformé de façon éclatante en avantage compétitif (des délais de livraison plus courts, une très haute fiabilité, la livraison gratuite dans le cadre du programme Amazon Prime). La question est de savoir pendant combien de temps Amazon sera la seule entreprise à proposer ces services de livraison gratuite à une telle échelle. D'autres se préparent, comme eBay ou Wal-Mart.

Il est important de déterminer si l'entreprise possède ou non les avantages comparatifs nécessaires, autrement dit, si elle dispose de ressources supérieures à ses concurrents (marque plus puissante, entrepôts plus nombreux, capitaux plus abondants, etc.) ou si elle maîtrise mieux qu'eux les compétences nécessaires (achat, création de trafic, fidélisation des clients, etc.)

Cette analyse doit être menée *pour chaque FCS*. On peut se trouver dans une situation où l'entreprise a un avantage comparatif pour un FCS particulier, mais aucun avantage pour un autre. Par exemple, l'entreprise peut avoir une marque forte et crédible (qui lui donne la capacité d'attirer du trafic sur son site et de rassurer les internautes), mais ne pas disposer du portefeuille de produits nécessaire.

L'identification et le développement des avantages comparatifs

Il appartiendra aux dirigeants et aux investisseurs d'évaluer si l'absence d'avantage comparatif sur tel FCS peut être compensée par un autre avantage sur un autre FCS... ou si les avantages doivent être développés sur chaque FCS. Dans notre exemple, si on admet que l'entreprise ne peut se contenter de s'appuyer sur sa marque, elle devra étoffer son portefeuille de produits, seule ou avec un partenaire (qui peut d'ailleurs être un concurrent).

L'entreprise détermine pour chaque FCS si elle doit ou non développer ces avantages et, si oui, de quelle façon. Il est possible d'acquérir les ressources et compétences nécessaires en les achetant (solution parfois coûteuse), en les développant en interne (solution longue et incertaine) ou en les obtenant *via* des partenaires et alliés. La dernière solution ne présente pas que des avantages, mais la réalité montre qu'elle est fréquemment adoptée.

Après avoir réalisé ces analyses, si l'entreprise n'arrive pas à réunir les avantages comparatifs nécessaires, elle devra peut-être envisager d'abandonner le projet de développer ses ventes en ligne !

La transformation des avantages comparatifs en avantages compétitifs

Chaque avantage comparatif peut donner naissance à un ou plusieurs avantages compétitifs. À partir d'une bonne connaissance des clients, le travail de l'entreprise consiste à mettre en avant les bénéfices qui lui semblent les plus pertinents, en s'assurant que certains d'entre eux reposent sur des avantages comparatifs solides et durables. Idéalement, ces avantages ne peuvent pas être copiés à court terme par les concurrents.

> ***Exemple :*** Sur le site du cybermarché Houra.fr, les bénéfices mis en avant sont notamment : « le plus grand choix du Web » (qui constitue la signature), « récompenser votre fidélité tout au long de l'année », « vous répondre 6 j/7 de 7 h à 23 h », « vous livrer à l'heure avec le sourire » ou encore « vous assurer d'être 100 % satisfait ou remboursé ». Certains de ces bénéfices sont de véritables avantages compétitifs (c'est-à-dire fortement valorisés par les clients), qui reposent sur des avantages comparatifs forts (dont ne disposent donc pas les concurrents). Ces bénéfices sont vraiment fondamentaux et peuvent étayer une stratégie marketing sur le long terme. Il en va ainsi du choix offert, incluant les produits frais et les produits surgelés, à la différence de la plupart des concurrents. Ce bénéfice repose sur un avantage comparatif fort, dans la mesure où Houra.fr dispose d'un système de conditionnement protégé par un brevet, résultat d'une alliance avec l'entreprise Natoora. D'autres bénéfices relèvent plutôt du discours commercial, mais ils permettent de rassurer les clients, comme la garantie de satisfaction à 100 %.
>
> *Source : http://www.houra.fr*

2.4. La formulation d'une proposition de valeur pertinente pour la cible visée

En général, le site marchand propose un grand nombre d'offres (gammes de produits ou prestations de service). Plusieurs questions de stratégie marketing se posent **alors :** qui sont les clients visés, quelle est la proposition de valeur (c'est-à-dire l'ensemble des bénéfices apportés aux clients visés) et quel est le positionnement global du site marchand.

2.4.1. Les cibles visées

L'offre peut s'adresser aux clients habituels de l'entreprise et/ou permettre d'élargir la cible. Dans des cas extrêmes, on peut aussi imaginer découpler la cible Internet de la cible habituelle. Dans ce cas, l'entreprise devra probablement se présenter à cette nouvelle clientèle avec une marque spécifique, pour éviter la confusion et diminuer le risque d'échec (voir chapitre 3).

> ***Exemple :*** Cote2boeuf.fr est un site marchand consacré aux produits aveyronnais (viande, charcuterie, champignons, truffes, etc.) approvisionnés auprès des éleveurs et artisans locaux. La double mission de l'entreprise consiste à « rechercher en permanence la meilleure qualité, ainsi qu'un partenariat équitable avec les éleveurs et producteurs artisanaux ». Le site s'adresse à « *une clientèle qui recherche avant tout le produit, le goût et la qualité* », explique Charles Siemiatycki, l'un des quatre fondateurs du site.
>
> *Source : E-commerce Magazine*

La question du ciblage est centrale car le Web permet à des concepts très pointus de se développer : vêtements pour les clients de grande taille (Onestoplus.fr), équipement pour les enfants de 0 à 4 ans (oclio.com), produits destinés aux personnes qui s'occupent de leurs parents âgés (Parentgiving.com).

Le site devra veiller à ce que la taille de la cible et son taux de pénétration sur cette cible garantissent la viabilité du projet. Les investisseurs devront se méfier des projets qui, sous prétexte d'indiquer un objectif de part de marché modeste, en concluent que le pari est gagné d'avance. Il n'est pas plus facile de réaliser 2 % de part de marché que d'en réaliser 5 % ou 20 %. Tout dépend la force de la proposition et les moyens mis en place !

Une recherche américaine permet d'identifier six segments génériques de clients dont les motivations et critères de choix diffèrent sensiblement (Ganesh *et al.*, 2010). L'étude distingue les enthousiastes, fortement motivés et très exigeants (31 %), les avant-gardistes, à la recherche de nouveautés et de tendances (18 %), les chercheurs de bonnes affaires (17 %), les basiques, intéressés par des achats spécifiques et non par la profusion de l'offre (14 %), les peureux, qui perçoivent un risque élevé (14 %) et les apathiques, peu motivés par l'achat en ligne (6 %).

Malgré son intérêt, cette typologie doit naturellement être adaptée à chaque site marchand, notamment selon le type de produit vendu.

2.4.2. La proposition de valeur

La proposition de valeur est un concept essentiel dans la mesure où il doit être possible de résumer en quelques mots les bénéfices spécifiques apportés par l'entreprise à ses clients. L'entreprise devra veiller à définir une proposition de valeur :

- légitime et durable (qui repose sur des avantages comparatifs réels) ;
- pertinente (qui correspond aux attentes profondes des clients) ;
- réaliste (qui ne promet pas trop, au risque de décevoir) ;
- différente (qui est unique à l'entreprise et qui n'est pas immédiatement copiable) ;
- solvable (pour laquelle les clients sont prêts à débourser une somme supérieure à son coût).

La proposition de valeur d'un site marchand repose généralement sur les éléments suivants :

- des prix bas (une politique promotionnelle soutenue accompagne souvent une politique de prix agressive ; les marques de distributeurs constituent également une façon de proposer des produits moins chers) ;
- un choix large et profond (en matière de commerce électronique, la largeur est probablement moins importante que la profondeur ; l'effet « tout sous le même toit » est moins critique puisqu'il est facile de comparer et de passer d'un site à l'autre) ;
- des produits originaux que l'on ne trouve pas nécessairement dans le commerce, ou difficilement ;
- des produits disponibles (de ce point de vue, la disponibilité des sites de commerce électronique peut parfois être supérieure à celle des magasins) ;
- des produits et services personnalisés (l'interface Web permet précisément de recueillir les choix des clients et de configurer le produit désiré) ;
- une interface simple d'utilisation, fluide, esthétique, claire, etc. (l'affichage de la disponibilité et la richesse des informations constituent une attente forte des clients) ;
- des services d'accès à l'offre (moteurs, conseils, etc.) et des contenus éditoriaux (notamment communautaires) ;
- un processus de commande simple, rassurant, sûr (la confirmation de commande est une attente forte des clients) ;
- un temps de livraison rapide (mais en la matière, il est probable que la précision de la fenêtre de livraison soit au moins aussi importante) ;
- des services qui mettent l'internaute en relation avec ses proches *via* les réseaux sociaux (*social commerce*) et qui permettent une grande fluidité entre canaux, y compris le téléphone mobile ;
- des services qui accompagnent la vente (contenus éditoriaux qui permettent de mieux comprendre l'offre et d'enrichir la visite, alertes SMS pour informer le client que sa commande est livrée, procédure simple pour retourner les marchandises).

La proposition de valeur doit reposer sur des éléments qui présentent le plus de potentiel pour générer la préférence des clients. Afin d'orienter la proposition de valeur, il est donc essentiel d'analyser les attentes spécifiques des clients dans le secteur considéré. Les attentes d'exhaustivité ne seront pas forcément les mêmes pour un cybermarché et un bijoutier, pour un site marchand et un site de *C2C*, etc. Être en mesure de formuler une proposition de valeur pertinente suppose donc de ne pas fonctionner avec une connaissance obsolète ou trompeuse (autre secteur, autre pays, autre période, etc.), mais d'étudier en profondeur les attentes de chaque cible de clients.

Il ne faut pas surestimer l'importance du prix dans les choix des clients, comme le montrent les centaines d'études réalisées sur ces sujets : les clients ne cherchent pas forcément les prix les plus bas. D'ailleurs, de nombreux sites marchands ne jouent pas spécifiquement sur cette corde, notamment pour augmenter leur rentabilité et pour fidéliser les clients. Cela dit, les études montrent aussi que le Web est plus compétitif que le commerce physique, avec des écarts de prix plus faibles entre sites et des prix plus volatils. S'ils ne recherchent pas spécifiquement les prix les plus bas, les clients ont aussi parfois du mal à valoriser les services additionnels… ; charge aux sites marchands de leur expliquer la valeur de leur proposition, en faisant preuve de pédagogie… et de patience.

Le fait de rendre disponibles sur tout un territoire des produits que l'on ne trouve que dans les grandes villes est également un ressort du succès, tout comme le fait de rassembler autour d'une nouvelle logique d'achat ou d'usage des articles généralement vendus séparément, comme ces objets et équipements que l'on peut offrir à l'occasion d'une naissance (**http://www.kliko.fr**).

Les sites marchands qui réussissent proposent souvent des assortiments originaux, preuve que le prix bas est loin d'être le seul argument pour attirer des clients. Ces sites commercialisent, par exemple, des trampolines (**http://www.mon-trampoline.com**), des trottinettes (**http://www.ozflip.com**), des produits dérivés de l'univers des mangas (**http://www.fanatoys.com**), des sacs féminins de ville (**http://www.sacby.com**), des déguisements et costumes (**http://www.centurynovelty.com**), des stickers muraux (**http://www.dezignwithaz.com**), etc.

L'innovation dans le secteur du commerce est un facteur de performance. Elle prend des formes variées (Sorescu *et al.*, 2011) et conduit à une transformation du modèle d'affaires, c'est-à-dire des mécanismes de création et de captation de la valeur. Dans le secteur du commerce, la place du client dans ces mécanismes est naturellement essentielle. S'agit-il, par exemple, de créer de la valeur en améliorant l'efficience du processus d'achat (permettre au client de faire de meilleurs choix dans un minimum de temps) ou en favorisant l'engagement (ce qui va conduire le client à passer plus de temps avec l'enseigne) ? S'agit-il de capter de la valeur en améliorant l'efficacité opérationnelle des processus (par exemple, diminuer les stocks en augmentant la fréquence des collections et des réassortiments, comme dans le modèle *fast fashion* de Zara) ou de verrouiller les clients pour augmenter leur durée de vie et leur valeur économique ?

Plusieurs tendances alimentent l'innovation sur Internet, notamment les produits rares (on parle de « curation », notamment quand ces produits sont sélectionnés par des célébrités ou des designers) ou les produits d'occasion, les achats de dernière minute ou à durée limitée (comme les ventes événementielles), les produits personnalisés, ou encore la participation active à une communauté de clients, permise notamment par le développement considérable des réseaux sociaux, depuis la fin des années 2000.

2.4.3. Le positionnement de l'offre

Chaque offre doit être bien positionnée sur son marché, c'est-à-dire prendre une place forte et précise dans l'esprit des clients visés. Le positionnement est un résumé de la proposition de valeur, nécessairement très simple : il tient dans les quelques bénéfices fondamentaux (de un à trois au maximum) que l'entreprise doit choisir avec soin, à partir d'une connaissance fine de sa cible et/ou de ses meilleurs clients.

Toutes les facettes du mix marketing communiquent le positionnement, ce qui implique que les différents éléments doivent former un tout cohérent (le design du site, les produits sélectionnés, les conditions de livraison, la marque apposée, etc.).

L'entreprise devra également veiller à ce que le positionnement voulu de l'offre (ce que l'entreprise souhaite dire) corresponde bien au positionnement perçu (comment le client perçoit cette offre). Pour s'en assurer, elle devra régulièrement mener des études marketing.

Une analyse de 94 sites marchands français montre que l'image des sites marchands est essentiellement structurée par deux dimensions : l'offre produits/services (assortiment, *merchandising*, etc.) et l'image institutionnelle. Trois groupes se dégagent : les sites qui ont une image moins bonne sur les deux dimensions (28 % de l'échantillon, comme Marionnaud, PriceMinister, Rue du Commerce ou La Redoute), ceux qui mettent bien en valeur leur offre (46 % de l'échantillon, comme Conforama, Amazon, Voyages Sncf, Clarins, Damart, Mistergooddeal, CDiscount) et ceux qui bénéficient d'une bonne image institutionnelle (26 % de l'échantillon, comme Leroy Merlin, Picard, Yves Rocher).

Les experts s'accordent à dire que l'activité de commerce électronique expose le distributeur traditionnel à de nombreux pièges. Le premier piège à éviter consiste à copier-coller sur le site marchand le même assortiment que dans les magasins. ' Sauf exception, l'assortiment du site marchand doit être spécifiquement pensé, de façon à renforcer le positionnement stratégique du site (choix, prix, conseil, etc.). Il faut également éviter de dérouter le visiteur avec un site trop complexe ou trop sophistiqué. Une forme de normalisation des sites marchands se dégage et il ne s'agit pas d'être à tout prix original. Un autre piège à éviter consiste à faire l'hypothèse que, la marque étant connue, des visiteurs vont naturellement se rendre sur le site. Sur Internet, la concurrence est vive et les règles de création de trafic sont différentes (voir chapitre 7). Un budget spécifique – et important – doit être prévu pour attirer les visiteurs sur le site. Le taux de transformation doit également être l'objet de toutes les attentions car il est sensiblement plus faible que dans le commerce physique (voir chapitre 8). Les règles de fidélisation des clients sur Internet sont également spécifiques (voir chapitre 10).

Source : *Le Journal du Net*

3. Déployer la stratégie

Le déploiement de la stratégie est naturellement critique. Mal exécutée, la plus brillante des stratégies peut tourner à l'échec. Comparativement aux enseignes de distribution traditionnelle, la chaîne de décisions est plus courte dans le commerce électronique, ce qui rend le problème d'exécution peut-être moins critique que pour les enseignes en réseau qui disposent de plusieurs centaines de localisations réparties sur un grand territoire. Pour un site marchand, la question cruciale n'est pas de déployer une stratégie auprès de milliers de collaborateurs. Les enjeux ne sont donc pas de même nature pour les entreprises en réseau et pour les entreprises du Net. Pour les sites marchands, une question centrale tient dans le modèle de revenu adopté sur Internet – sensiblement plus hétérogène que dans le commerce traditionnel. Une autre question déterminante concerne les éventuelles stratégies d'alliance, si l'entreprise ne souhaite pas réaliser l'ensemble des activités dans la chaîne de valeur (ce qui est très fréquent dans le commerce électronique). Pour finir, vendre en ligne pose la question de la vitesse d'exécution. Certains parlent d'un « temps Internet », où chaque trimestre sur le Web équivaudrait à une année réelle. Mais comme le dit le dicton, il ne faut pas pour autant confondre vitesse et précipitation !

3.1. Les modèles de revenus

Il existe plusieurs sources de revenus pour un site marchand. Elles dépendent principalement du modèle d'affaires retenu. Leur combinaison représente un enjeu stratégique important pour assurer le développement du chiffre d'affaires.

3.1.1. Une typologie des sources de revenus

Chaque modèle d'affaires (*business model*) repose sur une combinaison de sources de revenus (*revenue model*). Il existe cinq principales sources de revenus :

- la marge commerciale ;
- les commissions ;
- le revenu publicitaire ;
- le revenu d'affiliation ;
- les prestations de service.

Le premier modèle de revenu est clairement transactionnel puisqu'il repose sur une activité de revente permettant de dégager une marge commerciale. En revanche, les trois autres modèles de revenu peuvent être qualifiés de relationnels dans le sens où le site joue un rôle de mise en relation entre des acheteurs et des vendeurs (commissions et revenu d'affiliation) ou entre les cibles et les annonceurs (revenu publicitaire).

Les acteurs du commerce électronique sont également amenés à vendre des prestations de service, une source de revenu qui reste généralement marginale dans le commerce traditionnel, mais qui peut représenter la première source de revenu pour certains d'entre eux. Le service est généralement transactionnel, dans la mesure où le marchand produit lui-même la prestation de service (licence d'une technologie, vente d'une prestation de conseil). Quand le marchand se contente de trouver un client pour un tiers, ce dernier produit la prestation de service. Le marchand est donc rémunéré à la commission (par exemple, quand un site marchand propose un crédit à la consommation à ses propres clients, le crédit est généralement produit par une institution financière qui rémunère le marchand).

La marge commerciale

Ce modèle de revenu caractérise les modèles d'affaires transactionnels, comme les sites marchands, les sites de vente directe et les sites de vente privée. D'autres sites peuvent y avoir recours de façon plus ponctuelle, comme les sites de dépôt-vente, les galeries marchandes et parfois même les places de marché.

La *marge commerciale* sur les produits vendus correspond à la différence entre la vente de marchandises et le coût d'achat de ces mêmes marchandises (on utilise simplement le terme de *marge* quand il s'agit d'une vente directe par un industriel). La marge commerciale est communément de 40 % dans le commerce spécialisé (équipement de foyer, produits culturels, équipement de la personne, etc.). Elle est généralement plus faible dans le commerce alimentaire et dans celui à destination des entreprises. Dans certains cas, elle peut être nettement supérieure (produits de luxe, mode, santé, etc.). On parle plutôt d'un multiplicateur que d'un pourcentage de marge, le distributeur achetant 1 et revendant 2,5 ou plus lorsqu'il s'agit de ses propres produits. Il faut cependant se méfier des moyennes car, selon les conditions d'achat (liées aux volumes, notamment), la marge commerciale peut sensiblement varier. Des politiques de prix agressives, même lorsque les conditions d'achat sont bonnes, peuvent aussi conduire à diminuer sensiblement la marge commerciale.

Cette marge commerciale sur les produits vendus (qu'on appelle aussi *marge avant*) est bien souvent complétée par des remises conditionnelles (remise sur volume, par exemple) et par la réalisation de services (*coopération commerciale*) qui forment ce que l'on appelle les *marges arrière*, dans le sens où elles interviennent *après* la conclusion du contrat de vente et ne sont généralement pas connues au moment de cette signature. Par exemple, quand un marchand propose à une marque un espace spécifique sur son site ou la mise en avant d'une nouveauté, le commerçant obtient un financement particulier de la part de l'industriel. Ces marges peuvent représenter une source de revenu importante pour le vendeur.

Le total des marges issues de la vente de produits se nomme la *marge brute*. La revente de services associés aux produits entre dans la sphère du commerce (qui est, au sens strict, l'activité qui consiste à acheter et revendre des produits en l'état). Par exemple, lorsqu'un commerçant vend une garantie complémentaire pour l'achat d'un ordinateur, ou qu'il vend une assurance contre le vol pour l'achat d'un téléphone mobile, il s'agit d'un service directement lié à l'achat d'un produit (on ne peut pas vendre la garantie ou l'assurance sans vendre le produit).

Les commissions

Ce modèle de revenu caractérise les modèles d'affaires relationnels (car l'intermédiaire ne possède pas le stock), comme les sites de courtage, les galeries marchandes, les infomédiaires, les sites de *C2C* et les places de marché.

> ***Exemple :*** eBay, l'un des acteurs les plus profitables du commerce électronique, repose historiquement sur un modèle de commission sur les ventes réalisées entre particuliers (*C2C*). Plusieurs autres sources de revenu se sont progressivement ajoutées : les commissions provenant de la place de marché *B2C* (où les entreprises revendent directement aux particuliers ou aux autres entreprises), les commissions sur les paiements (réalisés avec PayPal ou *via* les comptes Bill Me Later) ou encore, les prestations de services *B2B* (avec GSI/eBay Entreprises Marketing Solutions, notamment). Depuis début 2013, les revenus issus de la place de marché ne représentent plus que 52 % du total des revenus.
>
> *Source : Internet Retailer*

Les sites marchands et les sites de vente privée peuvent y avoir recours de façon plus ponctuelle. *A priori*, ce modèle ne peut pas caractériser les sites de vente directe, sauf à accueillir des partenaires commerciaux sur le site de l'entreprise.

La commission peut être variable (selon le montant de la transaction) ou fixe. Elle peut également être complétée par un droit d'entrée (ou « pas de porte virtuel »), c'est-à-dire un montant que l'on paie une seule fois. Un montant peut être prélevé de façon plus régulière (mensuellement ou annuellement, par exemple). Certains modèles reposent pour tout ou partie sur une adhésion annuelle payée par les utilisateurs, en *B2C* (Costco, par exemple) comme en *B2B* (Alibaba, par exemple).

Exemple : Companeo, la place de marché électronique pour les entreprises, fonctionne au *pay per lead* (versement d'une commission pour chaque prospect récupéré), un modèle dont la visibilité est bonne car le revenu est entièrement apporté par les fournisseurs. Ces derniers paient une commission à Companeo à chaque fois que le site leur transmet une demande d'un acheteur potentiel. En 2013, Companeo a réalisé un chiffre d'affaires de plus de 15 millions d'euros, pour 3 millions de demandes transmises par 1 000 000 d'utilisateurs inscrits à 5 000 fournisseurs agréés par le site.

Source : http://www.companeo.com

Le revenu publicitaire

Les sites de courtage, les infomédiaires (notamment les guides d'achat sur les portails) et les places de marché électroniques vivent en grande partie de leurs revenus publicitaires. Ce sont les sites à plus fort trafic qui sont les mieux placés pour tirer un profit des millions de pages vues, sur lesquelles ils peuvent exposer des bannières (*display*) et, surtout, des liens promotionnels. Ce modèle de revenu caractérise avant tout les modèles d'affaires relationnels, mais rien n'interdit à un site marchand de commercialiser son audience.

Exemple : En 2012, Amazon a engrangé 610 millions de dollars de publicité, pour un chiffre d'affaires total de 61 milliards de dollars (les revenus publicitaires dépassent largement 1 % du chiffre d'affaires). Ces revenus proviennent des recherches effectuées sur le site d'Amazon, des publicités *display* affichées sur les sites de ses filiales et sur ceux de sa régie publicitaire. Les données comportementales collectées par Amazon permettent des ciblages de plus en plus fins, qui à leur tour permettent de mieux valoriser les impressions publicitaires.

Source : Le Journal du Net

Pour un site, les pages vues constituent le premier espace à commercialiser. Néanmoins, il ne faut pas oublier les autres espaces comme les newsletters ou, même, les espaces physiques comme les catalogues, les points de vente ou les colis envoyés. Par ailleurs, d'une certaine manière, les coopérations commerciales que les sites marchands obtiennent des marques (voir ci-dessus dans la section marge commerciale) sont des revenus publicitaires car elles constituent la contrepartie d'une exposition auprès d'un public de clients potentiels (comme la mise en avant d'offres promotionnelles).

Le revenu d'affiliation

Ce modèle de revenu est une variante des deux modèles précédents (commission et publicité). La différence fondamentale tient à la forme de la mise en relation. Dans le cas du revenu d'affiliation, un site va toucher une commission liée au fait qu'il redirige une partie de son trafic vers un site marchand qui va le rémunérer pour cela (voir chapitre 7 pour plus de détail sur l'affiliation, comme source de trafic d'un site marchand). Autrement dit, chaque fois qu'un visiteur du site A clique sur un lien conduisant au site B, B va rémunérer A pour cette visite. D'une certaine manière, le site A monétise son audience. C'est pourquoi le modèle de l'affiliation est proche du modèle publicitaire. Il arrive aussi que B rémunère A en fonction des ventes réalisées suite à la redirection du trafic du site

A vers le site B. Auquel cas, le modèle de commission et le modèle d'affiliation sont très proches puisque A est un apporteur d'affaires pour B et que sa rémunération dépend du chiffre d'affaires généré.

Les prestations de service

Peu d'acteurs du commerce électronique se contentent exclusivement de la marge dégagée sur les produits vendus ou des commissions réalisées sur les transactions. La plupart s'emploient à faire progresser leur chiffre d'affaires en développant toutes les formes de service : services indispensables au bon fonctionnement des produits vendus (comme l'accès au réseau d'un opérateur mobile), services complémentaires aux produits (comme une assurance contre le vol), services autour des produits (comme la réparation d'un ordinateur), service utilisant des produits (comme la location d'un véhicule), services entièrement numérisés (comme le *streaming* musical) ou dématérialisés (comme un prêt immobilier).

Les acteurs du commerce électronique ayant été amenés à développer des compétences assez pointues, il leur arrive de les revendre à des clients… ou même à des concurrents. Les leaders y voient une possibilité de croissance intéressante et, plus stratégiquement, une façon de contrôler indirectement le marché du commerce électronique. Il en va ainsi d'eBay avec PayPal, acteur désormais incontournable des services financiers, ou d'entreprises comme Amazon et Rakuten (à laquelle appartient PriceMinister), qui proposent des prestations logistiques. Le groupe 3SI (3 Suisses International) annonce travailler avec plus de 3000 commerçants, autour de nombreuses prestations : logistique, production de contenus, recouvrement, relation client, etc.

> ***Exemple :*** E-Merchant est l'une des activités du Groupe Pixmania à destination des professionnels. Ce pôle réalise des prestations autour des cinq métiers clés du commerce électronique : noyau technologique (gestion de catalogue multilingue, intégration à l'ERP existant, etc.), logistique (picking/packing, shipping, logistique de retour, etc.), service clients (centre de contact, programme de fidélisation, etc.), marketing et *merchandising* (création et design, programmes d'affiliation, etc.), et services financiers (intégration de plus de 40 moyens de paiement). Cette proposition est tout à fait crédible, car elle s'appuie précisément sur le savoir-faire de Pixmania : l'une des meilleures cartes de visite qui soit pour une activité de conseil. Avec cette prestation, Pixmania revend et mutualise ses compétences (création, design) et une partie de ses ressources (notamment sa plate-forme logistique). Reconnaissant ce savoir-faire, en 2011, Carrefour a pris la décision de déléguer à Pixmania ses activités de commerce non alimentaire.
>
> *Sources : http://www.fotovista.com, http://www.e-merchant.com*

La revente de prestations de services peut aussi concerner des sites plus petits qui auraient développé des ressources et des compétences particulières, notamment la prise de vue de produits (*shooting*) ou la production vidéo. Certains sites proposent également de mener des études marketing pour le compte des marques qu'elles distribuent.

Une technologie peut être revendue sans mentionner le nom de l'entreprise qui l'a développée et/ou qui la met en œuvre. Dans le domaine du *e-business*, on parle de « marque blanche ». Par exemple, si un internaute navigue sur le site de l'office du tourisme d'une grande ville, il est possible qu'il soit exposé à une boutique en marque blanche gérée par l'un des grands opérateurs du tourisme

> ***Exemple :*** Expedia Private Label anime depuis 2006 les sites personnalisés des agences d'Afat voyages, acteur traditionnel du tourisme. Au-delà de cet exemple très abouti, de nombreux autres sites bénéficient de l'accès aux bases de données d'Expedia – vols et nuitées d'hôtels à réserver, voitures à louer, etc. – en totale transparence (prix et conditions identiques au site Expedia.fr). Expedia peut également prendre en charge le support opérationnel (centre d'appels, émission de billets, gestion des e-mails, etc.). Seul l'aspect marketing de l'offre est systématiquement laissé au partenaire. Les clients d'Expedia Private Label sont divers : compagnies aériennes, sites de destination (comme Barcelona.com) et, plus généralement, tous les sites de commerce électronique qui veulent ajouter un onglet « voyage » à leur offre, notamment les sites de produits culturels comme Weekend Desk.
>
> *Sources : Le Journal du Net, http://www.expedia.fr*

En général, la technologie est revendue sous forme de licence, mais il arrive que l'entreprise préfère recevoir une commission sur les ventes qu'elle permet de réaliser, revenant ainsi à un modèle d'intermédiation. Étant assez atypique, ce choix peut s'expliquer par la volonté du prestataire de s'associer commercialement à la destinée de ses clients, une façon de davantage les considérer comme des partenaires et de générer éventuellement d'autres sources ultérieures de revenus.

> ***Exemple :*** Fastbooking, qui a développé un outil de réservation installé en marque blanche sur le site de plus de 5 000 hôteliers à travers le monde, rémunère sa technologie à la commission (5 % des ventes réalisées *via* son outil), en plus du droit d'entrée (1 500 euros) et du coût de la formation (450 euros).
>
> *Source : Le Journal du Net*

3.1.2. Réflexions sur les modèles de revenus

L'exposé des modèles de revenus est complété par quelques réflexions sur les revenus d'abonnement, l'équilibre entre revenus et charges, la distinction entre revenus et produits, et, finalement, sur la diversité des formes de revenus dans le commerce électronique.

La question de l'abonnement

Pour certains, l'abonnement est un modèle de revenu à part entière (Turban *et al.*, 2006). Notre position est un peu différente dans la mesure où, si la question de l'abonnement est naturellement stratégique – être payé à chaque transaction ou à chaque période a des conséquences importantes sur la trésorerie –, l'abonnement ne constitue pas une source de revenu *spécifique*. C'est avant tout une modalité de paiement. Pour preuve, il peut être versé en compensation de transactions ou de commissions. La question essentielle est de savoir quelle est la *contrepartie* du paiement (la cession d'un produit, la mise en relation, etc.), que l'on doit distinguer d'une autre question, qui porte sur la *forme* du paiement.

Par exemple, certains détenteurs de contenus numérisés ont adopté un modèle de vente sur abonnement comme le français Deezer ou le suédois Spotify dans la musique, à l'instar de titres de la presse quotidienne comme *Le Monde* ou le *New York Times*. Au lieu de vendre du contenu au numéro, le producteur vend son contenu sous forme d'abonnement. Mais le point essentiel, en termes de modèle d'affaires, c'est précisément qu'il vend du contenu… et non pas une mise en relation ou un espace publicitaire. Ici, l'abonnement est une modalité de paiement (*forme*) d'un accès au contenu éditorial (contrepartie).

L'abonnement peut également porter sur des produits. Plusieurs sites tentent de développer cette modalité, notamment dans les cosmétiques (les *Beauty box*) ou les accessoires de mode (Stylispick). Amazon, dans certaines catégories, vend également des produits sous forme d'abonnement mensuel, en contrepartie d'une réduction de prix. Les produits alimentaires ne sont pas en reste, notamment avec le lancement en 2012 par Wal-Mart, leader de la distribution mondiale, d'une box intitulée *Goodies*.

L'abonnement offre la possibilité aux clients d'acheter des produits d'achat courant en bénéficiant de réductions. Mais l'un des bénéfices majeurs de ce mode de commercialisation consiste également à découvrir une sélection de produits en rapport avec ses goûts (au moment de l'inscription, le site demande aux clients de préciser leur profil et leurs préférences), sans perdre de temps à suivre les dernières tendances. BirchBox (qui a racheté JolieBox en 2013) parle ainsi de *discovery commerce* : le client découvre le produit dans le colis, apprend à le connaître grâce à des contenus éditoriaux et, s'il lui plaît, l'achète en grand format sur le site de l'enseigne.

L'équilibre des revenus et des charges

À un flux de revenus correspond un flux de charges. L'objectif est de maximiser la différence, du moins sur le moyen terme. Il est clair que le flux de charges est parfois supérieur à celui des revenus. Ce n'est pas rédhibitoire, à condition que les perspectives soient effectivement positives dans un horizon temporel « raisonnable » (seuls les investisseurs peuvent dire ce qu'ils entendent par là). Si le modèle d'affaires ne permet pas de dégager un surplus de revenus, l'entreprise est condamnée. Mais dans l'économie d'Internet, il est fréquent que les investisseurs tolèrent une période de retour sur investissement assez longue (cinq ans pour Amazon.com, par exemple).

Le revenu… et le profit ?

En matière de modèles d'affaires, il est essentiel de bien distinguer les sources de revenus et les sources de profit. Autrement dit, si la vente de marchandises représente l'essentiel du chiffre d'affaires, ce n'est plus forcément vrai en ce qui concerne le profit. Les revenus annexes peuvent peser faiblement dans le chiffre d'affaires, mais représenter une part très importante du profit dans la mesure où les taux de marge sont nettement supérieurs. Si le résultat net de Carrefour représente 3 % du chiffre d'affaires, celui de Google en représente plus de 25 % : le modèle de revenu publicitaire dégage une marge nette sensiblement supérieure à celui de l'achat/revente. De fait, les prestations ou les revenus publicitaires peuvent représenter 5 % du chiffre d'affaires, mais 30 % des profits. Il est donc essentiel d'activer ces autres leviers de croissance pour atteindre plus sûrement ou plus rapidement la zone de profitabilité. C'est sans doute ce mécanisme qui a poussé les commerçants électroniques à diversifier leurs sources de revenus, relativement aux commerçants traditionnels dont le modèle repose essentiellement sur la revente de marchandises.

La diversité des sources de revenus dans le commerce électronique

Dans le commerce traditionnel, la marge commerciale représente la quasi-totalité de la production des distributeurs (plus de 80 %). Mais dans le commerce électronique, sachant qu'il existe de nombreuses autres façons de générer des revenus, la vente de marchandise représente une source de revenus parmi d'autres. Ces méthodes pour gagner de l'argent existent plus ou moins dans le commerce physique, mais elles sont souvent moindres ou exercées par des acteurs différents. Les distributeurs traditionnels peuvent gagner de l'argent avec leurs supports publicitaires (les prospectus diffusés dans les boîtes aux lettres, les affiches sur les parkings attenants aux magasins, la radio diffusée dans les points de vente, etc.), mais ces sources de revenus restent un appoint marginal. Au contraire, dans le commerce électronique, certains sites tirent parfois une part importante de leur revenu total de la vente d'espaces publicitaires.

> ***Exemple :*** AlloCiné a réalisé un chiffre d'affaires de 19 millions d'euros en 2012, 80 % de ses revenus provenant de la publicité, et le reste de ses activités de producteur de contenus (prestations) et du commerce en ligne (commission).
>
> *Sources : http://www.societes.com, Zdnet, L'Opinion*

Les entreprises de *e-business* ont probablement des modèles d'affaires plus complexes et plus riches que celles d'avant la révolution Internet. Plusieurs exemples développés ci-dessus caractérisent bien l'idée de modèles *corporate* « hybrides » composés de plusieurs modèles d'affaires.

> ***Exemple :*** Bobex est une société d'origine belge qui gère des places de marché publiques, comme Bobex.fr ou Bobex.be, sur un modèle de revenu relationnel hybride : droit d'entrée pour le référencement des fournisseurs, commission sur les transactions réalisées par son intermédiaire et publicité (mise en avant des fournisseurs sur le site, dans les newsletters, etc.). Cette société développe également des places de marché privées et des systèmes de *e-procurement* pour des grands comptes. Elle se rémunère sous forme de licence, mais aussi de prestations facturées pour ses services (conseil, formation des utilisateurs, etc.).
>
> *Source : http://www.bobex.com*

On peut toutefois se demander si la faible part du revenu issu de la vente de produits, relativement au commerce traditionnel, n'est pas due à la faiblesse des ventes en ligne. Qu'en sera-t-il demain, lorsque le commerce électronique représentera une part plus importante du commerce total ? Il est possible que la vente de produits/services devienne – comme dans le commerce physique traditionnel – la première source de revenu...

3.2. Les activités réalisées (ou non) dans la chaîne de valeur

L'entreprise ayant pris position dans un réseau de valeur (revente, intermédiation, production ou transformation de produits, prestation de services), la question alors est de savoir quelles sont les activités précises qu'elle va réaliser elle-même et quelles sont celles qu'elle va déléguer à des prestataires, des partenaires ou des alliés.

3.2.1. L'externalisation

Dans toutes les entreprises, la tendance générale est à l'externalisation (certains laboratoires pharmaceutiques externalisent même leur R&D) : le commerce électronique n'y échappe pas. Elle est même probablement plus forte dans ce domaine car l'externalisation est plus prononcée dans les secteurs technologiques, et encore plus dans les jeunes entreprises qui subissent moins les contraintes du passé. Les ⅔ des sites marchands américains emploient moins de dix personnes. Ce chiffre montre assez clairement que les sites utilisent des compétences extérieures, dans une logique d'externalisation.

> ***Exemple :*** Une étude menée en France en 2012, notamment par Geste, Credoc et la Fevad (Fédération du e-commerce et de la vente à distance), montre que les emplois indirects dans le secteur sont substantiels, relativement aux emplois directs (respectivement 45 000 et 60 000 à l'horizon 2015), ce qui confirme la même tendance. Les sites marchands utilisent massivement des prestataires externes. L'analyse des emplois (directs et indirects) montre qu'il s'agit essentiellement de prestations de logistique (25 %), de marketing et de relation client (20 %) ou encore de production et de gestion de contenus (15 %). Les prestations liées à la logistique et aux centres d'appels sont plus particulièrement externalisées.
>
> *Source : Fevad.com*

En matière de commerce électronique, les activités suivantes sont le plus souvent externalisées :

- conception et développement du site ;
- hébergement du site, gestion de la bande passante ;
- référencement par liens sponsorisés (via des régies et des agences spécialisées) ;
- gestion d'un réseau d'affiliés (*via* des plates-formes spécialisées) ;
- hébergement et animation de la base de clients, notamment par e-mailing ;
- archivage électronique ;
- crédit à la consommation (*via* une institution financière spécialisée) ;
- livraison du client final (*via* un prestataire logistique ou un partenaire disposant d'un réseau de proximité, comme les relais-colis de La Redoute) ;
- service client (*via* un centre d'appels externalisé).

Il est de plus en plus fréquent que les distributeurs traditionnels ou les marques, n'ayant pas les ressources et compétences nécessaires pour vendre eux-mêmes en ligne, se tournent vers des prestataires spécialisés. Si les agences de communication et les SSII peuvent jouer un rôle, les spécialistes de la délégation e-commerce sont actuellement les mieux placés pour gérer complètement un site, moyennant une rémunération (voir chapitres 4 et 6).

L'externalisation ne présente pas que des avantages : l'apprentissage de compétences nouvelles sera limité et l'entreprise sera bien souvent dans une situation de dépendance (Kennedy et Coughlan, 2006). Il est donc recommandé d'envisager dès le départ les voies de sortie contractuelles, pour pouvoir voler de ses propres ailes le moment venu. Il convient également de profiter de ce partenariat pour développer progressivement ses propres compétences en matière de commerce électronique.

3.2.2. L'internalisation et le développement de nouvelles activités

Contrairement au mouvement d'externalisation que nous venons d'évoquer, certaines entreprises préfèrent, au contraire, internaliser le maximum de compétences pour vendre en ligne.

L'internalisation présente l'intérêt de favoriser l'innovation, à condition de savoir détecter et mettre en mouvement les ressources et les compétences que l'entreprise maîtrise et dont elle peut disposer en surplus. En effet, « *les choix opérés en termes d'organisation de l'activité déterminent largement les charges supportées par l'entreprise mais également les opportunités d'exploitation de compétences et de ressources émergentes, et donc les opportunités de revenus* » (Lecocq *et al.*, 2006).

Certaines entreprises ne se contentent pas d'utiliser des ressources et des compétences excédentaires (capacité de stockage inutilisée, positions libres dans un centre d'appels, personnel qualifié en matière de développement informatique, etc.), mais prennent la décision volontariste de développer des ressources et des compétences pour les revendre à d'autres, notamment des concurrents (voir section 3.1. sur les sources de revenu/prestations de service).

> ***Exemple :*** Les compétences technologiques d'Amazon lui ont permis de lancer une importante activité de vente de services informatiques en ligne, *Amazon Web Services* (AWS), offrant une nouvelle source de revenus pour l'entreprise.
>
> *Source : http://www.aws.amazon.com*

3.2.3. Les partenariats et alliances

Les alliances peuvent prendre la forme de partenariats commerciaux : commercialisation des produits de l'un sur le site de l'autre, mise en avant des promotions de l'un sur les espaces de l'autre (site, catalogue, newsletters, etc.), accès à des bases de données clients en échange d'une commission sur les ventes réalisées.

> ***Exemple :*** Groupon France et la Fnac nouent un partenariat afin de proposer une offre de billetterie à tarifs réduits, accessible *via* une même interface. Le site Groupon Tickets by Fnac, présent sur Groupon.fr et sur Fnac.com, est également mis en avant dans les magasins Fnac. Le site commercialise des tarifs dits événementiels (au moins 50 % de réduction), ainsi qu'un catalogue d'offres permanentes. Ce partenariat permet à la Fnac d'élargir son catalogue aux tarifs promotionnels et à Groupon de renforcer son offre de billetterie.
>
> *Source : Le Journal du Net*

Les partenariats autour de contenus éditoriaux (sites média, émissions de télévision, etc.) sont de plus en plus fréquents. Cette tendance traduit une intégration croissante du divertissement, de la culture et du commerce.

> ***Exemple :*** En collaboration avec Figaro Medias, Havas Cross Media a conçu pour Auchan un espace exclusif dédié à la Foire aux Vins (accessible directement *via* le *header* du site avis-vin.lefigaro.fr). Ce dispositif permet de cibler les amateurs de vin et de bénéficier de la puissance du figaro.fr. Cet espace créé et supervisé par l'équipe de l'Avis du Vin invite à découvrir la sélection qui convient à tous les événements : dîner de filles, déjeuner de famille, apéritif dînatoire, etc. Sont proposés les choix des experts Auchan en vidéo, ainsi qu'une sélection exceptionnelle de Bernard Burtschy, l'expert vin du Figaro. Pour prolonger ce dispositif, les typologies de dégustation sont déclinées dans le Figaro Magazine et Madame Figaro pendant un mois. Auchan bénéficie d'un large plan de e-pub d'autopromotion et de la puissance de la marque Figaro (version papier et électronique) pour assurer la médiatisation de l'opération.
>
> *Source : E-commerce Magazine*

Les partenariats commerciaux peuvent être équilibrés par des actions qui se compensent, par un apport d'espaces publicitaires (site, *newsletter*, etc.) et d'espaces de vente, ou encore par des paiements (commissions sur les ventes réalisées). Dans certains cas, ils induisent même une prise de participation capitalistique.

Exemple : Le site Deezer (*streaming* musical) signe des partenariats avec des opérateurs de télécommunication dans la plupart des pays où il s'implante (en France, avec Orange, entré au capital en 2010). Il bénéficie ainsi de la puissance commerciale de son partenaire qui, en retour, peut proposer à ses abonnés un service de qualité… un argument pour recruter de nouveaux abonnés.

Source : Le Journal du Net

Le marketing n'est pas le seul domaine où ces partenariats sont fréquents, loin s'en faut. La logistique est également un domaine de prédilection car cette prestation est complexe, alors que les attentes des consommateurs sont très élevées. Par ailleurs, une mauvaise maîtrise de ce poste de coût peut dégrader substantiellement les comptes.

3.3. La vitesse d'exécution

La question de la vitesse d'exécution est cruciale. Faut-il impérativement être le premier (c'est la question de l'avantage au pionnier) ? Par ailleurs, faut-il tenter de passer directement d'une présence éditoriale à une présence commerciale rentable ? Combien d'années sont nécessaires pour parcourir ce chemin et atteindre une zone de profitabilité ?

3.3.1. L'avantage du pionnier

Le fait d'être le premier sur un marché ne donne pas nécessairement un avantage systématique et durable. La liste des premiers qui ont été dépassés est longue, y compris en matière de *e-business* (Netscape par Internet Explorer dans les navigateurs, Yahoo! par Google dans les moteurs de recherche et la publicité en ligne, Myspace par Facebook dans les réseaux sociaux, etc.). Par ailleurs, de nombreuses études ont montré qu'être le premier procure un avantage en termes de part de marché, mais que les pionniers sont souvent moins rentables que les suiveurs (le fait est qu'ils doivent consacrer des ressources considérables à développer les technologies et à construire le marché à partir de presque rien). En revanche, être le premier présente un intérêt non négligeable, celui de façonner le marché (voir tableau 2.1). Les suiveurs vont donc devoir s'adapter aux normes fixées par le pionnier, ou devoir les dépasser pour prendre pied dans le marché.

Dans les années 1998-2000, il était de bon ton de se lancer « pour voir », avec des ressources généreusement confiées par des investisseurs enthousiastes et joueurs. Cette approche a cependant conduit à de nombreux échecs, même d'entreprises solidement installées sur leur marché. Aujourd'hui, les entreprises sont sensiblement plus prudentes.

Tableau 2.1 : Les avantages relatifs du pionnier et du suiveur sur Internet (Manceau et Le Nagard, 2002)

	Pionnier	Suiveur
Avantages inexistants ou moindres	Protection légale Image d'innovateur Fidélisation d'une partie des consommateurs	Attitude plus favorable des distributeurs
Avantages équivalents	Économies d'échelle Effets d'apprentissage Ressources rares	Stimulation organisationnelle Moindre risque Observation des erreurs du pionnier Éducation du marché déjà réalisée

	Pionnier	Suiveur
Avantages renforcés	Couverture médiatique Impact de la notoriété sur le trafic	Possibilité d'entrer avec une technologie supérieure, plus récente
Avantages nouveaux	Importance de la communauté Recherche de capitaux facilitée	Expérience des partenaires

Les recherches remettent en cause l'importance primordiale attribuée par les observateurs à l'ordre d'entrée sur Internet (Manceau et Le Nagard, 2002). La date d'entrée se révèle finalement plus décisive pour lever des fonds que pour obtenir un avantage durable. Ce dernier tient plutôt à la puissance de la marque, à la maîtrise des distributeurs, ou à l'inertie éventuelle des consommateurs (dont la fidélité ne saurait cependant être surestimée). Les avantages traditionnellement attribués au pionnier paraissent donc moins importants sur Internet. Une recherche américaine menée auprès de 460 sites marchands montre également que l'avantage du pionnier est de courte durée. La survie est inversement proportionnelle à l'intensité de la concurrence et à la croissance du marché. Les sites qui disposent d'une présence plus forte dans les médias survivent par ailleurs plus longtemps (Nikolaeva, 2007).

Pour un distributeur traditionnel, l'adoption rapide du commerce électronique conduit à une dégradation de la performance (part de marché, chiffre d'affaires) quand ce distributeur est de petite taille, mais à une amélioration quand il est de grande taille (Pentina *et al.*, 2009). Les distributeurs de grande taille peuvent effectivement investir des ressources importantes (capital, compétences, etc.) pour expérimenter les nouvelles technologies, couvrir les investissements et combler les pertes initiales… le temps que le mouvement vers le commerce électronique commence à porter ses fruits.

3.3.2. La route du succès

Une étude menée dans le domaine du commerce électronique de vêtements et d'accessoires montre que, pour s'assurer les meilleures chances de succès, la présence doit être progressive, de façon à combler graduellement des *knowledge gaps* et réaliser les sauts de connaissances indispensables (Ashworth *et al.*, 2006). Cela dit, il est conseillé de prévoir la possibilité de réaliser des transactions dès la première étape, même si la démarche doit rester modeste. Voici les principales étapes :

1. Simple présence sur Internet (*Web presence*), en minimisant les coûts et en maximisant l'utilité fonctionnelle du site, en investissant peu en publicité (essentiellement virale), sans fixer de cap stratégique à ce stade. Cette étape permet de mieux évaluer l'opportunité de vendre en ligne et de développer les premières compétences, notamment technologiques.
2. Développement des compétences (*Information competence*), en orientant la réflexion stratégique à partir d'une meilleure connaissance des produits, des technologies et des marchés. Ces deux premières étapes s'étalent sur une durée approximative d'un an.
3. Création de valeur (*Value integration and creative market development*), en réorganisant l'offre, les promotions et les services autour des attentes des clients, en débutant une intégration *off* et *on line*, et en générant un premier flux de revenus.

4. Intégration avancée des processus et des technologies (*Enhanced integration*), en mettant à plat les processus pour les améliorer (notamment la logistique), en recrutant des compétences spécifiques (*merchandising* électronique, par exemple), en réorganisant les structures, en ajustant les achats sur les ventes, en consolidant la puissance de la marque et en poursuivant l'intégration *off/on line*. Cette étape et la précédente durent approximativement deux ans.
5. Maximisation de la valeur (*Leverage maximum value*), en intégrant complètement le *back office* au site Web, en développant les services (notamment la personnalisation), en alignant le marketing *off* et *on line*, et en développant éventuellement d'autres sites de vente en ligne. Cette dernière étape dure environ un an.

Si le déroulement présenté ci-dessus est utile comme point de référence, il est indispensable de préciser qu'il n'existe pas une seule et meilleure solution pour se lancer. Les chemins sont multiples, comme les options stratégiques et les positions de départ des différents acteurs. Il est assez naturel que, selon leur expérience de la vente par catalogue, par exemple, les différents acteurs n'abordent pas le commerce électronique de la même façon.

3.3.3. La croissance externe

Les objectifs de développement peuvent être atteints en passant par la croissance externe, souvent plus fréquente dans le secteur du commerce électronique comparativement à d'autres secteurs de l'économie traditionnelle. Il est vrai que les acquisitions permettent une plus grande vitesse croissance, une caractéristique des projets fortement valorisée dans l'économie numérique.

> ***Exemple :*** La société éditrice du site 1855 (vente de vins en ligne) a racheté Caveprivee.fr et Chateauonline.fr, deux sites confrontés à des difficultés financières. En dégageant des synergies (achats, marketing, etc.), cette opération a permis de rentabiliser le groupe, qui réalise un résultat net de 1,3 million d'euros en 2012, pour un chiffre d'affaires de 14,4 millions d'euros. Une levée de fond de 4,5 millions d'euros doit permettre d'accélérer le développement.
>
> *Sources : Le Journal du Net, E-Commerce Magazine*

Les opérations de fusion et acquisition ne se justifient pas seulement par la volonté de croître plus vite. Les sites marchands, notamment les plus gros, se portent acquéreur d'entreprises qui disposent de technologies leur permettant de faire des gains de productivité ou d'enrichir leurs propositions de valeur.

> ***Exemple :*** Entre 2011 et 2013, Wal-Mart, leader mondial de la distribution, qui vise 9 milliards de dollars de chiffre d'affaires en ligne, a notamment acheté Social Calendar (application Facebook qui permet à plus de 16 millions de membres de ne pas oublier les anniversaires de leurs proches), Inkiru Technology (société d'analyse de données qui aide les sites marchands à perfectionner le *merchandising* et la détection de fraude), OneOps (société de développement Web) et Tasy Labs (société spécialisée dans la mise en relation entre les sites marchands et les réseaux sociaux). Toutes ces activités sont réunies dans le @Walmart Labs, localisé dans la Silicon Valley et qui emploie désormais 1 500 personnes.
>
> *Source : Internet Retailer*

Certains sites marchands accueillent dans leur capital des entreprises traditionnelles (industriels, distributeurs, sociétés foncières, etc.) dans une perspective de développement, notamment à l'international.

> ***Exemple :*** En 2012, la société Altarea Cogedim (qui construit et gère des centres commerciaux) a racheté Rue du Commerce. Cette opération va notamment permettre au site marchand d'attirer plus d'enseignes sur sa place de marché. Ainsi que l'indique Albert Malaquin, P-DG de Rue du Commerce, « *nous serons un partenaire complet pour les enseignes, sur les canaux physiques et Web* ». Cette même année, le groupe Casino a pris une participation de 49 % dans le site Monshowroom (vente d'articles de mode en ligne) afin de participer à son développement (élargissement de la cible aux hommes, développement d'une marque propre, internationalisation éventuelle). Le site, qui a réalisé un chiffre d'affaires de plus de 20 millions d'euros en 2012 et dégagé un profit, est désormais valorisé à 42 millions d'euros. En 2012 encore, le site Wanimo (produits pour animaux) est racheté par un industriel. Comme l'indique Isabelle Vidal, P-DG du site, « *il s'agit d'un soutien financier en cas de gros projets, qui va nous permettre de nous projeter dans la durée* ».
>
> *Sources : Le Journal du Net, E-Commerce Magazine*

3.4. Le financement du projet e-commerce

L'autofinancement atteint vite ses limites et, paradoxalement (pour les novices), encore plus rapidement quand l'entreprise est en forte croissance ; les financements externes sont donc quasi incontournables pour tout projet e-commerce. Afin de maximiser les chances de trouver le bon financement au bon moment, il convient de comprendre les spécificités du commerce électronique en matière de financement, de connaître les grandes étapes du financement lors de la vie du site et de prendre quelques précautions élémentaires pour ne pas perdre ses chances de financer un bon projet en adoptant une mauvaise posture.

3.4.1. Les limites de l'autofinancement

Le démarrage de l'entreprise, tout comme la phase de croissance, va très probablement nécessiter des financements extérieurs. En dehors de cas très exceptionnels (notamment quand le besoin en fond de roulement est négatif, c'est-à-dire quand les fournisseurs sont payés après les clients), l'autofinancement n'est pas réaliste.

Il est naturellement recommandé de réduire les frais au minimum, en mobilisant ses propres compétences, celles de ses proches et celles de partenaires éventuels. L'achat des stocks de produits à commercialiser, le développement du site - même si des solutions en *open source* sont privilégiées (voir chapitre 4) - ou la création de trafic (voir chapitre 7) suppose cependant un financement extérieur.

S'il est difficile de donner un chiffre précis - ou même un chiffre moyen - il semble impossible de démarrer une activité de vente en ligne un peu ambitieuse avec moins de 50-100 K€. Les situations de départ peuvent cependant être très différentes d'un entrepreneur à l'autre (sans même considérer le cas des entreprises qui ont déjà pignon sur rue) : certains savent coder alors que d'autres maîtrisent mal les technologies, certains disposent déjà d'un stock de produits à vendre alors que d'autres ont à peine identifié les fournisseurs, etc.

Relativement au financement d'activités commerciales traditionnelles (qui permet essentiellement d'ouvrir un ou plusieurs magasins, d'acheter des stocks et de rémunérer du personnel), le cas du commerce en ligne présente plusieurs spécificités notables :

- Premièrement, il peut être nécessaire de financer une croissance soutenue (dans ce secteur, les premières années, une progression annuelle de 50 % n'est pas exceptionnelle).
- Deuxièmement, les coûts peuvent être fortement variables (y compris le développement du site, qui peut être progressif), ce qui est positif en soi, mais servir à financer des actifs peu valorisables en dehors de l'activité. Autrement dit, les financements du commerce en ligne ont des horizons plus courts et portent sur des actifs moins tangibles, comparativement au financement de locaux ou d'usines, par exemple.

Dans ces conditions, il n'est pas facile de convaincre les financeurs traditionnels, comme les banques, d'accompagner de tels projets.

Au fond, le seul élément dont on peut être certain, c'est que le niveau des compétences de départ va fortement réduire la nécessité de financements extérieurs. Pour cela, il est recommandé de ne pas partir seul, mais de monter une équipe dont les compétences et les contacts vont se compléter, voire se renforcer.

Toutefois, même une équipe de grande valeur ne pourra compter que sur ses compétences propres, et devra lever des fonds pour financer son projet et sa croissance. Peu de sites peuvent financer leur croissance, comme Amazon, ou même la croissance des sites marchands qui vendent sur sa place de marché !

> ***Exemple :*** Pour l'année 2012, les ventes d'Amazon se sont élevées à 61 milliards de dollars (+27 % par rapport à l'année précédente), mais le site marchand a enregistré une perte de 39 millions de dollars (contre un profit de 631 millions l'année précédente). Amazon est désormais le 25e distributeur dans le monde, mais pourrait entrer dans le top 5 d'ici à 2015 car il continue d'investir massivement pour son développement. Le site consacre notamment 10,5 % des ventes à la logistique (6,41 milliards de dollars). Avec plus de 100 entrepôts dans le monde, il peut encore améliorer la qualité de son service et baisser ses coûts de livraison. Amazon consacre seulement 1,5 % des ventes aux frais généraux, mais 4 % au marketing et 7,5 % aux technologies. Avec des ventes de produits culturels (livres, musique et vidéo) en hausse de 12 % (19,9 milliards), les investissements massifs sur le système Kindle (voir chapitre 4) commencent à porter leurs fruits.
>
> *Source : Internet Retailer*

3.4.2. Les grandes étapes du financement d'une entreprise de e-commerce

La phase de démarrage est suivie, dans le meilleur des cas, d'une phase de croissance, puis des phases de consolidation, d'internationalisation, voire d'acquisition.

Les financements nécessaires au démarrage de l'activité peuvent être constitués de l'apport personnel du créateur et de ses proches (*love money*). Il est ensuite rapidement recommandé de s'entourer de *business angels*, qui peuvent apporter leurs conseils mais également cautionner la recherche de fonds dans la phase ultérieure (en particulier quand ces *business angels* sont compétents et réputés, du fait de leurs expériences personnelles).

Exemple : Le site Capitaine Train, qui commercialise des billets de transport ferroviaire dans plusieurs pays (dont la France et l'Allemagne) a levé 1 million d'euros en août 2012 auprès d'Index Ventures et de CM-CIC Capital Privé, quatre mois après avoir levé 390 000 euros auprès de *business angels*, dont Oleg Tscheltzoff (le cofondateur de Fotolia). L'opération a été organisée par Global Equities Corporate Finance. Le site a déjà vendu 40 000 billets de train en 2011 (en version bêta) et en écoule près de dix fois plus fin 2013, soit environ 900 billets vendus par jour.

Sources : Le Journal du Net, ZoneBourse.com

Les financements nécessaires à la croissance viennent rarement du secteur bancaire, notamment depuis la crise de 2008. Comme l'explique Philippe Collombel, *managing partner* chez Partech International, « *Vous faites 20 millions d'euros de chiffre d'affaires ? Vous n'obtiendrez que très peu de financement bancaire pour votre stock* »[1].

Tant que le site peut se dispenser de faire appel à des fonds, la plupart des experts et des entrepreneurs qui partagent leur expérience recommandent de garder un maximum d'autonomie. Toutefois, pour les raisons que nous avons évoquées plus haut, il est bien souvent impossible de se passer des compétences et des financements nécessaires pour soutenir une croissance élevée.

À ce stade de développement, les sites qui réussissent le mieux se tournent donc vers des fonds. Même si le secteur du commerce électronique attire les investisseurs (environ 200 millions d'euros en rythme annuel, soit 28 % des investissements)[2], tous les sites demandeurs n'obtiennent cependant pas les fonds nécessaires, loin s'en faut.

Si le site fait appel, avec succès, à des fonds il est recommandé de s'entourer de plusieurs fonds complémentaires (notamment en termes de compétences et d'exigences), afin de réduire la pression éventuelle qui s'exerce sur l'équipe dirigeante. Il est également conseillé de spécifier clairement les visions de chacun dans un pacte d'actionnaires (notamment les niveaux de valorisation attendus et les conditions de sortie).

Les financements seront utilisés différemment selon le stade de croissance de l'entreprise. Ils peuvent servir à augmenter la notoriété du site et à créer du trafic, à consolider le management, à accompagner l'internationalisation (localisation du site, achat de stocks, investissements marketing, etc.), voire à permettre des acquisitions de concurrents, sur le même territoire ou à l'international (stratégie de croissance externe).

Sur le plan européen, l'introduction en Bourse est une option rare pour les sites marchands. Les sites qui rencontrent le plus de succès attirent en revanche l'intérêt des industriels ou des distributeurs traditionnels. Les exemples de sortie industrielle sont nombreux (Mistergooddeal avec M6, Cdiscount avec Casino, Pecheur.com avec Oxylane, Rue du Commerce avec Altarea Cogedim, Delamaison.fr avec Adeo, etc.). Les sites rachetés peuvent alors s'appuyer sur des structures plus pérennes et disposer de compétences organisationnelles solides, notamment en matière de gestion des ressources humaines. En échange, les industriels et distributeurs ayant acheté un site marchand bénéficient de ses compétences pour développer leurs propres activités de vente en ligne.

Pour les fonds, la sortie industrielle est la meilleure option. En ce qui concerne les dirigeants, il n'est pas rare de les voir poursuivre leur activité… au moins quelques années,

1. Fauconnier F., « Les étapes du financement des sites marchands passées au crible », *Le Journal du Net*, 2013.
2. Deschamps F., « Le e-commerce attire les capitaux-risqueurs », *E-commerce Magazine*, 2013.

avant de voguer vers d'autres cieux. Certains, mordus par l'aventure et forts de leur expérience, tentent de créer à nouveau ; d'autres se font *business angels*…

3.4.3. Les erreurs à ne pas commettre lorsque l'on recherche un financement

La recherche de fonds est un exercice difficile. Voici quelques conseils pour augmenter les chances de réussir[1] :

- pour obtenir un rendez-vous, rester bref et précis, savoir faire rêver sans promettre la lune : le créateur doit être capable de résumer son projet en quelques phrases, de faire comprendre le *business model* et la proposition de valeur en restant simple, tout en éveillant l'intérêt de son interlocuteur (souvent rencontré lors d'une réunion publique, d'une soirée… ou entre deux ascenseurs) ; un « *elevator pitch* » (discours court et percutant) de 30 secondes doit être parfaitement rodé ;
- avant le rendez-vous, se préparer à rencontrer l'investisseur : les exigences, les montants (tickets), les spécialités diffèrent d'un investisseur à l'autre ; il est indispensable de savoir à qui l'on s'adresse ;
- pendant le rendez-vous, dérouler une présentation de 45 minutes maximum (soit 10 à 15 diapositives) et laisser du temps aux questions ; donner une impression de rigueur et de grand professionnalisme ; connaître sur le bout des doigts les chiffres clés, les concurrents, etc.
- pendant le rendez-vous et lors des phases ultérieures, être précis, réaliste et cohérent sur l'ensemble des paramètres économiques (éviter les estimations fantaisistes sur les taux de transformation ou les paniers moyens, par exemple) ; bien souvent, les paramètres de performance ne sont pas en rapport avec les moyens engagés (le nombre de visiteurs uniques avec les investissements marketing, par exemple) ;
- rester diplomate, notamment vis-à-vis des concurrents, des collaborateurs et des actionnaires actuels ; penser à son équipe, car on ne réussit jamais seul.

Entre le premier rendez-vous, la phase de *due diligence* (examen approfondi des comptes) et le *closing* (phase finale où le contrat est scellé), on peut estimer un rapport de 1 à 50 (50 projets présentés pour un projet financé). Il faut toujours garder à l'esprit que les fonds n'investissent que sur des équipes solides qui présentent une proposition de valeur forte, un *business plan* convaincant, des revenus récurrents (*repeat business*), un panier moyen élevé (la moyenne du secteur est située autour de 85-90 euros) et un besoin en fonds de roulement raisonnable.

Cette sélectivité ne doit pas décourager le créateur en recherche de fonds. Il est cependant clair que réussir sur le Web marchand n'est pas une gageure.

4. Réviser la stratégie

Compte tenu du caractère très évolutif de l'environnement, la meilleure stratégie à un instant donné ne sera probablement plus la même deux ans plus tard (parfois même plus tôt). Par ailleurs, la stratégie de l'entreprise peut évoluer sous l'effet d'opportunités qui se présentent à elle, comme l'émergence d'un nouveau modèle d'affaires (les ventes privées

1. Sedouramane H., « Les erreurs à ne pas commettre face à un investisseur », *Le Journal du Net*, 2012.

ou les places de marché *B2C*, par exemple, au milieu des années 2000) ou le développement à l'international.

4.1. Une stratégie de commerce électronique par paliers

La plupart des entreprises mettent en place une stratégie souple, par paliers, qui peut être révisée selon les performances et les opportunités. Il existe de nombreuses modalités pour se lancer dans le commerce électronique sans plonger d'un coup dans le grand bain. L'observation actuelle des stratégies menées par les entreprises montre les paliers suivants :

- signer un accord de distribution avec un site marchand ;
- ouvrir une boutique (*shop-in-shop*) sur une galerie commerciale (BrandAlley, etc.) ;
- référencer ses produits sur les places de marché comme Amazon, eBay, PriceMinister, Rue du Commerce, Fnac, etc. ;
- ouvrir des sites satellites qui n'engagent pas le nom de l'enseigne principale et permettent d'apprendre le métier de commerçant en ligne ;
- ouvrir un site qui ne présenterait qu'une faible partie de l'assortiment ou ne s'adresserait qu'à une petite fraction de la cible marketing totale ;
- ouvrir un service de commerce électronique de façon expérimentale, en menant un test dans quelques zones de chalandise ou dans une région ;
- ajouter un onglet « boutique » sur un site institutionnel, avant de lancer un site marchand pour lequel l'achat en ligne devient la première raison de visite ;
- ouvrir un site sous son propre nom, mais en s'appuyant sur une plate-forme de gestion (délégation e-commerce).

La commercialisation sur les places de marché est en forte croissance (voir chapitre 3). Rejoindre une place de marché permet en effet de ne pas engager des moyens considérables pour créer du trafic, et la commission versée est sensiblement équivalente au coût d'acquisition des clients. Par ailleurs, de plus en plus de places de marché, comme Amazon ou Rakuten.com (anciennement Buy.com), permettent d'exposer les marques dans un espace dédié.

> ***Exemple :*** En 2012, au moment d'ouvrir sa propre boutique de vente en ligne, DIM était présent depuis plusieurs années sur les sites des VADistes 3 Suisses et La Redoute, et sur ceux des *pure players* comme Amazon, Cdiscount et Brandalley.
>
> *Source : Le Journal du Net*

Plus classiquement, les marques qui ne souhaitent pas lancer leur propre boutique, mais ne font pas le choix d'être commercialisées sur une place de marché, peuvent se faire référencer par des sites marchands afin de gagner en visibilité et en couverture.

> ***Exemple :*** Kidaparis, marque spécialisée dans les repas bio et de saison pour bébés, rejoint les partenaires de Houra.fr, qui distribuera la marque en exclusivité sur le Web. Kidaparis était jusqu'alors uniquement disponible dans la région parisienne. Grâce à Houra.fr, l'offre sera désormais accessible dans toute la France.
>
> *Source : E-commerce Magazine*

La commercialisation d'une partie de l'offre (telle catégorie, telle gamme ou telle marque) permet d'apprendre progressivement la vente en ligne et, surtout, de ne pas entrer frontalement en conflit avec les distributeurs traditionnels (voir chapitre 3).

Exemple : En 2012, Renault prend la décision d'ouvrir un site marchand permettant aux clients de la marque d'acheter des accessoires en ligne, mais qu'il faut retirer en point de vente. La commercialisation de services est également programmée (carnet de garantie, prestations d'entretien, etc.). L'Oréal commercialise la totalité de ses produits sur Internet depuis 2012. Auparavant, seuls certains produits étaient disponibles, comme le maquillage sur Houra.fr ou les produits de la marque Lancôme.

Source : Le Journal du Net

Quelle que soit la solution retenue (accord de distribution, place de marché, boutique, etc.), la montée en charge progressive présente de nombreux avantages pour les entreprises qui n'ont pas toujours les ressources et surtout les compétences pour se lancer seules.

Exemple : Morgan, la marque de vêtements, bijoux et accessoires, s'est lancée dans le commerce électronique en étalant son projet sur une durée de deux ans. Après avoir débuté par la mise en ligne d'un site vitrine statique en 2006, le projet est passé à une phase publicitaire, avec le site Loveisback (site communautaire venant à l'appui d'une campagne de communication en presse magazine). L'étape suivante a été le site Morgandetoi.com, qui permet de préparer le passage au commerce en ligne. Ce site intègre le contenu du site précédent, auquel vient s'ajouter un module de présentation des collections et des événements en magasin. L'ouverture du site marchand ne s'est faite qu'en 2008.

Source : Le Journal du Net

4.2. La transformation du modèle d'affaires

La transformation régulière des modèles d'affaires est assurément une caractéristique de l'économie actuelle, particulièrement de l'économie numérique. Elle résulte soit d'un échec soit d'une opportunité à saisir pour développer l'activité.

4.2.1. Réviser le modèle d'affaire pour faire face à des contraintes

Dans le secteur du commerce électronique, la concurrence étant particulièrement vive et la solidité financière toujours à consolider, il est indispensable de savoir sortir des activités qui posent problème : rentabilité trop faible, consommation de capital trop élevée, etc.

Mettre fin à une activité ne constitue cependant pas la seule option – plutôt radicale – pour réviser la ligne de conduite stratégique. En effet, les modèles d'affaires sont malléables et se transforment selon la performance qu'ils permettent de dégager : externalisation de certaines activités, suppression de certaines catégories de produits, arrêt de certains investissements marketing, retrait de certains pays, etc.

Exemple : Pour faire face à une forte baisse de son activité (–10 % en 2011-2012 et –24 % en 2012-2013), Pixmania, qui appartient à l'enseigne britannique Dixons depuis 2006, a pris la décision de fermer ses points de vente en France et de se retirer de 12 pays en Europe. Comme l'indique la direction, « *nous revoyons bon nombre des activités de Pixmania pour nous concentrer sur celles qui présentent un avantage compétitif* ». Dans un contexte de forte concurrence avec les grands sites généralistes, d'une part, et avec les sites spécialisés, d'autre part, Pixmania va notamment limiter son activité d'achat/revente aux catégories les plus stratégiques (*high-tech* et électroménager). L'activité de place de marché va relativement prendre plus d'importance.

Source : Le Journal du Net

4.2.2. Réviser le modèle d'affaire pour faire tirer profit d'une opportunité

Dans l'optique d'un développement d'activité, les modèles d'affaires peuvent se transformer de plusieurs façons : un élargissement de l'assortiment, un changement de cible, un repositionnement, ou la transformation radicale du modèle de revenu, qui consiste notamment à passer d'une commission à un prix fixe, ou du gratuit au payant (plus rarement, du payant au gratuit).

Dans le domaine du commerce électronique, l'extension de l'assortiment est probablement l'axe de transformation le plus classique. On se souvient notamment d'Amazon qui se qualifie de « plus grande librairie de la Terre » (1995), avant d'étendre son assortiment de façon considérable à de très nombreuses catégories de produits. Cette stratégie présente de nombreux avantages. Elle permet notamment de s'appuyer sur une base de clients afin d'augmenter le chiffre d'affaires sans avoir à investir dans l'acquisition de nouveaux clients. Si les ventes croisées permettent d'augmenter le panier moyen (voir chapitre 8), il ne faut pourtant pas sous-estimer les difficultés d'une telle approche : trouver les fournisseurs et savoir acheter les bonnes références, gérer des enjeux logistiques qui peuvent être très différents d'une catégorie à l'autre (voir chapitre 9), conserver une certaine cohérence de marque-enseigne, ne pas cannibaliser les catégories précédentes, etc.

Exemple : Depuis 2013, Spartoo, l'un des acteurs majeurs de la vente de chaussures et de sacs en ligne, commercialise une gamme de 6 000 modèles de vêtements féminins et masculins (vestes, robes, jeans, etc.). Ainsi que l'indique Boris Saragaglia, P-DG de l'enseigne, « *l'arrivée du textile va nous permettre de poursuivre notre forte croissance en proposant une gamme de produits encore plus large* ». L'un des leaders du Web marchand, Zappos, racheté par Amazon en 2009 pour 1,2 milliard de dollars, a suivi cette même stratégie d'extension avec succès.

Source : Le Journal du Net

Certaines entreprises commencent par développer une clientèle de particuliers (*B2C*), puis se tournent vers des entreprises (*B2B*). À l'inverse, d'autres, qui s'adressent à des professionnels (*B2B*), sont amenées à diversifier leurs sources de revenus en développant une activité auprès d'une clientèle de particuliers (*B2C*).

Exemple : AlloCiné, un site proposant des contenus autour du cinéma et fonctionnant avec un modèle publicitaire, s'est ouvert à la clientèle *B2B depuis 2006*. Le service consiste à offrir la possibilité aux professionnels de consulter des informations sur les comportements des cinéphiles sur le site : fiches consultées, bandes-annonces visionnées, nombre de commentaires rédigés, etc. Avec une couverture de la cible de 80 %, il est clair que les comportements sur le site sont représentatifs du marché, ce qui permet aux professionnels de disposer d'un observatoire des tendances du marché.

Source : Le Journal du Net

Parfois les changements de cibles sont moins radicaux. Celles-ci peuvent être différentes au sein d'un même type de clientèle, *B2B* ou *B2C* : diversification des grands comptes vers les TPE/PME, des femmes vers les hommes, ou des adolescents vers les seniors, etc. Les univers de produits associés à ces cibles seront différents, ce qui va nécessiter de nouvelles expertises.

> ***Exemples :*** Après s'être développé sur la mode féminine depuis 2006 (plus de 20 millions d'euros de vente en 2012), MonShowroom prend la décision de ne pas investir massivement sur la mode enfant, mais tente, au contraire, de conquérir la cible des hommes.
>
> Après avoir développé un site de ventes événementielles haut de gamme dans le domaine de la mode (plus de 60 millions d'euros de chiffre d'affaires en 2012), BazarChic envisage de se développer dans le domaine du tourisme. Comme l'indique Liberty Verny, le P-DG, « *nous désirons monétiser notre base et élargir notre champ d'action. MyTravelChic va nous permettre de conquérir de nouveaux membres, de proposer un service supplémentaire à nos membres actuels et, bien entendu, de générer un chiffre d'affaires additionnel* ».
>
> *Sources : Le Journal du Net, E-commerce Magazine*

Le passage du gratuit au (partiellement) payant constitue l'un des défis les plus difficiles à relever pour un site de contenus (Pauwels et Weiss, 2008). Une évolution vers le modèle payant est recommandée quand le site rencontre déjà un succès important. Le meilleur moment pour changer de *revenue model* se situe quand la croissance des membres se stabilise. La baisse des revenus publicitaires est compensée par une hausse des abonnements à la seule condition que des actions marketing vigoureuses soient entreprises.

> ***Exemple :*** Le modèle économique de Deezer (*streaming* musical) repose à 20 % sur des revenus publicitaires et à 80 % sur des abonnements (les deux tiers des droits sont ensuite reversés aux *majors*). Comme l'explique Simon Baldeyrou, directeur général de Deezer France, « *il faut perpétuellement évoluer et trouver un équilibre avec le modèle gratuit tout comme l'a toujours fait Canal+ dans la télévision* », sachant que les utilisateurs qui ne sont pas abonnés rapportent environ 2 euros par an. Les utilisateurs peuvent désormais essayer l'application gratuitement sur mobile durant les 15 jours suivant son téléchargement.
>
> *Source : Le Journal du Net*

4.2.3. Les modèles d'affaires participatifs

Les modèles d'affaires évoluent actuellement dans l'optique d'une participation accrue des clients (on parle de modèles d'affaires 2.0). Les clients sont amenés à coproduire de la valeur en s'impliquant dans les processus de communication mais également, plus en amont, dans les processus d'innovation, de développement, voire de financement.

> ***Exemple :*** Auchan encourage ses clients à participer au développement de nouveaux produits sur la plate-forme collaborative Quirky. Les clients peuvent acheter des produits développés par plus de 300 000 clients-inventeurs du monde entier (encadrés par une équipe d'ingénieurs et de designers) et aussi y déposer des idées (en 2013, 100 000 dépôts gratuits sont financés par le distributeur). Auchan et Quirky sélectionneront régulièrement une idée parmi les idées « françaises ». Assez vite, Auchan espère vendre en magasin des produits imaginés par ses clients.
>
> *Source : Le Journal du Net*

Les transformations induites par les modèles d'affaires participatifs restent encore largement à explorer, mais la tendance est désormais bien engagée (Wirtz *et al.*, 2010). Afin de prolonger cette question, nous aborderons au chapitre 10 les enjeux de management des communautés de clients.

4.3. L'internationalisation

Les sites marchands sont désormais entrés dans une phase d'internationalisation assez prononcée. Dans ce domaine, il est utile de distinguer le cas des distributeurs et celui des industriels.

4.3.1. Le cas des distributeurs

Quelques sites américains ont déjà pris des positions mondiales avant 2000, notamment Amazon, eBay, Expedia… mais la liste s'arrête vite. Depuis quelques années, des sites européens s'internationalisent, comme Asos ou Zalando. En Europe, les Britanniques représentent environ un tiers du commerce transfrontalier qui, lui-même, représente 10,6 % des ventes[1].

De nombreux sites français proposent la livraison à l'international, ce qui est un premier pas. Toutefois, la plupart des sites marchands découvrent véritablement l'internationalisation - qui suppose d'adapter le site en profondeur et non pas seulement de le traduire - depuis seulement quelques années. Quelques sites français (Vente-privee.com, Voyages-sncf.com, etc.) ont désormais acquis des positions internationales, mais qui restent à développer, ou même qui se fragilisent face à la concurrence (Pixmania, etc.).

Pour les sites français, les pays cibles entrent dans deux catégories : soit il s'agit de pays à fort potentiel de croissance dans lesquels les concepts de vente n'ont pas encore été complètement développés (c'est le cas de l'Espagne ou de l'Italie, ainsi que des pays au sud et à l'est de l'Europe), soit il s'agit de pays matures dans lesquels il est possible de développer des concepts plus innovants, pour un public plus sophistiqué (c'est notamment le cas de l'Allemagne et surtout du Royaume-Uni). Assez peu de projets concernent les pays scandinaves, très spécifiques et surtout matures : ces pays constituent plutôt des zones d'observation privilégiées. Les sites marchands français qui se développent en Asie ou aux États-Unis sont finalement rares.

Au sommet de la bulle Internet, autour de l'année 2000, les annonces allaient bon train de sites ouvrant simultanément dans dix pays (à l'instar du fameux boo.com). Aujourd'hui, les stratégies sont mesurées… et assurément plus professionnelles ! Le pragmatisme est à l'ordre du jour, les entreprises cherchant rarement à pénétrer plus d'un pays à la fois. Par ailleurs, les entreprises recherchent les économies d'échelle, afin d'améliorer la rentabilité de leurs projets. Elles utilisent souvent les mêmes infrastructures technologiques et logistiques, localisent les salariés en France (dans un premier temps au moins, l'ouverture d'un bureau sur place n'étant pas systématique), pilotent leur site depuis la France, mutualisent les achats au niveau européen, etc.

> ***Exemple :*** L'entreprise allemande Rocket Internet des frères Samwer, dont la stratégie consiste à répliquer en Europe des sites marchands qui ont réussi aux États-Unis, développe en Europe une stratégie internationale qui vise à maximiser les économies d'échelle et à minimiser les coûts de lancement d'un site marchand dans un pays. Dans l'univers de la chaussure et du prêt-à-porter, le site Zalando est ainsi dupliqué et adapté à chaque pays. De la sorte, il est possible de dégager d'importants moyens pour une stratégie marketing de constitution d'un portefeuille de clients et de pénétrer ainsi plus rapidement un pays.
>
> *Source : Le Journal du Net*

1. Evans K., « Brits are best at selling online in other European countries », *Internet Retailer*, 2013.

L'internationalisation impose néanmoins une prise en compte rigoureuse des spécificités locales. En plus des particularismes liés à la consommation du produit vendu (on ne mange pas en Espagne comme en France, on ne s'habille pas en France comme au Royaume-Uni, etc.), on doit considérer ceux liés au commerce, notamment le cadre juridique (collecte et traitement des données personnelles, garanties offertes, délais de rétractation, etc.) et fiscal. À cela s'ajoutent également les spécificités en ce qui concerne l'usage d'Internet et du commerce électronique dans le pays visé (garanties offertes, modes de paiement, modalités de livraison, etc.). La comparaison entre différents pays révèle que de nombreux aspects sont adaptés : taille de l'assortiment, densité de présentation des produits sur le site, mise en avant des prix, palette de couleurs utilisée et illustrations, thématiques et structure du site, outils de navigation et de recherche, quantité de textes et présence de contenus éditoriaux, y compris vidéo, etc. Les stratégies de présence sur les réseaux sociaux doivent également être déclinées par pays (voir chapitres 7 et 10).

À l'international, la logistique est un enjeu fondamental (voir chapitre 9). De nombreux sites optent pour une logistique centralisée, avec une injection directe des produits dans le pays. Compte tenu des difficultés d'approvisionnement, le développement en Chine suppose cependant souvent une présence locale. Les sites qui se développent fortement hors d'Europe sont souvent amenés à gérer un entrepôt local, pour la logistique de retour.

> ***Exemple :*** Lors de son implantation en Espagne (qui représente aujourd'hui 10 % de ses ventes), le site BeautePrivee a constaté que « *faire appel à des prestataires locaux alourdissait considérablement les* process », notamment au niveau du transfert d'information. Les commandes sont désormais traitées depuis la France.
>
> *Source : E-commerce magazine*

L'internationalisation ne pose pas les mêmes défis selon que l'entreprise se déploie dans des pays matures, émergents ou peu développés (Reinartz *et al.*, 2011). Par exemple, dans les pays matures, les défis portent plus directement sur la pression concurrentielle, le cross-canal (la nécessité de proposer aux clients des parcours combinant plusieurs points de contact) ou le développement durable (une logistique respectueuse de l'environnement, par exemple). Dans les pays émergents, les défis portent notamment sur l'adaptation à des changements réglementaires fréquents ou sur la concurrence avec des acteurs qui ne sont généralement pas issus du commerce de masse. Dans les pays les moins développés, le manque d'infrastructures, l'absence d'une classe moyenne importante, l'instabilité politique, la fragilité du système bancaire et la faiblesse des moyens de paiement électroniques constituent les principaux défis.

En tout état de cause, il ne faut pas oublier que l'internationalisation prend du temps, nécessite de fonctionner par tâtonnements et engendre naturellement des coûts spécifiques : recrutement de salariés pour chaque nouveau pays ouvert et extension des entrepôts de stockage (voire création ou relocalisation). Une alternative à l'internationalisation « pas à pas » consiste à acheter une entreprise locale.

4.3.2. Le cas des industriels

Tout au long du XXe siècle, le degré d'internationalisation des distributeurs a été moindre par rapport à celui des industriels. C'est encore le cas aujourd'hui… et c'est aussi le cas sur Internet. Comparativement aux distributeurs, les industriels suivent des stratégies plus globales, tendance qui se renforce probablement sur Internet. Les difficultés auxquelles ces derniers sont confrontés pour distribuer en direct sur leur marché local sont cependant amplifiées à l'international. Le rapport de force avec les distributeurs locaux n'est pas forcément en leur faveur car leur degré de dépendance est élevé. C'est la raison pour laquelle la stratégie de commercialisation s'adresse avant tout aux intermédiaires, pour ne pas compromettre des réseaux de distribution construits patiemment.

Exemple : Valrhona, chocolatier français haut de gamme, est présent depuis plus de 20 ans au Japon, auprès des professionnels, où il réalise plus de 10 % de son chiffre d'affaires total. L'ouverture de son site marchand lui donne l'opportunité de développer la vente directe auprès des particuliers. De nombreux aspects ont été adaptés, comme le paiement à la livraison et l'affichage de l'heure de livraison (les exigences des clients étant plus élevées). Il a également été nécessaire de traduire l'univers graphique de la marque pour qu'elle corresponde bien aux codes esthétiques japonais, tout en conservant une certaine équivalence de positionnement entre les deux pays.

Sources : Le Journal du Net, http://www.valrhona.fr, http://www.valrhona.co.jp

L'internationalisation peut être rendue très complexe par des conditions financières, juridiques et fiscales très variables d'un pays à l'autre. Dans certains pays en développement, de nombreux prérequis au commerce électronique ne sont pas réunis (sécurité juridique, infrastructure technique, logistique, etc.) et empêchent parfois d'envisager une implantation.

Exemple : L'internationalisation de l'iTunes Music Store d'Apple a été plus longue et plus complexe que prévu, particulièrement dans l'Union européenne. La totalité de l'offre musicale n'est pas disponible dans toute l'Union car les droits d'auteur diffèrent d'un pays à l'autre. La localisation du siège au Luxembourg a été dictée par le taux de TVA en vigueur dans ce pays (15 %) et par le taux d'imposition des bénéfices. Certains moyens de paiement sont acceptés dans certains pays, mais pas dans d'autres.

Résumé

L'élaboration d'une stratégie de commerce électronique suppose généralement de mettre en œuvre plusieurs phases itératives d'analyse et d'action : initiation de la stratégie (analyse du contexte et diagnostic des ressources et compétences nécessaires pour pouvoir saisir les opportunités liées au commerce en ligne), formulation de la stratégie (définition d'une mission propre à l'activité en ligne, choix des domaines d'activité stratégique, et développement des avantages concurrentiels selon les facteurs clés de succès identifiés), déploiement et révision éventuelle de la stratégie.

Au cœur de la démarche stratégique, on trouve la question centrale du *business model* (modèle d'affaires). Cela suppose de prioriser les sources de revenus et de choisir les activités effectivement réalisées dans le réseau de valeur (avec les questions d'externalisation et d'alliances éventuelles). Cela implique également de spécifier l'offre dans toutes ses dimensions – cible et proposition de valeur –, ainsi que son positionnement marketing.

Sur Internet, la question de la vitesse d'exécution est cruciale. Toutefois, il s'agit surtout de trouver les modalités pour progresser à son rythme vers le succès. La stratégie de commerce en ligne est avant tout une question de cohérence entre les objectifs visés et les compétences qui doivent être réunies. La capacité à transformer le modèle selon les évolutions de l'environnement (concurrents, clients, technologies, etc.) est également un facteur de succès essentiel.

Bibliographie

Ashworth C.J., Schmidt R.A., Pioch E.A. et Hallsworth A. (2006), « An approach to sustainable fashionable e-retail: A five-stage evolutionary strategy for clicks-and-mortar and pure-player enterprises », *Journal of Retailing and Consumer Services*, vol. 13, n° 4, pp. 289-299.

Basu A. et Muylle S. (2011), « Assessing and enhancing e-business processes », *Electronic Commerce Research & Applications*, vol. 10, n° 4, pp. 437-499.

Bèzes C. et Belvaux B. (2012), « Quels éléments de différenciation pour les sites Web marchands ? Une approche par l'image transmise », *Management & Avenir*, vol. 8, n° 58, pp. 33-54.

Colton D.A., Roth M.S et Bearden W.O. (2010), « Drivers of international e-tail performance: The complexities of orientations and resources », *Journal of International Marketing*, vol. 18, n° 1, pp. 1-22.

Dioux J. et Dupuis M. (2009), *La Distribution – Stratégies des groupes et marketing des enseignes*, 2e édition, 480 p., Pearson Education, Paris.

Feigenbaum J., Parkes D.C. et Pennock D.M. (2009), « Computational challenges in e-commerce », Communications of the ACM, vol. 52, n° 1, pp. 70-71.

Ganesh J., Reynolds K.E. *et al.* (2010), « Online shopper motivations, and e-store attributes: An examination of online patronage behavior and shopper typologies », *Journal of Retailing*, vol. 86, n° 1, pp. 106-115.

Gerbert P., Kass P. et Schneider D. (2000), *Les Nouveaux Marchands du Net*, Éditions First, Paris.

Gregory G., Karavdic M. et Zou S. (2007), « The effects of e-commerce drivers on export marketing strategy », *Journal of International Marketing*, vol. 15, n° 2, pp. 30-57.

Johnson G., Scholes K., Whittington R. et Fréry F. (2011), *Stratégique*, 9e édition, 752 p., Pearson Education, Paris.

Kennedy A. et Coughlan J. (2006), « Online shopping portals: An option for traditional retailers? », *International Journal of Retail & Distribution Management*, vol. 34, n° 7, pp. 516-528.

Koh C.E., Nam K., Prybutok V.R. et Lee S. (2007), « A value chain perspective of Internet practices, e-readiness and organizational performance », *Industrial Management & Data Systems*, vol. 107, n° 4, pp. 519-536.

Kotler P., Keller K., Dubois B. et Manceau D. (2006), *Marketing Management*, 12e édition, 879 p., Pearson Education, Paris.

Lin H.-F. (2007), « Empirically testing innovation characteristics and organizational learning capabilities in e-business implementation success », *Internet Research*, vol. 18, n° 1, pp. 60-78.

Lecocq X., Demil B. et Warnier V. (2006), « Le *business model* au cœur de la croissance de l'entreprise », *Expansion Management Review*, n° 123, pp. 96-109.

Manceau D. et Le Nagard E. (2002), « L'avantage du pionnier sur Internet : pépite d'or ou poignée de sable ? », *Actes du Congrès de l'Association française du marketing*, Lille, pp. 243-259. Document accessible sur **www.afm-marketing.org**.

Nikolaeva R. (2007), « The dynamic nature of survival determinants in e-commerce », *Journal of the Academy of Marketing Science*, vol. 35, n° 4, pp. 560-571.

Pauwels K. et Weiss A. (2008), « Moving from free to fee: How online firms market to change their business model successfully », *Journal of Marketing*, vol. 72, n° 3, pp. 14-31.

Peelen E., Jallat F., Stevens E. et Volle P. (2009), *Gestion de la relation client*, 3e édition, Pearson Education, Paris.

Pentina I., Pelton L.E. et Hasty R.W. (2009), « Performance implications of online entry timing by store-based retailers: A longitudinal investigation », *Journal of Retailing*, vol. 85, n° 2, pp. 177-193.

Rapp A., Rapp T. et Schillewaert N. (2008), « An empirical analysis of e-service implementation: Antecedents and the resulting value creation », *Journal of Services Marketing*, vol. 22, n° 1, pp. 24-36.

Reinartz W., Dellaert B. *et al.* (2011), « Retailing innovations in a globalizing retail market environment », *Journal of Retailing*, vol. 87, n° 1, pp. S53-S66.

Turban E., Lee J.K., King D., Liang T.P. et Turban D. (2010), *Electronic commerce. A managerial perspective*, 968 p., Pearson – Prentice Hall.

Sorescu A., Frambach R.T. *et al.* (2011), « Innovations in retail business models », *Journal of Retailing*, vol. 87, n° 1, S3-S16.

Syama S. et Bhatnagar A. (2010), « A decision model for e-commerce-enabled partial market exit », *Journal of Retailing*, vol. 86, n° 4, pp. 401-413.

Wirtz B.W., Schilke O. et Ullrich S. (2010), « Strategic development of business models: Implications of the Web 2.0 for creating value on the Internet », *Long Range Planning*, vol. 43, n° 2-3, pp. 272-290.

Zwass V. (2003), « Electronic commerce and organizational innovation: Aspects and opportunities », *International Journal of Electronic Commerce*, vol. 7, n° 3, pp. 7-37.

Pour aller plus loin

Consultez les références complémentaires proposées sur : *http://www.livre-ecommerce.fr*

Sites Internet à consulter

http://digitalenterprise.org/models/models.html

http://www.ecommercemag.fr

http://www.internetretailer.com

http://www.journaldunet.com

http://www.fevad.com

Activités

Questions de révision

1. Quelles sont les principales opportunités liées au développement du commerce électronique ?
2. Quelles ressources et compétences est-il nécessaire de réunir pour se lancer avec une bonne chance de succès dans la vente en ligne ?
3. Citez cinq avantages comparatifs et cinq avantages compétitifs en matière de commerce électronique.
4. Quelles sont les principales sources de revenus pour un site marchand ?
5. Qu'est-ce qu'une proposition de valeur en matière de commerce électronique ?
6. Quelle est la différence entre un modèle d'affaires et un modèle de revenus ?
7. Identifiez au moins quatre modèles de revenus. Sont-ils combinables sur un site marchand ? Justifiez votre réponse.

Exercices de synthèse

1. Identifiez et hiérarchisez les facteurs clés de succès dans le domaine du commerce en ligne (1) de vins, (2) de produits culturels.
2. Développez une liste d'avantages compétitifs pour deux catégories de votre choix.
3. Visitez plusieurs sites marchands dans le domaine de votre choix et identifiez les cinq principaux bénéfices mis en avant pour convaincre le client d'acheter.
4. Développez une proposition de valeur complète pour un site marchand dans un domaine qui vous intéresse. En quoi cette proposition est-elle différente de celles des deux principaux concurrents ?

Questions à débattre

1. Les entreprises de vente à distance ont-elles des atouts majeurs, relativement aux autres types de distributeurs, pour réussir leur stratégie de commerce électronique ? Pourquoi ?
2. Dans quelle mesure est-il pertinent d'externaliser (1) la logistique, (2) la relation client, (3) la régie publicitaire ?
3. Quels sont les principaux obstacles qu'un site marchand doit franchir afin de s'internationaliser ?
4. En matière de commerce électronique, est-il toujours préférable d'être le premier ? Pourquoi ?

5. Dans le commerce électronique, est-il viable de conserver un seul modèle d'affaires ?

6. Dans le commerce électronique, faut-il constamment faire évoluer son modèle d'affaires pour survivre à long terme ? Discutez en vous appuyant sur des exemples réels.

Chapitre 3

Intégration du commerce électronique dans la stratégie de commercialisation

Objectifs pédagogiques

- Comprendre l'utilisation des canaux électroniques par les consommateurs/clients
- Comprendre les problématiques de commercialisation à l'ère numérique
- Différencier les problématiques selon les acteurs (industriels, distributeurs *click & mortar, pure players*, etc.)
- Élaborer une stratégie de commercialisation en intégrant les canaux électroniques
- Déterminer quel assortiment proposer sur chaque canal
- Mettre en place une politique de prix sans engendrer de conflits entre les canaux
- Élaborer une politique de marque dans un système qui comporte plusieurs canaux
- Piloter un système de commercialisation comprenant plusieurs canaux
- Choisir un modèle logistique multicanal
- Comprendre les enjeux d'une relation client cross-canal, notamment en termes de système d'information

Decathlon : vers une stratégie multicanal

Créée en 1976, Decathlon est une enseigne spécialiste des produits et des vêtements de sport. À partir de 1986, elle s'internationalise et devient également conceptrice et productrice de nombreux de ses produits déclinés en différentes marques (Quechua, Btwin, Kalenji, etc.). En 2012, elle réalise un chiffre d'affaires de 7 milliards d'euros HT, dont 56,5 % à l'international. Decathlon domine le marché français avec une part de marché estimée à 32 % d'un secteur qui pesait 9,3 milliards d'euros en 2011 en France. Et sur le créneau des distributeurs spécialisés, qui accaparent 75 % des ventes, Decathlon culmine à 42 % de parts de marché alors que le numéro deux, Intersport, se contente de 16 %.

Mi 2013, elle compte 618 magasins dans 18 pays, dont 251 en France, 46 en Chine, 11 au Brésil, 10 en Russie et le reste en Europe.

L'enseigne Decathlon appartient au groupe Oxylane. Celui-ci rassemble différentes enseignes (Decathlon, Cabesto, Ataos, Fonisto, Terres & Eaux, etc.). Autour des magasins Decathlon, il développe un nouveau concept, « Oxylane village », espace commercial autour du sport regroupant un magasin Decathlon, d'autres enseignes, de la restauration, un espace de pratiques du sport, des animations et des services relatifs au sport. En 2013, 17 villages ont d'ores et déjà été ouverts (voir **http://www.oxylanevillage.com/**).

Depuis la fin des années 1990, l'enseigne a développé plusieurs formes de vente à distance.

Decathlon inaugure en décembre 1997 son service de vente à distance, par Minitel et Internet (**http://www.decathlon.com**), à partir du catalogue Forme & Santé. L'enseigne regroupe, au sein d'une même filiale, Decathlon Direct, tous ses outils de commande à distance : le service Minitel (3615 Decathlon), le service par téléphone (N° Azur), Internet et le catalogue papier.

Decathlon teste, dans un premier temps, la vente en ligne de quelques cassettes vidéo sur le sport, puis intègre une large partie de son offre, avec 4 500 références en ligne. Le site évoluera jusqu'à 20 000 produits et fiches techniques correspondantes.

En mai 1998, Decathlon lance un catalogue de vente par correspondance (VPC), qui vise à multiplier les possibilités de commandes : elle est la première enseigne de sport à créer un catalogue unique. Le catalogue de 64 pages couvre 17 sports et propose 360 articles.

Decathlon arrête la vente en ligne de ses produits en juin 2003, imitant son concurrent Go Sport, qui avait abandonné la vente en ligne dès 2001. La chaîne de magasins a pris cette décision parce que le site n'a pas généré les revenus escomptés. Le site marchand était visité par des internautes qui s'informaient avant d'aller acheter dans les magasins physiques. Le site devient donc un portail, un simple site « vitrine » : il est possible d'y trouver des informations sur les articles, mais la fonction de commande en ligne est supprimée. Si les ventes en ligne n'ont pas donné satisfaction, le Web est alors apparu comme un formidable outil de marketing direct et de gestion de la relation client : le site a ainsi permis de réduire de 70 % le nombre d'appels pour de simples renseignements. À l'arrêt de la vente en ligne, Decathlon ne s'interdit pas de revenir à un site marchand. En 2003, l'enseigne lance sa carte de fidélité (**https://customercard.decathlon.fr/netcard/**).

Outre la faiblesse des ventes en ligne, Decathlon rencontre alors de sérieuses difficultés dans l'organisation de sa logistique, difficultés qu'elle avait déjà rencontrées lors du lancement de la vente par correspondance et qui l'avaient conduite à arrêter la vente par catalogue avant l'arrêt de la vente en ligne.

Depuis 2003, la stratégie en ligne de l'enseigne a profondément évolué. Avec le développement d'Internet en France et dans le monde, Decathlon a réactivé sa présence commerciale sur le Web en adoptant une nouvelle stratégie consistant à développer plusieurs sites Internet :

- Decathlon.fr : site de l'enseigne, de l'offre et des magasins ;
- Decathlon.com : site de e-commerce ;
- Decapro-entreprises.com : site dédié aux entreprises ;
- Decapro-tourisme.com : site dédié aux professionnels du tourisme ;
- Entreprise-decathlon.com : site institutionnel.

La première particularité de la stratégie de l'enseigne est la distinction nette établie entre deux sites Internet par l'utilisation des extensions de noms de domaines distincts : le .fr pour les magasins et le .com pour le commerce électronique. La seconde particularité de la stratégie en ligne de Decathlon réside dans l'articulation des différents canaux.

- Ainsi, le site Decathlon.fr comporte de nombreuses fonctionnalités :
- vérification de la disponibilité en temps réel du produit ;
- réservation en ligne du produit ;

- paiement en ligne du produit sélectionné ;
- retrait du produit en magasin.

Decathlon.com est un site de vente à distance classique. Lors d'une commande sur ce site, l'option de livraison en magasin n'est pas possible. Le site Decathlon.com s'appuie sur 3 500 points relais du réseau Mondial Relay. Le site Decathlon.com mentionne cependant le site Decathlon.fr et la possibilité de réserver et d'effectuer un retrait en magasin.

Depuis 2009, la stratégie en ligne a de nouveau évolué. Decathlon.com et Decathlon.fr ont fusionné. Le site offre l'ensemble de la gamme disponible en magasin. Lors d'une commande, il est maintenant possible de se faire livrer soit dans le réseau de points retraits, soit en magasin, ou encore chez soi par un service postal ou par transporteur pour les produits volumineux. Le site offre la possibilité d'indiquer le magasin le plus proche et d'accéder ainsi au stock de celui-ci pour vérifier la disponibilité de l'article en magasin. En cas d'insatisfaction, le produit peut être retourné en magasin.

Début 2013, cette rationalisation de la présence en ligne de Decathlon n'est pas totalement achevée en Europe.

Sources : *decathlon.fr, Oxylane.com, LSA Magazine, E-commerce Magazine, Marketing Direct, Relation Client Magazine*

Questions :

Identifiez les principales étapes qui ont conduit Decathlon à sa stratégie de distribution actuelle.

Quelles sont les raisons qui expliquent les difficultés que Decathlon a rencontrées dans la vente à distance ?

Pourquoi avoir choisi initialement deux sites Internet séparés ?

Pourquoi fusionner les deux sites .fr et .com ?

Quelle est désormais la place du magasin dans la stratégie de distribution ?

Après avoir visité le site Internet d'un village Oxylane, comment interprétez-vous cette évolution du concept de distribution chez Decathlon ?

À la lumière de ce cas, quels sont les enseignements que vous tirez d'une stratégie de distribution multicanal intégrant Internet ?

L'observation du développement du commerce électronique au cours des dernières années montre une interpénétration croissante entre les canaux électroniques (sites marchands, places de marché, applications mobiles, applications dédiées aux tablettes, télévision connectée) et les autres canaux de distribution (magasin, centre d'appels, catalogue). Le numérique contribue par ailleurs à transformer espaces ou objets en interfaces marchandes (véhicules, murs de l'espace urbain, panneaux interactifs dédiés), augmentant d'autant les points de contact avec le client et les possibilités de réaliser des transactions.

Dans la première phase de développement du commerce électronique, le site marchand a d'abord été envisagé comme un substitut aux canaux existants ; le commerce électronique était alors considéré comme un canal plus performant et moins coûteux. Dans cette perspective, on envisageait souvent le site marchand comme un moyen de désintermédier les transactions commerciales en développant la vente directe entre les entreprises et leurs clients.

Dans une seconde phase, celle à laquelle nous assistons aujourd'hui, le commerce électronique est plutôt considéré comme un canal distinct, mais complémentaire aux canaux existants. Dès lors, la question de l'articulation du canal électronique avec les autres canaux de distribution est clairement posée. Elle est d'autant plus pertinente que les clients ont rapidement intégré le canal électronique dans leurs comportements d'achat. Avec le développement de nouveaux canaux électroniques (téléphone mobile, tablette, télévision connectée), le site marchand est davantage envisagé comme un canal parmi d'autres qui doit faciliter le processus d'achat du client et contribuer à une expérience client globale positive.

Sachant que les usages du téléphone mobile et de la tablette se diffusent rapidement, la mise en œuvre d'une stratégie de commercialisation cohérente apparaît d'autant plus nécessaire. Celle-ci ne saurait être identique pour toutes les entreprises. En effet, la problématique est différente pour un industriel ou une marque, un distributeur *click & mortar* ou un *pure player* du Web.

Après avoir présenté comment les consommateurs et les entreprises s'adaptent à la multiplication des canaux, nous examinerons les principes d'élaboration d'une stratégie de commercialisation dans ce nouveau contexte. Nous présenterons ensuite, les éléments pour décliner une telle stratégie de façon opérationnelle (organisation, assortiment, prix, marque, pilotage, etc.).

1. Comprendre les stratégies de commercialisation à l'ère numérique

Si le développement des canaux électroniques perturbe sans conteste les stratégies de commercialisation des différents acteurs (industriels ou marques, distributeurs traditionnels, etc.), le consommateur, lui, a clairement intégré les différentes possibilités que lui offre l'existence de multiples canaux.

> La nécessité de prendre en considération la distribution multicanal résulte également de la définition extrêmement large du commerce électronique. En effet, au regard de la loi dite LCEN (loi du 21 juin 2004), le commerce électronique est « *l'activité économique par laquelle une personne propose ou assure à distance et par voie électronique la fourniture de biens ou de services* ».
>
> Si cette définition comprend les activités de vente à distance en y intégrant l'activité de vente électronique, elle ne doit cependant pas être réduite à la fourniture de biens ou de services, selon les mêmes dispositions de l'article précité. En effet, ce dernier précise également que rentre dans le champ du commerce électronique : « *les services tels que ceux consistant à fournir des informations en ligne, des communications commerciales et des outils de recherche, d'accès et de récupération de données, d'accès à un réseau de communication ou d'hébergement d'informations y compris lorsqu'elles ne sont pas rémunérées par ceux qui les reçoivent* ».
>
> On le voit ainsi, cette définition large du commerce électronique, indépendamment de toute notion de rémunération, nécessite de prendre en compte une dimension

multicanal et, au-delà, une dimension multicanal/multi-offre. La dimension lucrative ou commerciale du commerce électronique n'est donc pas la seule. La fourniture à titre gratuit d'information ou de services entre donc bien dans le cadre d'une activité dite de commerce électronique, pour peu qu'elle soit réalisée à distance et par voie électronique.

1.1. Le point de vue du consommateur/client

L'étanchéité que les distributeurs établissent parfois entre les différents canaux résiste de moins en moins au fait que le consommateur/client peut (ou veut) désormais accéder en permanence, depuis son domicile ou en mobilité, à une multitude d'informations sur les offres disponibles. Cette possibilité lui permet d'optimiser son achat - choisir la meilleure offre, la moins chère, la plus rapidement disponible, etc. - en jouant sur l'existence des différents canaux. L'usage de multiples canaux d'information et d'achat, parfois de façon simultanée, s'inscrit dans le contexte plus général d'une généralisation des comportements « multitâches » (jouer et acheter en même temps, par exemple).

Les parcours d'achat sont donc de plus en plus complexes et posent de véritables défis aux entreprises, comme le *free-riding* (le consommateur s'informe auprès d'une enseigne qui propose un haut niveau de service, mais achète dans une autre qui propose des prix bas et peu de services) ou le *showrooming* (avant d'acheter en magasin, le client utilise son téléphone mobile pour comparer les prix sur le Web).

Nous distinguons plusieurs types de comportements multicanal. En voici quelques-uns : avant l'achat, lorsque le consommateur/client s'informe auprès de plusieurs sources ; au moment de l'achat, lorsqu'il change de canal pour réaliser la transaction (par exemple, le consommateur s'informe sur le Web, mais achète en magasin) ; après l'achat, pour prendre possession du produit (par exemple, le client achète en ligne mais se fait livrer en magasin).

1.1.1. Des consommateurs/clients qui combinent de multiples sources pour s'informer

Internet est devenu une source d'information majeure. Quelles en sont les raisons essentielles et les conséquences principales pour les entreprises ?

Internet est devenu une source d'information majeure

Une part importante des consommateurs/clients utilise Internet non pas pour effectuer un achat en ligne, mais tout simplement pour s'informer en vue d'un achat (qui peut alors être réalisé en magasin, sur le Web ou sur un tout autre canal).

En quelques années, Internet est devenu une source d'information majeure. Diverses études traduisent ce phénomène incontestable :

- En 2010 aux États-Unis[1], 58 % des Américains recherchent *occasionnellement* des informations commerciales sur le Web (contre 49 % en 2004) et 21 % effectuent une recherche quotidienne (contre 15 % en 2007 et 9 % en 2004).

1. Online Product Search, Pew Internet, 2010, voir **http://www.pewinternet.org**.

- L'étude Médiascope Europe menée régulièrement par l'EIAA (*European Interactive Advertising Association*)[1] montre que, dans de nombreuses catégories de produits, la recherche d'information constitue l'activité principale sur Internet, loin devant l'achat. Si les recommandations personnelles restent incontournables, les sites de marques constituent une source d'information pour près de 60 % des acheteurs en ligne, juste devant la presse et les magasins. Plus de 40 % des répondants ont changé d'avis (à propos d'une marque ou d'un produit acheté) après une recherche d'information sur Internet. L'influence d'Internet sur les choix est particulièrement importante pour les produits gris, bruns et blancs, pour les voyages et pour les produits de téléphonie.
- Une étude réalisée par l'Ifop pour Wincor Nixdorf[2] montre que « *rechercher sur Internet des informations sur un produit avant de l'acheter* » est devenu systématique pour 18 % des personnes interrogées, fréquent pour 53 % et occasionnel pour 20 %. Les 18-24 ans ne sont que 11 % à rechercher systématiquement des informations avant l'achat. En revanche, c'est un réflexe pour 22 % des professions libérales et cadres supérieurs, et 27 % des habitants de la région parisienne.
- Une étude conduite par OTO Research pour Auféminin.com[3] montre que, sur les trois derniers mois, près d'un internaute sur deux a consulté à la fois un point de vente et le site d'une enseigne. Le comportement des femmes est plus « cross-canal » que celui des hommes dans les catégories qui les impliquent fortement (habillement et cosmétiques). Réciproquement, les hommes ont des comportements de mixité plus fréquents que les femmes dans les catégories comme le sport, le bricolage ou l'équipement de la maison.
- Une étude menée par GfK en Europe[4] indique que, désormais, les internautes ne recherchent pas seulement des informations sur les produits à forte implication (comme l'automobile ou les voyages), mais qu'un tiers d'entre eux recherche aussi des informations sur les produits courants, comme les soins capillaires, les produits cosmétiques ou les couches.
- D'après la Fevad (Fédération du e-commerce et de la vente à distance)[5], avant de réaliser un achat, 41 % des professionnels consultent le site de l'enseigne. Ils sont 51 % à consulter un catalogue papier avant d'acheter et 17 % à rencontrer un vendeur. En *B2B* aussi, le Web s'est clairement imposé comme une source d'information majeure.

Les comportements de recherche d'information en ligne ne sont pas identiques pour tous les produits et services. Ainsi, pour les produits et services d'expérience (ceux pour lesquels il est difficile de se faire un avis avant de les avoir expérimentés soi-même, comme un vin inconnu ou un nouveau restaurant), la recherche est plus profonde (plus de temps par page), mais moins large (moins de pages). De même, pour ces produits et services d'expérience, les avis de consommateurs sont plus déterminants (Huang *et al.*, 2009).

---

1. Mediascope Europe Trends, European Interactive Advertising Association, 2006 et 2009, voir **http://www.eiaa.net**.
2. Étude menée par Ifop pour Wincor Nixdorf auprès de 1 005 personnes représentatives de la population française, août 2012.
3. Étude menée par OTO Research (Fullsix) pour Auféminin.com auprès de 25 000 personnes interrogées par e-mail, 2012.
4. Étude menée par GfK à partir de la solution single source PurchaseJourney.dx, 2012.
5. Chiffres clés, Fevad, 2012, voir **http://www.fevad.com**.

Les raisons qui ont fait d'Internet une source d'information majeure

Plusieurs raisons expliquent le succès d'Internet comme source d'information majeure aux côtés des médias traditionnels (presse, télévision) et de ceux proposés par les marques (prospectus, *consumer* magazines, information sur le lieu de vente, etc.) : l'efficience des recherches sur le Web (c'est-à-dire le rapport entre le coût et le gain) et la spécificité des informations que l'on y trouve.

Sur le Web, comparativement au commerce traditionnel, le coût de recherche du meilleur prix est fortement abaissé, du fait de la possibilité de basculer très facilement d'un site marchand à l'autre. En outre, le développement des moteurs de comparaison de prix (*shopbots* ou *pricebots*) met à disposition des consommateurs des outils de comparaison simples et efficaces.

Comme le montre la figure 3.1, l'intensité de la recherche d'information sur Internet s'explique à la fois par une plus forte dispersion des prix comparativement au commerce conventionnel, et par une plus grande efficacité de la recherche. En ce qui concerne la dispersion des prix, il est vrai que, sur Internet, l'asymétrie de l'information entre l'acheteur et le vendeur est grande : les coûts de la recherche sont loin d'être nuls (notamment le temps nécessaire) et les informations sont soumises à une obsolescence très importante (tout change très vite).

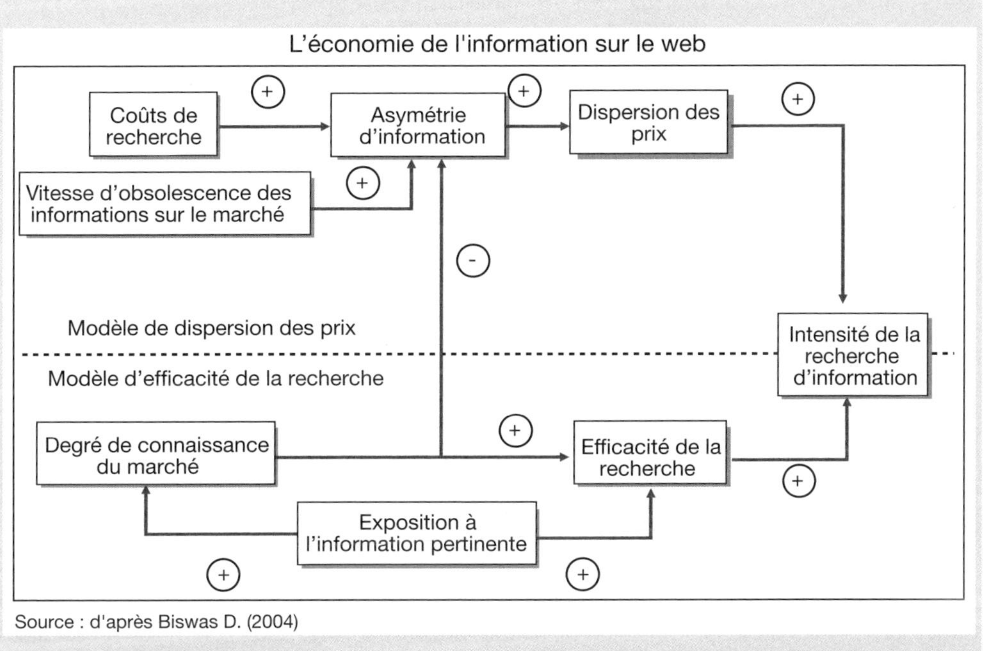

Figure 3.1 : L'intensité de la recherche d'information sur Internet (d'après Biswas, 2004).

En ce qui concerne l'efficacité de la recherche, tous les clients n'ont pas les mêmes compétences. Les outils mis à disposition – moteurs de recherche, comparateurs de prix, etc. – facilitent cependant grandement la démarche de recherche. La connaissance du marché – qui se développe vite – améliore également l'efficacité du client en situation de recherche. De fait, ce dernier est de plus en plus exposé à des informations pertinentes, notamment grâce aux systèmes de personnalisation, *via* des alertes par e-mails, des notifications *push via* leur téléphone mobile ou des SMS géolocalisés.

L'efficience de la recherche d'information sur le Web n'explique pas tout. En effet, Internet donne également accès à des informations différentes de celles habituellement disponibles en magasin : à la fois plus complètes, mais également plus attractives et personnalisées (fiches très détaillées, vidéos pédagogiques, commentaires d'autres internautes, outils de configuration des offres, outils de simulation et de comparaison, etc.). Sur Internet, le client s'engage activement dans la recherche des informations qui sont, pour lui, les plus pertinentes.

Cette recherche d'information et/ou cette comparaison d'information et de prix est « aidée » par les dispositions applicables au commerce électronique. En effet, en matière de commerce électronique, le commerçant se doit de proposer au consommateur un processus d'informations extrêmement précises reposant sur trois notions distinctes, à savoir :

- la communication d'informations préalables à la vente ;
- la réitération de ces informations au moment de l'échange des consentements, à savoir au moment où la vente entre « absents » se réalise ;
- la confirmation de l'ensemble de ces informations, qui concerne tant la nature des produits que ses qualités ou les prix au plus tard au moment de la livraison.

Ce triptyque contractuel et législatif rend bien évidemment possible la publication d'informations complètes concernant l'ensemble des produits et se distingue ainsi d'une vente physique. La réalité juridique permet aux internautes consommateurs d'avoir à leur disposition des informations multiples, variées mais aussi nécessairement complètes, préalablement au processus décisionnaire d'achat.

L'ensemble de ces informations est mis à profit par les consommateurs pour rechercher les produits qu'ils souhaitent selon les qualités et prix qu'ils désirent. Il s'agit d'un aspect tout à fait particulier du commerce électronique. Le consommateur dispose en effet de plus d'informations que lors d'un achat de biens ou de prestations de services dits classiques ou réels. Certains diront ainsi que le consommateur électronique est surinformé tant avant son processus de choix que pendant ou après. Cette multiplicité d'information qui se doit d'être exhaustive et complète affecte bien évidemment la distribution.

Alors que le marketing traditionnel repose sur la mémorisation d'informations de fond véhiculées par les médias publicitaires, la disponibilité d'informations directement utiles pour décider – sur le lieu et au moment même de l'achat – va bouleverser les stratégies de communication. S'agira-t-il de dépenser des millions d'euros pour faire mémoriser à la masse des consommateurs des messages qui leur seront (peut-être) utiles dans un jour, une semaine ou un mois… ou de délivrer la bonne information au bon moment, *via* un média personnalisé comme le téléphone mobile ?

Quelles conséquences pour les entreprises ?

L'usage de l'Internet comme source d'information induit un certain nombre de conséquences qui, pour les entreprises, sont loin d'être neutres.

Les sources utilisées ont des conséquences significatives sur la nature des informations que les consommateurs valorisent. Ainsi, par exemple, une étude menée dans le secteur automobile montre que les consommateurs qui se rendent sur Internet pour s'informer (comparativement à ceux qui ne s'y rendent pas) utilisent davantage les classements objectifs des organismes professionnels que les recommandations de leurs proches (Kulkarni, Ratchford et Kannan, 2012). Autrement dit, les entreprises doivent comprendre finement quelles sont les informations attendues par les consommateurs lorsqu'ils sont sur Internet car il est probable que celles-ci ne sont pas les mêmes que dans les autres médias.

Malgré un développement fulgurant depuis une dizaine d'années, il est clair que les consommateurs utilisent rarement le Web comme seule source d'information : la plupart d'entre eux combinent les sources pour se forger un avis plus solide. Partant de là, on peut alors distinguer plusieurs profils de clients. Une étude menée aux Pays-Bas permet, par exemple, de distinguer trois types d'individus (van Rijnsoever *et al.*, 2012) : les consommateurs qui consultent toutes les sources d'information, à l'exception des sources interpersonnelles, comme les recommandations de proches (32 % de l'échantillon) ; ceux qui se fondent sur les médias de masse ou les avis de leurs proches, mais consultent peu le Web ou les points de vente (23 %) ; et ceux qui débutent leur recherche par des sources commerciales, notamment sur le Web, et qui les croisent ensuite avec des sources interpersonnelles (45 %). La stratégie de communication (voir chapitre 7) doit donc intégrer la variété des comportements de recherche d'information pour éviter les simplifications. Tous les individus ne s'informent pas sur le Web, et la place de ce dernier dans la séquence (au début, au milieu ou la fin) n'est pas toujours la même.

Si les consommateurs apprécient de mixer plusieurs sources d'information (Varan *et al.*, 2013), il est moins question de combiner les équipements (ordinateur, téléviseur, radio) que les formats (texte, audio, vidéo). Pour les entreprises, il ne s'agit donc pas de proposer tous les formats sur tous les équipements (ce qui n'est par ailleurs pas toujours possible techniquement et économiquement), mais d'identifier les combinaisons les plus efficaces, celles qui génèrent les meilleures réponses du côté des clients (mémorisation, agrément, etc.).

L'usage de multiples sources d'information génère plusieurs émotions négatives, notamment le sentiment d'être prisonnier de dispositifs d'information imposés, d'être confronté à des difficultés pour naviguer dans cette masse d'information disponible, de devoir véritablement lutter pour arriver à faire des choix et, finalement, le sentiment d'une certaine paralysie face aux informations disponibles (Powers *et al.*, 2012). Ces émotions négatives que ressentent les consommateurs en situation de s'informer constituent autant d'opportunités pour les marques d'accompagner et de guider leurs clients pendant le processus de décision et d'achat (la fluidité de l'expérience client est une thématique transversale aux chapitres 6 et 8, et même au chapitre 7, dans la mesure où l'expérience avec l'enseigne commence dès la phase de recherche d'information).

1.1.2. Des consommateurs/clients qui combinent plusieurs canaux pour acheter

Les consommateurs/clients ne se contentent pas de combiner les sources d'information préalablement à l'achat, ils combinent également les canaux tout au long de leur processus d'achat. Différentes études professionnelles récentes attestent largement cette réalité du consommateur/client multicanal, et de nombreuses recherches académiques les confirment.

Les clients utilisent les supports électroniques (site marchand, application mobile, etc.) à divers moments de leur processus d'achat, pour des objectifs différents : recherche d'information, conseil, négociation (Belvaux, 2006). Chaque canal répondant à des avantages différents, le client combine les canaux pour en tirer le meilleur parti (Choudhury et Karahanna, 2008). Par exemple, pour l'achat d'un appareil photo numérique, le canal électronique permet de présélectionner les produits et d'obtenir de nombreuses informations sur chacun d'entre eux, alors que le canal magasin permet de les toucher et de les voir, pour évaluer leur design et leur prise en main.

Une étude menée en France par l'institut Ifop pour Bonial (guide d'achat)[1] montre que l'image des *pure players* et celle des enseignes traditionnelles sont complémentaires. Ainsi les personnes interrogées considèrent que les sites marchands des *pure players* sont moins chers (81 %), qu'ils disposent de plus de stock (70 %) et qu'ils sont plus pratiques (60 %) que les enseignes traditionnelles. Inversement, les enseignes traditionnelles offrent le meilleur accompagnement (59 %), les meilleurs conseils (77 %) et sont les plus dignes de confiance (81 %).

Les canaux présentant chacun des avantages et des inconvénients, c'est donc en les combinant, selon les catégories de produit et les occasions d'achat (achat urgent, cadeau important, etc.), que les acheteurs s'y retrouvent. Une étude conduite par Ipsos pour CA Com[2] montre que les Françaises fréquentent en moyenne 4,7 points d'achat : 7,5 au cours des 12 derniers mois, 3,6 au moins une fois par mois et 1,5 une fois par semaine.

De façon générale, le comportement des clients peut donc se représenter, comme l'illustre la figure 3.2, en considérant (seulement) trois canaux de distribution : magasin, vente à distance par catalogue, site Internet. En ajoutant les applications mobiles, les réseaux sociaux ou la télévision connectée, la représentation gagnerait en finesse… et en complexité.

Les experts parlent de « ROPO » pour désigner ces comportements hybrides : soit le consommateur/client recherche des informations sur le Web puis achète en magasin (*Research Online Purchase Offline*), soit il recherche des informations en magasin(s) mais achète sur Internet (*Research Offline Purchase Online*). Ci-dessous, nous distinguons plusieurs cas.

1. Enquête réalisée par l'institut Ifop auprès d'un échantillon de 1 007 personnes, par questionnaire auto-administré en ligne, décembre 2012.
2. Étude Omniretail, Ipsos pour CA Com, février 2012.

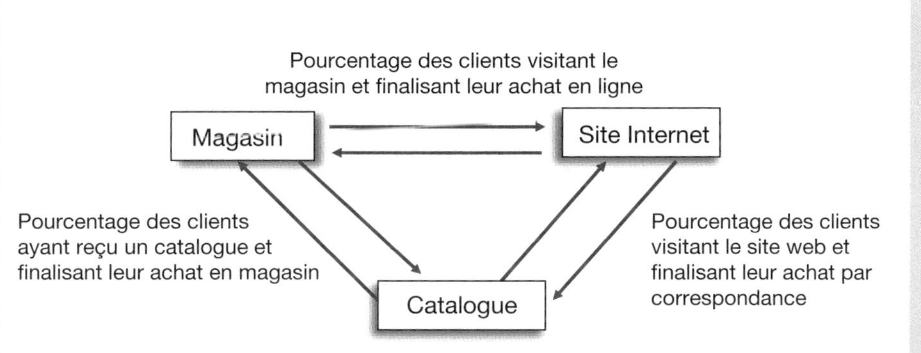

Figure 3.2 : Les comportements d'achat multicanal.

La recherche d'information sur le Web suivie d'un achat en magasin

Le comportement qui consiste à visiter le site d'une enseigne, puis à se déplacer en magasin pour acheter (dans la même enseigne ou dans une autre) devient de plus en plus fréquent :

- L'étude menée par l'Ifop pour Bonial (voir référence plus haut) indique que 80 % des personnes interrogées affirment avoir déjà utilisé Internet pour «savoir si un magasin existe près de chez eux», «consulter les horaires d'ouverture» (78 %) ou «affiner une intention d'achat» (76 %). Le site d'une enseigne est donc largement utilisé pour préparer la visite.
- L'étude menée par OTO Research pour Auféminin.com (voir référence plus haut) montre que, sur les trois derniers mois, 74 % des hommes interrogés s'étant rendus sur le site d'une enseigne ont effectué une visite en magasin et 50 % y ont réalisé un achat. Pour les femmes, ces chiffres s'élèvent respectivement à 69 % et 46 %.
- D'après Accenture[1], seuls 12 % des internautes n'ont pas (au cours des six derniers mois) acheté en magasin sans avoir préalablement consulté le site de l'enseigne (qu'il s'agisse du site fixe ou du site mobile). La recherche en ligne avant un achat en magasin est un comportement particulièrement fréquent dans le secteur de l'équipement de la personne (accessoires, habillement, etc.).

L'impact d'une recherche d'information en ligne sur les ventes en magasin dépend cependant fortement du type de produit et du type de client. Comme l'indique le tableau 3.1, si la recherche d'information en ligne peut conduire à un achat en magasin dans environ 60 % des cas, le taux varie fortement d'une catégorie à l'autre[2].

1. Seamless Retail, Accenture, in Internet Retailer, 2013.
2. Mediascope Europe Trends, European Interactive Advertising Association, 2010, voir **http://www.eiaa.net**.

Tableau 3.1 : Usage d'Internet comme source d'information (EIAA)

Catégorie de produit	Pourcentage d'internautes ayant recherché de l'information en ligne	Pourcentage d'internautes ayant recherché de l'information en ligne, puis acheté en magasin
Billets d'avion	71 %	44 %
Produits informatiques	39 %	26 %
Livres	38 %	26 %
Vêtements	35 %	18 %
CD/DVD	33 %	22 %
Téléphones mobiles	26 %	17 %
Ameublement	25 %	19 %
Voitures	22 %	12 %
Cosmétiques	13 %	7 %
Assurance	12 %	7 %
Alimentation	8 %	4 %

Une étude menée aux États-Unis montre que les sites informationnels bénéficient surtout aux ventes de produits « sensoriels » (ceux qui nécessitent d'être touchés ou essayés avant d'être achetés) et à celles réalisées auprès des clients proches géographiquement (Pauwels *et al.*, 2011). Dans ces deux cas, soit les clients sont motivés pour venir finaliser leur achat en magasin après avoir consulté le site, soit ils peuvent le faire facilement, le magasin étant proche. L'étude montre par ailleurs que les revenus *offline* générés par le site augmentent plus auprès des clients qui visitent fréquemment le site, ce qui laisse clairement entendre que les deux canaux sont complémentaires. Pour éviter la cannibalisation et maximiser les ventes additionnelles, les entreprises ont donc tout intérêt à mener une stratégie marketing différenciée, pour certaines catégories et auprès de certains clients.

La recherche d'information en magasin(s) suivie d'un achat sur le Web

Le comportement qui consiste à visiter un point de vente, puis à se rendre sur le site marchand de l'enseigne pour y réaliser un achat devient de plus en plus fréquent. L'étude menée par OTO Research pour Auféminin.com montre que, sur les trois derniers mois, 62 % des hommes interrogés ayant visité un point de vente se sont ensuite rendus sur le site marchand et 59 % y ont réalisé un achat. Ces chiffres sont proches pour les femmes.

L'achat en ligne suivi d'une livraison en magasin

Retirer en magasin des produits achetés sur le Web est un comportement de plus en plus fréquent, notamment car les distributeurs l'encouragent de façon plus systématique qu'il y a quelques années. Ainsi, d'après Ipsos[1], les Français plébiscitent de plus en plus les achats en ligne retirés en point de vente (15 % en 2013 contre 10 % en 2012). Le comportement « inverse », à savoir se faire livrer à domicile un achat réalisé en magasin, est en revanche encore rare car peu de distributeurs le proposent.

1.1.3. Le rôle joué par le mobile

Le téléphone mobile apporte non seulement plus de mobilité (capacité à faire des choses en tous lieux, ou presque), mais aussi plus d'immédiateté (capacité de faire quelque chose maintenant et non plus tard). Cet équipement modifie non seulement le rapport à l'espace mais aussi - et peut-être surtout - celui au temps.

La recherche d'information sur les téléphones mobiles et sur les tablettes

Les équipements mobiles (téléphones et tablettes) transforment en profondeur les comportements de recherche d'information. Par ailleurs, l'usage du mobile dans les processus d'achat se généralise :

- Seules 26 % des personnes interrogées par Accenture (voir référence plus haut) jugent pratique l'achat en ligne *via* un mobile, contre 94 % pour l'achat en magasin et 74 % pour l'achat sur un site marchand classique. À l'avenir, près de 45 % des personnes interrogées sont cependant disposées à acheter plus souvent *via* leur téléphone mobile.
- Une étude menée par l'agence de communication Digitas en 2013[2] indique que, si le mobile est surtout utilisé pour obtenir des informations complémentaires avant d'acheter, 63 % des personnes interrogées souhaiteraient recevoir des bons de réduction sur leur téléphone et 61 % pouvoir utiliser leurs programmes de fidélité par ce canal. Près d'un tiers des personnes interrogées a déjà scanné un QR code ou réglé des achats par mobile.
- D'après la Fevad (voir référence plus haut), 14 % des acheteurs en ligne ont déjà acheté à partir de leur téléphone mobile (téléchargements d'applications mobiles exclus).
- L'étude menée par l'institut Ipsos en 2012 (voir référence plus haut) indique que l'achat sur mobile concerne seulement 6 % des Français et 12 % des possesseurs de téléphones intelligents (smartphones). En revanche, la même étude menée en 2013 (voir référence plus haut) montre que la tablette est rapidement devenue un canal d'achat important : 15 % des Français possèdent une tablette et plus d'un tiers d'entre eux l'ont utilisée pour effectuer un achat, contre 25 % l'année précédente.
- Plusieurs études récentes[3] semblent montrer que l'usage de la tablette se rapproche plus de celui de l'ordinateur que du téléphone (même si les statistiques regroupent souvent ces deux équipements sous l'étiquette commune de la « mobilité »). Ainsi, le taux de conversion est de 2,2 % pour la tablette, contre 0,7 % pour le téléphone, et le nombre de pages vues par visite supérieur de 70 % sur la tablette, comparativement au téléphone.
- Si le téléphone est un canal d'information incontournable (étant disponible partout et tout le temps), la tablette est probablement un meilleur canal d'achat. Aux États-Unis,

1. Étude Omniretail, Ipsos pour CA Com, avril 2013.
2. Baromètre de l'expérience marchande connectée, Digitas, 2013. Voir **http://fr.slideshare.net/Digitas_fr/baromtre-de-lexperience-marchande-connecte-2013**
3. The state of mobile benchmark Q2 2013, Abode Systems, in Internet Retailer, 2013.

en 2012, les ventes électroniques *via* les tablettes dépassent d'ailleurs les ventes par téléphone (respectivement 14 milliards et 10 milliards)[1].

Le showrooming, mythe ou réalité ?

Le *showrooming* consiste pour le client à considérer le magasin comme un lieu dans lequel il peut examiner ou essayer des produits… qu'il va ensuite acheter ailleurs (dans un autre magasin ou sur un site marchand). Durant sa visite, le client est parfois amené à utiliser son téléphone mobile pour comparer les prix du magasin dans lequel il se trouve avec les prix ou les offres promotionnelles disponibles ailleurs, dans les points de vente concurrents ou sur le Web. Ce comportement peut naturellement conduire le client à ne pas acheter dans le magasin

Le téléphone peut aussi être utilisé pour consulter des avis et des commentaires laissés par d'autres clients (y compris sur le site de l'enseigne dans laquelle il se trouve), demander un avis à des proches, prendre le produit en photo ou vérifier les conditions d'achat sur le site de l'enseigne. Ces comportements ne conduisent pas tous à reporter ou annuler l'achat, bien au contraire.

L'étude menée par Digitas (voir référence plus haut) indique que 76 % des utilisateurs de smartphones ont déjà utilisé leur mobile en magasin (ce chiffre est en augmentation de 25 points sur un an). De plus, 31 % des personnes interrogées se disent prêtes à quitter un magasin pour une enseigne concurrente qui proposerait des prix inférieurs de 5 %. D'après une étude réalisée par Accenture (voir référence plus haut), le comportement de *showrooming* a été déclaré par un peu plus de 50 % des personnes interrogées, particulièrement dans la distribution spécialisée (produits électroniques) et les grands magasins. En revanche, à ce jour, la distribution alimentaire est très peu concernée (moins de 6 %).

Les enseignes sont amenées à prendre diverses mesures pour lutter contre ce phénomène, mais la meilleure réponse consiste soit à aligner les offres sur les prix en ligne (y compris en diffusant un bon de réduction ciblé), soit à améliorer le conseil en magasin afin d'orienter les clients vers les offres à plus forte valeur ajoutée et/ou qui leur correspondent davantage. L'usage des tablettes par les vendeurs en magasin permet d'endiguer en partie le phénomène. Refuser l'accès au réseau Internet dans les magasins, comme l'ont tenté certains distributeurs, n'est certainement pas la bonne réponse ! Pour éviter que les clients n'utilisent des applications concurrentes, quoi de plus efficace pour une enseigne que de donner envie à ses clients de télécharger la sienne ?

Exemple : Alors que seuls 25 % des Américains ont téléchargé une application éditée par un distributeur, Wal-Mart leur donne toutes les raisons de le faire. Plutôt que de freiner l'usage des téléphones mobiles en magasin, le leader mondial de la distribution encourage fortement ses clients à les utiliser. La nouvelle application, déployée en 2012 après plusieurs mois de tests, permet en effet d'établir une liste de courses à domicile et d'en connaître le montant exact à l'avance (après avoir choisi un magasin de référence, proche de chez soi). Avec l'accord du client, l'application peut reconnaître quand celui-ci entre dans l'un des 3 800 points de vente américains de l'enseigne. Une fois identifiée, l'application permet notamment au client de repérer précisément l'emplacement des produits de sa liste dans le magasin. Elle lui permet aussi de scanner les codes-barres des produits afin de consulter des informations complémentaires et des QR codes pour télécharger des bons de réduction. L'application iPad,

1. « Le m-commerce en pleine métamorphose », *E-commerce Magazine*, 2013.

quant à elle, offre la possibilité de « tourner les pages » de chaque magasin pour découvrir des produits et offres spéciales.

Source : Internet Retailer

1.1.4. Tous multicanal ?

Pour certains experts, le client monocanal deviendrait une exception (Ganesh *et al.*, 2010). De nombreuses études montrent cependant que tous les clients ne sont pas également concernés par les comportements multicanal :

- Certains combinent les canaux avec difficulté et d'autres continuent d'utiliser exclusivement les canaux traditionnels (Konus, Verhoef et Neslin, 2008).
- Une étude menée par GfK en Europe (voir référence plus haut) indique qu'environ 25 % des individus n'utilisent que des canaux *offline*, même dans les pays les plus développés en matière de digital, comme le Royaume-Uni.
- Une recherche menée récemment dans le secteur du tourisme montre que, si la moitié des clients utilisent plusieurs canaux, la plupart réservent finalement leurs billets sur le canal par lequel ils ont commencé à rechercher de l'information (Oppewal, Tojib et Louvieris, 2013).

Une étude menée par Research Now pour Experian Marketing Services auprès d'un échantillon de 8 000 individus permet d'élaborer une typologie d'individus en matière de comportements multicanal. Plus précisément, l'étude distingue notamment les consommateurs « Recherches et achats *online* » (9 % de l'ensemble des répondants), ceux « Cross-canal tendance *online* » (55 %), ceux « Cross-canal tendance *offline* » (21 %) et ceux « Recherches *online* et faibles achats *online* » (5 %). Dans cette étude, la plupart des internautes combinent régulièrement les canaux… mais tous ne le font pas de la même façon.

***Source :** d'après Experian Marketing Services/Research Now, 2013*

S'il est indéniable que les consommateurs/clients utilisent plusieurs canaux, il ne faut pas pour autant imaginer que les comportements sont aléatoires, sans logique ou mémoire. De fait, le consommateur/client reste fondamentalement fidèle à l'enseigne qui lui donne les informations utiles (Huang *et al.*, 2009).

Les études montrent également que la propension à adopter un comportement multicanal dépend assez étroitement de la catégorie de produit/service considérée. Ainsi, par exemple, le comportement de *free-riding* est moins fréquent pour les produits/services d'expérience, comparativement aux produits/services de recherche (Huang *et al.*, 2009).

Une étude menée par deux organisations professionnelles (POPAI – Institut mondial de la communication et de la publicité sur le lieu de vente – et SNCD – Syndicat national de la communication directe) distingue 42 points de contacts entre les consommateurs et les marques (points de vente, médias, marketing direct, bouche à oreille, *display*, événementiel, relations aux publics, etc.). Elle montre que le magasin reste le point de contact dominant tout au long du parcours client, et ce pour de multiples raisons : aide au choix, promotion, visibilité produit, conseil, valorisation produit. Pour autant, d'après les auteurs de cette étude, le point de vente doit « *accentuer sa capacité à rassurer l'acheteur par la désirabilité des produits, la qualité de ses vendeurs, l'attractivité de ses prix et la valorisation de son service après-vente* ». Menée sur plusieurs catégories de produits (shampoings, crèmes de jour, mousses à raser, baskets, appareils photos, imprimantes), l'étude démontre que les parcours client sont différents d'une catégorie à l'autre et, par conséquent, que les points de contact sont plus ou moins critiques selon les catégories. L'étude démontre aussi que, au sein de chaque catégorie, on peut identifier quelques parcours client dominants.

Sources : *d'après POPAI et SNCD, 2012 et E-commerce Magazine*

1.2. Le point de vue des entreprises

En prolongement du chapitre 2, nous tentons de comprendre *pourquoi et selon quelles modalités* les entreprises intègrent les canaux électroniques (site marchand fixe, site mobile, etc.) dans leur stratégie de commercialisation. Pour mieux appréhender la complexité de cette intégration, il est indispensable de savoir quel est le point de vue adopté : celui d'un industriel ou d'une marque, d'un distributeur physique *click & mortar* ou d'un *pure player*, d'un réseau en franchises, voire d'une entreprise historique de vente par correspondance.

Par ailleurs, depuis le début des années 2010, de nouveaux canaux constituent autant d'options nouvelles pour vendre en ligne, qu'il s'agisse des sites ou des applications mobiles, des réseaux sociaux, voire des téléviseurs connectés. Se pose la question d'investir ou non sur ces nouveaux canaux et, si oui, de quelle façon.

1.2.1. Le cas des industriels et des marques

De nombreux industriels ont créé un site marchand. De fabricants, certains se sont transformés, parfois soudainement, en distributeurs. De fait, le potentiel du commerce électronique n'a pas échappé aux industriels. Vendre en direct permet notamment de toucher une nouvelle clientèle, de consolider la relation avec les clients déjà existants, d'améliorer le rapport de force vis-à-vis des distributeurs, etc. (voir chapitre 2).

Depuis le début des années 2010, toutefois, la décision de vendre en ligne ne se résume pas à la question de savoir s'il est ou non opportun d'ouvrir un site marchand. Pour un industriel ou une marque, les vecteurs de commercialisation se sont considérablement diversifiés : être présent sur les places de marchés ou lancer une application mobile, notamment, sont devenus des options courantes.

Vendre en direct en utilisant les canaux électroniques

En ce qui concerne la décision de vendre en direct en mobilisant les canaux électroniques, il faut considérer en priorité les enjeux de marge et les risque éventuels de conflits avec les distributeurs actuels.

L'industriel est avant tout attiré par le potentiel de marge qu'il peut réaliser en vendant directement en ligne (le coût de distribution représente communément 40 à 50 % du prix de vente final). Pour lui, la décision de vendre en ligne repose donc sur une comparaison entre la marge qu'il peut dégager en direct et celle consentie au distributeur. Toutefois, il est important de ne pas seulement comparer le coût de transaction en direct et celui *via* un intermédiaire, mais de comparer plus finement les coûts, en distinguant le coût de coordination et celui de production du service (ici, vendre). Le coût de coordination d'un intermédiaire (T1') sera probablement plus élevé que le coût de coordination de l'activité de commerce électronique internalisée (T1). En revanche, le coût de production du service commercial par l'intermédiaire (T2') sera probablement plus faible – ce dernier étant un spécialiste de la commercialisation – que le coût de production de ce même service par l'industriel (T2). Autrement dit, savoir s'il est préférable de passer par un intermédiaire ou de vendre en direct conduit à comparer le gain T2 – T2' avec la perte T1' – T1, comme l'indique la figure 3.3.

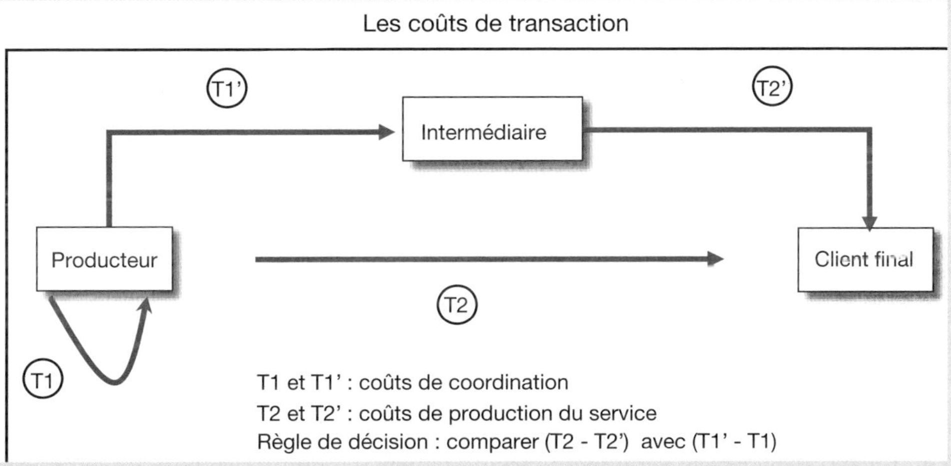

Figure 3.3 : Analyse des coûts liés à l'intermédiation (d'après Sarkar et Steinfield, 1998).

Décider de vendre en direct *via* des canaux électroniques va probablement entraîner des conflits avec les distributeurs actuels. Si les conflits entre industriels et distributeurs ont toujours été nombreux et n'ont pas attendu le commerce électronique pour voir le jour, l'arrivée du commerce électronique a constitué une menace réelle pour de nombreux distributeurs.

Exemple : Le fabricant américain Apple lance, en 1997, son site de vente en ligne, l'Applestore online. En mai 2001, le fabricant annonce la création de son propre réseau physique de vente, les Applestore. Au mois d'avril 2003, Apple lance son site de vente de musique en ligne, iTunes Music Store, qui accueillera par la suite des vidéos, des jeux et des films. En 2008, Apple lance l'AppStore, un magasin virtuel accessible depuis un iPhone ou iTunes permettant d'acheter des applications pour son *smartphone*. Dès le lancement du site de vente en ligne, les distributeurs de produits Apple sont inquiets de la concurrence de cette nouvelle forme de vente. En effet, celui-ci offre la possibilité pour le client de configurer son ordinateur à la commande, possibilité à laquelle les distributeurs accéderont six mois plus tard après de multiples plaintes. Les vendeurs traditionnels constatent également des disponibilités des produits dans le réseau physique plus faibles que sur le site d'Apple. Ils accusent Apple de privilégier son site Web au détriment du réseau de distributeurs. Plus encore, ils se plaignent des marges concédées par Apple. Celles-ci sont faibles et reposent beaucoup sur les marges arrière dépendant d'objectifs que très peu de distributeurs parviennent à atteindre (voir la suite de l'exemple un peu plus loin). Avec le développement du réseau de magasins Apple en propre dans 14 pays, la concurrence s'accroît et les distributeurs physiques sont toujours plus nombreux à craindre que les consommateurs ne se tournent vers les magasins de la marque plutôt que vers leur enseigne.

Sources : distributique.fr, macgeneration.com, apple.com

Vendre en direct crée parfois des conflits si violents dans le canal de distribution que certains industriels y renoncent finalement. C'est le cas de la célèbre firme américaine Levi's, qui a fermé son site de vente en ligne aux débuts des années 2000 suite aux récriminations de ses distributeurs américains, avant de le relancer quelques années plus tard.

Les industriels sont parfois amenés à réorganiser leur stratégie de commercialisation afin d'éviter la fuite non maîtrisée des clients vers les canaux digitaux, la concurrence débridée entre les canaux ou la perte de contrôle des prix publics (ceux facturés aux consommateurs ou aux clients finaux).

Exemple : En 2012, Adidas a pris la décision d'interdire à ses distributeurs de vendre les produits de la marque (et ceux de sa filiale Reebok) sur les places de marché, comme eBay ou Amazon. L'industriel n'a pas précisé officiellement les raisons d'une telle décision, mais les observateurs pensent qu'il pourrait s'agir d'une « *volonté de la marque d'endiguer les pratiques des consommateurs qui repèrent des produits en magasin pour les acheter ensuite en ligne à des tarifs plus attractifs* » ou encore d'une volonté d'Adidas de « *mieux contrôler sa politique tarifaire* ».

Sources : Internet Retailer, Le Journal du Net

Dans plusieurs pays, notamment en Europe, les tentatives des industriels pour contrôler leur stratégie de commercialisation - notamment pour empêcher la revente de leurs produits sur Internet - s'opposent toutefois aux actions des autorités. Ainsi, en France, l'Autorité de la concurrence condamne régulièrement des industriels pour « *avoir interdit de fait à leurs distributeurs de commercialiser les produits de la marque sur Internet, affaiblissant ainsi la concurrence entre distributeurs* ».

Exemple : En 2012, Bang & Olufsen, la grande marque d'équipements de haute technologie, est condamnée par l'Autorité de la concurrence à verser 900 000 euros d'amende pour avoir interdit à ses 48 distributeurs français de revendre les produits de la marque en ligne. Ainsi que l'indique l'Autorité, « *l'interdiction de la vente sur Internet est prohibée par le droit de la concurrence : dans un système de distribution sélective, les distributeurs doivent être libres de vendre à tous les utilisateurs finaux, y compris sur Internet* ». En l'espèce, il est interdit d'interdire.

Sources : Le Journal du Net, http://www.autoritedelaconcurrence.fr

Choisir les bonnes modalités pour vendre en ligne

Le potentiel de gain et le risque de conflit avec les distributeurs actuels ne constituent pas les deux seuls critères pour décider ou non de vendre en ligne. Lancer son propre site marchand suppose que plusieurs autres conditions soient réunies : marque forte, produit suffisamment impliquant, ressources et compétences en matière de distribution (conception de l'interface, facturation, livraison, etc.).

En fait, très peu d'industriels réunissent durablement toutes les conditions permettant de faire vivre durablement leur propre site marchand. Les marques les moins connues rencontreront des difficultés et auront tout intérêt à se faire référencer sur les sites de marchands réputés et les places de marché électroniques comme Amazon, eBay,

PriceMinister ou BrandAlley. Elles bénéficieront ainsi du trafic et de l'image positive de l'enseigne.

Les places de marché proposent désormais aux marques des boutiques (l'équivalent des *corners* dans les grands magasins, ou *shop in the shop*), espaces dédiés permettant de maîtriser un peu mieux les conditions d'exposition des produits (logo et couleurs, contenus spécifiques, etc.), de connaître les statistiques de fréquentation, de disposer d'une URL ultracourte qu'il est alors possible de communiquer, d'engager le dialogue avec les clients *via* les réseaux sociaux, etc.

Vendre sur une place de marché n'est pourtant pas la panacée dans la mesure où le site, voyant que la catégorie de produit fonctionne bien, peut décider de concurrencer directement l'industriel. Il ne faut par ailleurs pas sous-estimer les coûts (autour de 15 % en moyenne) et les risques de dépendance, notamment de la base de clients qui reste celle de la place de marché. Notons également que vendre sur une place de marché suppose un service et des processus encore plus irréprochables que pour un site marchand en propre, sous peine de ne plus être référencé.

L'offre électronique est venue modifier les rapports commerciaux habituels entre les industriels et leurs distributeurs/commerciaux/agents commerciaux/courtiers pour insérer un nouveau périmètre, le périmètre numérique à la distribution de produits ou de services.

La jurisprudence a été amenée à se prononcer à de multiples reprises sur cette nouvelle dimension commerciale. À ce titre, les nouveaux contrats de distribution, d'agents commerciaux, par exemple, sont amenés à intégrer un nouveau territoire, le territoire électronique. Ce dernier est complexe et intègre tant l'utilisation de marques, de signes distinctifs ou de logos, notamment à travers le droit des noms de domaine, qu'une nouvelle zone de clientèle. Il existe donc un territoire terrestre propre à la distribution de produits et de services et un territoire électronique qui n'a rien de virtuel. Une attention particulière doit donc être apportée sur la rédaction des contrats afin de déterminer précisément le rôle des industriels, celui des distributeurs et celui de l'ensemble des autres intermédiaires commerciaux.

Pour un industriel, décider de vendre en direct *via* des canaux électroniques n'est pas du type « tout ou rien ». Il existe de nombreuses modalités pour vendre en ligne (voir chapitre 2).

L'industriel peut démarrer la vente directe – notamment pour les nouveaux produits – en utilisant les services de *discovery commerce*, comprenant une phase d'échantillonnage puis une phase de vente directe sur le site marchand de la *box* (voir chapitre 1). L'industriel peut compléter son circuit de commercialisation traditionnel par un canal électronique dédié uniquement aux services (la vente de produits étant toujours réalisée par les distributeurs habituels). Il peut également s'allier à un concurrent ou à une autre organisation avec laquelle il partage des clients (Lee et Shu, 2005).

Exemple : En 2013, Samsung a signé un partenariat avec Best Buy, la grande enseigne américaine de produits *high-tech*, afin de commercialiser les produits de la marque dans des espaces dédiés. La démarche est particulièrement intéressante car il ne s'agit pas seulement d'une boutique en ligne, mais également d'une présence visible dans les magasins. La boutique en ligne permettra de diffuser les contenus de Samsung (conseils, fiches, etc.) et de proposer des offres croisées sur les produits de la marque (par exemple, un accessoire de protection ou de rangement lors de l'achat d'une tablette). Dans les boutiques situées au sein des magasins Best Buy, des experts de la marque Samsung délivreront des conseils aux clients, pourront commercialiser les services associés aux produits (garanties étendues) et assurer un service après-vente. Dans les plus grands magasins Best Buy, sur des surfaces d'environ 46 m^2, les produits seront connectés.

Source : Internet Retailer

Certaines modalités de vente en ligne sont moins risquées que d'autres et engendreront moins de tension avec les distributeurs. Vendre sur une place de marché, par exemple, sera perçu comme moins agressif par les distributeurs actuels que de lancer son propre site marchand. Une autre approche pour limiter les tensions avec les distributeurs traditionnels consiste à différencier la stratégie marketing entre les canaux, notamment en proposant une marque différente ou des gammes spécifiques pour le canal électronique. Toutefois, si cette stratégie semble intéressante au premier abord, elle n'est pas nécessairement la plus efficace. La mise en place d'une structure de coordination peut générer des profits supérieurs à la différenciation de l'offre (Yan *et al.*, 2011).

1.2.2. Le cas des distributeurs physiques

Le principal problème auquel sont confrontés les distributeurs traditionnels est le risque de cannibalisation des ventes en magasin au profit des ventes électroniques (sites marchands fixes ou mobiles et, bientôt, d'autres dispositifs comme la télévision connectée). Plus critique encore, la cohérence du mix est mise à rude épreuve lorsqu'un distributeur commercialise son offre sur de multiples canaux. La stratégie de marque, l'assortiment, les prix, les actions de promotion des ventes et les services offerts, comme la logistique, devront être reconsidérés.

Exemple : Créé en 1999, le site Fnac.com est la version en ligne du célèbre distributeur français de produits culturels et électroniques, fondés en 1954, intégré au groupe Kering (anciennement PPR) en 1994 et introduit en Bourse en 2013. Ce site géré par une filiale du groupe (Fnac Direct) a réalisé un chiffre d'affaires (produits, billetterie, téléchargement) de 388 millions d'euros en 2012, soit 14 % du chiffre d'affaires total de 2,77 milliards d'euros réalisé par l'enseigne en France. En ce qui concerne les commandes sur Internet, 22 % d'entre elles sont désormais retirées en magasin. « *La politique commerciale du site doit rester cohérente avec celle des magasins. Comme les autres canaux de vente du groupe, nous relayons les opérations de mise en avant produit décidées au niveau national. Mais, parallèlement, nous avons la possibilité de définir des opérations complémentaires* », explique le P-DG de l'enseigne. L'ensemble des offres tarifaires pratiquées dans les magasins Fnac se retrouve sur le site : Fnac.com a la même politique de prix que les points de vente. En revanche, l'élasticité prix étant plus importante en ligne, « *nous avons en permanence, sur un nombre limité de produits, des offres spéciales Internet. Cette politique nous permet de trouver le juste équilibre entre le besoin d'attractivité sur les prix, sans pour autant créer une incohérence par rapport à la politique des magasins* ». Cela dit, alors que cette modification est instantanée sur le site, elle prend parfois quelques heures en magasin, ce qui explique l'existence de décalages.

Sources : http://www.kering.com, http://www.fnac.com, LSA, Le Journal du Net

La cannibalisation éventuelle des ventes par la création d'un site Internet freine donc les distributeurs traditionnels, qui craignent que les investissements consentis pour le réseau de distribution physique (investissements immobiliers, personnels de vente, etc.), ne soient remis en question par une fuite des clients vers le canal électronique.

Cependant, après des années d'expérimentation (souvent sous des noms d'emprunt, à l'instar de Carrefour avec Ooshop), les distributeurs traditionnels semblent désormais fermement décidés à développer leurs ventes en ligne du fait de la banalisation du canal électronique Web, de la très forte progression de la pénétration du smartphone au sein de la population, et du décollage rapide des tablettes.

Vendre à distance via des canaux électroniques

La décision de vendre à distance en utilisant les canaux électroniques repose sur une analyse du potentiel stratégique de ce mode de commercialisation, en matière de conquête de nouveaux clients, de réduction des coûts, etc. (voir chapitre 2). Il ne faut pas négliger les pressions que les clients peuvent exercer sur l'enseigne, de façon explicite (demandes formelles exprimées au personnel de vente, par exemple) ou non (évasion vers d'autres concurrents ou vers d'autres circuits, par exemple) et rester attentifs à leurs attentes.

Décider d'ouvrir un site marchand projette l'enseigne dans le monde du multicanal. Il est toutefois indispensable de distinguer le cas où la distribution multicanal permet **la conquête de nouveaux clients** (en améliorant la couverture géographique, par exemple) de celui où elle permet **l'amélioration du niveau de service offert aux clients actuels** (par exemple, en élargissant la disponibilité horaire) :

- Dans le premier cas, lorsque le nouveau canal permet la conquête de nouveaux clients, le risque de cannibalisation est naturellement faible. Ce nouveau canal, généralement un site marchand, permettra de générer des ventes additionnelles auprès de clients qui ne fréquentent pas habituellement l'enseigne. Considérer la présence en ligne comme un moyen de créer du trafic en magasin (*web-to-store*) est désormais acquis par la plupart des enseignes.
- Dans le second cas, lorsque le nouveau canal constitue un service additionnel offert aux clients actuels, le risque de cannibalisation est plus fort. Un suivi étroit du flux de clients entre les canaux (on parle de circulation ou de migration entre canaux) et une politique active de canalisation des clients peuvent cependant le maîtriser. Cette dernière consiste notamment à orienter les clients vers les canaux les plus pertinents pour eux et les plus adaptés pour l'entreprise (il s'agira notamment de vérifier que la marge générée par le client couvre les coûts engendrés par le recours à ce canal). Ce second type de multicanal pose également le problème de la cohérence de l'enseigne d'un canal à l'autre puisque l'enseigne offre plusieurs points de contact aux mêmes clients. Cette problématique de cohérence est moins cruciale dans le premier cas puisque les clients sont différents. Il ne faut cependant pas exclure que les clients se croisent dans les mêmes lieux ou se parlent, de vive voix ou *via* les réseaux sociaux, mettant l'enseigne sous pression d'une plus forte cohérence.

Dans les faits, de nombreux distributeurs traditionnels privilégient le premier typede multicanal car, pour eux le Web constitue avant tout un moyen de recruter de nouveaux clients et de générer des ventes additionnelles dans leur réseau (*web-to-store*). Dans le secteur alimentaire, par exemple, le développement des « *drives* » traduit une stratégie volontariste des enseignes de capter des volumes sur les concurrents ; le *drive* est avant tout une arme de conquête.

Le second type de multicanal est plus risqué que le premier, mais la fidélité à l'égard d'une enseigne augmente lorsque celle-ci adopte le multicanal. Les opportunités de développer le panier moyen peuvent notamment être exploitées. Le site marchand constitue par ailleurs un moyen de retenir le client plus longtemps, en allongeant sa durée de vie (Boehm, 2008). Autrement dit, le multicanal agit sur les deux leviers de la valeur client (voir chapitres 8 et 10).

Exemple : La stratégie de distribution d'Apple répond à des enjeux bien particuliers. L'entreprise a failli disparaître et nombre de revendeurs ont dû se convertir aux PC « Wintel » pour survivre. Ils ne sont donc guère prescripteurs du Mac en magasin. L'évolution de la gamme de produits depuis 2001 (iPod, Apple TV, iPhone, iPad) transforme Apple en une entreprise d'électronique grand public et non plus un simple fabricant d'ordinateurs et de logiciels (le changement de nom en 2007 d'Apple Computer en Apple Inc. traduit cette évolution). Dès lors, la stratégie de distribution multicanal répond aux objectifs stratégiques de l'entreprise. Le site Internet s'adresse plutôt aux habitués du Mac qui n'ont pas besoin de conseil et connaissent les produits. De nombreux sites de la communauté Mac (Macbidouille, Magénération, Ludomac, MacADSL, etc.) drainent du trafic sur le site Web, tout comme les moteurs de recherche, grâce à un référencement efficace. Les 240 magasins en propre permettent de vendre à des clientèles nouvelles qui ont besoin d'informations, de conseils et parfois de formation (d'où la présence dans les magasins de Genius bar, où des employés configurent les achats effectués, conseillent, etc.). Les réseaux agréés Apple Centers sont réorientés vers les segments exclusivement *B2B* (vidéo, PAO, création, éducation) et sont désormais dénommés Apple Solution Expert. Les autres distributeurs complètent la stratégie multicanal en distribuant les produits les plus vendus (iPod notamment) avec un objectif de couverture territoriale.

Sources : ditributique.fr, apple.com, macgeneration.fr

Intégrer Internet dans le magasin (*web-in-store*)

Depuis plusieurs années, certaines enseignes intègrent des technologies expérientielles dans les *concept stores* et les *flagships* (ces magasins « modèles » que l'on trouve sur les plus grandes artères commerciales des capitales ou dans les centres commerciaux majeurs). À l'autre bout du spectre de l'équipement commercial, les technologies, petites et grandes, font également leur apparition dans les grandes surfaces du quotidien, alimentaires ou spécialisées : codes-barres, étiquettes électroniques, paiement en libre-service sur des caisses dédiées (*self check-out*), communication sans fil de type NFC (*Near Field Communication*), etc. Certaines des enseignes les plus avancées intègrent désormais de façon volontariste le Web dans leurs points de vente, en proposant par exemple à leurs clients de commander sur une borne interactive des produits qui ne seraient pas disponibles en magasin (en raison de ruptures de stock ou d'une décision conduisant volontairement à ne pas proposer toute l'offre dans les points de vente).

Si, pour certains, cette démarche revient à faire entrer le loup dans la bergerie, d'autres accueillent favorablement l'idée d'un « magasin étendu », dont les modalités sont variées : bornes interactives, tablettes mises à disposition des clients ou utilisées par des vendeurs, écrans, tables ou murs tactiles, etc. De fait, les clients apprécient les technologies immersives proposées dans les points de vente. La facilité d'usage et, surtout, la dimension ludique de ces technologies conduisent à améliorer significativement les perceptions de l'enseigne et la satisfaction des clients (Pantano et Servido, 2013).

Depuis le début des années 2010, les vendeurs sont de plus en plus équipés de technologies pour guider et conseiller le client (Apple, M. Bricolage, etc.), voire pour lui proposer des offres personnalisées grâce aux informations détenues par l'enseigne sur son profil (notamment chez Sephora). La multiplication des tablettes a largement contribué au développement de ce phénomène. Par exemple, en 2012, après deux ans de travail, l'enseigne But annonce le déploiement du système Otouch dans l'ensemble de ses 207 magasins. Après avoir formé 2 500 collaborateurs en magasin, le concept de « vente digitale assistée » (900 tablettes et 250 bornes) est désormais proposé aux clients. L'encaissement est également possible - avec impression du ticket - depuis les tablettes. Il est rapidement prévu de coupler ce dispositif avec le système CRM, de façon à reconnaître les clients dans la surface de vente et de leur proposer des offres personnalisées

Source : *E-commerce Magazine*

Le commerce en ligne a contribué, ces dernières années, à aiguiser les attentes des clients vis-à-vis des magasins traditionnels. Aujourd'hui, la plupart des études montre que les clients sont plus critiques envers ces derniers que vis-à-vis des sites marchands. Ils reprochent notamment aux magasins la faiblesse de l'accueil, le manque d'informations et de conseils, de reconnaissance, de choix, ainsi que les ruptures de stock fréquentes Les technologies - notamment le *web-in-store* - constituent probablement l'une des voies pour faire en sorte que les magasins redeviennent plus attractifs (à noter que les clients souhaitent aussi le retour du personnel en contact dans les surfaces de vente : conseillers, vendeurs, etc.).

L'idée d'un magasin « connecté » ne se limite cependant pas à disposer des tablettes en accès libre. Pour que le projet réussisse, il faudra :

- repenser le lieu en profondeur (les câblages, les éclairages, la circulation dans la surface de vente, la réaffectation des espaces pour la présentation des produits, l'encaissement, les réserves, la préparation de commandes, etc.) ;
- imaginer les fonctionnalités et les services que l'on souhaite apporter aux clients, dans quels objectifs (émerveiller, rassurer, engager, faire gagner du temps, fidéliser, etc.), et en se posant la question des clients concernés et des contextes d'achat ;
- investir dans les équipements et les systèmes d'information, particulièrement les systèmes de caisses (notamment pour relier le SI du réseau à celui du site marchand)... sans oublier d'accompagner les collaborateurs.

La plupart des experts s'accordent à dire que les magasins ne pourront éviter une réflexion de fond sur leur vocation, leur mission et leur rôle (lieu de conseil, de démonstration, d'achat, de retrait ou simple lieu de stockage ?). Fondamentalement, il s'agit de repenser la proposition de valeur (ou plutôt les propositions de valeur) des magasins. Sans cette réflexion, il est possible que, dans quelques années, le Web devienne le choix par défaut pour de nombreux achats.

Exemple : En 2013, Staples, enseigne américaine leader des fournitures professionnelles et produits d'équipement du bureau (*offices supplies*), deuxième site marchand au monde derrière Amazon (10,3 milliards de dollars de vente en ligne, soit 42 % de son chiffre d'affaires total), annonce le lancement de son programme « magasins omnicanal » afin d'articuler l'ensemble des canaux. Deux premiers points de vente viennent d'être reconfigurés. Ces magasins offrent plusieurs grands « *kiosks* », répartis dans la surface de vente et permettant notamment de commander des produits offerts sur le site marchand ou de connaître l'emplacement de certains produits, comme les cartouches d'encre. L'enseigne équipe également ses vendeurs de tablettes, de façon à pouvoir renseigner les clients, notamment sur les niveaux de stock. On retiendra également que les magasins sont environ un tiers plus petit que les surfaces de vente habituelles, qu'ils offrent environ 80 % des meilleures références vendues par l'enseigne et qu'ils ne proposent pas les articles les plus volumineux, qui se vendent mieux sur le site. Ils proposent également des casiers dans lesquels les clients peuvent venir retirer leurs commandes. À l'heure actuelle, Staples prévoit de reconfigurer 45 points de vente parmi ses plus grands points de vente (sur les 1 500 que compte l'enseigne).

Source : Internet Retailer

Le cas particulier des réseaux de franchise

La franchise est un mode de distribution très répandu (voir le site de la Fédération française de la Franchise, **http://www.franchise-fff.com**). La vente en ligne bouscule sérieusement ce modèle de distribution. En effet, dans ce type d'organisation, un franchiseur encadre l'activité de ses franchisés au travers d'un contrat très strict, duquel les franchisés ne peuvent s'écarter sous peine d'exclusion du réseau. La plupart des contrats de franchise contiennent une exclusivité territoriale, limitant la zone de vente du franchisé, mais lui garantissant un monopole local. La création d'un site de vente en ligne par le franchiseur constitue une perte de vente pour les franchisés. Elle perturbe également le modèle de la franchise car le site remet en question l'exclusivité territoriale que chaque franchisé se voit attribuée par contrat. De très nombreux cas de conflits entre franchiseurs et franchisés sont apparus depuis l'avènement d'Internet[1].

Pour ces réseaux en franchise - et, plus largement, pour tous les réseaux (adhérents à une centrale d'achat, associés ou succursales) -, il est possible de mettre en place un système d'intéressement à la vente en ligne. Plusieurs modalités sont envisageables, qui présentent chacune des avantages et des inconvénients : attribuer entièrement le chiffre d'affaires au magasin, selon la localisation du client (après que celui a renseigné un code postal, par exemple) ; attribuer le chiffre d'affaires à celui qui détient le stock, site ou magasin, selon les cas ; attribuer le chiffre d'affaires au site marchand, mais verser une commission au point de vente dans lequel les produits sont retirés.

La démarche qui consiste à proposer aux clients de réserver en ligne (plutôt que de réaliser une transaction), permet aux réseaux les plus réfractaires d'avancer en direction du commerce électronique. Il faut cependant reconnaître qu'en quelques années, la maturité des enseignes de distribution traditionnelle a considérablement évolué sur ces sujets. Aujourd'hui, la plupart des acteurs ont intégré l'idée que le site et le réseau sont complémentaires (*web-to-store, click & collect*, etc.). Le retrait des colis en magasin permet notamment d'attirer du trafic. C'est ensuite aux équipes de valoriser celui-ci par du conseil, des ventes additionnelles, etc.

Le cas particulier des enseignes traditionnelles de VPC

Les enseignes traditionnelles de VPC - comme La Redoute, les 3 Suisses, la Camif, etc. - étaient des acteurs de la vente à distance depuis déjà plusieurs décennies quand le Web commercial s'est développé, vers le milieu des années 1990. Pour ces enseignes, d'une certaine façon, le site marchand constituait une sorte de catalogue en version

1. Autorité de la concurrence, voir **http://www.autoritedelaconcurrence.fr**.

électronique, plutôt qu'en version papier. La vente en ligne se situait donc dans le prolongement exact de la vente par catalogue.

L'histoire a pourtant montré que les compétences requises pour vendre en ligne étaient sensiblement différentes de celles acquises dans la VPC. Certes, ces enseignes disposaient de compétences marketing et logistiques pour vendre à distance, mais la vente en ligne nécessitait de changer fondamentalement des processus enracinés au plus profond des organisations : par exemple, les enseignes traditionnelles avaient l'habitude de proposer deux collections par an et non un assortiment renouvelé en permanence ; les prix étaient fixés plusieurs mois à l'avance (le temps d'imprimer le catalogue par millions) alors que, sur le Web, la tarification est très volatile, selon le niveau de stock, par exemple ; sur le Web, la clientèle est en partie constituée d'hommes et non pas quasi exclusivement de femmes, etc.

Autrement dit, même pour les entreprises « historiques » de la vente à distance, le multicanal a constitué un véritable défi et le site marchand un nouveau canal à maîtriser (désapprendre d'anciennes façons de faire est parfois plus difficile qu'en apprendre de nouvelles).

1.2.3. Le cas des *pures players*

Les *pures players* ont longtemps ignoré la question de la pluralité des canaux. Aujourd'hui, au moins deux options leur sont offertes : ouvrir des points de vente et développer une place de marché.

Ouvrir un réseau de points de vente

Convaincus que l'avenir de la distribution se jouait sur Internet, la question de l'ouverture d'un réseau de distribution physique ne s'est pas vraiment posée avant la fin des années 2000. Pourtant, au cours des dernières années, de nombreux sites marchands parmi les plus importants en France ont ouvert des points de vente physiques (Grosbill.com, Ldlc.com, Pixmania.com, Cdiscount.com). Plusieurs raisons peuvent expliquer pourquoi des *pure players* se sont ainsi lancés dans l'aventure du commerce physique : rassurer les clients, lever des freins à l'achat en ligne, permettre aux clients de retirer leurs achats, écouler des fins de stock, ou encore développer le chiffre d'affaires par le biais de ventes complémentaires.

> ***Exemple :*** LDLC, entreprise spécialisée qui commercialise des produits informatiques (18 000 références), l'un des pionniers du e-commerce français, a réalisé un chiffre d'affaires de 207 millions d'euros à la clôture de l'exercice en mars 2013 (soit +17,5 % par rapport à l'année précédente) et un résultat net global de 3,2 millions d'euros (+40 %). L'activité est réalisée à 60 % en *B2C* et à 40 % en *B2B*. En 2012, les deux boutiques de l'enseigne (Lyon et Paris) avaient réalisé un chiffre d'affaires de 15,4 millions d'euros. Cette même année, LDLC a pris la décision d'ouvrir un réseau de points de vente en franchise, avec un objectif de 15 boutiques en 2015 et 40 d'ici à 2018. Comme l'indique Olivier de la Clergerie, cofondateur et directeur général (DG) du site, le réseau « *nous permettra d'accroître notre notoriété, de multiplier nos ventes, d'améliorer nos marges, d'apporter davantage de services aux consommateurs et d'offrir un nouveau canal de vente à notre marque propre, tout en restant un spécialiste* ». Fin 2012, pour se préparer à l'ouverture de son réseau, LDLC a appris le métier de franchiseur, défini un modèle économique propre aux boutiques, aménagé sa boutique de Lyon aux couleurs du concept et ouvert le recrutement des premiers franchisés. Sur une surface de vente de 300 m^2, l'objectif consiste à générer environ 9 millions d'euros de chiffre d'affaires

par boutique. La rentabilité opérationnelle de l'entreprise « dont l'outil peut aujourd'hui absorber 400 millions d'euros de vente » devrait passer de 3 % aujourd'hui à 5 % en 2018. Parallèlement au déploiement de son réseau de boutiques, LDLC indique vouloir se concentrer sur ses activités connexes « comme Hardware.fr (site d'information PC) et DLP Connect (services réseaux) » ou à plus fort potentiel. LDLC a donc décidé de fermer Plugsquare (instruments de musique), Lapcorner (ordinateurs portables) et Fillspot (consommables).

Sources : E-commerce Magazine, Le Journal du Net

Pour certains achats (automobiles, chaussures, etc.), la plupart des consommateurs préfèrent encore voir l'objet avant de l'acheter. Dès lors, la vente s'effectue en magasin. La dématérialisation totale serait clairement un obstacle à l'achat. Par ailleurs, les délais de livraison sont souvent perçus comme trop longs ou les frais de livraison trop élevés, justifiant ainsi de combiner le site marchand avec un réseau de magasins, comme c'est le cas dans l'alimentaire avec les *drives* (voir chapitre 9).

Les produits alimentaires n'ont jamais véritablement rencontré le succès commercial en ligne (en atteste la fermeture de Telemarket en 2013, épicerie en ligne « historique » née à l'ère du Minitel). La faible marge commerciale sur ces familles de produits a souvent conduit à les offrir à un prix plus élevé qu'en magasin. L'ajout des frais de livraison augmentait encore le prix du panier et empêchait le véritable décollage des ventes en ligne. Une des solutions a consisté à développer des *drives*, véritables points de retrait (souvent adossés à un magasin existant) accessibles en véhicule par le client (voire à pied dans le cas de Monoprix), supprimant ainsi les frais de livraison et offrant les mêmes prix qu'en magasin. Le *drive* se développe considérablement depuis le début des années 2010. Il n'est d'ailleurs pas réservé aux enseignes traditionnelles comme Auchan, Leclerc ou Carrefour puisque, début 2013, Houra.fr a ouvert son premier *drive* en France (voir chapitre 9).

Par ailleurs, la crainte que l'achat ne soit perdu ou endommagé constitue encore un frein à l'achat en ligne. De même un grand nombre de clients abandonnent le processus d'achat au moment de payer. Par conséquent, de nombreuses ventes sont perdues (voir chapitre 8 sur les moyens de lutter contre l'abandon de panier).

Dans ce contexte, le fait d'offrir aux clients de retirer leurs achats dans un lieu physique (et éventuellement de payer à ce moment-là) permet de lever des freins et de conclure des ventes qui n'auraient sinon pas eu lieu.

Exemple : Filiale du groupe Auchan, Grosbill.com, site de vente de produits numériques, annonce dès sa page d'accueil (**http://www.grosbill.com**), dans un espace très visible, la possibilité pour le client de retirer sa commande en magasin, dans un délai à sa convenance sous sept jours. Grosbill.com utilise également ses huit points de vente comme autant de lieux pour le service après-vente. Il est possible d'effectuer un retrait d'une commande automatiquement en se présentant à une borne libre-service. Une fois le numéro de commande renseigné, la commande arrive par le biais d'un tapis roulant. Le site se définit lui-même comme un « web-magasin ».

Source : http://www.grosbill.com/html/magasin-informatique-et-numerique-grosbill.shtml

Enfin, certains produits se révèlent très complexes à commercialiser en ligne, justifiant pleinement de combiner site marchand et réseau physique. C'est le cas du crédit immobilier aux particuliers ou des lunettes de vue.

Exemple : Le site Meilleurtaux.com, spécialiste de la mise en relation des particuliers avec les banques, a ainsi été amené à ouvrir un réseau d'agences dans toute la France. Il en possède 160 en 2013. Issue du monde d'Internet, cette entreprise a rapidement été confrontée à la difficulté d'apporter des conseils et de l'assistance à ses clients uniquement au travers d'une interface électronique.

Source : http://www.meilleurtaux.com

Exemple : Crée par Philippe Wagnier, le directeur général de Spartoo, Evioo.com se définit comme « *le premier* click & mortar *pour opticiens indépendants* » et se positionne en tant que « *meilleur allié des marques et des opticiens, tout en rassurant le consommateur* ». Le catalogue du site propose 5 000 montures de vue (contre environ 800 en boutique, en moyenne) et les prix sont attractifs (30 à 40 % moins chers qu'en boutique). Le parcours client est le suivant, combinant visites sur le site et visites en boutiques : l'internaute essaye les montures en ligne (sur sa photo téléchargée) et choisit jusqu'à trois montures (bientôt cinq) ; il recopie les indications de l'ordonnance dans les champs prévus ; deux sortes de verre lui sont alors proposées ; il choisit un opticien partenaire de Evioo.com (400 partenaires en 2013, 700 à terme) et indique son numéro de carte bancaire (5 euros de caution lui sont prélevés, remboursés au moment de l'achat) ; il se rend alors chez l'opticien partenaire le plus proche (qui, entretemps, aura reçu les montures), choisit la monture qu'il préfère (éventuellement dans l'offre de la boutique) et signe, s'il le souhaite, le devis préparé par l'opticien. Le devis signé, les verres sont alors préparés et montés (après vérification de l'ordonnance, naturellement), de façon à ce que le client vienne les récupérer quelques jours plus tard (comme dans un parcours d'achat classique). Le site se charge du remboursement auprès de la mutuelle et facture la différence au client (les 5 euros de caution sont déduits de la facture). Si le client ne transforme pas son achat, la caution lui est remboursée. Pour les opticiens partenaires, qui ont l'exclusivité du service sur une zone de chalandise, Evioo est un apporteur d'affaires qui se charge des dépenses marketing, mais aussi de la facturation, des aspects administratifs, de la gestion de la mutuelle et du tiers payant, etc. Les opticiens sont rémunérés environ 25 % du chiffre d'affaires, soit environ la moitié de la marge commerciale générée sur la vente des lunettes.

Sources : Le Journal du Net, http://www.evioo.com

Dans l'hypothèse où un *pure players* ne souhaiterait pas ouvrir un réseau de points de vente – ce qui constitue tout de même le cas le plus fréquent –, il est possible d'ouvrir un seul magasin (ce qui permet notamment de rassurer les clients sur l'existence réelle du marchand) ou encore des magasins éphémères (*pop-up stores*), dans une optique plus événementielle (lors d'un lancement majeur, pendant le pic de la saison, etc.). Des enseignes comme eBay ou Spartoo ont ouvert des boutiques éphémères et il est probable que cette démarche devienne plus fréquente à l'avenir.

Depuis le 1er juin 2010, de nouvelles règles juridiques européennes encadrent la distribution en ligne. Elles seront valables jusqu'en 2022. Elles font suite à des demandes répétées des producteurs qui avaient recours à la distribution sélective comme modalité essentielle de commercialisation.

Selon la Commission européenne, les nouvelles règles s'intéressent également de manière spécifique à la question des ventes en ligne. Une fois agréés, les distributeurs doivent avoir la faculté de vendre sur leurs sites Internet de la même façon que dans leurs magasins et points de vente physiques traditionnels. En ce qui concerne la distribution sélective, cela implique que les producteurs ne peuvent pas limiter les quantités vendues par Internet ni pratiquer des prix plus élevés pour les produits destinés à être vendus en ligne. « [...] *Bien entendu, les producteurs peuvent choisir leurs distributeurs sur la base de normes de qualité pour la présentation des produits, que ces distributeurs exercent leurs activités en ligne ou dans des points de vente physiques. Ils peuvent décider de ne vendre qu'à des détaillants qui disposent d'un ou de plusieurs points de vente physiques, de façon à ce que les consommateurs puissent se rendre sur place pour examiner les produits, les essayer ou les tester. À cet égard toutefois, la Commission sera particulièrement attentive aux marchés concentrés auxquels les discompteurs, qu'ils opèrent uniquement en ligne ou dans des points de vente classiques, pourraient ne pas avoir accès* ». Les points les plus importants pour les sites marchands sont les suivants :

- les restrictions pour la vente en ligne ne peuvent prendre place que dans le cadre de la distribution sélective ;
- les producteurs ne peuvent pas empêcher un de leurs distributeurs de développer un site de vente en ligne ;
- les producteurs peuvent imposer un système de vente passive (c'est-à-dire que le marchand ne vend que si le client le demande explicitement par mail, par exemple).

La Fevad précise qu'elle se montrera attentive à la façon dont l'application du dispositif évoluera « *et vérifiera en particulier que tous les acteurs d'un même marché ne se placent pas sous le régime de la distribution sélective* ». Il note encore que « *la possibilité d'exclure les* pure players *est certes restée dans le texte, mais elle est limitée au cadre de la distribution sélective* ».

Développer une place de marché

Le développement du chiffre d'affaires en ligne est complexe car il nécessite de mobiliser de nombreux leviers, de plus en plus sophistiqués et coûteux (voir chapitre 7). La vive concurrence entre acteurs, la possibilité de comparer aisément les produits et les prix pour le client et la multiplication des intermédiaires (affiliés, comparateurs de prix) conduisent les coûts d'acquisition des clients à être parfois très élevés. Dans ce contexte, des sites marchands à très fort trafic (Amazon, Pixmania, Cdiscount, Fnac par exemple) ont ouvert leur site à des tiers.

Pour un site marchand - qu'il soit généraliste comme Rue du Commerce ou spécialisé comme la Fnac -, ouvrir une place de marché constitue une transformation du modèle d'affaires par l'apport d'un revenu additionnel sous forme de commission (voir chapitre 2). Les places de marché représentent entre 5 % et 20 % du chiffre d'affaires des principaux acteurs en place.

Grâce à la place de marché, le site marchand peut développer la fréquence d'achat et le panier moyen de ses clients, en élargissant l'assortiment à de nouvelles catégories de produits. Ainsi, quelques mois après son lancement en 2012, Cdiscount a quintuplé son offre grâce à Clemarché (de 100 000 à 500 000 références.)

Pour attirer et fidéliser les revendeurs, le niveau de service proposé par les places de marché ne cesse de s'améliorer : espaces spécifiques et boutiques dédiées, mise en avant des produits dans les newsletters, prestations logistiques (*fulfillment*), outils de mise en ligne et de suivi des ventes, etc. Depuis 2012, Amazon propose même aux distributeurs de financer leurs activités de vente en ligne (achat de stocks).

Pour comprendre comment l'ouverture d'un magasin conduit ou non à cannibaliser les ventes en ligne, une recherche américaine propose un modèle particulièrement utile (d'autant qu'il peut être utilisé « à l'envers » pour comprendre comment l'ouverture d'un site marchand cannibalise ou non les ventes en magasin). Le principe de ce modèle consiste essentiellement à simuler les effets d'un nouveau canal en fonction des compétences que celui-ci apporte aux clients, comparativement à celles apportées par le canal usuel. Par exemple, un magasin propose un assortiment plus faible qu'un site marchand, mais apporte aux clients un niveau de service supérieur en matière de livraison (à condition naturellement que le produit soit disponible et que le magasin soit accessible). Les chercheurs passent ainsi en revue neuf compétences apportées par les canaux (avoir accès à un grand choix de produits, faire ses courses quand on veut, pouvoir parler à un conseiller, etc.) et estiment, à partir d'une expérimentation, comment les nouveaux clients et les clients réguliers valorisent ces compétences. À partir de là, ils peuvent estimer si le nouveau canal conduit à un effet de substitution ou de complémentarité. En l'occurrence, les chercheurs montrent que, dans un premier temps, l'ajout d'un magasin ne pénalise pas les ventes en ligne et que, dans un second temps, les ventes en ligne augmentent. Une fois le magasin ouvert, plus de nouveaux clients achètent… en ligne. Ces résultats indiquent qu'ajouter un magasin à un site marchand ne conduit pas aux mêmes effets qu'ajouter un site marchand à un réseau de magasins.

***Source :** d'après Avery, Steenburgh, Deighton et Caravella, 2012 (voir la référence complète sur livre-ecommerce.fr)*

1.2.4. Vendre sur de nouveaux canaux : m-commerce, social commerce et télévision connectée

Si, à la fin des années 2000, une stratégie de commercialisation comportait essentiellement quatre canaux (magasin, catalogue, centre d'appels et site marchand), quelques années plus tard, au moins quatre autres sont désormais disponibles (téléphones mobiles, tablettes, réseaux sociaux et téléviseurs connectés).

Les « autres » équipements pour réaliser des transactions vont également se multiplier. Il est sans doute trop tôt pour tirer des conclusions solides sur le potentiel commercial de ces *devices*, mais plusieurs entreprises ont démarré des expérimentations depuis 2013, comme Renault et sa tablette embarquée R-Link, en partenariat avec Atos Worldline et Orange Business Services.

Le m-commerce

Les téléphones mobiles et les tablettes constituent un moyen de réaliser des transactions depuis des sites dédiés et/ou des applications marchandes (voir chapitre 4 sur les technologies mobiles).

Si les ventes effectuées *via* ces sites et ces applications représentent seulement 5 % du chiffre d'affaires des 50 sites marchands majeurs interrogés par CCM Benchmark Group en mars 2013[1] et environ 1 % du total des ventes en ligne[2], on peut gager que cette proportion va considérablement augmenter. Par ailleurs, certains acteurs, comme Vente Privée, annoncent pour 2013 des ventes en m-commerce situées autour de 30 % de leur

1. Mobiles et tablettes, CCM Benchmark Group et Fevad, 2013.
2. Chiffres clés, Fevad, 2012, voir **http://www.fevad.com**.

chiffre d'affaires. Le m-commerce est particulièrement pertinent pour les quatre catégories suivantes : biens culturels, habillement, voyages, *high-tech*/électroménager.

Environ 60 % des acteurs interrogés par CCM Benchmark possèdent un dispositif pour le téléphone mobile (qu'il s'agisse d'un site optimisé pour le mobile ou d'une application, dans les mêmes proportions) et 30 % un dispositif pour la tablette (les applications sont plus fréquentes que les sites optimisés). Dans plus de 80 % des cas, ces sites et ces applications permettent des transactions (de 76 % pour les applications dédiées aux mobiles à 93 % pour les sites optimisés pour les tablettes).

Tout acteur qui veut développer ses activités commerciales en ligne – *pure player*, distributeur ou marque – doit sérieusement se poser la question de savoir comment intégrer les téléphones mobiles et les tablettes dans sa stratégie de commercialisation. Les dimensions techniques n'épuisent pas tous les enjeux (voir chapitre 4), loin s'en faut.

Quels sont les objectifs principaux assignés par l'enseigne au m-commerce :

- Améliorer l'expérience de magasinage : permettre aux clients de connaître le plan des magasins, de consulter des informations additionnelles sur les produits, de s'identifier à l'entrée du magasin afin de récupérer des offres personnalisées, etc.
- Vendre en ligne en permettant aux clients de consulter l'offre (la totalité ou seulement une partie) et les stocks en magasin, de commander, de réserver un retrait ultérieur en magasin, de payer, etc.
- Renforcer les relations avec les clients (voir chapitre 10), en diffusant des informations (SMS ou notifications *push*), en permettant aux clients de consulter leur programme de fidélité, etc.

Partant des objectifs, quelles fonctionnalités proposer sur le site ou l'application mobile ? S'il n'est évidemment pas souhaitable de reproduire le site marchand en plus petit, il est indispensable de penser l'application à partir de zéro, pour une cible potentiellement différente, mais surtout pour des usages spécifiques.

> ***Exemple :*** Depuis 2013, après avoir lancé un site marchand pour présenter la totalité de l'offre, L'Oréal propose une application de m-commerce. L'application *Instant Beauty*, disponible sur iPhone dans un premier temps, a été conçue pour « *optimiser l'expérience d'achat des produits L'Oréal Paris, que ce soit en magasin, chez soi ou ailleurs* ». L'application comprend plusieurs fonctionnalités pour guider les clientes : s'inspirer des derniers looks ; découvrir les commentaires des utilisateurs ; retrouver les meilleures ventes ; acheter tous les produits du catalogue en ligne de L'Oréal Paris ; apprendre, avec les leçons de maquillage, de coloration et de coiffure ; scanner les produits pour obtenir plus d'informations ; retoucher son maquillage à la dernière minute, grâce au miroir intégré. La navigation « de look en look » permet de découvrir et d'acheter les produits qui correspondent le mieux à chaque cliente.
>
> *Source : E-commerce Magazine*

Le parcours d'achat doit-il être entièrement réalisé sur le site ou l'application mobile, ou peut-il être complété par la visite en magasin ? L'application Carrefour City propose ainsi de passer commande *via* une application mobile, mais de choisir les fruits et légumes en magasin. Le parcours d'achat suppose-t-il une interaction avec un support physique, comme un QR code disposé sur un catalogue, par exemple, ou un mur virtuel ?

Exemple : Depuis 2012, à la suite de Tesco qui avait installé des gondoles virtuelles dans le métro de Séoul (Corée du Sud), Carrefour, Casino et Auchan testent des murs virtuels disposés dans des lieux de passage (notamment les gares). En 2013, après avoir racheté Rue du Commerce l'année précédente, Altarea-Cogedim propose également des murs de shopping aux clients qui traversent les galeries commerciales de la gare de l'Est et de la gare du Nord, à Paris. Il est possible, avec son téléphone mobile, d'y acheter une sélection de produits proposés par Rue du Commerce.

Source : Le Journal du Net

En plus des applications et des sites mobiles proposés par les marchands ou les marques à leurs clients, l'univers du m-commerce comprend un grand nombre d'acteurs qui tentent de s'interposer, notamment en proposant aux clients d'accéder à des offres géolocalisées (Foursquare, Plyce, Shopkick), de comparer les prix et les avis (Decide, Smoopa, etc.), de cumuler des bons de réduction (Shopmium, Shopular, RetailMeNot, etc.) et de rassembler dans une même application l'ensemble des cartes de fidélité. Des programmes de fidélisation mutualisés sont également proposés (voir chapitre 10). Certaines applications, comme RedLaser (eBay), offrent de plus en plus fonctionnalités afin de jouer un rôle incontournable auprès des clients.

Être en bonne place sur les *devices* mobiles des consommateurs (le téléphone mais, bientôt les lunettes, les montres, etc.) constitue la nouvelle frontière du commerce électronique pour les quelques années à venir. Le m-commerce va probablement rebattre les cartes du commerce électronique dans le sens où les distributeurs traditionnels vont tout tenter pour rattraper leur retard sur les *pure players*.

Le social commerce

Depuis le milieu des années 2000, l'usage des réseaux sociaux est en constante augmentation (toujours plus d'utilisateurs qui sont toujours plus actifs). Le nombre de personnes inscrites sur Facebook a, par exemple, dépassé le milliard d'individus pendant l'année 2012. En France, environ 40 % de la population et 60 % des internautes sont actifs sur Facebook.

Les réseaux sociaux n'ont pas été imaginés pour faire du commerce (à l'instar des premiers sites Web), mais pour relier des individus entre eux. Aujourd'hui, les entreprises ont cependant d usages des réseaux sociaux très variés : diffuser des contenus, faire connaître des causes, diffuser de la publicité ou identifier des prospects en *B2B* (voir chapitre 7), faire jouer les membres ou animer des communautés de clients et de fans (voir chapitre 10), etc.

Les réseaux sociaux permettent aux internautes de vivre des expériences variées avec les marques : cognitives (susciter la curiosité ou la réflexion, par exemple), sensorielles et émotionnelles. Plus les expériences sont fortes, notamment émotionnelles, plus la marque est préférée (relativement à ses concurrentes), plus la probabilité de réaliser des actions positives est forte (poster un commentaire, partager un contenu, recommander la marque à des proches) et plus la probabilité de visiter le site de l'entreprise est élevée.

Source : *d'après Smith, 2013 (voir la référence complète sur livre-ecommerce.fr)*

À partir du moment où Facebook, coté en Bourse, diffuse quotidiennement des milliards de messages, la question ne se pose plus de savoir si les réseaux sociaux sont des espaces marchands. On peut en revanche se demander si l'on peut déclencher ou non des transactions sur les réseaux sociaux.

Les tentatives pour développer des boutiques permettant de générer des transactions sur les réseaux sociaux (des f-boutiques sur Facebook, par exemple) ont rencontré un succès mitigé, comme celles de Gap ou de La Redoute en 2012. Pour désigner ces expérimentations, certains experts ont parlé de *fail-commerce* !

Les raisons de ces échecs sont multiples : mauvaise compréhension par les responsables marketing des spécificités ludiques et sociales des réseaux sociaux (une f-boutique n'est pas un site marchand), solutions de paiement limitées (les internautes sont réticents à laisser leurs coordonnées bancaires sur un réseau social), changements fréquents des règles de fonctionnement, qui peuvent déstabiliser les internautes comme les responsables marketing, et même créer des problèmes techniques ou juridiques.

À partir d'une observation des 20 pages les plus populaires (en nombre de fans), Kantar Worldpanel a mené une étude qui montre que seuls 46 % des internautes qui aiment une marque (c'est-à-dire qui cliquent sur le bouton *like* de Facebook) sont des acheteurs de cette marque. En revanche, les acheteurs qui cliquent sont de gros consommateurs de la marque. L'étude permet également d'identifier une catégorie d'individus particulièrement active sur le réseau social, les « super-fans » (45 % des fans) : ils se rendent sur Facebook tous les jours (66 % *vs* 58 %), utilisent le bouton *like* (100 % *vs* 61 %), postent des commentaires sur les pages de marques (66 % *vs* 43 %), jouent sur Facebook (72 % *vs* 55 %) et utilisent le chat (94 % *vs* 87 %). Les « super-fans » ont un potentiel de consommation plus important sur les catégories « *likées* » (+26 % *vs* la moyenne des internautes) mais, en revanche, ne surconsomment pas plus les marques « *likées* » (autrement dit, ce sont de gros consommateurs, mais ils sont moins fidèles). Note : en 2012, les 20 pages les plus populaires sont Oasis, M&M's, Chupa Chups, Haribo, Danette, Tic Tac, Kinder, La Vache qui Rit, Carambar, Ben & Jerry's, L'Oréal Paris, Kinder Bueno, Crunch, Gemey Maybelline, Le Petit Marseillais, Yves Rocher, Orangina, Häagen-Dazs, Yves Rocher et Hollywood.

***Source :** Kantar Worldpanel, E-commerce Magazine, 2013*

Pour autant, même si les premières tentatives commerciales ont donné des résultats mitigés, les marques ne doivent certainement pas abandonner l'idée de s'appuyer sur les réseaux sociaux pour développer leurs activités. Plusieurs raisons militent en ce sens :

- Il est possible de mener de nombreuses actions commerciales sur les réseaux sociaux, notamment sur Facebook, sans pour autant prétendre déclencher une transaction au sein même du réseau social. De fait, les réseaux peuvent servir à diffuser les actualités de la marque ou des offres promotionnelles, faire jouer les clients, générer des recommandations (grâce aux *like*, *share* et autres *retweet*), mieux comprendre les consommateurs grâce aux commentaires postés, répondre à des interrogations formulées par les clients… autant d'actions qui peuvent finalement inciter l'internaute à basculer sur le site marchand ou à se rendre en point de vente pour réaliser un achat. Comme l'indique Nicolas Franchet, responsable *retail* et e-commerce au sein de la division Global Vertical Marketing de Facebook, « *pour nous, le Facebook-commerce consiste à utiliser le fort engagement des consommateurs envers la plate-forme pour envoyer du trafic vers les sites marchands, où l'on peut mettre en place un* merchandising *plus élaboré* » (*Le Journal du Net*, 2013).

- Les fonctionnalités de Facebook en matière de e-commerce ont été considérablement enrichies depuis les échecs relatifs des f-boutiques en 2012. Pour les annonceurs, depuis 2013, il est possible de cibler les consommateurs de la catégorie de produit qui ne sont pas acheteurs de la marque (clients à conquérir), de poster des messages commerciaux directement dans le fil d'actualité des internautes, de cibler spécifiquement les visiteurs d'un site marchand (*retargeting*), et même de cibler les utilisateurs selon leurs comportements d'achat *offline*. Le développement des fonctionnalités Open Graph permet à l'internaute de partager plus de comportements avec ses proches (*like*, mais aussi *listen*, *read*, etc.). L'usage du *Facebook Connect* (lorsqu'un visiteur se connecte à un site avec ses identifiants Facebook) permet aussi aux sites marchands de récupérer des informations sociales sur leurs visiteurs. L'ambition de Facebook est de permettre aux marques de faire découvrir leurs produits autrement que par des investissements massifs en *search marketing* (voir chapitre 7), devenant ainsi le meilleur concurrent de Google, YouTube ou Bing.
- D'autres réseaux sociaux peuvent accueillir des marques et des enseignes, comme Twitter, Pinterest, etc. Il faut cependant garder à l'esprit que chaque réseau possède ses propres règles (140 caractères sur Twitter, de nombreux visuels sur Pinterest, etc.), ce qui suppose de choisir les réseaux en affinité avec la marque (d'autant que l'on ne peut pas être partout) et les approches commerciales adaptées autant à la cible utilisatrice qu'au contexte d'utilisation (on ne parle pas sur Twitter comme dans un communiqué de presse, par exemple).
- Il n'est pas exclu que des transactions se nouent au sein même des réseaux sociaux, la confirmation du paiement devenant de plus en plus simple et sûre, avec l'arrivée d'intermédiaires financiers qui rassurent les clients (PayPal, American Express, etc.).

> ***Exemple :*** Depuis 2013, American Express facilite les transactions par Twitter. Désormais, une fois le compte Amex lié au compte Twitter, il suffit de tweeter le hashtag de l'offre convoitée et de retweeter la confirmation à Amex. De cette façon, les marques pourront aisément communiquer des offres spéciales à leurs prospects et clients.
>
> *Source : Le Journal du Net*

- Enfin, les marques peuvent adopter le raisonnement inverse, qui consiste non pas à vendre au sein des réseaux sociaux, mais à « socialiser » les sites marchands en développant des connexions avec les principaux réseaux. Nous évoquerons cette démarche plus loin car elle permet de recruter de nouveaux clients (voir chapitre 7), de déclencher un achat (voir chapitre 8) et de fidéliser les clients actuels (voir chapitre 10).

Certaines marques ou enseignes sont très actives en matière de social commerce. Couplée avec le m-commerce, la dimension sociale du commerce constitue un nouvel horizon pour de nombreux acteurs, une perspective riche d'innovations et d'opportunités commerciales.

> ***Exemple :*** Si la f-boutique intégrée lancée par La Redoute en février 2011, ouverte seulement quelques semaines, n'a pas été un gros succès commercial, cette expérience a néanmoins permis à l'enseigne (la première en France à tester le f-commerce) d'apprendre à améliorer sa présence sur le réseau social. Désormais, La Redoute lance régulièrement des f-boutiques

plus événementielles. Comme l'indique Nicolas Pérignon, responsable m-commerce et médias sociaux, « *l'un des enseignements que nous avons retenus est qu'il faut proposer du contenu inédit voire surprenant pour que la communauté adhère* ». Dans cette même logique d'innovation, l'enseigne a également été la première en France à distribuer des crédits sur Facebook et à faire du *social gaming* avec le jeu Totally Spies. Plus récemment, elle a proposé aux visiteurs de son site marchand de *chatter via* Facebook, directement sur le site. Cette expérience ludique permet aux clients d'obtenir l'avis de leurs proches avant d'acheter. Pour Nicolas Pérignon, « *le social commerce n'est pas un simple phénomène de mode* », raison pour laquelle l'enseigne emploie deux *community managers* et un chargé de *social shopping*. Fort de ces investissements, d'après les analyses conduites par CCM Benchmark, La Redoute est l'une des trois enseignes qui génèrent le plus d'interactions sociales avec ses clients.

Source : E-commerce Magazine

La télévision connectée

Aujourd'hui, il ne s'agit plus seulement de déclencher l'envie d'acheter pendant que le téléspectateur visionne ses programmes (ce que font merveilleusement les bonnes publicités), mais de convertir instantanément cette envie fugace en comportement d'achat. De façon complémentaire, certains dispositifs visent aussi à déclencher des « comportements sociaux » (c'est-à-dire à parler à un proche d'un produit que l'on vient de découvrir).

À l'heure actuelle, en France, une télévision vendue sur quatre est connectable. L'institut Ipsos a mené en 2012 une étude (voir référence plus haut) indiquant que 9 % des internautes se déclarent intéressés par l'achat à partir d'une télévision connectée, ce qui laisse présager de bonnes perspectives de développement dans les années à venir.

Nombreuses sont les entreprises qui testent des modalités innovantes pour déclencher des achats durant les programmes. Elles font partie de l'écosystème télévisuel « historique » ou non, comme les opérateurs télécoms, les distributeurs, ou des intermédiaires financiers (comme PayPal) ou autres comme Shazam qui permet d'interagir avec le contenu télévisuel (programme ou publicité) à partir d'une application mobile.

Parmi ces initiatives, on peut noter :

- les sites marchands (parfois en 3D) accessibles depuis un téléviseur connecté à Internet ;
- le programme télévisuel « cliquable » élaboré spécifiquement autour d'une sélection de produits ;
- l'interruption du programme pour acheter des articles promus dans une publicité (bien entendu, une fois l'achat validé, le programme reprend au même endroit) ;
- l'achat de biens numériques au sein de jeux accessibles depuis le téléviseur ;
- le couplage entre un programme et une application, qui permet d'acheter depuis un téléphone ou une tablette, pendant la diffusion du programme ;
- l'application qui permet d'acheter des produits recommandés à partir des programmes regardés ;
- les publicités interactives qui permettent d'en savoir plus sur le produit et, éventuellement, de laisser des coordonnées électroniques.

Nul doute que très prochainement de nouvelles mécaniques seront expérimentées.

Exemple : L'un des sites majeurs du e-commerce en France, Voyagessncf.com, expérimente la télévision connectée depuis la rentrée 2012. Élaboré en partenariat avec Samsung, le dispositif permet de réserver un voyage pendant la diffusion d'un programme vidéo (le vendeur propose une centaine de vidéos). La réservation se fait depuis une application disponible sur tablette, synchronisée en Wi-Fi grâce à un échange de messages *via* Twitter (#TV_Voyages_Sncf ou #TV_VSNCF). Un QR code est également proposé pour diriger le spectateur vers l'application adaptée, sur mobile, tablette ou PC.

Source : Le Journal du Net

2. Mettre en œuvre une stratégie de commercialisation à l'ère numérique

De nombreuses entreprises sont désormais contraintes d'intégrer plusieurs canaux dans leur stratégie de commercialisation, au service d'une expérience client cohérente et d'objectifs commerciaux clairement définis (générer plus de contacts à prospecter (*leads*), augmenter la fréquence des achats ou le panier moyen, etc.). Ici, nous tentons de comprendre *comment* les entreprises intègrent les canaux électroniques (site marchand fixe, site mobile, etc.) et, plus précisément, les conséquences opérationnelles de cette intégration.

Aujourd'hui, élaborer une stratégie de commercialisation consiste à articuler différents canaux entre eux. Plusieurs niveaux d'articulation sont toutefois envisageables. Il importe pour l'entreprise de sélectionner celui qui lui semble stratégiquement le plus pertinent, puis de le rendre compréhensible pour les clients.

L'entreprise doit ensuite préciser la fonction de chaque canal, déterminer l'assortiment qui sera mis à disposition dans chacun d'entre eux, fixer leur positionnement prix et trancher quant à l'existence d'une marque unique plutôt que d'une marque par canal. Enfin, un pilotage spécifique doit être mis en place.

Si la conception d'une stratégie de commercialisation requiert une réflexion approfondie, son déploiement opérationnel conduit bien souvent à réinventer les modèles opérationnels. Ainsi, la conception de l'offre (le catalogue), les modèles de stockage et de logistique, les dispositifs de relation client et le système d'information doivent être redéployés afin de rendre possible une intégration des canaux.

Bien plus que l'homogénéisation des canaux, une politique multicanal pertinente visera d'abord l'harmonisation des différents aspects du mix marketing et des processus créateurs de valeur (Zhang *et al.*, 2009), sans écarter la possibilité d'une véritable différenciation d'un canal à l'autre, pour peu que celle-ci soit justifiée aux yeux des clients et finement orchestrée par l'entreprise.

2.1. L'élaboration d'une stratégie de commercialisation

Les développements technologiques récents ont largement contribué à la croissance du nombre de canaux : téléphone, site marchand, place de marché, téléphonie mobile, tablette, télévision connectée, objets connectés, etc. se sont ajoutés à la vente à domicile, aux catalogues et aux différents formats de vente en magasin. Dès lors, une politique de commercialisation combinant les différents canaux est désormais incontournable pour de très nombreux acteurs historiques de la distribution, mais aussi pour les marques et les *pure players*.

Avant tout, il importe de préciser ce que recouvre la « stratégie de commercialisation (*channel strategy*) », notion transversale parfois mal comprise. Il faut considérer trois enjeux distincts mais complémentaires :

- **la vente des produits et des services**, en incluant l'avant- et l'après-vente ;
- **la gestion de la relation client**, qui dépasse la seule réalisation de la transaction ;
- **la communication**, qu'elle soit institutionnelle ou promotionnelle.

L'élaboration d'une stratégie de commercialisation doit appréhender ces trois enjeux. Dans le contexte digital, les leviers électroniques (e-mails, newsletters, SMS, réseaux sociaux) sont plus ou moins directement mis au service de la réalisation de transactions marchandes. La communication peut donc conduire à une augmentation directe des ventes lorsqu'elle est conçue de façon cohérente avec la politique commerciale (ce qui, de fait, est loin d'être le cas dans un contexte plus traditionnel). Il en va de même pour la politique de relation avec les clients qui s'appuie souvent sur les mêmes canaux et facilite également l'atteinte d'objectifs commerciaux (en stimulant notamment la fréquence de ré-achat).

Afin de répondre à un consommateur/client au comportement de plus en plus multicanal, chaque entreprise doit s'interroger sur la posture à adopter selon les clients auxquels elle s'adresse : ignorer en partie les transformations des comportements d'achat et inciter les consommateurs/clients à n'utiliser qu'un nombre restreint de canaux, accompagner les changements au rythme des concurrents, ou encore prendre les devants (des clients et des concurrents) pour faire de la stratégie multicanal un avantage concurrentiel.

Pour les entreprises qui veulent faire de leur stratégie de commercialisation un avantage concurrentiel, nous préconisons ci-dessous une méthodologie structurée qui consiste à fixer le cadre général de la stratégie de commercialisation (notamment le niveau global d'intégration, du multicanal à l'omnicanal), définir les structures organisationnelles, harmoniser les politiques clés (assortiment, prix et marque) et mettre en place un système de pilotage.

2.1.1. Fixer le cadre général

Fixer le cadre général d'une stratégie de commercialisation consiste à choisir un niveau global d'intégration entre les canaux, déterminer le bon niveau de complexité pour répondre aux attentes des clients à un coût raisonnable, penser l'articulation entre les canaux selon les parcours client et intégrer les dimensions budgétaires.

Choisir le niveau global d'intégration

Fixer le cadre général d'une stratégie de commercialisation pluricanal (c'est-à-dire combinant plusieurs canaux) consiste tout d'abord à choisir un niveau d'articulation : multicanal, cross-canal ou omnicanal (voir tableau 3.2).

Tableau 3.2 : Du monocanal à l'omnicanal

Type d'organisation des canaux	Définition	Processus d'achat du client	Schéma d'organisation
Monocanal	L'entreprise utilise un seul canal de vente.	L'ensemble du processus se déroule sur un seul canal.	
Multicanal	L'entreprise utilise plusieurs canaux de vente qui n'ont pas de liens entre eux.	Un processus d'achat par canal est imposé au client.	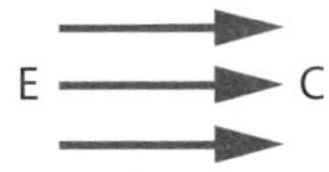
Cross-canal	L'entreprise utilise plusieurs canaux de vente dont certains peuvent avoir des liens entre eux.	Le client peut débuter un processus d'achat sur un canal et le terminer sur un autre pour une partie de l'assortiment.	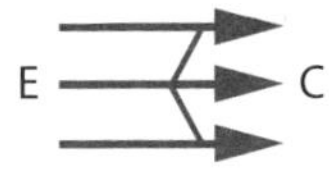
Omnicanal	L'entreprise utilise de façon combinée plusieurs canaux de vente.	Le client peut débuter une transaction sur un canal et la terminer sur n'importe quel autre canal jusqu'à la phase post-achat sur l'ensemble de l'offre produits services.	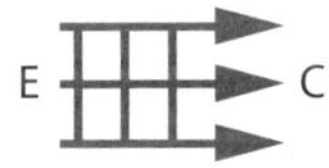

Si la distribution monocanal n'appelle pas de commentaire particulier (d'autant que le cas est de plus en plus rare), une stratégie de commercialisation multicanal consiste à s'appuyer sur plusieurs canaux sans que ceux-ci ne soient véritablement articulés les uns avec les autres : les canaux coexistent et, sur chacun d'entre eux, il est possible de réaliser la totalité du processus d'achat (de l'information préalable au paiement et à la livraison). Le client qui commence son processus d'achat sur un canal doit le terminer sur le même canal. Très répandue, cette approche répond généralement à des besoins de segmentation de la clientèle ou de la couverture géographique. Elle devient de plus en plus difficile à exécuter opérationnellement à mesure que les clients mobilisent les outils numériques qui facilitent le passage d'un canal à un autre.

Exemple : Depuis 2013, eBay propose le « panier universel » (*universal shopping cart*) pour ses clients américains et britanniques, permettant de commencer un processus d'achat sur le site marchand à partir d'un ordinateur, puis de le poursuivre sur un iPhone ou un iPad (ou *vice versa*). En 2013, eBay annonce 49 millions d'utilisateurs uniques sur les ordinateurs (fixes et portables), 21 millions d'utilisateurs mobiles (téléphones et tablettes) et 22 millions d'utilisateurs mixtes. L'application mobile d'eBay a été téléchargée 162 millions de fois depuis 2008.

Source : Internet Retailer

Le cross-canal est une approche qui dépasse la précédente dans la mesure où elle prévoit et organise l'articulation systématique des différents canaux. Elle repose sur une vision dans laquelle les parcours client sont clairement identifiés et constituent le point de départ pour combiner les canaux. Dans cette approche, le client peut commencer son parcours sur un canal et le poursuivre sur un autre (pas n'importe lequel, cependant).

Pour des raisons économiques ou opérationnelles, toutes les combinaisons de canaux ne sont pas offertes. Par ailleurs, une politique cross-canal est généralement limitée à une partie de l'assortiment.

> ***Exemple :*** Aujourd'hui, certaines marques qui disposent d'un réseau de vente, notamment dans le secteur de l'habillement, ont atteint un fort niveau de maturité en matière de cross-canal. Ainsi, Lacoste, qui s'est lancé tardivement dans le e-commerce (2010), propose depuis 2013 de réserver des produits en boutique à partir de son site marchand. Quelques mois auparavant, la marque avait proposé une opération originale pour célébrer son produit phare (le polo). Pendant 12 jours, à partir du 12 décembre 2012, les clients étaient encouragés à scanner 12 QR codes, cachés sur le site marchand et dans les boutiques, afin de gagner a minima des bons de réduction de 12 euros (pour les possesseurs d'un iPhone, il était même possible de les enregistrer sur Passbook, le portefeuille électronique d'Apple), mais aussi des polos et un voyage au Maroc.
>
> *Sources : E-commerce Magazine, Le Journal du Net*

L'omnicanal représente certainement ce dont certains clients souhaitent pouvoir bénéficier et ce que certaines entreprises prétendent offrir : un achat « sans couture » (*seamless*) ; un parcours client sans rupture, ni physique ni émotionnelle ; une expérience d'achat parfaitement fluide. Aujourd'hui, cependant, l'omnicanal reste souvent une promesse incomplète car elle se heurte à de nombreux obstacles économiques et opérationnels.

Le choix d'un niveau d'intégration entre les canaux (nul, partiel ou complet) implique une analyse approfondie du rôle de la commercialisation dans la stratégie globale de l'entreprise. Si les enjeux de commercialisation jouent un rôle véritablement critique dans le succès de l'entreprise, il sera recommandé de proposer aux clients une intégration forte des canaux.

Un diagnostic préalable des compétences et des ressources de l'entreprise est par ailleurs nécessaire dans la mesure où l'intégration constitue un véritable défi opérationnel. Être en mesure d'identifier les clients de façon homogène sur l'ensemble des canaux et de les suivre tout au long de leur processus d'achat, par exemple, se révèle généralement difficile. De même si faire évoluer les compétences et les attitudes des vendeurs en magasin est un défi difficile à relever, il peut être délicat pour un *pure player* ou une marque d'envisager sa présence sur une place de marché. Pour les entreprises qui ne sont pas assez matures, il est recommandé de se lancer par étapes.

En tout état de cause, une analyse économique doit guider le choix d'un niveau d'intégration. L'approche omnicanal, par exemple, apparaît coûteuse en termes de ressources à déployer, alors que les gains ne sont pas toujours au rendez-vous. En outre, certaines opérations du processus d'achat ne peuvent être effectuées sur n'importe quel canal, comme par exemple le service après-vente. La stratégie omnicanal n'apparaît ainsi pas adaptée à tous les produits et les services.

L'analyse économique doit non seulement intégrer les coûts, mais également les opportunités qui s'offrent à l'entreprise de développer la valeur client grâce à une stratégie de commercialisation pluricanal. À ce propos, les études sont contradictoires. Certaines d'entre elles montrent que, pour une enseigne, les clients qui achètent sur plusieurs canaux font l'acquisition de plus de produits, plus souvent et pour des montants plus élevés que les clients monocanal (Kumar et Venkatesan, 2005). Répondre aux attentes de ces clients en proposant plusieurs canaux fortement articulés semble clairement une opportunité commerciale. Toutefois, des études plus récentes montrent que l'effet est seulement vérifié sur les catégories de produit hédoniques, comme les alcools, les produits cosmétiques, les vêtements et les produits culturels (Kushwaha *et al.*, 2013). Pour les produits utilitaires, ce sont les clients monocanal qui sont plus rentables : pour les produits à risque fort (comme les produits technologiques), les clients monocanal « Internet » sont les plus rentables ; pour les produits à faible risque (comme les fournitures de bureau, les accessoires automobile ou les produits d'entretien), ce sont les clients monocanal « magasin » qui sont les plus rentables.

Suite à une analyse menée en 2012 auprès de 143 enseignes dans sept pays, la société de conseil Dia-Mart, appuyée par le réseau international Ebeltoft, montre que le cross-canal n'est « *pas un mythe, mais bien une réalité* », comme l'indique Jean-François Kleinpoort, directeur cross-canal. Les pratiques cross-canal des enseignes sont pourtant loin d'être généralisées : seuls 33 % des sites mentionnent si les produits présentés sont disponibles en magasin ou s'il s'agit d'exclusivités Web ; seuls 56 % des sites indiquent la disponibilité des stocks en magasin ; 30 % des sites marchands proposent des prix différents de ceux pratiqués dans le réseau mais seuls un tiers de ces sites indiquent clairement les raisons de ces différences ; 53 % des enseignes pratiquent le *click & collect* (achat en ligne et retrait en magasin) et 67 % proposent le retour en magasin ; 50 % des enseignes proposent l'accès au site marchand en magasin. Le podium mondial du *benchmark* réalisé par Dia-Mart Ebetoft est 100 % américain : Walmart, suivi de Best buy et de Sears. Les champions français sont Fnac.com (pour la préparation à l'achat en magasin), Castorama (pour la cohérence des pratiques commerciales), Boulanger pour le retrait et retour en magasin, et Kiabi pour l'usage du mobile et des réseaux sociaux.

L'analyse permet également d'identifier un cheminement, du multicanal vers le cross-canal, en distinguant 46 fonctionnalités. Dia-Mart/Ebeltoft conseille de commencer par des fonctionnalités simples (localisation des points de vente sur le site, transparence des prix, cohérence des programmes de fidélisation, retour des produits en magasin, etc.), de poursuivre par les fonctionnalités motrices (consultation des stocks disponibles dans les points de vente, retrait des produits en magasin, etc.) et de perfectionner ensuite la stratégie de commercialisation cross-canal par des fonctionnalités « bonus » (contenus riches offerts dans le point de vente, intégration des réseaux sociaux et du mobile). Comme l'indique Jean-François Kleinpoort, « *nous disons aux enseignes : "vos clients sont multicanal, vous devez l'être". Mais le plus compliqué est à l'intérieur, car cette cohérence réclame un nouveau modèle commercial ainsi qu'une nouvelle organisation des ressources humaines, qui nécessite un décloisonnement des silos marketing, vente, achat, etc.* ».

Source : *d'après Dia Mart/Ebeltoft, 2012, E-commerce Magazine*

Déterminer le niveau de complexité raisonnable (pour les approches multicanal et cross-canal)

Hormis l'approche monocanal, l'approche omnicanal est la plus simple à conceptualiser (et la plus difficile à déployer sur un plan opérationnel) puisqu'elle consiste à proposer le maximum de canaux à l'ensemble des clients et une parfaite fluidité entre eux. À l'heure actuelle, compte tenu des difficultés qu'une telle approche soulève, il s'agit cependant d'un cas un peu théorique.

Par conséquent, si l'on considère plutôt les deux cas intermédiaires – le multicanal et le cross-canal – la conception d'une stratégie de commercialisation suppose de répondre aux questions suivantes :

- Quels sont les canaux nécessaires pour satisfaire les exigences des clients et atteindre les objectifs commerciaux ? Faut-il par exemple proposer une application mobile, un centre d'appels, etc. ?
- Faut-il proposer tous les canaux à tous les clients ou, au contraire, est-il préférable d'orienter certains clients vers certains canaux (selon leur profil, leurs préférences, leur rentabilité, etc.) ?
- Dans le cas spécifique du cross-canal, quelles « jonctions » proposer entre les canaux ? Par exemple, le client qui achète sur le site marchand peut-il retirer ses achats en magasin ? Le client qui sélectionne son offre sur le site marchand fixe peut-il finaliser sa commande et payer sur le site mobile ?
- Faut-il proposer le même assortiment sur tous les canaux ou, au contraire, dédier certains canaux à certaines catégories de produits ? Les prix doivent-ils être homogènes (les mêmes partout pour tous les clients), différenciés selon les canaux ou selon les clients ? Faut-il que l'ensemble des canaux soient proposés sous la même marque ?
- Comment piloter les canaux pour faire en sorte d'optimiser la performance globale et non pas seulement accumuler les canaux dans le seul objectif de faire plaisir aux clients (qui d'ailleurs, parfois, préfèrent avoir moins d'autonomie et être mieux guidés par l'entreprise) ?

La stratégie de commercialisation peut être très simple si elle conduit 1) à offrir un nombre limité de canaux, 2) à affecter chaque type de client à un seul canal et, réciproquement, un seul canal par type de client et 3) à garantir une totale étanchéité entre les canaux. Dans ce cas - celui d'une stratégie multicanal stricte - les enjeux se limitent à déterminer le meilleur mix pour chaque client (chaque canal ayant son propre assortiment, son propre prix, etc.).

La stratégie de commercialisation se complexifie 1) si l'entreprise ouvre un grand nombre de canaux, 2) si chaque client décide librement des canaux qui lui conviennent le mieux et 3) si les canaux sont fortement articulés, avec de nombreuses jonctions.

La tendance générale est à une plus forte complexification des stratégies de commercialisation car :

- le nombre de canaux potentiels augmente, dans l'espace virtuel (sites marchands pour ordinateurs, applications pour téléphones ou pour tablettes, places de marché, objets connectés) comme dans l'espace physique (magasins connectés à l'Internet, bornes interactives, *drives*, murs interactifs) ;
- les clients exigent souvent de choisir librement les canaux qui leur conviennent le mieux et rechignent à suivre les indications plus ou moins formelles des entreprises (« tel type de client doit utiliser tel canal, dans tel type de cas », etc.) ;
- les canaux sont de plus en plus connectés.

Quand la stratégie de commercialisation se complexifie, l'entreprise peut choisir d'homogénéiser son offre, c'est-à-dire de proposer les mêmes fonctionnalités sur tous les canaux, les mêmes assortiments, aux mêmes prix, etc. Cette approche présente toutefois plusieurs inconvénients : l'entreprise perd la capacité stratégique d'ajuster son offre au prix de réserve des clients ; elle offre souvent un système trop complexe pour le client moyen, alors perdu dans le foisonnement de possibilités et la profondeur de l'offre ; les coûts pour servir le client augmentent de façon exponentielle avec la complexité du système de commercialisation.

Comme nous l'avons indiqué plus haut, il s'agit plutôt d'harmoniser que d'homogénéiser.

Une recherche menée auprès de 1 478 clients d'un distributeur multicanal français montre que, pour augmenter sa performance, l'enseigne doit améliorer l'image de ses deux canaux, ainsi que leur congruence (c'est-à-dire dans quelle mesure les deux canaux, bien que n'étant pas similaires, se ressemblent). Comme l'indique l'auteur de la recherche, « *chacun des canaux sera d'autant plus plébiscité qu'ils bénéficient tous les deux de la meilleure image possible* ». L'étude montre également qu'un différentiel tarifaire ne favorise pas l'adoption d'un nouveau canal (en l'occurrence, le site marchand). L'harmonisation, au contraire, favorise le développement des deux canaux.

***Source :** d'après Bezes, 2012 (voir la référence complète sur livre-ecommerce.fr)*

Penser l'articulation des canaux entre eux

Plus les canaux sont articulés les uns aux autres, plus les clients jugent l'entreprise favorablement. En particulier, quand les informations relatives aux produits, aux prix et aux promotions sont intégrées, les clients évaluent plus favorablement la qualité du site (Oh et Teo, 2010). De même, quand les services proposés sont intégrés (notamment la livraison), les clients jugent l'enseigne comme plus pratique.

Pour penser l'articulation des différents canaux entre eux - autrement dit, établir des jonctions entre les canaux - il est pertinent de raisonner en décomposant finement le processus d'achat en diverses étapes, puis de préciser le rôle de chaque canal à chaque étape.

De façon générique, sans entrer dans le détail de processus d'achat trop complexes comportant de multiples interlocuteurs et se déroulant sur de longues périodes (on peut penser à l'achat d'une flotte d'avions pour une compagnie aérienne), on peut décrire les phases d'un processus d'achat classique de la façon suivante :

- **Prise de conscience du besoin/de l'offre.** Ayant déjà conscience de son besoin/désir d'acheter tel ou tel produit/service, le consommateur/client potentiel prend conscience qu'il existe une offre (telle entreprise, telle marque, telle référence précise, etc.) susceptible de le satisfaire.
- **Recherche d'information.** Le client recherche activement des informations relatives à l'offre de produits ou de service.
- **Recherche de conseils.** Le client recherche des conseils afin de finaliser sa décision d'achat (le conseil est une information personnalisée, en situation, adaptée au cas particulier de chacun). Le conseil est donc complémentaire aux informations génériques sur les produits.
- **Commande et paiement.** Le client réalise effectivement une transaction commerciale (sachant que seule la commande est constitutive du commerce électronique : une simple commande en ligne doublée d'un paiement physique à la réception du colis constitue une vente électronique).

- **Assistance et maintenance.** Le client cherche à se faire aider car il rencontre des difficultés (installation, prise en main). Si les difficultés persistent, il peut vouloir faire jouer sa garantie.
- **Fidélisation.** Le client satisfait décide d'acheter de nouveau auprès de la même entreprise.

Partant de cette représentation « type » d'un processus d'achat, il est possible de formaliser l'articulation des canaux entre eux en utilisant des matrices pour décrire les parcours possibles des clients, comme le montre le tableau 3.3. Autrement dit, sur quels canaux vont se dérouler les phases successives du processus d'achat ?

Tableau 3.3 : Matrice canaux/parcours client

Processus → Canaux ↓	Attraction	Information	Conseil	Vente	SAV	Fidélisation
Magasin en propre						
Magasin des distributeurs					Parcours client n°1	
Vente par correspondance						
Centre d'appels					Parcours client n°2	
Site Internet						Parcours client n°3
Communautés en ligne						
Sites Internet affiliés						
Comparateurs de prix						
Médias traditionnels						

Sur cette matrice, trois parcours client différents sont identifiés. Le **parcours client n° 1** correspond à un schéma classique, dans lequel le client est sensibilisé et informé par le biais d'une opération promotionnelle qui l'incite à se rendre en magasin pour y être conseillé, puis effectuer son achat. Le service après-vente s'effectue également à partir du réseau de magasins.

Le **parcours client n° 2** correspond à une vente réalisée à distance, au travers d'un centre d'appel qui reste le seul point de contact pour toutes les étapes du processus.

Le **parcours client n° 3** correspond à un parcours moins classique, qui débute sur Internet (comparateurs de prix, sites affiliés, communauté d'intérêt en ligne, etc.). Le client se rend ensuite dans le magasin pour voir le produit et obtenir des conseils de la part d'un vendeur. Il finalise son achat en ligne (commande et paiement). Le service après-vente peut s'effectuer à partir du réseau de magasins. La fidélisation s'effectue également en ligne grâce au site Internet et à l'envoi réguliers de courriers électroniques. Ce type de parcours client complexe, fragmenté entre plusieurs canaux, va probablement se généraliser.

Pour parvenir à créer des synergies entre les canaux, trois conditions doivent être réunies (Achabal *et al.*, 2005) :

- **L'intégration.** Comme nous l'avons mentionné plus haut, l'intégration est nécessaire si l'entreprise souhaite utiliser les différents canaux pour offrir à ses clients une expérience réellement multicanal. Le retrait en magasin d'un achat en ligne est un exemple d'intégration des canaux. Cette intégration ne nécessite pas de déplacement des activités, mais la mise en place d'une synchronisation des informations et des processus dans l'organisation.
- **L'optimisation.** Cette condition renvoie à la capacité d'utiliser les caractéristiques propres à chaque canal pour optimiser, d'une part, l'ensemble et, d'autre part, la structure de coût de chaque canal. Cette démarche nécessite de repenser les différents processus et de les affecter au bon canal.
- **La compatibilité.** Cette condition renvoie à la cohérence d'ensemble construite au travers des différents canaux et qui doit être explicitée au client final afin que ce dernier ait une compréhension de la proposition de valeur qui lui est faite. Les éléments techniques ou opérationnels peuvent mettre à mal une telle cohérence. Par exemple, des raisons techniques peuvent empêcher la mise à disposition d'une promotion sur un site marchand alors qu'elle est disponible en magasin. Dans ce cas, la compatibilité des réseaux est amoindrie.

Internet, vendeurs et magasins – en diffusant de l'information sur Internet pour aider les clients à préparer leurs visites en magasins, les distributeurs peuvent libérer les vendeurs de tâches routinières, augmentant ainsi leur productivité. Cependant, il ne faut pas négliger deux conséquences potentiellement problématiques d'une large diffusion d'informations sur Internet. En effet, il arrive que le client en sache plus que le vendeur, grâce aux nombreuses informations diffusées sur le site. Par ailleurs, le client étant plus informé, il est moins susceptible d'interagir avec le vendeur, ce qui réduit les opportunités de montée en gamme ou de vente de produits complémentaires. La diffusion d'information en ligne doit donc s'accompagner de changements organisationnels (par exemple, la formation des vendeurs) mais aussi de changements dans le *merchandising* en magasin (par exemple, la diffusion dans la surface de vente des éléments d'informations diffusés sur le Net). La commercialisation est bien un sujet systémique.

Intégrer la logique des coûts

Élaborer une stratégie de commercialisation ne consiste pas seulement à intégrer les parcours client dans la réflexion. De fait, il est parfois difficile d'analyser les comportements des clients (qui fait quoi sur quel canal, ou qui souhaiterait faire quoi sur quel canal ?) et, surtout, répondre aveuglément aux attentes des clients peut conduire à une explosion non maîtrisée des coûts.

Par conséquent, une analyse des coûts de commercialisation pour chaque canal et chaque étape du processus doit compléter l'analyse des parcours client. Par exemple, quel est le coût pour délivrer les informations requises par le client sur un site marchand, un catalogue, dans un magasin, *via* un centre d'appels ?

Certains canaux sont mal appropriés pour réaliser la vente de produits ou services complexes, comme vendre un prêt immobilier sur Internet. D'autres canaux se révèlent très peu coûteux pour réaliser des transactions simples. Chaque canal se révèle plus ou moins adapté pour chaque type de transaction. Afin de mener cette analyse, il est possible de s'appuyer sur la matrice décrite à la figure 3.4.

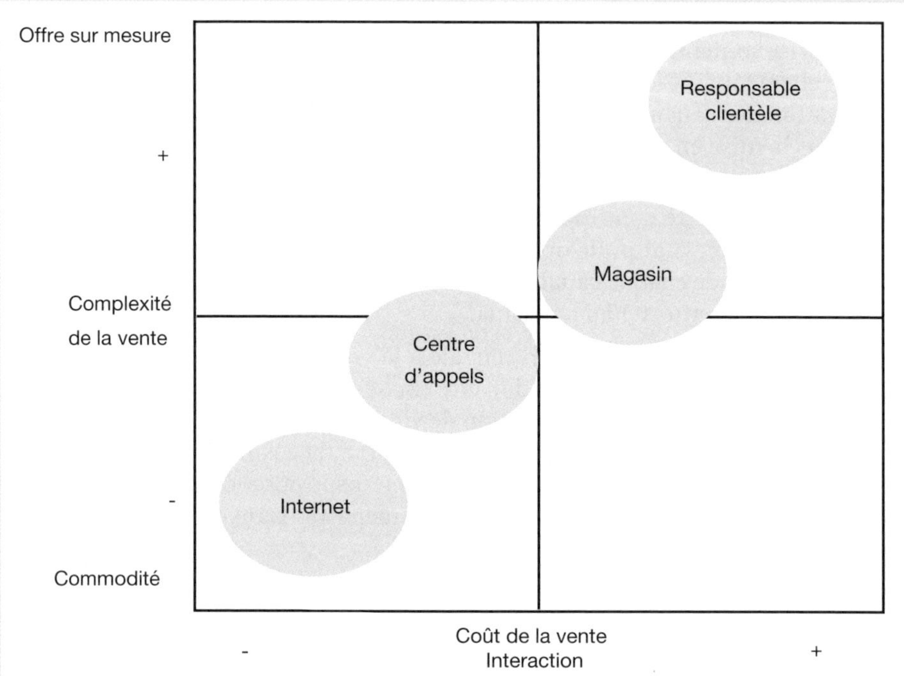

Figure 3.4 : Matrice complexité de la vente/coût de la vente (adapté de Payne et Frow, 2004).

À partir du moment où la stratégie de commercialisation s'oriente vers le cross-canal, l'entreprise est encouragée à aller au-delà d'une simple analyse du coût de transaction par canal. En effet, quand la transaction peut commencer sur un canal et se poursuivre sur un autre, cette analyse globale trouve vite ses limites.

Idéalement, grâce à une comptabilité analytique fine, il est possible d'attribuer un coût à chaque cellule du tableau 3.3 (combinaison d'un canal et d'une étape du parcours client).

2.1.2. Définir une structure organisationnelle des canaux

Par organisation des canaux, il faut entendre la structure organisationnelle des différents canaux de commercialisation. Cette structure constitue souvent un obstacle au déploiement d'une stratégie multicanal dans la mesure où l'organisation fonctionnelle en silos empêche de construire une vision transversale du client (Weinberg *et al.*, 2007).

Par prudence, de nombreuses entreprises ont tout d'abord placé leur activité de commerce électronique dans une filiale spécifique afin de préserver l'entreprise d'un éventuel échec du canal en limitant le risque à une filiale. En outre, cette organisation permet de développer des innovations radicales dans une structure adéquate, non perturbée par les routines organisationnelles construites au fil du temps par l'entreprise, souvent porteuses d'inertie. Le choix d'une filiale séparée dépend du niveau de changement dans les compétences à maîtriser pour réussir (voir chapitre 2). Plus les innovations sont radicales en termes de compétences, plus il est nécessaire de créer une nouvelle entité. Pour les distributeurs traditionnels, le commerce électronique constitue une réelle innovation de rupture, tant les compétences sont différentes. Cet univers a rapidement été perçu comme très dynamique - marqué par l'évolution très rapide des compétences requises (Wheeler, 2002) -, nécessitant de la part des entreprises une reconfiguration permanente de leurs capacités, afin de tirer le meilleur parti des opportunités offertes dans l'univers digital (Rival, 2006).

En ce qui concerne les compétences, l'univers d'Internet nécessite que les distributeurs en acquièrent de nouvelles en marketing électronique (e-mailing, *search engine marketing* (SEM), réseaux sociaux), en logistique, en système d'information. À l'inverse, la construction d'un réseau de points de vente nécessite des compétences que les *pure players* sont loin de maîtriser (gestion du foncier, définition des zones de chalandises, gestion des personnels de vente).

Créer une entité spécifique pour gérer le canal électronique peut toutefois se révéler un obstacle à long terme. En effet, en séparant les deux canaux, on s'empêche de créer des synergies opérationnelles. Une intégration faible des canaux en raison d'une externalisation des activités de vente en ligne conduit à une performance moindre (Pentina et Hasty, 2009).

Par conséquent, il est préférable d'opter pour une structure hybride qui s'appuie sur les compétences existantes. Cela est d'autant plus vrai que le distributeur est un acteur de la vente à distance par catalogue.

> ***Exemple :*** Lors de la création du site Internet Fnac.com, l'enseigne Fnac décide de loger celui-ci dans une structure dénommée « Fnac Direct » qui rassemble les activités de vente à distance. Pendant plusieurs années, le site utilise son propre entrepôt. L'enseigne lui impose les mêmes prix qu'en magasin. Fnac.com est amené à construire sa propre base de données clients, indépendante de celle de la Fnac. Progressivement, cette structure est perçue comme un obstacle à une stratégie multicanal qui nécessite de s'appuyer sur une structure logistique commune, d'avoir accès aux stocks en magasin et d'avoir une vision globale du client.
>
> *Sources : Le Journal du Net, http://www.kering.com*

La multiplication des canaux électroniques perturbe également l'organisation des canaux, notamment les places de marché. Il n'est pas rare que des industriels ou des marques, ne souhaitant pas y être présents, s'y retrouvent malgré l'existence de contrats, par l'intermédiaire de certains de leurs distributeurs en ligne qui y publient l'intégralité de leur catalogue. Ainsi Cdiscount publie l'intégralité de son catalogue sur eBay. En outre, le développement d'une version mobile et/ou tablette n'est pas toujours piloté par les équipes en charge de l'élaboration de la stratégie de commercialisation, ce qui peut conduire à des incohérences dans l'expérience du client. La question de l'organisation et du pilotage des canaux se pose donc aussi bien pour les canaux physiques qu'électroniques.

Pour toutes ces raisons, il est pertinent de mettre en place une organisation intégrée qui prend en compte les différents aspects d'une politique de distribution cross-canal.

Exemple : Lorsque l'enseigne Camaïeu a décidé en 2011 de mettre en place une politique s'appuyant à la fois sur les 620 magasins et le site marchand, l'organisation interne a été revue. C'est sous l'impulsion de son président que l'entreprise se réorganise et crée un pôle « CRM et e-commerce » regroupant une quinzaine de personnes. « *Nous avons centralisé toute la logique client en un seul pôle : e-commerce, fidélité,* call center, etc. », souligne Constance de Polignac arrivée à la tête du e-business et du CRM en octobre 2012.

Sources : Camaïeu, E-commerce Magazine

Plus encore qu'une direction intégrée, certaines entreprises déploient une direction de l'architecture de l'information ou encore de la transformation digitale afin d'accompagner la mutation que constitue l'intégration des différentes composantes de l'entreprise.

2.1.3. Politique d'assortiment

Les décisions d'assortiment constituent un domaine stratégique pour tout site marchand, dans la mesure où l'identité même du distributeur en dépend (classifications par les professionnels ou catégorisations par les consommateurs) et dans la mesure où la performance du distributeur est une fonction directe de ses choix d'assortiment (chiffre d'affaires, marge, etc.). Relativement à l'offre disponible en magasin, on peut envisager plusieurs stratégies d'assortiment sur Internet :

- **Approfondir l'assortiment disponible en magasin.** Comparativement aux magasins, le site permet bien souvent de proposer un assortiment plus profond (plus de références pour une même unité de besoins : coloris, tailles et grammages, conditionnements, etc.), les contraintes de stockage étant moindres. Par ailleurs, même dans le cas où le marchand présente en ligne une sélection de son assortiment total, la vente en ligne permet aussi d'exposer le client internaute à un nombre supérieur de produits, comparativement au client qui se trouve dans un magasin donné. Par exemple, le site Fnac.com offre plus de produits que n'importe quel magasin Fnac, même les plus achalandés.

Exemple : Woodbrass (leader français de la vente d'instruments de musique) offre plus de 25 000 références en ligne (hors partitions), contre « seulement » quelques milliers dans son magasin parisien. Alors que la surface d'un magasin But va de 2 000 à 7 000 m², Internet est considéré comme « des mètres carrés supplémentaires » par Jean-François Gréco, son directeur de la communication en 2011. Ce dernier d'ajouter : « *il n'est pas possible de tout présenter en magasin, mais sur Internet, si* ».

Sources : E-commerce Magazine, Le Journal du Net

- **Élargir l'assortiment disponible en magasin.** Le site permet parfois de proposer un assortiment plus large que les magasins (des références qui appartiennent à des catégories de produits différentes de celles vendues habituellement). De fait, nombreuses sont les enseignes qui utilisent le Web pour élargir leur « territoire produit ». Cette approche préfigure parfois un élargissement de l'assortiment en magasin, mais ce n'est pas systématique, car tous les produits disponibles sur le site n'ont pas forcément vocation à être vendus dans les magasins.

Exemple : Tesco (Royaume-Uni) développe son assortiment non alimentaire *via* son site marchand. De nombreuses catégories de produits ne sont pas disponibles dans les magasins mais le sont en ligne, comme les jouets.

Source : http://www.tesco.com

- **Offrir des produits dont la durée de vie est plus courte que ceux offerts en magasin.** Le site marchand permet de présenter des offres qui ne pourraient pas trouver preneur dans le réseau de vente, compte tenu de leur durée de vie. En effet, le site permet une vitesse de montée en couverture sur la cible des acheteurs que ne permet pas le réseau de points de vente. Par exemple, dans le secteur du transport aérien ou du tourisme, la vente de billets à la dernière minute permet de maximiser le taux de remplissage.
- **Déstocker des produits.** Le site marchand permet également de déstocker des produits en fin de vie, des fins de séries. Certains se sont même fait une spécialité de la vente privée ou du déstockage (voir chapitre 1).
- **Développer les ventes additionnelles.** Le *merchandising* électronique permet aisément de proposer au client, pendant sa consultation du site ou à la fin du processus de commande, l'achat de produits complémentaires, notamment des accessoires. Si cela est possible dans le commerce réel, les potentialités offertes par le *merchandising* en ligne sont nettement supérieures (voir chapitre 8).

> ***Exemple :*** Les sites de L'Oréal s'adressent essentiellement à des consommatrices fidèles pour lesquelles le panier moyen est bien supérieur à celui de la distribution traditionnelle. Le Web constitue donc un levier de développement des ventes additionnelles, comme l'indique Nathalie Galera, responsable e-marketing Europe en 2013 pour la division des produits de luxe : « [sur nos sites marchands], *nous pouvons mettre en place des leviers propres au Web : up-selling, paniers donnant droit à une livraison gratuite, etc.* ».
>
> *Source : Le Journal du Net*

- **Développer la vente de services.** La vente de services est naturellement possible en magasin (extension de garantie, assurance contre le vol, etc.). Néanmoins, elle est rendue plus simple et plus systématique sur les sites marchands.

Dans certains cas, l'assortiment disponible sur Internet n'est ni plus large ni plus profond que celui offert en magasin. Au contraire, **l'offre en ligne peut constituer une sélection de l'offre disponible en magasin**. C'est notamment le cas quand :

- L'entreprise veut tester la vente en ligne sans soulever l'opposition farouche de ses distributeurs traditionnels (voir chapitre 2).

> ***Exemple :*** En 2010, le constructeur automobile Volkswagen teste la vente en ligne d'une sélection de véhicules d'occasion récents. L'internaute doit cependant finaliser son achat auprès de l'un des 118 concessionnaires ayant adhéré au dispositif. Après avoir consulté les informations en ligne (prix, kilométrage, type de carburant, etc.), il doit poser une option auprès du concessionnaire de son choix, qui s'engage à le rappeler dans les 48 h. De cette façon, le constructeur évite de s'attirer l'hostilité de son réseau. L'achat de véhicules des salariés de l'entreprise est en revanche direct (affichage en clair du nom et du numéro de téléphone du collaborateur à contacter).
>
> *Sources : Le Journal du Net, http:///www.volkswagen.fr*

- Le produit convient moins bien à la vente en ligne, notamment en raison de coûts logistiques (rapport poids/volume/prix), de la nécessité d'essayer le produit préalablement ou de délivrer des conseils plus complets.

Exemple : Maty est une enseigne multicanal de bijouterie qui réalise environ 35 % de son chiffre d'affaires dans ses points de vente, 35 % sur son site et 30 % à partir de son catalogue papier. Le Web permet notamment de déclencher des achats « coup de cœur », plus impulsifs, sur des pièces en argent, des accessoires de mode et des produits nouveaux. En revanche, les achats « précieux » (pièces tout en or, pierres précieuses, etc.) sont souvent finalisés par téléphone. Comme l'indique Stéphane Calonne, directeur marketing et VAD de Maty en 2011, « *l'appel téléphonique constitue le contact physique entre la cliente et la marque. Il n'est pas question d'y renoncer. Nous cherchons plutôt à pousser le téléphone pour les achats qui nécessitent un accompagnement. Le processus est alors très différent du coup de cœur* ». Dans ce cas, le téléphone prend le relais du site Web. « *Il ne faut surtout pas laisser le client seul sur le Web, mais au contraire lui afficher un numéro de téléphone et lui marteler : «Appelez-nous ! Appelez-nous !». Nous le remarquons très bien sur le panier moyen : c'est lorsque la commande est passée par téléphone qu'il est le plus élevé* ».

Sources : Le Journal du Net, http://www.maty.com

- Le modèle d'affaires repose sur une contribution importante des clients. Dans ce cas, il n'est pas viable économiquement de vendre sur Internet des produits offerts en magasin car le distributeur en subit tous les coûts et ne peut pas justifier d'une augmentation du prix, comparativement au magasin, pour compenser cette augmentation des coûts.

Exemple : Ikea, le distributeur de meubles et d'équipement de la maison, propose un site Web sur lequel l'ensemble des produits vendus en magasin est présenté. Cependant, nombre de produits ne peuvent être achetés sur le site Internet. Pour comprendre un tel choix, il faut analyser le modèle d'affaires de ce distributeur. Celui-ci repose, en effet, sur une offre de prix bas, qui n'est possible que parce que le client se déplace dans un magasin conçu comme un entrepôt. Le client se sert directement dans les stocks et se charge du transport des produits vers son domicile. La livraison par Ikea est possible mais très onéreuse. Plus que sa logistique, c'est son modèle d'affaires qui serait radicalement remis en question si Ikea vendait la totalité de son assortiment en ligne. Dès lors, le site est conçu pour préparer la visite en magasin. Pour chaque produit, il est ainsi possible de vérifier sa disponibilité en stock par magasin. Un outil de conception informatique de cuisine 3D permet même aux clients de préparer leur commande (les plans réalisés sont consultables en magasin par le vendeur).

Source : http://www.ikea.fr

- Le site marchand permet de vendre les consommables de produits achetés dans des magasins physiques (produits de traitement pour des piscines vendues en face à face par des conseillers, cartouches d'encre et papier d'impression photographique pour des imprimantes vendues en magasin, capsules de café pour des machines vendues dans des circuits traditionnels, etc.).

2.1.4. Politique de prix

Pour diverses raisons, les prix sur Internet ne sont pas complètement homogènes : forte volatilité, démarches de personnalisation, stratégie des acteurs, etc. Pourtant, plusieurs facteurs poussent à une convergence croissante entre les prix pratiqués sur le Web et dans les magasins.

De nombreuses études montrent que les pratiques tarifaires ne produisent pas le même effet sur le Web, comparativement au commerce traditionnel. Ainsi, offrir aux clients de leur rembourser la différence s'ils trouvent le produit moins cher chez un concurrent (*price-matching guarantees*) est une technique sensiblement moins efficace auprès des internautes. Pour atteindre la même efficacité que dans le commerce traditionnel, le marchand sur Internet devra être plus spécifique et mieux se justifier.

Source : *d'après Kukar-Kinney et Grewal, 2007 (voir la référence complète sur livre-ecommerce.fr)*

Les spécificités des prix sur Internet

Les études disponibles montrent que les prix sur Internet se caractérisent par une dispersion persistante, une forte volatilité et un degré croissant de personnalisation :

- **La dispersion des prix.** On peut penser que les marchés électroniques sont « quasi parfaits » dans la mesure où - puisque les acteurs se surveillent les uns les autres et s'ajustent en permanence - les écarts de prix d'un concurrent à l'autre sont quasi nuls. Par ailleurs, les consommateurs seraient parfaitement informés des prix et de leur dispersion, ce qui conduirait les marchands à s'aligner sur le prix le plus bas. En fait de concurrence pure et parfaite, les études montrent plutôt que la dispersion des prix persiste en ligne (ce qui est largement corroboré par l'existence d'intermédiaires spécialisés, comme les comparateurs de prix). Si cette dispersion des prix persiste sur le Web, on peut en déduire qu'elle persiste aussi entre les sites marchands et les magasins.
- **La volatilité des prix.** La facilité pour mettre à jour les prix (les étiquettes électroniques ne sont pas nécessaires, comme dans les points de vente), l'existence d'outils de comparaison, les modalités de vente (déstockage) et le recours au yield management sur de nombreuses catégories de produits (hôtellerie, billetterie, voyages) conduisent à faire de l'Internet un espace dans lequel les prix fluctuent relativement plus que dans l'univers physique. La possibilité de modifier en temps réel les prix en fonction des actions des concurrents augmente également cette volatilité. On parle alors de dynamic pricing (une tendance qui risque fortement de s'imposer aux distributeurs physiques).
- **La personnalisation des prix.** Les systèmes d'identification permettent de suivre le comportement d'achat des clients dans le temps et d'en tirer certains enseignements sur leur sensibilité aux prix. Il devient alors possible de personnaliser les prix (voir chapitres 4 et 8 pour des compléments sur la personnalisation). Si les consommateurs acceptent de nombreuses techniques de fixation différenciée des prix, les variations individuelles liées au profil sont cependant jugées comme injustes, ainsi que l'illustre le tableau 3.4. La personnalisation présente donc des difficultés et des limites.

Tableau 3.4 : Jugements d'équité sur les techniques de fixation des prix dans le domaine de l'hôtellerie (Huang *et al.*, 2005)

	Injuste*	**Juste ****
Une hausse des prix pour profiter de la fermeture temporaire d'un concurrent	79 %	21 %
Le même prix par fax ou par Internet	36 %	64 %
La mise aux enchères dans le cas où il resterait un grand nombre de chambres vides	7 %	93 %

	Injuste*	Juste **
La mise aux enchères dans le cas où il resterait peu de chambres libres	20 %	80 %
L'achat en groupe pour bénéficier d'un meilleur prix	24 %	76 %
L'annonce d'un prix plus bas, finalement accepté (*name your price*)	13 %	87 %
La négociation du prix *via* Internet	36 %	64 %
La réduction de prix aléatoire	76 %	24 %
La distribution sélective de bons de réduction auprès de certains clients	38 %	62 %
La différenciation des prix selon les zones géographiques	50 %	50 %
Une réduction de prix pour les nouveaux clients, les clients fidèles payant le prix normal	83 %	17 %
Une réduction du prix pour récompenser la fidélité (l'inverse du précédent)	18 %	82 %
Une réduction de prix pour les clients qui utilisent un comparateur de prix	79 %	21 %
Une réduction de prix selon les périodes (*yield management*)	51 %	49 %

* Pourcentage de personnes interrogées ayant répondu 4 ou 5 sur l'échelle sémantique différentielle en cinq positions de « juste » à « injuste ».
** Pourcentage de personnes interrogées ayant répondu 1, 2 ou 3 sur l'échelle en cinq positions.

Les stratégies des distributeurs pour maintenir des prix élevés en magasin

De nombreux *pure players* adoptent une stratégie de prix bas en positionnant leurs prix systématiquement en deçà de ceux des distributeurs traditionnels. Certains ignorent la menace et espèrent secrètement que les *pure players* cesseront rapidement de mettre à mal leur rentabilité et de jouer (parfois) leur survie.

Pour maintenir des tarifs plus élevés dans les magasins, les distributeurs peuvent suivre deux voies :

- Légitimer aux yeux des consommateurs ces tarifs plus élevés, notamment en se fondant sur une politique de service plus qualitative (conseils, assistance, garantie, etc.). Cette démarche est surtout le fait de distributeurs importants, qui disposent d'un pouvoir de marché élevé et qui peuvent traiter les marchés séparément (Wolk et Ebling, 2009).
- Rendre la politique tarifaire la moins claire possible de façon à ne pas subir de pression des consommateurs, des fournisseurs ou des concurrents qui conduirait à un alignement des prix vers le bas. La livraison sert souvent de variable d'ajustement. Sur le Web, on constate parfois que le prix hors livraison est inférieur au prix en magasin, mais que le prix incluant la livraison est identique. Il arrive parfois que le prix d'un article soit supérieur en ligne lorsque l'on ajoute le coût de la livraison (ce qui incite naturellement les clients à acheter plus d'articles dans la même commande). L'activité promotionnelle sert également à masquer les écarts de prix entre le magasin et le site marchand. Le prix est souvent plus faible en ligne, mais il est rarement présenté

comme tel. Le prix en ligne est tellement éphémère, ou soumis à de telles restrictions, qu'il est difficilement comparable au prix en magasin[1].

Cependant, quelles que soient les raisons qui justifient des prix différents d'un canal à l'autre (notamment des différences de coûts pour servir les clients), la différenciation des prix est désormais difficilement tenable sans une démarche volontariste de l'entreprise pour légitimer ces différences aux yeux de ses clients. À terme, les prix de l'Internet vont probablement s'imposer aux distributeurs traditionnels.

Les facteurs qui poussent à une tarification homogène

Plusieurs raisons militent en faveur d'une une convergence croissante des prix entre les canaux (qu'il s'agisse d'une hausse des prix sur Internet ou d'une baisse des prix dans les magasins) :

- **La stratégie des acteurs.** Les *pure players* ne pourront pas nécessairement continuer leur stratégie de *discount* à tous crins. On constate d'ailleurs que certains abandonnent ce positionnement ou que les nouveaux entrants mettent en avant des bénéfices non tarifaires (qualité de l'offre, services, etc.)
- **La sensibilité aux prix.** Il n'est pas certain que les consommateurs en ligne soient plus sensibles aux prix bas que les clients dans le commerce conventionnel. Il a même été démontré que la mise à disposition d'informations supplémentaires – comparativement à un contexte d'achat en supermarché, par exemple – conduit l'acheteur à considérer d'autres attributs quand il choisit une marque, ce qui réduit l'importance du prix dans le processus de choix. D'après une recherche réalisée auprès d'un échantillon de clients d'une même enseigne faisant des courses alimentaires sur le site et dans les magasins, les clients seraient *moins* sensibles aux prix quand ils font leurs courses en ligne et ce, dans les douze catégories de produits étudiées (Junhong *et al.* 2008). Par ailleurs, sur les sites marchands qui permettent aux clients de donner leur avis, les signaux de qualité sont susceptibles de changer la valeur perçue des produits vendus. Le prix affiché n'est pas le seul signal de qualité et, par conséquent, la sensibilité aux prix en ligne pourrait diminuer, comparativement au commerce traditionnel.
- **L'intensité de la recherche d'information.** Comme nous l'avons déjà évoqué, grâce au Web, la recherche d'information devient de plus en plus intense. Les comportements de comparaison se développent, y compris en magasin où les clients accèdent depuis leur smartphone aux prix pratiqués sur Internet grâce à des applications spécialement conçues à cet effet. Certains distributeurs pratiquent désormais un alignement des prix en magasin sur ceux d'Internet, comme Electromust ou Best Buy aux États-Unis depuis le début de l'année 2013.

2.1.5. Politique de marque

L'ère numérique a déjà donné de belles marques, comme Google, Amazon et eBay, ou encore PriceMinister, CDiscount, RueduCommerce, Vente-privée, etc. Rien ne semble arrêter le phénomène. La réputation de la marque est un enjeu considérable sur Internet. Une marque ayant une forte réputation permettra d'attirer du trafic (chapitre 7) et

1. À cet égard, la méthodologie déployée par l'Autorité de la concurrence pour mesurer de tels écarts démontre bien la complexité d'une telle démarche (voir pp. 11 à 14 de l'Avis 2012, *op. cit.*).

augmentera le taux de conversion (chapitre 8) car le capital de confiance associé aux grandes marques rassure le visiteur et permet de déclencher la vente.

Pour les distributeurs *click & mortar*, une question importante consiste à déterminer s'il est nécessaire de développer des marques spécifiques pour le Web (comme l'a fait notamment Carrefour avec Boostore.com pour les produits non alimentaires et Ooshop.com pour les produits alimentaires) ou s'il est plus judicieux de capitaliser sur la même marque-enseigne (comme le fait notamment Tesco depuis le lancement de son premier site marchand à la fin des années 1990).

Pour répondre à cette question, il faut avant tout évaluer le risque pris dans l'aventure du commerce électronique. Si le risque est élevé, il est conseillé de ne pas risquer d'endommager la marque actuelle. Cependant, l'utilisation d'une marque inconnue augmente le coût marketing et soulève la défiance, ce qui conduit à augmenter encore le risque. Par ailleurs, si les produits vendus en ligne se situent dans le « territoire produit » de la marque (c'est-à-dire si ces produits sont perçus par les clients comme « allant bien » avec la marque) ou renforcent sa stratégie, et si la marque est légitime sur Internet, il est de toute évidence pertinent d'utiliser cette marque. En revanche, si les produits vendus en ligne se situent en dehors du « territoire produit » de la marque, ou si la marque actuelle n'est pas légitime sur Internet, il est conseillé de ne pas utiliser cette marque. La question cruciale est certainement de savoir dans quelle mesure la marque *off line* peut créer de la valeur sur Internet. Ce jugement repose à la fois sur la puissance de la marque (notoriété, image, considération, préférence, etc.) et sur sa crédibilité sur Internet. De fait, les marques traditionnelles peuvent dépasser les *pure players* en matière de puissance, mais ces derniers peuvent, au contraire, dépasser les marques traditionnelles en matière de crédibilité sur Internet.

Exemple : Le groupe Axa s'adresse aux clients très autonomes et sensibles au prix *via* le site Direct Assurance. En revanche, le cœur de la clientèle – qui reste attachée au contact physique, notamment lors du moment clé que constitue le renouvellement du contrat – est desservi par le site d'Axa France. Au sein de cette grande cible de clients multicanal, les clients plus jeunes, qui poussent encore la porte des agences mais veulent bénéficier de la simplicité du Web, constituent une cible stratégique pour l'assureur. Cette cible est donc traitée par la marque Axa, *via* le site éponyme. En ligne, les clients peuvent régler leurs cotisations, déclarer un sinistre, obtenir des attestations d'assurance, etc. Mais le réseau reste mobilisé pour les avenants et les renouvellements de contrats (plus de 3 000 collaborateurs auxquels s'ajoutent 3 700 agents généraux). En basculant sur le Web les services qui sont les moins susceptibles de générer un chiffre d'affaires additionnel, Axa dégage du temps au réseau afin de mieux gérer les opportunités commerciales. Le groupe Axa s'adresse à la cible stratégique de façon très explicite, sous sa marque, mais vise la cible « *low cost* » avec une marque spécifique.

Sources : Le Journal du Net, http://www.axa.fr, http://www.direct-assurance.fr

L'image initiale de la marque influence la performance perçue du site marchand… qui, réciproquement, influence l'image de la marque (Kwon et Lennon, 2009). Plus le site est congruent avec l'image initiale de la marque, plus le transfert d'image de la marque vers le site est fort (Wang, 2009). Dans ce contexte où les images sur les deux canaux sont étroitement liées, une autre grande question pour les distributeurs *click & mortar* consiste donc à déterminer comment la présence sur Internet peut renforcer le capital de marque (en termes de notoriété, d'image, d'attachement et d'intentions d'achat). Pour que la présence en ligne influence positivement les performances de la marque, les responsables marketing doivent assembler canaux de commercialisation et de communication de façon à ce que chaque client puisse accéder à la marque de la façon qui lui convient le mieux, sous contrainte de minimiser les coûts pour l'entreprise (Keller, 2010). Simple sur le principe, ce défi peut se révéler très difficile dans la mise en œuvre et constitue assurément l'un des principaux challenges.

2.1.6. Pilotage d'une stratégie de commercialisation

Une stratégie de commercialisation ne peut être évaluée que par un ensemble de critères de performance spécifiques qui dépassent les seuls critères de performance de chaque canal (voir chapitre 11). Trop souvent, seule la performance d'un canal est évaluée. Ainsi, est-il classique désormais d'évaluer la performance d'un site marchand par le taux de transformation des visiteurs en acheteurs (voir chapitre 8). Dans la perspective cross-canal, cet indicateur n'est guère pertinent car le site peut également générer du trafic en magasin et réciproquement. Mesurer la performance du canal électronique dépend donc de la finalité qui lui a été assignée dans le cadre de la stratégie globale de distribution.

Si l'objectif du site Internet est de créer du trafic en magasin, un tableau de bord devra comporter un ou des indicateurs mesurant l'apport de trafic en magasin généré par le site. Cela nécessite que des modalités opérationnelles tracent ces flux de clients et que le système d'information soit en mesure de délivrer une telle information.

> ***Exemple :*** La société de conseil Converteo a mesuré la corrélation entre l'activité sur le site marchand (notamment l'usage du « *store locator* ») et les ventes en magasin. Les ventes de la semaine et celles de la semaine suivante sont analysées. Les ventes de la semaine sont corrélées ($R^2 = 0{,}75$) aux visites du « *store locator* ». Les ventes de la semaine suivant les visites du site sont également corrélées ($R^2 = 0{,}81$). De tels éléments peuvent servir de point de départ aux indicateurs d'articulation entre les canaux.
>
> *Source : Converteo, Livre Blanc, Les Enjeux d'une stratégie cross-canal, pp. 44-46, Septembre 2012*

D'autres cas de figure sont bien évidemment envisageables. Ainsi, deux tiers des entreprises américaines du panel shop.org utilisent l'augmentation des ventes en ligne pour mesurer l'efficacité du catalogue qu'elles éditent. Il importe également de mettre en place un système d'information qui permet de construire des tableaux de bord pertinents. À cet égard, le choix de la solution progicielle, des solutions analytiques et des systèmes d'informations des magasins sont déterminants dans la production d'une information homogène sur les parcours d'achat des clients.

2.2. Mise en œuvre opérationnelle de la stratégie de commercialisation

Une fois la stratégie définie, plusieurs aspects opérationnels doivent faire l'objet d'une attention particulière. La constitution d'un catalogue de produits unique est un prérequis fondamental. La gestion des stocks est l'une des premières questions à examiner : faut-il un stock commun ou des stocks différents par canaux ? Comment tirer parti de l'existence de plusieurs canaux du point de vue logistique ? Comment organiser la relation avec le client lorsque celui-ci passe fréquemment d'un canal à l'autre ? Enfin, quels sont les éléments du système d'information indispensables à la réussite d'une telle stratégie ?

2.2.1 Constitution d'un catalogue centralisé

Quels que soient le nombre et la nature des canaux qui seront utilisés par l'entreprise dans sa stratégie de distribution, la constitution d'un référentiel produits uniques est un prérequis indispensable à toute stratégie mobilisant plusieurs canaux. En effet, la gestion de l'offre doit garantir une cohérence de l'expérience du client. Celle-ci passe par la cohérence de l'information sur l'offre. Aussi une centralisation du catalogue est-elle nécessaire. Au chapitre 5, nous présentons la démarche de constitution du catalogue qui s'appuie sur une approche fondée sur la maîtrise de l'information sur les produits (MDM, *Master Data Management* ou gouvernance de la donnée). Cette méthode doit s'appuyer sur la mise en œuvre d'un catalogue centralisé de fiches-produits (PIM, *Product Information Management*). Plusieurs progiciels de e-commerce offrent désormais une telle solution, comme Hybris (module PCM) ou RBS Change. Une fois le catalogue central établi, il est ainsi possible de définir les assortiments par canal en s'appuyant sur les mêmes informations et les mêmes descriptifs des produits/services.

Dans la mise en œuvre du cross-canal, l'élaboration d'un catalogue centralisant l'offre peut se révéler difficile et longue en fonction de l'historique des solutions existantes et des différentes pratiques selon les canaux.

2.2.2. Gestion du stock

La combinaison de plusieurs canaux constitue un enjeu de taille pour organiser et gérer les stocks. En effet, la disponibilité de produits en magasin offre des possibilités intéressantes pour les entreprises qui combinent un ou plusieurs canaux électroniques avec un réseau physique : le client peut venir récupérer sa commande en ligne directement en magasin. Dans cette approche *web-to-store*, la combinaison des canaux lève un des freins à l'achat en ligne (voir chapitre 1), celui de la disponibilité immédiate du produit, grâce à l'option *click & collect*.

> ***Exemple :*** Sur le site Conforama.fr, après avoir sélectionné un magasin principal de rattachement (environ 200 en France), il est possible de connaître en temps réel la disponibilité de chaque produit. Si le produit n'est pas disponible immédiatement dans le magasin de rattachement du client, le site lui propose un magasin où le produit peut être retiré sans délai. Avec ce système, les clients peuvent ainsi s'assurer de la disponibilité d'un produit avant d'effectuer une visite en magasin.
>
> *Source : http://www.conforama.fr*

Proposer aux clients la possibilité de retirer en magasin une commande effectuée en ligne, dans un délai plus ou moins court (1 h pour certains produits à la Fnac, de 2 à 4 h en général), nécessite d'ajuster la gestion des stocks en magasin. En effet, le flux de commandes en ligne peut conduire à une indisponibilité de certains produits pour les clients du magasin, ce qui créera une insatisfaction pour cette catégorie d'individus. L'ajustement de la gestion de stock des magasins est impératif ; il est ainsi nécessaire d'introduire le flux potentiel de commandes en provenance du site marchand.

Cette organisation, pour intéressante qu'elle soit, nécessite une réelle gestion intégrée du stock des différents canaux de distribution. Avoir une visibilité globale et en temps réel du stock de chaque point de vente est donc nécessaire afin de garantir au client en ligne qu'il disposera bien du produit lors de son retrait en magasin. Pour certaines catégories de produits à forte rotation, comme l'alimentaire, s'appuyer uniquement sur les stocks des points de vente nécessite souvent de définir une politique de substitution des produits qui sera communiquée au client en amont de la commande. En cas d'indisponibilité du produit, le client indique s'il souhaite qu'il soit substitué par un produit équivalent (que l'entreprise devra définir dans son catalogue afin de faciliter la tâche des préparateurs de commande).

La difficulté d'une telle gestion amène parfois l'entreprise à utiliser des stocks dédiés. C'est le cas dans l'alimentaire ou certains *drives* (voir chapitre 9), que l'on qualifie de « *drives* solo », qui possèdent leur propre stock et ne sont pas adossés à un magasin. On reste cependant dans une logique *click & collect* puisque le client se déplace au drive pour retirer sa commande, mais le stock, lui, est conçu et géré pour le flux de commandes du site marchand (voir sous-section 2.2.3).

Outre la gestion des stocks dans les différents canaux, la logistique doit être soigneusement étudiée dans une stratégie cross-canal.

2.2.3. Logistique

La livraison du client final, dans le cadre du commerce électronique, constitue un réel enjeu opérationnel (voir chapitre 9). Dans le cadre d'une politique cross-canal, cet enjeu est rendu plus complexe encore. En effet, l'existence d'un réseau de magasins et d'un ou plusieurs canaux électroniques nécessite la mise en œuvre de plusieurs circuits logistiques. En outre, la prise en compte du service après-vente conduit parfois à la mise en place d'un circuit logistique spécifique pour le retour des produits.

Du point de vue logistique, approvisionner des magasins se révèle très différent de la livraison à une multitude de clients dispersés géographiquement. Plusieurs possibilités de mutualisation de la logistique sont envisageables :

- **L'utilisation du magasin comme point de retrait des commandes en ligne.** Le client effectue sa commande sur le site Web et se rend en magasin où sa commande a été préparée par le personnel.
- **L'utilisation du magasin comme un point de service après-vente et de retour des produits défectueux ou non.** Le point de vente devient un point de collecte des retours des commandes, ce qui entraîne des conséquences à la fois sur le rôle de ce point de vente et de son personnel, et sur l'organisation logistique des flux de retour des produits. Par ailleurs, il n'est pas toujours démontré que l'introduction d'une politique de retour des produits en magasin est profitable pour l'entreprise, compte tenu des coûts supplémentaires qu'elle implique (Ofek *et al.*, 2010).

> ***Exemple :*** L'enseigne Camaïeu possède 620 magasins. En 2010, elle a lancé son site de vente en ligne. Depuis 2013, les clientes bénéficient de la possibilité de commander en ligne et de retirer leur commande en magasin dans un délai de 4 jours. Elles peuvent également retourner un produit directement en magasin ou bien encore en obtenir le remboursement.
>
> *Sources : Camaïeu, E-commerce Magazine*

- **L'utilisation de magasins spécialisés pour la réception de la commande.** Pixmania l'a pratiqué à une époque.
- **L'utilisation du magasin comme plate-forme logistique pour livrer les clients (*in-store picking*).** Cette solution transforme assez sensiblement le rôle des magasins, ce qui n'est pas sans soulever un certain nombre de questions, comme l'exemple de Tesco le démontre.

Exemple : Le site Tesco.com, leader mondial du commerce alimentaire, a généré, en 2011, un chiffre d'affaires de 2,74 milliards de livres. Tesco a une base de clients de plus d'un million d'acheteurs réguliers qui génère 475 000 commandes en ligne par semaine. Le service Tesco Direct s'appuie uniquement sur les magasins Tesco. Des préparateurs circulent dans les rayons, à l'aide d'un chariot « intelligent » comportant plusieurs « paniers ». Le chariot indique au préparateur, depuis un écran, le circuit de collecte des produits dans le magasin. Chaque préparateur collecte plusieurs commandes simultanément et le chariot indique dans quel panier placer les produits. La commande du client est ensuite assemblée dans un espace appelé « Home shopping » à l'arrière du magasin et chargée dans l'un des 950 camions à plusieurs compartiments (température différente pour le froid et le surgelé). La tournée des camions est programmée par le système d'information. Il tient compte de la distance et des contraintes d'horaires de livraison choisis par les clients. En 2010, Tesco couvre 97 % de la population britannique. Cette organisation logistique, propre à Tesco, semble efficace pour les produits alimentaires, à une réserve près, la gestion des stocks. En effet, la probabilité d'une indisponibilité d'un article en magasin est plus élevée qu'en stock central et le réapprovisionnement en magasin est plus long. Comparé à ses principaux concurrents, Tesco se classe en sixième position (sur sept) pour le taux de substitution d'articles dans une commande et pour le taux d'articles manquants dans une commande. D'ailleurs, Tesco se classe assez mal, dans une étude sur la satisfaction globale des clients des supermarchés en ligne en Grande-Bretagne, par rapport à ses principaux concurrents. Face à la croissance de l'activité e-commerce, Tesco a quelque peu modifié sa politique en 2009 en lançant l'ouverture de « *dark stores* » ; ces derniers sont identiques aux supermarchés de Tesco, les caisses en moins. Les employés y remplissent le chariot de chaque cyberacheteur. Le groupe de distribution s'attend à ce que les « *dark stores* » représentent 15 % de ses ventes en ligne d'ici 2014. Fin 2013, Tesco a déjà ouvert six magasins de ce type.

Sources : Tesco Annual Report 2011 ; http://www.racplus.com ; Le Journal du Net ; Murphy A.J. (2007), « Grounding the virtual: the material effects of electronic grocery shopping », Geoform, vol. 38, pp. 941-953

2.2.4. Gestion des relations avec les clients

Lorsque l'entreprise s'appuie sur plusieurs canaux, la relation avec le client démarre par le biais de l'un ou l'autre des canaux, mais le client peut interagir avec les autres après cette phase initiale. Les points de contact avec le client sont multiples. Dès lors, il convient de s'assurer que l'ensemble des autres canaux accède à la même information sur le client, son historique. Il faut, certes, créer des rebonds entre tous les supports de la relation client (point de vente, carte de fidélité, site Web, application mobile, mailing, centre d'appels, etc.), mais il est impératif que le discours tenu au client soit cohérent. Cette exigence de cohérence est complexe à construire car chaque canal poursuit son objectif propre et donc ses propres logiques de communication (notamment sa tonalité).

La mise en place d'un système d'information couvrant l'ensemble des canaux est souvent envisagée comme la solution évidente. À cet égard, les éditeurs proposent tous des suites applicatives « CRM multicanal ». Mais, souvent, il existe une certaine confusion sur le terme « canal » utilisé par les éditeurs de progiciels. Il s'agit, en effet, plus de canaux de communication (*call center*, *mailing*, chat, téléphonie mobile, etc.) que de canaux de commercialisation (magasin, site marchand, etc.). En outre, l'utilisation des divers canaux par les clients reste complexe, ce point étant souvent responsable d'insatisfactions.

La politique de management de la relation client doit s'envisager, dès le départ, comme un tout cohérent. La politique de fidélisation doit être homogène, l'ensemble des comportements de fréquentation ou d'achat – que ce soit en ligne, en magasin ou par catalogue – doit donner lieu aux mêmes incitations et récompenses.

La satisfaction à l'égard de l'enseigne repose sur la satisfaction à l'égard de chaque canal (voir chapitre 10). Il s'agit de cartographier l'ensemble des points de contact entre le client et la marque, en s'assurant de la fluidité et de la « cumulativité » de la relation, tout au long des différentes phases. Des méthodologies ont été récemment développées pour optimiser l'allocation des ressources entre les canaux. La méthode proposée par Thomas et Sullivan (2005), par exemple, comporte six phases :

- estimation d'un modèle de choix des canaux, au niveau de chaque segment de clients (Quels canaux sont utilisés ou privilégiés ? Comment ces canaux sont-ils combinés ?, etc.) ;
- assignation de chaque client à un segment, de façon à en dresser le profil ;
- prévision de la probabilité de choix au cours des périodes successives ;
- développement d'une communication spécifique pour chaque segment de clients ;
- classification des nouveaux clients dans l'un des segments ;
- mise à jour de la classification.

2.2.5. Système d'information

Pour que la stratégie multicanal soit possible, le système d'information (SI) de l'entreprise doit répondre aux différents enjeux présentés ci-dessus. Quatre éléments clés doivent faire l'objet d'une attention particulière.

Le système informatique de gestion du catalogue constitue un enjeu décisif afin de fournir une information homogène sur tous les canaux mis à disposition des clients dans leur parcours. Les solutions de PIM et des démarches MDM sont de plus en plus nécessaires pour garantir la réussite d'une telle composante du SI (voir chapitre 5).

Le système d'information de la gestion de stocks doit répondre au choix opérationnel en matière de stocks et autoriser la visibilité du niveau des stocks par canal. Le client doit par exemple pouvoir accéder au stock des magasins depuis le site Internet. Cela exige une gestion informatique en temps réel des stocks, une forte fiabilité dans la gestion de ces mêmes stocks et l'utilisation du même outil informatique sur les différents canaux. Outre la gestion des stocks, il est possible d'accroître l'interdépendance des canaux grâce au système d'information.

La gestion de la relation client exige également la mise en œuvre d'un système d'information apte à fournir une vue unique du client, quel que soit le canal que celui-ci utilise. De nombreux progiciels permettent de gérer des relations client multicanal. Mais il importe d'être attentif à la question des processus plus que des outils informatiques, car la confusion entre point de contact avec le client (communication) et canal de vente est entretenue par les éditeurs de solutions logicielles.

Enfin, pour le pilotage et le suivi de la stratégie multicanal, il est impératif que le système d'information facilite le suivi des parcours client entre les différents canaux (voir aussi chapitre 11). Cela nécessite de consolider les données « client » issues de chaque canal dans un seul et même entrepôt de données (datawarehouse), afin de pouvoir se livrer à des analyses complètes sur les parcours client. Bien des entreprises rencontrent des difficultés à cet égard car elles doivent mettre en place une gestion des relations qui repose sur une identification unique des clients, quel que soit le canal. Le système doit ainsi être en mesure de tracer les clients en provenance d'un canal qui effectuent une phase du processus d'achat sur un autre canal. La reconstruction d'une vue globale du client est souvent complexe et coûteuse tant les choix d'applicatifs par canal s'avèrent souvent incompatibles entre eux, ou nécessitent une reprise et une consolidation des données.

Résumé

Le commerce électronique n'est désormais plus envisagé comme un canal électronique unique capable de répondre aux différents segments de la demande. De nombreux sites marchands développent des circuits de distribution physiques. Par ailleurs, les marques et les distributeurs longtemps réticents au commerce électronique ouvrent des sites marchands. Dans le même temps, les canaux électroniques se multiplient (places de marché, mobile, tablette, télévision connectée, objets connectés).

L'existence de ces différents canaux de distribution complique la stratégie de commercialisation. Les conflits entre canaux sont potentiellement nombreux. Dans le cas d'une distribution sélective (franchise), l'établissement d'un canal électronique est également une problématique délicate.

Ces questions sont d'autant plus complexes que, du point de vue du client, le passage d'un canal à un autre est assez naturel. L'observation des comportements d'achat met en évidence une utilisation des différents canaux par les clients : préparation de l'achat en magasin par une consultation du site Internet de l'entreprise, ou au contraire, visite en magasin et finalisation de l'achat en ligne. Dès lors, la nécessité d'une stratégie de commercialisation cohérente se fait jour. Celle-ci doit assigner des objectifs clairs par canal et être compréhensible par les clients. La définition d'une politique de distribution globale, puis celle des parcours client sont des prérequis nécessaires à une réussite dans ce domaine.

La stratégie de commercialisation doit organiser l'articulation des canaux entre eux et la circulation des clients au sein de ceux-ci. Cette politique de distribution doit également clarifier la gestion d'un catalogue centralisé, l'assortiment par canal, le positionnement prix de chaque canal, ainsi que la politique de marque.

Le déploiement d'une telle stratégie de commercialisation nécessite une organisation opérationnelle adéquate : la gestion de l'offre, la gestion des stocks, la logistique, la gestion des relations avec les clients et le système d'information doivent en effet être adaptés à une telle stratégie de commercialisation. Enfin, le pilotage de cette dernière conduit à définir des indicateurs de performance spécifiques.

Bibliographie

Achabal D., Badgett M., Chu J., Kalyanam K., (2005), *Cross-channel optimization. A strategic roadmap for multichannel retailers*, IBM Business Consulting Services, 16 p.

Belvaux B. (2006), « Du e-commerce au multicanal : les différentes implications d'Internet dans le processus d'achat du consommateur », *Revue française du Marketing*, n° 209, pp. 49-68.

Boehm M. (2008), « Determining the impact of Internet channel use on a customer's lifetime », *Journal of Interactive Marketing*, vol. 22, n° 3, pp. 2-22.

Choudhury V. et Karahanna E. (2008), « The relative advantage of electronic channels: A multidimensional view », *MIS Quarterly*, vol. 32, n° 1, pp. 179-200.

Ganesh J., Reynolds K.E., Luckett M. et Pomirleanu N. (2010), « Online shopper motivations, and e-store attributes: An examination of online patronage behavior and shopper typologies », *Journal of Retailing*, vol. 86, n° 1, pp. 106-115.

Huang P., Lurie N.H. et Mitra S. (2009), « Searching for experience on the Web: An empirical examination of consumer behavior for search and experience goods », *Journal of Marketing*, vol. 73, n° 2, pp. 55-69.

Junhong C., Chintagunta P. et Cebollada J. (2008), « A comparison of within-household price sensitivity across online and offline channels », *Marketing Science*, vol. 27, n° 2, pp. 283-299.

Keller K.L. (2010), « Brand equity management in a multichannel, multimedia retail environment », *Journal of Interactive Marketing*, vol. 24, n° 2, pp. 58-70.

Konus U., Verhoef P.C. et Neslin S.A. (2008), « Multichannel shopper segments and their covariates », *Journal of Retailing*, vol. 84, n° 4, pp. 398-413.

Kulkarni G., Ratchford B.T. et Kannan P.K. (2012), « The impact of online and offline information sources on automobile choice behavior », *Journal of Interactive Marketing*, vol. 26, n° 3, pp. 167-175.

Kumar V. et Venkatesan R. (2005), « Who are the multichannel shoppers and how do they perform? », *Journal of Interactive Marketing*, vol. 19, n° 2, pp. 44-62.

Kushwaha T. et Shankar V. (2013), « Are multichannel customers really more valuable? The moderating role of product category characteristics », *Journal of Marketing*, vol. 77, n° 4, pp. 67-85.

Kwon W.-S. et Lennon S.J. (2009), « Reciprocal effects between multichannel retailers' offline and online brand images », *Journal of Retailing*, vol. 85, n° 3, pp. 376-390.

Lee C.S. et Shu W. (2005), « Four models of Internet-enabled distribution structures », *Information Systems Management*, vol. 22, n° 3, pp. 14-22.

Murphy A.J. (2007), « Grounding the virtual: The material effects of electronic grocery shopping », *Geoforum*, vol. 38, n° 5, pp. 941-953.

Ofek E., Katona Z. et Sarvary, M., (2011), « "Bricks and Clicks": The Impact of Product Returns on the Strategies of Multichannel Retailers », *Marketing Science*, vol. 30, n° 1, pp. 42-60.

Oh L.-B. et Teo H.H. (2010), « Consumer value co-creation in a hybrid commerce service-delivery system », *International Journal of Electronic Commerce*, vol. 14, n° 3, pp. 35-62.

Oppewal H., Tojib D.R. et Louvieris P. (2013), « Experimental analysis of consumer channel-mix use », *Journal of Business Research*, vol. 66, n° 11, pp. 2226-2233.

Payne A. et Frow P. (2004), « The role of multichannel integration in customer relationship management », *Industrial Marketing Management*, vol. 33, n° 6, pp. 527-538.

Pantano E. et Servidio R. (2012), « Modeling innovative points of sales through virtual and immersive technologies », *Journal of Retailing & Consumer Services*, vol. 19, n° 3, pp. 279-286.

Pauwels K., Leeflang P.S.H. *et al.* (2011), « Does online information drive offline revenues? Only for specific products and consumer segments! », *Journal of Retailing*, vol. 87, n° 1, pp. 1-17.

Pentina I. et Hasty R.W. (2009), « Effects of multichannel coordination and e-commerce outsourcing on online retail performance », *Journal of Marketing Channels*, vol. 16, n° 4, pp. 359-374.

Powers T., Advincula D. *et al.* (2012), « Digital and social media in the purchase decision process - A special report from the Advertising Research Foundation », *Journal of Advertising Research*, vol. 52, n° 4, pp. 479-489.

Rival Y. (2006), « Performance de l'activité Internet et développement de compétences : quel lien existe-t-il ? », *Communication à la xve Conférence internationale de management stratégique*, juin, Annecy/Genève.

Sarkar M., Butler B. et Steinfield C. (1998), « Cybermediaries in electronic marketspace: Toward theory building », *Journal of Business Research*, vol. 41, n° 3, pp. 215-221.

Thomas J.S. et Sullivan U.Y. (2005), « Managing marketing communications with multichannel customers », *Journal of Marketing*, vol. 69, n° 4, pp. 239-251.

Varan D., Murphy J. *et al.* (2013), « What works best when combining television sets, PCs, tablets, or mobile phones? », *Journal of Advertising Research*, vol. 53, n° 2, pp. 212-220.

Wang S., Beatty S.E. et Mothersbaugh D.L. (2009), « Congruity's role in website attitude formation », *Journal of Business Research*, vol. 62, n° 6, pp. 609-615.

Weinberg B.D., Parise S. et Guinan P.J. (2007), « Multichannel marketing: Mindset and program development », *Business Horizons*, vol. 50, n° 5, pp. 385-394.

Wheeler, B.C. (2002), « NEBIC: A dynamic capabilities theory for assessing Net-enablement », *Information Systems Research*, vol. 13, n° 2, pp. 125-146.

Wolk A. et Ebling C. (2009), « Multi-channel price differentiation: An empirical investigation of existence and causes », *International Journal of Research in Marketing*, vol. 27, n° 2, pp. 142-150.

Yan R., Guo P. *et al.* (2011), « Product distribution and coordination strategies in a multi-channel context », *Journal of Retailing & Consumer Services*, vol. 18, n° 1, pp. 19-26.

Zhang J., Farris P.W., Irvin J.W., Kushwaha T., Steenburgh T.J. et Weitz B.A. (2010), « Crafting integrated multichannel retailing strategies », *Journal of Interactive Marketing*, vol. 24, n° 2, pp. 168-180.

Pour aller plus loin

Consultez les références complémentaires proposées sur : **http://www.livre-ecommerce.fr**

Sites Internet à consulter

http://www.autoritedelaconcurrence.fr

http://www.ropo.fr

http://www.scoop.it/t/web-to-store

http://www.customerthink.com

http://www.iabeurope.eu

http://www.emota.eu

http://www.fevad.com

http://www.franchise-fff.com

http://www.imrg.org

http://www.pewinternet.org

http://www.nrf.com

http://www.shop.org

Activités

Questions de révision

1. Quels problèmes de commercialisation un industriel rencontre-t-il lorsqu'il lance son site de vente en ligne ?

2. Quelles sont les raisons qui poussent un *pure player* du commerce électronique à ouvrir des magasins physiques ?

3. Quelles sont les principales différences entre les stratégies pluricanal (multicanal, cross-canal et omnicanal) ?

4. Qu'est-ce que le « *web-to-store* » et quelles en sont les différentes formes ?

5. Quelles sont les principales caractéristiques des nouveaux canaux (m-commerce, social commerce, télévision connectée) ?

6. Quelles sont les possibilités d'organisation de la gestion des stocks dans une stratégie de distribution multicanal ?

7. Quels sont les principaux enjeux en matière de marque sur Internet ? Notamment, pour une entreprise existante, quels sont les arguments et les contre-arguments pour adopter la même marque en ligne ?

8. Comment organiser de façon efficace une relation client dans une stratégie multicanal ?

9. Quels sont les éléments du système d'information auxquels il faut apporter une attention particulière dans une stratégie multicanal ?

Exercices de synthèse

1. Rendez-vous sur le site de la marque Bleu Forêt à l'adresse **http://www.bleuforet.fr**. Expliquez pourquoi cette marque commercialise sa production en ligne. Pour quelles raisons toute l'offre n'est-elle pas commercialisée en ligne ?

2. Reprenez la figure 3.2 pour l'achat d'un ordinateur. Quelle serait votre propre combinaison multicanal ? Cette combinaison serait-elle identique pour l'achat d'un billet de spectacle ?

3. Comparez les prix d'une catégorie de produit entre la Fnac et Fnac.com. Qu'en déduisez-vous ?

4. Réalisez une cartographie des points de contact d'un opérateur de téléphonie mobile (en spécifiant qui maîtrise chaque point de contact : le siège, le réseau, des partenaires, etc.). Comment, en fonction de vos expériences, proposez-vous de fluidifier le parcours client ?

5. Visitez le site Darty.fr. Sélectionnez un produit quelconque. Quelles sont les options de livraison qui s'offrent à vous ? Discutez de l'organisation nécessaire à une telle offre. Quels sont les produits qui sont disponibles moins de deux heures après la commande en magasin ?

Questions à débattre

1. Quelles formes de différenciation des prix vous paraissent personnellement plus ou moins acceptables ? Pour quelles raisons ?
2. En quoi une stratégie de commercialisation multicanal oblige-t-elle à repenser les indicateurs de performance d'un site de commerce électronique ? Qu'en est-il pour le cross-canal ou l'omnicanal ?

Partie II

Mettre en œuvre le commerce électronique

Chapitre 4

Choix d'une infrastructure technologique de commerce électronique

Objectifs pédagogiques

- Expliquer la pluralité des technologies d'infrastructure
- Comprendre les fondements technologiques des transactions sur Internet
- Comprendre les infrastructures du commerce mobile (m-commerce)
- Appréhender la pertinence des infrastructures EDI dans le cadre du commerce électronique *B2B*
- Choisir un applicatif pour gérer le commerce électronique
- Comprendre les enjeux de la sécurisation des transactions en ligne
- Évaluer les solutions de paiement pour les transactions en ligne
- Appréhender le potentiel des technologies pour personnaliser la relation avec le client en ligne
- Saisir les enjeux technologiques spécifiques au commerce mobile

Amazon Kindle : la vente en ligne de livres numériques

Amazon est un des leaders mondiaux de la vente en ligne, avec un chiffre d'affaires de 61 milliards de dollars en 2012. Longtemps limité à la vente de produits culturels (livres, disques), Amazon a considérablement étendu la gamme de ses produits vendus (bijouterie, vêtements, équipement de la maison, aliments, etc.) jusqu'aux produits dématérialisés, d'abord avec la musique (AmazonMP3) et, plus récemment, avec les livres numériques (*e-books*), la vidéo et les jeux, puis des applications afin de rivaliser avec les tablettes Android et l'iPad. La gamme d'Amazon se décline donc désormais en tablettes multimédias, en liseuses électroniques dédiées uniquement à la lecture d'*e-books*. Dans la gamme des liseuses, il existe un modèle avec une connectivité Wi-Fi et 3G. L'utilisation de la technologie de téléphonie mobile 3G permet donc à ce terminal d'être connecté en permanence en tous lieux et à tout moment, quel que soit le pays dans lequel l'utilisateur se trouve. Le coût de cette connexion est pris en charge par Amazon et n'est pas facturé au client. Amazon a négocié des accords avec de nombreux opérateurs de téléphonie mobile au niveau mondial (Sprint pour les États-Unis). Les clients américains voyageant à l'étranger doivent néanmoins s'acquitter d'un abonnement hebdomadaire de 4,99 dollars s'ils souhaitent accéder à leurs abonnements à l'étranger par le biais d'une connexion 3G ; le téléchargement est facturé 0,99 dollar le mégaoctet.

Fin 2013, le catalogue compte plus de deux millions de références d'ouvrages électroniques (dont 125 000 en français), ainsi que des abonnements à des quotidiens ou des magazines.

Les liseuses possèdent une capacité de stockage de 1,25 Go, gratuite dans l'Amazon Cloud pour tous les contenus achetés sur l'Amazon Store. Le système d'exploitation du Kindle s'appuie sur une version modifiée du système d'exploitation *open source* Linux. Selon Amazon, la liseuse Kindle peut stocker environ 1 100 livres et l'autonomie de sa batterie varie entre un et deux mois, selon les modèles. Le format des fichiers (.AMZ) est un format propriétaire qui ne peut être lu sur les autres *readers* du marché. Les fichiers numériques vendus sont protégés par des mesures de protection technique (MPT ou DRM, *Digital Rights Management*).

La liseuse Kindle se distingue de ses concurrents, comme le Cybook de Bookeen, le Nook de Barnes & Noble, le Sony Reader ou l'iPad d'Apple grâce à la possibilité d'emprunter un livre par mois si le client est abonné à l'option «Amazon Premium» (49 euros/an), qui offre gratuitement la livraison de toute commande sur le site Amazon sous 24 h. *De facto*, cette option transforme la liseuse Kindle en une bibliothèque possédant 125 000 *e-books* en français.

L'infrastructure réseau et les Kindle sont très liés. En juillet 2009, Amazon a ainsi effacé deux livres (*1984* et *The Animal Farm* de George Orwell !) que des clients avaient acquis sur sa plate-forme sans les en avertir – Amazon les remboursant, bien entendu. L'éditeur de cet ouvrage ne possédait pas les droits pour les États-Unis pour la version électronique. Cet épisode a instillé le doute sur le modèle d'Amazon, entre service et vente (et donc transfert définitif de droits de propriété).

Outre une connectivité 3G et Wi-Fi, la mise en œuvre d'une infrastructure de stockage – Amazon Cloud –, permettant le téléchargement simultané et l'hébergement de milliers de fichiers par les clients, a été nécessaire. Cette infrastructure est par ailleurs valorisée, car commercialisée à des tiers sous forme de services Web (Amazon S3, solution de stockage en ligne depuis 2006 ; Amazon EC2, capacité dynamique de traitement en ligne).

Amazon a pris une importante décision stratégique en concevant son propre terminal de lecture de livre électronique. Contrairement au marché de la musique numérique, sur lequel Apple possède une part de marché estimée à 70 % au niveau mondial grâce à l'iPod, l'iPhone et l'iTunes Music Store, il n'existe pas de terminal dominant sur le marché des livres numériques.

Amazon a donc construit une solution de distribution numérique et se positionne dans la chaîne de valeur comme un acteur de plus en plus incontournable sur le marché américain et international, dans la mesure où sa base de clients offre des perspectives de revenus futurs importants aux éditeurs. Cette stratégie imite celle d'Apple dans la musique (iTunes MusicStore et iPod) et la téléphonie (iPhone et Appstore). Il existe cependant une nuance de taille avec Apple : Amazon offre la possibilité d'accéder au catalogue de livres numériques autrement que par le Kindle. Il est possible de télécharger un logiciel pour différents terminaux comme l'iPhone, l'iPad, l'iPod Touch, les téléphones mobiles fonctionnant avec le système d'exploitation Android et les tablettes Windows 8, mais aussi les ordinateurs Mac et PC. Amazon a acquis la société Lexcycle pour développer une telle solution logicielle.

Sources : *Amazon.com, http://www.ebouquin.fr*

Questions :

Quelles sont les ressources au sens stratégique qui ont été nécessaires pour déployer la stratégie dans le livre numérique ? Comment Amazon les a-t-elle réunies ?

Quelles sont les compétences qu'Amazon doit maîtriser pour réussir son pari technologique ? Quelle est l'infrastructure technique nécessaire pour mettre en œuvre une telle stratégie d'affaires ?

Pourquoi Amazon a choisi de construire son propre terminal ? Quels sont les avantages et les risques d'une telle décision ?

Quelles sont les limites du Kindle par rapport aux autres terminaux permettant la lecture de livres numériques ? Discutez.

L'arrivée de l'iPad d'Apple et sa solution de livre numérique iBook remet-elle en cause la stratégie d'Amazon ?

Qu'en concluez-vous sur la place de l'infrastructure technologique dans les stratégies de distribution de contenus dématérialisés ?

Le commerce électronique repose sur un ensemble d'infrastructures variées et de plus en plus nombreuses. Limité dans un premier temps au Minitel, il s'est progressivement déployé sur d'autres réseaux électroniques : réseaux dédiés au commerce *B2B* (EDI), Internet, et réseaux de téléphonie mobile. La multiplication de ces infrastructures nécessite de bien comprendre leur intérêt respectif selon le type de client auquel l'entreprise s'adresse : client particulier *B2C*, client professionnel *B2B*. Si le réseau Internet est sans nul doute une infrastructure d'avenir, les infrastructures EDI constituent toujours une base fondamentale des échanges électroniques entre entreprises. En fonction de l'infrastructure qui est retenue, les conséquences en termes de développement informatique sont loin d'être identiques. Plus encore, il apparaît désormais inéluctable que les sites marchands devront se développer sur plusieurs infrastructures, du fait de la très rapide croissance de l'Internet mobile. En outre, les aspects de paiements électroniques et la sécurité des transactions diffèrent profondément suivant l'infrastructure employée (EDI, Web, téléphonie mobile). Si l'EDI continue à se développer, il est certain que les échanges *B2C* se multiplieront sur Internet et sur les réseaux mobiles. Dans cette perspective, la personnalisation de la relation avec le client est un enjeu fondamental. Force est de constater que les technologies disponibles dans l'environnement Internet ont un potentiel considérable dans cet enjeu, notamment avec les technologies du Web 2.0. Cette personnalisation de l'expérience client passe désormais par la prise en considération des technologies sans-fil (Wi-Fi, Bluetooth, NFC, RFID) et des technologies mobiles pour étendre le potentiel du site marchand aux nouveaux terminaux comme les tablettes, mais aussi à d'autres terminaux (balance, capteur spécifique) parmi lesquels, les téléviseurs connectés.

1. Choisir une infrastructure technologique de commerce électronique en *B2C* et *B2B*

Si Internet est l'infrastructure la plus visible du grand public, le commerce électronique a débuté avec des infrastructures technologiquement éloignées d'Internet. En France, le commerce électronique a été possible dès le début des années 1980 grâce au Minitel développé par l'opérateur historique France Telecom. En outre, les besoins d'échange de données entre entreprises ont conduit dès les années 1960 aux premiers développements des technologies EDI aux États-Unis, encore très largement utilisées aujourd'hui dans les transactions commerciales électroniques. Par conséquent, si Internet constitue l'infrastructure de fait du commerce électronique à destination du grand public (*B2C*), le commerce électronique *B2B* transite majoritairement sur des infrastructures EDI. Il importe donc de comprendre les fondements technologiques de ces différentes infrastructures car elles n'offrent pas les mêmes caractéristiques en termes d'interface homme-machine, de protocoles, de sécurité des transactions et de coûts.

1.1. Les technologies Internet

Les technologies Internet sont nombreuses et variées. Ce chapitre se focalise sur les principaux fondements d'Internet nécessaires à la compréhension du fonctionnement d'un site Internet de commerce classique. Sous l'appellation « technologies Internet » sont rassemblés à la fois les protocoles de réseaux et les protocoles applicatifs utilisés.

1.1.1. Le protocole TCP/IP

Le réseau Internet est une interconnexion de réseaux informatiques locaux. Par nature, ces réseaux sont très hétérogènes et n'ont pas forcément la possibilité de s'interconnecter. L'interconnexion est rendue possible par un protocole de communication, le protocole IP (*Internet Protocol*). Il a été l'un des premiers protocoles permettant d'interconnecter des sous-réseaux aux caractéristiques physiques différentes. Il fournit des fonctions de réseau sans connexion fondées sur un datagramme. Il travaille en collaboration avec le protocole TCP (*Transfer Control Protocol*). Leur association donne le protocole TCP/IP, véritable protocole sur lequel fonctionne Internet.

1.1.2. Le protocole IP

Le protocole IP transporte les paquets d'informations (paquets IP). Il utilise le principe du datagramme. Chaque envoi de fichier donne lieu à une décomposition de celui-ci en plusieurs petits paquets d'informations qui contiennent l'adresse du destinataire et des informations sur la nature du fichier. Le serveur envoie ensuite les informations sur le réseau, chaque paquet pouvant emprunter des parcours différents. Le serveur destinataire attend l'arrivée de tous les paquets pour recomposer le fichier et l'adresser au destinataire final.

Ce mode de fonctionnement permet de fluidifier le trafic sur le réseau. Il arrive cependant que des paquets d'informations soient bloqués sur un serveur ou se perdent après une erreur de routage d'un serveur ou d'un routeur.

1.1.3. Le protocole TCP

Le protocole IP n'assure pas le contrôle de la transmission. C'est le protocole TCP qui procure un service de communication fiable entre applications. Après avoir acheminé l'information vers la machine ciblée (le rôle d'IP), il s'agit alors d'atteindre l'application référencée. TCP établit une connexion virtuelle entre applications distantes et utilise à cette fin un numéro de port[1]. Sur la plupart des machines connectées, plusieurs applications se déroulent simultanément ; par le biais des numéros de port, TCP joue le rôle d'un multiplexeur d'applications. Il assure également la fiabilité de la transmission (remise en ordre des paquets, retransmission des paquets perdus). Il reste à comprendre comment les paquets trouvent le serveur destinataire. Ceci est possible grâce à l'adressage IP.

1. Par exemple, le protocole HTTP utilise le port 80, le protocole POP (*Post Office Protocol*, employé pour la relève du courrier électronique), le port 25.

1.1.4. L'adressage IP

Dans un réseau IP, toutes les machines, postes client ou serveurs, possèdent une adresse qui permet de les identifier. Ainsi, il est possible de déterminer qui est l'émetteur d'un message et qui est son destinataire. Dans le protocole IP actuel (version 4), une adresse IP est codée sur 4 octets, ce qui correspond à une adresse de 32 bits. L'adresse IP est généralement présentée sous forme décimale « pointée ». Voici un exemple d'adresse IP : 195.132.197.252.

Un découpage logique interne permet de numéroter les réseaux, les sous-réseaux et enfin les machines. Les plages de numéros sont attribuées par l'IANA (*Internet Assigned Number and naming Authority*) par le biais de relais nationaux. Compte tenu de l'accroissement du nombre de réseaux et de machines, la numérotation actuelle (sur 4 octets) sera saturée à l'horizon de 2015.

Une nouvelle version de l'adressage IP (version 6) est désormais finalisée (**http://livre.g6.asso.fr/**). Elle devrait permettre de satisfaire la croissance du réseau IP mondial. Le protocole IP version 6 constituera une étape importante dans l'évolution du réseau Internet. En effet, IPv6 va améliorer plusieurs fonctionnalités de gestion des paquets IP. Outre un renforcement de la sécurité, il sera possible d'accorder des priorités à des paquets IP à l'aide du protocole RSVP (*Resource reSerVation Protocol*). Le déploiement du protocole IPv6 a d'ores et déjà débuté, mais des incertitudes pèsent encore sur la pénurie possible d'adresses IP pour connecter l'ensemble des terminaux et des objets qui ne font que croître (téléphones mobiles, tablettes, lecteurs de livres numériques). Mais si ce protocole est très efficace pour identifier des serveurs ou des postes clients, il n'en demeure pas moins qu'il est difficile de retenir des numéros IP. Dans le cadre d'une utilisation régulière, on recourt à des adresses explicites comme **http://monsitedecommerce.fr**. Comment le lien entre cette adresse et l'adresse IP s'effectue-t-il ? Ce lien repose sur l'existence d'un plan de nommage.

1.1.5. Le DNS, les URL, les noms de domaine

Aux débuts d'Internet, il n'y avait pas beaucoup de machines connectées entre elles ; chacune avait un nom. Les administrateurs de serveurs s'informaient par courrier électronique des modifications des noms de leur machine. Très vite cela n'a plus été possible. Il a fallu mettre en place un système qui gère la correspondance entre les noms des machines et les numéros IP. C'est le rôle du DNS (*Domain Name System*). Mais désormais on accédait non plus à une machine mais directement à un document (une page Web). Par conséquent, il a fallu organiser une structure d'accès des documents sur les serveurs. C'est ce que fait l'URL (*Uniform Resource Locator*). Il n'est pas possible d'utiliser n'importe quel nom pour nommer son serveur Web. Un plan de nommage structuré par des noms de domaine assure une cohérence dans les noms de sites Internet.

Le DNS

Le DNS est une base de données distribuée qui opère la translation entre une adresse URL et un numéro IP. La nature distribuée du DNS permet à certaines machines de contrôler certains segments de la base de données des noms, tandis que toute la base de données est accessible avec un mécanisme client-serveur. Un système de réplication de la base assure une fiabilité raisonnable, tandis que des caches augmentent la performance du système. En fait il s'agit d'une forme d'annuaires distribués qui se secondent mutuellement. Lorsque l'adresse n'est pas trouvée sur un serveur DNS, la requête est routée vers un autre serveur DNS jusqu'à ce qu'elle soit résolue.

Les URL

L'URL est un identifiant de document à travers le réseau Internet permettant la détermination de la méthode à utiliser (http ou ftp, par exemple) pour transférer le document, l'adresse du serveur sur lequel se trouve le document, et le chemin d'accès du document sur le serveur.

La structure d'une URL est la suivante :

Exemple : Méthode d'accès ://Nom absolu du serveur [:numéro de port]/[chemin d'accès]

Les noms de domaine

Afin d'identifier l'ensemble des ressources sur Internet, un principe de nommage a été mis en place, au départ aux États-Unis et désormais au niveau mondial. Il fait toujours l'objet d'âpres négociations sur son évolution et sa gestion par l'ICANN (*Internet Corporation for Assigned Names and Numbers*) [**http://www.icann.org/**]. Cette association rattachée au gouvernement américain a la charge de créer et de gérer des noms de domaine.

Il existe deux structures de noms de domaine : les gTLD (*generic Top Level Domains*) et ccTLD (*country code Top Level Domains*). Les ccTLD utilisent les codes ISO 3166-1 des noms de pays sur deux lettres. Ainsi, le nom de domaine de la France est .fr. Relativement limités au début (.edu, .gov, .mil, .com, .net, .org), les gTLD ne cessent de se multiplier. Désormais, des noms de domaine sont ouverts pour des organisations variées (aero, biz, info, int, jobs, mobi, museum, name, pro, travel). Les conditions d'obtention d'un nom de domaine sont variables selon les pays ou les positions des intermédiaires en charge de leur attribution (**http://www.afnic.fr/**).

Cette structure permet une gestion déléguée sans laquelle l'organisation d'Internet serait impossible compte tenu de l'augmentation permanente du nombre de sites.

Les noms de domaine s'achètent. En France, pour obtenir un nom de domaine avec une extension .fr, il faut être une entreprise ou un particulier, depuis 2006. La gestion des noms de domaine, leur achat, leur réservation, leur protection sont un enjeu très important pour l'entreprise souhaitant développer une activité de commerce électronique. D'abord, le nom de domaine est signifiant pour le client. Ensuite, les moteurs de recherche comme Google s'appuient en partie sur les noms de domaine pour apprécier la pertinence d'une page Web.

Enfin, de nombreuses entreprises sont victimes de « cybersquatting », ce qui signifie que d'autres entreprises ont déjà acquis le nom de domaine ou que des personnes malintentionnées ont acheté des dizaines de noms de domaine afin d'en tirer profit. Il est donc important d'intégrer la réflexion sur le nom de domaine dès la phase amont du projet de site marchand, pour maximiser le trafic et éviter des coûts inutiles.

Il importe de ne pas oublier que de nombreuses extensions géographiques existent et que des personnes ou des concurrents sont susceptibles de les utiliser au profit d'une marque ou d'imiter un site. Aussi, il est préférable d'acquérir les extensions pays (ccTLD) et ne pas oublier d'acquérir l'extension .mobi, qui est de plus en plus utilisée pour les sites accessibles depuis un terminal mobile. Pour une entreprise, il peut s'avérer judicieux d'acquérir également les noms de domaine proches du sien comportant des fautes de frappe afin d'éviter le « typosquatting »[1].

1. Voir la définition de typosquatting à l'adresse : **http://fr.wikipedia.org/wiki/Typosquatting**.

La marque est un élément extrêmement important en matière de commerce électronique, elle est encore plus un vecteur d'attraction des consommateurs que dans le commerce physique. En effet, sur la base d'une marque ou d'un groupe de mots sont directement accessibles les modes de distribution électronique. La gestion du droit des marques, des logos, des signes distinctifs et de tout élément permettant d'isoler et d'identifier un commerçant électronique est essentielle. De nombreuses décisions de justice sont intervenues en matière d'utilisation de marque et de réservation de nom de domaine (cybersquatting).

Plus récemment, les décisions de justice sont intervenues en matière de référencements commerciaux fondés sur des marques et des processus décrits par des moteurs de recherche et/ou annuaires de type Adwords par Google. Dans le cas de conflit entre signes quelconques utilisés sur le secteur d'Internet et droit des marques, les juges nationaux ont toujours fait prévaloir le droit des marques comme un élément distinctif fort de distribution de produits ou de services.

Il n'en demeure pas moins que des réflexions doivent être menées à ce titre, notamment pour que les professionnels du commerce électronique, nouveaux entrants ou ouvrant de nouveaux secteurs et canaux de distribution, puissent être protégés. Une politique de nom de domaine, de ciblage de références commerciales doit donc être menée pour qui veut ouvrir une activité dite de commerce électronique.

La marque est un élément du fonds de commerce qui doit être protégé indépendamment de tout type d'activité, qu'il s'agisse de commerce électronique, ou plus généralement de vente à distance, ou d'autre type de distribution de produits ou de services.

Ainsi, à travers la notion de commerce électronique, ce sont non pas simplement la responsabilité du commerçant, la qualification ou la qualité du consommateur qui priment, mais également d'autres éléments affectant le patrimoine de l'entreprise et notamment l'ensemble des éléments incorporels d'un fonds de commerce au sein duquel se trouve bien sûr le site Web, le patrimoine intellectuel composé des marques et logos ainsi que, par exemple, son site de commerce en ligne.

Sous l'égide des Nations unies, il existe une instance d'arbitrage internationale (WIPO, *World Intellectual Property Organization*) en charge de régler les litiges juridiques concernant les noms de domaine. Le nombre de litiges qu'elle gère ne cesse d'augmenter. L'essentiel des conflits porte sur les extensions .com, .net et .org.

1.1.6. Le protocole HTTP

Pour transférer une page Web d'un site vers le navigateur Internet d'un client, il faut transporter des fichiers. HTTP (*HyperText Transfer Protocol*) est le protocole qui se charge de cette tâche. Il affiche des pages Web conçues en langage HTML avec des liens hypertexte. Pour bien comprendre la spécificité de ce protocole et son fonctionnement, il convient de présenter la façon dont fonctionnent les relations entre l'ordinateur de l'internaute et le serveur qui héberge des fichiers. Pour cela, il faut remonter un peu dans le temps, au début de l'existence des serveurs dans les années 1970. À cette époque, les ordinateurs des utilisateurs étaient des terminaux passifs. L'utilisateur ne pouvait rien faire d'autre que ce que le serveur l'autorisait à faire. La relation s'apparentait à une relation maître-esclave. Ce type de relation client-serveur est très fiable et très sécurisée car elle s'appuie sur les notions de session (on identifie les requêtes) et de transaction (on valide la requête).

Le protocole HTTP n'utilise ni la notion de session ni la notion de transaction. Ceci se comprend aisément : les documents hypertexte renvoient à des serveurs multiples. Par conséquent, une requête pourrait générer plusieurs sessions, ce qui deviendrait très vite ingérable. Outre l'absence de session, il y a donc absence de transaction, dans la mesure où le serveur ne valide pas la requête par un contrôle particulier. Dès lors, ce protocole permet la gestion des requêtes de pages Web, mais il n'est pas sans générer des enjeux de sécurité (voir section 3.1).

1.1.7. Le HTML

Les pages Web sont écrites dans un langage informatique spécifique nommé HTML (*HyperText Markup Language*). Issu du SGML, le HTML est un langage qui décrit le contenu d'un document à l'aide de balises (*markup*). Par exemple, la balise TITLE permet à un navigateur Web de connaître le titre d'un document qui est décrit par la balise.

Quels sont les avantages d'un tel langage ? C'est une méthode normalisée pour représenter l'information contenue dans un document :

- L'information est représentée indépendamment des systèmes utilisés pour sa saisie et son traitement.
- L'information représentée est indépendante de toute forme physique finale.

Concrètement, cela signifie qu'au travers d'une seule application – le navigateur Web –, il est possible de lire n'importe quel document pourvu qu'il respecte le langage HTML.

Une des particularités du langage HTML tient à l'existence d'un certain nombre de balises spécifiques qui permettent de décrire le contenu d'une page. Certaines balises d'en-tête (*meta tags*) sont utilisées pour le référencement des sites dans les moteurs de recherche, principale porte d'entrée des internautes pour la recherche d'informations sur Internet. Il existe ainsi une balise « *keywords* ». Il s'agit des mots clés qui permettent aux robots des moteurs de recherche de trouver des pages correspondant à une recherche. Une balise de description, « *description* » existe également. Certains moteurs de recherche s'en servent pour apprécier le contenu d'un site, d'une page. Enfin, la balise « *Title* » est importante, car des moteurs de recherche utilisent le titre de la page pour effectuer leur requête.

Le langage HTML permet la production de pages qualifiées de statiques (dont le contenu est figé). Ceci constitue donc une limite, notamment dans une optique de site de commerce électronique pour lequel la production des pages à partir de nombreuses références de produits se révèle laborieuse. En effet, le catalogue de produits peut évoluer, les prix également. La mise à jour des pages statiques serait donc très coûteuse en temps et en travail. En outre, la personnalisation de la relation avec le client nécessite de modifier le contenu de la page en fonction de certaines de ses caractéristiques. Plusieurs méthodes permettent de dépasser cette limitation. On parle alors de sites dynamiques. Ces sites s'appuient sur des technologies qui lient des bases de données ou des applications informatiques au serveur chargé de générer les pages HTML et de les envoyer à l'ordinateur qui en fait la demande.

Le langage HTML continue d'évoluer. Il tente de répondre aux nouveaux usages qui se développent sur Internet comme celui de la vidéo, mais aussi l'utilisation en mobilité sur des terminaux aux caractéristiques toujours plus nombreuses. La dernière version, HTML 5, apporte de réelles nouveautés et permet de construire des sites offrant une expérience plus riche pour l'utilisateur[1]. On peut citer de nouvelles balises facilitant l'intégration d'éléments multimédias dans les pages Web, comme *video* ou *audio*. Grâce à un ensemble d'API (*Application Programming Interface*), le HTML 5 augmente également les fonctionnalités du navigateur, par exemple la gestion de la géolocalisation de l'utilisateur, fonction qui peut être le fondement de la personnalisation contextuelle sur l'Internet mobile. Le HTML 5 est appelé à jouer un rôle important dans les années à venir pour la production de sites Web, dans la mesure où il permet de se passer de technologies propriétaires, coûteuses et moins adaptées aux terminaux mobiles, comme le Flash™ d'Adobe et son langage Actionscript, ou Silverlight de Microsoft.

1.1.8. Les technologies de sites dynamiques

Les technologies du Web dynamique reposent sur le principe selon lequel les données doivent être séparées de leur interface de présentation. Cette séparation permettra de réaliser des transactions complexes, parce que les données pourront venir de plusieurs applications différentes, par exemple de la base de données commerciale, mais aussi de la base de données client ou directement d'applications de production. Les données pourront faire l'objet de traitements différents, alimenter des bases de données et, ensuite, être affichées dans le navigateur de l'internaute.

Plusieurs technologies permettent de créer des sites Web dynamiques. La plus ancienne, toujours utilisée car elle est très robuste, est la méthode des scripts CGI (*Common Gateway Interface*). Outre cette méthode, il existe plusieurs langages de requêtes de base de données fonctionnant avec un serveur Web.

Les scripts CGI

Imaginons une page HTML avec un questionnaire que l'internaute doit remplir pour constituer un dossier client. Les données fournies par l'internaute sont envoyées au serveur. Sur le serveur, il existe des petites applications – des scripts CGI – qui traitent les informations transmises. Les données fournies par l'internaute sont extraites puis envoyées dans une base de données. À partir de ces données, des informations personnalisées peuvent être envoyées grâce à un script CGI. Celui-ci va extraire les données personnalisées, les ajouter dans une page HTML, puis le serveur Web enverra la page ainsi construite. L'efficacité de cette méthode repose sur l'indépendance du langage de programmation des scripts et sur la portabilité des scripts.

Cette méthode simple est très adaptée aux petits sites. Dès lors qu'il y a des milliers ou des millions de requêtes dans des laps de temps très courts, le serveur est accaparé par l'exécution des scripts. Très rapidement, cette méthode se révèle inadaptée à des sites de commerce électronique comptant de nombreux clients et une gamme étendue de produits.

Les pages Web dynamiques

Pour dépasser les limitations de la méthode des scripts CGI, de nombreux langages d'interrogation de base de données ont été développés afin de faciliter la programmation d'application utilisant le navigateur Web comme client. Quelle que soit la solution retenue (ASP.Net, PHP, JSP), l'architecture repose sur une séparation des données et de la mise en page sur le navigateur Web. L'internaute remplit un formulaire. Les données

1. Pour l'ensemble des spécifications du HTML 5, voir **http://www.w3.org/TR/html5/**.

sont envoyées par le serveur Web dans une base de données grâce à une requête écrite dans un langage de gestion de base de données. Ce langage peut être le PHP, l'ASP.Net, le JSP. Plusieurs éditeurs proposent des langages propriétaires liés au type de serveur Web utilisé (IIS, Apache, WebStar) et au type de base de données (SQL Server, MySQL, FileMaker, 4D, etc.).

Toutes ces technologies sont à la base des produits logiciels commerciaux qui permettent de développer un site marchand. Cependant, même si elles sont appelées à perdurer dans les années à venir, elles ont été complétées par de nombreuses autres technologies plus interactives, qui ont permis l'émergence de ce que l'on dénomme communément aujourd'hui le Web 2.0[1].

1.1.9. Les technologies du Web 2.0

Le Web 2.0 se caractérise essentiellement par le fait que du contenu peut facilement être créé par l'utilisateur final (UGC, *User Generated Content*). Dans le cadre du commerce électronique, cela offre de nouvelles possibilités pour gérer des contenus (commentaires, évaluations, retours d'expérience, etc.), qui peuvent s'ajouter aux fiches-produits (voir chapitre 5) et à l'expérience de navigation (voir chapitre 6). La création de contenus par l'utilisateur est facilitée par un ensemble de langages ou techniques informatiques interactifs.

Le langage Javascript

Créé en 1995, le Javascript est un langage de scripts qui s'exécute dans le navigateur Web, les scripts étant inclus dans les pages HTML. L'intérêt du Javascript est d'accroître l'interactivité d'une page Web. Ainsi, des éléments dynamiques peuvent être gérés par le navigateur sans que celui-ci n'ait à recharger la totalité des éléments composant la page HTML par l'intermédiaire d'une requête http. La gestion des modifications sur la page en interaction avec les actions de l'internaute est facilitée et les limitations du langage HTML dépassées. La présentation des produits et la gestion des menus déroulants et des formulaires sont donc plus aisés. Il n'en demeure pas moins que les performances des navigateurs Internet (Firefox, Internet Explorer, Safari, Chrome, Opera) diffèrent fortement à cause de moteurs d'interprétation du code Javascript plus ou moins performants.

Ajax

Ajax n'est pas à proprement parler un langage, mais un ensemble de technologies liées au Web qui, combinées, offrent des potentialités bien supérieures au simple langage HTML. Ajax signifie *Asynchronous JAvascript and XML*. Cet ensemble permet la création de véritables applications au sein d'un navigateur sans que les temps de réponse des requêtes http n'en soient augmentés, du fait du mode asynchrone introduit par ces technologies. Grâce à elles, il est possible de créer des interfaces très riches du point de vue fonctionnel. L'intérêt réside dans les possibilités accrues de personnalisation des pages Web, dans l'interactivité qu'elles offrent et l'expérience client supérieure par les performances de temps de réponse qu'elles permettent pour le chargement d'une page Web. Cet ensemble combine des scripts codés en Javascript, des feuilles de styles pour la présentation (feuilles CSS, *Cascading Style Sheet*) et principalement un objet XML incontournable,

1. Pour une bonne présentation du Web 2.0, voir **http://fr.wikipedia.org/wiki/Web_2.0**.

*XMLhttpRequest*1. Un bon exemple de déploiement de ces technologies est offert par le portail d'agrégation de contenus Web Netvibes (**http://www.netvibes.com**).

Flux RSS, Podcast

RSS (*Really Simple Syndication*) est un format XML qui permet la diffusion, l'abonnement et la syndication d'informations qui sont encapsulées dans le flux XML. Le principal intérêt de cette technologie est la possibilité pour un site marchand (ou non) de pouvoir diffuser de nouvelles informations sans que l'internaute n'ait à visiter les pages du site. Il suffit de créer un flux RSS auquel l'internaute s'abonnera pour consulter les nouveautés ajoutées au site. Un logiciel client permet de s'abonner et gérer ses abonnements. Les navigateurs de dernière génération gèrent également les flux RSS. Un site comme Netvibes offre la possibilité à l'internaute d'agréger autant d'abonnements à des flux RSS qu'il le souhaite en les organisant par onglets publics ou privés (voir, par exemple, la page publique Netvibes suivante : **http://www.netvibes.com/henriisaac#Livre_e-commerce**).

Le podcast est une variante de flux RSS qui inclut un flux audio. Il existe également des vidéocasts. Le flux XML encapsule un fichier au format MP3 (Audio) ou MP4 (Vidéo)[2]. L'utilisateur s'abonne à un flux de podcasts, grâce auquel il peut écouter de la musique ou suivre des émissions de radio ou de télévision en mode asynchrone. Cette technologie permet d'enrichir un site marchand en offrant des contenus multimédias qui peuvent être consommés par différents canaux (site, flux RSS, podcast) dans des espaces-temps différenciés. Il est possible d'utiliser cette technologie pour des présentations de produits ou des tests d'utilisation.

Services Web, Mash-ups & API

Cet ensemble de technologies recompose sensiblement les méthodes de développement d'un site Web, y compris d'un site marchand. Elles constituent l'avenir des technologies Web.

Services Web, API

Les services Web constituent une réelle évolution dans la façon de concevoir des applications informatiques et de les interconnecter entre elles grâce à Internet. Grâce à ces techniques de développement et en ajoutant une « couche » applicative spécifique, il devient possible de rendre accessibles, par le biais des protocoles standardisés comme SOAP[3] (*Single Object Application Protocol*), des fonctionnalités de n'importe quelle application informatique. Une application de facturation développée sous forme de service Web peut être publiée sur Internet.

> ***Exemple :*** Amazon a développé un ensemble de services Web pour le commerce électronique, AWS (*Amazon Web Services*[4]). Ainsi, des services de gestion de stocks et de traitement des commandes (*Amazon Fullfilment Web Services*), des services de paiement (*Amazon Flexible Payment Service*), de bases de données (RDS), de stockage (S3), ou encore de puissance de calcul à la demande (EC2) sont disponibles. Amazon facture ses services Web.
>
> *Source : Amazon.com*

1. Pour plus de détails techniques, voir **http://fr.wikipedia.org/wiki/Asynchronous_JavaScript_and_XML**.
2. Pour plus de précisions, voir **http://fr.wikipedia.org/wiki/Podcast**.
3. Voir **http://www.w3.org/2002/07/soap-translation/soap12-part0.html**.
4. Voir **http://aws.amazon.com/**.

Une autre application localisée dans un système d'information distant peut faire appel à cette application en lui envoyant une requête encapsulée grâce au protocole SOAP et obtenir une réponse de la même façon. On parle alors d'architecture distribuée. Certains services Web, gratuits ou payants, sont accessibles grâce à des interfaces programmables, des API (*Application Programming Interface*).

> ***Exemple :*** Il est possible d'utiliser des fonctionnalités du réseau social Facebook grâce à son API Open Graph. Ainsi, la fonction de recommandations (« *Share* ») ou la fonction « statuts/commentaires » des internautes peuvent être utilisées sur un site marchand *via* l'API Open Graph. Un tel recours permet de s'appuyer sur le réseau social numérique de chaque client dans une démarche de marketing viral en affichant du contenu du site sur la *timeline*.

Il est donc possible de recourir à des services Web pour bâtir un site marchand. Dans l'industrie du tourisme en ligne, la plupart des accès aux offres et systèmes de réservation s'effectue d'ailleurs par l'intermédiaire de services Web.

Mash-ups, widget

Un *mash-up* ou une application composite est un élément d'un site Web qui provient d'un autre site. Généralement, un site fournit un code informatique qui est inséré dans un autre site et lui donne une fonctionnalité supplémentaire. Parfois, le terme *widget* est utilisé pour désigner un *mash-up*, mais il désigne également des fonctionnalités des systèmes d'exploitation Windows et Mac OS X.

> ***Exemples :*** Google fournit de nombreux *mash-ups*, dont le plus connu est celui qui permet d'utiliser Google Maps et ainsi d'afficher sur un site marchand les localisations de magasins. Fedex fournit également un *mash-up* grâce auquel les clients d'un site marchand peuvent suivre l'avancement de leur livraison lorsqu'il est assuré par Fedex.
>
> Amazon fournit également plus de dix *widgets* dans un objectif d'affiliation de sites partenaires et d'acquisition de clients. Ainsi, un blogueur pourra utiliser un *widget* qui comporte ses recommandations de lecture et renvoyer ses lecteurs vers Amazon par ce biais. Il sera rémunéré par Amazon pour toutes les ventes que son site génère à travers ce *widget*. Pour ce faire, Amazon met à disposition de nombreux types de *widgets* et une interface de *reporting* des ventes. Amazon offre également un *widget* plus sophistiqué qui s'apparente à un réel site de vente en ligne (aStore).
>
> *Sources : Google.com, Amazon.com*

De plus en plus de prestataires fournissent gratuitement ou contre rémunération des API, des *mash-ups* ou des services Web. Par conséquent, il convient de s'interroger sur la meilleure méthode de développement de son site marchand (voir section 2).

1.2. Les technologies EDI

Dès la fin des années 1960, certaines entreprises américaines ont entrevu tout le potentiel des échanges de données électroniques. Au fil du temps, les groupes de travail ont compris la nécessité absolue d'avoir un langage commun afin de faciliter les échanges entre entreprises. Il fallait que toute entreprise participant aux échanges électroniques soit d'accord sur ce qu'est une facture, une commande. Les groupes de travail vont définir un langage standardisé spécifique aux échanges commerciaux électroniques, l'ANSI X12. En Europe, la réflexion commence au début des années 1980 et ce n'est qu'au début des années 1990 qu'émerge effectivement un langage international de commerce électronique, l'EDIFACT (*Electronic Data Interchange For Administration, Commerce and Transport*). Il n'en demeure pas moins que chaque secteur industriel présente des particularismes qui nécessitent des adaptations de ce langage générique. Dès lors, des instances nationales vont adapter l'EDIFACT à leurs spécificités, générant ainsi des langages « métiers » comme dans la banque, l'assurance, l'automobile, la distribution, le BTP. Outre ce langage, des normes de communication sont édictées afin de garantir la sécurité des échanges électroniques sur des infrastructures de télécommunications souvent nommées RVA (réseau à valeur ajoutée). L'apparition d'Internet a quelque peu occulté l'existence de l'EDI, dont les atouts sont nombreux du point de vue de la sécurité des transactions. Afin de tirer parti de la souplesse d'Internet et de la robustesse de l'EDI, des solutions dénommées Web-EDI se sont multipliées ces dernières années.

1.2.1. Comprendre l'EDI

EDI signifie « échange de données informatisé ». C'est la traduction de l'expression américaine *Electronic Data Interchange*. Il s'agit d'un langage informatique normalisé sous forme de messages, qui permet le codage et l'envoi d'informations commerciales directement de machine à machine sans intervention humaine dans le processus de traitement de l'information. L'objectif d'un tel langage est de dématérialiser et d'automatiser les échanges d'informations entre entreprises. En effet, les entreprises échangent des factures, des bons de commande, des ordres de virement et bien d'autres documents sous format papier. Ces échanges sont coûteux (saisie, ressaisie des informations), lents et parfois aléatoires (performance du système postal). L'automatisation abaisse les coûts d'exécution et accélère les échanges. Pour ce faire, il est toutefois nécessaire que les entreprises s'entendent sur ce qu'est une facture et qu'elle puisse être traitée automatiquement par leur système d'information. Dès lors, il est fondamental de parvenir à un langage normalisé, accepté par toutes les entreprises qui l'utilisent. Ce langage international de commerce électronique a été progressivement construit sous l'égide de l'ONU après des initiatives américaines (ANSI X12) et européennes.

Tout langage EDI définit un vocabulaire, une syntaxe et une grammaire normée. Ce langage s'exprime sous la forme de messages structurés. Il existe un très grand nombre de messages dans la norme EDIFACT, couvrant l'essentiel des transactions commerciales, financières, douanières et administratives des activités économiques (**http://www.edifact.fr/** pour des exemples de messages). Un message EDI comme celui qui permet de dématérialiser une facture – le message INVOIC – est créé à l'aide d'une application informatique qui encode ce message à partir de données provenant du système d'information de la société émettrice. On parle de traducteur EDI.

L'enchaînement de messages est possible et permet d'orchestrer des échanges commerciaux en temps réel, nécessaires dans les chaînes logistiques reposant sur le juste-à-temps. De façon plus générale, l'envoi d'un message peut déclencher dans le système d'information du destinataire des processus de gestion qui à leur tour peuvent lancer l'envoi d'une réponse automatique. La réelle difficulté réside dans l'intégration des données dans le système d'information des entreprises et plus particulièrement dans le système d'information des PME, souvent peu développé et faiblement apte à traiter de tels messages.

Certaines industries, pour tirer pleinement bénéfice de la dématérialisation des échanges d'information, ont souhaité adapter certains messages ou certains enchaînements de messages. Des langages « métiers » sont donc apparus, la plupart issus d'EDIFACT.

On peut citer ETEBAC dans le domaine bancaire, ODETTE-GALIA dans l'industrie automobile européenne et française, EAN-GENCOM dans la distribution en France. Les langages EDI sont donc des langages de commerce électronique qui permettent par exemple de demander un devis à un fournisseur, de lui adresser une commande, de recevoir la facture, d'accuser réception d'une marchandise et d'effectuer le paiement de la commande selon les modalités prévues. Par quels réseaux sont envoyés ces messages s'ils n'utilisent pas le réseau Internet ? Plusieurs possibilités existent, mais toutes utilisent généralement un protocole de messagerie X.400. Le protocole X.400 est un ensemble de spécifications techniques permettant l'envoi de messages sur des réseaux de télécommunications (**http://www.x400.org/**).

L'échange de données informatisées est intégré dans les dispositions du Code général des impôts et notamment dans l'article 289 bis dudit Code concernant la transmission des factures par voie électronique, « *qui se présente sous la forme d'un message structuré selon une norme convenue entre les parties...* ». Les dispositions de cet article reposent sur une identité des informations émises et des informations reçues et sur la possibilité de restitution desdites informations.

La conception et l'organisation d'un échange de données informatisé nécessitent le respect de dispositions normatives de l'Union européenne reconnues et intégrées dans le Code général des impôts. Le principe est que l'administration et ses agents puissent effectuer des contrôles inopinés dans les locaux professionnels des entreprises émettrices et réceptrices afin de déterminer le critère d'identité des messages adressés et reçus.

1.2.2. Le routage et la sécurité des messages EDI : les RVA (réseaux à valeur ajoutée)

Le transport des messages EDI entre entreprises, lorsqu'il n'existe pas de connexion de point à point entre elles (c'est-à-dire quand il n'y a pas de liaison physique de télécommunication directe entre les deux partenaires commerciaux), repose sur des réseaux à valeur ajoutée gérés par des prestataires de services. On peut citer Allegro, Atlas400, IBM, GEIS, UAFI.

Ces réseaux sont qualifiés de réseaux à valeur ajoutée car les prestataires agissent comme des tiers de confiance dans la relation commerciale dématérialisée. En effet, grâce au protocole de messagerie et à sa gestion, les prestataires sont en mesure d'horodater les envois et les réceptions, de garantir l'intégrité des données échangées et d'apporter la preuve de la transaction. Ils garantissent de fait le principe de non-répudiation. D'un point de vue juridique, ces éléments sont fondamentaux dans des transactions commerciales professionnelles et expliquent pourquoi de nombreuses entreprises n'ont pas fait migrer leurs échanges de données vers Internet. Par défaut, Internet n'offre pas ce type de garantie et de preuve[1].

Il n'en demeure pas moins que si ces réseaux se révèlent robustes et efficaces, ils sont coûteux pour des entreprises de petite taille qui n'ont, en outre, ni les compétences ni les infrastructures pour utiliser ce type de technologie. L'arrivée d'Internet a quelque peu modifié la donne pour ces entreprises, et très vite des solutions mêlant EDI et Internet sont apparues.

---

1. Il est cependant possible de recréer une telle configuration sur Internet, voir section 3.1.

1.2.3. De l'EDI à Internet : le Web-EDI

Le terme Web-EDI désigne des solutions techniques qui, par le biais d'Internet, autorisent l'accès à l'échange de messages EDI même si l'entreprise n'a pas de connexion à un RVA et n'utilise pas de logiciels de traduction EDI. Cette approche privilégie la connexion d'un plus grand nombre d'acteurs économiques, au détriment de la fiabilité des transactions qui s'en trouve quelque peu amoindrie du fait de l'utilisation des protocoles Internet, même si le protocole sécurisé HTTPS est employé. Une entreprise ne souhaitant pas ou n'ayant pas la capacité de déployer une solution complète d'EDI et d'intégration avec son système d'information choisira une telle solution. Elle nécessite de recourir à un prestataire de services qui met à disposition une plate-forme accessible par le biais d'une connexion Internet, plate-forme qui assure la réception et la conversion des messages EDI dans différents formats, comme les fichiers à plat, CSV, XML, voire une conversion en fax. La configuration technique se présente comme suit : l'entreprise se connecte directement sur le site Web sécurisé du prestataire après avoir reçu une notification par courrier électronique. Le client accède ainsi à un message EDI qui a été traduit et qui peut être géré depuis la plate-forme (réponse, impression d'étiquettes, etc.).

Cette solution souple représente une étape transitoire vers une utilisation plus large des technologies Internet. Cela sera le cas lorsqu'il existera un langage normalisé au niveau international de commerce électronique. De nombreuses tentatives ont avorté (cXML), d'autres s'imposent progressivement, comme le ebXML. Seul l'ebXML est normalisé par l'OASIS au niveau international. Les standards EDI sont désormais portés dans le format XML et peuvent donc être utilisés plus largement sans avoir à recourir à une infrastructure particulière. Le nom de l'EDI évolue en conséquence pour celui de eCOM (pour *electronic COMmerce*).

2. Choisir une solution technologique selon la taille du projet

Le développement du commerce électronique sur Internet a généré une offre importante de solutions logicielles pour développer un site marchand. Une première décision managériale consiste donc à finaliser le choix d'une solution logicielle pour gérer les transactions électroniques. Plusieurs alternatives sont possibles : le développement interne, l'achat d'un logiciel dédié, la location d'une application en ligne, le recours à un logiciel *open source* ou aux places de marché. Enfin, il faut intégrer dans le choix de la solution technique une éventuelle version mobile du site marchand, canal désormais de plus en plus incontournable.

2.1. Le développement interne

Certaines entreprises ont fait le choix de développer leur propre outil de gestion de vente en ligne. Cette solution a été retenue, par exemple, par des acteurs aussi importants qu'Amazon aux États-Unis ou Pixmania en France. Ces choix nécessitent des compétences informatiques importantes en interne pour développer une solution logicielle spécifique. Un tel choix offre cependant des avantages indéniables à long terme. Amazon a ainsi breveté certains de ses algorithmes ou fonctions de sa solution de commerce électronique, comme la fonction One-Click® qui permet l'achat d'un produit en un seul clic.

Amazon commercialise cette fonction auprès d'autres sites marchands, comme l'iTunes Music Store d'Apple, générant ainsi des revenus additionnels.

Plus encore, la maîtrise de sa solution interne de commerce électronique permet de développer de nouvelles activités. La solution ainsi développée peut être vendue ou louée, générant alors des revenus complémentaires. C'est le choix de Pixmania en France qui exploite grâce à sa plate-forme logicielle le site de commerce électronique de Bouygues Telecom, entre autres. Amazon a une stratégie similaire, même si elle a opté pour une technologie différente, celle des services Web (voir section 1.1.9). L'entreprise valorise une compétence clé et diversifie ainsi ses sources de revenus (voir chapitre 2). Il n'en demeure pas moins qu'une telle solution est souvent le fait d'acteurs historiques d'Internet (lorsque l'offre d'outils de gestion était peu développée, voire inexistante) ou d'entreprises qui ne trouvent pas de logiciels intégrant la spécificité de leurs produits ou de leurs processus commerciaux.

2.2. Les solutions logicielles packagées

Face à la montée en puissance du canal électronique, nombre d'éditeurs de logiciels de gestion ont développé une offre dédiée au commerce électronique. On peut distinguer deux types d'offres dans cette catégorie : les logiciels spécifiques et les modules dédiés de progiciels de gestion intégrée (PGI).

2.2.1. Les suites logicielles spécialisées

Dans la première catégorie, on trouve des logiciels spécialisés pour la gestion du commerce électronique. Ces logiciels offrent une large palette de fonctions : gestion d'un ou plusieurs catalogues, gestion de la relation client, gestion marketing, gestion des commandes, fonctions de *reporting*, connecteurs vers d'autres applicatifs du système d'information de l'entreprise. On trouve des acteurs comme Intershop, Hybris. Des acteurs plus spécialisés offrent des logiciels spécifiques à la gestion de catalogues de produits ou de familles de produits complexes (nombreuses sous-catégories) et des configurateurs de produits. Un éditeur comme Cameleon Software (**http://www.cameleon-software.fr/**) est très représentatif de ce type d'offre. Des offres logicielles plus sophistiquées existent également, intégrant la problématique de l'intégration au système d'information de l'entreprise (par exemple, IBM Websphere Commerce Enterprise).

2.2.2. Les modules de progiciels de gestion intégrée

Dans la seconde catégorie, on trouve des logiciels très complets comprenant de nombreuses fonctionnalités et autorisant la gestion d'un nombre important de produits et de transactions. Les modules proposent typiquement les fonctions de catalogue, de gestion de stocks, de commande en ligne, de gestion des promotions. L'ERP SAP R/3 offre par exemple ce type de module dédié au commerce électronique (Internet Sales R/3 Edition), tout comme le PGI dédié aux PME (SAP Business One). Dans ce module, il existe une fonction avancée de configuration de produits par le client que l'on ne trouve pas dans les solutions hébergées ou *open source*. On retrouve d'autres fonctions avancées dans le module iStore de la suite applicative d'Oracle « e-business Suite », par exemple la gestion du site par segment de clientèle, la gestion des ventes croisées. L'intérêt d'une telle solution pour l'entreprise réside dans l'intégration de ce module au progiciel de gestion intégrée et donc dans l'intégration des processus opérationnels (stocks, comptabilité, facturation, logistique). C'est donc le choix pertinent pour les entreprises qui ont opté pour le PGI et qui n'ont pas de produits très spécifiques nécessitant des adaptations des processus classiques de vente.

2.3. Les solutions hébergées

Le développement d'Internet et l'augmentation des débits ont permis l'émergence d'une offre de solutions de commerce électronique hébergées. Cette offre est le fait d'entreprises qualifiées d'ASP (*Application Service Provider*) [**http://fr.wikipedia.org/wiki/Application_Service_Provider**]. Ce type de solution, désormais appelée SaaS (*Software as a Service*), consiste à louer à un prestataire une application accessible par le biais d'Internet. Dès lors, aucun développement, aucune maintenance informatique ne sont nécessaires. Cette solution est donc très pertinente pour des entreprises ne possédant aucune compétence informatique propre et ne souhaitant pas investir dans ce domaine, préférant se focaliser sur leur offre commerciale ou la relation client. Comme pour l'ASP en général, cette solution comporte d'indéniables avantages (coûts, gain de temps, économie de compétences), mais également des risques qu'il s'agit d'évaluer dès le début du projet : fiabilité du prestataire, sécurité des données confiées au prestataire, taux de disponibilité de l'application en ligne. Le choix d'un prestataire est difficile, tant l'offre est foisonnante. À titre d'exemple, on peut citer les offres hébergées comme celles de Wizishop (**http://www.wizishop.com**), ou encore Oxatis (**http://www.oxatis.fr/**). Les critères de choix d'une telle solution sont : la pérennité du prestataire (depuis quand existe-t-il ?), le nombre de références (y a-t-il un nombre conséquent d'entreprises ayant opté pour cette solution ?), les prestations de services assurées (fonctionnalités du site, hébergement, sauvegarde, délai d'intervention en cas d'interruption de service, récupération des données, etc.).

Une extension de l'ASP est constituée par ce que l'on nomme les logiciels comme des services (*Sofware as a Service*, SaaS), hébergés sur des serveurs accessibles par Internet (*cloud computing*, ou « informatique dans les nuages »[1]). La différence avec l'ASP réside essentiellement dans le mode de facturation, qui consiste à facturer à l'usage (nombre de transactions, de commandes, etc.). C'est le principe de service à la demande. Pour le e-commerce, mis à part la solution très complète Magento Go[2], seules certaines fonctions périphériques au processus de base sont accessibles de cette façon (affiliation, e-mailing, stockage, puissance de calcul).

2.4. Les solutions *open source*

Le développement de l'*open source* est un des faits marquants de l'évolution récente de l'informatique. D'abord focalisée sur les systèmes d'exploitation (Linux, Debian, RedHat, etc.) et les logiciels destinés aux professionnels de l'informatique, l'offre de logiciels *open source* s'est considérablement développée. Il existe beaucoup de projets *open source* crédibles en commerce électronique, utilisés par de nombreuses entreprises pour leur site marchand. On peut citer les projets Prestashop (**http://www.prestashop.com**) et Zen Cart (**http://www.zen-cart.com**). Le progiciel *open source* le plus abouti est

1. Cette expression provient des représentations schématiques d'Internet qui est symbolisé par un nuage dans des présentations techniques ou commerciales.
2. Voir **http://go.magento.com/**.

sans conteste Magento (**http://www.magento.com**). Très utilisé (par plus de 60 000 sites marchands dans le monde), tant pour ses fonctionnalités que pour sa fiabilité, il constitue une référence du point de vue des fonctionnalités disponibles.

Enfin, les outils de gestion de contenus en ligne (CMS, *Content Management Systems*), plutôt destinés à déployer des sites éditoriaux, qui proposent des modules spécifiques pour le commerce électronique, constituent une autre tendance. Ainsi, on trouve de nombreuses extensions pour le CMS Joomla! ou encore eZ Publish qui facilite le déploiement d'un site marchand. Le logiciel Drupal Commerce est une solution efficace dans cette catégorie. Une offre comme RBS Change est issue des logiciels CMS, mais constitue désormais une vraie solution e-commerce dédiée très adaptée aux stratégies multicanal.

Il existe également certaines extensions (*add-ons*) pour les solutions de blogs les plus répandues qui permettent de vendre en ligne depuis un simple blog, comme WP e-Commerce pour la plate-forme de blog WordPress.

Le choix de l'*open source*, s'il évite des coûts de licence à l'entreprise, nécessite cependant des compétences internes élevées en développement logiciel. En effet, de tels logiciels demandent une installation minutieuse, de nombreux paramétrages et une intégration avec le reste du système d'information de l'entreprise. En outre, si les logiciels *open source* sont généralement gratuits, les éditeurs facturent souvent des modules complémentaires (souvent indispensables, comme les modules de langue ou de paiement en ligne). Certaines de ces offres existent en mode hébergé (SaaS).

2.5. Les places de marché

Que ce soit dans une stratégie mono ou multicanal (voir chapitre 3), une solution technique pour vendre en ligne consiste en l'utilisation des places de marché existantes dans de nombreux pays et au niveau mondial (Amazon Marketplace, eBay, Pixmania, PriceMinister, Fnac.com, 2xmoinscher, Rueducommerce.com). Cette solution présente plusieurs intérêts (voir chapitre 1). En premier lieu, elle offre l'accès à des bases de clients existantes (plusieurs millions pour les plus importantes), réduisant les coûts marketing et les coûts d'acquisition clients (voir chapitre 7). En second lieu, l'infrastructure technique devient un enjeu secondaire, puisqu'on s'appuie alors sur la robustesse de plates-formes très éprouvées du point de vue de la capacité et des fonctionnalités. En revanche, il faut intégrer dans le calcul du coût de cette solution les commissions sur les ventes que facturent ces places de marché et le fait que l'accès au client final n'est plus possible du point de vue marketing puisque les échanges se font par l'intermédiaire de la plate-forme de la place de marché, sans accès à l'e-mail du client.

Il existe des solutions logicielles qui automatisent la mise en vente de produits sur différentes places de marché (Sellermania, Lengow, Neteven, etc.). Cette offre logicielle s'accompagne souvent de prestations complémentaires, où le marchand ne se préoccupe finalement plus que de son offre et de la relation client.

3. Sécuriser les transactions et le paiement en ligne

Un des enjeux majeurs des transactions électroniques concerne leur sécurité. À cet égard, le développement du réseau Internet n'a pas contribué à diminuer l'importance de cette problématique. La sécurité est un enjeu fondamental qui touche à la confiance dans les transactions, élément essentiel du commerce électronique (voir chapitre 6). Durant de nombreuses années, les internautes français se sont montrés méfiants vis-à-vis du canal électronique dont les dangers ont été sans cesse pointés par les médias. Une large majorité des consommateurs qui n'utilisent pas Internet pour leurs achats déclare avoir peur de payer en ligne (voir chapitre 1).

Ce manque de confiance doit donc être pris en considération, même si le taux de fraude à la carte bancaire est extrêmement faible en France (0,08 % des montants gérés, en incluant les transactions internationales, 0,045 % sur les seules transactions en France en 2012[1]). Mais, au-delà de la sécurité des transactions bancaires elles-mêmes, la question de la fraude en ligne est posée. Selon les estimations sur son montant en France, elle représenterait un montant de 109,4 millions d'euros en 2012, soit 0,29 % du montant total des transactions électroniques[2]. Malgré de nombreux ajouts de dispositifs d'authentification, la fraude en ligne ne diminue pas ; elle est passée de 0,235 % des transactions en 2008 à 0,290 % en 2012.

Si les questions de sécurité existent bien et constituent un défi permanent pour les entreprises de commerce électronique, de nombreuses techniques permettent de sécuriser les transactions tout comme les paiements en ligne. Il n'en demeure pas moins que pour les transactions *B2B*, Internet présente encore à ce jour des lacunes importantes, notamment sur l'identification et l'authentification des parties de la transaction commerciale. C'est une des raisons majeures pour lesquelles l'essentiel des transactions électroniques *B2B* utilise et continuera d'utiliser l'EDI, système et infrastructure d'un niveau de sécurité bien supérieur à celui d'Internet.

3.1. Sécuriser les transactions électroniques

La structure technique d'Internet ne permet pas, par elle-même, de garantir la sécurité des transactions commerciales (voir section 1). Il ne faut pas perdre de vue qu'Internet n'a jamais été conçu à l'origine pour gérer des transactions commerciales. Il a donc fallu ajouter aux protocoles de base d'Internet plusieurs technologies pour sécuriser les transactions : cryptage des échanges de données, mécanismes d'authentification. Ceux-ci sont nécessaires pour parvenir à un niveau suffisant de sécurité. Cependant, d'autres problèmes de sécurité subsistent, qui n'ont pas de solutions techniques satisfaisantes à ce jour et nécessitent un effort d'éducation important des internautes, notamment sur l'usurpation d'identité et l'hameçonnage.

Des problèmes de sécurité existent à différents stades de la transaction et sont quelque peu différents du point de vue du client et de celui de l'entreprise. Pour un client en ligne, la sécurité inclut les problématiques suivantes :

- Comment s'assurer que le site sur lequel le client réalise un achat est bien celui qu'il prétend être (authentification) ?
- Comment assurer le client que le site sur lequel il effectue un achat ne contient pas du code informatique dangereux qui pourrait prendre le contrôle de son ordinateur (code malicieux ou *malware*) ?

---

1. Observatoire de la sécurité des cartes de paiement.
2. Observatoire de la sécurité des cartes de paiement, Rapport annuel 2012.

- Comment éviter les détournements de clients, à partir de faux courriers électroniques, vers des faux sites répliquant les sites marchands (hameçonnage ou *phishing*) ?
- Lorsque le client transmet des informations de paiement (numéro de carte bancaire par exemple), comment garantir que ces données ne seront pas capturées ou modifiées (intégrité des données) ?

Quant à l'entreprise, outre la réponse aux problématiques précédentes, elle est confrontée à d'autres enjeux de sécurité :

- Comment être sûr de l'identité du client qui effectue un achat ? S'agit-il d'un fraudeur (authentification) ?
- Comment garantir la protection physique des données collectées lors de la transaction commerciale (intégrité) ?
- Comment rassurer le client sur l'usage des données privées que le site collecte (vie privée) ?

Un des enjeux majeurs des transactions électroniques demeure l'authentification des parties. Les technologies de certificats numériques et le chiffrement lui apportent une réponse satisfaisante. Il n'en reste pas moins que ceux-ci sont, à ce jour, utilisés essentiellement dans les transactions *B2B*. En France, la déclaration fiscale et le paiement de l'impôt s'appuient sur un certificat numérique personnel. Il s'agit d'un des rares usages généralisés des certificats numériques sur Internet. À l'avenir, il est très probable que l'on assiste à une généralisation de ces technologies dans le commerce électronique afin d'augmenter le niveau de sécurité des transactions électroniques. L'intégrité des transactions repose sur l'utilisation du protocole TLS/SSL largement répandu. En revanche, la détection des fraudes et des usurpations d'identité reste plus complexe techniquement.

3.1.1. Authentifier les parties prenantes à la transaction

Dès lors que les transactions sont dématérialisées, la question de l'identité des parties dans l'échange est posée. Comment est-il possible de s'assurer que l'on effectue bien la transaction sur le site de l'entreprise que l'on a choisie ? Comment le site de commerce électronique peut-il être réellement certain d'être en présence du bon client et non d'une personne qui usurpe une identité ? S'il y a un doute sur l'identité des parties, il y a un risque juridique de litige. Le client peut en effet nier avoir effectué une transaction. Sans preuve juridique, le site de commerce électronique est dans l'impossibilité de faire quoi que ce soit. C'est ce qu'on appelle le principe de non-répudiation. L'utilisation de l'EDI et des RVA (voir section 1.2) permet de faire respecter ce principe de façon très efficace. Ce principe essentiel vise à apporter la preuve de l'identité des parties, de telle sorte qu'une partie ne puisse contester avoir participé à la transaction et ne puisse refuser, par exemple, d'honorer une facture reçue électroniquement. C'est pour cette raison que l'écrasante majorité des transactions électroniques *B2B* utilise les infrastructures EDI.

Dans l'environnement Internet, la mise en œuvre du principe de non-répudiation s'appuie sur les certificats numériques et les infrastructures à clé publique (*Public Key Infrastructure*, PKI). Un tiers de confiance à la relation commerciale (une autorité de certification) délivre à une entreprise ou à une personne physique un certificat numérique qui constitue une réelle pièce d'identité numérique. Il existe plusieurs niveaux de certification (**http://www.ssi.gouv.fr**). L'autorité émettrice garantit par la délivrance du certificat l'identité de l'utilisateur. Cette autorité gère également la validité des certificats dans le temps (révocation).

Les certificats numériques permettent de chiffrer les documents échangés, offrant ainsi un niveau élevé de sécurisation des transactions. Lors de la création d'un certificat numérique, l'autorité de certification délivre deux clés, l'une privée, l'autre publique. On parle alors de chiffrement asymétrique. Ces clés autorisent la circulation de documents cryptés lors des échanges. La clé privée encrypte les données envoyées (courrier électronique, documents, formulaires, etc.), tandis que la clé publique permet le déchiffrement par le destinataire du document, sans que la clé privée ne soit utilisée lors de cette phase. Un internaute communique sa clé publique (un mot de passe d'une longueur suffisante) à son interlocuteur. Il expédie un courrier électronique qu'il crypte à l'aide de sa clé privée. À la réception, pour décrypter le message, le destinataire utilisera la clé publique pour lire le courrier électronique.

Le protocole TLS (*Transaction Layer Security*, ex-SSL) utilise le chiffrement pour crypter les données échangées lors d'une transaction commerciale. Tous les sites marchands emploient ce protocole pour garantir l'intégrité des informations lors de la transmission des données bancaires par le client. Il est important de noter que le protocole TLS n'utilise pas le chiffrement asymétrique présenté. Il utilise une autre méthode plus souple pour les transactions commerciales.

3.1.2. Garantir l'intégrité des transactions : le chiffrement des données par le protocole TLS/SSL

Le protocole HTTP envoie les données en clair entre un navigateur Internet et un serveur Web. Autrement dit, les données qui transitent sur le réseau Internet sont facilement lisibles par des routeurs ou par des personnes malintentionnées qui chercheraient à les intercepter. Aussi, il est nécessaire de rendre les données échangées non accessibles à des tiers. Le chiffrement et le certificat numérique sont la solution technique retenue. Elle prend la forme du protocole TLS/SSL (*Transaction Layer Security/Secure Socket Layer*). Ce protocole permet d'authentifier le serveur lors de la transaction, de chiffrer les données échangées à l'aide du certificat numérique (numéro de carte bancaire, mot de passe, etc.). L'intégrité des données lors des transactions (pas de modification possible des données lors des échanges) est ainsi garantie. Un site marchand doit impérativement déployer le protocole SSL pour chiffrer l'envoi des données de cartes bancaires. L'internaute peut vérifier l'utilisation de ce protocole à l'aide de son navigateur qui visualise sa présence au travers d'une icône.

Les clés de chiffrement utilisées pour des transactions sont plus ou moins robustes, autrement dit plus ou moins faciles à « casser » par un pirate. Le minimum requis pour assurer un niveau de sécurité suffisant est une clé de 128 bits. Le cryptage en 40 bits ou 56 bits peut être cassé en une journée à l'aide d'un PC puissant. Il faudrait 2^{88} fois plus de temps pour une clé de 128 bits ! Et décrypter cette clé n'aurait guère d'intérêt car elle ne pourrait déchiffrer qu'une seule session.

3.1.3. Limiter les risques de fraude

Garantir l'intégrité des transactions grâce au protocole TLS ne met pas fin aux problèmes de fraude. En effet, le protocole TLS est limité pour la partie authentification. Lors d'un paiement par carte bancaire, comment s'assurer que le payeur est bien le détenteur officiel de la carte ? Comment un internaute peut-il par ailleurs s'assurer que le site sur lequel il effectue une transaction commerciale est bien le véritable site ?

Ces interrogations sont d'autant plus importantes que des pratiques frauduleuses dénommées *phishing* ou hameçonnage se sont développées. La fraude par hameçonnage consiste, la plupart du temps, à piéger l'internaute en lui envoyant un courrier électronique qui lui demande de mettre à jour ses informations sur un site marchand falsifié qui reproduit le site d'origine de façon quasi identique, de manière que l'internaute ne voie pas la différence avec le site originel. Le côté sérieux du courrier électronique et le faux site suffisent à tromper l'internaute. Ce risque de tromperie peut être limité principalement par l'éducation et l'information de l'internaute, et également par l'utilisation des derniers navigateurs Internet (Internet Explorer 10, Firefox 22, Safari 6 ou Chrome 28) qui permettent de le réduire en partie.

La confiance des internautes dans le commerce électronique a impliqué la modification des dispositions juridiques existantes ou la création de mécanismes juridiques spécifiques.

Au titre de la loi LCEN, le législateur a entendu, pour que le contrat puisse être valablement conclu, que le « *destinataire de l'offre doit avoir eu la possibilité de vérifier le détail de sa commande et son prix total, et de corriger d'éventuelles erreurs, avant de confirmer celle-ci pour exprimer son acceptation…* ». Comme pour le commerce traditionnel, la notion de prix ainsi que les paiements en résultant sont des éléments de la formation du contrat mais aussi de la sécurité.

Dès avant la loi LCEN, des dispositions législatives avaient été votées pour prendre en compte ce besoin légitime de sécurité. La loi du 15 novembre 2001 (loi n° 2001-1062 - 2062) est venue renforcer la sécurité des titulaires de carte de paiement. En particulier, les dispositions de l'article L. 132-4 du Code monétaire et financier précisent que la responsabilité du titulaire d'une carte de retrait ou d'une carte de paiement ne peut être engagée « *si le paiement contesté a été effectué frauduleusement à distance, sans utilisation physique de sa carte* ». Dans cette hypothèse, il appartient au titulaire de la carte de contester par écrit avoir effectué un paiement ou un retrait.

Par la suite, les sommes contestées doivent lui être recréditées et sans frais dans le délai de 1 mois à compter de la réception de la contestation, comme l'indiquent les dispositions de l'article L. 132-4 du Code monétaire et financier. De même, en cas de contrefaçon de la carte, la responsabilité du titulaire n'est pas engagée.

Bien évidemment, et à l'époque du vote de la loi, ces dispositions ont été propres à renforcer la confiance des internautes dans les moyens de paiement électronique. En 2004, ce renforcement de la confiance nécessaire a trouvé également son expression dans la modification de la réglementation française en matière de moyens de cryptologie, c'est-à-dire de « *matériels ou logiciels conçus ou modifiés pour transformer des données, qu'il s'agisse des informations ou de signaux, à l'aide de conventions secrètes ou pour réaliser l'opération inverse avec ou sans convention secrète…* ».

Le législateur a par ailleurs établi un régime de responsabilité des fournisseurs de prestations de cryptologie, comme un régime de responsabilité des prestataires de services de certificats électroniques, suite aux modifications du Code civil en matière de preuve et de signature électroniques. Ainsi, sur le plan juridique, qu'il s'agisse de la dématérialisation de la preuve et de la signature, de la fourniture des prestations de cryptologie ou encore des dispositions en matière de carte de paiement, le dispositif est complet et permet une véritable confiance des internautes. La notion, par ailleurs, de confirmation de l'acceptation de l'offre par l'internaute (technique du double clic) parachève cette confiance. Le consentement de l'internaute est donc à ce titre parfaitement éclairé et sécurisé.

Par ailleurs, la fraude en ligne constitue un risque financier non négligeable pour le site marchand. Celui-ci peut être abusé par un client qui utilise des codes de cartes bancaires volées ou des fausses cartes bancaires. Ce risque reste faible d'après les données du marché français publiées par la société Certissim (ex-FIA-NET) (société d'assurance spécialisée dans l'assurance des transactions en ligne) : le taux de commandes frauduleuses s'élève en 2012 à 3,91 % du total des commandes effectuées en ligne. Le taux d'impayés s'élève quant à lui à 0,18 %[1]. Par conséquent, la sécurisation des transactions électroniques nécessite de recourir à des services de paiement en ligne qui garantissent la fiabilité des transactions et plus particulièrement des paiements électroniques.

Dans cette perspective, la société Fia-Net propose la solution « Kwixo » (**http://www.kwixo.com/**), intéressante à la fois pour les entreprises et les clients. En effet, elle consiste pour l'acheteur d'un site marchand à ne régler son achat qu'une fois la marchandise reçue. « Kwixo » de Fia-Net agit alors comme un tiers de confiance dans la transaction. L'acheteur élimine ainsi le risque d'escroquerie en ligne. Le site marchand, lui, trouve avec une telle solution une diminution du risque de fraude. En effet, Kwixo est également une procédure de détection de fraude et une base de données des clients fraudeurs. Les transactions du site marchand sont examinées et scannées grâce à des procédures et la base de connaissance des clients fraudeurs.

De façon plus générale, dès que le chiffre d'affaires du site marchand progresse et que le nombre de clients se multiplie, le risque de fraude ne peut qu'augmenter. Aussi, il est nécessaire de prévenir celui-ci par des processus spécifiques lors du traitement de la commande en ligne. En s'appuyant sur des solutions logicielles, un traitement automatique permet de certifier environ 90 % des transactions sans intervention humaine. Pour les 10 % restants, il est nécessaire de déployer des vérifications par appel téléphonique et pièces justificatives. De cette façon, il est possible d'éliminer 95 à 98 % des risques de fraudes.

3.2. Mettre en place des solutions sécurisées de paiement pour les transactions en ligne

Cette problématique concerne essentiellement les transactions *B2C*. Le règlement financier des transactions *B2B* s'effectue selon des modalités différentes (voir section 1.2).

3.2.1. Choisir une solution de paiement en ligne

Pour un site marchand, plusieurs options sont envisageables pour gérer les règlements des transactions en ligne. Elles prennent quatre formes principales : l'emploi d'une plateforme bancaire, le recours à un prestataire de services de paiement (PSP, *Payment Service Provider*), la facturation sur l'abonnement Internet de l'utilisateur, ou encore l'utilisation d'une solution de micro-paiement. Les critères de choix concernent le montant des transactions (panier moyen), les coûts de transaction facturés par les prestataires, le volume des transactions.

La solution bancaire

La plupart des banques ont développé des prestations de paiement en ligne pour les clients professionnels. Déployer une telle solution est souvent le plus simple car elle nécessite

1. *Livre Blanc 2012. La fraude à la carte bancaire sur Internet*, Avril 2013, Certissim.

essentiellement d'installer des connecteurs entre le serveur de commerce électronique et les serveurs bancaires qui sont aptes à recevoir des demandes liées à l'exécution d'une transaction par carte bancaire. La banque vérifie auprès du système de cartes bancaires que la carte employée dans la transaction est valide et autorise ou rejette la demande d'autorisation qui a été transmise par le site marchand.

Cette solution repose sur le paiement par carte bancaire, qui est le moyen de paiement en ligne le plus utilisé en France (79 % des acheteurs en ligne l'utilisent, Fevad, 2012). Il n'en demeure pas moins que la sécurité de la carte bancaire n'est pas totale, du fait de l'absence d'authentification du détenteur au moment de l'utilisation. Un pseudo-processus d'authentification a été développé par Visa, le procédé « *secure 3D (visa certifié)* ». Au moment du paiement par carte bancaire Visa, le client se voit demander, par l'intermédiaire d'une fenêtre « *pop-up* » *u*ne information le caractérisant (date de naissance ou adresse). La vérification est faite auprès de la banque émettrice de la carte. L'authentification par un code envoyé par SMS sur le téléphone mobile du client (préalablement renseigné) est en passe de devenir une méthode largement répandue et acceptée par le client. En 2012, si 50 % des sites ont déployé le protocole 3D Secure, et 84 % des clients ont activé cette fonctionnalité, seuls 27,5 % des montants des transactions en ligne sont authentifiés avec une telle méthode[1].

Si ce procédé diminue sensiblement le risque de fraude pour le commerçant en ligne, il reste peu déployé par les sites marchands car plusieurs éléments amoindrissent son intérêt. D'une part, il repose sur une fenêtre supplémentaire qui s'ouvre dans le navigateur (*pop-up*). Or, de très nombreux internautes bloquent ces fenêtres surgissantes pour éviter des publicités, rendant inopérant ce procédé. D'autre part, il alourdit le processus de paiement en ligne et conduirait de nombreux clients à abandonner leur panier, diminuant d'autant la recette du site.

En matière de vente à distance, les contrats conclus entre les établissements bancaires/banques et les sites marchands sont le plus souvent des contrats d'adhésion proposés par des banques et ont trait bien évidemment aux opérations de crédit et de débit suite aux paiements électroniques. Il doit être noté également l'existence de contrats spécifiques concernant la sécurité des paiements et la mise à disposition et/ou l'utilisation des mécanismes employés par les sites marchands.

Lors de la négociation de ces contrats et/ou de leurs conclusions (lorsqu'il s'agit de contrats d'adhésion), une attention toute particulière doit être apportée quant au système de sécurité et au moyen de cryptologie utilisé afin de déterminer s'ils sont conformes à la réglementation française en cette matière. Ces informations sont de nature à générer la confiance des consommateurs.

Afin de résoudre ces questions d'authentification, les banques commencent à déployer des systèmes d'authentification forte s'appuyant sur des clés USB remises au client ou des lecteurs de carte bancaire connectés à l'ordinateur de l'acheteur en ligne. S'ils améliorent indéniablement la question de l'authentification, ce sont des services souvent facturés au client final. Par conséquent, ces solutions sont à ce jour peu répandues.

1. Observatoire de la sécurité des cartes de paiement, Rapport annuel 2012.

Les passerelles de paiement sécurisées

L'intérêt d'une telle solution réside dans l'indépendance qu'elle procure par rapport à un établissement bancaire. Elle peut également offrir une palette de prestations plus large que celle d'une banque classique : prise en charge d'un plus grand nombre de cartes bancaires (carte de débit, carte de crédit, carte internationale mais aussi cartes privatives), acceptation de paiements en devises, prestations additionnelles (méthode antifraude par *scoring* des transactions). Le marché des PSP est devenu très concurrentiel, et de nombreuses offres existent, comme celles de PayBox, Ogone, Klik & Pay, etc.

Les solutions de paiement électronique

La plus répandue d'entre elles est certainement celle de l'entreprise américaine PayPal (**http://www.paypal.com**), filiale d'eBay. Outre le fait que PayPal soit un PSP classique, il offre une solution de paiement électronique simple et complète pour le client qui possède un compte PayPal. Le client alimente un compte sur le site PayPal, soit à l'aide d'une carte bancaire, soit par virement bancaire. Celui-ci lui sert alors de porte-monnaie électronique sur de très nombreux sites. L'intérêt d'une telle solution est que le client n'a qu'à utiliser son adresse de courrier électronique et un mot de passe pour effectuer un règlement en ligne. Le service PayPal s'est enrichi de nombreuses fonctionnalités, comme le transfert d'argent entre particuliers, le paiement à crédit et la réception de paiement sur un site personnel.

De nombreux autres services de paiement électronique existent, comme Check Out By Amazon, Google Checkout (aux États-Unis et en Grande-Bretagne). Parmi les plus importants, on peut citer Click & Buy (**http://clickandbuy.com/**), très développé aux États-Unis, et Alipay (**https://www.alipay.com/**), solution de paiement du géant de l'Internet chinois Alibaba.

Le paiement par crédit en ligne

Historiquement, le commerce traditionnel s'est fortement développé grâce au crédit à la consommation. Le commerce électronique a, dans un premier temps, souffert de ne pas offrir de solution de crédit à ses clients. Progressivement, le crédit en ligne a pu être intégré dans des transactions en ligne, de façon suffisamment simple pour ne pas rebuter l'acheteur. Ces solutions sont développées par des organismes financiers (1euro.com est développé en France par Cofidis), puis proposées comme une option lors de la phase de paiement en ligne.

> ***Exemple :*** La solution de crédit revolving Bill Me Later (**https://www.billmelater.com/**) est une solution de crédit en ligne utilisée par plus de 1 000 sites marchands. Créée en 2000, cette solution de crédit en ligne a été rachetée en 2008 par PayPal. En France, la solution 1euro.com (**http://www.1euro.com/**) est utilisée par plus de 800 sites marchands et proposée par de nombreux leaders de l'Internet marchand (PriceMinister, Mistergoodeal, Grosbill.com, Sarenza).
>
> *Source : Billmelater.com*

Le paiement par facturation sur l'abonnement Internet

Une solution de paiement très intéressante a fini par se développer en France : Internet+. Elle consiste à proposer le débit de la transaction marchande sur la facture d'abonnement du FAI (fournisseur d'accès à Internet). Le principe est simple. L'accès à Internet se fait majoritairement depuis le domicile et nécessite donc un abonnement auprès d'un FAI. Celui-ci prélève chaque mois un abonnement sur le compte bancaire du client. Lors de la phase de paiement, il suffit pour le client de choisir cette option. Cet achat sera alors débité sur sa prochaine facture d'abonnement à Internet. Cette solution présente l'avantage de la sécurité pour le client final puisqu'il n'a aucune donnée bancaire à fournir. Simple pour le client, elle nécessite que les principaux FAI y adhèrent, ce qui est le cas en France (**http://www.internetplus.fr/**). Elle est bien adaptée pour commercialiser des produits ou services sur abonnement, mais elle est limitée à des montants maximums de 30 euros.

Les solutions de micropaiement

Cette solution convient à la gestion des transactions d'un faible montant (inférieur à 10 euros). En effet, les commissions facturées par les prestataires bancaires ou les passerelles de paiement sont coûteuses dès lors que le montant de la transaction est faible. Les solutions de micropaiement se révèlent plus adaptées.

Certaines solutions de micropaiement utilisent encore l'Audiotel, comme Allopass (**http://www.allopass.com**). Le client compose un numéro de téléphone surtaxé et obtient un code temporaire qui permet de dénouer la transaction en ligne. PayPal propose désormais une solution identique.

D'autres solutions comme w-HA facilitent les paiements par téléphone mobile pour l'achat de sonneries de téléphone, de fonds d'écran ou pour toute autre transaction sur un portail wap d'opérateur mobile.

Moins répandue en France, la carte prépayée est également proposée par certains prestataires comme Neosurf (**http://www.neosurf.info/**). Le client achète dans le commerce une carte créditée d'un montant donné avec laquelle il paye en ligne.

Quelle que soit la méthode choisie par le site marchand, il est important de comprendre que le commerçant en ligne doit faciliter le processus de paiement. Par conséquent, il doit chercher à offrir une variété de modalités de paiement en ligne.

3.2.2. Multiplier les modalités de paiement des transactions en ligne

Le paiement des transactions en ligne ne s'effectue pas forcément en ligne ! Face à l'appréhension d'une partie des consommateurs, il convient de multiplier les options de règlement des achats en ligne (le paiement en ligne n'étant qu'une modalité). Il est important de comprendre que les modalités peuvent être nombreuses et ne se limitent pas au paiement par carte bancaire, qui est très développé en France mais l'est beaucoup moins dans d'autres pays européens. Il existe une variété de modalités de paiement.

Le virement bancaire de compte à compte est l'une d'entre elles. Peu développé en France, ce moyen de paiement est très utilisé dans un pays comme l'Allemagne. Il présente l'intérêt d'être facile et fiable. Il nécessite la saisie par le client des identifiants bancaires (RIB ou IBAN). Ce mode de paiement est cohérent avec l'environnement Internet dans la mesure où il ne ralentit pas l'exécution des transactions, comme le chèque dans certains cas.

Le chèque constitue un mode de paiement possible, même si l'envoi du chèque ralentit considérablement l'exécution de la commande en ligne. Or la rapidité est une des caractéristiques que recherchent une partie des consommateurs utilisant un site marchand. Certains sites qui maîtrisent la livraison chez le client offrent la possibilité de payer par chèque à la livraison, comme Auchandirect.fr (**http://www.auchandirect.fr**). Une autre option consiste, outre ces moyens de paiement classiques, à passer dans les points de retrait (qui est une alternative à la peur du paiement en ligne). C'est une solution que le site Pixmania a développée dans plusieurs pays européens (France, Espagne, Portugal, Belgique, Grande-Bretagne). Une étude de 2010 de la banque anglaise RBS (**http://www.worldpay.com/**) démontre qu'une diversification des modalités de paiement augmente le chiffre d'affaires d'un site marchand.

4. Personnaliser les interactions avec le client

Afin de faciliter l'expérience du consommateur en ligne, mais également de le fidéliser, il est possible d'utiliser les technologies Internet pour personnaliser l'achat en ligne. Après avoir identifié le client lors de sa visite, les technologies facilitent la présentation d'une offre qui lui est adaptée, grâce à différents moyens.

4.1. Identifier le client sur Internet

Identifier un client en ligne n'est pas sans poser quelques difficultés. En effet, l'adresse IP n'est pas suffisante. En raison de leur rareté relative, les adresses IP sont attribuées dynamiquement et temporairement par les FAI aux internautes grâce au protocole DHCP. Par conséquent, il n'est pas possible d'identifier par son adresse IP un client effectuant successivement deux visites sur un même site à des dates différentes. Durant la navigation sur le site, il est également difficile d'identifier le client de façon certaine de par la nature même du protocole HTTP. Ce protocole sans session ne permet pas d'avoir la certitude que deux requêtes[1] successives proviennent du même utilisateur. Aussi, pour identifier de façon certaine un internaute, une solution simple consiste à placer un petit fichier (4 ko environ) sur son ordinateur. Ce fichier sera recherché et lu dès que l'internaute se connectera au site qui l'a déposé. Ce fichier s'appelle un cookie.

Plusieurs types de cookies existent. Le cookie de session a une durée de vie limitée à quelques heures et permet de conserver le contexte de navigation de l'internaute. Lorsque celui-ci termine sa navigation, le cookie disparaît. Le cookie persistant a une durée de vie bien plus longue, fixée par le site. Placé par le site lors de la première visite de l'internaute, si celui-ci a configuré son navigateur pour une acceptation automatique des cookies, le fichier cookie permet lors des visites suivantes d'identifier de façon certaine l'utilisateur. Dès lors, il est possible d'associer à cet identifiant des données de personnalisation déclarées par l'internaute lui-même lors de sa première visite.

Le cookie constitue donc une réponse technique à une problématique liée à la nature des protocoles utilisés pour la navigation sur Internet. Son utilisation étendue par la plupart des sites Internet l'a transformé en une technologie perçue comme intrusive par de nombreux internautes. Le peu de transparence des sites quant à leur utilisation de cette technique ne fait qu'augmenter les craintes des internautes sur la finalité réelle

1. Toute page HTML est constituée d'éléments (photos, images, textes, vidéos, sons) que le navigateur affiche en effectuant, pour chacun d'eux, une requête sur le serveur sur lequel ils sont stockés.

des cookies. Beaucoup d'entre eux sont en effet utilisés pour enregistrer les comportements de navigation à des fins publicitaires. Pour beaucoup d'associations de défense des libertés individuelles, il s'agit là d'une intrusion dans la vie privée des internautes (voir le chapitre 8 sur les questions de confiance sur le respect de la vie privée). Il convient donc pour le site marchand de mettre en place une politique de transparence sur l'utilisation des cookies, afin d'établir une relation de confiance avec l'internaute.

Une fois que l'internaute est identifié, il est possible de déployer une interaction personnalisée avec lui. Plusieurs types de personnalisation existent. Chacune repose sur des techniques sensiblement différentes.

4.2. La personnalisation de la relation client sur Internet

Même lorsqu'elle l'a identifié par un cookie, l'entreprise ne possède aucune information sur le client qui navigue sur son site. Afin de personnaliser la relation avec ce client, le site doit combiner plusieurs techniques pour offrir au client internaute une interface individualisée.

4.2.1. La personnalisation déclarative

La première technique consiste à collecter des informations directement auprès du client afin de créer un profil d'utilisateur. On parle de personnalisation déclarative. Celle-ci présente plusieurs avantages. Le premier avantage est le faible coût de collecte de l'information client. Afin d'obtenir une information de qualité sur le profil utilisateur, il peut être intéressant de lier l'obtention de ces informations (par exemple âge, sexe, adresse, etc.) à l'effectivité de la personnalisation. Second avantage, le client maîtrise l'information qu'il fournit, ce qui augmente la confiance dans le site.

L'inconvénient d'une telle personnalisation, outre le fait qu'elle donne peu d'informations sur les préférences de l'utilisateur, est qu'elle ne repose pas sur la navigation dans le site ou sur une situation du client. Pour cette raison, on doit mettre en place une personnalisation de type dynamique.

4.2.2. La personnalisation dynamique

La personnalisation dynamique complète la précédente, qui reste indispensable. Elle permet d'adapter les contenus du site Internet en fonction de la navigation du client et donc de ses choix. Cette approche de la personnalisation nécessite une conception particulière du site et une architecture dédiée. En effet, l'adaptation en temps réel du contenu d'une page Web exige que les contenus soient disponibles de façon modulaire et qu'ils puissent être combinés selon des règles de gestion prédéfinies. Par conséquent, la personnalisation dynamique requiert que l'entreprise définisse des profils d'utilisateurs, des profils de navigation, des règles de gestion des contenus et des règles marketing associées.

L'architecture de site Web autorisant une personnalisation dynamique se décompose en plusieurs éléments :

- Un serveur Web qui agrège les contenus et les formate pour un affichage sur le navigateur du client.

- Un serveur d'applications qui, d'une part, exécute les requêtes que lui transmet le serveur Web et, d'autre part, renvoie le traitement des requêtes dans le moteur de filtrage collaboratif et la base de recommandations.
- Le moteur de filtrage collaboratif analyse le profil de navigation par rapport à un référentiel préexistant.
- La base de recommandations est un ensemble de règles marketing qui s'appliquent sur les résultats de l'analyse du moteur de filtrage collaboratif. Le département marketing est en charge de la définition de ces règles.

À partir de cette architecture, des relations personnalisées sont générées grâce à la base de recommandations. La logique de recommandation se fonde sur un calcul de distance entre le profil du client et un référentiel[1]. Il existe trois logiques de recommandation :

- La recommandation d'une offre (produit ou service) sur la base de la distance entre le profil client et un profil produit ou service. C'est la base de recommandations qui est alors utilisée.
- La recommandation d'une offre à partir des comportements d'achat d'autres clients ayant un profil semblable. La recommandation utilise alors le moteur de filtrage collaboratif[2].
- La recommandation d'une offre en fonction de la seule navigation dans les contenus du site (*context mapping*).

Il est donc possible à l'aide de ces technologies de créer des relations personnalisées sur un site Internet, complétant ainsi la palette d'opportunités de contact avec le client. Il est à noter aussi que ces technologies sont nécessaires dès lors qu'on souhaite déployer des ventes croisées afin d'augmenter le panier moyen du client. Des offres d'outils de recommandation standard commencent à apparaître pour différents types de produits, comme les produits culturels (DVD, CD, etc.)[3].

La personnalisation de l'offre ou de la relation connaîtra sans nul doute dans les prochaines années de nouveaux développements avec les technologies mobiles. En effet, l'utilisation du téléphone mobile pour accéder à Internet se généralise dans de nombreux pays. Or, le téléphone mobile est un terminal individualisé qui est rarement partagé entre les personnes et sur lequel les opérateurs ou les offreurs d'applications possèdent beaucoup d'informations à la base de la personnalisation.

1. Pour approfondir le sujet, voir Bazsalicza M. (2001), *Datamining pour le Web : profiling, filtrage collaboratif, personnalisation client*, 280 p., Hermès, Paris. Voir également Cheung K.W., Kwok J.T., Law M.H. et Tsui K.-C. (2003), « Mining customer products ratings for personalized marketing », *Decision Support Systems*, vol. 35, pp. 231-243.
2. Sur les types d'algorithmes utilisés dans les moteurs de filtrage collaboratif, voir Berrut C. et Denos N. (2003), « Filtrage collaboratif », pp. 255-283, dans Gaussier E., Stéfanini M.H. (éd.), *Assistance intelligente à la recherche d'informations*, 314 p., Hermès, Paris.
3. **http://www.sailendra.fr/**

5. Étendre le canal électronique avec les technologies mobiles : le m-commerce

Le développement de la téléphonie mobile au cours des vingt dernières années est le fait marquant de l'évolution des moyens de communication. On estime à plus de 4 milliards en 2010 le nombre de personnes dans le monde à posséder un téléphone mobile[1].

Plus encore, le développement des capacités de connexion au réseau Internet opère un glissement progressif des usages classiques d'Internet vers ce type de réseaux et de terminaux. Mi-2013, 51 % du parc de téléphone mobile français est composé de terminaux dits intelligents (*smartphones*), véritables outils multimédias, bien éloignés des fonctionnalités de base du téléphone (appels, communications) et 50 % des téléphones mobiles possèdent un accès Internet. L'arrivée sur le marché de la téléphonie mobile de l'iPhone d'Apple en 2007 a bouleversé les usages du téléphone mobile et contribué au développement rapide de l'Internet mobile, et davantage encore du commerce mobile (*m-commerce*).

Si le potentiel commercial est indéniable, il n'en demeure pas moins que les réseaux mobiles et les technologies sans fil diffèrent du commerce électronique traditionnel, tant au niveau des infrastructures que des terminaux. Si le commerce mobile offre de nouvelles opportunités liées aux fonctionnalités spécifiques du mobile, comme la géolocalisation ou la présence d'un APN (appareil photo numérique), il génère des contraintes (par exemple, l'interface réduite) dans la structuration de l'offre en ligne et le processus de paiement. La maîtrise de l'environnement mobile est indispensable pour développer une stratégie de vente sur téléphone mobile, tant le simple portage d'un site marchand existant empêcherait de capter les bénéfices du canal mobile, bien différent du canal Web. Il importe également d'intégrer le contexte spécifique que constituent les tablettes dont les usages restent, à ce jour, au sein du domicile.

5.1. Les infrastructures du commerce mobile

Le commerce mobile s'appuie sur deux types de technologies d'origines différentes. Les technologies de réseau téléphonique sont la base des réseaux mobiles contemporains. Elles sont complétées par des technologies de réseau sans fil issues du monde informatique. Combinant de plus en plus ces deux types de réseaux, les terminaux mobiles comportent des caractéristiques spécifiques qui influencent de façon déterminante les possibilités d'utiliser un tel canal pour réaliser des transactions commerciales.

5.1.1. Les réseaux des opérateurs téléphoniques mobiles

Les réseaux téléphoniques mobiles reposent sur une technologie de transmission utilisant les ondes radios sur certaines fréquences dans une zone limitée (cellule) grâce à des stations de base (base station, BS) qui sont multipliées afin de couvrir un territoire. Plusieurs générations de normes se sont succédé au fil du temps, améliorant la qualité des communications et offrant des fonctionnalités nouvelles dans le domaine de la transmission des données. Cette dernière fonctionnalité a permis de déployer un accès Internet mobile grâce à l'augmentation des débits de transfert de données.

1. ITU, 2012.

Les réseaux de première et deuxième générations : GSM (1G), GPRS et EDGE (2G)

Première norme de téléphonie mobile à rencontrer un succès commercial, la norme européenne GSM s'est très largement imposée au niveau mondial. Le recours au numérique et le cryptage des communications offrent une réelle qualité de communication, inconnue jusqu'alors avec les réseaux mobiles analogiques (1G ; Radiocom 2000 par exemple, en France). Si elle excelle dans la voix, ses capacités de transmission de données sont très limitées (9,6 kb/s), empêchant tout usage pour l'Internet mobile.

La norme GPRS (*General Packet Radio Service*) a introduit la communication par paquets facilitant la transmission des données. Les débits réels obtenus avec cette norme ne dépassent cependant pas 50 kb/s dans la pratique.

La norme EDGE (*Enhanced Data rate for Gsm Emission*) vise à adjoindre une meilleure capacité de transmission de données aux communications vocales. Elle offre des débits théoriques de 473 kb/s. Grâce à cette norme, les premiers services de consultation d'Internet sur mobile sont possibles. Le protocole WAP (*Wireless Application Protocol*) facilite la transmission et le formatage des pages Web en compressant ces dernières. Les débits réels constatés dans la pratique et la faible expérience utilisateur, limitée par la taille des écrans, limitent encore fortement les usages de cette norme pour l'Internet mobile.

Le haut débit mobile : (3G, 3G+, 4G)

Grâce à la norme *Universal Mobile Telecommunication System* (UMTS), la téléphonie mobile devient une réelle alternative aux réseaux informatiques dans l'acheminement des paquets IP. L'Internet mobile devient une réalité car les débits théoriques offerts depuis la première version n'ont cessé de progresser, passant de 1,8 Mb/s dans sa première version à 3,6 Mb/s, puis à 7,2 Mb/s (HSDPA) et enfin, dans la dernière version, à 14,4 Mb/s (HSUPA). La norme HSPA+ offre, quant à elle, des débits de 21 Mb/s qui peuvent être doublés sur certaines parties du réseau (mode « *dual carrier* »).

La norme LTE[1] (*Long Term Evolution*) ou 4G offre des débits toujours supérieurs. Elle a commencé à être déployée dans certains pays, dont la France. Elle offre des débits théoriques de 300 Mb/s et vise les 150 Mb/s pour les débits commerciaux. Elle constituera une réelle offre de très haut débit mobile lorsqu'elle sera généralisée, dépassant même les offres fixes ADSL en termes de performance.

5.1.2. Les autres technologies sans fil : Wi-Fi, Bluetooth, RFID, NFC

Les technologies de réseaux informatiques classiques (Ethernet) ont été portées sur des ondes radios à la fin des années 1990. Elles ont donné lieu à plusieurs types de réseaux sans fil, dont les portées sont très inférieures à celles des réseaux téléphoniques mobiles cellulaires. Les technologies LAN (*Local Area Network*) se sont ainsi transformées en technologies Wi-Fi, les technologies PAN (*Personal Area Network*) en technologies Bluetooth ou NFC (*Near Field Communication*). Chacune d'entre elles complète les réseaux téléphoniques de base en offrant des potentialités techniques et d'usage différentes.

1. Voir **http://www.3gpp.org/LTE**.

Le Wi-Fi[1]

Le Wi-Fi (pour *Wireless Fidelity*) est une norme de réseau sans fil permettant la création de réseaux locaux sans fil (WLAN, *Wireless Local Area Network*). Les premiers terminaux et réseaux sans fil sont apparus en 1999. Depuis, la norme Wi-Fi n'a cessé d'évoluer, intégrant des protocoles de sécurité plus fiables (du WEP au WPA), étendant sa portée (versions *g* et *n* du protocole IEEE 802.11). Intégrée dans les « box » des FAI, elle devient la norme de connexion – gratuite ou payante – des ordinateurs portables, dans un environnement aussi bien privé que public (hôtels, gares, aéroports, espaces publics). Le Wi-Fi complète les réseaux téléphoniques mobiles en apportant une meilleure connexion dans les bâtiments et un débit bien supérieur (54 Mb/s avec le 802.11g, 450 Mb/s avec le 802.11n et bien plus avec 802.11 ac).

Le Bluetooth[2]

Si le Wi-Fi a été conçu pour déployer des réseaux locaux sans fil, le Bluetooth est une norme de communication sans fil (IEEE 802.15), conçue pour créer des réseaux personnels (*Personal Area Network*) interconnectant quelques machines ou périphériques dans un rayon limité (moins de dix mètres). De nombreux téléphones mobiles et ordinateurs portables comportent une puce offrant la prise en charge de cette norme. Il est ainsi possible de connecter une oreillette sans fil à un téléphone, ou le téléphone à un ordinateur, une imprimante, un appareil photo, mais aussi des podomètres, tensiomètres et bien d'autres objets encore.

Le RFID

Les technologies RFID (*Radio Frequency IDentification*) rassemblent des puces (étiquettes radiofréquence, *RFID tags*), des normes de radio émission et des récepteurs (transpondeurs). La particularité du RFID est d'utiliser le champ électromagnétique pour fournir l'énergie à la puce RFID, qui n'émet pas en permanence. Elle est activée par l'émission d'un champ électromagnétique[3]. Les étiquettes RFID stockent donc des données. Elles peuvent être lues et leur contenu modifié. La possibilité de lire et d'écrire dans les puces RFID leur confère des capacités dynamiques que les codes-barres traditionnels ne possèdent pas, ce qui permet, par exemple, d'inscrire les coordonnées GPS d'un produit en fonction de son avancée dans la chaîne logistique. La portée des puces RFID est limitée à quelques dizaines de mètres et dépend des fréquences radio utilisées. L'information que contient une puce RFID dépend de son usage (médical, économique, sécuritaire, etc.). Ainsi, dans le cadre de la traçabilité logistique, le contenu des puces RFID s'appuie sur le protocole EPC[4] (*Electronic Product Code*) qui transforme une puce RFID en étiquette intelligente pour améliorer les flux logistiques. Dans le cadre des transports publics, de nombreux opérateurs proposent des cartes d'abonnements avec puce RFID (la carte Navigo de la RATP, par exemple). Les remontées mécaniques des stations de ski utilisent de plus en plus cette technologie pour contrôler les forfaits.

La possibilité d'ajouter des puces aux objets a donné naissance à l'idée d'un Internet des objets. Elle complète les usages professionnels de l'Internet mobile connectant des machines entre elles (M2M, *Machine-to-Machine*). Internet, qui interconnectait déjà des

1. Voir **http://fr.wikipedia.org/wiki/Wi-Fi_(protocole_de_communication)**.
2. Voir **https://www.bluetooth.org/apps/content/**.
3. Il existe également des puces RFID dites actives comportant une alimentation électrique permanente.
4. Voir **http://www.epcglobalinc.org/home/**.

serveurs et des documents (Web 1.0) ou des personnes (Web 2.0), est désormais envisagé comme un moyen d'interconnecter les individus aux objets et les objets entre eux. Les protocoles de l'Internet des objets ont d'ores et déjà été définis, avec l'ONS[1] (*Object Name Service*) et le PML (*Product Markup Language*).

Les technologies NFC

Les technologies dites NFC (*Near Field Communication*) sont des technologies sans fil qui s'appuient sur une standardisation du RFID (la norme ISO/IEC 14443). Elles permettent l'échange d'informations entre terminaux, dans un rayon de dix centimètres environ. La principale utilisation de cette norme est le développement d'un standard de paiement sans fil sur des téléphones mobiles, afin d'inclure un porte-monnaie électronique dans ceux-ci. Si la technologie est désormais éprouvée, il reste à bâtir une chaîne de valeur cohérente, définissant un partage des coûts d'une telle infrastructure entre banques, opérateurs téléphoniques et commerçants.

5.1.3. Les terminaux mobiles

Il importe de ne pas limiter les terminaux mobiles aux seuls téléphones et ordinateurs portables ou Netbooks. Il existe une variété croissante de terminaux, comme les tablettes multi-usages et spécialisés, dédiés à des usages limités (livre numérique, baladeur musical numérique). Cette variété est source de complexité de l'environnement mobile : dans la mesure où chacun d'entre eux possède ses propres caractéristiques techniques, elle rend coûteuse la définition des interfaces marchandes mobiles.

Les téléphones mobiles : systèmes d'exploitation et plates-formes applicatives

La particularité de l'environnement mobile réside dans le fonctionnement des terminaux et, plus particulièrement, dans celui des smartphones, véritables ordinateurs possédant un système d'exploitation et des applications que l'utilisateur peut installer. La taille réduite des interfaces de téléphones mobiles empêche la plupart du temps d'utiliser directement les développements informatiques d'un site marchand conçu pour le Web.

L'univers des terminaux téléphoniques mobiles se caractérise par une concurrence de plates-formes largement dominée par les systèmes d'exploitation Android de Google et iOS d'Apple. Les deux sociétés contrôlent de près ces environnements au travers des « *stores* » (Google Play et Appstore) sur lesquels des règles techniques et fonctionnelles spécifiques et strictes rendent parfois complexe la distribution d'applications. L'existence de centaine de milliers d'applications y rend la visibilité d'une application très problématique, d'autant qu'il n'existe ni outil dédié ni méthode marketing particulière pour afficher une application en tête des classements de ces magasins virtuels.

Il est possible de contourner ces plates-formes et leurs contraintes en développant un site mobile en HTML 5, directement accessible depuis un navigateur mobile. Cette solution évite de payer d'éventuelles commissions (30 % sur l'Appstore), mais présente l'inconvénient réel de ne pouvoir utiliser les API du système d'exploitation et de ne pouvoir ainsi profiter des nombreuses fonctionnalités propres au terminal, diminuant l'expérience utilisateur. Un tel site mobile devra être programmé de façon qu'il puisse s'afficher de la même manière, quel que soit le terminal. Dans cette perspective, il est nécessaire de produire des feuilles de styles (CSS, *Cascading Style Sheet*) propres à chaque terminal.

1. Voir **http://www.epcglobalinc.org/standards**.

Ce processus se révèle coûteux sans automatisation car il existe plusieurs centaines de terminaux différents. L'utilisation de méthodes de développement dites « *responsive design* » constitue une solution pour résoudre ce type de difficultés techniques. Ces techniques de programmation adaptent automatiquement le contenu d'un site au contexte spécifique du terminal (taille de l'écran, taille des boutons d'action, etc.)

Dès lors, développer une application mobile nécessite de recourir à des plates-formes de programmation spécifiques : Eclipse pour Android, Xcode pour iOS, ou Windows Phone, augmentant d'autant les coûts de développement si l'on souhaite être présent sur les terminaux les plus utilisés par les clients. Des solutions de développement multi-plates-formes facilitent cependant le déploiement sur un grand nombre de terminaux téléphoniques, comme par exemple PhoneGap (**http://www.phonegap.com/**), sans toutefois produire des applications mobilisant les API des systèmes d'exploitation.

Au sein de l'écosystème Android, une très grande hétérogénéité persiste année après année. En effet, de nombreux fabricants proposent des terminaux très différents aux fonctionnalités variées. Aussi le développement d'une solution mobile sous Android nécessite de tenir compte des nombreuses tailles et résolutions d'écran des versions des systèmes d'exploitation réellement déployés.

Les tablettes

La différence fondamentale entre une tablette et un ordinateur portable est l'interface homme/machine. L'interaction avec l'information s'effectue avec un écran tactile. L'introduction de l'iPad d'Apple, suivi par de nombreux autres constructeurs, a fortement modifié la façon dont les consommateurs accèdent à l'information. Le développement des tablettes se fait clairement au détriment de l'ordinateur personnel, dont les ventes ne cessent de diminuer. Les usages diffèrent de l'informatique traditionnelle, dans la mesure où les tablettes ne sont pas conçues pour produire des fichiers, ou permettre des manipulations complexes d'informations. Les tablettes les plus récentes possèdent par ailleurs une autonomie très supérieure aux ordinateurs portables et une connectivité permanente, grâce au Wi-Fi et à la connexion 3G que la plupart propose. Il importe donc de concevoir un site consultable sur ce type de terminal en tenant compte de ses spécificités[1] ou une application tenant compte encore une fois des caractéristiques de l'écran, de sa résolution et des API disponibles. À cet égard, il ne faut pas envisager la tablette comme un « gros » smartphone. La tablette est partagée au sein du foyer et se révèle moins mobile que le téléphone. Aussi, elle constitue un canal en soi qu'il faut traiter de façon différente du canal mobile.

Les baladeurs numériques et les lecteurs de livres numériques

Des terminaux dédiés à une activité se sont en outre fortement développés en une décennie. Après le succès des baladeurs numériques (comme l'iPod), le lancement du Kindle par le site marchand Amazon connaît enfin un réel décollage dans les usages. D'autres acteurs proposent des terminaux dont la fonctionnalité principale est la lecture d'ouvrages numériques : une chaîne de librairie américaine (Nook), des fabricants d'électronique grand public (Sony e-reader), des acteurs spécialisés (le Cybook de Bookeen), des constructeurs informatiques (l'iPad d'Apple). Pour certains acteurs économiques

1. Par exemple, la tablette iPad d'Apple ne supporte pas le format Flash d'Adobe. Elle nécessite d'utiliser le langage HTML 5.

(maisons de disques, éditeurs de presse, éditeurs de livres), il s'agit bien là de nouveaux canaux de distribution.

Cet ensemble interconnecté de réseaux et de terminaux crée un espace-temps nouveau pour les transactions marchandes. En tout lieu, à tout moment, il devient possible d'acheter des produits ou des services. Pour se développer sur cette forme de commerce, parfois qualifiée d'u-commerce (*ubiquitous commerce*), l'entreprise doit cependant appréhender les particularités de cet environnement nomade.

5.2. Les spécificités du commerce mobile

L'environnement mobile compte plusieurs spécificités majeures qui le différencient de l'environnement Internet traditionnel. L'ergonomie d'une application ou d'un site mobile doit être fortement repensée pour s'adapter à la taille limitée des écrans et à l'interaction tactile. Le processus de paiement diffère également d'un paiement en ligne classique. Mais l'environnement mobile offre de réelles nouvelles opportunités, notamment celles liées à la localisation géographique des clients.

5.2.1. Conceptions des applications mobiles

Les terminaux mobiles présentent des interfaces homme/machine (HCI, *Human Computer Interface*) de taille réduite. Cette réduction de la taille des écrans ne doit pas être négligée car elle dicte les possibilités de vendre des produits sur un tel terminal. Un écran de téléphone mobile classique oblige à repenser l'offre et la présentation des produits (*merchandising*), les processus de choix et de commande. Une des premières décisions consiste donc à déterminer combien d'applications seront nécessaires à une présence sur le canal mobile. Ainsi, eBay a préféré développer plusieurs applications distinctes pour ne pas amoindrir l'expérience utilisateur nomade.

Exemple : À l'automne 2013, eBay a développé de nombreuses applications pour asseoir sa présence sur le marché mobile : eBay Mobile, Selling (pour les vendeurs), Fashion (assortiment spécialisé sur une catégorie de produits), Deals, Classifieds, Stubhub (billetterie), Readlaser (scan de code-barres), Shopping.com (comparateur de prix), etc. Au total, eBay a déployé 11 applications pour les vendeurs et trois pour les acheteurs, ainsi que neuf autres solutions.

Source : http://www.ebay.com

Une réflexion approfondie sur l'offre mobile doit donc constituer le point de départ de tout développement du canal mobile. Comment cette présence sur le canal mobile s'articulera-t-elle avec le site marchand et les autres canaux éventuels (voir chapitre 3). Le canal mobile s'adresse-t-il à l'ensemble des clients potentiels ? Aux clients existants ? Aux titulaires d'une carte de fidélité ? L'application permettra-t-elle de réaliser des transactions marchandes ? Si tel est le cas, doit-on conserver un accès à l'ensemble de l'offre ou limiter cette dernière à des catégories de produits ? Dans le cas d'un choix d'un assortiment restreint, quels sont les critères qui conduiront au choix des produits sélectionnés ? Quelle sera l'interface de recherche, étant donné que les interfaces de saisie sont limitées ? Comment affichera-t-on les résultats ? Comment le mobinaute naviguera-t-il dans ces résultats ?

C'est donc le *merchandising* dans son ensemble qui doit faire l'objet d'une adaptation adéquate pour réussir le développement des ventes sur le canal mobile.

Le téléphone mobile possède en outre des fonctionnalités difficiles à activer sur un ordinateur dans le cadre d'un processus d'achat, comme la présence d'un appareil photo numérique. Celui-ci permet au client de photographier des produits en mobilité et de les mettre de côté, de scanner un code-barres, de partager une photo sur des réseaux sociaux. Aussi, cette fonction du terminal peut-elle amener l'application mobile à jouer un rôle autre que transactionnel dans le cadre d'une stratégie cross-canal (voir chapitre 3).

Il faut également repenser certains processus, comme celui du paiement.

5.2.2. Le paiement sur mobile

Développer ses ventes sur le canal mobile nécessite de clôturer la transaction par le processus de paiement, puis de livraison (qui, lui, est identique à une commande Web classique). Payer en ligne depuis son mobile reste encore difficile en 2013 dans de nombreux pays, même si le Japon utilise le paiement sur mobile depuis le milieu des années 2000 et que de nombreux pays africains ont vu des solutions de paiement en ligne émerger facilement (par exemple M-Pesa de Safaricom au Kenya, Orange Money au Sénégal, Côte d'Ivoire, Mali). En Occident, les banques ne souhaitent guère voir les opérateurs mobiles devenir les récipiendaires des commissions perçues sur les transactions. Cette question du partage de la valeur dans la chaîne mobile ne favorise par l'émergence d'une solution claire et définitive pour les clients dans les pays développés.

Le paiement par carte bancaire

Il n'en demeure pas moins que l'ergonomie des sites mobiles ne se prête guère à la saisie d'un code de carte bancaire, *a fortiori* si le client se situe dans un lieu public. L'enregistrement du code de carte bancaire pourrait constituer une solution à laquelle peu de clients sont enclins, du fait du risque de perte ou de vol du terminal mobile.

L'intégration de la carte bancaire au téléphone mobile est une solution technique qui existe (c'est le cas au Japon), mais qui n'est guère développée à ce jour en Europe. Par conséquent, le bouclage des transactions mobiles reste encore problématique en 2013 dans de nombreux pays.

Le paiement avec une option One-click™

Le paiement peut intervenir grâce à l'activation d'une option One-click™. Le client enregistre ses coordonnées bancaires sur le site Web du marchand. Lorsqu'il effectue des transactions depuis un terminal mobile, il n'a plus qu'à régler ses transactions grâce à l'option One-click™. Aucune saisie d'un numéro de carte bancaire ni envoi de coordonnées bancaires lors de la transaction mobile n'est nécessaire.

> ***Exemples :*** iTunes Music Store et Amazon ont opté pour cette solution de paiement. Il est donc possible d'acheter de la musique directement depuis un iPhone™ sans avoir une carte bancaire avec soi. Il en va de même avec le site mobile d'Amazon, qui s'appuie sur l'option One-click™ pour clôturer les transactions.
>
> *Source : http://www.apple.com*

Le paiement par SMS et sur facture de l'opérateur mobile

Solution privilégiée pour le micropaiement, cette solution ne peut être valable que pour des transactions inférieures à 3 euros, limite légale imposée. Le principe repose sur des SMS surtaxés.

Les trois principaux opérateurs mobiles français SFR, Orange et Bouygues Telecom proposent la solution MPME (*Micro Paiement Mobile & Enablers*) pour acheter un service ou un contenu numérique qui s'ajoute à la facture mensuelle. Ce service, conçu pour s'insérer aussi bien dans des applications que sur les sites mobiles, permet de facturer des services ou des contenus numériques directement sur la facture de l'opérateur mobile de l'utilisateur. Cette solution est utilisable pour des paiements à l'acte jusqu'à 8 euros TTC ou des paiements par abonnement jusqu'à 10 euros TTC par mois.

Le paiement par service de paiement électronique

De nombreuses applications marchandes mobilisent les fonctionnalités du service de paiement électronique PayPal. Celui-ci présente l'avantage pour l'utilisateur de n'avoir à donner que son adresse de courrier électronique et son mot de passe. Le montant de la transaction est prélevé sur son compte PayPal. L'intérêt d'une telle solution est que les applications s'appuient sur l'API de PayPal et incluent directement le processus de paiement. PayPal offre également une application sur téléphone mobile qui donne accès aux mêmes fonctions que le site Web et à des fonctions plus spécifiques, comme le règlement à plusieurs d'une facture de restaurant, ou l'envoi d'argent à un autre utilisateur par Bump. Sur la plate-forme Android, il existe une solution technique, Android Payment, fondée sur Google Chekout et mobilisable dans les applications. Fin 2012, la solution Buyster (**http://www.buyster.fr**), développée de concert par trois opérateurs de téléphonie mobile, offre une solution simple de paiement sur mobile pour le client français. Elle repose sur une authentification du client par son numéro de téléphone mobile et le terminal associé. Elle nécessite de la part du client une inscription préalable en ligne…

5.2.3. La géolocalisation

La localisation des individus caractérise de façon forte l'environnement des transactions mobiles. La possibilité de localiser un individu provient de deux technologies différentes. Le GPS[1] (*Global Positioning System*) s'appuie sur un réseau commercial de satellites américains qui localisent de façon assez précise un téléphone muni d'une puce GPS. Pour les appareils non équipés, il existe des méthodes de triangulation, soit à partir des données issues des *base-stations* de la téléphonie cellulaire, soit à partir des bornes d'accès Wi-Fi, qui permettent d'estimer la position d'un terminal avec une marge d'erreur plus élevée que le GPS.

> ***Exemple :*** Il est ainsi possible de guider un client jusqu'à un magasin. Cela permet également de lui envoyer un SMS lorsqu'il entre dans un périmètre donné afin de lui envoyer une offre promotionnelle.

La possibilité de localiser un client ouvre de nouvelles opportunités pour développer des services intégrant le contexte du client (LBS, *Location Based Services*). Plus encore, des propositions de service peuvent combiner les données du profil client (personnalisation) avec des données contextuelles, afin d'offrir une expérience client totalement personnalisée.

> ***Exemple :*** Une application mobile comme Foursquare combine la géolocalisation avec les réseaux sociaux, les activités du client, et une approche ludique qui consiste à collecter des points en déclarant ses lieux de sortie, de passage, etc.
>
> *Source : http://www.foursquare.com*

---

1. Voir **http://fr.wikipedia.org/wiki/Gps**.

D'autres usages de la géolocalisation peuvent être développés dans des domaines comme les activités sportives ou médicales, offrant de nouvelles opportunités d'affaires.

> ***Exemple :*** Runkeeper est une application disponible sur iPhone et Android qui permet d'enregistrer les données d'activités sportives (course, vélo, marche, etc.). Les données sont transférées sur un site et partageables sur différents réseaux sociaux (Facebook, Twitter). Il est possible de constituer des groupes afin de créer une émulation entre sportifs. Runkeeper est disponible gratuitement. Grâce à un abonnement annuel supplémentaire (19,99 dollars/an), il est possible de suivre en temps réel le parcours d'une personne depuis le site de Runkeeper, offrant ainsi une fonction de sécurité aux personnes présentant un risque médical. Une fonction d'analyse des performances est également incluse dans la version payante. Cette dernière permet également de synchroniser les données de poids en provenance du pèse-personne Wi-Fi Withings Scale. Cette fonction permet de mieux contrôler les calories dépensées et de contrôler sa courbe de poids.
>
> *Source : runkeeper.com*

Dans le cas de la distribution et du commerce, la géolocalisation peut avoir des effets perturbateurs sur l'activité, comme le montre l'exemple de l'application Shopsavvy.

> ***Exemple :*** Shopsavvy est une application disponible sur les différentes plates-formes mobiles (Apple, Android, Nokia, Microsoft, Blackberry). Elle permet à l'utilisateur de scanner un code-barres d'un produit dans un magasin et d'obtenir une liste de prix pour ce produit sur des sites Internet ou dans des magasins à proximité. Le client peut localiser le magasin le plus proche proposant le produit à un prix inférieur et l'application lui indique le parcours pour s'y rendre. Elle offre également la possibilité d'appeler le magasin pour réserver son produit, afin de ne pas effectuer un déplacement inutile.
>
> *Source : http://www.biggu.com/*

Il est toutefois possible de tirer parti de la géolocalisation en s'appuyant sur la fonction de *geo-fencing*. Une application native d'iOS, PassBook, offre la possibilité d'y intégrer depuis une application mobile des coupons promotionnels, billets de cinéma, tickets de transport, carte d'embarquement ou de fidélité. L'entrée dans un périmètre déterminée par l'entreprise affichera automatiquement le billet ou le coupon sur l'écran d'accueil, facilitant d'autant la relation avec le client.

Si la mobilité offre indéniablement des opportunités d'accroître ses ventes, tant en ligne qu'en magasin, elle a aussi le potentiel de modifier la distribution en magasin en renforçant le pouvoir informationnel du client, qui accède à des informations précises en temps réel grâce au terminal mobile. En outre, la révélation des informations de localisation représente un sujet d'inquiétude quant au respect de la vie privée pour de nombreux clients, mais aussi pour les instances de protection des consommateurs. Cela peut constituer un frein au développement de tels services. Il importe donc de saisir que déployer le canal mobile ne se résume pas au développement d'un site intégrant les particularités de la mobilité. Il a des effets bien supérieurs sur l'offre de produits/services et sur l'expérience client en général.

Résumé

Développer un site de commerce électronique nécessite de bien comprendre l'architecture technique indispensable à l'établissement de ce canal de distribution. Les technologies Internet constituent sans conteste des opportunités importantes de par la souplesse des différents protocoles utilisés (TCP/IP, DNS, URL, HTTP). Cet ensemble de technologies a permis l'émergence de sites dynamiques de commerce, en facilitant l'interconnexion des bases de données (catalogues) et, plus récemment, avec les technologies du Web 2.0 (Javascript, Ajax, RSS, podcast, services Web, API, *mash-ups*, *widgets*), des sites plus interactifs incluant des contenus générés par d'autres sites ou par le client lui-même (*User Generated Content*). Une offre logicielle conséquente existe aujourd'hui pour déployer un site marchand. Le choix s'effectue selon les critères de maîtrise des compétences informatiques, de taille de l'entreprise, de volume de transactions escompté, de nécessité d'intégrer la solution au système d'information existant. Le déploiement d'une infrastructure de commerce électronique nécessite également de sélectionner une technologie pour gérer le processus de paiement en ligne. Une attention particulière doit être portée aux questions de sécurité des transactions, de gestion de la fraude, en recourant à des transactions cryptées grâce au protocole TLS. Mais la détection des fraudes requiert en outre l'utilisation de technologies spécifiques pour limiter le montant des transactions frauduleuses. Le choix de l'infrastructure doit concerner également les technologies qui rendent possible la personnalisation de l'expérience client en ligne, afin d'augmenter les revenus en ligne et la fidélité des clients. Enfin, l'extension du canal Web au canal mobile nécessite d'intégrer les spécificités de l'environnement mobile qui génèrent des contraintes particulières sur l'offre de mobile commerce (interface, *merchandising*, paiement).

Bibliographie

Blanchard M. (2010), *Magento : Réussir son site e-commerce*, 344 p., Eyrolles, Paris.

Hashem Sherif M. (2007), *Paiements électroniques sécurisés*, 582 p., PPUR.

Herellier J.-M. (2007), *Site Web marchand en PHP/MySQL*, 933 p., Micro Application, Paris.

Kurose J., Ross K., Battu D. et Pauquet S. (2007), *Analyse structurée des réseaux : Des applications de l'internet aux infrastructures de télécommunication*, 787 p., Pearson Education, Paris.

Murphy M. (2011), *L'Art du développement Android*, 576 p., Pearson France, Paris.

Napier R. et Mugunth K. (2012), *IOS 5 Développement d'applications avancées*, 461 p., Pearson France, Paris.

Nova N. (2009), *Les Médias géolocalisés*, 256 p., Fyp Éditions.

Parker P.M. (2009), *Electronic Data Interchange: Webster's Timeline History, 1976-2007*, 40 p., Icon Group International.

Sarrion E. (2010), *Développement XHTML/CSS & JavaScript pour le Web mobile : Des sites efficaces pour iPhone et Android avec iUI et XUI*, 274 p., Eyrolles, Paris.

Wéry E. (2007), *Paiements et monnaie électroniques : Droits européen, français et belge*, 243 p., Larcier.

Pour aller plus loin

Consultez les références complémentaires proposées sur : **http://www.livre-ecommerce.fr**

Sites Internet à consulter

http://www.abondance.com/

http://www.certinomis.com/

http://www.edifact.fr

http://www.galia.com/

http://www.gs1.fr

http://www.paybox.com/

https://www.paypal.com/fr/cgi-bin/Webscr?cmd=_security-center-outside

http://www.ssi.gouv.fr/fr/index.html

http://fr.wikipedia.org/wiki/echange_de_donnees_informatise

http://fr.wikipedia.org/wiki/Portail:Cryptologie

Activités

Questions de révision

1. Quels sont les problèmes de sécurité dans les transactions en ligne ?
2. Comparez les avantages respectifs des infrastructures de type EDI et Internet, notamment dans la perspective du commerce interentreprises.
3. Comment est-il possible de personnaliser un site de commerce électronique pour un client donné ?
4. Qu'est-ce qu'un certificat numérique ? Comment sécurise-t-il une transaction électronique ?
5. Pourquoi parle-t-on de réseau à valeur ajoutée dans le cadre de l'EDI ?
6. Pourquoi les relations commerciales *B2B* continuent-elles de transiter par l'EDI ?
7. Qu'apportent les technologies du Web 2.0 au développement d'un site marchand ? Donnez des exemples.
8. À quoi servent les cookies dans le cadre d'un site de commerce électronique ?
9. Qu'est-ce qu'un nom de domaine ? Quels sont les enjeux de la gestion des noms de domaine pour un site marchand ?
10. Quelles sont les technologies qui permettent de construire des sites marchands dynamiques ?
11. Quelles sont les méthodes permettant de limiter la fraude sur Internet ?
12. Quelles sont les spécificités du commerce mobile ?
13. Quels sont les processus du commerce électronique qui sont modifiés dans le commerce mobile ?

Exercices de synthèse

1. Dressez un tableau synthétique des solutions logicielles qui existent pour développer un site marchand, qui fasse apparaître leurs avantages et leurs inconvénients.
2. À l'aide d'un schéma, résumez les différentes options de paiement qu'un site de commerce électronique peut déployer. Discutez de leurs avantages respectifs.

Questions à débattre

1. Les transactions commerciales sur Internet sont-elles plus risquées que les transactions physiques ?
2. Va-t-on vers la généralisation des certificats numériques à l'avenir ?

3. Le téléphone mobile constitue-t-il le futur d'un site marchand ? Argumentez votre réponse à l'aide de faits précis.
4. Jusqu'où les technologies permettent-elles de personnaliser la relation avec un client ? Quelles sont les limites d'une telle approche fondée sur la technologie ?
5. La géolocalisation permet d'offrir de nouveaux services aux clients. En revanche, elle comporte certains risques. Énumérez-les et discutez-les. À quelles conditions, selon vous, les clients accepteront-ils ces nouveaux services ?

Chapitre 5

Construction du catalogue électronique

Objectifs pédagogiques

- Comprendre l'importance du catalogue dans le commerce électronique
- Identifier les processus de gestion du catalogue électronique
- Comprendre la notion de fiche-produit et son enrichissement
- Analyser la structure d'un catalogue électronique
- Appréhender le rôle particulier des catalogues électroniques dans le commerce *B2B*

Boulanger : l'unification des catalogues

En 1954, dans le Nord de la France, les frères Boulanger créent un magasin de vente de postes de radio qu'ils fabriquent eux-mêmes, puis ils distribuent rapidement d'autres marques. En rejoignant le groupe Mulliez en 1986 (Auchan, Decathlon, Leroy Merlin, etc.), cette entreprise connaît un développement important de son réseau de magasins.

Distributeur spécialisé de produits électroménagers et électroniques pour le grand public, Boulanger possède sous sa marque propre un peu moins de 100 magasins de 1 500 à 4 000 m^2 en France. Il gère le hard-discounter « Electrodepot ». Il est également partenaire du réseau Gitem pour les moyennes surfaces de centre-ville. En 2007, l'enseigne lance un site de vente sur Internet (**http://www.boulanger.fr**). Elle est également présente en ligne chez un autre site marchand, Webdistrib.com (**http://www.Webdistrib.com/**), qui a rejoint le groupe en 2006. Le groupe génère un total de 2,3 milliards d'euros de chiffre d'affaires.

L'offre est constituée de plus de 20 000 références de produits sous 150 marques différentes, dont un nombre croissant de références sous marques propres (Essentiel B, Listo), avec une rotation parfois importante dans certains domaines où les produits et leurs spécifications changent souvent. Les fiches-produits sont utilisées dans la relation avec les clients, soit en magasin, soit dans les centres d'appels, mais également dans les formations des vendeurs.

La gestion du catalogue de produits et services devenait de plus en plus difficile. En effet, de multiples applications devaient utiliser ces données dans de nombreux contextes commerciaux, mais aussi dans de nombreux environnements informatiques : sites Internet, systèmes informatiques des différentes enseignes. Pour un site Internet, la question de la fiche-produit est en effet assez centrale, dans la mesure où elle conditionne le *merchandising* en ligne (présentation du produit, interaction avec une représentation en 3D, personnalisation), le référencement de l'offre dans les moteurs de recherches et dans les comparateurs de prix.

Le groupe a donc décidé d'uniformiser et d'unifier un référentiel de produits dans une démarche de MDM (*Master Data Management*) en utilisant la solution informatique

« *InfoSphere Master Data Management Server for Product Information Management* » d'IBM. « *Dans notre secteur fortement concurrentiel, assurer une exploitation maximum, optimiser la chaîne d'approvisionnement, améliorer la rotation des stocks et les informations relatives aux clients, nécessitent un système d'information fiable, évolutif et performant capable de prendre en charge des volumes d'informations considérables. L'intégration des données y joue un rôle stratégique* », commente Jacques Honoré, directeur des systèmes d'information de Boulanger.

Le système ainsi conçu dialogue avec les systèmes d'information des fournisseurs pour y obtenir directement les fiches-produits. Il les synchronise régulièrement afin qu'elles soient automatiquement mises à jour lorsque les spécifications des produits évoluent. Un référentiel père est géré dans le progiciel de gestion SAP : références produits, stocks, prix, etc. Enfin, des enrichissements manuels sont opérés au sein du MDM par des responsables appropriés (notamment en centrale d'achat). Les mises à jour sont répercutées du MDM vers les systèmes connectés et inversement.

Le référentiel des produits comprend les caractéristiques techniques et commerciales, des images, des informations structurées ou semi-structurées, comme des notations sur une échelle de performance (des « étoiles » positionnant une mention technique peu compréhensible des clients), etc. Pour une famille de produits donnée, des informations précises et similaires sont renseignées, ce qui permet de générer aisément des tableaux de comparaison aussi bien en magasin que sur le Web ou dans les différents catalogues.

Comme tous les produits ne sont pas présentés en rayon (certaines déclinaisons et couleurs d'une gamme, par exemple), les tableaux de comparaison permettent également de mentionner aux clients ce qu'il est possible de leur vendre. Les mêmes données sont utilisées non seulement dans les systèmes d'information commerciaux des différents canaux de vente (magasins, Web, etc.), mais aussi pour la communication (tracts et catalogues publicitaires, e-marketing, affiches, étiquettes, etc.).

Selon Olivier Berrod, responsable informatique au pôle Nouvelles Technologies de Boulanger, « *le traitement de l'information sur les produits est devenu un processus métier comme un autre. Toutes les données sur les produits ont été structurées et uniformisées. Leur traitement est donc plus simple et cohérent et facilite également la réalisation de produits dérivés comme les tableaux de comparaison* ».

Le socle a été mis en place avec quelques pilotes sur des familles de produits choisies et sur certaines applications de 2005 à 2007. En 2008, Boulanger a généralisé le déploiement de son référentiel de produits, puis l'a étendu à tous les canaux de distribution en 2010. Depuis, d'autres éléments ont été intégrés dans son référentiel pour enrichir les fiches-produits, notamment le partage sur les réseaux sociaux.

Sources : *boulanger.fr, Le Monde Informatique*

Questions :

Quelles sont les raisons qui conduisent l'enseigne Boulanger à recourir à un référentiel unique de produits ?

Pourquoi la fiche-produit est-elle un élément central dans une démarche Internet ?

Quels sont les différents acteurs d'un tel projet ?

Quelle est la solution technique retenue ? En quoi répond-elle aux différents enjeux auxquels Boulanger fait face ?

Quelles sont les conditions de réussite d'un tel projet ?

Si tous les sites de commerce électronique ne possèdent pas un catalogue électronique (comme les sites de vente privée ou les sites *C2C*), l'écrasante majorité des sites marchands doit bâtir un catalogue électronique qui rassemblera l'offre accessible au client depuis le site Internet, un téléphone mobile, ou tout autre terminal connecté au Web. Loin d'être une simple question technique, qui se résumerait à la gestion d'une base de données plus ou moins sophistiquée, la construction, l'alimentation, la maintenance et la mise à jour d'un catalogue électronique sont autant d'actions managériales nécessaires à la qualité de l'offre en ligne et à la réussite d'un site marchand. La gestion du catalogue constitue une dimension souvent sous-estimée d'un projet de site marchand, surtout lorsque le nombre de références est élevé, comme c'est le cas pour la plupart des sites majeurs du commerce électronique qui proposent à la vente plusieurs milliers de produits.

Dès lors, la gestion du catalogue électronique constitue un enjeu majeur pour un site marchand. Dans le commerce *B2B*, cet enjeu augmente avec les problématiques d'intégration du catalogue dans les systèmes d'information des clients, dans le cadre d'un système de *e-procurement*. Aussi, la question du catalogue électronique doit-elle être envisagée de façon différenciée selon que le site marchand opère en *B2C* ou en *B2B*.

1. Construire et gérer le catalogue électronique en *B2C*

L'élaboration d'un catalogue électronique dépend en premier lieu de la nature des produits. En second lieu, la construction du catalogue doit tenir compte du niveau d'information que l'entreprise souhaite mettre à disposition du client sur le site marchand. Une fois constitué, le catalogue doit être intégré au reste du système, mis à jour régulièrement. Sa gestion parfois complexe peut conduire à l'externaliser auprès d'un prestataire spécialisé.

1.1. La nature des produits et le catalogue

Construire un catalogue électronique nécessite que les produits soient identifiables et qu'ils possèdent une description permettant de formaliser leur présentation dans une fiche qui pourra être stockée et éventuellement échangée entre les partenaires commerciaux dans le cadre du commerce interentreprises. Il faut également que ce produit possède des caractéristiques stables sur une période donnée, afin que sa description corresponde effectivement à sa réalité. On comprend dès lors que nombre de produits échappent au catalogage : produits sur mesure (construction à la demande du client d'un produit spécifique), produits à spécifications changeantes (campagne de publicité, par exemple), produits à prix variables (comme les matières premières). Par conséquent, la construction d'un catalogue dépend tout d'abord de la nature des produits que l'on souhaite commercialiser. Notons également que la problématique d'un catalogue électronique diffère entre un site de vente de voyages et un site de vente d'ordinateurs, dans la mesure où la gestion de produits périssables (les voyages) s'accompagne généralement d'une gestion dynamique des prix et des quantités (yield management) qui classe ces produits dans la catégorie « produit à spécifications changeantes » (ici le prix). Dès que l'on s'écarte de produits standard, la possibilité d'établir et gérer un catalogue s'éloigne.

À cet égard, les sites de fabrication à la demande de produits sur mesure ne peuvent se contenter d'un simple catalogue de composants dont on vérifierait la compatibilité lors de la commande. En effet, offrir la possibilité au client de personnaliser un produit (comme un ordinateur ou une automobile) complique singulièrement la question du catalogue électronique, puisque le produit final n'existe pas dans le catalogue mais va être finalisé au travers d'un processus de configuration en ligne. De tels produits nécessitent la mise en place d'un configurateur de produit, véritable application informatique qui embarque des informations de production nécessaires à l'assemblage des composants. Ici, il faut distinguer trois types de production à la demande :

- *Assemble-To-Order* (ATO) : produits à options et variantes comme un ordinateur. Un guide de configuration aide le client en ligne à spécifier son besoin pour parvenir à un produit sur mesure. Dell est l'exemple type de cette forme de personnalisation.
- *Configure-To-Order* (CTO) : produits configurables par le biais d'un dialogue interactif avec le client qui fournit des éléments de spécifications du produit final. La configuration d'une cuisine en ligne (comme sur le site Ikea.fr) constitue un bon exemple : le client doit fournir des dimensions pour que le produit soit configuré. Une entreprise comme Sculpteo offre la possibilité de construire un produit en ligne et de le faire fabriquer par impression 3D (**http://www.sculpteo.com/**).
- *Engineer-To-Order* (ETO) : produits très complexes, nécessitant une collaboration étroite entre le client et le fournisseur au travers d'outils CAO. Les pièces dans le secteur aéronautique sont un bon exemple de ce type de produits sur mesure.

Ce configurateur est relié au système de planification de la production afin de s'assurer de la faisabilité du produit dans un délai qui est ensuite annoncé au client. La problématique du catalogue est donc plus complexe pour les produits fabriqués à la demande.

1.2. La construction du catalogue électronique

Une fois l'assortiment de produits constitué (voir chapitres 3 et 6), l'entreprise doit construire une base de données des articles qu'elle a sélectionnés. Les fournisseurs du site marchand établissent des fiches-produits afin de présenter leurs produits à leurs clients. Celles-ci forment donc la base du catalogue. Cependant, les besoins spécifiques au commerce électronique nécessitent d'enrichir la fiche au moyen d'attributs complémentaires.

1.2.1. Le catalogue et les fiches-produits

Le catalogue électronique est une base de données structurée qui constitue une brique fondamentale d'un site Internet marchand. La constitution d'un catalogue de produits nécessite d'avoir à disposition des informations qui les décrivent, des éléments multimédias (photos, vidéos) qui les illustrent.

Construire un catalogue pour un site marchand relève d'une démarche différente de la création d'un catalogue au format papier (Stanoevska-Slabeva K. et Schmid B., 2000). En effet, l'élaboration d'un catalogue papier (pour la vente par correspondance par exemple) est souvent le fait d'équipes marketing utilisant des outils informatiques de mise en page (du type Quark XPress). Même si ces outils acceptent des données structurées issues de bases de données, le processus de création d'un catalogue papier est assez éloigné de la notion de catalogue électronique, qui intègre un nombre beaucoup plus important d'informations et qui interroge les concepteurs à propos de la présentation d'un vaste ensemble de références sur une interface limitée (écran d'ordinateur ou de téléphone mobile, tablette).

Les besoins informationnels liés à la vente sur Internet[1]

Les besoins du canal électronique sont différents des besoins traditionnels du commerce et des fiches-produits classiques. En effet, la façon de présenter l'information relative à un produit se distingue de celle d'un catalogue papier de par les caractéristiques d'interactivité intrinsèques aux technologies d'Internet. Il suffit pour s'en convaincre de comparer le catalogue de l'entreprise de vente par correspondance La Redoute avec son site Internet.

Les besoins informationnels de la vente sur Internet se sont accrus avec le développement d'Internet et des technologies Web, comme la vidéo ou les représentations en 3D des produits. La fiche-produit doit en outre intégrer de plus en plus d'éléments périphériques et non plus les seuls éléments de description du produit.

L'intégration des données pour le référencement dans les moteurs de recherche et les comparateurs

Le référencement de l'offre dans les moteurs est un enjeu de taille pour un site marchand (voir chapitre 7). Aussi les données décrivant le produit doivent-elles faire l'objet d'une attention particulière, du fait de l'analyse syntaxique à laquelle se livrent de plus en plus les moteurs de recherche. La rédaction de la fiche-produit doit également être soignée, dans la mesure où elle augmente la qualité du référencement dans les principaux moteurs de recherche. En effet, les moteurs de recherche privilégient la cohérence entre le texte de la page indexée, les mots-clés et les métadonnées. Ainsi, il n'est pas possible de déclarer dans les métadonnées (mots-clés de la page, par exemple, ou description, voir chapitre 4) des caractéristiques qui diffèrent de celles de la fiche-produit (certaines entreprises utilisent ce subterfuge pour être référencées à partir de mots-clés ou de marques de leurs concurrents).

Outre les moteurs de recherche, le catalogue des produits doit pouvoir être intégré à des comparateurs de prix (*pricebots*), comme Leguide.com ou Kelkoo.fr, qui constituent une source de trafic pour nombre de sites marchands. Cette intégration peut se révéler délicate. En effet, le référentiel produits et les catégories des comparateurs peuvent différer de ceux du catalogue. Une exportation spécifique (*mapping*) est souvent nécessaire pour injecter tout ou partie de son catalogue dans les différents comparateurs. Des prestataires spécialisés peuvent prendre en charge une telle opération, qui peut apparaître fastidieuse surtout quand le prix doit être mis à jour régulièrement en fonction des objectifs marketing. Des entreprises comme Iziflux, Lengow ou Neteven réalisent de type de prestation.

1. Pour une mise en œuvre concrète de ces principes, on peut utilement se reporter au « guide sur les fiches-produits » de l'entreprise Wizishop, disponible à l'adresse : **http://www.wizishop.com/blog/wp-content/uploads/2007/08/dossier-les-fiches-produits-wizishop.pdf**.

L'intégration des données de prescription liées aux réseaux sociaux

En outre, l'intégration des fonctionnalités des réseaux sociaux, qui agissent tels des outils de prescription auprès des internautes (comme les boutons « *I Like* » de Facebook, « *Tweet this* » de Twitter, ou encore « *Pin it* » de Pinterest) représente un autre élément qui vient s'ajouter à la description d'un produit et permet d'accroître potentiellement le trafic vers le site marchand.

La gestion du catalogue électronique

Enfin, la gestion du catalogue électronique doit faire l'objet d'une réelle attention de la part du management. Depuis son alimentation jusqu'à son utilisation et sa modification, que ce soient les équipes d'acheteurs ou de *sourcing* qui référencent les fournisseurs et les produits ou les équipes marketing (*merchandising*, promotion, CRM, *search engine marketing*), de nombreux acteurs interviennent sur le catalogue. Par conséquent, une démarche de gouvernance des données est nécessaire afin de clarifier les rôles des différents acteurs dans le processus de gestion du catalogue électronique.

En outre, dans le cas d'une stratégie multicanal (voir chapitre 3), le catalogue du site marchand peut également servir pour le canal physique (magasins) ou pour éditer des catalogues saisonniers distribués directement aux clients (par voie postale ou sur la voie publique).

Dès lors, une méthode robuste consiste à créer un référentiel unique qui alimentera le catalogue électronique du site marchand, les catalogues au format papier, et qui servira de base dans la gestion des articles en magasin. Cette base de données tampon se nomme communément *Product Information Management (PIM)*. Elle permet la réception des fiches-produits (par EDI, par fichier XML ou par envoi de fichiers à plat CSV) et l'intégration et la synchronisation des données avec les fournisseurs. Certains fournisseurs alimentent directement le PIM à partir de leur propre catalogue de fiches-produits.

La création du PIM s'accompagne généralement d'une démarche de management des données spécifiques connue sous le nom de *Master Data Management* (MDM), qui permet de définir les processus de gestion des données dans le système d'information des différentes entités de l'entreprise.

La construction et/ou la conception d'un catalogue électronique nécessite de prendre en compte les impératifs légaux contenus notamment dans le Code de la consommation, qu'il s'agisse de contrats à distance ne portant pas sur des services financiers (articles L. 121-16 et suivants du Code de la consommation) ou portant sur des services financiers (articles L. 121-20-8 et suivants du Code de la consommation). Le plus important dans cette phase est de gérer l'information complète du consommateur.

De façon générique, le Code de la consommation contient une obligation générale d'information des consommateurs qui impose à tout professionnel, vendeur de biens ou prestataire de services, de mettre « *le consommateur en mesure de connaître les caractéristiques essentielles du bien ou du service* », et ce avant la conclusion du contrat.

Nonobstant la formation sur les caractéristiques essentielles du contrat, l'article L. 113-3 du Code de la consommation précise que le consommateur doit être informé par tout procédé approprié sur les prix, les limitations éventuelles de la responsabilité contractuelle ainsi que les conditions particulières de la vente.

À ces obligations s'ajoutent celles relevant de l'utilisation d'une technique de conclusion des contrats à distance.

En particulier, pour les contrats ne portant pas sur des services financiers, les dispositions du Code de la consommation imposent que l'offre de contrat comprenne les éléments suivants :

- les modalités de paiement, de livraison ou d'exécution ;
- l'existence d'un droit de rétractation sauf dans les cas où ce droit est exclu ;
- la durée de la validité de l'offre et du prix ;
- le coût de l'utilisation de la technique de communication à distance ;
- la durée minimale du contrat proposé lorsqu'il porte sur la fourniture continue ou périodique d'un bien ou d'un produit.

Il est essentiel également que le catalogue précise que l'ensemble de ces informations « dont le caractère commercial doit apparaître sans équivoque » est communiqué au consommateur de manière « claire et compréhensible » par tout moyen adapté à la technique de communication à distance utilisée.

Pour les contrats portant sur les services financiers, en complément des informations précitées, le professionnel doit transmettre au consommateur l'ensemble des documents d'information particuliers relatifs aux « produits, instruments financiers et services proposés… ».

L'ensemble de ces éléments est non exclusif de tous les éléments liés à l'identification du vendeur ou du prestataire de services tels qu'ils résultent du Code de la consommation ou de la loi pour la confiance dans l'économie numérique.

1.2.2. La fiche-produit et l'EDI

Afin de décrire les produits qu'elles commercialisent, les entreprises constituent des fiches-produits. La fiche-produit se définit comme un message électronique standardisé par lequel le créateur d'un produit fournit à ses partenaires toute l'information qui concerne celui-ci. Les fiches-produits varient bien évidemment d'un secteur économique à l'autre ; la quantité d'informations qu'elles contiennent dépend de la nature des produits. En outre, l'ensemble des informations de la fiche-produit n'a pas vocation à être publié sur un site marchand, dans la mesure où les informations logistiques (poids, volume, taille des lots par exemple) n'intéressent pas directement le consommateur.

La multiplication des références de produits a conduit les entreprises à automatiser l'échange de ces données avec les distributeurs. Longtemps construites de façon spécifique par chaque entreprise, les fiches-produits se sont standardisées au fil du temps. Dès lors, la fiche-produit a été normalisée pour être échangée sous forme de messages EDI. Ces fiches-produits contiennent l'ensemble des données associées à un produit, que l'industriel doit transmettre au distributeur. Ces données recouvrent les aspects commerciaux, tarifaires, techniques et logistiques. Une fiche-produit comporte trois données obligatoires : l'identifiant de l'éditeur de l'information (GLN, *Global Location Number*), l'identifiant de l'unité commerciale GTIN (*Global Trade Item Number*), le marché cible. Elle comprend également des champs obligatoires comme la description, la classification, les mesures, le conditionnement. Des informations optionnelles peuvent s'y ajouter (couleur/taille, emballage, informations complémentaires, multimédia, etc.).

Dans la distribution, la coopération avec les industriels a débouché sur la normalisation de la fiche-produit par des messages EDI. Les messages PRODAT (*PRODduct cATalog*) et PRICAT (*PRICe cATalog*) permettent l'échange automatisé et normalisé des informations sur les produits (**http://www.unece.org/trade/untdid/d07b/trmd/prodat_c.htm**, **http://www.unece.org/trade/untdid/d01a/trmd/pricat_c.htm**).

Le message PRODAT contient des données pérennes sur les produits, c'est-à-dire des informations peu susceptibles de changer. Ces données incluent des éléments de description technique et fonctionnelle. Ce message ne contient jamais d'informations commerciales, comme les conditions tarifaires accordées à un client. Celles-ci sont contenues dans le message PRICAT. Ce dernier est utilisé pour la transmission d'informations descriptives, logistiques et tarifaires, article par article. Il s'agit d'une liste de prix que l'on transmet à son partenaire commercial.

Si l'utilisation de ces messages ne pose aucun souci d'ordre technique, il ne faut pas perdre de vue que tous les fournisseurs ne sont pas aptes à alimenter de tels systèmes ou ne souhaitent pas consentir les investissements nécessaires à leur mise en place. D'après les données disponibles sur les échanges EDI en France, seules 3 % des entreprises utilisent l'échange de fiches-produits par le canal EDI (GS1 France, 2009). Mais de plus en plus d'entreprises utilisent des catalogues électroniques synchronisés : 21 % en France en 2009, selon GS1[1] (22 % dans le secteur de la santé et 29,5 % dans le secteur du bricolage). Par conséquent, l'alimentation des catalogues électroniques est encore loin d'être automatisée, surtout pour les sites de commerce électronique ayant peu de références et travaillant avec des petits fournisseurs. D'autre part, le renouvellement des produits et l'approvisionnement auprès de TPE ou PME ne facilitent pas la diffusion et la synchronisation des fiches-produits.

1.2.3. L'enrichissement de la fiche-produit

La fiche-produit transmise automatiquement par le fournisseur ou saisie par l'entreprise dans son catalogue ne saurait suffire à elle seule à fournir une information complète au consommateur en ligne. Par conséquent, d'autres informations doivent être ajoutées à cette fiche-produit de base. Pour des produits techniques, le résultat d'un test d'utilisation fournit à l'internaute un avis complémentaire et indépendant des informations du fournisseur. D'autres attributs peuvent être envisagés ; tout dépend de la nature des produits et de la mise en avant souhaitée par le site marchand. Il faut toutefois faire attention à ne pas multiplier le nombre d'attributs. En effet, ceux-ci constituent également des critères de tri pour l'internaute, ce qui risque de compliquer sa recherche d'informations. Il est toutefois possible de dégager des éléments incontournables qui viennent enrichir la fiche-produit.

L'intégration des avis clients à la fiche-produit

Les avis des consommateurs sont des éléments qui sont de plus en plus consultés par les clients dans leur processus d'achat. Ils constituent donc un élément contribuant à enrichir la fiche-produit, qui se limite aux caractéristiques intrinsèques du produit. L'opinion

1. Enquête annuelle sur la mise en œuvre des standards GS1, Édition 2009.

des clients s'exprime souvent au travers de deux modalités : les évaluations et les avis. Techniquement, ce sont des éléments de natures différentes : d'une part, des évaluations formelles sur des échelles (notes, étoiles), qui constituent une donnée structurée ; d'autre part, des avis personnels sous forme de texte qui sont des données non structurées (texte). L'avis du client peut même être une vidéo qu'il a réalisée lui-même, comme sur le site Pixmania.fr. Dans ce cas, il est nécessaire d'adapter la capacité de stockage du site afin d'accueillir des données plus volumineuses que du simple texte. Il est important que les vidéos n'altèrent pas la fluidité de la navigation sur le site.

L'intégration des éléments de ventes croisées

Des attributs importants du produit prennent tout leur sens dans le cadre d'une politique marketing visant à accroître la valeur du panier moyen, comme la vente croisée (voir chapitre 8). Afin de proposer au client un produit complémentaire, il est impératif d'affecter des attributs de complémentarité entre produits dès la conception de la base. Comme on l'a vu au chapitre 4, plusieurs solutions techniques intègrent nativement cette fonction. Ces solutions nécessitent donc de déclarer les associations de produits dans la base de données. À un produit X donné il faut associer un produit Y présent dans la base. Il est possible d'associer plusieurs produits à un autre et d'établir un ordre de priorité dans l'affichage des produits associés. Il est par exemple possible de présenter des produits en fonction de leur prix (le plus élevé en premier). La figure 5.1 montre les offres de produits complémentaires pour un appareil photo numérique sur le site **http://www.pixmania.fr**. La particularité de ce site est de formaliser le mécanisme des ventes croisées sous forme d'assortiments prédéfinis (« packs »). Cela n'empêche pas le site de recommander des produits complémentaires dans une rubrique « Nos recommandations » (voir figure 5.2). Toutes ces informations visent à augmenter le panier moyen du client.

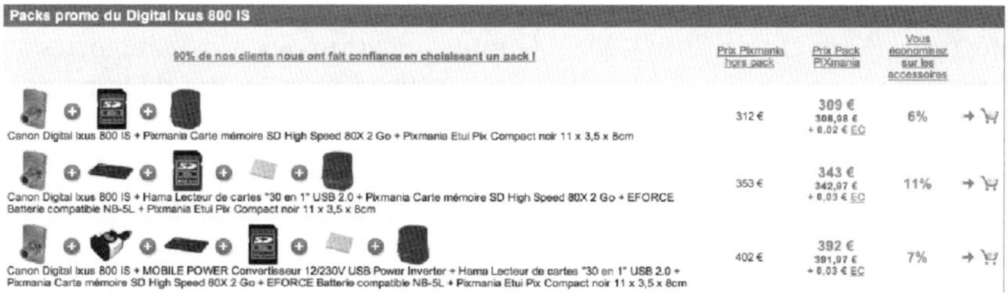

Figure 5.1 : Produits complémentaires pour la vente croisée, présentés sous forme de « package » sur le site Pixmania.fr

Si on souhaite afficher des produits associés commandés par d'autres clients, il est nécessaire de recourir à d'autres types d'outils, des moteurs de filtrage collaboratif, comme ceux qui sont présentés au chapitre 4 (voir également chapitre 6). En effet, les achats effectués par d'autres internautes ne constituent pas en soi un attribut du produit. Par ailleurs, cette information n'est pas stockée dans le catalogue mais dans la base client, qu'il est nécessaire d'interroger par une requête pour obtenir l'information sur les produits associés.

Une fois les fiches-produits établies, la structure du catalogue constitue une étape importante dans la mise en œuvre de celui-ci.

Figure 5.2 : Recommandations de produits complémentaires pour un appareil photo sur Pixmania.fr

1.2.4. La catégorisation des produits, la structure du catalogue et la navigation dans le site

Dès lors que le site marchand propose une offre étendue de références, il devient impératif de réfléchir à une catégorisation des produits qui facilitera leur présentation sur le site et leur recherche par le client. Cette problématique est absolument fondamentale, pour plusieurs raisons.

En premier lieu, un écran d'ordinateur ou, de plus en plus, de téléphone mobile, a une taille relativement restreinte, ce qui rend difficile la présentation d'un grand nombre de produits sur un espace aussi limité. En second lieu, plus le nombre de produits est élevé, plus la recherche d'un produit dans le site se révèle délicate pour le client (Lee, Lee et Wang, 2004). L'objectif de la catégorisation des produits est donc de simplifier la navigation dans l'offre (Chiang et Manuel, 2007).

Afin de clarifier cette navigation, la tentation est grande de multiplier les catégories et les sous-catégories (Kim et Lee, 2003). Mais la multiplication des sous-catégories augmente le nombre de clics nécessaires pour arriver à un produit au cours de la navigation sur le site (voir chapitre 6). Le nombre de clics pour atteindre un produit représente une partie de ce que l'on nomme le « *clickstream* », c'est-à-dire l'ensemble des clics nécessaires pour finaliser un achat en ligne depuis la page d'accueil du site marchand. Il est désormais acquis que quatre ou cinq clics constituent le maximum que l'internaute est prêt à accepter pour atteindre un produit depuis la page d'accueil. Au-delà, le risque de désorientation sur le site est grand, car la navigation dans l'offre devient complexe pour l'internaute.

En outre, la multiplication des sous-catégories n'est pas forcément une solution pertinente, car l'affectation d'un produit à une sous-catégorie est parfois ambiguë et oblige à l'associer en fait à plusieurs sous-catégories. Ceci entraîne des risques en termes de pertinence de la recherche d'information, mais plus encore en termes de gestion de la volumétrie de la base de données (multiplication de fiches-produits redondantes), voire en termes de gestion des stocks (tout dépend de la façon dont la gestion des stocks est déployée dans le système d'information). Une solution consiste à masquer certaines sous-catégories sur la page d'accueil, mais à les afficher dans le moteur de recherche du site. Par exemple, les rubriques « Disques variétés », « Disques classiques » et « Livres épuisés » n'apparaissent pas dans la barre horizontale rassemblant les catégories du catalogue d'un site de vente de CD ; en revanche, elles apparaissent dans le menu déroulant du moteur de recherche du site.

1.3. La gestion du catalogue électronique

1.3.1. L'intégration du catalogue dans le système d'information

Une fois la structure du catalogue constituée et la base de données alimentée, la question de l'intégration du catalogue au reste du système d'information se pose. Si l'entreprise recourt à une solution « *packagée* », décrite au chapitre 4, les différents modules de la solution logicielle s'intégreront facilement, et plus particulièrement la gestion des stocks qui est directement liée au catalogue.

Cependant, lorsque le nombre de produits et les visites sur le site augmentent, il est pertinent de gérer les stocks dans un module dédié ou une application spécialisée, car cette opération de gestion ne peut s'effectuer directement dans la base de données qui alimente le site marchand. Ceci est d'autant plus vrai que la gestion des stocks sera en partie automatisée grâce à une collaboration électronique avec les fournisseurs, de type Gestion Partagée d'Approvisionnement (GPA). Dans cette configuration, le réapprovisionnement se fait automatiquement sur un seuil du stock (défini par contrat). Le système d'information envoie une commande électronique par message EDI chez le fournisseur. Le déploiement de la GPA impose donc une gestion des stocks séparée du catalogue et nécessite une synchronisation par l'intermédiaire du module de gestion des commandes.

Enfin, dans la perspective multicanal, intégrant les stocks des différents magasins et celui dédié au canal électronique, il est important de gérer de façon centralisée les données sur les stocks afin de fournir une information juste sur le site si l'option de retrait en magasin est offerte au client (voir chapitre 3).

1.3.2. La mise à jour du catalogue

L'enjeu est d'offrir en permanence un catalogue à jour sur le site Web. En effet, l'entreprise perdrait en crédibilité si elle proposait à la vente des articles qui ne sont plus fabriqués par ses fournisseurs ou plus disponibles. Par conséquent, la mise à jour du catalogue est une tâche lourde pour les sites proposant plusieurs milliers de références, car la durée de vie de certains produits est limitée dans le temps. Une solution technique consiste, lorsque les fournisseurs ont les systèmes d'information nécessaires et la volonté de collaborer avec le site Internet, à synchroniser les fiches-produits directement dans la base PIM (voir section 2.3.1).

Quelles que soient les méthodes déployées pour collecter et alimenter le catalogue, il est impératif que la fiabilité des informations y soit la plus élevée possible et que le site ne propose pas à la vente des articles qui n'existent plus.

1.3.3. L'internalisation ou l'externalisation du catalogue

La charge que représente la gestion d'un catalogue électronique conduit souvent les entreprises qui proposent à la vente des milliers de références à s'interroger sur l'externalisation de ce service. En effet, concevoir, alimenter, enrichir, maintenir, mettre à jour un catalogue électronique sont des tâches complexes techniquement et financièrement coûteuses, alors même que la gestion de cette fonction ne constitue pas le cœur de métier de l'entreprise. Dès lors, il est possible d'externaliser une telle gestion dans sa totalité ou sur l'une ou l'autre de ses composantes (conception, alimentation, maintenance). Il existe des entreprises spécialisées dans la gestion de catalogues électroniques, qui commercialisent des logiciels spécifiques en gestion de catalogues, et qui conçoivent également des catalogues pour des distributeurs (par exemple, **http://www.cameleon-software.com/**). D'autres entreprises fournissent des catalogues clés en main. Elles maintiennent des catalogues dans différents secteurs d'activité économique et les mettent à disposition des entreprises qui en ont besoin.

> ***Exemple :*** CNET Channel a développé depuis 1998 une base de données qui, en 2013, comprenait six millions de produits dans le domaine de l'électronique grand public, l'informatique, l'électroménager. Cette base de données dénommée DataSource™ est disponible en 18 langues et couvre 35 pays. Les fiches-produits comportent parfois plus de 100 attributs.
>
> *Source : http://www.cnetcontentsolutions.com/*

Certains acteurs du commerce électronique considèrent en revanche que la gestion du catalogue électronique est un élément stratégique au cœur de la proposition de valeur au client et souhaitent en conserver le contrôle.

> ***Exemple :*** Pixmania.fr a conçu sa propre solution de catalogue électronique en interne et gère son catalogue également en interne. Cette société estime que la maîtrise de l'information, sa richesse, sa qualité sont des éléments cruciaux dans l'expérience d'achat de l'internaute et doivent donc être parfaitement maîtrisés par l'entreprise elle-même. Il en va de même pour Amazon.
>
> *Source : http://www.pixmania.com*

La problématique du catalogue électronique se révèle quelque peu différente en *B2B*. En effet, elle doit inclure les besoins d'intégration du catalogue dans le système d'information du client. Les entreprises formalisent en effet souvent leur politique d'achat dans des outils de gestion des achats (*e-procurement*).

2. Créer et gérer des catalogues en *B2B*

2.1. Le type d'approvisionnement et le catalogue

Dans le cadre des échanges *B2B*, la problématique évoquée ci-dessus prend davantage d'importance, dans la mesure où les produits à spécifications changeantes ne sont pas rares. De ce fait, de nombreux produits ou services échappent totalement aux catalogues électroniques. Plus encore, la finalité des approvisionnements constitue une autre dimension qui explique le caractère « catalogable » d'un produit. En effet, on peut distinguer les approvisionnements destinés à la production et les achats « hors production ». Les informations sur les produits destinés à la production ne sont pas, la plupart du temps, gérées par des catalogues électroniques standardisés. L'entreprise acheteuse intègre en effet ces informations directement dans son système d'information en charge de gérer la production. Les achats « hors production » constituent des frais généraux pour l'entreprise ; ils sont souvent l'objet d'une pression forte à la baisse. Aussi toute solution pour réduire leur coût est la bienvenue. Ce sont en général des produits standards (matériels de bureau, fournitures, etc.) ; ils sont donc aisément catalogables. Il est alors possible de dresser un tableau synthétique en fonction des types d'approvisionnements (voir tableau 5.1).

Tableau 5.1 : Types d'achats et catalogues

Articles catalogables (prix prénégociables)	Articles non catalogables (prix non prénégociables)
Achats de production stockés : Pièces mécaniques, composants électroniques	***Produits spéculatifs :*** Matières premières Achats d'affaires/achats de projets : Construction d'une usine
Achats hors production : Transport, matériel informatique, voyages professionnels	***Produits à spécifications changeantes :*** Prestation juridique, conseil, imprimés publicitaires
Achats catalogues : Pièces de rechange, mobilier de bureau	***Produits à spécifications changeantes :*** Études techniques, prototypes, pièce sur plan

On retiendra que, dans la perspective du commerce électronique, de nombreux produits ne peuvent être catalogués. Ceci explique en partie l'échec des places de marché qui avaient cru que tous les achats pourraient être gérés grâce à des catalogues électroniques (voir chapitre 1).

Dans les échanges *B2B*, les besoins sont différents de ceux des sites marchands classiques (Baron, Shaw et Bailey, 2000). En effet, les entreprises désireuses de s'approvisionner par le biais du canal électronique (*e-procurement*) – dans le cadre d'une politique d'achats définie au niveau stratégique de l'entreprise – souhaitent la plupart du temps intégrer les données sur les produits achetés directement dans leur système d'information et plus spécifiquement dans leur système comptable et financier, afin d'avoir un suivi précis et une intégration poussée, source d'économie de coûts administratifs. En outre, dans certains secteurs industriels, sous l'égide de l'organisme international de standardisation GS1, un réseau international de catalogues électroniques de produits est en train de se mettre en place.

2.2. Le *e-procurement* et le catalogue électronique

La fréquence des échanges entre entreprises conduit celles-ci à rechercher l'optimisation des coûts de traitement de ces transactions. L'automatisation des commandes et de leur traitement sur la base d'une solution informatisée est souvent retenue. Le déploiement par les entreprises de système de gestion électronique automatisée des achats ou *e-procurement* est la solution la plus utilisée (voir chapitre 1). Trois cas de figure se présentent, selon le degré d'intégration dans le système d'information que le client souhaite :

- La personnalisation du catalogue pour le client sur le site Internet. Le catalogue reste chez le fournisseur.
- La personnalisation du catalogue sur le site, avec intégration des données dans le système d'information du client. Le catalogue reste chez le fournisseur et des données sont intégrées au système d'information du client.
- L'intégration complète du catalogue dans le système d'information du fournisseur.

2.2.1. La personnalisation du catalogue sur le site Internet

Dans cette configuration, on est proche d'une situation classique d'un site *B2C*, dans la mesure où l'acheteur se rend sur le site Internet du fournisseur pour effectuer ses achats en ligne. La différence réside dans la personnalisation du catalogue mis à disposition. L'acheteur est authentifié par le biais d'un identifiant et d'un mot de passe et accède ainsi à un catalogue qui lui est spécifique. Le processus d'achat consiste à sélectionner des produits dans le catalogue. La confirmation de la commande est envoyée par courrier électronique ou par télécopie, tout comme la facture. La figure 5.3 illustre cette configuration assez répandue.

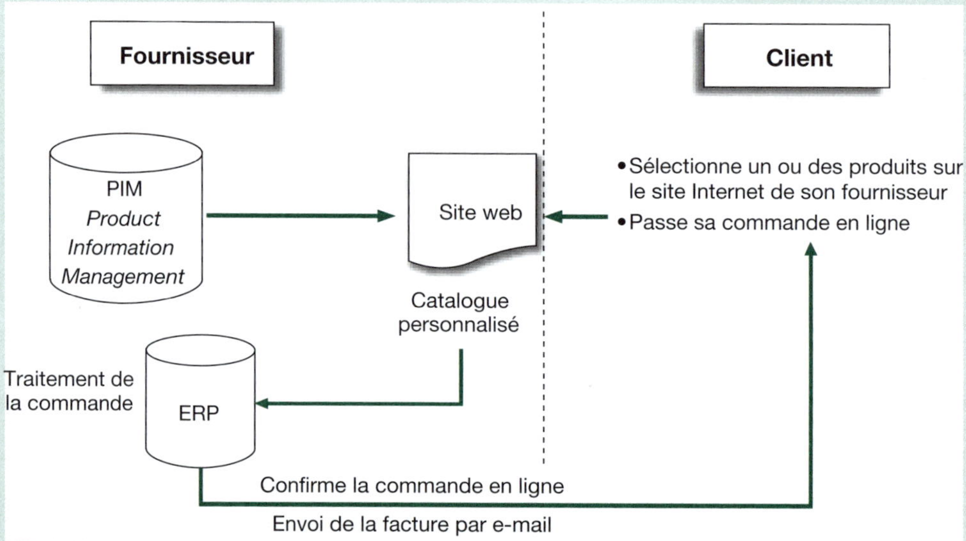

Figure 5.3 : Catalogue électronique personnalisé sur le site du fournisseur en *B2B*.

2.2.2. La personnalisation du catalogue sur le site Internet et l'intégration partielle

De nombreuses entreprises ont fait le choix d'une solution *e-procurement* intégrée à leur système d'information (SAP, Ariba, Commerce One, etc.) et ne souhaitent pas y inclure directement les catalogues de leur fournisseur, soit pour des raisons techniques, soit pour ne pas dépendre d'un seul fournisseur. Il est alors possible d'envisager la connexion à un catalogue électronique distant, tout en intégrant totalement le processus d'achat.

Chacune des parties conserve son savoir-faire et la gestion de ses processus (présentation de l'offre et gestion du catalogue chez le fournisseur, gestion du *workflow* et consolidation comptable des achats et analyse des achats). L'avantage d'une telle solution est que l'acheteur ne se préoccupe pas de l'hébergement et de l'intégration des catalogues de ses fournisseurs. Ce système est appelé « *punch out & round trip* ». La figure 5.4 illustre cette logique d'intégration partielle du catalogue électronique.

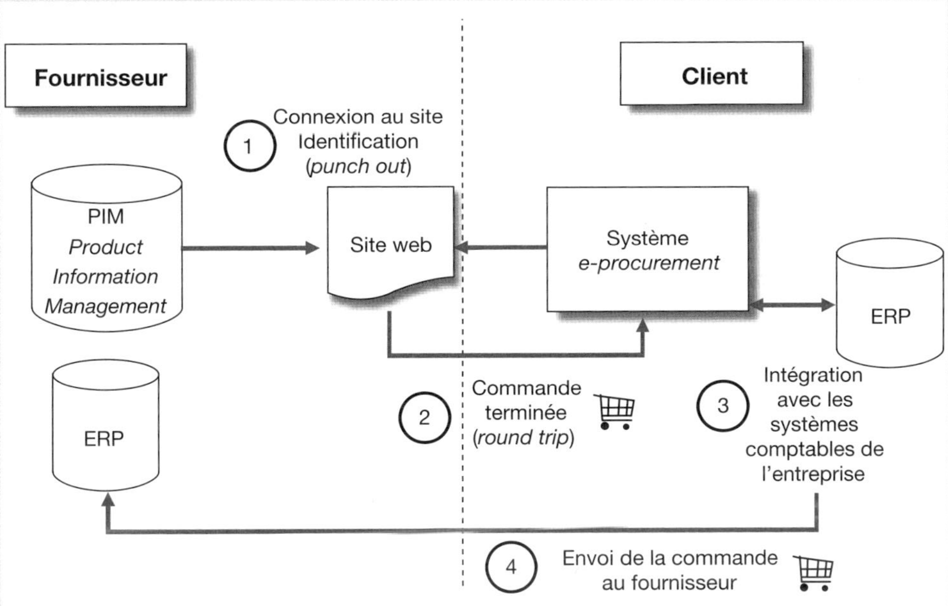

Figure 5.4 : Intégration partielle du catalogue électronique (*punch out & round trip*).

2.2.3. Le catalogue sur mesure et l'intégration complète dans le système d'information du client

Dans cette configuration, l'acheteur déploie un logiciel dans son système d'information et souhaite intégrer les références des produits de ses fournisseurs qui font l'objet d'un contrat, les autorisations d'achat des salariés et le processus de traitement associé (*workflow*). Dans cette perspective, l'acheteur ne souhaite pas accéder à un site Internet sur lequel il consulte un catalogue en ligne. Il souhaite posséder au sein de son système d'information un catalogue personnalisé qui comprend uniquement les références qui l'intéressent et font l'objet d'un accord-cadre (prix négocié, marge avant, marge arrière). Dès lors, le fournisseur doit être en mesure de proposer un catalogue sous format électronique qui s'intègre dans le système d'information du client. Il doit être capable de maîtriser les aspects informatiques relatifs à cette demande. Le client peut exiger des fichiers EDI, XML, CSV, ou plus spécifiques encore. Par conséquent, on mesure bien l'importance d'une base de type PIM pour extraire des catalogues spécifiques à chaque client. La figure 5.5 illustre cette configuration dans laquelle le catalogue sur mesure est directement intégré dans le système d'information du client.

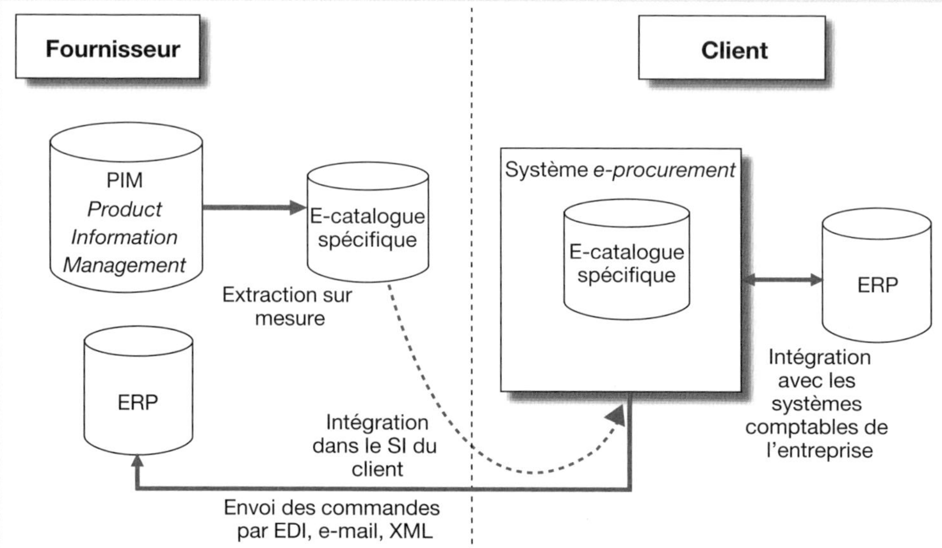

Figure 5.5 : Intégration du catalogue électronique dans le SI du client.

2.3. Les réseaux de catalogues électroniques synchronisés (*Global Data Synchronisation Network*)

Des prestataires de catalogues électroniques émergent dans différents secteurs d'activité économique. Il existe de plus en plus de catalogues multi-entreprises, comme le catalogue Verticalwine dans le domaine du vin et des Produits destinés à la Grande Consommation (PGC). S'ils présentent l'avantage d'une mutualisation des coûts, la question de l'intégration de tels catalogues dans les systèmes d'information est loin d'être automatique.

Les distributeurs développent également leur propre catalogue, avec souvent la nécessité pour les industriels d'alimenter plusieurs catalogues électroniques avec des formats différents. Cette situation évolue progressivement avec le déploiement d'un réseau international de catalogues électroniques interopérables et synchronisés.

2.3.1. La synchronisation de catalogues

L'idée d'un réseau de catalogues qui se synchronisent repose sur les technologies de services Web (*Web Services*). Le principe est de développer une application qui soit requêtable à distance à partir du réseau Internet, soit par le protocole HTTP, soit par le protocole SMTP[1]. Il s'agit en fait de rajouter une couche dans l'application, de telle sorte qu'elle soit capable de communiquer en respectant un certain nombre de standards (SOAP, UDDI). Dès lors, il est possible de construire une application à laquelle on s'abonne et que l'on mobilise lorsqu'on en a besoin (*on demand*). Il faut donc concevoir un catalogue électronique comme un service Web auquel un autre catalogue s'abonne (par exemple celui d'un client). Il est alors très facile de synchroniser automatiquement

1. SMTP (*Simple Mail Transfer Protocol*) : protocole utilisé pour l'envoi de courrier électronique.

les catalogues. En effet, on peut aisément émettre un message à destination des catalogues abonnés dès qu'une modification de fiches-produits est effectuée, et déclencher la mise à jour automatique de ces derniers. Ce principe est illustré à la figure 5.6.

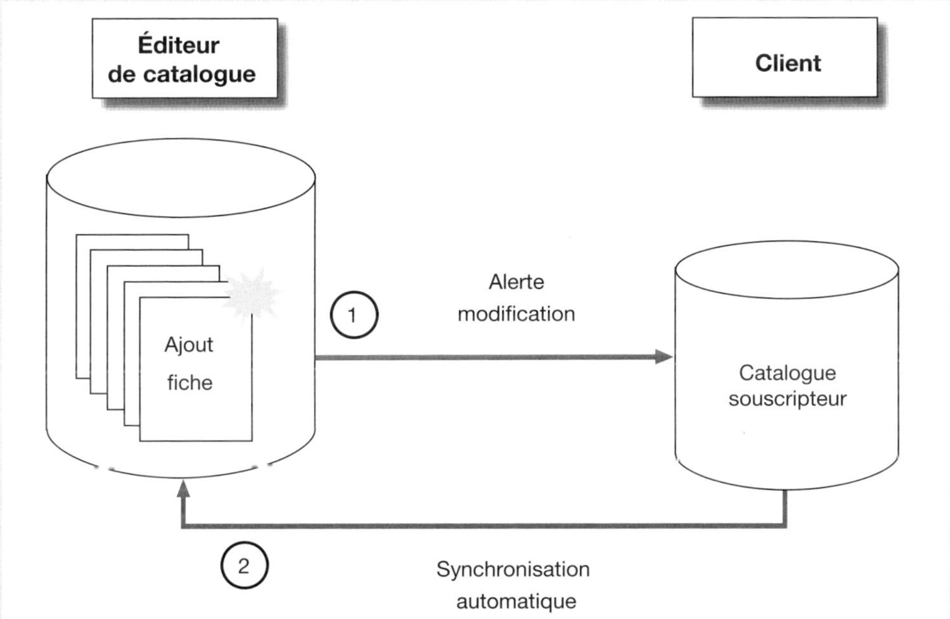

Figure 5.6 : Principe de synchronisation de catalogue électronique.

En France, en 2013, il existait 12 catalogues électroniques interopérables certifiés par le GS1. On peut citer Verticalwine, Parangon, Equadis, Catalogic. La certification de ces catalogues signifie qu'ils respectent des standards de codification de l'information et plus particulièrement le standard international EAN.UCC qui est utilisé dans le réseau international de synchronisation de catalogues.

2.3.2. Le réseau international de synchronisation de catalogues

Cette initiative, lancée en 2004, vise à déployer un réseau de catalogues interopérables respectant le standard EAN.UCC, afin de permettre aux entreprises du monde entier d'échanger leurs informations produits. Les catalogues sont reliés entre eux par l'intermédiaire d'un répertoire global (*global registry*). Ce réseau de catalogues s'appuie sur la codification de la fiche-produit, la classification internationale des produits GPC (*Global Product Classification*), et la normalisation des échanges de données grâce à EDIFACT-EANCOM et EAN.UCC XML. La logique de ce réseau mondial repose sur la synchronisation entre annuaires par l'intermédiaire d'un annuaire mondial centralisé (*global registry*) qui orchestre les enregistrements de catalogues et les demandes de synchronisation. Cette logique est présentée à la figure 5.7.

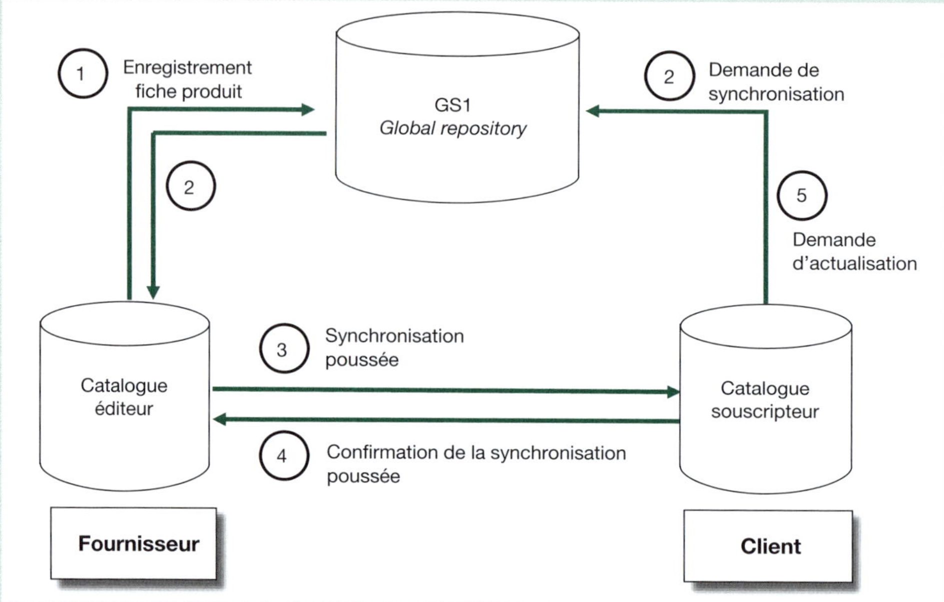

Figure 5.7 : Le réseau mondial de synchronisation (GDSN) et le principe de la synchronisation.

Ce réseau de catalogues électroniques rassemblait 26 catalogues nationaux début 2013 au niveau mondial, regroupant plus de 26 000 entreprises et plus de 10 millions de fiches-produits. Même s'il est utopique de penser qu'il existera un jour un seul catalogue de fiches-produits au niveau mondial, ce réseau de catalogues synchronisés esquisse d'ores et déjà un avenir dans lequel la mise en place d'un catalogue électronique consistera à s'abonner à des catalogues fournisseurs par l'intermédiaire du GDSN.

Résumé

Le catalogue électronique est un élément central dans un site marchand de commerce électronique *B2C*. Si tous les produits ne sont pas catalogables, la plupart des produits courants sont aisément descriptibles de façon standardisée par le biais d'une fiche-produit. Celle-ci constitue l'élément de départ d'une base de données de produits. Les fiches-produits peuvent être standardisées par des messages EDI et donc échangeables entre les systèmes d'information des entreprises. Même si leur utilisation reste modeste dans l'économie en général, ces fiches sont en revanche très employées dans certaines industries. Pour bâtir une solution pérenne de catalogue électronique, une démarche de *Master Data Management* (MDM) centrée sur un référentiel unique (PIM) est conseillée. Elle reçoit les données des fournisseurs sous plusieurs formats (EDI, XML, CSV). L'entreprise enrichit cette base de données pour construire ces différents catalogues. Elle intègre plus particulièrement les éléments spécifiques au canal Internet, afin d'optimiser l'efficacité du site marchand. Elle doit accorder une attention particulière à la structure de sa base de données pour optimiser la navigation sur son site Internet, en veillant à une bonne catégorisation des produits. La maintenance de la base de données constitue également un enjeu important en termes de fiabilité des informations mises à disposition du client. Lorsque le catalogue comprend un très grand nombre de références, son externalisation est une éventualité que l'entreprise peut envisager.

Dans le cadre des marchés *B2B*, la construction des catalogues électroniques est quelque peu différente dans la mesure où la fréquence des achats et les systèmes de *e-procurement* conduisent à la création d'un catalogue personnalisé pour le client. Ces catalogues sur mesure sont directement intégrés dans les systèmes de gestion des clients. Afin d'optimiser les mises à jour de catalogues, des solutions de catalogues électroniques synchronisés émergent depuis quelques années. Elles facilitent grandement la transmission, l'échange et la mise à jour des fiches-produits entre partenaires commerciaux.

Bibliographie

Baron J., Shaw M. et Bailey A. (2000), « Web-based E-catalog Systems in *B2B* Procurement », *Communications of the ACM*, vol. 43, n° 5, pp. 93-100.

Chiang R. et Manuel N. (2007), « Improving Web-Catalog Design for Easy Product Search », *INFORMS Journal on Computing*, vol. 19, n° 4, pp. 510-519.

De Corbière F. (2006), « Systèmes d'information interorganisationnels pour la transmission des informations produit : architectures dans le secteur de la grande distribution française », *Communication au* XIe *congrès de l'AIM*, Luxembourg.

EBG/Deskom (2004), *Le Livre blanc de la facture électronique*, 242 p., Paris.

Kim G.-M. et Lee G.-S. (2003), « e-catalog evaluation criteria and their relative importance », *Journal of Computer Information Systems*, vol. 43, n° 4, pp. 55-62.

Lee J., Lee H.S. et Wang P. (2004), « An interactive visual interface for online product catalogs », *Electronic Commerce Research*, vol. 4, n° 4, pp. 335-358.

Stanoevska-Slabeva K. et Schmid B. (2000), « Internet electronic product catalogs: An approach beyond simple keywords and multimedia », *Computer Networks*, vol. 32, n° 6, pp. 701-715.

Yen B.P.-C. et Kong R.C.W. (2002), « Personalization of information access for electronic catalogs on the Web », *Electronic Commerce Research and Applications*, vol. 1, n° 1, pp. 20-40.

Pour aller plus loin

Consultez les références complémentaires proposées sur : **http://www.livre-ecommerce.fr**

Sites Internet à consulter

http://www.cameleon-software.com

http://gs1.com

http://www.gs1.fr

http://www.journaldunet.com

http://www.sculpteo.com

http://www.bluepim.com

Activités

Questions de révision

1. Définissez la fiche-produit.
2. Comment organiser la collecte des informations constitutives du catalogue électronique ?
3. Quels sont les formats utilisés pour échanger des fiches-produits ?
4. Quelle architecture technique est plus efficace pour gérer un catalogue dans le cadre d'une stratégie multicanal ?
5. Qu'est-ce qu'un *Product Information Management* ? Précisez son rôle dans la gestion des catalogues électroniques.
6. En quoi la structure du catalogue influence-t-elle la navigation sur le site Internet ?
7. Quelles sont les raisons qui amènent à développer des catalogues spécifiques pour un client dans le domaine du *B2B* ?
8. Qu'est-ce que la synchronisation de catalogue électronique ?
9. Quels sont les avantages d'un réseau de catalogues électroniques synchronisés ?

Exercices de synthèse

1. À partir de la consultation des trois sites marchands suivants :

   http://www.auchandirect.fr, **http://www.ooshop.fr**, **http://www.houra.fr**

   Recherchez sur chaque site le même produit, par exemple un camembert de la même marque, sans utiliser le moteur de recherche du site.

   Repérez votre navigation et les rubriques par lesquelles vous avez été amené à naviguer.

   Combien de clics ont été nécessaires pour parvenir au produit ? Qu'en concluez-vous ?

2. À partir de la consultation des sites marchands **http://www8.hp.com/fr/fr/home.html**, **http://www.dell.fr**, **http://www.apple.fr**, sélectionnez un ordinateur portable d'entrée de gamme. Personnalisez-le en lui ajoutant de la mémoire vive et une extension de garantie de 3 ans. Au terme de ce paramétrage, que concluez-vous quant à l'organisation du catalogue de ces sites Internet ?

3. Consultez le site Internet **http://www.amazon.fr**.

   Sélectionnez un ordinateur portable d'une marque quelconque. Identifiez les propositions de produits complémentaires qui vous sont suggérées. Comment sont-elles présentées ? Qu'en concluez-vous sur la structure du catalogue support de ce site ?

4. Identifiez deux sites offrant une présentation en 3D de leurs produits. À quel univers et à quelle catégorie se rattachent ces produits ? Quels sont leurs prix ? Qu'en concluez-vous quant au recours à l'utilisation de la 3D dans la fiche-produit ?

Questions à débattre

1. Le développement d'un réseau global de catalogues électroniques de produits vous paraît-il réaliste ? Identifiez les obstacles à un tel projet.
2. À quelles conditions vous paraît-il pertinent d'externaliser la gestion du catalogue électronique pour un site marchand ? Argumentez.
3. Quel département au sein de l'entreprise doit être en charge de la gestion du catalogue électronique ?

Chapitre 6

Conception de l'interface marchande et création de valeur pour le visiteur

Objectifs pédagogiques

- Comprendre le concept de valeur expérientielle d'une visite
- Identifier les éléments constitutifs d'une interface marchande
- Savoir porter un jugement sur la qualité d'une page d'accueil/d'une page produit
- Savoir comment améliorer l'accessibilité de l'offre
- Comprendre les enjeux du design des sites marchands
- Savoir porter un jugement global sur le design d'un site marchand
- Connaître les parties impliquées et les étapes pour concevoir une interface
- Comprendre les enjeux liés au développement des contenus de marques
- Identifier la variété des moyens envisageables pour enrichir l'expérience de visite
- Savoir comment élaborer un site orienté « utilisateur »

Zappos.com : les bonnes pratiques en matière de design Web

Une référence en matière de navigabilité

Créé en 1999 aux États-Unis (Henderson, Nevada) avec la vocation de devenir la première destination marchande pour les chaussures, Zappos.com est devenu bien plus que cela en 15 ans. Racheté par Amazon en 2009, avec un chiffre d'affaires de plus de 2,2 milliards de dollars en 2011 et un effectif de 1 300 employés, Zappos.com est assurément l'un des sites de référence sur le Web, que ce soit en matière de relation client ou d'interface marchande. Le président de Zappos, Tony Hsieh est devenu, quant à lui, l'une des icônes du management américain (près de 2,8 millions de followers sur Twitter). Sa philosophie managériale a été notamment exposée dans un ouvrage à succès, *Delivering happiness: A path to profits, passion and purpose*, publié en 2010.

L'assortiment de Zappos.com

Le site propose une offre foisonnante : plus de 1 000 marques commercialisées pour 500 000 modèles et plus de 5 millions de références (prenant en compte les diverses tailles et les coloris) ! Non seulement Zappos.com commercialise tous les styles de chaussures, mais il s'adresse à des marchés de niche (chaussures étroites, chaussures pour diabétiques, chaussures orthopédiques, etc.). Centré initialement sur les chaussures, l'assortiment s'étend maintenant aux vêtements, aux sacs, aux accessoires et bijoux, aux lunettes, aux produits cosmétiques et aux articles pour la maison (art de la table, ustensiles, petit électroménager, etc.).

Rien ne semble plus arrêter l'extension de l'assortiment (si ce n'est peut-être le rachat par Amazon.com en 2009). Comme le précise d'ailleurs le site institutionnel : « *Nous pensons qu'étant connus pour la qualité de notre service, nous pouvons nous étendre dans n'importe quelle catégorie* ». À terme, Zappos veut être connu comme « *a service company that happens to sell shoes, handbags, anything and everything* »[1].

Le service au cœur de l'ADN

La valeur fondamentale de l'entreprise est « *deliver WOW through service* ». Sa signature est d'ailleurs « *Zappos, powered by service* »[2]. Le site est régulièrement primé pour la qualité de son service client (Stella Service, Business Week Customer Service Champions) et sa notation par Bizrate est excellente (9,4 sur 10 en 2013, avec 96 % de clients satisfaits).

Concrètement, la politique de service de Zappos consiste à ne pas facturer les frais de livraison (pour l'envoi comme pour le retour éventuel d'un produit), à assurer la possibilité de renvoyer le produit pendant 365 jours et l'accès à un service client 24 h sur 24 et 7 jours sur 7. Le site compte près de 10 000 témoignages : on peut constater la teneur des propos élogieux tenus par la plupart des clients.

Dès l'accueil, un design Web exemplaire

Sur la page d'accueil, la barre de navigation donne accès à une sélection de catégories (les chaussures, catégorie historique, sont à gauche) et aux principales cibles (femmes/hommes/enfants, à droite). L'accès à l'ensemble des univers est accessible par un menu déroulant à droite de la barre de navigation (*All Departments*). Lorsque le visiteur passe le curseur de sa souris sur un onglet de barre de navigation, un menu XXL s'ouvre avec de nombreux liens vers les sous-catégories et des familles de produits (en général, plus d'une vingtaine). En dessous de la barre de navigation, le visiteur peut accéder directement aux marques, par ordre alphabétique (*Alphabetical Brand Index*).

Au-dessus de cette barre de navigation, le moteur de recherche est très visible. Il donne des suggestions à l'intérieur de la zone à remplir dès les premières lettres tapées. En dessous du moteur, il est possible d'accéder aux catégories les plus demandées (*Search by*).

La partie centrale présente (de haut en bas) : une marque ou une catégorie mise en avant dans un grand visuel, les produits recommandés par le site au visiteur, ainsi qu'un bandeau proposant des chèques-cadeaux et des offres. A gauche, la colonne de navigation présente des liens vers les catégories et sous-catégories de produits. A droite, quelques visuels saisonniers permettent aux visiteurs d'accéder à certains contenus, catégories ou offres.

Au troisième écran, les colonnes de navigation disparaissent pour laisser la place aux avis des clients. À partir du quatrième écran, un grand nombre de liens sont proposés pour accéder aux catégories, au service client ou à des informations sur l'entreprise. Ce dernier ecran permet d'accéder aux réseaux sociaux, à la *newsletter* (inscription) et à l'application mobile (téléchargement).

L'accès à l'offre

Quand le visiteur sélectionne une catégorie (comme *Sandals*), le nombre de produits est indiqué de façon très visible sous la barre de navigation (à fin 2013, 4 143 articles étaient proposés dans cette catégorie), incitant le visiteur à préciser sa recherche.

Les produits sont présentés sous forme de vignettes, dans la partie centrale. Avec un accès haut débit, le temps d'attente est quasi nul, même pour afficher plus de cent vignettes. Les visuels sont très propres et uniformes. Ils sont systématiquement accompa-

1. Une entreprise de service qui se retrouve vendre des chaussures et des sacs, tout et n'importe quoi ».
2. Zappos, propulsé par le service ».

gnés de la marque, du nom de la référence, du prix et d'une notation consommateur sous forme d'étoiles. Chaque vignette, cliquable, donne accès à la page produit. Les produits en solde sont indiqués en rouge.

Le visiteur peut alors affiner sa sélection par taille, style, hauteur de talon, couleur, marque, prix, matière, thème ou motif. Quand le visiteur sélectionne un critère (une couleur, par exemple), la sélection de vignettes dans la partie centrale change instantanément. L'enchaînement des critères sélectionnés est présenté très clairement, en haut de page. Il est possible à tout moment de revenir en arrière en décochant les critères de sélection dans l'ordre de son choix. Le nombre d'articles dans la sélection est indiqué de façon systématique et les visuels se mettent à jour de façon quasi instantanée.

La présentation des produits

Ces pages sont particulièrement claires, même si un grand nombre d'informations sont présentées : dans la partie centrale, le nom de la référence, une notation sous forme d'étoiles, un lien vers des avis des clients et un grand visuel entouré de nombreux autres visuels (différents angles à gauche et différents coloris en bas) et d'un lien vers une vidéo ; à droite du visuel principal, le logo de la marque, le prix, le rappel d'un avantage en matière de service (livraison gratuite, etc.), divers menus déroulants (couleur et taille, etc.), les boutons à cliquer pour mettre le produit dans le panier ou le signaler comme favori, et les liens vers les principaux réseaux sociaux (Facebook, Twitter, Pinterest).

Sous le visuel produit, des informations sont données sur l'usage du produit, à travers les résultats d'une enquête (*Fit Survey*). Des informations spécifiques sont ensuite proposées (*Item Information*) et peuvent être complétées en cliquant sur un lien (*Show More Information*).

Des offres complémentaires sont proposées sous forme de vignettes : en dessous de la fiche-produit (*You May Also Like…*) et à sa droite (*Customers Who Bought This Item Also Bought…*). À la suite des avis de consommateurs, le visiteur retrouve également des suggestions (*Customers Who Viewed This Item Also Viewed…*).

eDes éléments de rassurance sont proposés à divers endroits : rappel des valeurs de la marque et de ses promesses en matière de service, labels, politique de respect de la vie privée, notations et avis de consommateurs (*Customer Reviews*). Ces derniers nombreux et détaillés et occupent une place particulière (un écran complet en dessous de la fiche-produit à proprement parler). Chacun d'entre eux est présenté sous trois formes : texte, notation et réponse à l'enquête.

En synthèse

L'accès à l'offre est remarquable. L'assortiment est aussi large que profond, et pourtant, l'accès est clair, intuitif et rapide. Le design est globalement très sobre, ce qui n'enlève rien à son efficacité.

Sources : *http://www.zappos.com, http://en.wikipedia.org, Le Journal du Net*

Questions :

Rendez-vous sur le site de Zappos.com. Retrouvez-vous les éléments présentés dans le cas (au début 2014) ? Quelles sont les différences ?

En quoi la navigabilité du site et l'accès à l'offre constituent-ils un facteur clé de succès et un avantage concurrentiel pour Zappos.com ?

Quels sont les points positifs et les points à améliorer en matière d'expérience de visite ?

Les pages qui présentent les produits vous semblent-elles qualitatives ?

Engagez-vous dans le processus de commande. Comment le jugez-vous ? Quels sont ses points forts et ses marges de progression ?

Comparez le site Zappos.com avec un site concurrent. Lequel préférez-vous ? Pour quelles raisons ?

Pour vendre en ligne, l'entreprise doit proposer aux visiteurs une interface marchande permettant d'atteindre plusieurs objectifs : présenter l'offre de façon claire et complète, rassurer le visiteur, répondre à ses attentes en proposant des contenus adaptés, lui permettre d'accéder rapidement à l'ensemble des services offerts, lui donner envie de s'engager et de passer du temps sur le site… En un mot, créer de la valeur pour le client en lui offrant une expérience de visite satisfaisante, tout en minimisant les coûts associés et les risques encourus. Si l'expérience de visite présente également un caractère ludique ou esthétique, le marchand aura vraiment atteint tous ses objectifs, car dans la société de consommation actuelle le shopping, même électronique, est aussi une activité de loisir.

Dans ce chapitre, après avoir exposé le concept de valeur délivrée au visiteur, nous expliquerons comment construire une interface marchande qui permette au client de vivre une expérience de visite positive, qui lui donne envie de passer du temps sur le site… et d'y revenir. Nous aborderons également les questions de design, puis les diverses pistes de travail pour enrichir l'expérience de visite, avec des fonctions interactives avancées, des contenus riches et une interface personnalisée. À mesure que les smartphones et les tablettes se développent, il importe également d'intégrer les particularités de ces canaux électroniques pour que l'expérience du site marchand demeure cohérente et constante quel que soit le terminal utilisé par le client.

1. Créer de la valeur pour le visiteur

Faire en sorte que les visiteurs s'engagent et soient satisfaits de leur visite constitue un objectif majeur pour les responsables de sites marchands, car la satisfaction est l'un des principaux déterminants de la fidélité. Si un niveau élevé de satisfaction ne permet pas de garantir une fidélité absolue, dans un univers très concurrentiel où les sites marchands sont de plus en plus nombreux, satisfaire ses clients reste encore la meilleure recette de succès. À défaut d'être une condition suffisante, la satisfaction est une condition nécessaire de la fidélité.

Mais au-delà de la satisfaction, l'objectif consiste à créer de la valeur pour le visiteur. La valeur peut être appréhendée comme le ratio entre la satisfaction tirée de la visite et l'ensemble des coûts associés à la visite, en termes de temps consacré à la visite, d'efforts accomplis et de risques encourus. Pour maximiser la valeur créée, le site marchand ne doit donc pas se contenter de satisfaire le visiteur, il doit également réduire l'ensemble des coûts associés à la visite.

Dans ce chapitre, nous nous attachons exclusivement à la valeur expérientielle générée par l'expérience de visite, et non à la valeur globale créée par le marchand et qui est un concept nettement plus large, puisqu'il comprend aussi la valeur de l'offre (qualité, originalité, prix, etc.), celle du service de livraison (délai, ponctualité, etc.) et celle de la relation (disponibilité du centre d'appels, compétence et courtoisie des employés, dynamisme de la communauté d'utilisateurs, etc.), etc. (sur cette notion de valeur, voir chapitre 2).

1.1. La satisfaction tirée de la visite

La satisfaction par rapport à l'expérience de visite est un élément central de la satisfaction globale à l'égard du marchand électronique. Mais quels sont les éléments qui concourent à rendre une expérience de visite satisfaisante ?

La satisfaction résulte d'une comparaison entre la performance délivrée par le site, telle qu'elle est perçue par le visiteur, et ses attentes. Les attentes du visiteur reposent sur les expériences qu'il a pu avoir avec d'autres sites, sur des promesses vues et lues ici ou là, mais aussi sur des chimères diverses (tout doit être simple, immédiat, gratuit, etc.), ce qui donne aux attentes une nature parfois irréaliste.

Les internautes surfent et achètent en ligne pour deux grandes raisons identifiées voilà déjà plus de dix ans (Wolfinbarger et Gilly, 2001) : la liberté et le plaisir. La satisfaction perçue lors d'une visite sur un site marchand résulte donc de facteurs utilitaires/fonctionnels et hédoniques/émotionnels qui s'ajoutent ou se multiplient pour former une satisfaction totale.

1.1.1. Les facteurs utilitaires (ou fonctionnels)

Une étude de l'IAB Europe[1] montre que les personnes associent Internet à la vitesse, la maîtrise et l'interactivité : « avoir ce que l'on veut tout de suite » (*get what you want quick*), « avoir ce que l'on veut quand on le veut » (*has what you want when you want it*), « un média qui vous donne le contrôle » (*a media that puts you in control*) et « un média pour un cerveau actif » (*a media for an active brain*). De fait, les facteurs de satisfaction utilitaires résultent avant tout d'exigences du visiteur en termes de commodité, de praticité, de pertinence et de performance (Chaffey *et al.*, 2014). Ces facteurs utilitaires de satisfaction sont aussi divers que :

- la facilité d'utilisation de l'interface ;
- la richesse des fonctionnalités du site ;
- la vitesse d'interaction avec le site et la fluidité des parcours proposés ;
- l'offre proposée et les informations présentes sur le site ;
- le degré de pertinence personnelle des contenus ;
- le respect de la vie privée et la sécurité des transactions, etc.

La qualité de l'offre et de l'information

La qualité de l'offre détermine en grande partie la qualité de la visite. Toutefois, il convient de distinguer deux cas de figure. Quand la visite est tournée vers un but précis, la présence du produit recherché est la condition même du succès de la visite. Mais quand la visite n'a pas de but précis – découvrir ce qui se fait de nouveau, trouver des

1. IAB (*Interactive Advertising Bureau*) Europe, voir **http://www.iabeurope.eu**

idées, etc. –, la présence d'une offre variée et originale devient alors une condition de succès de la visite.

La qualité de l'information délivrée sur l'offre est également un facteur de satisfaction essentiel. Les visiteurs utilisent aujourd'hui les sites marchands comme des sources d'information irremplaçables (voir chapitre 3). L'information se doit donc d'être pertinente, actuelle, fiable, étendue (variété des sujets couverts et niveau de détail), mais aussi utile.

Un défi important pour les concepteurs consiste à donner le plus possible d'informations pertinentes, tout en évitant de noyer le visiteur. L'autre défi consiste à délivrer cette information dans le format qui convient le mieux au visiteur (textes, images, vidéos, etc.). Sur le Web, comparativement à la situation qui prévalait ne serait-ce qu'à la fin des années 2000, l'information est de moins en moins textuelle et de plus en plus iconographique (images et vidéos). L'usage toujours croissant des smartphones amène cependant à prendre en considération leur spécificité d'affichage limitée, ce qui nécessite de penser les informations (textes, images, vidéos, avis clients etc.) comme étant destinées à être « publiées » sur divers terminaux et dans différents contextes d'usage.

Les autres facteurs utilitaires de satisfaction

La satisfaction utilitaire tirée de la visite dépend également de facteurs qui précèdent ou suivent directement cette dernière :

- la facilité pour trouver le site sur le Web (présence dans les moteurs de recherche, accès direct *via* une URL facilement mémorisable, existence d'une application mobile, d'un site en version mobile, etc.) ;
- la qualité des supports de communication proposés autour du site (blogs, newsletters, consumer magazines, etc.) ;
- la qualité des réponses apportées aux questions posées par l'internaute (FAQ, chat, Web *call-back*, numéro d'appel, etc.) ;
- le degré d'intégration et de cohérence entre la communication *on line* et la communication *off line*.

1.1.2. Les facteurs hédoniques (ou émotionnels)

La création de valeur peut prendre une dimension moins fonctionnelle et plus émotionnelle (Jones *et al.*, 2008). L'activité de shopping est vécue par beaucoup comme un divertissement. Parfois, il ne s'agit pas d'acheter, mais juste de passer un bon moment : l'acte d'achat est donc une expérience à forte teneur émotionnelle.

Si le site doit répondre aux exigences fonctionnelles des clients, il est donc également destiné à répondre aux attentes émotionnelles du visiteur, en termes de plaisir et de stimulation, d'esthétique, de divertissement, de sérénité, de fluidité, etc. Ces facteurs hédoniques de satisfaction sont aussi divers que :

- les animations et les fonctionnalités divertissantes apportées par le site ;
- les nouveautés et surprises offertes (coins et recoins à découvrir, jeux concours, cadeaux, etc.) ;
- les qualités esthétiques de l'interface ;
- les éléments qui rassurent l'acheteur potentiel, etc.

Il est important d'offrir aux visiteurs une véritable expérience de visite, susceptible de valoriser l'offre proposée, mais aussi de créer de la valeur en elle-même. Si on fait le parallèle avec le service offert par un coiffeur, le client veut ressortir avec une belle coupe, mais aussi passer un moment agréable. De fait, dans les industries de service, la satisfaction résulte autant du résultat que du processus par lequel le client passe pour obtenir ce résultat.

1.1.3. Utilitaire ou hédonique ? Le poids des facteurs de satisfaction

La satisfaction du visiteur dépend des dimensions utilitaires et hédoniques de son expérience. Une recherche a révélé que les hommes s'impliquent moins que les femmes et explorent moins les sites qu'elles (Richard *et al.*, 2010). Malgré ces différences, pour les femmes comme pour les hommes, la valeur perçue d'un site Web tient à la fois aux facteurs utilitaires (capacité à délivrer des informations) et aux facteurs hédoniques (capacité à divertir).

Toutefois, une étude réalisée dans 23 pays auprès d'environ 9 000 internautes (Steenkamp *et al.*, 2006) montre que si les facteurs utilitaires et les facteurs hédoniques sont significativement liés à la valeur perçue du site, les facteurs utilitaires sont les plus importants. C'est aussi ce que révèlent la plupart des études menées jusqu'à présent : la dimension utilitaire semble plus importante que la dimension hédonique (Bridges et Florsheim, 2008).

Les facteurs utilitaires ne sont pourtant pas ceux qui différencient le plus les sites les uns des autres. Ainsi, l'organisation du site et la qualité des informations expliquent 18 % de la variance de l'attitude envers le site, alors que le caractère divertissant explique 36 % de la variance (Chen, 1999). Autrement dit, les facteurs hédoniques (caractère divertissant) sont deux fois plus discriminants que les facteurs utilitaires (organisation et qualité des informations). Les résultats de cette étude déjà ancienne – l'une des premières sur le Web marchand – sont corroborés par les pratiques actuelles des sites marchands, dans la mesure où ceux-ci investissent massivement dans des dispositifs immersifs qui améliorent le plaisir de visite (conseillers virtuels, vues à 360°, réalité virtuelle, réalité augmentée, etc.), mais aussi dans la qualité des contenus (contenus éditoriaux, vidéos, etc.).

Voilà une dizaine d'années que des études et recherches portent sur des aspects partiels de l'expérience de visite en ligne, notamment sur les sites marchands (facilités d'usage, esthétique, contrôle perçu par le visiteur, etc.). Il est désormais possible d'intégrer ces facteurs dans un modèle complet de l'expérience en ligne. Dans cette veine, une étude récente conduite auprès d'un échantillon international montre l'importance du contrôle perçu par le visiteur, un facteur essentiel qui agit significativement sur ses émotions (voir plus bas les développements sur le contrôle). La facilité d'usage reste toutefois le principal levier d'une expérience positive. Les nouvelles interfaces riches, donnant plus de pouvoir aux visiteurs et permettant des interactions plus nombreuses entre eux (Web 2.0), ne doivent donc pas se développer au détriment de la facilité d'usage. Celle-ci est un critère d'autant plus critique que le risque perçu par le visiteur est élevé.

Sources : *d'après Rose, Clark, Samouel et Hair, 2012 ; Belanche, Casalo et Guinaliu, 2012 (voir la référence complète sur livre-ecommerce.fr)*

1.1.4. La sociabilité du site, nouvelle dimension de la satisfaction ?

En ancien français, le terme même de commerce était synonyme de relation (on peut dire de quelqu'un qu'il est d'un commerce agréable). Le commerce est affaire de relation. Quand un client se rend dans un point de vente, en centre-ville ou dans un centre commercial, il rencontre une foule de gens et noue des relations avec certains d'entre eux : il lui arrive de croiser des connaissances, de parler à des vendeurs, d'échanger quelques mots avec des inconnus. Ces rencontres sont parfois un peu pénibles : passants qui vous bousculent, vendeurs trop insistants, etc. Mais la plupart du temps, le client est à la recherche de ce contact humain qui fait totalement partie de l'expérience de shopping.

De fait, des recherches montrent que le site marchand peut améliorer la satisfaction de ses clients en travaillant sur la dimension de sociabilité (Johnson et Kulpa, 2007). Le développement rapide du « *social shopping* » – sur les sites marchands ou sur les réseaux sociaux – confirme également cette tendance. Le retour de l'humain au cœur de la technologie ? Plusieurs exemples l'attestent avec le développement des avatars aux apparences humaines, l'usage des vidéos, les avis de consommateurs ou les fonctions de partage sur les réseaux sociaux.

> En proposant un agent virtuel, un site marchand donne tous les signaux d'une forte sociabilité. Ce faisant, il offre à ses visiteurs une visite qu'ils jugent plus plaisante et plus stimulante. Le plaisir et la stimulation induisent à leur tour un état de flux, une plus grande valeur expérientielle perçue (à la fois hédonique et utilitaire) et, finalement, une augmentation des intentions d'achat. Cela dit, ces effets ne sont pas identiques pour tous les visiteurs. Seuls les plus impliqués dans la catégorie de produits sont sensibles à l'agrément additionnel produit par la présence du conseiller. Les femmes sont plus sensibles que les hommes à la dimension plaisante de ce dispositif.
>
> ***Source :*** *d'après Wang et al., 2007 (voir la référence complète sur livre-ecommerce.fr)*

1.2. Les coûts associés à la visite

La valeur perçue par le visiteur étant le ratio entre la satisfaction tirée de la visite et l'ensemble des coûts qui lui sont associés, après avoir parlé du numérateur, il faut maintenant se tourner vers le dénominateur. Ces coûts associés à la visite englobent le temps consacré, les efforts accomplis et les risques perçus.

1.2.1. Le temps consacré à la visite

Le temps total consacré à la visite est l'addition du temps passé dans trois principales séquences : trouver le site, trouver les produits recherchés (ou pour se décider, dans le cas où le visiteur ne sait pas exactement ce qu'il désire acheter), passer la commande et finaliser la transaction. À ces principales séquences s'ajoute le temps passé à s'inscrire (si le visiteur n'a pas encore de compte) ou à s'identifier (s'il a déjà un compte), à consulter les informations nécessaires pour choisir, etc.

L'entreprise peut être plus ou moins performante à chacune de ces étapes. Elle peut réduire le temps nécessaire pour trouver son site en améliorant son référencement (voir chapitre 7), et celui nécessaire pour acheter et finaliser la transaction en travaillant sur la fluidité de la recherche d'information et du processus de commande.

En tout état de cause, la vitesse de navigation sur le site est un critère de satisfaction essentiel. De façon symétrique, la lenteur de la navigation est un facteur de frustration. La vitesse de navigation permise par la qualité de l'interface marchande est donc un élément clé, qui joue autant sur le degré de satisfaction que d'insatisfaction. Les professionnels s'accordent sur la règle dite des « 4/12 secondes » : il est indispensable d'afficher certains éléments en moins de 4 secondes et toute la page en moins de 12 secondes. Or, seulement un tiers des pages s'affichent complètement en moins de 12 secondes, malgré le développement du haut débit (Turban *et al.*, 2011). Tous les sites ne vont donc pas à la même vitesse. Cet enjeu est renforcé dans le cas d'un site mobile car les débits disponibles sur les réseaux mobiles sont souvent bien inférieurs à ceux des réseaux fixes (voir la section 5 du chapitre 4).

Pour garantir une navigation rapide, il faut veiller à ne pas alourdir inutilement les pages, notamment par l'usage abusif d'images ou de contenus personnalisés. Il faut systématiquement peser l'intérêt de ces éléments pour le visiteur, comparativement à la perte de satisfaction liée au ralentissement du site.

Pour améliorer la vitesse d'affichage des pages, même avec du haut débit, il est important d'utiliser des images en faible résolution. Il est également possible de proposer une image réduite (*thumbnail*) permettant d'accéder à l'image en haute définition, des images composites (qui s'affichent progressivement en plusieurs morceaux), ou des images dont la netteté augmente progressivement.

Cela dit, la performance de la navigation en termes de vitesse ne dépend pas seulement des choix liés à l'interface (architecture, fonctionnalités et design). De nombreux choix techniques ont une incidence sur cette performance, comme le choix de l'application ou le choix de l'hébergeur (voir chapitre 4).

Même si les designers de sites ne sont pas responsables du temps d'attente (le plus souvent lié à des problématiques techniques), la perception qu'en ont les visiteurs peut être gérée à condition de proposer le bon contenu dans la bonne situation.

La vitesse d'interaction détermine en grande partie la satisfaction vis-à-vis du site, mais l'évaluation du temps d'attente n'est pas une fonction linéaire du temps réellement passé à attendre. Cette évaluation est largement biaisée car elle dépend du degré d'incertitude (le temps d'attente semble moins long lorsque le client est tenu informé du décompte), du moment précis où l'attente est subie (le temps semble moins long quand l'attente a lieu au début de la visite plutôt que pendant la visite), et des souhaits du client (l'attente semble moins longue quand le client s'y attend). Si le temps d'attente est bien géré – notamment si on fait en sorte que le visiteur distingue bien le temps d'attente du temps de visite –, il peut ne pas avoir d'incidence sur la satisfaction vis-à-vis du site.

Une recherche récente menée sur des sites de voyages montre par ailleurs que si l'attente est courte, exposer les visiteurs à des visuels distractifs augmente le sentiment d'attente. La tactique est donc contre-productive… Elle fonctionne bien en revanche si le temps d'attente est long (téléchargement de fichiers, requêtes complexes, etc.). Toutefois, quand le temps d'attente est objectivement long, les designers doivent éviter de proposer du contenu qui rappelle aux visiteurs que le temps s'écoule.

Aujourd'hui, notamment sur les applications et les sites mobiles, il est fréquent qu'un message auto-promotionnel ou publicitaire soit diffusé pendant le temps d'attente. La question se pose de savoir si ce type de message ne conduit pas à une dégradation de l'expérience client. C'est d'autant plus vrai quand le visiteur attribue le temps d'attente à la diffusion du message. Les designers sont donc confrontés à un arbitrage entre le modèle d'affaires (augmenter les revenus publicitaires) et la qualité de l'expérience client.

***Sources :** d'après Dellaert, 1999 ; Hong, Hess et Hardin, 2013 (voir la référence complète sur livre-ecommerce.fr)*

1.2.2. Les efforts accomplis et les compétences nécessaires

Acheter en ligne impose au visiteur d'accomplir des efforts spécifiques et d'acquérir de nombreuses compétences liées à l'usage d'un ordinateur, d'un smartphone ou d'une tablette, à la navigation sur le Web, etc. L'enjeu est que l'internaute maîtrise bien les compétences que ces diverses tâches nécessitent… sous peine de le conduire à une grande frustration.

Quand les efforts de l'internaute correspondent bien à ses compétences *et* que ces efforts dépassent un certain seuil d'activité, le visiteur se trouve dans un état de contrôle et de motivation optimal que l'on nomme « état de flux » (*flow state*). Le concept de flux – créé voilà trente ans par des chercheurs en psychologie – correspond peu ou prou au terme d'immersion, actuellement très utilisé par les professionnels.

L'état de flux est un état psychologique de forte motivation intrinsèque : l'individu est motivé par l'activité *pour elle-même* plus que par ses résultats éventuels. Quand l'individu se trouve en état de flux, les interactions avec l'interface sont rapides, la conscience du temps qui passe disparaît partiellement, l'individu a la sensation d'être immergé dans l'espace virtuel. En état de flux, l'individu est motivé pour découvrir tous les recoins de l'environnement virtuel et développe également une attitude positive à l'égard du site, du marchand et des produits. À l'état de flux sont également associés un plus grand intérêt pour les produits nouveaux et une moindre sensibilité aux prix, mais davantage aux promotions. L'état de flux augmente par ailleurs la probabilité d'effectuer un achat et de revenir sur le site.

***Sources :** d'après Novak, Hoffman et Young, 2000 ; Menon et Kahn, 2002 ; Mathwick et Rigdon, 2004 ; Smith, 2004 ; Huang, 2006 ; Hausman et Siekpe, 2009 ; Hoffman et Novak, 2009 ; Wang et Hsiao, 2012 ; Charfi et Volle, 2013 (voir les références complètes sur livre-ecommerce.fr)*

L'état de flux s'oppose à trois autres états psychologiques qui conduisent à une dégradation de la satisfaction du visiteur :

- l'état d'anxiété, quand les défis posés à l'internaute (trop d'informations, navigation complexe, etc.) dépassent ses compétences ;
- l'état d'ennui, quand les compétences de l'internaute dépassent les défis ;
- l'état d'apathie, quand les compétences et les défis sont équilibrés, mais que le site offre un faible niveau de stimulation générale.

Il ne s'agit donc pas forcément de minimiser les défis et les efforts auxquels l'internaute est confronté. En revanche, il est indispensable d'ajuster le niveau d'effort requis au niveau de compétence acquis par l'internaute.

Par ailleurs, sachant que le commerce en ligne est généralement préféré au commerce traditionnel pour des raisons fonctionnelles (facilité, rapidité, etc.), l'enjeu consiste aussi à minimiser les efforts inutiles. De nombreuses solutions sont aujourd'hui mises en œuvre pour limiter ces efforts inutiles : possibilité de stocker une liste de courses ou une liste d'adresses pour éviter de tout recommencer à zéro lors d'un achat ultérieur, possibilité de commander en un clic pour éviter de ressaisir ses coordonnées postales et bancaires, etc.

1.2.3. Les risques perçus

Le risque perçu est une variable centrale pour comprendre et expliquer les comportements de consommation, car tout achat comporte une part de risque (Darpy et Volle, 2007). Les dimensions habituelles du risque perçu sont : le risque de performance (le produit/service ne fonctionne pas comme prévu), le risque physique (le client court un danger), le risque financier (le client perd une partie de son investissement, ou cela lui coûte plus cher que prévu), le risque psychologique (le client ressent de la culpabilité, de la honte, de la gêne, du dégoût, etc.) et le risque social (le client est tourné en ridicule ou montré du doigt par son entourage, etc.).

Le risque est essentiellement lié à la catégorie de produits, modulé par un risque spécifique à la marque considérée (autrement dit, la marque peut réduire ou accroître le risque lié à la catégorie). Par ailleurs, au risque attaché au produit marqué est également ajouté un risque spécifique lié au canal de distribution (supermarché, grand magasin, vente à distance, etc.). Dans le commerce électronique, les acheteurs perçoivent également des risques liés à l'usage des technologies (l'ordinateur, le protocole IP, les protocoles de paiement, etc.).

Les clients ont tendance à percevoir plus de risques dans le commerce en ligne, comparativement au commerce en magasin (Biswas, 2004). Par ailleurs, ils prêtent davantage attention aux risques qu'aux bénéfices potentiels (Bhatnagar et Ghose, 2004).

Les risques les plus importants concernent la divulgation d'informations personnelles, le manque de fiabilité du site, la déception ressentie lors de la réception de la commande et le mauvais usage des informations bancaires (Cases, 2002). Les risques liés à l'usage et à la divulgation d'informations personnelles – y compris les coordonnées bancaires – sont particulièrement saillants et expliquent largement les comportements de non-achat sur Internet.

> Dans le modèle des 4F (PriceWaterhouseCoppers, 2000), les peurs liées à la sécurité et à la confidentialité des transactions (*fear*) constituent le principal frein à l'utilisation d'Internet comme canal d'achat. Les autres F sont : *feel* (manque de sensations et impossibilité de toucher les produits avant d'acheter), loin devant *fulfillment* (coût de livraison et délai d'attente) et *frustration* (difficultés rencontrées et temps passé pour acheter en ligne).

Pour maximiser ses chances de convaincre le client potentiel d'acheter, l'entreprise doit tenter de réduire les risques perçus, soit en diffusant plus d'informations pour diminuer l'incertitude, soit en minimisant les conséquences négatives éventuelles de l'achat. Pour minimiser l'incertitude, le marchand peut donner plus d'informations au client. Pour minimiser les conséquences négatives de sa décision d'achat, le marchand peut offrir au client la possibilité d'annuler sa commande, de retourner le produit en cas d'insatisfaction, de le rembourser partiellement, d'offrir une garantie étendue, etc.

On peut penser que ces questions de risque perçu sont aujourd'hui moins critiques qu'à l'origine du commerce électronique, au début des années 2000. Certes, la confiance progresse. Mais s'il est certain que Laredoute.fr inspire confiance aux internautes qui visitent le site, est-ce le cas pour tous les sites marchands (plus de 100 000 sites en France en 2013) ? Rassurer le visiteur est une condition nécessaire pour espérer le transformer en client. Cette question reste un véritable challenge pour de nombreux sites (voir chapitre 8).

2. Concevoir l'interface marchande

Diverses études montrent que l'interface d'un site marchand est une arme à double tranchant, qui peut inhiber la visite, comme elle peut la faciliter. D'après les experts comme Jakob Nielsen (**http://www.nngroup.com**), environ 10 % du budget total d'un site marchand devrait être investi sur l'ergonomie et le design. Mais, faute d'une attention suffisante consacrée à ces questions, l'expérience d'achat en ligne reste encore complexe.

Si une interface doit créer de la valeur pour le visiteur, elle doit également en créer pour l'entreprise, en incitant le visiteur à devenir client (voir chapitre 8), puis en incitant le client occasionnel à devenir un client régulier (voir chapitre 10). La conception d'une interface marchande est donc une question centrale, car la performance du site en dépend largement. D'après une étude menée par la société Keynote (**http://www.keynote.com**), la qualité de l'interface est de loin le premier facteur explicatif de la performance du site marchand (impact visuel, processus d'achat et de commande, recherche de produits sur le site, organisation générale et navigation).

L'interface marchande influence significativement le comportement des visiteurs. Plus précisément, elle agit directement sur leurs émotions et sur leur attitude face au site, sur leurs comportements exploratoires (désir de découvrir le site), sur le temps qu'ils y passent et le nombre de pages qu'ils voient, ainsi que sur leur intention d'achat. De façon plus subtile, le design du site incite les visiteurs à plus ou moins considérer certains attributs pour prendre leur décision. Ainsi, par exemple, ils compareront davantage les prix si la présence du symbole « $ » est visible en fond de page.

Sources : *d'après Mandel et Johnson, 2002 ; Eroglu et al., 2003 (voir les références complètes sur livre-ecommerce.fr)*

Après une présentation détaillée des éléments constitutifs d'une interface marchande, nous donnerons quelques indications sur les étapes à suivre pour concevoir et réaliser une interface.

2.1. Les éléments constitutifs d'une interface marchande

Les éléments constitutifs d'une interface marchande sont nombreux. En plus de la page d'accueil, la structure du site comprend généralement des pages qui présentent l'offre (l'équivalent des rayons et de la surface de vente pour un magasin) et des pages qui permettent de réaliser effectivement la transaction (l'équivalent de la ligne de caisse pour un magasin). Des fonctions interactives sont ajoutées à ces pages, qui facilitent l'accès à l'offre et permettent d'effectuer plus efficacement la transaction (l'équivalent du personnel de vente dans un magasin… et bien plus, quand les fonctions interactives se sophistiquent).

D'un site marchand à l'autre, on constate un certain degré de standardisation, reflet d'une (déjà longue) histoire qui a commencé au milieu des années 1990. Néanmoins, tous les sites ne disposent pas des mêmes fonctionnalités. Certaines fonctionnalités sont aujourd'hui considérées comme basiques (la présence d'un moteur de recherche, par exemple), alors que d'autres peuvent constituer des avantages concurrentiels pour le site (comme la présentation de l'offre en réalité virtuelle, la rotation des objets en 3D, l'essayage virtuel, etc.).

2.1.1. La page d'accueil

Pour un site marchand, la page d'accueil est l'équivalent d'une vitrine dans un magasin. La principale vocation de la « *home* », comme disent les professionnels, est de positionner le site, de proposer quelques clés d'accès rapide (pour les clients les plus familiarisés avec le site) et, surtout, de donner envie aux visiteurs d'en savoir plus, de découvrir les contenus et d'utiliser l'ensemble des services offerts. Les responsables du site doivent particulièrement veiller à ce que la page d'accueil soit précisément « à la page » (ne proposant pas d'éléments datés, dépassés, etc.), à l'instar des commerçants qui ne laissent pas de produits défraîchis en vitrine.

Pour les sites de marque, il est préférable de ne pas imposer au visiteur de *scroller* (usage de l'ascenseur ou des touches de déplacement de haut en bas). En revanche, pour les sites marchands généralistes, il est difficile de tout présenter sur un écran : le visiteur s'attend à consulter plusieurs écrans (parfois, quatre ou cinq).

Les pages d'accueil sont assez standardisées. On trouve généralement un logo accompagné éventuellement d'une signature, une barre de navigation, un moteur de recherche, une colonne de navigation, une partie centrale, des blocs applicatifs, parfois une bordure, des liens sponsorisés et des bannières.

Le logo et la signature

Le logo est situé en haut à gauche, point d'ancrage du circuit de lecture, pour faciliter un repérage rapide. Ce logo est parfois accompagné d'une signature ou « *base line* », c'est-à-dire quelques mots, voire une petite phrase, qui indiquent la mission, le métier, les activités, le territoire, les produits vendus et les services offerts, les bénéfices client, etc. On se souvient de la *base line* d'Amazon en 1995 (« *The biggest bookstore on Earth* »), qui indique le métier (libraire), les produits vendus (livres), le territoire de livraison (le monde) et le bénéfice client (le choix). De nombreuses signatures mettent en avant la notion de confiance, comme celle de PriceMinister (« L'achat-vente garanti ») ou, naturellement, celle de Darty (« Le contrat de confiance »).

La majorité des sites donne accès à une présentation de l'entreprise. Ces liens « corporate » ont pour fonction de renseigner le visiteur sur l'éditeur du site, mais surtout de rassurer les clients potentiels qui peuvent voir derrière le site l'institution qui en est responsable. Le lien vers l'entreprise est moins visible quand la fonction de réassurance ne semble pas prioritaire.

La barre de navigation

La barre de navigation, en haut, permet d'accéder aux principales rubriques. Ces rubriques proposent bien souvent l'accès à des catégories de produits, mais elles peuvent aussi mener vers des cibles de clients, des services, l'espace client, une liste de magasins, etc. On les trouve généralement rangées par ordre d'importance décroissante, de gauche à droite (les premières rubriques à gauche ainsi que les rubriques à droite sont toutefois plus visibles que celles du milieu).

Certains onglets sont colorés différemment des autres pour mettre en évidence des catégories de produits nouvelles ou l'accès à des promotions. Les onglets de premier niveau sont parfois complétés par des onglets de deuxième niveau, qui permettent soit de présenter plus de catégories, soit de donner accès à des rubriques spécifiques (visite guidée, accès dédié à une cible de professionnels, sites de partenaires, etc.).

Des menus déroulants permettent de compléter la barre de navigation. Des menus dits « XXL » apparaissent parfois lorsque le curseur survole les onglets afin de donner accès à un ensemble de liens (les sous-catégories de produits d'une catégorie plus large, par exemple).

Au-dessus des rubriques permettant d'accéder aux catégories de produit, on trouve souvent un moteur de recherche et un accès direct au panier. Dans cet espace se situent aussi des fonctionnalités relationnelles (compte client, blog ou *newsletter*, programme de fidélité). Cette zone très visible permet également de mettre en évidence quelques bénéfices forts du site (nombre de produits proposés, livraison gratuite, etc.) ou une offre promotionnelle intéressante.

Le moteur de recherche

Un moteur de recherche est systématiquement proposé. Généralement situé en haut de la page (*header*), il permet un accès direct à l'assortiment. Il est souvent accompagné d'un menu déroulant pour limiter la recherche à certaines familles de produits. Certains moteurs de recherche affichent des suggestions par défaut (à l'intérieur de la zone à remplir, ou en dessous). Les plus récents font aussi des suggestions dynamiques dès que le visiteur entre les premières lettres de sa recherche.

La colonne de navigation

La colonne de navigation, à gauche de la page, n'existe pas systématiquement. Cette colonne est issue de la pratique des cadres HTML (*frames*), très en vogue dans les années 1990, mais aujourd'hui en voie de disparition. L'intérêt (ou non) de proposer une colonne de navigation fait toutefois l'objet de débats. La colonne de navigation double la barre de navigation, en reprenant parfois les mêmes rubriques. Elle peut aussi offrir une sélection des principales rubriques, proposer un accès plus complet à un nombre limité de rubriques (nouveautés, promotions, services, etc.), ou, au contraire, offrir un accès plus détaillé que la barre de navigation. Sur certains sites, la colonne de navigation est formée de liens texte. Sur d'autres, elle est composée de blocs d'images, voire de blocs applicatifs (voir ci-après).

La partie centrale

La partie centrale comprend les contenus mis en avant par le marchand. C'est une zone fraîche, animée, alors que les éléments de stabilité se trouvent plutôt sur les côtés.

La partie centrale comporte de plus en plus souvent de larges visuels et des bandeaux animés. Dans cet espace, certains sites proposent des vidéos.

C'est la zone dans laquelle on trouve les catégories de produits que le marchand souhaite mettre en avant, des produits de saison (rentrée, collection d'été ou d'hiver, etc.), des nouveautés, des exclusivités, ou des produits proposés dans une boutique spécifique (marque, créateur, etc.). Il peut s'agir également d'offres promotionnelles. La partie centrale comprend parfois les recommandations personnalisées que le marchand est en mesure de formuler à partir de la navigation du visiteur ou de son historique d'achat (voir chapitre 8).

La partie centrale permet également des entrées très visibles par cibles de clients (entreprises, particuliers, associations, etc.). Elle est souvent divisée en trois colonnes, combinées de différentes façons (2 + 1, 1 + 2, 1 + 1 + 1) et parfois même regroupées en une seule colonne, comprenant souvent un large visuel (voir tableau 6.1). Il est par ailleurs possible de trouver des variantes au sein de la même page. Dans certains sites, la partie centrale est composée de quatre ou cinq colonnes (dans ce cas, la colonne de navigation disparaît et même, parfois, la colonne de droite). Les sites de ce genre utilisent généralement de nombreux visuels.

Tableau 6.1 : Structure générale de la partie centrale d'une page

<table>
<tr><td colspan="3">Texte ou visuel</td></tr>
<tr><td>Texte ou visuel</td><td>Texte ou visuel</td><td>Texte ou visuel</td></tr>
<tr><td colspan="2">Texte ou visuel</td><td>Texte ou visuel</td></tr>
<tr><td>Texte ou visuel</td><td colspan="2">Texte ou visuel</td></tr>
</table>

Le pied de page (*footer*) est souvent rallongé, avec un grand nombre de liens qui indiquent la structure du site. Les visiteurs consultent rarement ces liens. Ils servent en revanche pour le référencement naturel (voir chapitre 7).

La colonne de droite

La plupart des sites proposent une colonne à droite utilisée pour mettre en avant certaines catégories de produits (notamment les plus recherchées, parfois sous la forme d'un nuage de tags), annoncer un jeu concours, rappeler les points forts du site. Cette colonne est utile pour présenter des sites partenaires, voire des liens sponsorisés et des bannières. Elle permet également de présenter des blocs applicatifs.

Les blocs applicatifs

Des blocs applicatifs sont disposés dans la colonne de droite ou sous la colonne de navigation à gauche (ou encore à sa place quand elle n'est pas proposée). Ces blocs permettent l'accès à des fonctionnalités relationnelles (accéder à son compte, s'inscrire à la *newsletter*, parrainer un ami, recommander la page sur les réseaux sociaux, etc.) ou à des contenus. Si le marchand est multicanal, une application permet également de localiser l'agence ou le point de vente le plus proche. Plus loin dans ce chapitre (voir section 3.1), nous reviendrons en détail sur les fonctions interactives désormais proposées par la majorité des sites marchands.

Les bordures

Certains sites sont entourés de bordures. Cette zone peut être utilisée soit pour focaliser la lecture, soit pour « habiller » le site lors d'une opération promotionnelle à caractère événementiel.

Les liens sponsorisés et les bannières

Certains sites – souvent des portails ou des galeries marchandes – mettent en avant des liens sponsorisés afin de compléter leur modèle d'affaires par une source de revenus publicitaires (voir chapitre 2). Ces liens sont généralement situés sur la droite ou dans la partie haute du texte central.

Certains sites proposent également des bannières publicitaires. Il est conseillé de les placer au-dessus de la barre de navigation ou en haut de la colonne de droite, ces deux zones étant particulièrement visibles. Il faut naturellement se garder de trop perturber la lecture par une multiplication de bannières. Cette source de revenus accessoire ne doit pas conduire à faire chuter le temps de visite ou la transformation (en incitant le visiteur à quitter le site).

2.1.2. L'accès à l'offre

La façon de présenter l'assortiment peut rendre l'expérience de visite intuitive, intéressante, fluide… ou au contraire, très frustrante. Il ne faut certainement pas considérer que le fait de vendre en ligne affranchit le marchand des contraintes d'espace et le dispense d'optimiser la présentation de son assortiment (Volle, 2000). Plus le marchand propose une offre large et complète, plus il est contraint de travailler les modalités d'accès à cette offre foisonnante. Sans cet effort additionnel d'organisation, le client est perdu et l'offre reste virtuellement accessible (elle existe quelque part sur le site, mais en fait, elle n'est pas accessible).

Du point de vue de l'utilisateur, l'accessibilité de l'offre est le facteur de design le plus important (Lemoine, 2008). Elle dépend avant tout de la structure du site et des fonctions interactives proposées aux visiteurs. Les pages qui présentent les produits permettent également de distinguer les meilleurs sites des moins bons en matière d'accessibilité. Ces questions d'accès à l'offre débouchent rapidement sur la notion de *merchandising* électronique (voir chapitre 8).

L'accès au site

On accède généralement au site par la page d'accueil. Mais on peut aussi y accéder par une page que l'on appelle un « interstitiel », une animation ou une page référencée (*landing page*). Sur ce dernier point, le commerce électronique s'écarte assez sensiblement du commerce traditionnel (même si certains magasins ont plusieurs entrées).

L'accès par un « interstitiel »

Certains sites proposent un accès par un « interstitiel », sorte de page de transition à laquelle le visiteur est exposé avant de pouvoir entrer véritablement dans le site. Cette page d'entrée permet généralement de diffuser un message fort (une offre promotionnelle, par exemple). Cependant, elle constitue un obstacle supplémentaire pour le visiteur et génère parfois un certain agacement. Le premier contact avec le site consiste parfois en une fenêtre superposée, engageant le visiteur à ouvrir un compte, répondre à un sondage ou simplement prendre connaissance des principaux avantages du site.

L'accès par une animation

L'accès au site se fait parfois par l'intermédiaire d'une animation. Cependant, cette solution est souvent écartée pour des raisons de coût (une belle animation peut être très coûteuse), et surtout d'un faible degré d'acceptation par les visiteurs (sentiment de perdre le contrôle de la navigation, le temps que l'animation se déroule). En tout état de cause, il doit toujours être possible de passer cette animation et d'accéder directement au site. Cette page est parfois vendue comme espace publicitaire.

L'accès par une page référencée

Le visiteur peut potentiellement accéder au site par n'importe quelle page référencée ou par un accès direct à une référence (utilisation de signets, URL tapée dans le navigateur, etc.). Ce phénomène, nommé *deep linking*, impose de faire en sorte que chaque page du site soit, d'une certaine manière, une page d'accueil (*landing page*). Pour le moins, il faut penser aux fonctionnalités qu'il est indispensable de présenter dans cette page et, surtout, proposer au visiteur un retour facile vers la page d'accueil (voir chapitre 7).

La structure du site

Pour les sites marchands, il est recommandé de concevoir des sites larges et peu profonds. Concrètement, cela signifie que le site doit être organisé en deux ou trois niveaux de profondeur, chaque niveau proposant une dizaine de sections, voire plus (bien souvent, des catégories de produit). De cette façon, l'architecture du site permet la sélection des produits en quatre à cinq clics, ce qui constitue un maximum (voir chapitre 5 pour plus de précisions sur la construction des catalogues).

La structure du site ne se résume pas à des questions de largeur et de profondeur. On peut distinguer les structures hiérarchiques et réticulaires (Jakob Nielsen, *in* Fang et Holsapple, 2007), ou encore les structures expérientielles.

Structures hiérarchiques et réticulaires

Dans une *structure hiérarchique*, les pages du site marchand s'enchaînent comme des poupées russes, du plus grand ensemble de produits au plus petit : univers de produits, familles, catégories, sous-catégories, segments… jusqu'à la page de la référence recherchée. Exemple : produits alimentaires, produits laitiers, yaourts, yaourts aux fruits, packs de 16, pack de 16 yaourts aux fruits de Danone. Comme le précise Joël Ronez (*E-Commerce*, février, 2007), « *la page doit faire l'effet d'une commode aux tiroirs transparents. Pas question d'ouvrir successivement tous les tiroirs pour découvrir où se trouvent les chaussettes* ». Autrement dit, chaque lien doit être suffisamment explicite, avant même de cliquer, grâce au texte ou au visuel.

Dans une *structure réticulaire* – c'est-à-dire « en réseau » –, les pages sont liées entre elles sur une base logique et non strictement hiérarchique. Il s'agit plus d'une logique « utilisateur » que d'une logique « producteur ». Plusieurs modalités d'organisation sont alors proposées : par niveau de prix, par marque, par usage, par style, par cible… Une fois un produit sélectionné, certains sites proposent de trouver les produits visuellement semblables. Les nuages de mots permettent une navigation plus souple que les catégories emboîtées.

Les structures plus hiérarchiques sont particulièrement adaptées aux utilisateurs non experts (car elles sont simples pour faire ses premiers pas) ou aux visites orientées vers un but précis, quand le client sait exactement ce qu'il cherche. Pour les utilisateurs experts, ou dans le cas de visites plus exploratoires destinées à découvrir l'offre, les structures plus réticulaires sont préférables car elles permettent des connexions mentales plus souples et intuitives.

La plupart des structures sont cependant mixtes, dans la mesure où chaque page est située dans une structure hiérarchique, complétée par une structure réticulaire selon deux ou trois logiques. Les logiques de cibles, de styles et de marques sont très importantes en matière de commerce. D'un site à l'autre, la logique réticulaire est donc plus ou moins poussée. Certains sites proposent aussi des structures plus expérientielles.

Structures expérientielles

Certains sites ne suivent pas une structure hiérarchique ou réticulaire, mais entraînent le visiteur dans une direction nettement plus expérientielle. On parle parfois d'une « métaphore de navigation » pour désigner ces modes de déplacement dans l'offre. L'une des métaphores les plus utilisées est celle du déplacement dans une maison, avec des pièces à découvrir successivement.

Certains sites marchands généralistes présentent leur assortiment de façon tout à fait originale, comme Net-A-Porter (**www.net-a-porter.com**), site britannique de mode, dont la métaphore est celle d'un magazine sur papier glacé, où les produits sont cliquables directement dans les articles et les publicités (en plus d'un accès hiérarchique).

Les métaphores du point de vente physique ou du centre commercial sont finalement rares, à quelques exceptions près, comme Avenue du Shopping (**www.avenuedushopping.fr**), qui propose au visiteur de se déplacer comme dans une galerie marchande en 3D autour d'une place.

Les structures expérientielles sont rarement le fait de marchands généralistes. Ils sont plutôt mis en ligne par des marques ou lors d'opérations événementielles (lancement de produit, par exemple). Quelle que soit la structure retenue pour le site, celle-ci repose techniquement sur le progiciel utilisé pour gérer le catalogue électronique des produits. Le choix de la solution technique est donc crucial pour déployer la structure souhaitée (voir chapitres 4 et 5).

> Ancrée dans une approche sémiotique qui mobilise notamment les notions de sémantique et de syntaxe, une recherche expérimentale menée aux États-Unis montre que les structures orientées « objets » sont moins efficaces que celles orientées « usages » (le site est organisé autour des usages et non des types d'objets). S'il est difficile d'imaginer un site marchand généraliste entièrement organisé autour des usages des produits vendus, il n'en reste pas moins vrai que cette logique d'usage peut être mise en œuvre sur des sites plus focalisés (comprenant moins d'objets que les sites généralistes), dans des rubriques complémentaires aux rubriques « objets » ou encore dans des rubriques de second niveau (le premier niveau étant organisé autour des objets).
>
> ***Source :*** *d'après Fang et Holsapple, 2007 (voir la référence complète sur livre-ecommerce.fr)*

Les fonctions interactives pour accéder à l'offre

Ces fonctions permettent à la fois un accès rapide à l'offre et une navigation plus facile.

Accéder rapidement à l'offre

La profusion des offres pose de nombreux problèmes, notamment la hausse du temps nécessaire pour choisir le bon produit, et un certain sentiment de confusion. Pour y faire face – en plus d'une catégorisation de l'offre explicite et pertinente –, les marchands proposent des fonctions interactives, qui sont autant de raccourcis pour accéder à l'offre :

- un moteur comprenant parfois des suggestions (termes déjà entrés dans la zone de recherche) ou des suggestions dynamiques (en fonction des premières lettres entrées dans la zone de recherche) ;
- un moteur permettant de sélectionner des caractéristiques précises (marque, niveau de prix, format, style, etc.) ;
- un moteur permettant de rentrer directement les références du catalogue dans la zone de recherche (dans le cas d'un distributeur multicanal) ;
- des menus déroulants et des menus XXL permettant un accès rapide aux sous-catégories ;
- un accès direct à certaines catégories de produits, aux nouveautés, aux meilleures ventes, aux bonnes affaires, aux produits dont les prix ont baissé.

> Il est fondamental de ne pas décevoir l'utilisateur, ce qui suppose d'éviter les situations dans lesquelles : l'utilisateur ne trouve pas le produit recherché (difficulté de navigation, moteur de recherche inexistant ou mal intégré, etc.) ; l'utilisateur se retrouve dans une impasse (manque de navigation contextuelle ou transversale) ; l'utilisateur n'est pas rassuré (présentation de l'offre, méthodes de paiement, frais de livraison, etc.) ; le produit n'est pas disponible, sans plus d'explications (quand sera-t-il disponible ? Une réservation est-elle possible ? Peut-on configurer une alerte pour être prévenu quand il sera disponible ?) ; l'utilisateur est plongé dans un tunnel d'achat long, compliqué et finalement, peu rassurant.
>
> ***Source :*** *E-Commerce, Sam Woodman (Nurun), février 2007*

L'accessibilité de l'offre comprend également celle des magasins physiques. Au-delà des adresses et d'une cartographie des magasins, certains sites proposent des contenus très poussés sur l'offre disponible en magasin : catégories de produits ou références spécifiques offertes dans chaque magasin, niveau des stocks pour chaque magasin, etc. Dans la perspective d'une commercialisation multicanal (voir chapitre 3), le site doit donner aux visiteurs les informations essentielles sur les autres canaux.

Naviguer dans l'offre

Trouver le produit recherché en un minimum de temps n'est pas la seule exigence du visiteur. Les clients ont parfois envie de découvrir l'assortiment en se laissant porter par leur instinct ou d'être surpris par des offres inattendues. Les fonctions interactives répondent également à cette exigence, qui consiste non pas à se laisser guider sur un chemin bien tracé mais, au contraire, à se promener sur le site :

- des visuels attrayants, parfois animés, pour découvrir telle ou telle section du site ;
- des carrousels (en ligne, en grille, en ellipse, etc.), très appréciés des visiteurs ;
- des nuages de mots clés ou « tags » ;
- des pop-up (catégories de produits, boutiques dédiées à une marque, etc.) ;
- une catégorisation inattendue ou surprenante (« 1 000 idées pour… ») ;
- des recommandations personnalisées ;
- des boutiques thématiques qui regroupent des produits de diverses catégories autour d'un personnage, d'une marque, d'un style, etc.

Les pages qui présentent les produits

Les pages qui présentent les produits sont essentielles à la qualité de la visite. Les sites varient fortement sur cette dimension : les pages produits sont parfois limpides, mais elles peuvent aussi bien être très confuses. Elles sont élaborées à partir du catalogue électronique et des fiches-produits qu'il contient (voir chapitre 5).

Savoir travailler les formats pour la surcharge informationnelle

Les principaux facteurs de confusion tiennent à une présentation trop dense ou à des informations mal organisées. D'autres messages qui n'ont rien à voir avec l'objet de la page viennent souvent perturber la consultation. Trop d'information tue la qualité de la décision… surtout pour les novices, qui souffrent plus que les experts de cette surcharge informationnelle (Chen *et al.*, 2009). Sur ces pages, comme sur l'ensemble du site, il faut veiller à ne pas créer une surcharge. Le site peut offrir de nombreuses informations à ses visiteurs… à condition de travailler spécifiquement les formats de présentation pour éviter la surcharge informationnelle (*information overload*). En un mot : délivrer l'information utile à la bonne personne (voir 2.3.2, notion de *persona*). C'est également en proposant des formats clairs permettant de comparer facilement les produits que le marchand peut réussir le tour de force de présenter de nombreuses informations sans noyer le visiteur.

Les qualités d'une bonne page produit

Comme dans un point de vente, les produits doivent être mis en valeur. Cette page doit inciter le visiteur à mettre le produit dans le panier (dans certains sites, on utilise plutôt le terme « sac » ou « valise »). Les caractéristiques d'une bonne page produit sont les suivantes :

- la page produit est bien structurée, équilibrée, aérée, claire et propre ;
- elle n'est pas polluée par des informations qui n'ont pas leur place, notamment des incitations d'achat trop nombreuses ;
- le descriptif du produit est concis ; les termes utilisés sont simples et compréhensibles ;
- des info-bulles en « *roll-over* » (apparaissant quand le curseur de la souris survole la zone) peuvent éventuellement donner des informations complémentaires ;

- le descriptif donne les informations nécessaires ; il donne envie d'acheter le produit sans exagérer la promesse ou tromper le visiteur ;
- le descriptif du produit est complété par des commentaires d'acheteurs ou d'utilisateurs, des avis consommateurs ;
- le visuel de la fiche-produit est de très bonne qualité ; plusieurs vues du produit, voire certaines vues en situation sont proposées ;
- un zoom est disponible (photo qualitative, affichage en temps réel, usage intuitif, peu de clics pour l'utiliser, etc.) ;
- des produits complémentaires sont suggérés ;
- un module de partage est prévu (Facebook, Twitter, Pinterest, etc.) ;
- une liste de souhaits (*wish list*) ou liste d'envies peut être constituée ; alternativement, un signet peut être placé sur le produit (en franglais, on dit que le produit peut être « bookmarké ») ;
- les boutons d'action sont visibles, éventuellement à l'aide de pictogrammes ; le bouton d'ajout au panier ressort immédiatement ;
- le panier est éventuellement affichable en *roll-over*, ce qui permet de ne pas sortir de la page ;
- des informations sont données sur la disponibilité du produit et sur les modalités de livraison ;
- un numéro de service client rassure le visiteur (à condition que le service client soit qualitatif, naturellement) ;
- une vidéo présente les caractéristiques du produit, ses avantages ou la diversité des situations d'usage.

2.1.3. Le processus de commande

La prise de commande constitue le point d'orgue du processus de décision, le moment de vérité. Cette action concentre à elle seule une bonne partie des peurs du grand public vis-à-vis du commerce en ligne. Une fraction non négligeable des visiteurs abandonne le site pendant le processus de commande (voir chapitre 8). C'est la raison pour laquelle le processus de prise de commande doit être le plus explicite et le plus transparent possible.

Au sens strict, la prise de commande recouvre les étapes de confirmation de la commande et de paiement. Au sens plus large, la prise de commande débute avant la confirmation (constitution d'une liste de souhaits ou d'un panier d'achat, choix de produits complémentaires, etc.) et se termine après le paiement (réception d'un e-mail de confirmation, etc.).

La transaction au sens strict : la confirmation et le paiement

Les étapes du processus de prise de commande doivent être présentées dès le départ. Le client doit pouvoir suivre sa progression dans le processus, dont les étapes sont généralement : l'identification, la confirmation de l'adresse (livraison et facturation), la confirmation du contenu de la commande (panier), le choix des options d'emballage, le choix des options de livraison, le choix des options de paiement et la validation finale de la commande.

Même si le client s'est déjà identifié à l'étape de consultation du catalogue, il est recommandé de demander une authentification supplémentaire, pour signifier clairement au client qu'on entre dans une zone sécurisée. L'étape de confirmation d'adresse doit permettre d'entrer une nouvelle adresse de livraison et/ou de choisir parmi une liste d'adresses utilisées lors des commandes précédentes.

L'étape de confirmation du contenu de la commande doit permettre d'enlever certains articles, de modifier les quantités achetées et, éventuellement, d'ajouter de nouveaux articles au panier. Cependant, il ne s'agit pas de perdre de vue l'objectif final : faire en sorte que l'internaute valide sa commande. Cette étape ne doit pas conduire le client à revenir en arrière.

L'étape du choix des options d'emballage permet de personnaliser l'envoi, avec éventuellement un message personnel, un emballage cadeau et la possibilité de ne pas imprimer le prix sur les bordereaux de conditionnement (pour éviter que le destinataire du cadeau en connaisse le prix). L'étape du choix des options de livraison permet d'indiquer la vitesse ou le mode de livraison, parfois même le créneau précis (voir chapitres 8 et 9).

L'étape du choix des options de paiement permet de sélectionner le mode de paiement (carte bancaire, chèque, téléphone, PayPal, chèque-cadeau, etc.) et d'entrer éventuellement les coordonnées bancaires. À cette étape, il est d'usage de rassurer le client en lui indiquant les modalités de sécurisation, de cryptage et de protection des données (voir chapitre 4). Cette étape permet aussi de choisir une adresse de facturation (cas des entreprises, des professions libérales ou même des particuliers qui souhaitent recevoir une facture).

L'étape de validation finale permet de consulter un récapitulatif et de valider définitivement la commande. Cette validation vaut acceptation des conditions générales de vente (CGV).

Il existe de nombreuses variantes à ce schéma de base : le panier peut être confirmé au début de la séquence (avant l'authentification) ; la confirmation de l'adresse de livraison et celle de l'adresse de facturation peuvent être simultanées, etc.

En tout état de cause, il est impératif que le client puisse se repérer dans les étapes du processus de commande (avec un affichage clair de l'étape à laquelle il se trouve) et que les informations lui soient données au bon moment (modes de livraison, d'emballage, de paiement, etc.). Par ailleurs, tout au long du processus, des éléments de rassurance doivent être apportés.

La transaction au sens large : avant la confirmation et après le paiement

Les marchands sont amenés à proposer des fonctions interactives sophistiquées pour gérer le processus de commande dans son intégralité, notamment la gestion d'une liste d'envies que l'on peut éventuellement partager avec des proches, la possibilité de commander en un clic (ou presque) pour gagner du temps, etc. Au sens large, le processus de commande recouvre donc les étapes qui précèdent la confirmation :

- la constitution d'une liste d'envies, pour une commande ultérieure ;

- la constitution progressive du panier, avec plusieurs vérifications éventuelles au cours du processus de décision ;
- la réservation d'un produit, destiné à être retiré plus tard en magasin ;
- la configuration d'une alerte pour être prévenu quand le produit sera disponible, ou quand un nouveau produit sera commercialisé ;
- la substitution d'un produit qui ne serait plus disponible par un autre.
- Les étapes qui suivent le paiement peuvent être considérées également comme faisant partie du processus de commande :
- la réception d'un courrier électronique de confirmation ;
- la visualisation des commandes en cours, et leur état d'avancement ;
- la possibilité d'annuler ou de modifier la commande ;
- le remplacement d'un article en attente dans une commande non livrée.

La conception d'une interface marchande et, plus généralement, d'un site marchand nécessite la prise en compte et le respect des dispositions du Code de la propriété intellectuelle. En effet, tout ou partie du site peut constituer une œuvre de l'esprit dont l'auteur et/ou le titulaire de droits sont protégés par les dispositions de ce Code. Toute violation des droits de l'auteur constitue ainsi une contrefaçon.

À ce titre, il a déjà été jugé que tout ou partie d'un site Web constitue une œuvre collective, propriété « *de la personne physique ou morale sous le nom de laquelle elle est divulguée* ». En cette qualité, cette personne physique ou morale est investie des droits de l'auteur et peut agir en contrefaçon dans l'hypothèse où ses créations seraient reprises. Le tribunal de grande instance de Paris (jugement du 9 février 1998, disponible sur **http://www.legalis.net**) a déjà sanctionné de contrefaçon la personne ayant reproduit partiellement des modèles de présentation de sites Web.

Cette protection par le droit d'auteur couvre tous les éléments susceptibles d'être intégrés dans l'interface marchande et/ou dans le site Web marchand (design, logo, texte, photo, animation, plan, etc.). Le e-commerçant devra donc être très attentif à la réalisation de son interface et de son site Web et aux conditions d'acquisition des droits de propriété intellectuelle, laquelle acquisition doit se faire conformément au Code de la propriété intellectuelle.

2.2. Le design du site marchand

La question du design commercial fait l'objet de multiples réflexions depuis plusieurs décennies. En revanche, si dans les magasins physiques tous les sens peuvent être exploités, pour un site marchand, les deux sens concernés sont la vue et, dans une moindre mesure, l'ouïe. L'impact visuel serait le premier facteur explicatif de la performance d'un site marchand.

2.2.1. L'importance du design

Le *look and feel* du site, comme disent les Anglo-Saxons, détermine en grande partie la première impression. D'après les études menées sur le sujet, la première impression est formée très rapidement (moins d'une seconde), mais persiste dans le temps et influence fortement la perception du site tout entier. Il est donc important de bien maîtriser les codes de façon que les clients soient favorablement impressionnés, dès les premiers instants. Cette première impression peut agir comme un filtre (le client quitte alors le site dans les premières secondes) ou comme un dispositif de rétention (le client a envie d'en savoir plus, etc.). Une mauvaise première impression peut expliquer un taux de rebond ou un taux de refus élevé (voir chapitre 11).

Plus encore que son architecture, le design du site induit chez le visiteur des réactions affectives (préférence, irritation, etc.) et des réactions cognitives (perception de la qualité, de la lisibilité, de la crédibilité, etc.). Ces réactions peuvent naturellement être positives ou négatives. L'enjeu pour le site marchand est de créer une expérience de visite agréable, voire mémorable, qui permette d'améliorer encore la satisfaction globale des visiteurs.

Sur un plan plus stratégique, le design positionne par ailleurs fortement le site, notamment en termes de bénéfices et de cibles visées. Le design d'un site qui veut évoquer le glamour ou le luxe ne sera pas le même que celui d'un site qui promet la praticité ou la profusion de bonnes affaires. De même, le design d'un site qui s'adresse majoritairement à des seniors, par exemple, ne sera pas le même que celui d'un site qui s'adresse à des adolescents.

Une étude américaine menée auprès d'individus issus de deux générations contrastées (génération des *baby-boomers* nés entre 1946 et 1964 et génération Y des individus nés entre 1977 et 1990) montre que les préférences esthétiques sont les mêmes pour les deux générations (préférence pour les visuels *vs* les textes). L'étude du suivi du regard (*eye-tracking*) montre en revanche que l'attention des *baby-boomers* se fixe plus longtemps que celle des visiteurs les plus jeunes et que ces fixations portent sur plus d'éléments présents dans la page (*header*, partie centrale, colonnes). Les *baby-boomers* tolèrent ainsi mieux la complexité - entendue comme la présence de nombreux composants sur la page. Pour les générations les plus jeunes, il est donc indispensable de mettre en évidence les informations les plus importantes, sans quoi elles ne sont pas vues.

Source : *d'après Djamasbi, Siegel, Skorinko et Tullis, 2011 (voir la référence complète sur livre-ecommerce.fr)*

2.2.2. Les éléments du design

Le design d'un site marchand repose sur des éléments textuels, iconographiques, voire sonores.

Les éléments textuels

La question de l'écriture sur le Web fait l'objet de nombreuses réflexions de la part de « gourous » comme Crawford Kilian, Jonathan Price ou, pour le monde francophone, Jean-Marc Hardy (**http://www.redaction.be**). Sur le Web, les experts s'accordent à dire qu'une écriture spécifique s'impose. Cependant, c'est moins « l'écriture » qui est spécifique – au sens du vocabulaire, de la syntaxe, du ton, etc. – que les modalités de présentation du contenu.

De ces réflexions, on peut tirer quelques conclusions solides :

- Chaque page doit avoir un titre court, visible, explicite, de façon à donner des repères au visiteur.

- Il ne faut en aucun cas se contenter de reproduire sur le Web des contenus rédigés pour le papier. Le style doit être plus concis, et la structure doit être revue de fond en comble pour correspondre à une présentation hypertextuelle du contenu.
- Les textes peuvent être longs, mais en revanche la présentation doit être aérée, structurée. Il ne faut pas hésiter à diviser les textes en plusieurs parties. Au-delà de 10 000 caractères, il faut découper le texte en plusieurs pages Web.
- Chaque paragraphe doit contenir une idée majeure, présentée en exergue dans la première phrase, suivie d'éléments complémentaires autour de cette idée directrice.
- Les textes ne doivent pas être présentés dans des blocs trop larges, de façon à entraîner le lecteur dans un mouvement de bas en haut qui donne l'impression de progresser dans la lecture.
- L'usage de l'hypertexte doit être modéré (deux à trois liens au maximum pour 1 000 caractères), sous peine de désorienter le lecteur, même si cette fonctionnalité constitue l'essence même de la lecture sur le Web. Un hyperlien regroupe généralement trois à cinq mots.
- Le soulignement de texte standard doit être absolument évité, car il est réservé aux hyperliens : une mauvaise utilisation du soulignement va induire le visiteur en erreur. L'usage alternatif du gras est préférable (à préférer aussi à l'italique qui est moins lisible), à condition de ne pas en abuser.
- La plupart des sites utilisent des polices de caractères sans bâton/serif (comme l'Arial), plus modernes. Même si la lisibilité des polices sans bâton/serif est plus faible à grande vitesse de lecture, l'affichage sur les écrans étant meilleur, elle est finalement plus satisfaisante.
- Le texte doit être relié à d'autres ressources (fichiers, images, vidéos) et associé à une certaine dose d'interactivité (commentaires, etc.).
- La cohérence entre les textes et les images permet d'améliorer grandement la fluidité du traitement de l'information et l'évaluation du site par le visiteur.

Les éléments iconographiques

Plusieurs études utilisant la méthodologie de l'*eye tracking* (suivi du regard porté par les visiteurs sur les différentes zones d'une page) montrent que les textes accaparent l'essentiel de l'attention et que les internautes ignorent souvent les images. Cependant, les études montrent également que les visiteurs préfèrent généralement les sites très visuels à ceux contenant beaucoup de textes. Par ailleurs, en matière de commerce électronique, le manque de visuels est souvent rédhibitoire, car voir le produit constitue la seule alternative à la possibilité de le manipuler, le toucher, le sentir, le tâter… comme le font les clients dans les magasins réels.

> Les clients ayant un fort besoin de cognition (ceux qui recherchent la connaissance pour la connaissance) préfèrent les sites comprenant beaucoup de textes à ceux avec beaucoup d'images. Par ailleurs, les clients ayant un fort besoin de sensations préfèrent les sites complexes sur le plan iconographique, alors que ceux ayant un faible besoin de sensations préfèrent les sites simples. Conclusion : il n'existe pas de recette toute faite en matière de design de sites Web !
>
> ***Source :*** *d'après Martin et al., 2005 (voir la référence complète sur livre-ecommerce.fr)*

Les sites marchands laissent de plus en plus la part belle aux visuels, notamment à ceux de grande taille. Ce phénomène est particulièrement vrai pour les sites de marques ou ceux qui s'adressent à des cibles de niche, car ceux-là peuvent affirmer des partis pris en matière de design.

Si l'usage de visuels est en forte croissance sur le Web, il s'agit essentiellement de visuels de produits : les sites marchands comptent encore très peu de visuels représentants des êtres humains (visages ou silhouettes, par exemple). Or, une étude américaine récente montre que la présence de visuels représentant des êtres humains améliore les performances du site : le site est perçu comme plus chaleureux, plus attirant et plus rassurant (Cyr *et al.*, 2009). Cependant, le retentissement des visuels représentant des êtres humains varie sensiblement d'une culture à l'autre. L'impact sur la confiance, par exemple, n'est pas systématique.

Les éléments sonores

Dans les environnements commerciaux, l'impact de la musique est réel mais globalement faible, notamment sur le temps de visite et sur la qualité de l'expérience (Rieunier *et al.*, 2006 ; Garlin, 2006). Les rares études menées à ce jour montrent que la musique semble avoir un effet limité, mais significatif. La capacité de la musique à stimuler positivement les visiteurs d'un site marchand est démontrée, en particulier pour les produits hédoniques (Ding *et al.*, 2012). Pour autant, faut-il en systématiser l'usage ?

> Quand on compare un groupe exposé à de la musique à un groupe témoin non exposé, la durée de la visite est identique. Cependant, quand le tempo est médium (95 à 105 battements), on constate que la durée de visite est sensiblement plus longue que quand le tempo est lent (+12 %), ou rapide (+35 %). Cette influence sur la durée de visite résulte d'un effet positif à la fois sur le nombre de pages vues et sur le temps passé en moyenne sur une page.
>
> ***Source :*** *d'après Galan, 2002 (voir la référence complète sur livre-ecommerce.fr)*

Le déclenchement automatique d'une sonorisation à l'ouverture du site n'est pas conseillé, dans la mesure où l'internaute peut parallèlement écouter de la musique, ou surfer dans un environnement où la discrétion est requise (lieu public, bureau, etc.). La sonorisation doit donc rester optionnelle pour le visiteur.

Par ailleurs, il ne s'agit pas de diffuser n'importe quelle musique. La signature sonore des marques est un véritable enjeu marketing. Il faut donc choisir une musique qui exprime et consolide le positionnement (peu importe qu'elle soit connue ou non). Toutefois, comme la plupart des marques n'ont pas de charte musicale ou d'identité sonore (comme elles peuvent avoir une charte graphique ou une identité visuelle), elles activent rarement ce levier sensoriel.

> ***Exemple :*** Le site d'iDTGV (réservation de billets de trains en ligne) a été conçu dans « un esprit résolument didactique, convivial et pragmatique ». Enrichi de nombreux contenus (vidéos, animations), le site met en scène les différentes ambiances proposées au voyageur. Ainsi, dans l'ambiance iDZen, on entend un souffle, un son « chuuuut » très présent, un fond musical éthéré (les mots clés pour cette ambiance sont « cocon, respect, silence, détente, tranquillité, calme »). Dans l'ambiance iDZap, le visiteur est accompagné de rires, de voix enjouées, d'une musique plus vive avec des riffs de guitare (pour cette ambiance, les mots clés sont « convivialité, rires, animation, divertissement, conversation, vie »). Dans l'ambiance Bar, enfin, le

visiteur est accompagné d'une bande son « lounge », sur laquelle on entend notamment des conversations entre le personnel et les clients (les mots clés sont « discussions, pause, p'tits creux, musique, animation »).

Sources : E-Commerce, juin 2009, idtgv.com

Le Web est encore très silencieux comparativement aux autres grands médias. Cependant, de nombreux prestataires spécialisés se multiplient, à l'instar de l'agence By Music qui propose une plate-forme de design sonore avec plus de 6 millions de titres accessibles par mot clé, genre musical, tempo ou humeur. En outre, l'usage croissant de vidéos ou d'agents virtuels conduit inexorablement à la sonorisation des environnements marchands.

2.2.3. Réflexions générales sur le design des sites marchands

Deux dimensions essentielles peuvent caractériser les facteurs de design : l'accessibilité et la navigabilité (Baker, *in* Lemoine, 2008). Les questions de lisibilité, de complexité, de cohérence et de contrôle laissé au visiteur sont également importantes, de même que les questions esthétiques.

L'accessibilité du site

Pour Tim Berners-Lee, l'un des pionniers d'Internet, l'accessibilité consiste à « *mettre le Web et ses services à la disposition de tous les individus, quels que soient leur matériel ou logiciel, leur infrastructure réseau, leur langue maternelle, leur culture, leur localisation géographique, ou leurs aptitudes physiques ou mentales* » (**http://www.w3.org**).

Si l'accessibilité est un critère important pour l'ensemble des visiteurs, c'est particulièrement vrai pour les visiteurs malvoyants ou non-voyants. Une étude réalisée aux États-Unis montre que cette catégorie de visiteurs achète en ligne dans les mêmes proportions que la moyenne des Américains, mais que l'accessibilité des sites marchands n'est pas satisfaisante pour eux, les interfaces étant trop complexes. Le gain de temps n'est pas une motivation pour ces visiteurs, pas plus que la recherche d'information ; c'est la possibilité d'économiser qui est la motivation dominante pour l'achat électronique (Childers *et al.*, 2009). Finalement, proposer des interfaces trop complexes conduit à détourner les utilisateurs malvoyants et non-voyants de leur principal objectif.

Des contraintes légales et réglementaires garantissent que les sites soient utilisables par les visiteurs qui présentent des handicaps (loi du 11 février 2005 pour l'égalité des droits et des chances, la participation et la citoyenneté des personnes handicapées). Il est naturellement indispensable de s'y conformer, notamment pour les sites publics. Les recommandations WCAG (*Web Content Accessibility Guidelines*) portent sur le contraste des couleurs, la description précise des images, des fichiers audio et vidéo (ce qu'on appelle les *alt tags*), la mise à disposition d'informations pour les utilisateurs qui ne peuvent pas afficher les scripts, etc. En France, BrailleNet attribue un label d'accessibilité aux sites qui se conforment à ces exigences, à l'instar de Gaz de France, Natixis ou Groupama. Depuis juin 2007, un label européen est également délivré (Euracert, pour *European e-Accessibility Certification*), en complément du label Accessiweb. À fin 2010, plusieurs sites publics ou sites d'entreprises corporate ont été labellisés (environ une quinzaine par an le sont), mais aucun site marchand. Une étude américaine menée en 2009 montre que 80 % des 100 premiers sites sont inaccessibles aux non-voyants. Il reste assurément des progrès à faire dans ce domaine.

***Sources :** d'après w3.org, accessiweb.org et Loiacono, 2009*

La navigabilité du site, ou facilité d'usage

La navigabilité d'un site, ou facilité d'usage, est considérée comme bonne quand elle est intuitive (les informations sont organisées de façon pertinente pour le visiteur), cohérente (les pages du site font bien partie d'une « même famille ») et prédictible (au sens où les mêmes actions, d'une page à l'autre, donnent bien les mêmes résultats).

La navigabilité dépend de la qualité générale du design, mais aussi des aides spécifiques à la navigation :

- mise à disposition d'outils de recherche, indispensables pour les sites qui comptent plusieurs milliers de références ;
- mention du cheminement, en dessous de la barre de navigation (fil d'Ariane) ;
- possibilité de retrouver les derniers produits consultés ;
- visibilité des boutons d'action, comme « Créer un compte », « Ajouter au panier », etc. (choix des emplacements, des formats et des contrastes, etc.) ;
- utilisation de couleurs différentes pour chaque zone.

L'usage de couleurs facilite grandement la navigation et permet de structurer le site. Les onglets peuvent être colorés, de même que les menus déroulants. Les zones dans les pages font également l'objet d'une colorisation signifiante (c'est-à-dire « qui a une signification »).

Sur un plan plus stratégique, une recherche récente montre que la réputation de la marque améliore la facilité d'usage du site (Morgan-Thomas et Veloutsou, 2013). Autrement dit, améliorer la facilité d'usage ne passe pas seulement par des investissements dans le design. Les investissements consacrés au développement d'une marque forte concourent à améliorer la navigabilité… perçue par les visiteurs.

Dans l'ensemble, la navigabilité des sites s'améliore par rapport à la période de décollage du commerce électronique, dans les années 2000. Des standards de navigation se dégagent par ailleurs (logo en haut à gauche, moteur de recherche en haut à droite, etc.), ce qui permet aux utilisateurs de capitaliser sur leurs compétences en la matière, en retrouvant des repères proches d'un site à l'autre. L'introduction continue de nouvelles fonctionnalités (personnalisation, vidéos, réseaux sociaux, terminaux mobiles, etc.) constitue cependant un challenge permanent pour les designers. Le design des sites est également un domaine où les innovations sont fréquentes. La consultation de blogs spécialisés, comme **http://www.richcommerce.fr** (Frédéric Cavazza), **http://www.blog.gaborit-d.com** (Olybop), **http://www.blogduwebdesign.com** ou **http://www.creativebloq.com** est ainsi utile pour suivre les évolutions des pratiques du design Web.

En outre, la question du design des interfaces mobiles reste très ouverte, dans la mesure où aucun standard ne s'est encore dégagé du fait d'un nombre important de terminaux mobiles de taille d'écran différente et de systèmes d'exploitation (voir chapitre 4, notamment l'enjeu du « *responsive* design »).

Pour Sam Woodman, alors chez Nurun, « une interface e-commerce doit être à la fois innovante, pour mieux mettre en valeur la marque, mais aussi basée sur des standards ». Or, très peu de sites marchands arrivent à trouver cet équilibre : « soit le site est trop innovant, avec une forte courbe d'apprentissage, soit il est pratique, mais esthétiquement banal ». Toutefois, pour Pascal Joseph et Julien Gandelin (respectivement directeur du développement et directeur de projet chez Visual-Link à l'époque), les choses vont dans le bon sens. Alors que l'expérience sur les sites marchands se limitait essentiellement à « un tunnel d'achat très rationnel ne venant pas enrichir la désirabilité de la marque », nombreux sont les sites qui aujourd'hui « font disparaître la grammaire d'Internet au profit du contenu ». Sur ces sites, « une mise en scène riche permet de toucher l'émotionnel et l'imaginaire du consommateur ».

Source : *E-Commerce, février 2007 et janvier 2009*

La lisibilité, la complexité et la cohérence du site

La lisibilité du site détermine en partie la satisfaction du visiteur. Plus le site est lisible, plus le visiteur considère qu'il apporte de la valeur (utilitaire autant qu'hédonique) et plus il l'apprécie (Gonzales, 2005). Cette lisibilité tient à la fois à la disposition générale des éléments (les blocs de texte et d'images) et à une écriture qui doit être spécifique au Web. La lisibilité tient aussi à l'utilisation pertinente de visuels qui complètent le texte et lui répondent. Globalement, la lisibilité est une question de hiérarchisation des contenus.

La complexité du site est fonction de plusieurs éléments, comme la quantité de texte, la clarté des liens, la structuration des contenus, la présence d'animations, etc., mais elle dépend aussi de la cohérence des pages et de la navigabilité. La notion de complexité d'un site recouvre donc des choses assez diverses. Un site trop simple ne peut pas satisfaire le visiteur… pas plus qu'un site trop complexe. Quelle est donc la complexité « optimale » d'un site ? La réponse à cette question dépend des compétences du visiteur, mais aussi du type de visite. Ainsi, dans le cas de visites ayant un but précis, plus le site est complexe, moins le visiteur sera satisfait. Dans le cas de visites n'ayant pas de but très précis (visite « expérientielle » pour découvrir la marque et son offre), un niveau de complexité intermédiaire sera préférable à un niveau trop faible ou trop élevé (Nadkarni et Gupta, 2007).

La cohérence d'un site, d'une page à l'autre, est également un aspect important du design. La disposition des éléments y concourt largement. Mais la cohérence doit s'exprimer de nombreuses autres façons : congruence entre les textes et les images, cohérence des codes couleur, des polices de caractères, des aides à la navigation, etc. Le design du site repose largement sur l'identité visuelle de la marque, ou même sur l'identité des produits de l'entreprise. D'un canal à l'autre, la cohérence est fortement recherchée.

Le degré de contrôle laissé au visiteur

Le degré de contrôle que le client exerce sur son environnement est un enjeu important. Si le client a l'impression de contrôler son environnement, cela va lui donner une impression de liberté. En revanche, quand le client a l'impression d'être baladé d'un point à un autre, la qualité de l'expérience de visite se dégrade très vite. Un sentiment de frustration peut même surgir rapidement. Le client est alors amené à quitter le site ou à s'acharner, deux résultats qui ne sont pas souhaitables pour le marchand. Les concepteurs du site doivent donc impérativement éviter d'enfermer les visiteurs dans des séquences où ils perdraient le contrôle de leur navigation.

Cependant, la solution qui consisterait à donner un contrôle maximal, en dehors du fait qu'elle n'est pas valable pour tous les visiteurs, peut poser un problème. En effet, quand le visiteur est totalement en situation de contrôle, quand il découvre l'offre à sa guise, il ne navigue pas forcément par les « passages obligés ». Il peut manquer les informations importantes, les stimulations commerciales efficaces, etc. Il s'agit donc plutôt de trouver un juste milieu – c'est tout l'enjeu – entre aucun contrôle et trop de contrôle.

Un autre principe de base consiste par ailleurs à donner au client un degré de contrôle compatible avec ses ressources (capacité cognitive, compétences, temps disponible, etc.). Les clients les mieux armés pourront se frayer un chemin dans les méandres du site, utiliser des fonctionnalités sophistiquées… tandis que les novices se contenteront d'un faible degré de contrôle, finalement confortable compte tenu de leurs ressources limitées. Il s'agit donc de proposer plusieurs niveaux de contrôle, de façon à ce que chaque type de client y trouve son compte (voir, plus loin, les questions de personnalisation de l'interface).

Exemple : « Surprise » est le maître mot du nouveau site de Jean-Paul Gaultier. Comme l'indique le webzine E-Marketing, « haut en couleur, le nouveau site adopte une navigation interactive et ludique, avec pour thèmes le jeu, le désir, la liberté, la permissivité et le mélange des genres ». Dans la rubrique Live, les actualités des stars qui arborent la marque se mélangent aux photos des défilés, aux billets de blog, aux vidéos et aux tweets du créateur. L'agence Kassius, qui a accompagné l'entreprise dans sa stratégie digitale, résume cela d'une signature : Unexpected Happens Here[1]. Le positionnement et l'exécution créative sont parfaitement en phase avec l'univers et la personnalité du créateur.

Sources : E-marketing, 2013, http://www.jeanpaulgaultier.com

L'esthétique du site

Certains sites marchands parmi les plus efficaces utilisent peu de visuels, comme Amazon. Le leader du commerce électronique n'a jamais fondé son succès sur les qualités esthétiques de son site. Pour autant, si un site marchand doit avant tout être efficace, rien n'empêche qu'il soit également beau. Les deux qualités ne s'opposent pas. De fait, l'esthétique agit directement sur le niveau de satisfaction et renforce même la navigabilité perçue du site (Wang *et al.*, 2011).

Si les sites marchands généralistes (La Redoute, Amazon, Cdiscount, etc.) ne brillent pas par leur esthétique (profusion d'informations textuelles, longues listes de liens, etc.), certains sites de marque sont, en revanche, particulièrement réussis sur ce plan. L'offre limitée, la clarté du positionnement, le travail en amont sur le design des produits et sur l'identité visuelle de la marque permettent assurément à ces sites marchands de développer un discours à la fois plus tranché et plus élaboré. Preuve que l'esthétique et le commerce électronique font bon ménage, le design des sites marchands fait désormais l'objet d'ouvrages d'art (par exemple, Wiedemann, 2006 ou Ford et Wiedemann, 2010), comme toute autre création culturelle et artistique.

Exemple : En 2013, L'Oréal Paris met en ligne sa première boutique marchande, où l'ensemble de l'offre est référencé : soin de la peau, maquillage, coloration, soin du cheveu, produits coiffants, produits pour homme. En cliquant sur l'URL de la marque (**http://www.loreal-paris.fr**), le visiteur peut cliquer sur de grands visuels qui offrent diverses clés d'entrée par marques,

1. « L'inattendu arrive ici ».

gammes, thématiques (manucure, démaquillage, etc.) ou actualités (événements, etc.). « *Les plus grands experts du style et de la beauté* » donnent des leçons de coiffure, maquillage et coloration. Un compteur à droite indique en permanence à quelle hauteur se situe le visiteur (chaque page est numérotée). Le simple passage de la souris sur les visuels (*roll-over*) permet de changer l'image, donnant au site un caractère particulièrement dynamique. La boutique est accessible en cliquant, en haut à droite, sur un bouton *roll over* très visible. L'atmosphère sombre et luxueuse de la page d'accueil fait place à un fond blanc. Cinq petits visuels permettent de changer le grand visuel central. Sur cette « seconde page d'accueil », à l'exception de quatre rubriques (« Nouveautés » à gauche ; « Accessoires », « Looks » et « Exclusivités », à droite), les catégories sont identiques à celles de la page d'accueil principale. Les familles de produits sont accessibles par des menus XXL, lorsque l'on passe la souris sur la rubrique de premier niveau. Ces menus présentent un visuel, à droite, qui met en avant une nouveauté pour chaque rubrique. Un panier est visible en haut. Des « looks » complets sont rassemblés dans une rubrique spécifique (pour le maquillage, une dizaine de looks sont présentés en *header* dans un carrousel ; des looks sont également proposés pour les mariages). Réunissant plusieurs produits, ces looks permettent aux clientes de les combiner de façon optimale, tout en réalisant des économies substantielles. Une rubrique propose des exclusivités Web, essentiellement des coffrets, et également un abonnement à une *box* de découverte. Au hasard de la navigation, quelques vidéos proposent des conseils. Un module « découverte » permet de manipuler virtuellement chaque produit pour en explorer tous les détails. Enfin, ceux-ci peuvent être notés, commentés et partagés, plaçant les avis et recommandations au centre du parcours d'achat. Au final, comme l'indique le magazine *E-commerce*, « *la navigation sur le site se distingue avant tout par son efficacité ; l'ergonomie, plutôt simple et dépouillée d'artifices, permet de se repérer facilement tout au long du processus d'achat, au détriment peut-être d'une certaine créativité dont aurait pu faire preuve la marque* ». L'expérience se prolonge sur mobile avec l'application « Instant Beauty ».

Sources : E-Commerce, 2013, http://www.loreal-paris.fr

Les sept clés pour porter un jugement sur le design d'un site marchand ?

En synthèse, porter un jugement sur le design d'un site marchand suppose d'évaluer son degré d'accessibilité, de navigabilité, de lisibilité, de complexité, de cohérence, de contrôle, et son caractère plus ou moins esthétique.

Ces critères doivent toujours s'apprécier selon le profil des clients (voir 2.3.2, notion de *persona*) et l'usage du site (visite transactionnelle ou expérientielle, temps disponible, etc.). Le design ne doit jamais faire l'objet d'une évaluation dans l'absolu. De fait, l'amélioration du design passe bien souvent par la réalisation d'études auprès des visiteurs.

Exemple : Au fil du temps, certains sites marchands sont devenus des références internationales en matière d'expériences de visite et d'achat. Ces sites étaient en avance il y a quelques années et continuent de l'être aujourd'hui, à bien des égards. On peut parier qu'ils sauront garder un temps d'avance dans les années qui viennent. Il n'est certes pas facile d'établir un panthéon définitif, mais parmi les références en matière d'interface marchande, de design et de contenus, on compte : Agentprovocateur.com, Canyon.com, Ikea.com, Lessrain.com, Net-A-Porter.com, Oneill.com, Sunglasshut.com, Zappos.com. Pour clore ce top 10, dans la catégorie des sites généralistes, certes moins esthétique et plus fonctionnel que les précédents, on ne peut ignorer ce qu'Amazon a apporté à l'expérience d'achat électronique (achat 1-click, personnalisation, avis de lecteurs, alertes, etc.).

Sources : Wiedemann, 2006, Ford et Wiedemann, 2010, E-Commerce, Le Journal du Net

2.3. Le processus de conception

De nombreuses personnes ont leur mot à dire en matière de conception, ce qui conduit parfois à des arbitrages difficiles (Chaffey *et al.*, 2014). Les étapes à suivre sont présentées ci-dessous.

2.3.1. Les parties impliquées dans la conception

Parmi les parties qui sont plus ou moins impliquées dans les étapes de conception, on peut distinguer :

- les dirigeants (des « sponsors » qui considèrent le site comme l'un des outils pour atteindre leurs buts stratégiques, la croissance et la rentabilité, et dégagent des moyens pour son développement) ;
- les responsables marketing et commerciaux (qui voient dans le site un moyen d'atteindre leurs objectifs d'image, de vente ou de relation client) ;
- le chef de projet (qui est responsable de la planification et de la coordination, du suivi des budgets et des délais, etc.) ;
- le *designer* ou directeur artistique (qui va définir le « *look and feel* » du site, son apparence, ses règles d'interactivité, etc.) ;
- le développeur de contenus (qui va définir les contenus nécessaires et, en général, les acheter ou les faire développer spécifiquement par un prestataire) ;
- le webmestre (qui va administrer et gérer le site au quotidien, mais aussi se faire l'avocat des évolutions souhaitables) ;
- les animateurs du site (chefs de produits ou chefs de marché qui vont animer les rubriques en choisissant les assortiments, les prix, les promotions, etc.) ;
- les parties prenantes du site (les membres de l'organisation dont l'activité est modifiée par le site marchand, comme les responsables de communication ou de logistique, qui ont aussi leur mot à dire) ;
- indirectement, les visiteurs et les clients (qui vont par leurs comportements donner des indications sur les points forts et les faiblesses du site, et donc susciter des changements).

Les prestataires jouent également un grand rôle dans la conception de l'interface, qu'il s'agisse de sociétés de conseil, de SSII ou d'agences de communication interactive comme Digitas, Saatchi & Saatchi Duke, FullSix, Nurun, etc. (on peut consulter **http://www.aacc.fr** pour une liste des principales agences de communication interactive en France). De fait, il est très rare qu'une entreprise développe son site seul, sans l'assistance de divers experts. Les prestataires de solutions packagées proposent également des interfaces modulaires (voir chapitre 4).

2.3.2. Les étapes pour concevoir une interface marchande

La conception d'une interface est une étape importante dans la démarche de création d'un site marchand (voir chapitre 4 pour les questions de noms de domaine et d'applications ; voir chapitre 5 pour l'élaboration d'un catalogue électronique). Les étapes pour mener à bien la conception d'une interface marchande sont les suivantes :

- L'identification d'un nombre limité de *personas*, c'est-à-dire de profils types qui sont représentatifs des différentes cibles visées. On identifie généralement trois ou quatre *personas*.
- La description de chaque *persona* en termes de profil et de style de vie, de besoins et d'attentes, d'interactions possibles avec la marque, etc. Quel est leur degré d'expertise en matière d'Internet et leur connaissance de la marque ? Quels sont leurs besoins informationnels ? Quelle va être leur fréquence de visite ?
- L'analyse comparative des sites directement concurrents et des sites « *best in class* », y compris dans des secteurs parfois éloignés mais qui s'adressent aux mêmes clients (les clients jugent chaque entreprise comparativement à celles qu'ils connaissent, indépendamment de leurs activités).
- La structuration de l'information en construisant une cartographie du site ou « *blueprint* », afin d'étudier les différentes entrées et le parcours type de chaque *persona* (à ce stade, les cibles peuvent être sollicitées pour indiquer à l'entreprise leur façon personnelle d'envisager le classement des informations).
- La construction d'un « *storyboard* » fonctionnel, en donnant la priorité à différents contenus et à des fonctionnalités pour chaque page type ou « *template* », afin de créer des scénarios de navigation pour chaque *persona*.
- La réalisation d'un premier test utilisateur (test qualitatif) avec les *storyboards*. À partir de ces *storyboards*, créer des *templates* graphiques et écrire les spécifications fonctionnelles.
- La réalisation d'un deuxième test utilisateur (test quantitatif) avec un prototype (cette phase n'étant pas systématique) ; il est recommandé de tester le site avec des vrais utilisateurs, mais des utilisateurs internes à l'organisation sont souvent utilisés.
- La création d'une charte graphique, d'une charte éditoriale et d'un document comprenant les spécifications techniques.
- La « localisation » éventuelle du design, en fonction des contraintes culturelles (sens de lecture, symbolique des couleurs, etc.) et, éventuellement, des spécificités de la marque dans le pays considéré (certaines marques n'ont pas le même positionnement ni la même identité visuelle dans tous les pays).

2.3.3. Faire évoluer le site

Le site est amené à évoluer face à l'exigence croissante des visiteurs, l'amélioration des sites concurrents, les tendances du design, ou encore les innovations technologiques. De fait, le site marchand est un outil vivant, un peu comme un magasin qui doit être nettoyé, réassorti, rangé… et rénové régulièrement. L'interface marchande doit donc être conçue pour pouvoir être ajustée facilement (*scalability*).

Le site fait régulièrement l'objet d'une refonte totale ou partielle. Certains marchands refondent leurs sites en profondeur tous les deux ou trois ans. D'autres, en revanche, préfèrent une solution plus progressive, qui consiste à réaliser des transformations régulières. Le site PriceMinister, par exemple, annonce chaque année plusieurs nouvelles fonctionnalités. C'est une façon de s'ajuster aux évolutions technologiques et à la sophistication croissante des attentes.

De nombreux prestataires peuvent aider à faire évoluer le site, notamment à réaliser un diagnostic préalable destiné à identifier les points à améliorer.

3. Enrichir l'expérience de visite

Encore aujourd'hui, seule une minorité de sites marchands propose les fonctions interactives sophistiquées comme la réalité virtuelle. Ces fonctions ont pourtant le potentiel d'enrichir considérablement la visite. De même, proposer des contenus ou personnaliser l'interface permet généralement de créer de la valeur pour le visiteur. Précisons que ces dispositifs n'ont pas pour seul rôle d'enrichir l'expérience, mais aussi d'influencer les comportements d'achat (voir chapitre 8).

Avant de présenter les modalités pour enrichir l'expérience de visite, il est également utile de préciser que ces dispositifs ne doivent pas être mis en œuvre sans une réflexion approfondie sur le profil des visiteurs et sur la vocation du site. Ainsi, proposer un dispositif de réalité augmentée n'est pas pertinent si les visiteurs n'ont pas assez de compétences pour l'utiliser, ou si la vocation du site est avant tout de permettre de faire des achats rapides. Ces dispositifs destinés à enrichir l'expérience ne sont donc pertinents que s'ils créent réellement une valeur fonctionnelle, émotionnelle ou sociale pour les visiteurs.

3.1 Les fonctions interactives avancées

Les fonctions que nous évoquons ci-dessous visent à renforcer l'interactivité du site marchand. Cette interactivité ne va pas de soi : elle résulte d'investissements importants de la part de l'entreprise. Les fonctions interactives avancées sont très diverses : aide au choix, interactions avec l'offre et relation avec l'entreprise.

> L'idée même d'interactivité est au cœur du média Internet. L'interactivité recouvre des notions comme la bidirectionnalité (la communication va dans les deux sens ; c'est un véritable dialogue), l'immédiateté (les échanges sont synchronisés), la réactivité (les échanges se répondent les uns aux autres) et la contrôlabilité (le moment, la durée, le contenu de la communication sont décidés conjointement par les parties qui échangent). L'interactivité améliore significativement la valeur perçue du site. Plus précisément, la bidirectionnalité est un élément clé pour la valeur hédonique, alors que l'immédiateté agit essentiellement sur la valeur utilitaire.
>
> ***Sources :*** *d'après Yadav et Varadarajan, 2005 ; Yoo, Lee et Park 2010 (voir les références complètes sur livre-ecommerce.fr)*

3.1.1. L'aide au choix et l'interaction avec l'offre

Sur un site marchand, l'assortiment est généralement plus large et plus profond que dans un point de vente physique. Les sites marchands doivent donc proposer des dispositifs pratiques pour aider le visiteur à faire son choix. Le besoin impérieux de toucher les produits avant de les acheter explique par ailleurs en partie pourquoi le Web n'est pas plus utilisé pour réaliser des achats. Les sites marchands doivent donc proposer des dispositifs visant à rendre l'expérience de l'offre plus concrète, comme la possibilité de voir le produit sous tous les angles ou celle d'interagir avec un conseiller virtuel.

Les comparateurs de produits

De nombreux sites marchands proposent aux visiteurs des dispositifs pour les aider à choisir plus facilement, plus vite, ou mieux (comparateurs de produits, outils de diagnostics personnalisés, etc.). Comme le montre une étude réalisée par la société Keynote (**http://www.keynote.com**), pour certains sites, l'impact visuel compte moins que la possibilité de comparer facilement les offres. C'est le cas des sites qui vendent des téléphones mobiles et des services d'abonnement.

Certains outils d'aide au choix sont particulièrement réussis : possibilité de spécifier de nombreux critères, ajustement des critères à la catégorie de produits, affichage du nombre de produits offerts en face de chaque critère, affichage de bulles explicatives sur chaque critère, système de « *drag & drop* » (facilitant la sélection de produits par une simple action de glisser/déposer) pour comparer les produits, affichage dynamique des résultats (en temps réel, en fonction des choix), possibilité de supprimer chaque critère, etc.

En amont du comparateur, pour encore mieux accompagner le client, certains sites proposent des séquences vidéo interactives qui permettent de comprendre la signification de chaque critère, et qui proposent aux visiteurs de sélectionner les critères les plus importants selon les usages prévus du produit.

La visualisation des produits

Sur Internet, il n'est pas possible de toucher les produits avant de les acheter. Pour pallier ce désavantage concurrentiel face aux commerces traditionnels, les marchands en ligne proposent de nombreux dispositifs pour visualiser les produits : vues multiples, zoom, rotation à 360°, visualisation en 3D, etc. Des dispositifs dits de « réalité augmentée » se développent également dans les secteurs de l'équipement de la personne (habillement, optique) et de celui de la maison (ameublement et décoration). Le principe consiste à prendre une photo (de soi ou de son intérieur), la télécharger sur le site, puis ajuster le produit dans la photo (une monture de lunettes, un objet de décoration, etc.).

> ***Exemple :*** Dans le secteur de l'ameublement et du design d'intérieur, les sites redoublent d'inventivité pour exposer leur assortiment dans les meilleures conditions. L'un des enjeux de l'expérience de visite consiste à permettre à l'internaute de déterminer si le meuble ou l'objet s'harmonise ou non avec son espace de vie. Comme l'indique Vincent Boutillier, directeur associé du site Achat Design (8 millions d'euros de chiffre d'affaires en 2012), « *dans notre métier, nous nous heurtons à une vraie difficulté : le consommateur ne peut pas se rendre compte du produit chez lui ; il ne peut pas toucher et bien visualiser les meubles* ». Pour contourner cette difficulté, le site propose désormais un dispositif où le client peut tester les meubles directement dans son intérieur. Après avoir pris une photo de la pièce à laquelle il destine le meuble, celui-ci peut placer l'objet dans cette photo et se rendre compte de l'effet du meuble chez lui. Si ce dispositif améliore la qualité de l'expérience et impacte positivement le taux de transformation, le coût n'est pas négligeable, la numérisation des produits étant le poste budgétaire le plus lourd (entre 50 et 100 euros par produit).
>
> *Sources : E-Commerce, avril 2010, achatdesign.com*

Les vidéos

L'utilisation de vidéos pour présenter des produits/services se justifie pour des raisons didactiques (il est parfois plus simple d'expliquer les choses en vidéo) et pour des raisons d'animation commerciale (la vidéo permet d'enrichir la visite, de la rendre plus qualitative). La vidéo est également pertinente pour projeter le visiteur dans une utilisation possible.

Pour des produits/services peu complexes, l'usage de vidéos donne l'impression au client que le site lui apporte des informations utiles (Jiang et Benbasat, 2007). Cependant, cet effet positif de la vidéo n'est pas systématique. En effet, pour des produits/services complexes, les images fixes, la vidéo (accompagnée ou non de commentaires) et les dispositifs de réalité virtuelle produisent le même effet sur les visiteurs.

Les conseillers, ou agents virtuels

Certains sites proposent également aux visiteurs de rencontrer un conseiller, ou agent virtuel (parfois appelé « avatar »). Celui-ci guide le visiteur sur le site, lui donne des informations et des conseils, lui permet de finaliser son processus d'achat ou bien encore de suivre ses commandes et de gérer ses réclamations. Il est particulièrement utile pour les achats complexes (produits techniques, par exemple), y compris dans le domaine des services (promotion immobilière, crédit-bail, etc.).

Cette fonctionnalité permet d'améliorer la satisfaction du visiteur à l'égard du marchand, son attitude vis-à-vis du produit vendu et, finalement, ses intentions d'achat. Cet effet positif de l'agent virtuel est particulièrement sensible quand les informations présentées sur le site sont peu denses, et quand le visiteur n'est pas pressé par le temps, comme dans le cas d'une visite purement transactionnelle.

Une étude expérimentale réalisée en France montre que la présence d'un agent virtuel et d'un centre d'appels, couplée à un site Web, a un effet très positif sur la performance. En comparant un échantillon de visiteurs exposés à une version classique du site Artisans du Monde et un autre échantillon de visiteurs exposés au même site mais incluant l'agent virtuel et la possibilité d'accéder à un centre d'appels, l'étude montre que l'agrément de la visite et la satisfaction à l'égard du site s'améliorent. Au-delà, l'intention de recommander le site et de se rendre dans l'enseigne, et l'attachement à l'organisation progressent également.

Source : *d'après Notebaert, 2005 (voir la référence complète sur livre-ecommerce.fr)*

Cependant, tous les conseillers virtuels ne sont pas également efficaces (Holzwarth *et al.*, 2006). Ainsi, pour les produits à forte implication, un conseiller qui donne tous les signes de l'expertise est plus efficace qu'un conseiller séduisant mais qui semble moins expert (plus jeune, habillé de façon plus décontractée, etc.). En revanche, pour les produits à implication modérée, un conseiller séduisant est plus efficace qu'un conseiller expert (voir figure 6.1).

Figure 6.1 : Efficacité des conseillers virtuels (d'après Holzwarth et *al.*, 2006).

Certains sites qui proposaient des agents virtuels ont pris la décision de les retirer. Une étude réalisée à partir du cas français montre que trois raisons essentielles expliquent cette décision : l'apparence des agents, qui laissait à désirer ; le manque d'intelligence (la capacité à formuler des réponses adéquates) ; la faible autonomie (la capacité à prendre des initiatives). La déception des clients s'explique également par un niveau d'attentes irréaliste. Cette étude conduit à penser que l'humanisation des agents n'est pas nécessairement la meilleure réponse pour satisfaire le client, car cette incarnation (*embodiement*) génère des attentes auxquelles les agents peuvent difficilement répondre.

Par ailleurs, ceux-ci montrent rapidement leurs limites dans des situations complexes ou tendues. De fait, leur performance dépend fortement des contextes dans lesquels ils sont utilisés. La fiabilité, la réactivité, l'empathie ou la capacité à rassurer, par exemple, sont des qualités plus ou moins essentielles selon les circonstances d'usage.

Sources : *d'après Ben Mimoun, Poncin et Garnier, 2012 ; Viot, 2012 (voir la référence complète sur livre-ecommerce.fr)*

La réalité virtuelle

La réalité virtuelle est également de plus en plus utilisée : mannequins pour essayer les produits, visite de l'espace de vente, environnements en 3D, etc. L'utilisation de mannequins virtuels permet d'augmenter significativement l'impression de téléprésence (sensation d'être *dans* l'écran), d'améliorer l'attitude vis-à-vis du marchand, ainsi que l'expérience de visite (Fiore *et al.*, 2005). L'effet du mannequin virtuel sur la valeur utilitaire du site est également très positif : le mannequin est apprécié non seulement pour sa valeur expérientielle, mais aussi pour les services qu'il rend pendant le processus de choix. Les dispositifs de réalité virtuelle améliorent le transfert de connaissances vers les visiteurs : en un mot, ils apprennent mieux.

Exemple : Pour Julien Sivan et Erik Bertin (respectivement président et ancien directeur des stratégies de Business Lab), dans la banque, la téléphonie mobile ou le voyage, « *les sites proposent généralement un parcours linéaire laissant peu de places à la créativité et à l'engagement* ». Cela, dit, pour ces deux experts, grâce au design d'interaction, on commence à voir des interfaces « *plus intuitives et plus simples, qui incitent l'utilisateur à composer son propre parcours et réintroduisent ainsi plaisir et personnalisation dans le processus d'achat* ». Par exemple, sur le site du voyagiste JetBlue (jetblue.com), le visiteur s'immerge dans le moteur de recherche qui prend la forme d'une mappemonde où sont taggués les destinations et les prix.

Sources : E-Commerce, septembre 2010, www.jetblue.com

Cela dit, il semblerait que les dispositifs en 3D soient particulièrement appréciés des visiteurs les moins impliqués (Jin, 2009). Pour les visiteurs les plus impliqués, la 3D n'améliore pas la performance du site, qu'il s'agisse de l'expérience de shopping, de l'évaluation des produits ou de l'intention d'acheter en ligne. Autrement dit, l'effet positif de la 3D n'est pas systématique auprès de tous les clients.

Une étude expérimentale menée récemment au Québec (Canada) montre que la simple présence d'un mannequin sur un site marchand (*virtual try-on*) n'améliore pas l'expérience de visite (valeur perçue, confiance et intention d'achat). Seule la ressemblance entre le visiteur et le mannequin déclenche des réponses significativement plus positives que l'absence de mannequin. La prise en compte des caractéristiques corporelles du visiteur - afin de pouvoir personnaliser le mannequin - est donc décisive. L'estime de soi, dans ce domaine, ne doit pas être négligée (cas des personnes de forte corpulence, par exemple).

Source : *d'après Merle, Senecal et St-Onge, 2012 (voir la référence complète sur livre-ecommerce.fr)*

De nombreuses technologies sont désormais disponibles pour enrichir l'expérience de visualisation : Silverlight (Microsoft), 3DVIA (Dassault Systèmes), etc. Des prestataires se spécialisent sur les dispositifs de visualisation interactifs et immersifs, comme Total Immersion, Previznet, e-Fijy, Novacom, Péoléo, etc. En ce qui concerne les agents virtuels, les technologies étant très volatiles, nous encourageons le lecteur à consulter des guides de prestataires mis à jour régulièrement, comme celui que propose *Le Journal du Net* (**www.journaldunet.com**).

3.1.2. La mise en relation avec l'entreprise

Au début des années 2000, pendant la période de décollage du commerce électronique, la gestion de la relation n'était pas une priorité. Aujourd'hui, les sites marchands proposent de nombreux dispositifs pour permettre au client de rentrer en relation avec eux et d'interagir (on parle désormais de « conversation » entre les entreprises et leurs clients) : possibilité de laisser des commentaires et des évaluations, de consulter l'historique des commandes, de configurer des alertes personnalisées, etc. (voir chapitre 10). Pouvoir participer à des sondages en ligne est également une fonction interactive appréciée des clients.

Certains sites proposent des sondages en ligne à propos des fonctionnalités du site, de son design, de l'offre proposée, des contenus éditoriaux ou des services présentés. La réalisation d'études déclaratives (sondages, enquêtes, etc.) permet de comprendre des choses que les études comportementales (analyse des clics, par exemple) expliquent mal. Ces études éclairent le responsable du site sur les perceptions des visiteurs et sur les raisons de leurs comportements.

Mais au-delà de cette volonté de comprendre les internautes, les sondages servent plusieurs autres objectifs, comme celui de démontrer concrètement la bienveillance du site à l'égard de ses clients. Réaliser un sondage en ligne revient à dire au visiteur : « Nous

nous soucions de votre avis, nous faisons le maximum pour vous écouter et prendre vos commentaires en considération ».

À l'instar des quiz dans les magazines, les sondages servent aussi à animer le site, à créer une connivence avec les visiteurs. Ils servent même à créer du contenu (lorsque les résultats sont publiés, avec ou sans commentaires).

De nombreux prestataires peuvent aider le site à mettre en place des sondages, afin d'écouter « la voix du client », comme OpinionLab (**http://www.opinionlab.com**) ou encore CRMMetrix (**http://www.crmmetrix.com**).

Exemple : Éveil & Jeux offre de nombreux services pour aider le visiteur à s'orienter dans l'offre (moteurs de recherche par mot clé/référence/marque ou par tranches d'âge), ainsi que des fonctions d'interaction (visite virtuelle d'un magasin, inscription au club anniversaire, consultation des catalogues, suivi de commande, possibilité de parrainer un proche, de s'inscrire à la *newsletter*, etc.). Des contenus très riches sont également proposés : liens vers des associations partenaires (SOS Village d'Enfants, Enfance et Musique), présentation des activités de la fondation, jeux interactifs, astuces de parents et avis d'experts, dossiers thématiques, etc. Les prises de parole de la marque sont soigneusement distinguées de celles des parents et des experts (psychologues, journalistes, etc.). Certaines informations sont regroupées autour de deux grands moments : la naissance et l'anniversaire. La possibilité de chatter avec des experts est proposée (sur des thèmes comme l'alimentation des enfants ou l'allaitement). Un forum est également accessible. Les contenus sont si riches qu'ils sont regroupés sur un site éditorial spécifique (Grainedecurieux.fr).

Sources : eveiletjeux.com, grainedecurieux.fr

3.2. Les contenus mis à disposition des visiteurs

Pour certains, sur Internet, « le contenu est roi ». Si cette affirmation est sans doute moins vraie pour les sites marchands que pour les sites média (par exemple), sous certaines conditions, le contenu d'un site marchand peut cependant constituer un avantage concurrentiel. Dans ce contexte, la plupart des sites marchands consacrent désormais des ressources substantielles à l'achat ou à la création de divers contenus. Pour être couronnée de succès, cette démarche ne s'improvise pas et nécessite une forte professionnalisation, afin que les contenus soient actuels, crédibles, pertinents, divertissants, etc.

3.2.1. Les types de contenus

Les contenus peuvent résulter d'opérations de *sponsoring* ou de parrainage (la marque peut alors utiliser les contenus générés par les événements qu'elle soutient), ou bien être créés par la marque (la plupart du temps, cependant, en s'appuyant sur des prestataires spécialisés). Dans le premier cas, on parle plutôt de *branded content*, alors que, dans le second, c'est le terme de *brand content* qui convient le mieux. Cette dernière démarche est nécessairement plus stratégique car elle s'inscrit dans le territoire d'expression privilégié de la marque et renforce sa puissance, en tant qu'agent culturel (Bô, 2013). Ces contenus peuvent se glisser dans des dispositifs marchands, y compris dans le but d'améliorer le référencement naturel du site (voir chapitre 7). Sur un plan plus stratégique, les contenus peuvent également créer de la valeur pour les visiteurs (intérêt des lecteurs, attachement des fans, etc.). Le contenu est bien souvent la matière première du développement des communautés de clients (voir chapitre 10).

Sur un site marchand, les contenus envisageables sont très variés :

- informations riches sur les produits (voir chapitre 5 sur l'enrichissement des fiches-produits et catalogues) ;
- guides d'achat, astuces et conseils d'utilisation ;
- vidéos ;
- avis d'internautes, évaluations, notations et critiques de produits ;
- forum et blogs ;
- contenus publirédactionnels, à la frontière de la publicité ;
- actualités sur les produits et actualités spécifiques au marchand (on parle parfois de « webzines », à l'instar des « *consumer magazines* » diffusés par les commerçants classiques) ;
- contenus divertissants (fonds d'écran, jeux, publicités, etc.) destinés à créer une connivence avec la cible.

Exemple : En 2012, Baccarat a lancé son nouveau site marchand afin de présenter l'ensemble de ses collections (bijoux, décoration, arts de la table, luminaire, cadeaux). Baccarat se donne le but de créer « *une plate-forme à la fois transactionnelle et inspirationnelle permettant de conjuguer le rêve à l'achat* ». Le design du site est épuré façon « *less is more* » et met en valeur de grands visuels. Il offre par ailleurs de nombreux contenus, textuels et visuels permettant de valoriser le patrimoine de la marque (manufacture, musée, etc.). Il comprend notamment une quinzaine d'interviews de designers internationaux comme Philippe Starck, ainsi que des reportages sur le savoir-faire de Baccarat (métiers, flacons, etc.). Le visiteur peut également consulter en ligne le magazine *The Art of Baccarat*. Lors de son lancement, le site s'est par ailleurs enrichi de fonctionnalités interactives donnant la possibilité d'acheter directement à partir des quatre films. L'ensemble des contenus peut être partagé sur les réseaux sociaux pour « *inviter les internautes à poursuivre les discussions au sein de leurs communautés* ».

Sources : E-Commerce, 2012 ; http://www.baccarat.fr

Les vidéos

Certains sites font un usage important de la vidéo pour présenter l'entreprise, certains produits/services ou pour diffuser des contenus sur l'univers des produits vendus. Par exemple, certains sites de mode présentent des défilés pour mettre en avant leurs collections, et certains sites de puériculture proposent des conseils aux jeunes mamans.

Les vidéos peuvent être regroupées sur un site éditorial spécifique (ce qui impose une production soutenue), démarche qui peut évoluer vers la création d'une véritable Web TV. Un site spécifique peut parfois même accepter le dépôt de vidéos réalisées par les internautes eux-mêmes, dans l'esprit participatif et collaboratif du Web 2.0 (voir plus loin dans ce chapitre).

Les bénéfices du *storytelling* sont désormais bien connus des responsables marketing. Mais quelles sont les histoires de marque (*brand stories*) les plus appréciées des consommateurs ? Une étude expérimentale tente de répondre à cette question. Pour les produits d'expérience (ceux qu'il faut expérimenter soi-même pour en connaître les bénéfices), l'authenticité de l'histoire est déterminante, de même que la présence d'un retournement (l'histoire comme mal et se termine bien, ou l'inverse). Pour les produits de recherche (ceux dont on peut connaître à l'avance les bénéfices en prenant les renseignements nécessaires), la concision et l'humour sont les deux moteurs d'une histoire efficace.

Source : *d'après Chiu, Hsieh et Kuo, 2012 (voir la référence complète sur livre-ecommerce.fr)*

Les flux RSS et les tweets

Certains sites – notamment auprès de cibles de technophiles, de professionnels ou de journalistes – utilisent des flux RSS (*Really Simple Syndication*), une famille de formats XML employée pour la syndication de contenus (voir chapitre 4). En s'abonnant à un flux, l'abonné peut se tenir au courant des dernières nouvelles du site marchand : annonce de nouveaux produits, changements de tarifs, alertes de toutes sortes, etc. L'abonné est donc tenu informé sans avoir à visiter le site.

Si les flux RSS n'ont pas eu le succès escompté il y a quelques années, certains sites proposent désormais à leurs visiteurs de rester au courant des dernières actualités par le biais de Twitter (*micro-blogging*). L'inscription à une liste ou à une autre permet de suivre la marque sur ses sujets de prédilection (autour d'un thème ou d'une catégorie de produits, par exemple). Certains sites proposent non seulement au visiteur de recevoir des tweets, mais également d'en émettre, à propos d'un produit choisi, en relayant les avis des consommateurs auprès de leurs suiveurs (*followers*).

Les contenus générés par les visiteurs

Dans la perspective du Web 2.0 (Web collaboratif où le visiteur coproduit son expérience de visite avec l'entreprise et la partage avec les autres visiteurs), les contenus offerts sur les sites sont de plus en plus souvent le fait des visiteurs eux-mêmes : on parle alors de *User Generated Content* (UGC).

Ces contributions peuvent prendre diverses formes : avis, témoignages, notations, commentaires, votes, envois, etc. Il est également de plus en plus fréquent de lire de véritables contenus rédactionnels écrits par les clients, ou de trouver des liens vers des sites personnels ou des blogs de clients.

Les sites marchands n'ont plus grand-chose à envier aux magasins physiques. Grâce au Web 2.0, les clients sont présents en boutique, au-delà même de ce qui se passe dans les points de vente physiques. Les clients communiquent entre eux, se conseillent mutuellement, évaluent et donnent leur avis sur l'offre ou sur les améliorations possibles. En un mot, le Web 2.0 permet aux clients de vivre une nouvelle expérience de consommation. Du côté de l'entreprise, le Web 2.0 présente de nombreux atouts : il fidélise, renforce la crédibilité du site (d'autant plus si les commentaires négatifs sont maintenus), apporte un bénéfice d'image, et permet d'offrir des services supplémentaires. Étant un point de départ du marketing viral, il rend possible la diminution des investissements en communication. En outre, il augmente la pertinence du CRM (de nouvelles variables relationnelles sont désormais utilisées, au-delà du classique indicateur RFM). Enfin, le Web 2.0 est un laboratoire permanent car il permet de connaître les attitudes et les opinions des clients. Parfois même, les clients co-créent un produit ou un service avec l'entreprise. Toutefois, la vigilance s'impose : les marques ne sont plus dans les seules mains des responsables marketing qui peuvent en perdre la maîtrise.

Source : *d'après Brial B., Université Paris-Dauphine*

Les contenus générés par les autres visiteurs sont généralement appréciés, car ils constituent une source d'information interpersonnelle *a priori* non commerciale, donc plus crédible que les sources commerciales (Darpy et Volle, 2007). Ces messages portent par ailleurs bien souvent sur le produit en situation d'usage. En cela, ils complètent les notices techniques et les listes de caractéristiques techniques fournies par les sites.

La préférence pour les messages postés par les autres visiteurs, relativement aux recommandations proposées par le site, dépend étroitement du type de visite (utilitaire ou hédonique). Ces messages sont en outre traités de façon superficielle, sans qu'une réelle attention ne soit portée au niveau d'expertise de leur auteur. Ainsi, lors des visites hédoniques, les messages laissés par les autres visiteurs sont largement préférés aux recommandations du site, y compris quand l'auteur est peu crédible.

Une étude a également montré que les évaluations laissées par les autres visiteurs sont perçues comme plus ou moins utiles selon leur ton et selon leur richesse. De fait, pour les produits d'expérience (ceux dont on ne peut vraiment connaître les qualités qu'en les utilisant), les commentaires dont le ton est extrêmement positif (ou négatif) sont moins utiles que les commentaires modérés. Les commentaires les plus riches sont utiles pour tous les types de produits, mais particulièrement pour les produits de recherche (ceux dont on peut apprécier la qualité avant de les utiliser, sur la base des informations collectées). Les évaluations laissées par les autres visiteurs ne sont donc pas toujours perçues comme utiles : tout dépend de leur contenu et du produit sur lequel elles portent.

Sources : *d'après Smith et al., 2005 ; Mudambi et Schuff, 2010 (voir la référence complète sur livre-ecommerce.fr)*

Les pratiques de marketing 2.0 ne sont pas exemptes de critiques. On peut légitimement penser que les contenus sont parfois orientés par les marques (manque d'objectivité), ou qu'ils ne présentent pas un grand intérêt (manque de pertinence). Cependant, si ces messages sont souvent utiles aux visiteurs, d'un point de vue marketing, leur usage doit être contrôlé. Les effets ne sont pas nécessairement positifs pour la marque, car les messages ne sont pas toujours valorisants.

Les responsables marketing et commerciaux devraient au minimum en prendre connaissance de façon systématique. Au-delà d'une simple lecture, la question est de savoir s'il est souhaitable d'agir et, si oui, de quelle façon. De fait, les marques agissent parfois de façon maladroite en intervenant directement sur les forums, en masquant leur identité.

Pour les marques fortes, la présence de messages positifs ou négatifs sur un forum n'a d'influence que si leur nombre est important (12 messages plutôt que 6). En revanche, pour les marques qui ne jouissent pas d'une forte notoriété, les messages négatifs ont un impact sur l'évaluation des produits, même avec un faible nombre de messages. Pour ces marques, les messages positifs n'ont pas d'effet. Autrement dit, pour les marques qui ne jouissent pas d'une image déjà forte, les forums doivent être utilisés avec prudence.

Source : *d'après Chiou, 2003 (voir la référence complète sur livre-ecommerce.fr)*

Les contenus générés par les consommateurs sont certainement appelés à se développer, sous des formes de plus en plus sophistiquées. Les contenus photo ou vidéo connaissent un développement important. Avec le support vidéo, la démarche communautaire peut toutefois poser quelques difficultés (qualité de la vidéo, teneur des commentaires, etc.).

Le support vidéo amplifie les avantages et les inconvénients des avis rédigés par les consommateurs.

Le site marchand produit également des signaux de synthèse à partir des évaluations réalisées par les consommateurs (score moyen, dispersion des résultats, représentation simplifiée sous forme symbolisée, etc.).

3.2.2. La mise en place d'un processus de gestion des contenus

Proposer des contenus constitue certainement un facteur d'attractivité du site et de rétention des clients. Cependant, ce processus nécessite des ressources importantes et des compétences pointues. Les étapes du « *content life cycle* » sont nombreuses : collecte des informations (auprès d'experts, de consommateurs, etc.), édition des contenus (corrections stylistiques et orthographiques, réécriture pour le Web, mise aux normes des photos, compression des vidéos, etc.), publication sur le site, mises à jour régulières (avec élimination des contenus obsolètes).

Déléguer aux visiteurs la création de contenus permet seulement de résoudre une partie des problèmes. En effet, les contenus générés par les clients doivent être relus, et éventuellement modérés, éliminés s'ils sont obsolètes ou sur demande, s'ils sont faux, diffamatoires ou injurieux. Ces différentes étapes nécessitent des ressources et des compétences spécifiques, notamment juridiques.

Les contenus sont parfois créés par un grand nombre de contributeurs. Des outils collaboratifs accessibles aux non-spécialistes sont aujourd'hui couramment utilisés (*Content Management System* ou CMS), qu'il s'agisse de collaborateurs (chefs de marché, de produits ou de rayons, etc.), de pigistes en freelance ou d'experts.

Les coûts de production des contenus sont loin d'être négligeables ; ils ne peuvent se justifier que par un impact sur les ventes (ou, à défaut, par un impact sur l'image dans le cas des sites marchands de marques).

Le coût de production total d'une vidéo (d'une durée de deux à trois minutes) est d'environ 5 000 euros. Comme certains sites présentent plusieurs centaines de vidéos, il est envisageable d'investir dans un studio de production. Le site vente-privee.com a poussé encore plus loin la production des contenus en développant un véritable studio qui rassemble des photographes, des vidéastes, des ingénieurs du son, des développeurs multimédia. Cependant, il est possible de faire des vidéos moins professionnelles avec des moyens nettement plus limités. Aux coûts de production s'ajoutent les coûts de diffusion (serveurs et bande passante). Une solution alternative consiste à faire héberger les vidéos chez YouTube, Dailymotion ou Vimeo. Dans ce cas, le marchand devra accepter la présence du *player* sur son site, mais surtout, de prendre le risque de voir la vidéo détournée, commentée, rediffusée, etc.

Parmi les leaders de la gestion de contenus pour les sites Web, on trouve notamment SLD (**http://sld.com**). Certains prestataires sont spécialisés dans les contenus multimédias et le *streaming*, comme Mirror Image (**http://www.mirror-image.com**). On peut aussi se tourner vers des prestataires qui offrent des services de syndication de contenus, comme YellowBrix (**http://www.yellowbrix.com**). Dans une perspective 2.0, il est également possible de syndiquer des blogs.

L'univers des acteurs qui participent à la diffusion de contenus de marques est actuellement en pleine expansion. Il regroupe à la fois des médias, des producteurs de contenu (dans les domaines du sport, de la musique, des jeux, de la culture, etc.) et des agences de communication (notamment des agences spécialisées). Un annuaire des acteurs du *brand content* est élaboré depuis 2009 (**http://www.brandcontent.fr**).

Exemple : Vertbaudet, une marque leader sur le marché de la mode et de la décoration enfantine, a lancé son premier site marchand en 2001 (**http://www.vertbaudet.fr**). En 2006, à côté de ce site marchand, l'entreprise a décidé de créer un site de partage et de conseils pour les jeunes parents : Planet Vertbaudet. Comme l'indique le directeur général du pôle enfant-famille des enseignes spécialisées Redcats : « *Partager, échanger, informer, créer du lien entre jeunes parents et Vertbaudet, telle est la mission de ce nouveau site 100 % communautaire. [...] Le contenu du site, destiné à faciliter la décision d'achat en amont, doit incarner les valeurs de la marque (joie de vivre, gaieté, praticité, créativité)* ». Le site permet aux jeunes parents d'exprimer leur sensibilité et leurs expériences, mais il comprend aussi de nombreux contenus éditoriaux : articles, reportages, vidéos. Deux newsletters hebdomadaires ont été lancées : « mon suivi de grossesse » et « suivi de votre bébé, de 0 à 18 mois ». Le site offre également des contenus et des services variés : astrologie du bébé, histoires personnalisées, annonces pour trouver une nounou. Des outils créatifs sont aussi proposés : création de faire-part, d'album photos pour le bébé, de *e-cards, etc.* La dimension communautaire du site est par ailleurs essentielle. Fin 2013, plus de 500 000 messages ont été postés sur les forums et 2 000 blogs créés depuis l'ouverture (environ 800 blogs actifs à fin 2013). Certains blogs ont reçu plus de 1 000 000 de visites depuis leur création.

Sources : Chaibi L., 2007, planet.vertbaudet.com

3.3. La personnalisation de l'interface marchande

Tous les internautes n'ont pas la même façon d'utiliser Internet, ne recherchent pas les mêmes bénéfices ou ne sont pas satisfaits par les mêmes choses. Il est donc indispensable de comprendre cette hétérogénéité des profils pour pouvoir ajuster l'ensemble des actions marketing, notamment les caractéristiques de l'interface marchande (architecture, design, etc.).

Le client peut retirer trois principaux bénéfices de la personnalisation : une réduction de la charge cognitive liée au processus de choix (il devient plus simple de trouver le bon produit), une réduction du risque associé à un mauvais choix (savoir que d'autres ont déjà acheté le même produit est rassurant), et le bénéfice expérientiel lié à la découverte de nouveaux articles (les recommandations du site permettent de découvrir des offres auxquelles on n'aurait pas pensé).

Source : *De Pechpeyrou, 2007 (voir la référence complète sur livre-ecommerce.fr)*

Les pratiques de personnalisation se développent, y compris dans le domaine du commerce *B2B*. Ainsi, l'entreprise britannique RS Components personnalise les contenus offerts sur son site de pièces détachées électroniques (Chaffey *et al.*, 2014) selon l'historique d'achat (familles de produits achetés habituellement) et selon le rôle du client dans le centre d'achat (acheteur, utilisateur, etc.). Toutefois, on ne peut pas encore parler de généralisation des démarches de personnalisation en matière d'interfaces Web.

La philosophie du « *one size fits all* » (la même chose pour tout le monde) n'est plus adaptée au Web d'aujourd'hui. De fait, si offrir aux visiteurs une interface personnalisée constitue une démarche complexe et coûteuse, cela permet potentiellement des gains importants (satisfaction, temps passé sur le site, taux de conversion, etc.).

La personnalisation a un effet sur la qualité de la visite, mais plus encore un effet potentiel sur le taux de conversion des clients en visiteurs et sur le panier d'achat moyen (voir chapitre 8). C'est la raison pour laquelle nous explorerons plus en détail les formes de personnalisation (de la customisation au filtrage collaboratif), ainsi que les conditions à réunir pour que la démarche soit efficace (notamment les ressources et les compétences qui doivent être mobilisées par l'entreprise).

Résumé

La création de valeur expérientielle repose sur un double mécanisme. Il s'agit de satisfaire les clients, mais aussi de diminuer les coûts associés à la visite, en termes de temps, d'efforts et de risques perçus. L'objectif consiste à concevoir une interface marchande qui permette de faire vivre aux visiteurs une expérience positive, afin d'accroître la performance commerciale du site.

Pour ce faire, le site marchand doit paramétrer de nombreux éléments, de la page d'accueil aux pages de transaction, en passant par les pages qui présentent les produits et les fonctions d'accès à l'offre. Le travail sur les structures se double d'un travail sur le design (éléments textuels, iconographiques et sonores) qui doit permettre de positionner le site, tout en améliorant sa performance sur de nombreux critères (accessibilité, navigabilité, lisibilité, complexité, cohérence et contrôle). Les éléments esthétiques jouent un rôle important, y compris pour la fonctionnalité du site.

La conception d'une interface marchande implique de nombreuses parties prenantes et suppose de passer par plusieurs étapes désormais bien codifiées. Au cœur de la démarche, on trouve l'idée que le site doit répondre aux attentes de clients types ou *personas*. L'interface doit aussi être enrichie de fonctions interactives avancées : conseillers en ligne, visites virtuelles, sondages en ligne, contenus générés par les visiteurs, contenus éditoriaux, forums et blogs, etc. La personnalisation constitue également une voie pertinente pour créer de la valeur pour le visiteur.

Bibliographie

Bhatnagar A. et Ghose S. (2004), « A latent class segmentation analysis of e-shoppers », *Journal of Business Research*, vol. 57, n° 7, pp. 758-67.

Biswas D. et Biswas A. (2004), « The diagnostic role of signals in the context of perceived risks in online shopping: Do signals matter more on the web? », *Journal of Interactive Marketing*, vol. 18, n° 3, pp. 30-45.

Bô, D. (2013), *Brand culture – Développer le potentiel culturel des marques*, Paris, Dunod.

Bridges E. et Florsheim R. (2008), « Hedonic and utilitarian shopping goals: The online experience », *Journal of Business Research*, vol. 61, n° 4, pp. 309-314.

Cases A.S. (2002), « Perceived risk and risk-reduction strategies in Internet shopping », *International Review of Retail Distribution and Consumer Research*, vol. 12, n° 4, pp. 375-94.

Chaffey D., Ellis-Chadwick F., Mercanti-Guérin M., Isaac H. et Volle P. (2014), *Marketing digital*, 5e édition, Pearson France.

Chen Q. (1999), « Attitude toward the site », *Journal of Advertising Research*, vol. 42, n° 2, pp. 33-46.

Chen Y.C., Shang R.A. et Kao C.Y. (2009), « The effects of information overload on consumers' subjective state towards buying decision in the Internet shopping environment », *Electronic Commerce Research and Applications*, vol. 8, n° 1, pp. 48-58.

Childers T.L. et Kaufman-Scarborough C. (2009), « Expanding opportunities for online shoppers with disabilities », *Journal of Business Research*, vol. 62, n° 5, pp. 572-578.

Cyr D., Head M., Larios H. et Bing P. (2009), « Exploring human images in website design: A multi-method approach », *MIS Quarterly*, vol. 33, n° 3, pp. 539-566.

Darpy D. et Volle P. (2007), *Comportements du consommateur et décisions marketing*, 2e édition, Paris, Dunod.

Ding C.G. et Lin C.H. (2012), « How does background music tempo work for online shopping? », *Electronic Commerce Research & Applications*, vol. 11, n° 3, pp. 299-307.

Fang X. et Holsapple C.W. (2007). « An empirical study of web site navigation structures' impacts on web site usability », *Decision Support Systems*, vol. 43, n° 2, pp. 476-491.

Fiore A.M., Kim J. et Lee H.-H. (2005), « Effect of image interactivity technology on consumer responses toward the online retailer », *Journal of Interactive Marketing*, vol. 19, n° 3, pp. 38-53.

Garlin F. et Owen K. (2006), « Setting the tone with the tune: A meta-analytic review of the effects of background music in retail settings », *Journal of Business Research*, vol. 59, n° 6, pp. 755-64.

Gonzalez C. (2005), « Satisfaction du consommateur suite à la visite du catalogue électronique : impact de la lisibilité perçue et de la stimulation perçue », *Revue Française du Marketing*, vol. 205, n° 5/5, pp. 91-109.

Holzwarth M., Janiszewski C. et Neumann M.M. (2006), « The influence of avatars on online consumer shopping behavior », *Journal of Marketing*, vol. 70, n° 4, pp. 19-36.

Jiang Z. et Benbasat I. (2007), « The effects of presentation formats and task complexity on online consumers' product understanding », *MIS Quarterly*, vol. 31, n° 3, pp. 475-500.

Jin S.A. (2009), « The roles of modality richness and involvement in shopping behavior in 3D virtual stores », *Journal of Interactive Marketing*, vol. 23, n° 3, pp. 234-246.

Johnson G.M. et Kulpa A. (2007), « Dimensions of online behavior: Toward a user typology », *CyberPsychology & Behavior*, vol. 10, n° 6, pp. 773-780.

Jones M.Y., Spence M.T. et Vallaster C. (2008), « Creating emotions via B2C websites », *Business Horizons*, vol. 51, n° 5, pp. 419-428.

Lemoine J.F. (2008), « Atmosphère des sites web marchands et réactions des internautes », *Revue Française du Marketing*, n° 217, pp. 45-61.

Morgan-Thomas A. et Veloutsou C. (2013), « Beyond technology acceptance: Brand relationships and online brand experience », *Journal of Business Research*, vol. 66, n° 1, pp. 21-27.

Nadkarni S. et Gupta R. (2007), « A task-based model of perceived website complexity », *MIS Quarterly*, vol. 31, n° 3, pp. 501-524.

Richard M.O., Chebat J.C., Yang Z. et Putrevu S. (2010), « A proposed model of online consumer behavior: Assessing the role of gender », *Journal of Business Research*, vol. 63, n° 9-10, pp. 926-934.

Steenkamp J.-B. et Geyskens I. (2006), « How country characteristics affect the perceived value of web sites », *Journal of Marketing*, vol. 70, n° 3, pp. 136-50.

Turban E., King D., Lee J.K., Ting-Peng L. et Turban D. (2011), *Electronic commerce: A managerial and social network perspective*, 7th edition, Prentice Hall.

Volle P. (2000), « Du marketing des points de vente à celui des sites marchands : spécificités, opportunités et questions de recherche », *Revue Française du Marketing*, vol. 177/178, pp. 83-100.

Wang Y.J., Minor M.S. et Wei J. (2011), « Aesthetics and the online shopping environment: Understanding consumer responses », *Journal of Retailing*, vol. 87, n° 1, pp. 46-58.

Wiedemann J. (2006), *Web* design: *e-commerce*, Taschen.

Wolfinbarger M. et Gilly M.C. (2001), « Shopping online for freedom, control, and fun », *California Management Review*, vol. 43, n° 2, pp. 34-54.

Pour aller plus loin

Consultez les références complémentaires proposées sur : **http://www.livre-ecommerce.fr**

Sites Internet à consulter

http://www.aacc.fr

http://www.accessiweb.org

http://www.blogduwebdesign.com

http://www.brandcontent.fr

http://www.creativebloq.com

http://www.crmmetrix.com

http://www.blog.gaborit-d.com

http://www.journaldunet.com

http://www.keynote.com

http://www.mirror-image.com

http://www.opinionlab.com

http://www.redaction.be

http://www.richcommerce.fr

http://www.sld.com

http://www.nngroup.com

http://www.w3.org/wai

http://www.yellowbrix.com

Activités

Questions de révision

1. Quelles sont les principales composantes de la valeur expérientielle ?
2. Quels sont les éléments constitutifs d'une page d'accueil ?
3. Quelle est la différence entre structure hiérarchique et structure réticulaire ?
4. Quelles sont les principales étapes pour concevoir une interface marchande ?
5. Quels sont les principaux critères pour juger la qualité du design d'un site ?
6. Quelles sont les différences entre flux RSS et tweets ?
7. Quels contenus une marque peut-elle mettre en avant sur son site ?

Exercices de synthèse

1. Comparez les sites Auchandirect.fr et Carrefour.fr en termes de *look and feel*. Discutez vos résultats en termes de lisibilité, de cohérence et de facilité de navigation. Proposez quelques améliorations possibles en vous inspirant d'autres sites que vous connaissez.
2. Choisissez un site marchand et réalisez un diagnostic d'accessibilité en vous appuyant sur la méthodologie développée par Jean-Marc Hardy (**http://www.redaction.be**).
3. Choisissez deux sites marchands et rédigez un *brief* de design sonore pour chacun.
4. Visitez trois sites marchands qui emploient des agents virtuels. Rédigez un court rapport sur votre expérience d'interaction avec ces agents.
5. Visitez plusieurs sites marchands qui comprennent des avis de consommateurs. Rédigez une courte note pour expliquer les bonnes pratiques (informations présentées dans les avis, longueur et teneur des avis, placement des avis, etc.).

Questions à débattre

1. En matière de conception de site Web, comment trouver un équilibre entre la liberté qui doit être laissée au visiteur et la directivité nécessaire pour améliorer la performance commerciale du site ?
2. Quels sont les avantages et les limites du concept de « *persona* » ?
3. Pensez-vous que les agents virtuels vont se développer fortement dans les cinq prochaines années ? Sous quelles formes ? Justifiez vos positions.

4. À partir d'exemples concrets glanés sur le Web, quels sont, d'après vous, les avantages et les inconvénients des contenus générés par les visiteurs ?

5. Pensez-vous que le partage de fiches-produits par le biais des réseaux sociaux (Facebook, Pinterest, Twitter) va se développer fortement à l'avenir ? Justifiez votre position.

6. Les sites marchands ne gagneraient-ils pas à être tout simplement plus beaux, comme de nombreux sites de marques ?

7. Les principes de conception d'un site marchand sont-ils remis en cause lorsqu'il s'agit de concevoir un site ou une application mobile ? Qu'en est-il des tablettes ?

PARTIE III

Gérer le commerce électronique

Chapitre 7

Création de trafic vers le site

Objectifs pédagogiques

- Comprendre la variété des processus de choix d'un site
- Identifier les enjeux associés à chaque processus de choix
- Savoir doser les leviers de visibilité et de réputation
- Connaître les atouts des principaux leviers de visibilité sur Internet
- Connaître les conditions d'efficacité des leviers de visibilité
- Comprendre les spécificités de la communication numérique
- Identifier les enjeux et les arbitrages critiques en matière de planification budgétaire
- Savoir comment exploiter les synergies entre leviers de communication
- Comprendre la nécessité de piloter les budgets marketing à l'ère du multicanal

iDTGV.com et Voyages-sncf.com : un marketing volontariste pour créer du trafic

Voyages-sncf.com (VSC) et iDTGV.com sont deux marques *pure players* de la SNCF. La première ambitionne de devenir un voyagiste global pour lequel le train ne serait qu'une prestation parmi d'autres, et la seconde se rêve en aiguillon de l'aiguillage, en termes de prix et de services innovants. Plus récemment, la marque Ouigo a été créée pour soutenir une offre à bas prix face à la concurrence des offres « *low cost* » (aérien mais aussi covoiturage).

iDTGV : l'aiguillon de l'aiguillage

Créé en 2004 comme filiale de droit privé de la SNCF, conçu comme une expérimentation grandeur nature, iDTGV commercialise des billets TGV uniquement par le Web. La stratégie marketing repose sur trois piliers : prix attractifs, ambiance lors du voyage, praticité du 100 % Web. La dématérialisation permet de réduire les coûts de distribution et de jouer pleinement la carte du *yield management*. Les prix commencent à 19 euros pour un contingent de places réservées à l'avance (autour de 10 % par train), puis varient ensuite selon la demande jusqu'au jour du départ (les titres de réduction et abonnements ne sont pas acceptés). Les clients impriment eux-mêmes les billets (les contrôles ont lieu sur le quai avant la montée dans le train), non remboursables. Deux ambiances sont proposées dans les voitures. En bas de la rame, l'ambiance iDZen (silence et repos), en haut de la rame, l'ambiance iDZap (animations et rencontres). iDTGV consacre usuellement 80 % de son budget de communication au Web, avec une concentration forte sur les deux pics d'ouverture des réservations (mars et septembre), afin de bénéficier d'une forte visibilité. Le reste de l'année, iDTGV prend la parole sur les réseaux sociaux, sur les sites de Voyages-sncf.com (une forme d'autopromotion) et par le biais de sa *newsletter.*

iDTGV : le ciblage comportemental (2010)

La campagne de mars 2010 (budget d'environ 300 000 euros), à la différence de celles des autres années, s'est entièrement déroulée en ligne. Mais ce n'est pas la seule différence, loin de là. Pendant les deux premiers jours, 2,7 millions de visiteurs uniques ont été touchés, essentiellement par des formats *display* événementiels (flash transparent et habillage de pages). Cette technique a ensuite permis d'ajuster la suite de la campagne (15 jours au total), avec des formats plus classiques (méga-bannières et pavés). La seconde partie de la campagne a reposé sur la mécanique du ciblage comportemental. Environ 20 % des bannières ont été orientées vers les visiteurs du site iDTGV.com qui n'ont pas acheté sur le site, ou sur des internautes démontrant un intérêt pour le train sur d'autres sites. Si le coût par acquisition (CPA) était élevé en début de campagne, le ciblage comportemental a justement permis une optimisation progressive. Pendant le mois de mars 2010, le nombre de visiteurs uniques a atteint 1,35 million. Par rapport à l'année précédente, le CPA a baissé de 44 %. Le CPA moyen de la campagne s'est placé en dessous de la norme des sites de tourisme (–10 %) et des autres sites de la régie prestataire (–26 %).

VSC : un voyagiste global ?

VSC s'est lancé en 1998 comme le guichet virtuel de la SNCF. En 2000, la vocation du site s'est élargie, avec l'ambition de devenir un voyagiste global. En dix ans, l'entreprise a considérablement élargi son offre (180 compagnies aériennes, 110 000 hébergements, etc.) et communiqué régulièrement sur la diversité de ses prestations, malgré un recentrage sur la France depuis 2012, notamment avec l'essor de services complémentaires au train (pass touristiques, visites au Moulin Rouge, entrées à Disneyland Paris, concerts à l'Olympia, matchs de rugby, etc.). Mais, aujourd'hui encore, le train représente l'essentiel des ventes et le succès de VSC est indéniable. Avec 3,6 milliards d'euros de chiffre d'affaires en 2012 (contre 1,5 milliard en 2006), VSC est aujourd'hui l'un des premiers sites de e-commerce en France. Le trafic mensuel est d'environ 11 millions de visiteurs uniques, soit plus de 30 % des internautes français, largement devant le deuxième site de e-tourisme (Promovacances, avec 2,8 millions de visiteurs uniques).

En 2012, VSC a vendu 68 millions de billets et représente près de 50 % du volume de la branche Voyages (chiffre d'affaires de 7,5 milliards d'euros en 2012). Pour les années à venir, la stratégie de développement passe par le mobile qui atteint 1 million de visiteurs uniques par mois en 2012 pour 5,6 millions d'applications téléchargées et 4 millions de billets vendus. En 2013, l'application a dépassé les 6,5 millions de téléchargements avec plus de 5 millions de billets vendus sur mobile. Un des premiers annonceurs français du Web (plus de 50 millions d'euros bruts par an), VSC consacre une part importante de son budget au SEM (*Search Engine Marketing*). Les milliers d'affiliés et le partenariat avec Eurostar apportent également une fraction substantielle du trafic. VSC diffuse en outre une *newsletter* hebdomadaire auprès de 5 millions d'internautes. Depuis 2005, VSC mène également une politique de communication *off line*.

VSC : exemples de campagnes (2005-2013)

Lancée en mai 2005, la campagne Transatlantys repose sur un concept publicitaire fort qui prend le public à contre-pied : un tunnel sous l'Atlantique serait désormais accessible, mettant New York à 8 heures de Paris en train. Savamment orchestrée, cette campagne est devenue un cas d'école en matière de buzz. À J –13, la rumeur est lancée avec la mise en ligne d'un « vrai faux » site présentant le projet Transatlantys. À J –6, une campagne radio et affichage prend le relais. Le jour J, la révélation arrive : « Parce qu'on ne peut pas aller partout en train, Voyages-sncf.com vous propose aussi de l'avion, des séjours… ». La campagne a été largement amplifiée par les internautes lors de la phase de *teasing*, puis reprise par les médias. Pour VSC, les retombées ont été importantes, en termes de notoriété et de ventes. Dans les jours qui ont suivi la révélation, le site a enregistré des records historiques : +67 % sur les billets d'avion, +66 % sur les séjours, +73 % sur le train. Cette campagne a été prolongée en 2006 avec une opération détournant des panneaux de signalisation en entrée d'agglomération (Nouillorc, Saint-Gapour, Losse-en-Gelaisse, etc.). Grâce à ces efforts continus, la notoriété de l'activité d'agence de voyages progresse régulièrement. Alors que le site n'avait pas pris la parole en télévision depuis 2008, VSC lance en 2012 la campagne télévisée « C'est le moment de partir… ». Comme l'indique Isabelle Bascou, directrice de la communication du site, « *VSC s'est toujours illustré par des campagnes décalées, en print ou sur le Web. La campagne "C'est le moment de partir…" met en scène des protagonistes confrontés à des moments cocasses. Ils ont subitement envie d'*être partout *sauf là où ils se trouvent, comme ça peut nous arriver à tous dans le quotidien. Voyages-sncf.com se présente alors comme une solution d'*évasion ». Cette même année, VSC s'aventure sur le territoire du *brand content* avec une Web série au ton humoristique, « *Geek You Up* », diffusée sur les réseaux sociaux. Cette vidéo mensuelle de 2 minutes est déposée sur la page Facebook et sur la chaîne YouTube de VSC. La campagne « L'Europe c'est la porte à côté », qui a démarré en mai 2013, vise à promouvoir les destinations européennes accessibles par TGV dans un contexte d'ouverture de la concurrence sur les lignes internationales. La campagne est originale à plus d'un titre puisqu'il s'agit d'une campagne de *street marketing* qui installe des écrans vidéo interactifs dans des lieux publics derrière des portes sur lesquelles la destination de la ville européenne (Bruxelles, Milan, etc.) est inscrite.

VSC : développement du social commerce (2010-2013)

VSC a mobilisé les réseaux sociaux sur son site depuis 2010. Il offre la possibilité pour un client d'afficher son achat sur sa page Facebook. Résultat : chaque publication amène 2,1 visites sur le site. Ces premiers pas en matière de « *social commerce* » viennent en complément d'une page Facebook comptant plus de 234 000 fans fin 2013. Depuis octobre 2011, les internautes peuvent également rejoindre la page Facebook « Petits voyages entre amis » pour organiser des séjours à plusieurs de façon simple et ludique : l'utilisateur choisit une date et une destination, sélectionne un groupe d'amis et discute du projet avant d'acheter les billets, de manière individuelle ou collective, en basculant sur le site Voyages-sncf.com pour un paiement sécurisé. D'autres applications et animations ont été déployées en 2012. Ainsi, pour la Saint-Valentin, la marque lance « Voyance voyage », une opération ludique et décalée permettant de sélectionner, parmi les amis Facebook d'un internaute, le partenaire idéal pour partir en amoureux le temps d'un week-end. Depuis 2013, VSC a encore poussé plus loin l'intégration du réseau social Facebook sur son site avec la rubrique « Mes voyages, mes amis » (**http://mesamis.voyages-sncf.com/start**), en s'appuyant sur les fonctionnalités du réseau social (API Open Graph). L'application permet ainsi à un internaute, une fois connecté grâce à Facebook Connect, de visualiser ses amis sur une carte de France. VSC lui propose de leur rendre visite en lui suggérant les dates en fonction des anniversaires de ses amis et des prix les plus bas sur ces destinations.

Sources : *Ateliers de la Performance Client (laposte.fr/lehub), Le Journal du Net (journaldunet.com), emarketing.fr, strategies.fr, Voyages-sncf.com, idtgv.com*

Questions :

Pour quelles raisons VSC consacre-t-il une part de son budget de communication au *off line* ? Conseilleriez-vous à VSC de faire de la télévision ? Pour quelles raisons ?

Pourquoi la campagne Transatlantys a-t-elle été aussi efficace ?

Comment la communication de VSC a-t-elle évolué depuis 2005 (rendez-vous sur le site Voyages-sncf.com pour le découvrir) ? Comment expliquez-vous cette évolution ?

Que pensez-vous de l'utilisation des réseaux sociaux par VSC dans l'acquisition de trafic ?

Quels sont les enjeux de communication pour iDTGV ?

Pourquoi la stratégie de communication numérique d'iDTGV est-elle très différente de celle de VSC ?

Afin de générer un certain montant de chiffre d'affaires, l'entreprise doit attirer un grand nombre de visiteurs, transformer une fraction de ces visiteurs en clients, puis fidéliser durablement une bonne part d'entre eux. Dans ce chapitre, nous traitons de la première étape, celle qui consiste à générer du trafic sur le site. Après avoir présenté une typologie des processus de choix d'un site marchand, nous mettons en évidence les principaux enjeux en matière de création de trafic, pour chaque processus.

Nous examinerons ensuite la palette d'outils qu'un site marchand peut mettre en place pour augmenter sa visibilité. Nous évoquerons notamment la diffusion de messages publicitaires en ligne (*display*) et l'envoi d'e-mails, la présence dans les moteurs de recherche (*search engine marketing*) et dans les comparateurs de prix, l'affiliation et les partenariats. La question de la visibilité sur les réseaux sociaux sera également abordée.

Pour faire en sorte que les sommes importantes investies dans la création de trafic aient le meilleur rendement possible, nous conclurons ce chapitre en insistant sur la nécessité de pleinement prendre en compte les spécificités des médias numériques, d'identifier les enjeux et les arbitrages les plus critiques pour allouer les budgets marketing, d'intégrer les outils d'acquisition et de piloter au plus près les budgets marketing.

1. Comprendre les comportements de choix pour créer du trafic

Quelles sont les principales étapes par lesquelles l'internaute passe pour choisir un site marchand ? Quels sont les facteurs qui l'attirent vers un site plutôt que vers un autre ? Pour répondre à ces questions, il est nécessaire de dresser une typologie des processus de choix sur Internet et, pour chaque processus, d'identifier les principaux enjeux pour créer du trafic sur un site marchand.

1.1. Une typologie des processus de choix sur Internet

1.1.1. Les dimensions de la typologie

Il importe de distinguer plusieurs cas de figure, en croisant deux dimensions essentielles qui caractérisent habituellement les processus de choix des points de vente : 1) la clé d'entrée employée par l'internaute dans son processus de choix et 2) son degré de connaissance de l'offre, préalablement à toute recherche d'information complémentaire.

La clé d'entrée

Soit l'internaute se rend sur un site avec une vague idée des produits qu'il souhaite acheter, soit il souhaite acheter un ou plusieurs produits sans avoir nécessairement une idée très précise des sites marchands où il peut les acheter. Dans le premier cas, la clé d'entrée est « le site marchand à visiter », alors que dans le deuxième cas, la clé d'entrée est « le produit à acheter ». Dans le commerce réel, il arrive régulièrement aux clients de se rendre dans les magasins juste « pour voir », sans savoir précisément ce qu'ils vont y trouver. Ce cas de figure est probablement moins fréquent sur Internet (même si le « lèche-écran » est probablement susceptible de se développer parallèlement avec la plus grande familiarité des internautes avec le commerce en ligne). Autrement dit, sur Internet, la clé d'entrée dominante est probablement le produit à acheter, plus que le site à visiter.

La connaissance préalable de l'offre

Soit l'internaute connaît bien l'offre (les sites marchands, les catégories de produits vendus, etc.), soit il la connaît peu. La méconnaissance peut être totale (ignorance du nom même des sites marchands) ou partielle (connaissance des noms, mais ignorance des catégories vendues, ou du positionnement prix et des services offerts, etc.). En règle générale, il ne faut pas surestimer le degré de connaissance du client, d'autant que sur Internet les marchés sont très volatils : les sites ouvrent régulièrement des catégories de produits et en ferment parfois ; ils changent fréquemment les prix, lancent une multitude d'offres promotionnelles, etc. Cependant, les sphères de connaissance ne sont pas indépendantes. Dans le cas d'une faible connaissance de l'offre marchande en ligne, il est probable que l'internaute utilise sa connaissance du monde physique pour s'orienter sur le Web. Par exemple : « Je veux acheter un poste TV sur un site marchand… chez Darty, je sais qu'on vend des TV… donc je vais voir Darty.fr… ou si je ne connais pas l'adresse, je vais taper "darty" sur Google. »

1.1.2. Les quatre processus de choix sur Internet

Les deux dimensions du processus de choix (clé d'entrée et connaissance de l'offre) ne sont pas parfaitement indépendantes l'une de l'autre, dans la mesure où, si l'internaute connaît peu les sites marchands sur Internet, il est probable qu'il emploiera d'autant plus une clé d'entrée « produit » qu'une clé d'entrée « site ». Cependant, les deux dimensions sont à la fois suffisamment centrales et non liées pour justifier de les employer conjointement.

Dans notre typologie 4E® des processus de choix sur le Web, on distingue quatre cas de figure, selon le degré de connaissance de l'offre et la clé d'entrée (voir tableau 7.1).

Tableau 7.1 : Typologie 4E® des processus de choix sur Internet

		Connaissance de l'offre	
		Faible	**Forte**
Clé d'entrée principale	**Site**	Visite expérientielle	Visite expéditive
	Produit	Visite exploratoire	Visite évaluative

Dans le premier cas, *la visite expérientielle*, l'internaute se rend sur un site marchand comme il se rendrait dans un magasin pour faire du lèche-vitrines, pour voir quelles sont les bonnes affaires, les nouveautés, etc., sans avoir une idée précise en tête. Ce processus de décision n'est pas guidé par un objectif ; les motivations de visite sont plutôt hédonistes (découvrir une offre originale, se faire surprendre, se promener dans un vaste assortiment, comme dans la caverne d'Ali Baba, etc.). Les visites régulières sur PriceMinister ou sur eBay rentrent dans cette catégorie des achats expérientiels, notamment quand il s'agit de compléter une collection.

Dans le deuxième cas, *la visite expéditive*, l'internaute se rend sur un site pour réaliser un achat assez précis. Soit il connaît l'offre de ce site pour ce produit (il a vu une offre sur une publicité ou un ami lui en a parlé, par exemple), soit il sait, avec un degré de confiance suffisamment fort, que ce site est le meilleur pour telle catégorie de produits (à partir de son expérience ou d'après l'avis d'un proche, par exemple). Il peut également s'agir d'un achat routinier ou d'un réachat, auquel cas on parlera de fidélité au site marchand (voir chapitre 10). À la différence du précédent, ce processus de décision est guidé par un objectif précis ; les motivations de visite sont plutôt utilitaires (trouver le produit recherché en un minimum de temps).

Dans le troisième cas, *la visite exploratoire*, l'internaute souhaite réaliser un achat dans une catégorie précise, mais ne connaît pas les sites à visiter. Il choisira probablement de surfer sur des sites connus dans le commerce physique, ou bien de saisir le nom de la catégorie de produits sur un moteur de recherche ou sur un comparateur. Ce processus de décision est guidé par un objectif précis, mais nécessite toutefois des phases de découverte ; les motivations de visite sont plutôt utilitaires mais l'internaute est susceptible de se laisser distraire.

Dans le quatrième cas, *la visite évaluative*, l'internaute souhaite réaliser un achat précis et connaît les sites qui commercialisent la catégorie de produits recherchée (à partir de son expérience ou d'après un article publié dans un magazine, par exemple). L'internaute va donc comparer les différents sites qui font partie de son ensemble de considération. Ce processus de décision est guidé par un objectif précis. Il est cadré en amont par une présélection des sites à visiter. On ne peut exclure que l'internaute soit dévié de sa course, mais *a priori*, ce processus est plutôt fermé et laisse peu de place à l'improvisation.

1.2. Les enjeux en matière de création de trafic

Sur Internet, la recherche d'information préalable à l'achat est sans doute plus importante que dans le commerce physique : l'internaute est plus fréquemment en situation de comparer une offre avec une autre, d'un site à l'autre (voir chapitre 3). Dans ces conditions, l'attractivité naturelle de la marque doit être doublée de démarches très actives pour attirer les visiteurs. Autrement dit, si la réputation de la marque reste fondamentale sur Internet – notamment pour rassurer le visiteur et l'inciter à passer à l'acte – cela ne suffit pas pour garantir un trafic important.

1.2.1. La déclinaison des enjeux selon le processus de choix

Les sites marchands sont contraints de mettre en place des actions volontaristes et coûteuses pour attirer les visiteurs. Il est cependant nécessaire de distinguer plusieurs enjeux, selon le processus de choix considéré.

Le cas de la visite expérientielle

Dans le cas d'une visite expérientielle, le site doit devenir une référence dans sa catégorie. La présence à l'esprit doit être à un niveau très élevé (notoriété *top of mind*), grâce à une communication régulière en ligne et/ou dans le monde réel, selon les habitudes de consommation média des prospects ciblés.

S'appuyer sur une communication de présence continue et sur une réputation forte n'empêche pas de proposer aussi des offres ponctuelles qui donnent envie de découvrir le site. Le client ne s'y rendra pas nécessairement pour acheter l'offre promue, mais cette dernière pourra servir de point de départ à une visite expérientielle. Il est également indispensable que l'assortiment soit constamment renouvelé et que de nombreuses bonnes affaires soient proposées, sans quoi la communication de présence à l'esprit n'aura qu'un effet limité au-delà d'une première visite nécessairement décevante.

Les grandes enseignes du commerce traditionnel ont naturellement un avantage sur les *pure players* dans la mesure où le rôle de référent s'inscrit dans la longue durée. Cependant, qu'il s'agisse de nouvelles catégories de produit ou de nouvelles technologies, les *pure players* ont réussi à prendre des places fortes (Amazon, RueduCommerce, Cdiscount, etc.), sans parler des échanges *C2C* pour lesquels ils sont naturellement incontournables (LeBonCoin, PriceMinister, eBay, etc.).

Le cas de la visite expéditive

Dans le cas d'une visite expéditive, les enjeux s'expriment plutôt en termes de satisfaction et de fidélité, quand la connaissance de l'offre repose sur une expérience directe. L'internaute retourne sur le site pour renouveler un achat ou pour réaliser un achat précis car il sait que ce site commercialise le produit recherché.

Les enjeux s'expriment plutôt en termes de bouche à oreille quand la visite résulte d'une recommandation d'un proche ou d'un expert. Certaines formes de communication se situent à la frontière entre le recrutement de nouveaux clients et la fidélisation de clients actuels, comme le parrainage. Tous les sites sont susceptibles de bénéficier d'un effet positif de la fidélité.

Le cas de la visite exploratoire

Le cas de la visite exploratoire est certainement celui qui pose les défis les plus importants, car le site marchand doit se trouver sur la route d'un client qui erre sur la Toile et ne sait pas où trouver le produit qu'il cherche.

Les enseignes connues dans le commerce physique bénéficient d'un avantage sur les autres. Mais des enseignes peu connues peuvent aussi entrer dans l'ensemble évoqué des internautes, à condition d'être présentes dans les tout premiers liens, lorsque l'internaute interroge un moteur de recherche ou un comparateur de prix.

Une enseigne totalement inconnue sera peu choisie dans un moteur de recherche, l'absence de réputation étant un obstacle difficile à surmonter. En revanche, si l'offre proposée *via* le comparateur est réellement très attractive, une visite est tout à fait envisageable (il est possible que le client imagine que le comparateur a sélectionné ce produit, ce qui permet à la marque inconnue de bénéficier partiellement de la réputation du comparateur).

Le cas de la visite évaluative

Dans le cas d'une visite évaluative, le site est entré durablement dans l'ensemble évoqué des internautes. Il est fortement associé à une catégorie de produits, ce qui lui permet d'être retenu quasi automatiquement. La différence avec le cas précédent réside dans le degré de fermeture du processus de décision. Comme l'internaute a un degré de connaissance élevé, il pensera immédiatement à quelques sites, sans forcément envisager une recherche ouverte dans un moteur ou dans un comparateur.

Encore une fois, la prime aux enseignes connues est forte, sans doute encore plus forte que dans le cas précédent. Rentrer durablement dans l'ensemble évoqué pour des catégories de produit précises demande un investissement important et continu. Aujourd'hui, seuls quelques *pure players* comme Amazon, Cdiscount, Sarenza sont en mesure de le faire.

1.2.2. Les leviers majeurs pour créer du trafic : visibilité x réputation

Les deux enjeux majeurs pour créer du trafic sur un site marchand sont, d'une part, la visibilité du site sur le Web et, d'autre part, la réputation de l'entreprise, de l'enseigne ou de la marque.

L'enjeu de la visibilité

Si l'on se penche vers les facteurs les plus déterminants pour attirer un client dans un magasin, les experts s'accordent tous sur l'importance de la localisation. Bernardo Trujillo, l'un des grands consultants du commerce, avait souligné l'importance de ce facteur, dès les années 1950, en affirmant que « *les trois règles de succès dans le commerce sont la localisation, la localisation et la localisation* ».

Les facteurs géographiques, essentiels dans le commerce, jouent un rôle différent sur Internet dans la mesure où la notion même de distance prend une dimension plus psychologique (Volle, 2000). Cependant, sur Internet, ces enjeux de localisation ne disparaissent pas, ils changent de nature (voir chapitre 9).

Sur le Web, comparativement au commerce traditionnel, les enjeux de localisation s'expriment plus en termes de visibilité – dans un environnement désormais très concurrentiel – qu'en termes de distance géographique entre le client et le magasin. Cela signifie que le site marchand doit être proche des flux de trafic naturel, notamment sur les portails et les sites à grand volume. Mais cela signifie aussi que, lorsque les internautes recherchent tel ou tel produit, notamment sur les moteurs et sur les comparateurs, ils doivent être exposés au site marchand pour que celui-ci puisse être considéré.

Le degré de visibilité d'un site se mesure par sa présence générale sur le Web : portails, sites médias, sites de partenaires, sites d'affiliés, moteurs de recherche, comparateurs de prix, forums, blogs, réseaux sociaux, version mobile du site et applications mobiles et tablettes, etc.

La visibilité du site est probablement le facteur le plus critique pour expliquer le niveau de trafic (Wolk et Theysohn, 2007). Elle est particulièrement importante pour le cas des visites exploratoires, dans la mesure où le client est en phase de recherche d'information active.

Le basculement progressif, mais constant, du trafic Web sur les terminaux mobiles modifie sensiblement la problématique de la visibilité. En effet, 80 % du temps passé sur un terminal mobile l'est dans une application et non dans le navigateur[1]. La problématique de la visibilité sur le terminal mobile est plus complexe que celle sur le Web. En effet, deux enjeux s'additionnent :

- la visibilité sur les magasins d'applications des plates-formes mobiles (AppStore d'Apple, Google Play de Google, Kindle Store d'Amazon), dans lesquels les acteurs contrôlent très fortement les règles de visibilité des applications ;
- la visibilité sur l'écran du terminal (dans cet espace réduit, on dénombre en moyenne 83 applications sur un terminal iOS et 53 sur un terminal Android)[2].

---

1. Flurry Analytics, voir **http://blog.flurry.com**.
2. Zdnet, Juin 2013, **http://www.zdnet.fr/actualites/le-nombre-de-telechargements-d-applications-depuis-google-play-devrait-depasser-celui-de-l-app-store-d-apple-en-juin-39791002.htm**.

Le degré de visibilité varie fortement d'un site à l'autre. Aux États-Unis, l'indice calculé de visibilité pour Amazon s'élève à 0,8 contre 0,4 pour eBay ou encore 0,32 pour CDNow ou Barnes & Noble, et 0,18 pour Victoria's Secret. La visibilité explique environ 75 % du trafic. La présence du site marchand sur d'autres sites est le premier facteur explicatif de la visibilité (partenaires, affiliés, moteurs, etc.), devant la diffusion de messages en ligne (*display*) et la publicité *off line* (même si plus du tiers des visiteurs déclare se rendre sur le site suite à une exposition publicitaire).

Source : *d'après Drèze et Zufryden, 2004 (voir la référence complète sur livre-ecommerce.fr)*

L'enjeu de la réputation

La réputation du site marchand dépend à la fois de la puissance de la marque (notoriété, image, considération, préférence, etc.) et de sa crédibilité sur Internet. Les enseignes traditionnelles peuvent passer devant les *pure players* en matière de puissance (notoriété et image), mais ces derniers peuvent cependant dépasser les enseignes traditionnelles en matière de crédibilité sur Internet. Ainsi, la Fnac bénéficie d'une forte notoriété en France qui lui assure une bonne visibilité sur le Web. Dans le même temps, Amazon bénéficie d'une forte crédibilité en matière de commerce en ligne.

La réputation est aujourd'hui un enjeu de management important, dans un environnement de communication très interactif où les internautes prennent la parole, s'expriment librement, interpellent les marques (voir section 2.8). La réputation est l'un des principaux déterminants du trafic dans le commerce traditionnel, même si son impact n'est ni direct ni linéaire (Ou *et al.*, 2006). Il en va certainement de même dans le commerce électronique, puisque les contraintes de distance (qui constituent un autre grand déterminant du trafic) sont moindres sur le Web. Cet enjeu de réputation concerne plus particulièrement les visites expérientielles.

Exemple : Enviedefraises.fr est un site marchand qui s'adresse aux femmes enceintes et commercialise « la plus large collection de vêtements de grossesse, tendances, glamours et à prix mini pour donner la vie en beauté ». Ainsi que l'indique Servane Quenedey, directrice marketing et communication du site marchand en 2012, « *nous avons une marque extrêmement forte, qui nous conduits à adopter une stratégie différente de celles des autres sites marchands ; nous voulons faire en sorte que les consommatrices arrivent sur notre site par le biais le plus rentable pour nous : notre marque* ». De fait, dans Google, les femmes enceintes tapent plutôt « enviedefraises » que « vêtements grossesse ». Cette stratégie de *branding* contribue à faire sensiblement baisser les coûts d'acquisition. En revanche, pour construire sa marque, le site marchand consacre une part importante de ses investissements à des campagnes *offline*.

Sources : d'après http://www.enviedefraises.fr et Le Journal du Net, 2013

Mettre plutôt l'accent sur la visibilité ou sur la réputation ?

L'importance relative des enjeux de visibilité et de réputation

L'importance relative de la visibilité et de la réputation sur le trafic dépend beaucoup du comportement des internautes, et notamment de la répartition des achats entre les différents processus de choix identifiés. Le tableau 7.2 présente les enjeux selon le type de processus de choix. D'autres variables peuvent également jouer – en plus de la clé d'entrée et du degré de connaissance de l'offre – comme le temps disponible pour choisir.

Tableau 7.2 : Les enjeux en matière de visibilité et de réputation selon les processus de choix

	Visibilité	Réputation
Visite expérientielle	+ Le site étant connu à l'avance, la visibilité est un enjeu faible.	+ + + La réputation est essentielle car le site est la clé d'entrée et les connaissances de l'internaute sont limitées.
Visite expéditive	+ Le site étant connu à l'avance, la visibilité est un enjeu faible.	+ Il s'agit plus d'une question de satisfaction/fidélité que d'une question de réputation.
Visite exploratoire	+ + + Une visibilité essentiellement *on line* est indispensable.	+ + La réputation permet de transformer le potentiel de visite en visite effective.
Visite évaluative	++ Une certaine visibilité est nécessaire, autant *off line* qu'*on line*.	+ + + Le site doit conquérir une place durable dans l'ensemble des considérations de l'internaute.

Visibilité et réputation ne jouent par ailleurs pas le même rôle au cours du processus de choix. La visibilité est particulièrement importante dans la première étape du processus, celle qui consiste à sélectionner un ensemble de sites dignes de considération. La réputation est plus importante dans la phase intermédiaire, qui consiste, pour l'internaute, à éliminer certains sites pour n'en comparer qu'un petit nombre.

Méthodologie pour déterminer l'importance relative des deux enjeux

Quelle méthodologie adopter pour déterminer l'importance relative de la visibilité et de la réputation sur le trafic, et hiérarchiser ainsi les priorités stratégiques ?

Un moyen simple consiste à évaluer le pourcentage d'internautes qui accèdent directement au site en saisissant son URL dans leur navigateur, relativement aux autres moyens d'accès (notamment les moteurs de recherche). En moyenne, un tiers des visiteurs accèdent directement au site (Jouffroy *et al.*, 2010), mais ce pourcentage d'accès directs peut varier fortement d'un site à l'autre.

Cette méthode est limitée, dans la mesure où la réputation peut agir sur la visibilité à travers le nombre de liens qui pointent vers le site marchand (un site réputé sera repris par d'autres sites, notamment par les liens d'affiliation). Ces liens génèrent naturellement des visites directes, mais agissent aussi indirectement, *via* l'amélioration du référencement naturel (voir section 2.3.1. dans ce chapitre).

La nécessité de traiter les deux enjeux conjointement

Des études montrent que les internautes se rendent rarement sur des sites qu'ils ne connaissent pas du tout (moins de 10 % cliquent sur des liens de sites qui leur sont inconnus). Cela signifie que la notoriété doit être travaillée avant la visibilité. Cependant, les deux enjeux sont clairement liés, dans la mesure où un site dont la réputation est nulle aura des difficultés à transformer sa visibilité en trafic. Plus le site est réputé, plus la probabilité que les internautes cliquent sur un lien sponsorisé est élevée.

Réciproquement, avec la meilleure réputation du monde, les sites marchands doivent travailler à améliorer leur visibilité. Il en va ainsi pour les enseignes traditionnelles, qui ne peuvent se reposer exclusivement sur la puissance de leur marque, mais qui doivent impérativement entrer dans l'arène du Web. Les plus gros annonceurs du Web sont aussi de grandes marques, comme Orange ou la SNCF.

Compte tenu des éléments exposés ci-dessus, s'il est démontré que la visibilité prime sur la réputation, la création de trafic résulte cependant de l'interaction des deux phénomènes. Il ne faut donc pas négliger la réputation (c'est-à-dire la constitution d'une marque forte), qui semble même constituer un préalable pour transformer la visibilité chèrement acquise en trafic. Ces considérations devront être modulées selon les processus de choix dominants.

Une étude menée aux États-Unis auprès de 138 sites marchands montre que les sites les plus visibles suivent l'une ou l'autre des deux stratégies suivantes : une présence massive sur les blogs, forums et réseaux sociaux (*people-based visibility*) ou, alternativement, sur les moteurs de recherche et sur des sites affiliés (*search-based visibility*). Les sites marchands qui bénéficient le plus de leur présence dans les forums sont les sites des enseignes et des marques qui ont une très bonne réputation et dont la stratégie marketing repose sur la différenciation (plutôt que sur le discount). Dans cette étude empirique, la réputation semble toutefois être une variable secondaire, relativement à la visibilité.

Source : *d'après Serrano-Cinca, 2010 (voir la référence complète sur livre-ecommerce.fr)*

Dans la suite du chapitre, nous présentons les moyens concrets dont dispose un site marchand pour augmenter sa visibilité, notamment pour générer des visites exploratoires et des visites évaluatives. La question de la réputation des marques est peu traitée dans cet ouvrage (voir section 2.8). Pour aller plus loin, le lecteur est encouragé à consulter un manuel spécialisé sur le management des marques, comme celui de Keller, Fleck et Fontaine (2013), ainsi que les quelques études disponibles sur la e-réputation, un sujet qui tend actuellement à s'imposer comme stratégique (voir **www.livre-ecommerce.fr** pour des références complémentaires).

2. Utiliser une palette d'outils pour augmenter la visibilité du site

La visibilité d'un site est le facteur le plus essentiel pour créer du trafic. Comme environ 30 % des visites résultent directement de campagnes *on line* menées par le site et que les accès directs ne représentent par ailleurs qu'un tiers des visites, développer activement la visibilité est un enjeu critique pour tout marchand. Cet investissement pour acquérir des clients coûte en moyenne 10 % du chiffre d'affaires, parfois beaucoup plus, un montant qui est donc considérable. De nombreuses levées de fonds auprès d'investisseurs sont d'ailleurs justifiées par des investissements de plusieurs millions d'euros pour accroître la notoriété et l'image, ou encore l'intensification du trafic.

Pour augmenter sa visibilité sur Internet, un site marchand dispose de nombreux leviers : les publicités graphiques en ligne (*display*), les courriers électroniques (e-mails), les liens sur les moteurs de recherche, l'affiliation, les comparateurs de prix, les sites de *cash-back* et de *deals*, les partenariats, les relations publiques, les médias sociaux et la communication *off line* (voir figure 7.1).

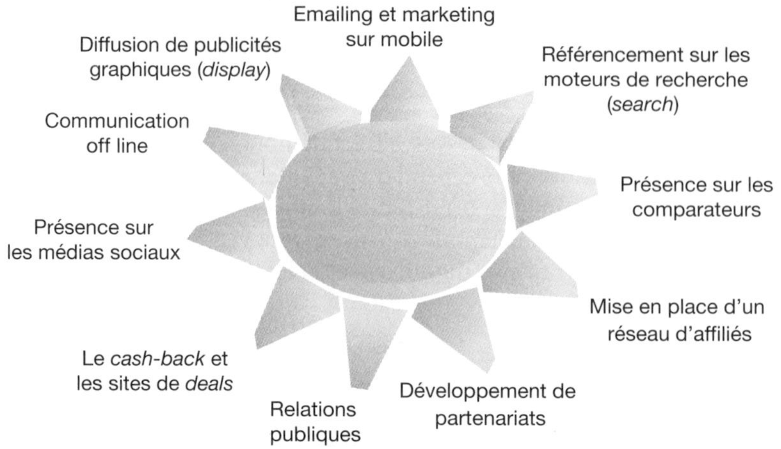

Figure 7.1 : Les dispositifs de création de trafic sur un site marchand.

D'après le SRI (Syndicat des Régies Internet), la part d'Internet dans le mix média s'élève à 20 % en 2012 en France. Le chiffre est de 35 % au Royaume-Uni, consacrant ce pays comme le premier où Internet est passé en tête des médias. Cette part s'élève à 23 % dans le secteur du tourisme. À l'autre bout du spectre, la distribution ne consacre que 5 % de ses investissements à Internet.

Selon l'IAB Europe, le marché européen s'élève quant à lui à 24,2 milliards d'euros en 2012, en croissance de 11,5 % par rapport à 2011. Au niveau européen, ces dépenses représentent 25,6 % des dépenses publicitaires globales, constituant le second marché publicitaire derrière la télévision (28,1 milliards d'euros), mais devant la presse quotidienne (19,3 milliards d'euros).

En France, on compte 4 700 annonceurs sur Internet, mais les 329 annonceurs qui investissent depuis cinq ans (soit 7 % d'entre eux) représentent 74 % des budgets. Les plus petits annonceurs investissent sur Internet… comme les plus gros. Mais alors que 40 % des annonceurs présents sur le Web n'investissent que sur ce média, ils ne représentent que 9 % des investissements. De l'autre côté du spectre, les 410 annonceurs qui interviennent sur tous les médias, soit 9 % des annonceurs, pèsent pour 50 % des investissements sur Internet. Une fois mis de côté les exclusifs d'Internet, la stratégie bi-média « Internet + presse » (22 % des annonceurs) est la plus utilisée, devant une stratégie tri-média « Internet + presse + publicité extérieure » (9 % des annonceurs). Le mix « télévision + Internet » est également en croissance, dans la mesure où deux tiers des 953 annonceurs en télévision utilisent désormais Internet, une proportion qui a doublé en cinq ans.

Divers annonceurs dépensent désormais plusieurs dizaines de millions d'euros sur le Web, comme Orange (100 millions d'euros) Renault (76 millions) ou SFR (56 millions).

En 2010, les dix plus gros annonceurs sont : Renault, Microsoft, Orange, La Française des Jeux, la SNCF, SFR, McDonalds, Unilever, Peugeot et Sony.

Si l'on considère les dix plus gros annonceurs français, la part d'Internet dans leur budget média en 2012 demeure systématiquement inférieure à 15 %, à l'exception d'Orange pour qui le digital représente 31 % de ses investissements publicitaires.

Pour France Pub/IREP, l'e-publicité représente 1,755 milliard d'euros nets (dépenses de communication des annonceurs) en 2012, soit environ un tiers des dépenses consacrées à la télévision ou à la presse (respectivement de 3,9 et 3 milliards d'euros).

D'après l'observatoire de l'e-pub réalisé par Cap Gemini pour le compte du SRI, le marché français de la publicité en ligne s'élève à 2,7 milliards d'euros nets en 2012, toutes techniques confondues (*search*, *display*, annuaires, affiliation, e-mailing, comparateurs de prix et publicité sur mobile). Ce marché est en croissance de 5 % sur l'année (contre 11 % en 2011), dans un contexte publicitaire par ailleurs en baisse. Le *search* représente 1,14 milliard d'euros (49,8 %), devant le *display* avec 649 millions d'euros (28,3 %).

Sources : *IAB Europe/AdEx, juin 2013 (www.iabeurope.eu) ; Kantar Media, Stratégies, 2012 (www.kantarmedia.fr) ; France Pub/IREP, novembre 2013 (www.irep.asso.fr) ; SRI/Cap Gemini, janvier 2013 (www.sri-france.org)*

2.1. Les publicités graphiques en ligne (*display*)

La diffusion de publicités graphiques en ligne (*display*) constitue une part substantielle des dépenses de communication sur Internet. Ainsi, pour 2012, le *display* représente 649 millions d'euros, soit 28 % des investissements publicitaires sur Internet en France[1]. Même s'il est généralement plus utilisé par les sites de marque que par les sites marchands généralistes, le *display* reste un levier incontournable pour créer la notoriété et la considération. En 2012, 30 milliards de publicités sont affichés par mois sur le Web en France.

Plusieurs questions sont soulevées ici. Quels sont les principaux formats ? Quelles sont les modalités de tarification des campagnes de *display* ? Le *display* est-il efficace pour créer du trafic (*performance*) ou pour installer une marque (*branding*) ? Est-il possible d'augmenter l'efficacité du *display* grâce au reciblage ?

2.1.1. Les formats du *display*

Les publicités graphiques prennent des formes très différentes. Les premières bannières classiques (468 × 60 pixels) sont arrivées en 1994-1995 et les premières bannières animées en 1996. Les interstitiels ont été inventés en 1997. Les pavés (300 × 250 pixels) se sont développés en 2000, et les fenêtres *pop-up* en 2001. Au fil du temps, les formats classiques se sont multipliés, puis sont apparus de nombreux formats dynamiques dits « *rich media* ».

Skyscraper : bannière verticale (120 × 600 pixels) qui s'intègre au contenu ou apparaît en bordure de site.

Rectangle : bannière rectangulaire (180 × 150 pixels).

Fenêtre *pop-up* : fenêtre de dimension variable qui s'ouvre spontanément dans une partie de l'écran, voire sur l'écran tout entier (il s'agit alors d'un interstitiel) ; elle ne s'affiche généralement qu'un nombre limité de fois (*capping*).

Interstitiel : annonce publicitaire qui s'affiche en plein écran et qui vient recouvrir la page visitée, dès la page d'accueil ou comme transition entre deux pages.

Bannières animées interactives : bandeaux animés (voire sonorisés) en Flash, qui s'actualisent en temps réel ou presque (score d'un match de tennis, par exemple) et sur lesquels l'internaute peut parfois intervenir (taper son e-mail, gratter un bulletin de jeu, etc.).

1. *Observatoire de l'e-Pub*, 9e édition, Janvier 2013, SRI, UDecam, CapGemini Consulting.

Objets en mouvement : objets publicitaires animés, en déplacement sur l'écran (dits « *out the box* »).

Expand banner : lorsque le curseur de la souris passe sur ce type de bannière, elle se déploie sur une surface plus grande.

Flash transparent : animation conçue sur un calque transparent qui permet de voir le reste de la page où elle n'est pas présente.

Superstitiel : interstitiel associé à du *rich media.*

Habillage d'un site : à l'occasion d'un événement particulier (lancement d'un produit, par exemple), un site peut revoir complètement son design pour s'adapter à la charte graphique de l'annonceur.

Source : *iabfrance.com*

En matière de nouveaux formats, l'inventivité est au rendez-vous. Certains *displays* sont aujourd'hui si complets qu'ils ressemblent à des mini-sites : ils proposent des onglets, permettent d'afficher des jeux interactifs ou des flux Twitter, etc. Les nouveaux formats proposent plus de contenus afin d'engager véritablement l'internaute, de l'inciter à interagir avec la marque. L'usage de la vidéo s'est considérablement développé depuis 2008, dans tous les formats. Des publicités sont insérées en début de séquence (pré-*roll*) ou à la fin (post-*roll*). Xerfi a mené une étude en 2013 qui indique que la vidéo devrait représenter près de 22 % des investissements en 2017, contre 13 % en 2012.

2.1.2. La tarification et le coût d'une campagne

Le *display* est facturé de trois façons :

- **Selon l'exposition de l'internaute à la publicité.** On compte le nombre d'affichages de la publicité sur le site (nombre d'impressions) ; la tarification est alors dite « au CPM » (coût pour mille impressions de la publicité sur le site).
- **Selon l'interaction entre l'internaute et la publicité.** On compte le nombre de clics sur la publicité ; la tarification est dite « au CPC » (coût par clic).
- **Selon la performance effective de la publicité.** On compte le nombre de formulaires validés ou le nombre de ventes réalisées suite à un clic sur la publicité ; on parle de tarification « au CPL » (coût par *lead*) ou « au CPA » (coût par action).

Pour les campagnes de notoriété et d'image, la tarification est généralement fonction du nombre d'expositions (CPM). La tarification au nombre de clics (CPC) est préférable pour les campagnes plus commerciales. La tarification à la performance effective (CPA ou CPL) progresse fortement. Cette modalité de tarification se justifie particulièrement quand le message comprend une offre immédiatement accessible. Les tarifications mixtes se développent, avec une part d'exposition (CPM) et une part de performance (CPC, CPL, CPA).

Le coût moyen pour 1 000 expositions (CPM) est d'environ 5 euros. Mais le CPM varie fortement, de 70 centimes (dans des cas extrêmes de déstockage de petits formats) à plusieurs dizaines d'euros. Le CPM varie surtout selon le format (les formats plus grands sont naturellement plus chers) et selon le type de site (le CPM est plus élevé sur les sites spécialisés dont l'audience est plus homogène, ce qui permet d'optimiser l'affinité avec la cible visée).

Certains experts soulignent le danger d'une spirale déflationniste sur le Web, sachant que sur ce média « l'inventaire » (c'est-à-dire les espaces disponibles pour afficher des publicités) est virtuellement infini. L'offre étant supérieure à la demande, les tarifs publicitaires baissent tendanciellement.

Il ne faudrait pas en déduire que communiquer sur le Web n'est pas coûteux. Comme pour tous les médias, communiquer massivement reste cher. Ainsi, habiller la page d'un portail majeur pendant une journée peut coûter 100 000 euros brut. Le coût d'une campagne permettant d'atteindre un impact national mesurable se situe autour de 400 000 euros. En revanche, à la différence de nombreux médias, il est possible de commencer à communiquer sur le Web avec quelques milliers d'euros. De fait, les annonceurs sont sensiblement plus nombreux que ceux de la télévision.

La page qui s'affiche sur l'écran de l'internaute est la combinaison de plusieurs éléments qui proviennent de différents serveurs. Dans la plupart des cas, les publicités ne sont pas diffusées par le même serveur que celui qui héberge le site visité. Concrètement, le serveur des contenus diffuse un code qui contient un appel à programme vers le serveur publicitaire (*adserver*). Un logiciel décide alors quelle publicité diffuser (*admanager*) afin d'optimiser le rendement (fonction du taux de clic probable et de la rémunération attendue). Il arrive donc fréquemment que plusieurs serveurs de publicités soient en concurrence pour écouler leur inventaire de *display*. Les publicités sont diffusées par des régies publicitaires, des agences ou des prestataires informatiques. Ces acteurs sont à même de cibler les publicités selon la période de la journée, l'emplacement sur le site (ciblage contextuel)… ou selon le profil de l'internaute (si celui-ci s'est identifié ou si un cookie est lisible sur son disque). En général, les professionnels s'assurent que la publicité n'est pas diffusée plus d'un certain nombre de fois (2, 3, 5, etc.) auprès du b internaute, de façon à éviter la lassitude et surtout, de façon à pouvoir essayer différentes publicités plus ou moins susceptibles de déclencher un clic (*remessaging*). Les plates-formes d'échanges de publicités (AdExchange) se développent fortement depuis 2011. Elles permettent un ciblage plus fin, selon le comportement des internautes (plutôt que selon son profil). Les annonceurs sont alors amenés à surenchérir les uns sur les autres, en s'appuyant sur des plates-formes.

2.1.3. L'efficacité du *display*

Mesurer l'efficacité du *display*

La baisse tendancielle du taux de clic

Le taux de clic moyen sur une publicité graphique est très faible (0,09 % selon MediaMinds). Autrement dit, pour 1 000 expositions, on peut espérer un clic. Ce taux de clic est en baisse constante depuis des années. Cependant, toutes les campagnes publicitaires sur Internet ne sont pas également (in)efficaces. Certaines peuvent générer des taux de clics supérieurs à 1 %, ce qui constitue une bonne performance. Les performances peuvent varier d'un facteur 10 ou 20. Certaines pratiques permettent donc d'améliorer le rendement du *display* (voir sous-section suivante).

Au-delà du taux de clic ?

Si moins de 10 % des internautes représentent plus de 80 % des clics, peut-on pour autant dire que la publicité n'a aucun effet auprès des autres internautes exposés ? De fait, une proportion importante des internautes voit le message, mais ne clique pas. Si l'on veut bien faire la comparaison avec les médias traditionnels, les auditeurs ne cliquent pas sur leur poste de radio, pas plus que les téléspectateurs sur leur poste de télévision.

Le *display* peut améliorer les performances d'une marque – notamment sa notoriété et son image – sans nécessairement générer des clics. Plusieurs études scientifiques montrent que le *display* agit sur la notoriété, à travers son impact sur la mémorisation implicite (c'est-à-dire « non consciente ») de la marque (Pêtre, 2005). L'effet du *display* sur l'intention de visiter le site ou de chercher des informations sur la marque peut durer jusqu'à deux à trois semaines pour plus de 75 % des internautes.

Le taux de clic – indicateur historique d'efficacité de la publicité en ligne – mesure donc mal la performance réelle de la publicité. Il devient sans doute nécessaire d'abandonner la religion du taux de clic. Ce sujet fait actuellement l'objet de vifs débats parmi les professionnels.

Display « branding » ou « performance » ?

Si l'objectif du *display* est d'inciter au clic (on parle de *display* « performance »), le taux de clic est bien la mesure de performance incontournable.

Mais si l'objectif est d'exposer la marque (on parle alors de *display « branding »*), il est nécessaire de mesurer l'effet de l'exposition sur la notoriété, sur la considération, sur l'image, voire sur la préférence. Dans ce cas, l'une des conditions pour que le *display* soit véritablement efficace consiste donc à délivrer un message qui, par lui-même, génère un fort impact et se révèle persuasif (d'où le développement de formats plus qualitatifs).

L'objectif de mémorisation est peut-être moins important sur le Web, dans la mesure où le message et l'action se situent dans une forte continuité temporelle, ce qui n'est pas le cas d'une exposition publicitaire qui peut être suivie d'une visite dans un point de vente plusieurs jours ou semaines après.

Les facteurs d'efficacité du *display*

Comme toute campagne de communication, l'efficacité d'une campagne de *display* dépend de la pertinence conjointe du message, du ciblage et de la planification.

Le message

Les études montrent que l'efficacité du message dépend de nombreux facteurs :

- **Le format.** Les formats larges sont globalement plus efficaces, d'autant qu'ils permettent d'exprimer plus de créativité. Les messages animés sont généralement plus efficaces que les messages non animés et les formats innovants (*rich media*, vidéo, etc.) le sont également davantage que les formats classiques… le temps que les internautes se lassent. Les *pop-ups* sont visibles mais peu appréciés des internautes, car jugés intrusifs.
- **La création.** Quelques règles semblent permettre d'améliorer la performance du *display*. Chaque séquence doit atteindre un objectif (communiquer un bénéfice clair, inciter l'internaute à agir, etc.). Il faut que la marque soit présentée de façon continue, pendant toute la publicité (éviter la révélation tardive lors de la dernière séquence). Les codes créatifs *on line* doivent être analogues aux codes habituels de la marque. Les études montrent enfin que les internautes sont en attente de publicités originales, mais non agressives ou déplacées. Une recherche expérimentale montre également que les messages descriptifs (factuels et centrés sur les caractéristiques du produit/service) sont plus efficaces que les messages commerciaux (orientés sur une offre et sur les

avantages offerts aux clients). De façon paradoxale, plus le client est sensible au prix, plus les messages descriptifs sont efficaces (Gauzente et Roy, 2012).

- **Le nombre de créations différentes pour une même campagne.** Il est préférable de ne pas multiplier les créations (versions différentes d'un même concept publicitaire) lorsque la navigation est guidée par un objectif précis. Globalement, une augmentation du nombre de créations induit même une baisse de performance (Manchanda *et al.*, 2006). En tout état de cause, il est important de tester l'efficacité des différentes communications car les scores peuvent varier fortement pour une même campagne (la même création peut aussi fonctionner très différemment d'un site à l'autre).

Comme l'indique Romain Roy, responsable SEM de Lastminute.com, « *le taux de conversion peut varier de 30 % entre une "bonne" et une "mauvaise" annonce* ». Il est donc nécessaire de procéder à des tests permanents pour identifier puis pousser les meilleurs messages.

Le ciblage

L'affinité entre le message et la cible est une condition essentielle du succès. La pression est forte pour faire en sorte d'améliorer l'efficience des investissements marketing, ce qui appelle souvent un meilleur ciblage des messages.

Sur Internet, la cible de communication (les individus exposés) est généralement plus étroite que la cible marketing (les individus susceptibles d'acheter). Les actions marketing sont nettement plus individualisées, grâce aux dispositifs d'identification volontaire… et aux cookies qui permettent un ciblage en fonction de l'historique de navigation. En quelques années, le ciblage des publicités sur Internet est devenu un enjeu majeur, tant sur le plan technique que sur le plan commercial et même sociétal (les enjeux de respect de la vie privée).

Schématiquement, le ciblage repose sur le contexte d'exposition, sur les caractéristiques de l'internaute induites par son historique de navigation, ou sur ses caractéristiques personnelles :

- **Le ciblage contextuel** (diffuser le message dans tel contexte d'exposition plutôt que dans tel autre). Le ciblage selon le contexte d'exposition est la modalité de ciblage historique sur le Web. Cela s'explique facilement, dans la mesure où le contexte est très facile à connaître pour la régie publicitaire (*a priori*, une page sur l'automobile s'adresse à des internautes intéressés par… l'automobile) et parce que le contexte détermine en partie l'efficacité de la publicité. L'efficacité est notamment affectée par la disposition d'esprit de l'internaute au moment où il reçoit le message. Ainsi, quand l'internaute navigue dans un but précis (visites expéditives ou évaluatives), on constate une baisse de l'attention portée aux publicités. Il est donc préférable de diffuser le *display* lors de visite exploratoire ou expérientielle. Par ailleurs, plus l'internaute reste longtemps sur la page – comme c'est le cas des sites proposant un contenu développé – plus les messages sont efficaces (au moins en ce qui concerne l'attention et la mémorisation). Les messages contenus dans les newsletters sont également efficaces, à condition d'être adaptés à la cible.
- **Le ciblage comportemental** (diffuser le message auprès de tel internaute, selon son historique de navigation). Cette modalité de ciblage suppose de suivre la navigation des internautes en utilisant des cookies. Elle peut se révéler intrusive. On parle de

« reciblage » ou « *retargeting* » quand un site marchand diffuse une publicité ciblée auprès d'internautes qui ont visité le site sans acheter, quelques minutes ou quelques jours après cette visite (voir section 2.1.4). Par exemple, un internaute qui visite Laredoute.fr, consulte une rubrique et quitte le site sans rien acheter verra probablement une publicité de ce site marchand lors de sa navigation ultérieure sur Lefigaro.fr ou Aufeminin.com.

- **Le ciblage personnel** (diffuser le message auprès de tel internaute, selon son profil personnel). Alors que le ciblage comportemental vise une adresse IP caractérisée par un cookie déposé par le site et/ou la régie publicitaire, le ciblage personnel vise un individu profilé à partir de ses caractéristiques personnelles (âge, catégorie socioprofessionnelle [CSP], etc.).

Pour de nombreux experts, « *la confidentialité des données personnelles constitue un enjeu clé pour le ciblage comportemental* ». En effet, « *les annonceurs ne peuvent prendre le risque d'associer leurs marques et produits à des technologies de ciblage qui ne peuvent garantir le respect de cette confidentialité* ». Le nécessaire respect de la vie privée non seulement pose des questions d'éthique, mais soulève aussi des enjeux de responsabilité et de réputation. Étant très liées aux démarches de personnalisation, ces questions sont approfondies plus loin (voir chapitre 8).

Source : *d'après Jouffroy, Ber et Tissier, 2010*

La planification de la campagne de *display*

L'efficacité des messages dépend fortement de la planification de la campagne, notamment de :

- **La période de diffusion.** L'efficacité du *display* est supérieure si la période de diffusion est judicieuse (notamment la saison). Les décisions temporelles plus fines sont également importantes pour le succès de la campagne (jour de la semaine, heure de la journée).
- **La durée de la campagne.** Il est conseillé de lisser les impressions pendant la durée de la campagne. Les campagnes « *one shot* » (c'est-à-dire brèves et intenses) sont envisageables pour les lancements de produits et les opérations promotionnelles, mais sont fortement déconseillées pour travailler la notoriété ou l'image d'une marque (*branding*).
- **L'encombrement.** Plus la page compte un nombre élevé de messages, moins chacun d'eux sera efficace.
- **La répétition.** Sur le Web, on contrôle généralement le nombre d'expositions. Il est donc possible de limiter la répétition (*capping*). Cette décision permet de mieux contrôler les coûts, mais se justifie également dans la mesure où le taux de clic baisse au-delà de trois répétitions. Cela dit, une étude scientifique montre que la probabilité d'achat augmente en fonction du nombre d'expositions (Manchanda *et al.*, 2006). Par ailleurs, même si le taux de clic est faible, la répétition permet d'avoir un effet significatif indirect sur le trafic et sur les ventes (Fulgoni et Mörn, 2009). Il n'est donc pas forcément judicieux de limiter l'exposition de façon stricte.
- **La duplication.** Les questions de duplication de l'audience d'un site à l'autre restent complexes. Les régies connaissent bien les supports qu'elles commercialisent, mais les

mesures d'audience sont moins contrôlées que pour les médias classiques. L'usage des cookies permet cependant un certain contrôle de la diffusion.

- **L'optimisation pendant la durée de la campagne.** Pendant la campagne, il est conseillé de rapidement remplacer certains formats par d'autres si leur performance n'est pas satisfaisante (au bout de deux ou trois jours). Agir sur la planification de la campagne pendant son déroulement suppose de suivre la performance du dispositif (à la fois des créations et des espaces), ce qui est cependant loin d'être systématique (voir chapitre 11).
- **Les messages validés.** Des études montrent qu'il existe un écart important entre le nombre de messages imprimés (c'est-à-dire diffusés) et le nombre de messages validés (c'est-à-dire effectivement vus par les internautes). Il est donc nécessaire de contrôler la diffusion nette des messages et de ne pas se contenter de chiffres bruts. Des méthodologies sont désormais proposées pour estimer ces impressions validées, nettes des fraudes, des impressions sur des sites inadaptés ou des impressions partielles, notamment (Boland *et al.*, 2012). La moyenne des impressions partielles, par exemple, s'élève à 69 % des impressions totales. Autrement dit, seules 31 % des impressions sont complètes (affichage de 100 % des pixels).

En quelques années, le *display* est devenu un métier à part entière, celui des « *traffic managers* ». Diffuser des publicités sur Internet nécessite désormais une réelle expertise, d'autant que les modes de commercialisation du *display* se sont considérablement développés et sophistiqués. L'expansion quasi infinie des inventaires publicitaires sur Internet (espaces disponibles pour la publicité sur les millions de pages Web) a engendré un effondrement des prix et une augmentation des invendus. Les éditeurs ont réagi en créant des réseaux affinitaires, les AdNetworks, pour commercialiser leurs invendus. Les régies publicitaires s'appuient sur des technologies d'optimisation leur permettant d'afficher automatiquement la bonne publicité, à la bonne personne, au bon emplacement, là où les chances de générer des clics ou des transformations sont les plus grandes. Afin de préserver les modèles du *display* classique, les régies tiennent confidentiels les sites et emplacements utilisés pour la diffusion des campagnes à la performance (*blind*). La multiplication des AdNetworks a rendu complexe l'achat d'espaces pour les annonceurs. Des AdExchanges se sont ainsi mis en place sur lesquels les annonceurs peuvent acheter des audiences en temps réel (RTB, *Real-Time Biding*). En 2012, le RTB représentait moins de 5 % des achats publicitaires en France, mais cette proportion devrait rapidement croître. De nombreux formats publicitaires cohabitent et, plus encore, de nombreuses méthodes d'achat et d'optimisation des campagnes. Pour aller plus loin, nous encourageons le lecteur à consulter les études, les sites et les ouvrages spécialisés sur le sujet (par exemple Chaffey *et al.*, 2014).

2.1.4. Le reciblage (*retargeting*)

Le *retargeting* permet à un annonceur de retrouver et suivre les visiteurs n'ayant pas transformé leur visite en achat. Sachant que plus de 95 % des internautes quittent les sites de e-commerce sans effectuer d'achat, le reciblage constitue un moyen efficace de rentabiliser son trafic et d'optimiser son ROI (*Return On Investment*, ou retour sur investissement en français). Il représente désormais une part importante du *display* à la performance. Concrètement, après une visite sans transformation, l'internaute poursuit sa navigation sur d'autres sites. Sur ces sites partenaires du réseau de *retargeting*, l'internaute est identifié (grâce à un cookie) et une publicité ciblée et personnalisée lui est proposée, l'incitant ainsi à retourner sur le site sur lequel il n'a pas transformé sa visite en achat. Le *retargeting* permet donc de renvoyer un trafic de grande qualité.

Le taux de clic sur ces bannières dynamiques personnalisées est beaucoup plus élevé que celui du *display* classique (de 0,6 % à même 2,5 % pour certaines campagnes). Le taux de conversion est quasi égal à celui du référencement payant. Le coût du *retargeting* est cependant très élevé car l'annonceur a généralement déjà payé la première visite sur son site. Cette technique est par conséquent plutôt réservée à des sites avec un trafic important et des budgets adaptés.

Du point de vue de l'internaute, le côté intrusif de ce type d'annonces écorne sérieusement le respect de la vie privée et est souvent remis en question. Il est désormais possible de se désabonner en cliquant sur le petit « i » en bas à droite de la bannière et de demander à ne plus être reciblé. Le paramétrage par défaut des navigateurs concernant les cookies tiers et la réglementation européenne future sur la vie privée risquent de remettre en cause cette pratique pourtant efficace du point de vue de l'annonceur.

2.2. Les e-mails et le marketing sur mobile

Les sites marchands recrutent également des prospects en diffusant des e-mails. Ces e-mails d'acquisition (« *leads* ») sont à distinguer nettement des e-mails de fidélisation destinés aux clients du site (voir chapitre 10). En prolongement, nous évoquons le marketing sur mobile.

La part des e-mails d'acquisition dans les investissements publicitaires est faible (95 millions d'euros pour 2012 en France, soit 4 % des dépenses sur Internet). Selon une étude CCMBenchmark, cette part s'élève cependant à 16 % en moyenne du budget e-marketing en 2012 pour les sites marchands[1]. Aux États-Unis, l'étude menée par Forrester indique que le e-mailing représente 15 % du budget de communication des marchands[2].

Les professionnels s'accordent à dire que le e-mailing est menacé par des questions de « délivrabilité » (20 % des messages n'arriveraient pas à destination) et de saturation des internautes. L'utilisation des webmails est également problématique pour l'efficacité, notamment avec les mises à jour récentes de l'un des plus importants d'entre eux (Gmail) qui détecte et classe automatiquement les e-mails qu'il considère comme commerciaux. Il les place dans une rubrique (onglet « Promotions ») à laquelle les internautes sont peu habitués et qu'ils ne consultent que très peu, considérant ces e-mails comme des spams[3]. Cette technique est également en concurrence avec d'autres modes de communication interpersonnelle, notamment les réseaux sociaux et la téléphonie mobile (les plus jeunes générations utilisent peu leurs messageries électroniques au profit des sites sociaux et des SMS). Plus fondamentalement encore, la baisse de l'activité e-mailing s'explique par une évolution du marché, qui bascule en partie du e-mailing d'acquisition vers le e-mailing serviciel ou de fidélisation (voir chapitre 10).

---

1. Voir **http://www.journaldunet.com/ebusiness/crm-marketing/evolution-e-mailing/budget.shtml**.
2. The State of Retailing Online: Marketing and Merchandising, 2013, Forrester (**http://www.forrester.com**).
3. Il faut cependant relativiser ce problème qui doit être pondéré par la notion de taux d'engagement du destinataire (voir l'étude de *Return Path* à ce sujet : **http://www.journaldunet.com/ebusiness/crm-marketing/interface-gmail-promotion-marque.shtml**).

L'e-mail de prospection contient généralement une offre promotionnelle, afin de déclencher un achat. Il peut néanmoins se contenter de viser une simple prise de contact sans commande (visite du site, demande de documentation, etc.). Il peut aussi contenir un jeu-concours, voire proposer un mécanisme viral pour en faciliter la transmission à un proche. L'e-mail d'acquisition a souvent comme objectif de permettre la collecte d'informations sur le prospect. Il s'agit soit d'un e-mail dédié, soit d'une annonce dans une *newsletter* d'un site partenaire.

Les avantages de l'e-mail résident dans le ciblage, la vitesse de retour (maximum trois jours, avec un pic de réponse en 24 heures, contre plusieurs semaines pour un publipostage classique), le coût (comparativement au courrier postal) et la traçabilité. Sur ce dernier point, on sait notamment qui a reçu l'e-mail, qui l'a ouvert, lu, cliqué, etc.

Trois questions principales sont soulevées ici. Quelles sont les modalités de tarification des campagnes d'e-mailing ? L'e-mailing est-il efficace ? Quelles conséquences l'usage croissant des terminaux mobiles a-t-il sur l'efficacité des campagnes d'e-mailing ?

2.2.1. La tarification et le coût d'une campagne d'e-mailing

Il serait faux de dire qu'un e-mail- ne coûte rien, même si, naturellement, son coût est beaucoup plus faible que celui d'un courrier postal. À des coûts de conception, s'ajoutent des coûts de diffusion incluant notamment la location des adresses et/ou la constitution d'une base de données, et les coûts de routage de la campagne.

Une estimation consistant à diviser les montants investis par le nombre d'e-mails de recrutement diffusés conduit à un coût moyen de 0,25 euro par e-mail, soit environ un quart du coût moyen d'un courrier postal. Le coût du e-mailing fait cependant l'objet de pressions à la baisse. Le modèle de la tarification à la performance progresse. Pour certains analystes, il représenterait plus de la moitié des volumes.

La question de l'adresse électronique

En *B2C*, les e-mails de recrutement sont envoyés à des internautes ayant donné leur accord (*opt-in*) pour recevoir des e-mails commerciaux. Dans le cas contraire, on parle de courriers non sollicités (*spams*).

La liste des internautes ciblés par le site marchand peut provenir de fichiers internes (par exemple, les clients du catalogue ayant laissé leur adresse électronique) ou de fichiers externes (comme des adresses louées à un prestataire spécialisé). La plupart des e-mailings sont envoyés sur des fichiers internes, ce qui est encore plus vrai pour les plus gros sites.

Le marché de l'adresse électronique comporte à la fois des sites qui peuvent louer leur propre fichier (sites de loteries ou de programmes de fidélisation comme Maximiles, sites marchands) et de nombreux prestataires spécialisés, comme Acxiom Data, 1000Mercis, Come & Stay ou Performics.

Le coût de constitution du fichier d'adresses électronique varie fortement selon les sources (internes ou externes), mais il est courant de devoir consacrer autour de 0,20 euro par adresse cible louée[1]. Le coût augmente pour des populations plus complexes à toucher

1. « Le poids de l'e-mailing dans les campagnes marketing », Étude menée par CCM Benchmark, in *Journal du Net*, 2012.

ou des cibles plus petites. Il augmente aussi selon le degré de qualification des adresses : plus on obtient d'informations sur l'internaute, plus cette adresse est coûteuse (jusqu'à quelques euros par adresse).

La coregistration est aujourd'hui proposée par de nombreux prestataires. Il s'agit de mutualiser la collecte d'adresses (et d'informations client) entre différents sites (un même formulaire pour plusieurs sites). Cette technique est particulièrement pertinente si la complémentarité entre les partenaires est forte. Sur le plan budgétaire, la coregistration permet de n'être facturé que pour les adresses dont on ne dispose pas déjà.

Il est fortement recommandé de collecter des adresses électroniques à partir du site marchand. Plusieurs modalités sont alors envisageables : de façon systématique, lors de l'arrivée sur le site (fenêtre *pop-up* qui s'ouvre et propose à l'internaute de laisser son e-mail) ; pour recevoir une *newsletter* ou un livre blanc (en *B2B*) ; en sortie de site, dans un questionnaire de satisfaction, etc. L'approche dite de *Prospect Relationship Management* se développe. Elle consiste à identifier des prospects (*leads*) le plus tôt possible et à communiquer avec eux de façon régulière afin de les conduire progressivement au premier achat (voir chapitre 8).

2.2.2. L'efficacité des e-mails

Environ 80 % des e-mails arrivent à destination (la « délivrabilité » des mails est donc un enjeu important), tout comme le taux d'ouverture (désormais entre 7 % et 10 %) ou le taux de clic dans les e-mails (entre 1 % et 4 %).

La performance des mailings est très variable (Lancelot-Miltgen, Costes, Munier et Gauthier, 2005 ; Cases, Fournier et Dubois, 2006 ; Ellis-Chadwick et Doherty, 2012). Les e-mails sont plus ou moins efficaces selon :

- **L'objet du message.** La lisibilité de l'objet détermine le taux d'ouverture et le degré d'attention.
- **L'émetteur du message.** Les e-mails « froids » (*cold-mails*) envoyés par des émetteurs inconnus du destinataire sont moins efficaces que les e-mails cosignés par une marque connue du client.
- **L'offre contenue dans le message.** La gratuité des frais de port est une offre promotionnelle particulièrement efficace, comme l'est également le bon de réduction immédiat. La combinaison du jeu et du viral est également efficace.
- **La longueur du message.** L'objectif du message doit déterminer sa longueur. Par exemple, les e-mails commerciaux sont courts, alors que les e-mails plus relationnels, destinés à présenter par exemple un univers de produit ou une nouvelle collection, sont plus longs. La longueur optimale d'un e-mail doit cependant être testée.
- **Le nombre de liens dans le message.** L'interactivité (assimilée au nombre de liens dans le message) renforce l'implication et l'intérêt de l'internaute. Selon le type de message et d'objectif, le nombre de liens ne doit toutefois pas dépasser un certain seuil, sous peine de créer de la confusion.
- **Le degré de personnalisation.** Les professionnels jugent la personnalisation des e-mails comme étant une pratique efficace. On peut cependant aussi parler d'un niveau optimal de personnalisation dans la mesure où, trop poussée, elle peut soulever la résistance des internautes (non-respect de la vie privée). Pour les e-mails d'acquisition,

le degré de personnalisation doit rester faible. En revanche, quand l'internaute est un client fidèle, la personnalisation peut aller plus loin.

- **La présence d'images.** Le taux de clic semble corrélé au nombre d'images. Cependant, insérer des images dans un e-mail est une arme à double tranchant, dans la mesure où les FAI peuvent plus facilement les bloquer. La « délivrabilité » de l'e-mail peut donc souffrir de la présence d'images.
- **La présence d'une animation ou d'une vidéo.** Une animation au format flash peut améliorer la performance, de même qu'un lien vers une vidéo. Il est également possible d'insérer un lecteur vidéo (*player*) directement dans l'e-mail. Ces vidéos-mails auraient des performances trois à quatre fois supérieures aux e-mails standard.
- **L'adéquation avec la cible.** Cette adéquation dépend non seulement de l'affinité (entre la cible et la catégorie de produits, l'offre promotionnelle, la promesse, le ton, etc.), mais également du degré d'acceptation du média par la cible. Il semble que certaines cibles soient plus réceptives que d'autres, comme les mères au foyer de plus de 35 ans.
- **Le contexte de diffusion.** L'efficacité varie selon le jour de la semaine et l'heure de la journée, mais l'importance de ce facteur semble décroître.
- **Le ciblage géographique.** Il est possible de géolocaliser les adresses e-mail et ne cibler que certaines régions, villes, etc. Un e-mail géociblé sera sensiblement plus efficace. Le ciblage géographique peut être particulièrement stratégique pour les secteurs comme le tourisme ou le commerce traditionnel.
- **Le ciblage social.** L'une des pistes les plus récentes pour optimiser la performance du e-mailing consiste à cibler prioritairement des internautes particulièrement actifs sur les médias sociaux. Pour ce faire, il s'agit donc de mieux qualifier les listes de diffusion, en ajoutant des indicateurs d'activité sur les médias sociaux.

Pour aller plus loin, nous encourageons le lecteur à consulter un manuel spécialisé sur l'e-mailing, comme celui de Guillaume Fleureau (*L'E-mailing efficace* paru chez Eyrolles en 2013).

2.2.3. Le marketing d'acquisition sur mobile

L'envoi de SMS pour générer des ventes en magasin ou pour créer du trafic vers les sites marchands se développe. Cependant, la faible acceptation des SMS commerciaux constitue aujourd'hui un frein important pour le développement du SMS d'acquisition. Aujourd'hui, le SMS est plutôt un outil de fidélisation (voir chapitre 10).

> Si les SMS utiles sont très bien acceptés (63 % pour être tenu au courant du jour de livraison d'un article, par exemple), ceux à visée commerciale le sont nettement moins. Seuls environ 20 % des internautes sont très intéressés par les réductions de prix, les invitations, ou des informations sur les produits.
>
> ***Source :*** *Association française du Multimédia Mobile, 2010 (www.afmm.fr)*

Créer du trafic sur les sites et applications mobiles

Le SMS est toutefois de plus en plus utilisé pour inciter le destinataire à télécharger une application mobile transactionnelle ou relationnelle. Une méthode classique pour inciter un mobinaute à se rendre sur un site marchand consiste à lui envoyer un SMS accompagné d'un lien cliquable vers le site (*Wap Push*). D'autres modalités existent pour faire connaître les sites marchands mobiles : le mobinaute peut accéder au site dans l'espace Gallery (en envoyant au 30130 un SMS accompagné du nom du service ou d'un mot clé) ; il peut aussi envoyer un mot clé par SMS sur un numéro court pour recevoir en échange un lien cliquable (*SMS to Wap*) ; sur le site classique « en .com », le mobinaute peut également déclencher l'envoi d'un lien cliquable vers son mobile (*Web to Mobile*).

Exemple **:** Dès 2009, la Fnac a lancé son application mobile pour les possesseurs de terminaux mobiles moyen/haut de gamme. Le parti pris a clairement été transactionnel, dans la mesure où cette application permet de consulter le catalogue, de commander et de payer. Depuis lors, de nombreuses fonctions relationnelles ont été ajoutées à l'application (accès au compte, consultation des commandes en cours, alertes par SMS, offres promotionnelles de fidélisation, etc.). Le lancement de l'application mobile s'est accompagné de nombreux leviers : distribution de *flyers* en magasin ; diffusion d'une vidéo en magasin ; référencement sur Gallery, les portails des opérateurs et sur les moteurs de recherches (Google et Bing) ; envoi d'un SMS aux 2,2 millions d'adhérents en *opt-in* ; campagne d'e-mailing ; mise en ligne d'une page « *Web to mobile* » sur le site Fnac.com.

Source : d'après Jouffroy et al., 2010 et Association française du Multimédia Mobile (www.afmm.fr)

Ces méthodes étant toutefois un peu complexes, d'autres modalités se sont développées pour faire connaître les sites et applications mobiles. Parmi ces nouvelles méthodes, on compte notamment le scan de flashcodes (QR Code, ou code 2D) à partir d'un packaging, d'une publicité presse, d'une affiche, etc. Il suffit de photographier le code pour que le mobile affiche la page Web correspondante.

Communiquer sur le Web mobile

Avec la croissance des usages mobiles, les entreprises deviendront rapidement aussi actives sur le Web mobile qu'elles le sont aujourd'hui sur le Web. La diffusion de bannières va se généraliser (sur les sites mobiles et dans les applications, y compris les jeux), de même que l'affichage de liens sponsorisés (dans les pages de résultats des moteurs de recherche ou ailleurs). L'usage Internet du terminal mobile demeure cependant centré sur les réseaux sociaux et les applications de jeux. Selon les données de Flurry, le temps passé sur un mobile représentait 77 minutes par jour au niveau mondial en 2012, dont 24 minutes consacrées aux réseaux sociaux, 24 minutes aux jeux et 12 minutes aux informations. Il est donc important de bien saisir ces usages spécifiques pour établir une campagne de recrutement sur mobile.

Les formats *rich media* se sont développés (interstitiels, *expand banners*, habillage de page, pré-*roll* en début de vidéo, etc.). Il faudra toutefois veiller à ne pas ralentir la navigation car l'intrusion est ressentie encore plus fortement sur le mobile. La géolocalisation, notamment lorsqu'elle est couplée aux réseaux sociaux, promet également quelques innovations de rupture (voir chapitres 4 et 10). En 2012, les investissements publicitaires sur le mobile représentaient 48 millions d'euros (+30 % par rapport à 2011), soit 6 % des investissements digitaux, alors que le mobile et la tablette représentaient déjà, début 2013, un taux de pénétration de 36 % au sein de la population française[1]. Les annonceurs n'ont pas encore totalement intégré le mobile dans leur plan média, malgré la croissance rapide des usages sur ces terminaux.

1. *Observatoire de l'e-Pub*, 10e édition, Juillet 2013, SRI, UDecam, CapGemini Consulting.

2.3. Le référencement sur les moteurs de recherche (SEM)

Au début d'Internet, le terme « référencement » désignait avant tout l'inscription du site dans les divers annuaires en ligne. L'effort de référencement était donc ponctuel et concernait surtout le référencement de la page d'accueil sur des sites de type « pages jaunes ».

L'ère des moteurs de recherche (comme Lycos en 1995 ou Google en 1998), succéda vite à celle des annuaires. Le référencement consistait alors essentiellement à insérer des mots clés dans les pages, à des emplacements spéciaux nommés « métabalises » ou « *meta tags* » (voir chapitre 4). De cette façon, le site pouvait être repéré par les robots qui parcourent le Web en permanence pour indexer les contenus.

Au fil du temps, avec la commercialisation des mots clés utilisés par les internautes sur les moteurs de recherche, cette approche de référencement « naturel » par optimisation du contenu des pages (SEO pour *Search Engine Optimization*) a été complétée par du référencement payant (SEA pour *Search Engine Advertising*). En quelques années, les mots clés sont devenus des attracteurs très puissants, susceptibles de drainer des centaines de milliers de visites.

Le développement foudroyant de Google n'est pas étranger à cette révolution ; il en est même au cœur. En 2012, plus de 100 000 requêtes sont formulées chaque seconde sur l'ensemble des sites du groupe (incluant YouTube), soit environ 8,5 milliards par jour. Google représente environ 35 % de tous les accès aux sites Web français[1], pour deux raisons essentielles :

- Les internautes utilisent de moins en moins l'accès direct aux sites et privilégient les moteurs de recherche (35 % des accès se font *via* un moteur, mais ce chiffre peut monter à 44 % pour les dix plus gros sites de vente de produits *high-tech*)[2].
- Les recherches sont concentrées de façon stupéfiante sur Google. L'entreprise détient une part de marché supérieure à 90 % dans plusieurs pays européens (91,5 % en France, 95,2 % en Espagne, 93,1 % en Allemagne, 92,3 % au Royaume-Uni[3]), loin devant Bing (Live Search) de Microsoft (entre 1 % et 2,5 %), Yahoo! (entre 1 % et 2 %), AOL et Orange/Voila et MSN (autour de 1,5 %). Le trafic provenant de Google représente entre 20 % pour les VADistes (3 Suisses, La Redoute) et 50 % pour les *pure players* (Sarenza, Amazon). Aux États-Unis, « seuls » 66 % des internautes utilisent Google car le moteur y est plus concurrencé qu'ailleurs. Mais sa position de leader est incontestable. Seules la Russie et la Chine ne connaissent pas une telle domination du moteur de recherche de Google.

Lorsqu'un internaute exécute une recherche sur un moteur, le site devrait idéalement être mentionné dans les trois premiers résultats, ou au moins sur la première page. Cet enjeu est devenu crucial, dans la mesure où peu d'internautes prennent la peine de consulter ne serait-ce que la deuxième page (ils préfèrent généralement lancer une nouvelle recherche). Des études ont même montré qu'il existe un « triangle d'or » sur la page de résultats de

1. Google représente plus de 50 % de l'audience en VU (Visiteurs Uniques) de sites comme eBay, CDiscount, Fnac, Amazon, Voyages-Sncf (étude réalisée par Comscore et publiée dans *Le Journal du Net*, 2013).
2. « Search drives a higher percentage of traffic to Top 500 retailers », 2013, *Internet Retailer* (**http://www.internetretailer.com**).
3. AT Internet, Baromètre des moteurs de recherche, Septembre 2013.

Google (en haut à gauche), espace sur lequel se concentrent l'attention des internautes et leurs clics. Il est donc particulièrement important d'être en bonne position sur la page de résultats qui correspondent aux mots clés les plus utilisés par la cible pour accéder au site et à ses concurrents.

Le référencement est donc devenu une activité stratégique qui suppose des efforts permanents pour référencer une multitude de pages (accueil, catégories de produits, marques, produit, offres promotionnelles, mini-sites, etc.). Comme l'indiquait Yann Gabay, directeur général de Performics en 2010, « *aujourd'hui, on ne référence plus un site, mais du contenu, où qu'il soit* » (*E-Commerce*, mars 2010). Le SEM (*Search Engine Marketing*), le principal levier de création de trafic sur les sites marchands absorbe près de 3 % du chiffre d'affaires et 35 % du budget marketing de ces sites en 2012[1]. Certains sites marchands consacrent chaque année plusieurs millions d'euros au référencement. Ainsi, l'équipe de référencement d'un marchand généraliste peut comprendre entre 50 et 100 personnes entièrement dédiées à cette activité. Aux États-Unis, l'étude menée par Forrester indique que le SEM représente 55 % du budget de communication des marchands (dont 40 % pour le SEA et 15 % pour le SEO)[2].

D'après une étude menée par CCMBenchmark Études auprès de 51 sites marchands français, le coût des liens sponsorisés s'élève à 2,8 % du chiffre d'affaires, devant l'e-mailing, l'affiliation et les comparateurs (1,4 % pour chaque levier). Les liens sponsorisés constituent également une recette pour les sites marchands ayant pris la décision de compléter leur modèle de revenu transactionnel par un modèle publicitaire (voir chapitre 2). Les liens sponsorisés représentent 24 % du chiffre d'affaires publicitaire généré, devant l'e-mailing (21 %), l'affiliation (17 %) et les comparateurs de prix (14 %).

Source : *d'après CCMBenchmark, « Le commerce électronique en France », 2010*

Plusieurs questions sont soulevées ci-après. Quelles sont les principales démarches du SEM (*Search Engine Marketing*) ? Quels sont les coûts et les modalités de tarification des campagnes de liens (SEA, *Search Engine Advertising*) ? Le SEM est-il efficace pour créer du trafic ?

2.3.1. Améliorer la visibilité du site sur les moteurs de recherche

Il existe deux voies principales pour augmenter la visibilité d'un site sur un moteur de recherche : optimiser le contenu des pages (SEO, *Search Engine Optimization*) ou payer (SEA, *Search Engine Advertising*). Les deux approches sont éminemment complémentaires. Le SEO est comparable à une course de fond destinée à renforcer la présence permanente du site marchand sur les moteurs. Le SEA est plutôt une course de vitesse qui permet de référencer de façon tactique tel produit à telle période de l'année, de lancer des produits et d'annoncer des opérations ponctuelles.

1. « Le commerce électronique en France. Bilan et stratégies des acteurs, comportements des consommateurs », 2012, CCMBenchmark Études.
2. « The State of Retailing Online: Marketing and Merchandising », 2013, Forrester (**http://www.forrester.com**).

Le SEO (*Search Engine Optimization*)

Un panorama des techniques de référencement naturel

Le positionnement résulte d'une multitude de facteurs, comme la présence de mots clés dans les balises et dans les ancres textuelles des liens externes, le nombre de liens qui pointent vers le site, le niveau de confiance du nom de domaine, etc.

Les techniques pour améliorer le classement du site dans les pages de résultats sont très nombreuses. Les critères historiques, comme la densité des mots clés dans la page ou l'indice de popularité (PageRank chez Google), sont désormais abandonnés au profit de critères éditoriaux (fraîcheur du contenu, liens sortants, etc.) et de critères comportementaux (fréquentation du site, taux de rebond). La confiance envers le nom de domaine est un indice déterminant.

Les experts s'accordent à dire que l'optimisation du référencement naturel passe par une optimisation de la structure du site et, surtout, par une amélioration de la qualité des contenus (pertinence, récence, etc.). L'effet des contenus sur le référencement est double : directement, un contenu qualitatif améliore le repérage du site par les robots qui sillonnent le Web pour indexer les pages ; indirectement, un contenu qualitatif incite les autres sites (notamment les blogs) à reprendre tout ou partie de ce contenu en créant un lien vers le site émetteur.

L'optimisation des pages

L'optimisation des pages est un travail de fond dont le visiteur n'a pas véritablement conscience. Pour améliorer le référencement, il est généralement conseillé de ne pas mettre les contenus stratégiques à plus de deux pages de la page d'accueil. Il est également recommandé de nommer les rubriques et les URL des pages de façon propre et explicite (*nice urling*). Un plan du site en bas de page avec de nombreux liens (*footer*), améliore également le référencement de la page d'accueil. Les fichiers flash, les formulaires, les applications en Ajax ou JavaScript (voir chapitre 4) sont mal repérés par les moteurs : la recommandation consiste à doubler ces éléments avec du code HTML.

L'amélioration du référencement passe aussi par de nombreux critères dits « *off page* », comme le fichier robots.txt placé à la racine du site destiné aux moteurs de recherche ou le protocole XML Sitemaps qui permet de décrire les contenus de façon à en optimiser le repérage par les robots (**http://www.sitemaps.org**).

Pour finir, il s'agit d'améliorer les critères dits « *on page* » : les métadonnées (ensemble de données présentes dans l'en-tête des pages HTML), les balises sémantiques (à l'instar des niveaux de plan dans un fichier texte) et une multitude d'autres aspects, comme le fait de donner une description textuelle à chaque image (attributs ALT des images). Le site peut également tisser des liens entre les pages, ce qui améliore son référencement (*netlinking*).

Pour un site marchand, optimiser les pages qui présentent les produits est vraiment primordial. Il s'agira toutefois de trouver un compromis entre l'optimisation pour le référencement et l'optimisation pour le client (voir chapitres 5 et 6).

Certains sites cherchent tellement à optimiser leur référencement naturel qu'ils sont amenés à en oublier la déontologie, ce qui peut avoir des conséquences dramatiques. Un moteur de recherche peut décider de cesser de référencer un site, décision qui aura des conséquences immédiates sur le trafic. Cela peut arriver quand le site se comporte de façon contraire à l'éthique du Web (*spamdexing*), notamment quand il tente de tromper le moteur de recherche en répétant les mots clés de façon abusive, en créant de fausses pages optimisées, en présentant au moteur des pages différentes de celles présentées aux internautes, etc.

L'optimisation des liens entrants

Les liens qui pointent vers le site comptent pour près de 15 % du trafic. En outre, ces liens entrants améliorent indirectement le référencement. La démarche d'optimisation (*backlinking*) consiste à maximiser le nombre des liens entrants, ainsi que leur qualité (appréhendée par la popularité du site sur lequel se trouve le lien).

Rédiger des contenus intéressants en espérant qu'ils soient repris par d'autres est également une démarche intéressante (*linkbaiting*). Une variante consiste à contacter les webmasters pour obtenir ces liens (*linkninja*). Le site peut également échanger des liens avec un ou plusieurs sites (*rosslinking*).

Pour un site marchand, il est recommandé de créer des petits sites de contenus autour des univers de produits les plus stratégiques, afin de créer des passerelles entre les moteurs de recherche et le site principal. Ces sites comprendront des contenus éditoriaux originaux, un blog, un forum… et des liens vers le site de vente.

Le SEA (*Search Engine Advertising*)

Si le site marchand a suffisamment enchéri pour être visible, un lien apparaîtra vers son site. Ce lien peut être situé en haut de la liste des réponses (liens premium) et/ou à droite de la page.

Pour un site marchand, il s'agit de concentrer l'investissement sur les 20 % de mots clés qui génèrent 80 % du chiffre d'affaires (ce que l'on appelle habituellement la « loi de Pareto »). Cependant, les mots clés les moins demandés peuvent être très rentables, même s'ils ne génèrent que deux ou trois ventes par mois. Une fois que le site maîtrise bien la gestion des mots clés pour ses produits phares, travailler le fond de catalogue avec de très nombreux mots clés est, de sa part, une tactique pertinente (ce que l'on appelle le phénomène de la « longue traîne » ou *long tail*). Une même référence peut correspondre à cinq ou six mots clés (nom du produit, de la marque, nom tronqué, pluriel, nom avec faute d'orthographe, etc.). Un site marchand généraliste gère donc plusieurs millions de mots clés.

Une optimisation de la présence sur les moteurs de recherche suppose une bonne connaissance des mots clés les plus pertinents pour la cible. La popularité des requêtes évolue régulièrement, parfois même rapidement. Il est donc nécessaire de suivre régulièrement les évolutions des mots clés utilisés par les internautes (**http://www.google.com/trends**).

Le coût total dépend naturellement du nombre de clics générés. L'un des avantages du SEA réside dans le fait que les coûts sont maîtrisés : le site peut suivre au jour le jour les dépenses ; il est également possible de fixer un budget limite par clic et/ou pour une campagne.

2.3.2. La tarification et le coût du référencement (SEO et SEA)

Le coût du référencement naturel (SEO)

Le coût du référencement naturel est loin d'être négligeable. Le SEO suppose en effet de s'appuyer sur des compétences humaines et de passer du temps à optimiser patiemment le site. La refonte partielle du site dans l'optique SEO induit également un coût additionnel. C'est donc une stratégie de long terme dans la gestion du contenu du site marchand.

Certains sites font appel à des expertises internes, d'autres se tournent vers des prestataires spécialisés. Il faut compter environ 35 à 40 K€ pour un poste à plein temps de « SEO manager », ou « référenceur ». On estime que le coût du SEO s'élève entre 10 000 euros et 100 000 euros s'il est réalisé par un prestataire.

Le coût du référencement payant (SEA)

En France, les dépenses globales consacrées au SEA par les annonceurs au premier semestre 2013 s'élèvent à 826 millions d'euros, contre un total de 1,141 milliard en 2012, soit 49,8 % des investissements publicitaires sur le Web[1]. Les statistiques européennes et américaines convergent, dans la mesure où le SEA représente un peu moins de 50 % des investissements sur le Web. Il s'agit donc du principal poste de dépense pour la plupart des annonceurs.

Sur certains mots clés, les montants en jeu peuvent constituer une véritable barrière à l'entrée pour les petits sites marchands. Un syndicat touristique peut consacrer 50 000 euros par an à l'achat de mots clés, tandis qu'un site majeur dans le secteur du tourisme dépensera plusieurs millions d'euros. Cependant, les plates-formes tentent de développer le marché en permettant aux petits annonceurs de démarrer facilement.

Les mots clés sont vendus aux enchères, selon leur popularité. Il va de soi que les termes « location + voiture » sont naturellement plus coûteux que « oursin » ou « haricot blanc ». Les enchères débutent à quelques centimes d'euro (0,01 euro chez Google), mais certains mots stratégiques peuvent s'élever à 5 euros, voire 15 euros (dans l'immobilier, le crédit à la consommation, le luxe). Le coût moyen observé se situe entre 0,3 euro et 1 euro par clic (Jouffroy *et al.*, 2010). Cependant, les coûts varient en permanence, selon la concurrence, mais aussi selon la période. Ainsi, le coût du mot « ski » double entre septembre et février.

Les mots clés spécifiques ont un coût par clic généralement supérieur à celui des mots clés génériques. Toutefois, au lieu d'enchérir sur un mot clé très populaire, qui suppose un budget important, certains sites marchands préfèrent multiplier les achats de mots clés secondaires. L'intérêt de cette stratégie de la longue traîne (*long tail*) consiste également à attirer un trafic plus qualifié, donc finalement plus rentable.

L'affichage d'un lien et son positionnement dans la page de résultats dépendent du niveau de l'enchère : plus l'enchère est élevée, meilleure est la position. Toutefois, la position du lien dépend aussi d'un score de qualité (QualityScore chez Google, ou QS), calculé à partir d'une multitude de facteurs (qualité de la page de destination ou *landing page*, ancienneté du compte, taux de clic constatés dans le passé, etc.). Le QS ne dépend pas des montants investis. Plus le QS de l'annonce est élevé, plus les coûts sont faibles et

1. *Observatoire de l'e-Pub*, 10e édition, Juillet 2013, SRI, UDecam, CapGemini Consulting.

la position élevée. Le QS conduit à rapprocher le SEM du SEO dans la mesure où la performance du référencement payant dépend en partie des contenus proposés par le site. On parle désormais de « *cross-search* » pour désigner l'optimisation conjointe des deux sources de référencement.

Ces techniques étant coûteuses, les grands sites marchands utilisent des applications pour automatiser les enchères (*bid management*) et pour suivre les dépenses sur chaque compte, sur les différentes plates-formes (AdWords de Google, Yahoo Search Marketing, etc.). Ces applications permettent également de repérer – et de limiter en partie – les fraudes au clic, estimées entre 1 % et 4 % sur Google (Jouffroy *et al.*, 2010). La fraude au clic consiste à faire cliquer sur un lien ou une publicité d'un concurrent afin d'augmenter ses coûts de communication. Des applications plus spécifiques sont également utilisées pour le référencement des pages dynamiques, la mise à jour des liens qui subissent une réactualisation fréquente, etc.

2.3.3. L'efficacité des liens sponsorisés (SEA)

Les liens sponsorisés sont globalement moins efficaces que les liens naturels. Le taux de clic sur un lien sponsorisé varie habituellement autour de 3 %, mais il peut atteindre 10 % et plus pour les meilleures campagnes. Le taux de clic dépend de facteurs comme :

- **Le format du lien et son emplacement.** Plus le lien est mis en valeur (couleur, police, signet, etc.), plus il sera visible. Une simple observation des moteurs de recherche montre que les liens sont plus ou moins visibles d'un moteur à l'autre. Les liens premium sont présentés en haut de page car ils sont plus efficaces. Plus un lien est présenté dans les premiers résultats de la page, plus le taux de clic sur ce lien sera élevé. Les premiers liens ont également un taux de conversion plus élevé que ceux présentés en dessous (Rutz *et al.*, 2012).
- **Le contexte de diffusion.** Un lien présenté dans le contexte approprié sera plus efficace qu'un lien présenté au hasard. Plus la recherche est précise, plus le lien pourra être pertinent. Si la recherche est vague, par exemple « location », il est peu pertinent de présenter un lien pour la location d'une voiture ancienne. En revanche, si la recherche est précise, par exemple « location voiture mariage », ce même lien sera au contraire très pertinent. Des liens apparaissent de plus en plus souvent dans des sites de contenus, y compris les plus réputés comme le *New York Times* ou *Le Monde*. Ces liens commerciaux sont cependant moins efficaces car le contexte de lecture favorise moins l'attention (ou le clic) que le contexte de recherche d'information sur un moteur. Par ailleurs, ces liens sont moins visibles et surtout moins contextualisés que les liens sponsorisés sur des moteurs de recherche. Par exemple, quand l'internaute saisit « location voiture » sur un moteur, il est assez clair que cet internaute recherche une voiture à louer. En revanche, quand il lit un article à propos d'automobile, on ne peut pas déterminer s'il est ou non intéressé par la location d'une voiture.
- **La qualité du trafic généré.** Le taux de clic sur les liens est généralement faible. Toutefois, la probabilité de cliquer est supérieure pour les cyberacheteurs, comparativement à la moyenne des internautes (Gauzente, 2010). Autrement dit, le SEM draine des visiteurs qui sont plus susceptibles d'acheter. Le trafic apporté aux sites marchands par les liens est donc plutôt qualitatif.

- **L'effet du positionnement sur la notoriété et l'image.** L'affichage d'un lien dans un moteur de recherche est avant tout destiné à générer un clic. Mais son impact se limite-t-il à cela ? Il semblerait que non. En effet, si une marque inconnue se place au premier rang devant plusieurs marques connues, une étude scientifique montre que la notoriété et l'image de cette marque s'améliorent (Dou *et al.*, 2010). Dans certaines conditions, le positionnement peut avoir un impact positif sur la marque. Le SEM ne serait donc pas seulement un outil de performance, mais aussi un outil de développement de la marque, à l'instar du *display*.

Les façons d'optimiser le SEA sont multiples : structure du compte (par campagne, par catégorie de produit, etc.), ciblage des mots clés (large ou exact, mot ou expression, etc.), rédaction des annonces, optimisation des pages de destination (*landing page*), référencement des images et des vidéos, paramétrage de limite horaire, ciblage géolocalisé (notamment selon la distance entre l'internaute et le magasin), travail sur la longue traîne, ajustement du montant des enchères au profil des internautes, référencement en temps réel (notamment des tweets), développement du SEA sur les téléphones mobiles, synergies avec les réseaux sociaux (notamment pour faire remonter dans les résultats des messages « *likés* »), etc. Depuis 2012, grâce à la fonctionnalité « *Remarketing Lists for Search Ads* » de Google, il est également possible de faire du *retargeting* avec les liens sponsorisés, soit pour afficher des liens sponsorisés à des internautes qui ont préalablement visité le site mais sans acheter, soit, au contraire, pour ne pas afficher de liens sponsorisés à des internautes déjà clients.

> ***Exemple :*** La segmentation en groupes d'annonces permet d'améliorer l'efficacité des liens sponsorisés. Comme l'indique Romain Roy, responsable SEM de Lastminute.com, « *nous traitons des millions de mots clés que nous rassemblons dans des dizaines de milliers d'*ad groupes ». Pour un voyagiste comme Lastminute.com, cette segmentation est indispensable car les attentes d'un étudiant et celles d'une famille CSP+ divergent grandement. Le fait de rassembler les profils identiques (par âge, sexe, CSP ou comportement de navigation) peut permettre de mettre au point les annonces les plus pertinentes.
>
> *Source : d'après Le Journal du Net, 2012*

Le référencement est une discipline qui change en permanence pour s'adapter aux évolutions des algorithmes des moteurs de recherche. La cartographie des moteurs de recherche évoluera dans les années à venir, avec l'accord stratégique entre Yahoo! et Microsoft (Bing) pour contrer la domination de Google. Ces nombreux changements en cours modifient régulièrement les règles du SEM. La fréquence de changement des algorithmes du moteur de recherche Google s'est considérablement accélérée au cours des deux dernières années, amenant les agences spécialisées à une veille technologique permanente.

Pour aller plus loin, nous encourageons le lecteur à consulter les documents, rapports et études disponibles sur le SEM, notamment les sites des moteurs de recherche (**http://www.google.com/webmasters/tools** ou **http://advertising.yahoo.com**). Des analyses d'experts sont diffusées, notamment sur Moz (**http://www.moz.org**) ou ClikZ (**http://www.clikz.com**). La sophistication des techniques de SEA impose le développement de compétences avancées. En quelques années, le référencement payant est également devenu un métier à part entière, celui des « SEA managers » et des « référenceurs ».

2.4. L'affiliation

L'idée de recruter des sites affiliés pour drainer des prospects vers un site affilieur est née voilà un peu plus d'une dizaine d'années (Hofman *et al.*, 2000). Pour le site marchand, un réseau d'affiliés agit comme un véritable réseau de commercialisation en ligne, « une force de vente virtuelle » (Denoix, 2010).

L'affiliation constitue une part croissante des dépenses de communication. Pour 2012, en France, l'affiliation représente 217 millions d'euros, soit 9,5 % des investissements publicitaires sur Internet (+5 % par rapport à 2011)[1]. L'affiliation est un levier particulièrement important pour le commerce électronique, la première source de prospects pour de nombreux sites marchands. En moyenne, on considère que 25 % du trafic marchand proviennent des affiliés et que le coût de l'affiliation représente 1,5 % des ventes.

L'affiliation vise à constituer un réseau de sites affiliés (appelés également « éditeurs ») qui acceptent de diffuser les messages d'un site marchand affilieur en échange d'une rémunération pour cette mise en relation (voir l'exemple du programme d'affiliation proposé par Sarenza, **http://www.sarenza.com/affiliation-sarenza**). Ces messages vont inciter les visiteurs du site affilié à cliquer pour se rendre sur le site de l'affilieur afin de remplir un questionnaire, participer à un jeux-concours, demander une documentation, profiter d'une offre promotionnelle, demander à être rappelé (*call back*), etc. L'affiliation ne sert donc pas seulement à vendre, mais aussi à qualifier des prospects, à recruter les membres d'un programme de fidélité, ou même à créer du trafic en magasin.

Un site affilié peut être un site de contenu thématique, un blog, une régie commercialisant l'espace de nombreux « petits sites », un site de jeux-concours… mais aussi un comparateur de prix, un site de *cash-back*, un keyworder (affilié qui mène une campagne de liens sponsorisés pour le compte de l'affilieur), ou encore un e-mailer (affilié qui diffuse des e-mailings pour le compte de l'affilieur). De façon encore marginale, les réseaux sociaux peuvent devenir affiliés. Les sites de réduction (*cash-back*, codes promotionnels, etc.) constituent le premier canal d'acquisition, devant l'e-mailing et le *display* à la performance[2]. Les sites de contenus et les comparateurs généralistes suivent.

L'affiliation conduisant à mettre en relation de nombreux sites marchands avec une multitude de sites affiliés, des intermédiaires sont apparus. Il s'agit des plates-formes d'affiliation comme Affili.net (**http://www.affili.net**), Zanox (**http://www.zanox.fr**), Effiliation (**http://www.effiliation.com**), Tradedoubler (**http://www.tradedoubler.fr**) ou Public IDées (**http://www.publicidees.com**). Tradedoubler, leader du secteur en France, réalise 259 millions d'euros de chiffre d'affaires (au niveau du groupe) en 2012. Les sept plates-formes regroupées dans le collectif CPA (**http://www.cpa-france.org**) représentent 90 % du marché.

1. *Observatoire de l'e-Pub*, 9e édition, Janvier 2013, SRI, UDecam, CapGemini Consulting.
2. Baromètre Affiliation, Bilan S1 2013, 8e édition, Collectif des Plates-formes d'Affiliation.

En France, les plates-formes regroupent plus de 2 000 annonceurs, pour près de 180 000 affiliés (certains sites sont toutefois affiliés à plusieurs plates-formes, ce qui rend le décompte difficile, en nombre de sites uniques).

Durant l'année 2012, 5 594 programmes ou campagnes d'affiliation ont été lancés en France (–15 % sur un an) pour un investissement de 59 millions d'euros. Ces programmes ont généré 8,591 milliards de clics (dans les programmes rémunérés au clic), 59,476 millions de prospects (dans les programmes rémunérés au *lead*) et 31,386 millions de ventes pour un montant de 2,8 milliards d'euros (dans les programmes rémunérés à la vente).

Pour les sites affiliés, la rémunération versée par le site affilieur constitue une source de revenu, une façon de monétiser leur audience. Pour nombre d'entre eux, l'affiliation est une source de revenu importante (notamment pour les sites de contenu). Elle reste toutefois accessoire pour près de 50 % des sites affiliés. Environ un tiers de ces derniers ne sont pas des professionnels et 50 % gagnent moins de 1 000 euros par an de cette activité.

L'affiliation est particulièrement dynamique dans l'électronique grand public, le voyage, et le secteur de la mode et du prêt-à-porter. Il reste cependant des marges de progression importantes, auprès des distributeurs *click & mortar*, des constructeurs automobile, du sport, de l'électroménager, des jeux et des jouets.

Sources : *Collectif des Plates-formes d'Affiliation, Baromètre Affiliation Bilan 2012, Bilan S1 2013 (www.cpa-france.org)*

Les messages des affilieurs prennent la forme de *display* et de liens dans la majorité des cas. Les autres formes sont très variées : catalogues de produits en format XML (notamment pour les comparateurs de prix), kits pour e-mailing, publi-éditorial, vidéos, mini-boutiques, pop-under (simples fenêtres) et site-under (sites complets), pages de destination dédiées (*landing pages*).

Pour un site marchand affilieur, l'affiliation est un système très flexible et peu risqué car le coût de commercialisation est essentiellement variable. Certains experts considèrent que l'affiliation est « la seule publicité sans risque » (Chaffey *et al.*, 2014). En revanche, l'affiliation donne des résultats dans la durée. Ce n'est pas un levier très réactif à court terme (il faut compter trois mois pour la mise en place effective d'un programme, par exemple).

Les plates-formes d'affiliation jouent un rôle de tiers de confiance pour assurer à chacun une juste rémunération. Plus précisément, elles mettent des outils à disposition des deux parties pour : suivre la performance du réseau (nombre d'impressions pour chaque module, nature et nombre des événements qui donnent lieu à rémunération, etc.) ; communiquer ces performances aux deux parties (tableaux de bord, graphiques, etc.) ; entretenir la relation entre les affilieurs et leurs affiliés. Ces fonctions relationnelles recouvrent la mise à disposition d'une bibliothèque de modules et de visuels faciles à installer pour l'affilié ; les codes à installer (*tags*) sur les pages de l'affilié pour comptabiliser les actions ; des dispositifs pour détecter les fraudes, etc. Les plates-formes se rémunèrent sur la base de 20 à 30 % des rémunérations versées aux affiliés. Le recours à un prestataire permet de réduire le temps de lancement du programme, mais aussi de bénéficier d'outils et de compétences pour la gestion quotidienne du réseau. Les grands sites comme Amazon, Sarenza ou la Fnac (qui se sont lancés avant l'apparition des prestataires) gèrent leur réseau en interne, quitte à s'appuyer sur des logiciels du marché. Mais la plupart des sites marchands s'appuient sur les plates-formes.

Sources : *Le Journal du Net, 2007, Viot, 2011*

2.4.1. La gestion d'un réseau d'affiliés

Les annonceurs mettent en place des programmes (ou des campagnes ponctuelles) au sein des plates-formes d'affiliation. Mais il faut garder en tête que ce sont les affiliés qui prennent généralement l'initiative de la relation. Ce sont eux qui choisissent tel ou tel programme, en fonction de sa rentabilité. Selon sa taille, un affilié pourra être présent sur deux ou trois plates-formes. De son côté, l'affilieur n'est pas inactif car une fois le programme élaboré et largement annoncé, il lui appartient d'accepter ou non la demande de l'affilié qui souhaite rejoindre son programme.

La gestion d'un réseau nécessite tout d'abord de recruter des affiliés dont la cible est en affinité avec celle de l'affilieur et/ou qui sont efficaces pour générer des contacts actifs sur le site marchand. Il s'agit ensuite d'animer le réseau pour inciter l'affilié à relayer les messages, et pour lutter contre un *turnover* parfois important. Des concours sont également organisés pour animer le réseau des affiliés, les inciter à utiliser les messages les plus performants, les récompenser pour une première conversion, pour une augmentation de chiffre d'affaires, etc.

Du point de vue du site marchand, comme pour tout portefeuille de clients ou de fournisseurs, le portefeuille des affiliés est déséquilibré, car un petit nombre d'affiliés représentent une bonne part du trafic. Avec ces affiliés-là, la gestion de la relation par le site marchand sera plus partenariale, l'objectif étant de les fidéliser.

L'affilieur pourra lancer un programme dédié aux plus gros affiliés et/ou des programmes spécifiques à certains segments d'affiliés (régies, comparateurs, *cash-back*, etc.). L'affilieur peut également engager des relations directes avec certains affiliés qui représentent un volume réel ou potentiel très important (dans le jargon du métier, on parle de « top affiliés »).

La gestion du réseau suppose aussi une analyse continue des performances et des ajustements permanents pour éviter les fraudes (notamment quand l'affilié gonfle artificiellement le nombre de clics vers l'affilieur) et pour réduire la cannibalisation entre les affiliés, mais aussi entre les affiliés et les autres leviers de recrutement.

2.4.2. La tarification des contacts issus d'un site affilié

L'animation est une activité qui absorbe des ressources pour concevoir les messages (divers formats de *display*, catalogues, e-mails, etc.) et les communiquer aux affiliés. Au-delà du coût de production des messages, il faudra naturellement rémunérer les affiliés, à l'instar des apporteurs d'affaires dans le commerce traditionnel.

Un affilié se rémunère de trois façons : selon le nombre de clics sur les messages diffusés (CPC, dans 35 % des programmes) ; selon le nombre de prospects (*leads*) effectivement générés par ces clics (20 % des programmes) ; selon le nombre de ventes finalement générées (45 % des programmes). L'affilié préfère généralement les deux premières solutions alors que l'affilieur préfère plutôt la dernière. L'affilié se rémunère toujours à la performance, jamais au nombre d'expositions.

La commission rémunère à la fois l'apport de clients nouveaux et la vente auprès d'internautes déjà clients. Il est cependant conseillé de proposer une rémunération différente à l'affilié, selon que le client est nouveau ou non. La rémunération sera naturellement supérieure pour un client nouveau.

Habituellement, la commission versée rémunère seulement le dernier clic. Autrement dit, la commission revient à 100 % à l'affilié responsable du dernier clic générant l'action (inscription, achat, etc.). Les choses évoluent cependant nettement depuis 2009, dans la mesure où de nombreux annonceurs dotés de nouveaux outils de *tracking* souhaitent rémunérer non pas le dernier clic, mais tous les leviers ayant contribué à une vente. Les annonceurs contestent de plus en plus l'enjeu de la déduplication des données pour attribuer la vente à l'action qui a transformé en vente, ce qui met le modèle de l'affiliation sous tension (voir section 3.7).

La rémunération des affiliés prend généralement en compte l'ancienneté de la relation. Elle intègre aussi le volume total, car la rémunération est plus importante pour des niveaux de chiffre d'affaires plus élevés (ce système fonctionne généralement par paliers de CA généré). La rémunération augmente pendant les périodes promotionnelles afin de motiver les affiliés pour générer plus de contacts.

En moyenne, un affilié gagnera autour de 5 centimes d'euro par clic. Néanmoins, les prix peuvent varier fortement : de 1 à 15 centimes le clic, de 10 centimes à 15 euros le *lead*, de 30 centimes à 500 euros la commission fixe pour une vente (Viot, 2011).

2.4.3. L'efficacité des réseaux d'affiliation

L'efficacité de l'affiliation augmente quand la cible du marchand affilieur est en affinité avec celle des affiliés. L'objectif consiste bien à générer de nouveaux contacts utiles pour le site marchand et finalement, des ventes additionnelles.

Il faut donc que les visiteurs soient actifs sur le site de l'affilié (qu'ils cliquent sur le module d'affiliation), puis sur celui de l'affilieur (qu'ils consultent des informations, laissent leurs coordonnées, achètent des produits, etc.). La qualité des contacts générés par le réseau d'affiliés est donc un critère de performance très important.

La commission versée à l'affilié est généralement moins importante que le coût d'acquisition d'un prospect par une campagne publicitaire en ligne. En termes de retour sur investissement (ROI, *Return On Investment*), le Collectif des Plates-formes d'Affiliation (**http://www.cpa-france.org**) estime que pour 1 euro investi l'affiliation génère 15 euros de chiffre d'affaires en 2013.

2.5. Les comparateurs

Si la recherche d'information sur Internet se fait souvent *via* les moteurs de recherche, elle passe aussi par les sites spécialisés que sont les comparateurs de prix, guide et annuaire. Une étude montre que 21 % des Français consultent un comparateur de prix avant de faire un achat, alors qu'ils consultent un moteur de recherche dans 18 % des cas et un site d'avis de consommateurs dans 13 % des cas (la distinction entre comparateurs et sites d'avis n'est pas toujours aisée).

Les comparateurs – initialement appelés « comparateurs de prix » – sont des « infomédiaires » qui proposent de comparer les offres de différents marchands. Ils jouent un rôle stratégique sur le marché car ils influencent non seulement le choix des internautes (telle offre plutôt que telle autre), mais aussi leur processus de décision (l'importance de tel ou tel critère dans le choix). Les comparateurs se sophistiquent en intégrant d'autres critères que le prix, comme les caractéristiques de l'offre, notamment dans le secteur de l'assurance et des mutuelles.

Du point de vue de l'internaute, le rôle fondamental d'un comparateur de prix consiste à fournir une liste de plusieurs offres provenant de divers sites marchands. Cependant, quand le comparateur ne se contente pas de donner le prix des produits, mais accompagne sa recommandation d'informations additionnelles sur les produits, les clients changent radicalement de stratégie de choix : l'importance de la marque et du prix diminue.

Source : *d'après Su, 2007 (voir la référence complète sur livre-ecommerce.fr)*

Les comparateurs absorbent une part croissante des dépenses de communication sur Internet. Pour 2012, en France, ils représentent 140 millions d'euros, soit 6 % des investissements publicitaires sur Internet. Le recours aux comparateurs est particulièrement important pour les sites marchands. La plupart utilisent les services des sites de comparaison (en dehors des sites de vente privée qui ont une stratégie de recrutement plus sélective par e-mailing et parrainage). Le coût des comparateurs représente en moyenne 1,5 % des ventes.

2.5.1. Un panorama des comparateurs

En France, l'un des pionniers de cette activité est Kelkoo, créé en 1999, racheté en 2004 par Yahoo!, puis revendu à un fonds d'investissement en 2008. De nombreux autres guides d'achat sont disponibles, comme LeGuide, Ciao (Microsoft), Shopzilla, Shopping (eBay), Twenga ou Google Shopping (pour lequel le référencement est payant depuis 2012). Les comparateurs généralistes attirent un nombre de visiteurs uniques mensuel très élevé, comme LeGuide (8,9 millions) ou Ciao (4,2 millions). Certains comparateurs sont plus performants sur une catégorie de produit en particulier (comme Kelkoo sur le *high-tech* ou Shopping sur la mode).

Il existe également de très nombreux comparateurs sectoriels, notamment dans le domaine du voyage, comme Voyagez-moins-cher.com. Les comparateurs se sont également développés dans le secteur financier (par exemple, Meilleurtaux.com) et dans la téléphonie mobile (MeilleurMobile.com).

Les comparateurs référencent de plus en plus de marchands et de produits. Ainsi, LeGuide référence plus de 24 000 marchands (dont 9 000 qui payent pour être présents sur le comparateur) et 16,8 millions de produits. Twenga affirme même référencer plus de 116 000 marchands (en aspirant leurs catalogues) et plus de 293 millions de produits.

Les comparateurs ne se développent pas seulement sur un plan quantitatif ; la qualité des informations et des services s'améliore également. Des comparateurs comme Kelkoo offrent de multiples fonctionnalités (contenu éditorial, liste d'envies, recommandations, *cash-back*). Certains incluent aussi des avis de consommateurs (c'est d'ailleurs le métier historique de Ciao qui s'est transformé en comparateur dans un second temps).

La méfiance des consommateurs, confrontés aux pratiques douteuses de certains intermédiaires, constitue un frein au développement des comparateurs. Pour rassurer les internautes sur la qualité des services rendus par ces sites, la Fevad, appuyée par

Ernst & Young, délivre depuis la fin des années 2010 un label de qualité aux principaux acteurs du marché.

Pour un site marchand, exister sur un comparateur nécessite d'y publier tout ou partie de son catalogue de produits. Selon les objectifs de trafic, il est souvent indispensable d'être présent sur plusieurs comparateurs. Aussi, la publication du catalogue de façon automatisée est vitale pour réduire les coûts de gestion (voir chapitre 5). Des solutions intermédiaires our gérer et automatiser la présence dans les comparateurs sont ainsi apparues, comme Lengow ou iziFlux. La solution Lengow assure à la fois la présence sur les comparateurs et sur les plates-formes d'affiliation et de *cash-back* (**http://www.lengow.fr**).

2.5.2. La performance des comparateurs

Le coût au clic est compris entre 10 et 30 centimes d'euros, selon les catégories de produits. Certains comparateurs évoluent vers des modèles à la performance (voir la section sur l'affiliation). En revanche, à ce jour, Twenga est le seul moteur qui se rémunère exclusivement à la performance.

Les taux de transformation se situent autour de 1 à 2 %. Au-delà de ces performances commerciales, certains comparateurs accompagnent le site marchand avant, pendant et après : *back office* permettant une mise en ligne fluide des catalogues, envoi de newsletters à une base de membres inscrits, mise à disposition d'outils d'analyse de la performance, etc.

2.6. Le *cash-back* et les sites de deals

Aux frontières de la catégorie des comparateurs, certains sites se destinent plutôt à la diffusion de bons de réduction et d'offres promotionnelles, comme eBuyclub.com, edengo.com, cashstore.fr, Groupon.fr, Activia.fr, Bons-de-reduction.com ou Malistedecourse.net. Il est vrai que, parmi les techniques promotionnelles qui recrutent des clients (par opposition à celles qui fidélisent), les codes promotionnels et les offres de réduction immédiates se classent parmi celles que les internautes apprécient le plus.

La technique du *cash-back* n'est pas nouvelle en soi (on parle plus généralement, et ce depuis des décennies, d'offres de remboursement ou ODR), mais elle trouve sur Internet une nouvelle dynamique. En effet, un site comme eBuyClub propose, par exemple, l'installation dans le navigateur d'un plug-in qui permet à l'internaute de détecter automatiquement les sites qui proposent du *cash-back* ou des codes de promotion lors de sa navigation. Un tel outil facilite le déploiement de la logique du *cash-back* en créant des habitudes chez les internautes, tout comme la case « code de promotion » dans le processus de mise au panier lors de la finalisation de l'achat. Ainsi 42 % des cyberacheteurs connaissent le *cash-back* et 17 % sont inscrits sur un site de *cash-back*[1].

Ces sites se développent fortement car ils s'adressent non seulement aux sites marchands, mais également à tous les autres secteurs (comme la restauration avec LaFourchette.com, par exemple). Faire appel à eux pour générer du trafic peut coûter cher. En effet, à la réduction offerte au client, s'ajoutent la rémunération de l'éditeur qui diffuse l'offre et la plate-forme de *cash-back* qui prend une commission sur l'opération.

1. **http://www.plebicom.com**

L'arrivée de Groupon, leader mondial et acteur très agressif sur le marché (avec 8 millions de visiteurs uniques mensuels en France en 2012, 6e site de e-commerce, 2e site de m-commerce), a redynamisé la demande de bons de réduction et de bonnes affaires chez les internautes. Les réductions proposées par Groupon sont de 50 % et génèrent des comportements de chasse au bon de réduction chez certaines catégories d'acheteurs (qui n'achèteraient pas sans bon de réduction). La commission standard est de 50 % (elle peut descendre à 10 % dans certains cas, voir **http://works.groupon.fr**). De telles opérations augmentent sensiblement le coût d'acquisition des clients (à la réduction offerte au client s'ajoute la commission de Groupon), mais un tel dispositif génère une forte visibilité, avec des résultats très rapides.

> ***Exemple :*** American Apparel met en vente sur Groupon un bon d'une valeur de 50 euros au prix de 25 euros, soit une réduction de 50 %. Cette campagne mondiale a généré 160 000 achats de bons. En France, 5 000 bons ont été achetés, générant 125 000 euros de chiffre d'affaires. Parmi eux, 900 bons ont été utilisés directement sur le site Web de la marque (**www.americanapparel.fr**), les autres l'ont été dans les magasins de la marque (3 837 à Paris, 259 à Aix-en-Provence et 167 à Toulouse).
>
> *Source : S. Retaileau, Digital Keys, 2013*

La géolocalisation des offres est un axe de développement majeur pour ces sites (faire bénéficier le client d'une bonne affaire selon l'endroit où il se trouve), de même que les mécaniques sociales (donner au client la possibilité de faire profiter ses amis d'une bonne affaire). Par ailleurs, à l'avenir, les bonnes affaires seront de plus en plus souvent personnalisées. Nous donnerons des précisions concernant les techniques promotionnelles dans les chapitres 8 et 10 car celles-ci visent parfois autant à recruter qu'à transformer ou fidéliser.

2.7. Les partenariats

Le monde de l'Internet est un monde de partenariats (voir chapitre 2). Aujourd'hui, on parle de « l'écosystème » d'une entreprise ou d'une marque pour signifier l'idée que l'entreprise est entourée d'alliés, de partenaires, de prestataires, de concurrents, etc. qui forment un système dynamique. Le recrutement de nouveaux clients n'échappe pas à la logique partenariale. Le processus d'acquisition peut s'appuyer sur divers partenariats selon la nature des partenaires, la monnaie d'échange ou le degré de transparence du partenariat pour la cible visée.

2.7.1. Les types de partenariats

Selon le partenaire

En prolongement de sa politique d'affiliation, un site marchand peut souhaiter monter quelques opérations plus poussées avec certains affiliés stratégiques. Le partenariat s'apparente alors à une démarche de fidélisation de l'affilié-partenaire qui fait naturellement l'objet d'une négociation spécifique. Un site marchand peut également souhaiter lancer une opération de partenariat indépendamment de toute politique d'affiliation. Ce rapprochement suppose un lien plus équilibré, généralement sans dimension financière. Le partenariat peut aussi impliquer un échange avec un partenaire « *off line* », notamment les fournisseurs, les sponsors et mécènes, ou encore les organisations professionnelles. Depuis 2010, Deezer a signé un partenariat avec Orange (qui comprend une participation financière au capital du site de *streaming*). Ce partenariat a été reconduit en 2012, puis étendu à d'autres pays d'Europe et d'Afrique.

Selon la monnaie d'échange

La monnaie d'échange dans le cadre d'un partenariat peut être : diffuser des messages sur les espaces du partenaire (site, *newsletter*, points de vente, etc.) ; solliciter tout ou partie de la base de clients du partenaire ; accéder à une ressource ou à une compétence que le partenaire maîtrise mieux (logistique, achat).

Selon le degré de transparence

Les partenariats destinés à recruter de nouveaux clients peuvent ne pas être explicites pour la cible. Dans ce cas, le partenariat n'est pas mentionné. Il peut s'agir d'une mise à disposition ponctuelle réciproque de la base de clients, qui doit naturellement respecter le consentement de ces derniers (*opt-in* partenaire). Le partenariat peut aussi rapprocher un site marchand et un site de contenu (on peut citer l'exemple d'un site qui vend des DVD et qui échange sa base avec un site éditorial sur le cinéma) ou plusieurs sites marchands non concurrents et complémentaires (cette fois, on peut citer l'exemple d'un site qui vend des DVD et qui échange sa base avec un site qui vend des équipements de home cinéma). Cependant, de nombreux partenariats sont explicites aux yeux des clients potentiels, et sont même fortement mis en avant. Ces partenariats peuvent notamment prendre la forme d'opérations promotionnelles co-marquées (logique du *co-branding*).

Exemple : Le lancement du DVD *Syriana* par Warner Home Video a largement bénéficié d'un effet viral autour d'un blog. Le film traitant d'un sujet complexe et sérieux – la maîtrise par les États-Unis de l'approvisionnement en pétrole –, il était possible d'envisager d'ouvrir un débat en ligne. Warner Home Video a donc décidé de faire réagir les internautes autour de trois thèmes : l'ère de l'après-pétrole, la politique extérieure américaine et la situation sociale dans les pays exportateurs de pétrole. Le blog comprenait un lien vers un dossier spécial du magazine *Courrier International* et un autre vers le DVD Club de Warner. Des partenariats ont été établis avec une cinquantaine de bloggeurs traitant des thématiques du film, afin qu'ils intègrent un bouton animé sur leurs pages renvoyant vers le site du débat. Des partenariats ont également été noués avec des étudiants (BDE de plus de 150 écoles de management et d'ingénieurs, environ 30 écoles de journalisme et de sciences politiques). Un espace spécifique a été créé sur Dailymotion et sur YouTube, avec des extraits du film et des bonus du DVD. Des partenariats presse ont également été mis en place sur des sites de contenu (Lemonde.fr, Telerama.fr, etc.) et un spot radio de 15 secondes a été diffusé régulièrement sur RMC. Comme il propose un jeu-concours, le site a été référencé sur une quinzaine de portails et annuaires spécialisés en jeux-concours, générant un trafic additionnel important (Toutgagner a représenté 15 % des visiteurs). L'ensemble du dispositif a permis de générer près de 90 000 pages vues sur le mini-site, avec 20 000 visiteurs uniques. 53 % des internautes se sont connectés en direct, ce qui prouve la bonne mémorisation de l'URL. Plus de 14 000 personnes se sont inscrites au jeu et 2 200 internautes ont laissé leur adresse électronique. Le dispositif a permis de dépasser les objectifs commerciaux (50 000 DVD en deux mois).

Sources : d'après Chaibi, 2007 (voir la référence complète sur livre-ecommerce.fr), agence-modedemploi.com (voir « exemples de campagnes » dans la rubrique « services »)

2.7.2. Le coût et l'efficacité des partenariats

Relativement aux autres dispositifs de recrutement, les partenariats sont naturellement moins coûteux (en principe, les ressources et les compétences doivent se compenser). Mais le coût n'est pas nul pour autant. L'espace consacré au partenaire aurait pu être commercialisé, ou consacré à la vente d'un autre produit ; le temps passé à mettre en place le partenariat, à le faire vivre et à en tirer un bilan aurait pu être consacré à une activité plus efficace, etc. Toutefois, même si ces coûts d'opportunité étaient pris en compte, il est probable que les partenariats resteraient parmi les moyens les plus judicieux et les moins coûteux pour recruter de nouveaux clients.

2.8. Des relations publiques au management de la e-réputation

Les relations publiques comprennent l'ensemble des moyens pour faire parler de l'entreprise dans les médias et pour améliorer sa réputation. Ces activités sont naturellement essentielles pour tout site. Les campagnes promotionnelles, les lancements de produits, les nouvelles versions ou fonctionnalités du site marchand sont des prétextes pertinents pour solliciter une couverture média.

La cible des relations publiques comprend les journalistes – on parle alors de relations presse – mais, plus largement, les leaders d'opinion et les décideurs en tout genre (responsables d'organisations professionnelles ou associatives, hommes politiques, etc.). *Off line*, les relations publiques sont souvent limitées aux relations avec les médias « officiels » (stations de radio, chaînes de télévision, magazines et journaux, etc.). *On line*, en revanche, les mentions de l'entreprise, de la marque ou de ses produits apparaissent sur de multiples supports : blogs de clients, sites d'opinion, réseaux sociaux, sites gérés par des associations ou des leaders d'opinion, etc. Sur le Web, la cible des relations publiques est donc nettement plus large car elle inclut les clients potentiels, mais aussi les prescripteurs de toute nature.

2.8.1. Construire la réputation

Construire la réputation de l'entreprise consiste globalement à cadrer les différents « infomédiaires » en leur fournissant les informations nécessaires, du simple communiqué de presse au dossier de presse plus étoffé. L'identification préalable des « influenceurs » est une phase importante pour gérer la réputation d'un site marchand (bloggeurs, journalistes, experts, fans, etc.). La communication passe encore parfois par le papier, mais se trouve de plus en plus fréquemment numérisée. Les flux RSS (*Really Simple Syndication*), les tweets et les *podcasts* permettent d'informer les différents publics de façon systématique et automatique.

2.8.2. Protéger et piloter la e-réputation en continu

Protéger la réputation de l'entreprise suppose de contenir le flux de messages négatifs autour de ses activités en utilisant toute la palette des modalités d'action possibles, du simple dialogue à l'action en justice. Cela conduit également à suivre rigoureusement les mentions qui en sont faites sur les différents médias et supports. Les sites d'avis de consommateurs doivent être particulièrement surveillés, de même que les blogs influents et les réseaux sociaux. Le suivi des mentions impose la mise en place d'outils de *tracking* comme Google Alert (**http://www.google-alert.com**) ou d'outils de veille plus sophistiqués, alors payants, comme Social Mention (**http://fr.socialmention.com**). Les prestataires de la réputation *on line* viennent de l'intelligence économique ou du monde de la communication (Digimind, Synthesio, Edelman, TBWA Corporate, Le Public Système, etc.).

2.9. Les médias sociaux

Le développement des médias sociaux est inéluctable, dans la mesure où ils sont très en phase avec de nombreuses tendances de fond : volonté des individus de s'exprimer, de prendre la parole, d'être entendus et reconnus, de participer, d'échanger, de partager, etc. À l'heure actuelle, les médias sociaux ne constituent pas encore un levier de trafic majeur (comparativement au SEM ou à l'affiliation). Il semble toutefois indispensable de les appréhender, puisque ce levier joue d'ores et déjà un rôle dans le processus d'achat et qu'il est amené à prendre plus de place à l'avenir.

Plusieurs centaines de médias sociaux coexistent et leurs fonctionnalités sont très variées (Viot, 2011 ; Balagué et Fayon, 2010). Les frontières entre ces catégories évoluent régulièrement, tant le monde des médias sociaux est en constante évolution. Il est toutefois possible de tenter une catégorisation à partir de la vocation principale du service.

Certains services permettent de connecter des amis ou des connaissances, ce sont les réseaux sociaux (Facebook, Windows Live, etc.) ; la vocation de ces réseaux est parfois plus professionnelle (Viadeo, LinkedIn, etc.). D'autres médias permettent de s'exprimer sur des blogs (Blogger, Skyrock, etc.), de diffuser un flux de brèves auprès d'un groupe d'abonnés (Twitter), de partager des contenus multimédias, notamment des photos (Snapchat, Instagram, Pinterest, Flickr), de la vidéo (YouTube, Dailymotion, Vine, Viméo, etc.) ou des activités liées à une localisation (Foursquare, Path). Les applications de marquage social (*social bookmarking*) comme Digg permettent par ailleurs de partager des URL avec d'autres (sites, bons plans, produits, articles, informations, avis de clients, etc.). Depuis 2012, les réseaux sociaux « visuels », comme Pinterest, se développent fortement.

Comme l'indique Charlotte Dereux, directrice marketing de Sarenza, « *dans une logique de visibilité et d'acquisition, il est compliqué pour une enseigne de ne pas prendre en compte les réseaux sociaux* » (*E-Commerce*, janvier 2010). La question n'est pas tant de savoir s'il faut y aller ou non, mais plutôt de savoir comme s'y prendre.

Le SMM (*Social Media Marketing*) recouvre plusieurs démarches pour renforcer la présence du site dans les réseaux sociaux :

- **La création d'une page sur un réseau social** comme Facebook. Créer une « *fan page* » est devenu un incontournable, depuis leur lancement en 2009 (environ un tiers des membres de Facebook sont fans d'au moins une marque). Sur ce réseau, certaines marques atteignent plusieurs millions de fans, comme Victoria's Secret (23 millions) ou Starbucks (35 millions). Dans le *B2B*, les réseaux sont différents mais également très actifs, autour de groupes et de forums (Viadeo, LinkedIn). Il ne faut cependant pas oublier que créer la page ne constitue qu'une première étape, celle de la visibilité ; pour que l'effet social joue à plein, encore faut-il se donner les moyens d'animer cette page (voir chapitre 10).
- **La diffusion de messages publicitaires sur les médias sociaux.** La question se pose de savoir s'il est ou non opportun de diffuser des messages commerciaux sur les réseaux sociaux. Certains experts estiment que les médias sociaux sont des espaces non marchands et que la présence d'annonces commerciales n'est pas la bienvenue (des taux de clics inférieurs au *display* classique semblent leur donner raison). D'autres estiment au contraire qu'il ne faut perdre aucune opportunité de gagner en visibilité.

De fait, Facebook est devenu depuis 2010 l'un des sites publicitaires les plus actifs. Grâce à ses capacités de ciblage, il représente environ 20 % du total des impressions pour 2012. Désormais, les messages apparaissent au cœur même de la « *timeline* » et les formats publicitaires se multiplient. Des fonctionnalités de ciblage et de pilotage permettent d'utiliser le réseau social comme une véritable plate-forme publicitaire. Les enchères en temps réel (RTB) se développent également sur Facebook.

- **La diffusion de contenus éditoriaux sur les réseaux sociaux.** Le site marchand peut déposer des contenus éditoriaux sur les sites sociaux, notamment des vidéos (sur l'entreprise et ses activités, les produits vendus, les usages possibles de ses produits, etc.). On parle de SMO (*Social Media Optimization*) pour désigner cette approche du référencement fondée sur les contenus.
- **Le marquage social (*social bookmarking*).** Il s'agit d'offrir aux clients qui apprécient tel ou tel produit sur le site marchand la possibilité d'en informer facilement leurs proches. Par exemple, le site Zappos.com indique clairement les URL des fiches-produits, de façon à ce que les visiteurs puissent les insérer facilement sur leurs blogs ou dans leurs e-mails ; il offre aussi la possibilité de marquer les contenus, sur plus de 100 sites (dont Facebook, naturellement, avec son pouce « J'aime » mis en avant). Les internautes utilisent assez peu ces applications de marquage social, mais leur potentiel pour rendre l'offre plus visible ne doit pas être négligé.
- **Les applications de *social shopping*.** Le site peut offrir aux visiteurs la possibilité de faire leurs courses avec des amis, d'une certaine façon. Par exemple, le site de vente en ligne de Krys propose à ses clients de montrer à leurs amis une présélection de montures, pour les aider à finaliser leur choix. En 2013, Amazon a signé un partenariat avec Facebook pour diffuser des chèques-cadeaux sur le réseau social (de 1 dollar à 25 dollars) de façon à ce que les internautes puissent célébrer l'anniversaire de leurs amis en leur faisant parvenir un bon d'achat utilisable sur le site marchand. Il est également possible de mutualiser les dons entre plusieurs amis. On parle ici de « *social gifting* ».
- **Le *blogging*.** Certains sites marchands tiennent un ou plusieurs blogs. Ces blogs peuvent s'intégrer dans le site marchand principal, dans des mini-sites spécialisés, ou dans le site *corporate* si le blog porte plutôt sur l'entreprise. L'idée est aussi de solliciter des retombées sur d'autres blogs, notamment dans les plates-formes les plus actives.
- **Le *micro-blogging*.** Le leader actuel du *micro-blogging* est Twitter. Cette pratique consiste à envoyer un flux d'informations brèves (un *tweet* compte 140 caractères) à une base de membres inscrits (les « *followers* » pour Twitter). Des marques utilisent le *micro-blogging* pour diffuser des offres spéciales, à l'instar de Dell qui affirme ainsi réaliser un chiffre d'affaires substantiel avec ses tweets. D'autres marchands utilisent plutôt Twitter à un niveau *corporate*. Ainsi, Zappos.com et son charismatique CEO, Tony Hsieh, ont plus de 2,8 millions de *followers* à fin 2013.
- **La diffusion de flux RSS.** Certains sites proposent de diffuser des flux RSS pour tenir au courant une vaste communauté d'abonnés, notamment des experts et des journalistes. Ces flux peuvent être automatiquement repris par d'autres sites (on parle de syndication de contenus).
- **Le soutien aux clients ambassadeurs pour qu'ils expriment leur attachement à la marque.** Les clients qui apprécient particulièrement une marque peuvent exprimer

cet intérêt auprès de leurs proches, ce qui permet d'augmenter la visibilité du site. Ces ambassadeurs peuvent aussi relayer des contenus précis. Par exemple, PriceMinister a proposé un *widget* à ses fans, afin qu'ils puissent facilement relayer les contenus du site sur leurs blogs ou sur leurs pages.

- **La génération d'un buzz**. Le bouche à oreille *on line* (« *word of mouse* » plutôt que « *word of mouth* ») peut susciter un bruit tonitruant (*buzz*), notamment par des opérations décalées ou mystérieuses. On estime qu'un mécanisme viral performant permet au moins de doubler la taille de la cible initiale. La sélection initiale des « ancêtres » les plus à même de générer des contacts ultérieurs constitue un enjeu important. Les individus les plus fertiles – ceux qui donnent le plus de contacts – sont susceptibles de générer 24 contacts en 1,8 génération (Balagué et Lee, 2007). Les études récentes montrent que la génération d'un mécanisme viral suppose bien souvent une stratégie active de « *seeding* », qui consiste à promouvoir le message en achetant des impressions, notamment sur les sites de vidéo comme YouTube (Liu-Thompkis, 2012). Ces stratégies actives de *seeding* sont particulièrement nécessaires quand la qualité du message ne permet pas de garantir une diffusion naturelle suffisante.

Exemple : Leader de la vente de chaussures en ligne avec plus de 100 millions d'euros de chiffre d'affaires en 2011, Sarenza est pourtant une entreprise très jeune, créée en 2006, dont la notoriété et le capital sympathie doivent encore être développés. L'opération « Qu'est-ce qui fait courir les filles ? » est née de cette envie d'interpeller, de surprendre, de faire sourire, avec un concept simple : le premier championnat de course en escarpins de 8 cm minimum, en relais 3 × 50 mètres. L'opération a démarré sur le Web pour générer le *buzz* nécessaire afin de recruter les candidates, puis s'est achevée par un événement festif et réel. Un mini-site a été créé, accessible depuis la page d'accueil de Sarenza.com. Les équipes ayant fait le plus grand bruit dans leurs réseaux (e-mails, Facebook, Twitter, etc.) étaient sélectionnées d'office pour la course (les autres 29 équipes ont été tirées au sort parmi les 108 équipes inscrites). En amont de la sélection en ligne, des actions de relations presse ont été menées auprès de la presse féminine et dans la blogosphère (recrutement de trois bloggeuses très en vue, diffusion d'un kit auprès de 150 bloggeuses influentes invitées à l'événement et envoi d'un e-mail aux 750 bloggeuses affiliées). Les 32 équipes sélectionnées ont ensuite été conviées à venir avec leurs supporters. Au total, 600 personnes se sont réunies dans un lieu tenu secret jusqu'à la dernière minute (un gymnase entièrement habillé aux couleurs de la marque, près de La Bastille, à Paris). L'opération a attiré 105 000 visiteurs uniques sur le site, avec plus de 200 000 pages vues. La campagne a été relayée sur la plate-forme Blogbang (900 blogs ont repris la vidéo). Plus de 32 millions de bannières ont été imprimées (taux de clic moyen de 3,7 %). La vidéo a été vue 508 000 fois. L'opération a également généré de fortes retombées dans les médias : 80 publications annonçant la course (30 annonçant les résultats), plus de 110 billets sur les blogs, 30 parutions dans la presse et 12 sur les sites féminins, 10 reportages télévisés (Grand Journal, Canal+, etc.). Avec cette opération, Sarenza a réussi à diffuser massivement ses contenus, au service de la notoriété de la marque et de son image.

Source : d'après Jouffroy, Ber et Tisser, 2010

Peu d'études permettent aujourd'hui de juger de l'efficacité des médias sociaux pour renforcer la visibilité des sites marchands. Dans ces espaces, il semblerait que les internautes soient moins réceptifs aux messages commerciaux. Mais il est assurément trop tôt pour tirer des enseignements solides et généraux sur ces médias. En revanche, des questions très concrètes se posent dès à présent, concernant notamment le moyen de faire cohabiter la « *fan page* » officielle et les pages des (véritables) fans, ou comment orienter le flux de visiteurs vers le site marchand.

À ce stade de développement des médias sociaux, optimiser sa présence suppose d'expérimenter sans relâche, de tester et d'apprendre. En la matière, la courbe d'expérience est cruciale. Par ailleurs, il faut garder à l'esprit que si l'investissement budgétaire est limité, une présence « effective » sur les réseaux sociaux – c'est-à-dire à la fois active et efficace – nécessite du temps et des idées. Il s'agit donc de dédier des ressources humaines à cette fonction, à l'instar du « *community management* », dont le périmètre commence à se préciser (voir chapitre 10). Les sites marchands sont-ils véritablement prêts à investir (dans) les médias sociaux ?

Mais au fond, l'enjeu majeur soulevé par les réseaux sociaux est avant tout une question de posture… et d'actes. Au-delà des discours, l'entreprise ou la marque est-elle prête à jouer le jeu de la transparence, de l'accessibilité, de la proximité et de l'authenticité ?

2.10. La communication *off line*

Même si la durée de consommation d'Internet croît régulièrement, notamment aux dépens de la télévision, le Web ne représente « que » 20 à 25 % du temps de consommation média. Aujourd'hui encore, la plupart des prospects d'un site marchand consomment plus de médias conventionnels (télévision, presse, radio, etc.) que de médias électroniques. Internet ne représente qu'un pourcentage limité de l'ensemble des contacts avec les marques (probablement moins de 25 %), en incluant les affiches, les packagings, les courriers et prospectus, les conversations avec les proches, etc. Une étude américaine montre même que les utilisateurs les plus expérimentés privilégient plus les sources *off line* que les utilisateurs les moins expérimentés (Cheema *et al.*, 2010).

Par ailleurs, même si la créativité progresse très vite sur le Web, la communication *off line* permet aussi de construire la marque avec des moyens plus riches en émotions : les sens sont plus stimulés que sur Internet (notamment l'ouïe, l'odorat et le toucher), les visuels ont plus d'impact en affichage ou en presse qu'en *display*, les concepts publicitaires sont plus élaborés à la télévision, etc. Accessoirement, la communication *off line* permet de toucher une cible qui ne fréquente pas Internet régulièrement.

Pour un site marchand, il est donc essentiel – sans doute encore pour longtemps – de s'assurer une forte visibilité dans le monde physique (la situation sera éminemment différente quand les individus regarderont massivement la télévision sur leurs mobiles ou écouteront la radio sur le Web). Cette présence *off line* passe par de nombreux moyens : marketing direct, médias, bouche à oreille, points de vente et autres supports physiques.

2.10.1. Le marketing direct

Le marketing direct est un vaste ensemble de moyens de communication : communication individualisée avec les courriers postaux ou les appels sortants, mais aussi communication de masse, avec les catalogues et les imprimés sans adresse (notamment les prospectus). En 2012, en France, les dépenses des annonceurs en marketing direct représentent 9 milliards d'euros, soit trois fois les investissements en télévision et sept fois ceux du Web. De nombreux sites marchands ont recours au marketing direct pour exposer leurs assortiments, notamment les catalogues et les prospectus, exactement comme le font les distributeurs conventionnels.

2.10.2. Les médias

Si la plupart des sites annoncent dans les médias historiques (notamment la presse), les débauches de communication des années 1998-2000 sont clairement derrière nous. La communication peut être incidente (simple mention du nom du site dans le support) ou spécifique. Dans ce dernier cas, les caractéristiques et les avantages du site sont présentés « en clair » au public. Les médias peuvent servir à installer un positionnement fort ou à communiquer une opération promotionnelle. En 2013, l'IAB a mené une étude aux États-Unis démontrant les synergies entre *display* et télévision : augmentation de la couverture (par exemple, un basculement de 15 % du budget de la télévision vers le *display* et la vidéo apporte 3,4 points de couverture additionnelle), baisse du coût d'un point de couverture, et augmentation de la mémorisation et de l'agrément[1].

> ***Exemple :*** Easyvoyage est un *pure player* « vertical » (spécialisé dans un secteur, en l'occurrence celui du voyage) qui propose aux internautes un ensemble de services : comparateur de vols et d'hôtels, contenus propres, avis de voyageurs, forums, etc. Le site fait désormais face à de très gros acteurs, dont Google. D'après Jean-Pierre Nadir, fondateur du site, pour résister à de tels concurrents, « *nous avons besoin de créer une marque forte* ». Le site a donc entrepris une importante campagne de communication *off line* en télévision sur TF1, Canal+ et Direct8.
>
> *Sources : d'après Le Journal du Net, 2013*

2.10.3. Le bouche à oreille

On estime qu'environ les trois quarts des mentions d'une marque prennent place dans le cadre de conversations entre consommateurs ou entre clients. Le bouche à oreille reste l'un des moyens les plus puissants pour communiquer un message, même si les ressorts de ce type de communication restent largement inconnus.

Le bouche à oreille peut être entretenu par des programmes de parrainage ou par des dispositifs de *merchandising* (produits dérivés achetés, utilisés ou portés par les clients). Mais avant tout, il doit résulter d'une réelle satisfaction des clients actuels. Ce type de bouche à oreille permet d'obtenir des performances dans la durée, au-delà de l'engouement passager du buzz.

Pour lancer un site marchand (ou même pour annoncer une nouvelle version), un marchand peut également déployer une communication événementielle spécifique, comme pour tout lancement de produit ou de service. Ces événements sont alors susceptibles de générer du bouche à oreille, particulièrement si les contenus créés à cette occasion (témoignages, photos, vidéos, etc.) sont relayés sur le réseau. Ainsi, en 2013, à l'occasion du lancement de son site marchand, la marque Piaget a organisé un concert à l'attention de ses meilleurs clients.

2.10.4. Les points de vente et autres supports physiques

Les points de vente servent avant tout… à vendre. Mais, depuis longtemps, on sait qu'ils sont également utiles pour découvrir les nouveautés, obtenir des conseils, retirer un produit commandé sur le site marchand, ramener un produit qui ne fonctionne pas, etc. Autrement dit, même pour les enseignes *brick & mortar*, la fonction transactionnelle est

1. « A Comprehensive Picture of Digital Video and TV Advertising: Viewing, Budget Share Shift and Effectiveness », Étude menée par l'IAB aux États-Unis, in *Le Journal du Net*, 2013.

une fonction parmi d'autres : la fonction relationnelle prend de l'ampleur dans tous les secteurs, le commerce en particulier.

Pour un distributeur *click & mortar*, les sacs de caisse, le magazine de marque (*consumer magazine*) ou la radio interne du magasin peuvent servir de support de visibilité au site marchand. Pour un *pure player*, une présence physique permet notamment de rassurer le client potentiel. Cette présence physique peut se traduire par l'ouverture de points de vente (voir chapitres 2 et 3), mais également passer par des actions commerciales sur le terrain. Ainsi, en 2012, Amazon a commercialisé des chèques-cadeaux dans le réseau des marchands de journaux et des tabacs.

3. Quelques considérations stratégiques pour créer du trafic sur un site marchand

Après avoir examiné les spécificités et les atouts des différents leviers qui permettent de créer du trafic sur un site marchand, nous exposons maintenant quelques considérations plus stratégiques.

L'élaboration d'une stratégie de communication gagnante pour créer du trafic suppose de bien comprendre les spécificités de la communication numérique, puis d'identifier les enjeux et les arbitrages les plus importants pour allouer au mieux le budget marketing. Sur un plan plus opérationnel, l'une des clés du succès consiste à intégrer efficacement les outils disponibles (*display*, *search*, etc.). Il s'agira aussi de piloter le budget marketing en suivant les coûts d'acquisition et en analysant l'efficacité et l'efficience de chaque action.

3.1. Comprendre les spécificités de la communication numérique

Les médias électroniques présentent des caractéristiques qui changent la donne en matière de communication :

- **La communication est plus « *pull* » que « *push* ».** Autrement dit, en principe, le destinataire va plutôt vers l'information que l'information ne vient vers lui. La communication doit se situer à une bonne distance : inciter le destinataire à faire un pas vers le message et ne pas faire une irruption brutale dans sa sphère personnelle. Il faut donc absolument éviter le sentiment d'intrusion.
- **La communication sur le Web est une communication impliquante** car, même si la tablette est probablement en passe de changer fondamentalement le rôle du média, Internet est (encore) un média d'information, de transaction et de relation, avant d'être un média de divertissement comme la télévision. La communication doit créer une valeur fonctionnelle pour être vue.
- L'environnement *on line* est sans doute encore plus saturé que l'environnement *off line*. L'attention du destinataire est donc sollicitée de toutes parts. **La communication doit être pertinente.** Compte tenu de la saturation et du niveau d'implication de la cible, les messages doivent être ciblés, comme le sont par exemple les liens sponsorisés (en fonction d'une requête) ou le *display* (en fonction d'un comportement). Il s'agit par ailleurs non seulement de délivrer le bon message à la bonne personne, mais également de déterminer le bon moment. Si la promesse du *one-to-one* n'est pas encore une réalité, il n'empêche que les dispositifs électroniques permettent un

degré de ciblage probablement inégalé dans l'histoire de la communication. Afin de renforcer la pertinence des messages tout en limitant le sentiment d'intrusion, l'intégration de la publicité dans les contenus est de plus en plus pratiquée (on parle parfois de « *native advertising* »).

- La saturation des espaces induit une autre conséquence : **la communication doit être continue et non ponctuelle** pour maintenir un niveau de visibilité élevé, au moins dans certaines parties de l'espace virtuel (il ne s'agit bien évidemment pas d'être présent partout à chaque instant). La notion de « campagne de communication » pourrait disparaître, au profit d'une notion plus large et plus permanente (dispositifs, programmes, etc.), mais dont les contours restent largement à définir.
- Sur le Web, **la communication est un dialogue plutôt qu'un monologue**. Le destinataire s'attend non seulement à contrôler le flux, mais aussi à pouvoir y réagir : laisser une évaluation ou un commentaire, relayer le message, etc. L'internaute est en situation d'émettre aussi bien des messages contradictoires à ceux de la marque, que des messages de soutien. Il est désormais un émetteur qui entre en concurrence avec les institutions, entreprises ou marques. Selon Geneviève Rauner (chez Duke jusqu'en 2011), « *une marque doit raconter une histoire, proposer un contenu dédié, adopter une posture d'interaction et de dialogue avec l'internaute sans s'imposer. Elle doit se présenter, installer son image et ne pas couper la parole à l'internaute en utilisant des formats intrusifs ou trop décalés* ».
- Sur Internet, le bouche à oreille est un phénomène social probablement encore plus fort que dans le monde réel : **la communication virale est fondamentale**. Un nouveau modèle de communication émerge, où il ne s'agit plus nécessairement de multiplier les messages publicitaires (puissance × répétition), mais plutôt de favoriser l'expression des internautes autour des activités de la marque. Certaines de ces expressions seront critiques, d'autres positives ; ces dernières auront alors une capacité persuasive supérieure à celle des messages publicitaires (Keller et Fay, 2013). Les mécanismes viraux sont parfois stimulés de façon encore plus active, par des jeux-concours ou par des primes. Les internautes sont notamment encouragés à laisser les coordonnées électroniques de leurs proches ou amis. Ces derniers peuvent être contactés à leur tour, etc. En France, les mécanismes de jeu viral ont permis à des entreprises comme Expedia, avec l'appui de prestataires spécialisés comme 1000Mercis (**http://www.1000mercis.com**), de constituer de considérables bases de données de prospects.

Les techniques de marketing développées sur le Web sont parfois proches de la communication conventionnelle (le *display* équivaut plus ou moins à la publicité, l'e-mailing au publipostage, etc.). D'autres techniques sont résolument différentes de la communication conventionnelle, comme le *micro-blogging*, le marquage social, les comparateurs de prix ou l'affiliation. Mais que les techniques de communication numérique nous semblent proches ou lointaines, il faut se garder d'un double écueil : croire que l'on doit tout réinventer et que la communication sur Internet est radicalement nouvelle ; s'imaginer, au contraire, que l'on peut s'inspirer largement des mesures qui fonctionnent depuis des décennies. De fait, la communication électronique réinterprète les règles de la communication, en soulevant systématiquement la question de leur pertinence.

La seule règle absolue c'est de toujours tester la validité de ce que l'on croit savoir en matière de communication. L'expérimentation constitue la seule voie possible pour réinventer intelligemment les règles de la communication grâce au Web.

3.2. Identifier les enjeux et les arbitrages les plus critiques

Lorsqu'il s'agit de planifier les investissements marketing pour créer du trafic, les responsables du site marchand sont confrontés à un sujet complexe. Il semble indispensable de bien décomposer les enjeux puis de les hiérarchiser, du plus stratégique au plus tactique :

- **Quelle part de l'investissement consacrer à la création d'une interface marchande (pour convertir et fidéliser) et quelle part à la création de trafic (pour acquérir/recruter de nouveaux clients) ?** Ces enjeux font écho à des choix stratégiques en matière de relation client (voir chapitre 10). Ils doivent être traités au niveau d'une direction marketing/commercial ou d'une direction générale.
- **Afin de recruter ces nouveaux clients, quelle part de l'investissement consacrer à la réputation (plutôt «** ***pull*** **») et quelle part à la visibilité (plutôt «** ***push*** **») ?** Aujourd'hui, de nombreux responsables marketing s'inquiètent du fait qu'une bonne part des investissements de communication ne construit plus la réputation des marques, mais doit être consacrée à la création de trafic. Ces enjeux doivent être traités au niveau d'une direction marketing/commercial, afin d'articuler le management de la marque et avec le développement du business.
- **Quelle part de l'investissement consacrer à l'extension de la « zone de chalandise » en ligne (*reach*) et quelle part à la transformation de ce potentiel de visites en visiteurs effectifs ?** Cette question relève clairement du marketing, avec des questions d'étude et de ciblage.
- **Quelle part de l'investissement consacrer au *off line* (publicité dans les médias, présence sur le terrain, etc.) et quelle part au *on line* (*display*, SEM, SMM, etc.) ?** Cette question est aujourd'hui débattue dans un contexte de tension entre des métiers anciens et des métiers nouveaux. Peu d'entreprises disposent des méthodes pour trancher ces questions sereinement.
- **Sur un plan plus tactique, quelle part de l'investissement consacrer à chaque levier (*display*, e-mailing, SEM, affiliation, etc.) ?** Les leviers étant clairement complémentaires (nature des effets et ampleur des impacts), comment les intégrer au mieux ? Cette question fait écho à la stratégie digital de l'entreprise, qui doit être définie par la direction marketing/communication (Chaffey *et al.*, 2014).

Display ou *search* ? En général, le *display* intervient en amont du tunnel de conversion, pour interpeller le prospect (phase de notoriété et de considération). Le *search* intervient plutôt en aval du tunnel, pour transformer l'intérêt en actes (phases de considération active et d'achat). Cependant, si l'objectif ne consiste pas seulement à créer du trafic (objectif de performance), mais aussi à construire la marque (objectif de *branding*), le mix de communication devra évoluer vers des formats *display* plus qualitatifs. En outre, alors que certains outils sont pertinents pour amorcer la création de trafic (*display*), d'autres le sont plutôt pour développer fortement les volumes (*search*). Il faut donc savoir faire évoluer le mix de communication au fil du temps. Ce mix peut également varier selon les pays et les secteurs. À cet égard, Google fournit, à partir des données qu'elle agrège depuis ses outils (moteur de recherche, outils d'analyse), des informations sur l'utilisation par les internautes des différents leviers selon des catégories de produits et des pays. Le site suivant permet de visualiser l'importance relative de ses différents leviers d'action marketing : **http://www.google.com/think/tools/customer-journey-to-online-purchase.html**.

- **Quelle part de l'investissement consacrer aux messages (créativité, nombre de créations, etc.) et quelle part à l'achat d'espace** ? Il n'est probablement pas pertinent d'investir en créativité si le plan média n'est pas qualitatif. Cette question relève aussi d'une stratégie digitale, mais doit être avant tout traitée par des spécialistes de la communication.

3.3. Intégrer les outils de communication

Depuis plusieurs années, le monde du marketing et de la communication est agité par l'idée d'intégration des moyens de communication (*Integrated Marketing Communications*). Ce débat concerne aujourd'hui les médias digitaux qui retiennent désormais toute l'attention des responsables marketing.

L'idée centrale consiste à mettre au premier plan le message à transmettre et les objectifs à atteindre, et de reléguer le choix du média au second plan (Pickton et Broderick, 2004). On parle parfois d'un « media planning neutre », c'est-à-dire qui ne favorise pas tel ou tel média par principe. L'enjeu n'est donc pas de sélectionner tel ou tel média, mais de penser aux combinaisons les plus efficaces. Comme l'indique Sébastien Badault (Google), « *aujourd'hui, on définit le format en fonction du message, et non l'inverse* » (*E-Commerce*, mai-juin 2010). L'idée de neutralité du média planning peut être déclinée au niveau du choix des leviers électroniques car aucun moyen ne permet d'avoir à la fois la couverture (*reach*) et l'impact. C'est bien la combinaison de divers moyens qui permettra d'atteindre les objectifs.

Une deuxième idée majeure consiste à tirer parti de l'explosion du nombre de médias et des effets de synergie entre ces médias, dans la mesure où la combinaison de plusieurs médias consolide l'efficacité de l'ensemble (Prasad et Peters, 2009).

En matière d'intégration des outils de communication (*off line* et *on line*), on peut suggérer quelques recommandations :

- Les synergies ne peuvent naturellement apparaître que si l'impact de chaque moyen utilisé n'est pas nul. Dans la chaîne des médias utilisés, il faut donc **s'assurer qu'il n'y a pas de maillon faible**.
- La communication intégrée impose d'imaginer des rebonds complexes entre les médias. Par exemple, le consommateur doit trouver un mot de passe glissé dans le conditionnement, mot de passe qui lui permettra de se rendre sur le site Web, puis de participer à un jeu en magasin, d'envoyer un SMS pour participer une fois dans le point de vente, etc. Ces rebonds sont parfois perçus comme trop complexes par la cible. Il est indispensable de **travailler les enchaînements**, de **faire acte de pédagogie** en expliquant le plus clairement possible les étapes, les résultats attendus, les modalités de participation et les conditions de succès, etc.
- La nature dialogique de la communication sur le Web oblige de **prévoir des médias de réponse** pour que le destinataire puisse s'exprimer, de multiples façons. Cette réponse est d'ailleurs la vraie mesure de l'efficacité (participation à l'élaboration du message, demande d'information, participation à un jeu, recommandation à un proche, etc.). Cela conduit donc à mettre en place un réseau de médias qui se répondent, en entrée et en sortie. Le manager marketing est aujourd'hui en mesure d'utiliser et d'articuler entre eux de multiples canaux d'action (publipostage, télémarketing, e-mailing,

publicité en ligne, publicité dans les médias traditionnels) et de nombreux canaux de réponse (point de vente, site marchand, centre d'appel, mobile, courrier ou e-mail, etc.).

- Si de nombreux prestataires proposent désormais une expertise pointue dans tel ou tel domaine (*display*, e-mailing, SEM, mobile, etc.), il est indispensable de **développer une compétence transversale pour orchestrer les divers leviers**. Le site marchand doit être capable, seul ou accompagné, de combiner efficacement des leviers de trafic. Atteindre les objectifs d'acquisition à moindre coût suppose par exemple de ne pas payer deux fois un même *lead*. Or, compte tenu de la complexité de la traçabilité des comportements sur Internet, cela n'est pas toujours aisé.

3.4. Piloter les budgets marketing pour en améliorer l'efficacité

Les sites marchands consacrent autour de 10 % de leur chiffre d'affaires à la création de trafic. Pour optimiser ce budget considérable, il importe de bien mesurer les coûts d'acquisition. Plus encore, la multiplication des canaux d'acquisition nécessite de bâtir une vision à 360° des différents leviers et de les piloter d'une façon globale, d'autant que les recouvrements peuvent être nombreux. L'ajustement de la communication aux clients et aux produits constitue également un levier d'amélioration de l'efficacité des investissements digitaux.

3.4.1. Le pilotage par le coût d'acquisition

Il est vivement conseillé de calculer le coût par acquisition (CPA), afin de suivre son évolution dans le temps. Le CPA est calculé à partir du coût de chaque levier, pondéré par son importance relative dans le mix de communication. Il est également pertinent de calculer un CPA par type de client recruté dans la mesure où un coût moyen peut cacher de fortes disparités.

Cependant, le bon mix de communication n'est pas celui qui minimise le CPA, mais plutôt celui qui permet d'atteindre les objectifs. Le pilotage des budgets d'acquisition par le CPA constitue par ailleurs une première étape pour optimiser les investissements marketing. Il s'agit également de mettre en œuvre des moyens d'analyse spécifiques pour déterminer l'efficacité et l'efficience de chaque action sur chaque canal.

3.4.2. L'optimisation globale des budgets grâce au modèle d'attribution

Si le CPA demeure un indicateur clé dans le pilotage des campagnes d'acquisition, il n'en demeure pas moins que la plupart des annonceurs font face à une problématique chaque jour plus saillante : le recouvrement des campagnes.

> ***Exemple :*** Philippe souhaite effectuer un voyage au Maroc. Il débute sa recherche en entrant « voyage au Maroc » dans Google. Suite à cette recherche, il visite le site A.com *via* un lien sponsorisé, puis d'autres sites concurrents. Il va également sur TripAdvisor pour analyser les avis d'autres voyageurs sur cette destination. Philippe mettra 35 jours en moyenne pour se décider (moyenne de la durée du processus dans l'e-tourisme). Durant cette période, il recevra plusieurs e-mails lui soumettant des offres, et cliquera sur une ou plusieurs bannières publicitaires du site A.com lui proposant des tarifs pour des voyages au Maroc. Il concrétisera sa décision d'achat après avoir saisi le nom du site A.com dans Google.

Il est donc souvent difficile d'analyser de façon simple l'efficacité d'un levier d'acquisition avec le seul indicateur CPA. Or, un canal (le référencement payant par exemple) peut amener un client, alors que celui-ci a parallèlement reçu un e-mail ou été exposé à une campagne *display* sur un site d'information. Il est donc délicat d'attribuer la vente uniquement au référencement payant. La période d'analyse de la conversion est également cruciale pour interpréter correctement l'efficacité des leviers. Dans l'exemple, si on limite la période d'analyse à sept jours, on ne peut attribuer un rôle à certains des leviers qui ont pourtant contribué à la vente.

Plus encore, une telle analyse pourrait conduire à des décisions d'arbitrage budgétaires erronées. En effet, il est tentant, dans le dernier cas, de couper les budgets e-mailing et *display* ou d'en diminuer les montants au profit du référencement payant. Une telle décision peut entraîner des effets induits qui conduisent à diminuer l'effet du référencement payant et son efficacité. Cette dernière provient, dans de très nombreux cas, de la multi-exposition et des effets croisés des différents leviers.

Chaque canal joue un rôle différent aux divers stades du processus de décision d'achat : prise de conscience du besoin, considération, intention, décision. Aussi aucun d'entre eux ne doit être écarté *a priori*. C'est l'efficacité de leur combinaison qui doit être appréciée et faire l'objet des arbitrages. La figure 7.2 décrit ainsi l'efficacité relative de chacun des leviers d'acquisition pour le secteur de la distribution en France en 2012.

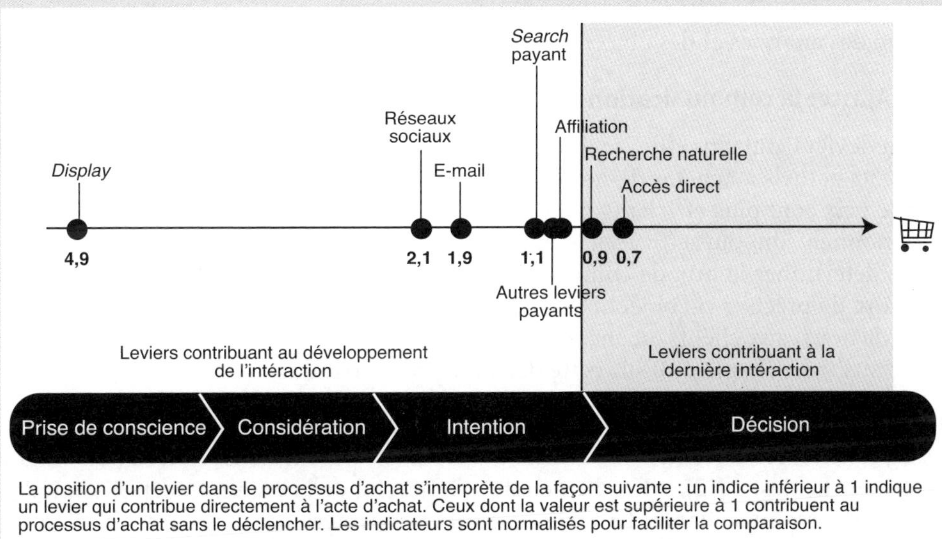

Figure 7.2 : Rôle relatif des différents leviers d'acquisition dans le processus de décision.

Source : d'après Google Think Insights, **http://www.google.com/think/tools/customer-journey-to-online-purchase.html**

Les difficultés soulevées par la duplication des messages (entre médias ou entre supports pour un même média) ne sont pas nouvelles. Elles sont ravivées par la disponibilité de nouveaux outils de suivi des campagnes digitales qui facilitent la visualisation et la compréhension des processus de décision des internautes, ainsi que le rôle des différents leviers marketing dans ce processus. Jusqu'à très récemment, la règle de l'industrie était simple (attribution de la vente au « dernier clic »[1]) et masquait complètement le rôle des différents leviers dans le processus.

Trois modèles d'attribution sont proposés par défaut dans la plupart des outils d'analyse (Google Analytics, Coremetrics, Omniture, Webtrends) :

- **Le modèle au premier clic.** Il attribue 100 % de la valeur de la conversion au premier canal avec lequel l'acheteur aura interagi avant de faire un achat ou une demande devis. Ce modèle est adapté aux marques à faible notoriété.
- **Le modèle au dernier clic.** Il attribue 100 % de la valeur de la conversion au dernier canal qui précède la vente. C'est le modèle historique et par défaut de Google Analytics. Il convient aux marques pour lesquelles le processus de décision est court (sans phase de réflexion longue) et aux campagnes qui visent à générer des ventes (soldes, promotions). Ce modèle sert de référence pour l'analyse comparative avec les autres modèles.
- **Le modèle linéaire.** Il attribue le même poids à chaque canal qui a contribué à une vente. Ce modèle se révèle pertinent si les campagnes sont conçues pour maintenir le contact avec l'internaute dans le temps et pour développer la notoriété de la marque tout au long du cycle de vente. Une variante possible consiste à surpondérer les leviers les plus proches de la conversion (dépréciation dans le temps qui peut être linéaire ou non).

Quel que soit le modèle retenu, ce sont les décisions d'affectation des budgets sur les différents leviers d'acquisition qui sont importantes et leur réajustement permanent en fonction des analyses et des objectifs que le site poursuit.

3.4.3. Ajuster la communication aux cibles… et aux produits

Certains leviers sont plus efficaces pour attirer de nouveaux clients et d'autres pour inciter des clients actuels à acheter de nouveau. Il a notamment été montré que les comparateurs de prix sont plus efficients pour recruter de nouveaux clients, alors que les codes promotionnels sont plus efficaces pour fidéliser (Breuer et Brettel, 2012). Autrement dit, afin de déterminer le mix de communication « optimal » pour générer du trafic, il est nécessaire de préciser si l'objectif consiste à faire découvrir le site, à générer des ventes auprès de nouveaux clients ou encore à faire revenir sur le site marchand des internautes déjà clients (voir chapitre 10 sur cette dernière problématique).

Plus généralement, des recherches montrent que, sur Internet, la capacité persuasive des messages varie très fortement d'un individu à l'autre, notamment selon sa personnalité (Kaptein et Eckles, 2012). Afin d'améliorer l'efficacité de la communication digitale, il est donc nécessaire d'adapter les techniques et les messages selon les caractéristiques de la cible. Les capacités de ciblage se multiplient (ciblage géographique, ciblage social, etc.), de même que les technologies de diffusion (RTB, par exemple).

L'efficacité des investissements digitaux peut encore s'améliorer avec le couplage des outils de planification (AdWords de Google, par exemple, pour le SEA) avec les applications de gestion (comme les ERP, par exemple, ou les systèmes de *revenue management*). De cette façon, par exemple, il devient possible d'ajuster la communication aux quantités

1. Une étude de Google montre que la méthode du dernier clic reste majoritaire en 2012 pour 54 % des annonceurs et agences interrogés. « Marketing attribution. Valuing customer journey », E-Consultancy pour Google Analytics, Février 2012.

disponibles. Ainsi, Air France peut acheter en temps réel des mots clés sur des destinations pour lesquelles il reste seulement quelques sièges à pourvoir.

En conclusion, créer du trafic sur un site marchand est en enjeu aussi important que complexe, car l'acquisition repose sur la mise en œuvre combinée de multiples outils (*display*, *search*, affiliation, etc.).

Cependant, on ne doit pas non plus perdre de vue que le premier facteur d'attractivité est l'assortiment (largeur, profondeur, originalité, qualité, etc.). On retrouve là un élément fondamental du commerce traditionnel. La politique tarifaire est également un critère essentiel pour générer du trafic. La capacité du site marchand à s'inscrire dans les grands temps forts commerciaux (la rentrée, les fêtes de Noël, etc.) génère du trafic. Les périodes de soldes, notamment, permettent de recruter des nouveaux clients.

En outre, les facteurs explicatifs du trafic varient d'un site à l'autre : toute généralisation est donc délicate. Dès lors que les recommandations générales sont peu pertinentes, il devient indispensable de mettre en place une démarche systématique d'expérimentation et d'apprentissage (*test and learn*) pour trouver le bon mix de communication.

Résumé

La création de trafic vers le site marchand constitue un enjeu majeur. Pour certains types d'achat, il s'agira surtout de s'appuyer sur une marque ayant une forte réputation, souvent construite par de la communication traditionnelle (télévision, presse, radio, affichage, etc.). En revanche, pour d'autres types d'achats, il s'agira plutôt d'être visible sur le Web.

Acquise chèrement, la visibilité sur Internet se développe de multiples façons : par la diffusion de publicités graphiques (*display*), l'envoi d'e-mails ou de SMS, le référencement sur les moteurs de recherche (*search engine marketing*) et sur les comparateurs de prix, par la mise en place de réseaux d'affiliés ou de partenariats. Malgré la forte croissance des communications numériques, la communication *off line* reste un levier incontournable de visibilité.

Sur un plan stratégique, après avoir pleinement pris conscience des spécificités de la communication numérique et identifié les principaux enjeux et arbitrages critiques, la question centrale consiste à intégrer les différents leviers pour créer le trafic, puis piloter le budget marketing pour optimiser les investissements.

Bibliographie

Balagué C. et Fayon D. (2010), *Facebook, Twitter et les autres. Intégrer les réseaux sociaux dans une stratégie d'entreprise*, Pearson France, Paris.

Balagué C. et Lee J. (2007), « Modèle dynamique du comportement d'achat sur Internet et de l'impact de l'e-mailing par les réseaux de Petri », *Recherche et Applications en Marketing*, vol. 22, n° 2, pp. 39-56.

Breuer R. et Brettel M. (2012), « Short- and long-term effects of online advertising: differences between new and existing customers », *Journal of Interactive Marketing*, vol. 26, n° 3, pp. 155-166.

Boland Abraham L., Hunter A. et Vollman A. (2012), « How validation can trump digital waste... and generate value across the digital advertising ecosystem », *Journal of Advertising Research*, vol. 52, n° 2, pp. 181-195.

Cases A.S., Fournier C. et Dubois P.L. (2006), « Étude de l'influence des caractéristiques d'un e-mail commercial : approches expérimentales *in vivo* », *Revue française du Marketing*, vol. 209, n° 4-5, pp. 7-23.

Chaffey D., Ellis-Chadwick F., Isaac H., Mercanti-Guerin M. et Volle P. (2014), *Marketing digital*, Pearson France, Paris.

Cheema A. et Papatla P. (2010), « Relative importance of online versus offline information for Internet purchases: product category and Internet experience effects », *Journal of Business Research*, vol. 63, n° 9-10, pp. 979-985.

Clayessen Y. (2008), *L'E-mail Marketing. Concevoir et lancer une campagne de marketing* via *le mail*, 3e édition, Dunod, Paris.

Denoix A. (2010), *L'Affiliation. Bâtir, administrer et animer un programme*, Dunod, Paris.

Dou W., Lim K.H., Su C., Zhou N. et Cui N. (2010), « Brand positioning strategy using search engine marketing », *MIS Quarterly*, vol. 34, n° 2, pp. 261-A4.

Ellis-Chadwick F. et Doherty N.F. (2012), « Web advertising: The role of e-mail marketing », *Journal of Business Research*, vol. 65, n° 6, pp. 843-848.

Fleureau G. (2013), *L'Emailing efficace. Toutes les techniques pour atteindre vos destinataires*, Eyrolles, Paris.

Fulgoni G.M. et Mörn M.P. (2009), « Whither the click? How online advertising works », *Journal of Advertising Research*, vol. 49, n° 2, pp. 134-142.

Gauzente C. (2010), « The intention to click on sponsored ads - A study of the role of prior knowledge and of consumer profile », *Journal of Retailing and Consumer Services*, vol. 17, n° 6, pp. 457-463.

Gauzente C. et Roy Y. (2012), « Message content in keyword campaigns, click behavior, and price-consciousness: A study of millennial consumers », *Journal of Retailing & Consumer Services*, vol. 19, n° 1, pp. 78-87.

Hoffman D.L. et Novak T.P. (2000), « How to acquire customers on the Web », *Harvard Business Review*, vol. 78, n° 3, pp. 179-187.

Jouffroy J., Ber G. et Tissier M. (2010), *Internet Marketing*, Electronic Business Group, Paris.

Kaptein M. et Eckles D. (2012), « Heterogeneity in the effects of online persuasion », *Journal of Interactive Marketing*, vol. 26, n° 3, pp. 176-188.

Keller K.L., Fleck N. et Fontaine I. (2013), *Management stratégique de la marque. Construire, évaluer et exploiter des marques fortes*, 3e édition, Pearson France, Paris.

Keller E. et Fay B. (2012), « Word-of-mouth advocacy - A new key to advertising effectiveness », *Journal of Advertising Research*, vol. 52, n° 4, pp. 459-464.

Lancelot-Miltgen C., Costes Y., Munier T. et Gauthier S. (2005), « L'efficacité d'un e-mail à vocation commerciale. Étude de l'influence des caractéristiques socio-démographiques des internautes sur le processus de réponse », *Revue française du Marketing*, vol. 205, n° 5, pp. 21-40.

Liu-Thompkins Y. (2012), « Seeding viral content - The role of message and network factors », *Journal of Advertising Research*, vol. 52, n° 4, pp. 465-478.

Manchanda P., Dubé J.P., Goh K.Y. et Chintagunta P.K. (2006), « The effect of banner advertising on Internet purchasing », *Journal of Marketing Research*, vol. 43, n° 1, pp. 98-108.

Naik P.A. et Peters K. (2009), « A hierarchical marketing communications model of online and offline media synergies », *Journal of Interactive Marketing*, vol. 23, n° 4, pp. 288-299.

Ou W.M., Abratt R. et Dion P. (2006), « The influence of retailer reputation on store patronage », *Journal of Retailing and Consumer Services*, vol. 13, n° 3, pp. 221-230.

Pêtre A. (2005), « Mémorisation non consciente des publicités : apport d'une mesure implicite dans une application de netvertising », *Revue française du Marketing*, vol. 201, n° 1, pp. 23-47.

Pickton A. et Broderick D. (2004), *Integrated Marketing Communications*, 2e édition, Financial Times/Prentice Hall, Harlow.

Rutz O.J., Bucklin R.E. et Sonnier G.P. (2012), « A latent instrumental variables approach to modeling keyword conversion in paid search advertising », *Journal of Marketing Research*, vol. 49, n° 3, pp. 306-319.

Viot C. (2011), *Le E-marketing à l'heure du 2.0*, Gualino éditeur, Paris, 387 p.

Volle P. (2000), « Du marketing des points de vente à celui des sites marchands : spécificités, opportunités et questions de recherche », *Revue française du Marketing*, n° 177-178, pp. 83-100.

Wolk A. et Theysohn S. (2007), « Factors influencing website traffic in the paid content market », *Journal of Marketing Management*, vol. 23, n° 7-8, pp. 769-796.

Pour aller plus loin

Consultez les références complémentaires proposées sur : **http://www.livre-ecommerce.fr**

Sites Internet à consulter

http://advertising.yahoo.com

http://www.afmm.fr

http://www.clickz.com

http://www.cpa-france.org

http://creativezone.mediamind.com

http://www.ebg.net

http://www.google.fr/ads

http://www.google.com/trends

http://www.google.com/webmasters/tools

http://www.iabfrance.com

http://www.irep.asso.fr

http://www.kantarmedia.fr

http://www.moz.org

http://www.richmediagallery.com/fr

http://www.sncd.org

http://www.sri-france.org

Activités

Questions de révision

1. Quels sont les quatre principaux processus de choix en ligne ? Quels sont les enjeux associés à chacun, en matière de visibilité et de réputation ?
2. Quel est le poids économique de chacun des leviers pour créer du trafic sur un site marchand ?
3. Quels sont les principaux formats du *display* ? Plus précisément, quels sont les formats les plus récents ?
4. Quelles sont les trois modalités de ciblage du *display* ?
5. Qu'est-ce que le *retargeting* ? Quelles sont ses limites ?
6. Comment est calculé le QualityScore de Google ? Bing (Microsoft) a-t-il mis en place le même mécanisme ?
7. Qu'est-ce qu'une tarification à la performance ? Quelles formes peut-elle prendre ?
8. Comment caractériser le contexte de communication numérique, comparativement au contexte de communication traditionnel ?
9. Quelles sont les principales questions à se poser en matière de répartition des budgets marketing pour créer du trafic sur un site marchand ?
10. Quels sont les enjeux dans le pilotage des budgets d'acquisition en ligne ?

Exercices de synthèse

1. Repérez cinq *displays* qui vous semblent particulièrement efficaces. Justifiez pourquoi vous les avez sélectionnés.
2. Récoltez cinq e-mails commerciaux sur une période de quelques jours et comparez leur efficacité.
3. Imaginez que vous êtes le SEA manager d'un site de vente de maillots de bains. Formulez une proposition chiffrée d'achat de mots clés (budget de 200 000 euros), pour une période de quatre mois, de février à mai.
4. Vous gérez un site qui rassemble des fans de basket-ball. Votre site attire en moyenne 18 000 visiteurs uniques par mois. Préféreriez-vous devenir affilié de Decathlon ou de Go Sport ?
5. Repérez trois campagnes *on line/off line* particulièrement bien intégrées. Expliquez votre choix.

Questions à débattre

1. Quels processus de choix en ligne sont les plus fréquents pour (a) des billets de train, (b) des livres, (c) des parfums et (d) du matériel informatique ?
2. Les professionnels vont-ils progressivement abandonner le taux de clic comme mesure principale d'efficacité des campagnes *display* ?
3. Quels sont les enjeux du ciblage comportemental en matière de respect de la vie privée ?
4. Le e-mailing d'acquisition est-il voué à disparaître ? Comment lui redonner de la valeur du point de vue des internautes et des professionnels ?
5. Pourquoi le SEM (*Search Engine Marketing*) a-t-il pris le pas sur le *display* en quelques années ?
6. Le *social shopping* est-il une mode passagère ? Justifiez votre réponse.
7. Pensez-vous que la communication conventionnelle sera de moins en moins stratégique pour générer du trafic sur les sites marchands ? Pourquoi ?
8. Quelles sont les limites d'un pilotage budgétaire par les coûts d'acquisition ?
9. Quelles sont les menaces qui pèsent sur le marketing digital à la performance ?

Chapitre 8

Conversion des visiteurs en clients et développement du panier moyen

Objectifs pédagogiques

- Comprendre en quoi la performance d'un site marchand est liée au taux de conversion
- Identifier les facteurs qui déterminent l'achat sur un site
- Connaître les principaux leviers pour augmenter le taux de conversion
- Comprendre pourquoi la confiance est un enjeu majeur pour le e-commerce
- Savoir comment rassurer les visiteurs
- Connaître les bonnes pratiques du *merchandising* électronique
- Savoir quelles techniques promotionnelles *on line* sont efficaces
- Savoir distinguer les différentes formes de personnalisation
- Comprendre les potentialités et les limites de la personnalisation
- Savoir comment améliorer les pages d'atterrissage (*landing pages*)
- Savoir comment optimiser le tunnel d'achat

Fnac.com : déclencher l'achat et doper le panier moyen

Créé en 1954, la Fnac est une enseigne spécialisée dans la vente de produits techniques et culturels. En 2012, l'enseigne réalise un chiffre d'affaires de 4,1 milliards d'euros et un résultat net de 58,7 millions d'euros. Les produits techniques représentent 55 % du chiffre d'affaires. Sur un marché difficile, le chiffre d'affaires 2012 est en baisse de 2,1 % par rapport à celui de l'année précédente. Le résultat augmente néanmoins de 1,3 %, grâce à une bonne résistance des marges et à une diminution des coûts. La France représente 70 % du chiffre d'affaires de l'enseigne. En 2012, la Fnac emploie 11 900 collaborateurs et compte 103 magasins qui ont accueilli 20 millions de visiteurs. L'enseigne est leader dans plusieurs secteurs, comme le livre, le disque, la vidéo, la micro-informatique, la photo mais aussi la billetterie grand public.

Le plan « Fnac 2015 » place l'expérience client, le multicanal et le développement international au centre de sa stratégie. Comme l'indique ce plan, l'ambition de la Fnac consiste à « *faire de nos clients en magasins des clients Fnac.com* ». Pour cela, l'enseigne souhaite élargir son offre sur le Web (notamment avec des exclusivités), mais aussi améliorer l'efficacité du site et son niveau de service (entre autres les délais et les frais de livraison). L'enseigne souhaite également renforcer son image en termes de prix afin de « *contrer la politique tarifaire agressive pratiquée par certains de [ses] concurrents* ». En 2012, l'enseigne compte 3,2 millions d'adhérents (en hausse de 23 % par rapport à 2011) qui représentent 57 % du chiffre d'affaires de l'enseigne.

Le site Fnac.com, de 1999 à 2013

Le site Fnac.com a été lancé en 1999. Il est désormais le 3e site marchand français en nombre de visites, avec 750 000 visiteurs uniques par jour et 10,3 millions par mois. En 2012, 118 millions de pages ont été vues chaque mois, avec un temps de visite moyen de 15 minutes. Le nombre de références proposées s'élève à environ 9,2 millions de produits neufs et d'occasion (sur la place de marché, 19 millions de références sont par ailleurs vendues par 1 500 vendeurs partenaires et plusieurs milliers de particuliers). Le chiffre d'affaires se monte à 404 millions d'euros. La part des ventes en ligne dans le chiffre d'affaires total de l'enseigne est donc d'environ 10 %.

Le multicanal à la Fnac

Voilà une dizaine d'années que le site s'inscrit dans une logique multicanal. Sur **www.groupe-fnac.com**, on peut lire que la singularité de l'enseigne repose sur un « *panel complet de parcours flexibles et transversaux* » proposé à ses clients (achat sur Internet et retrait en magasin [*click* & *collect*], commande en magasin sur Fnac.com d'un produit absent et livraison au choix du client, etc.). Le site optimisé pour le mobile ainsi que l'application sont lancés en 2010. Près de 2 millions d'applications ont ainsi été téléchargées (Fnac.com, Tick&Live, Adhésion, Marketplace et Labo Fnac). Fin 2012, 38 % des commandes sur le site marchand sont retirées en magasin, contre 22 % fin 2011. Les clients pourront bientôt commander en magasin sur Fnac.com, à partir de bornes. Fin 2012, le trafic sur Fnac.com provient de mobiles dans 11 % des cas et de tablettes dans 7 % des cas.

L'assortiment

Depuis les débuts du site marchand, l'assortiment ne cesse de s'élargir. En 2009, Fnac.com ouvre sa place de marché. En 2012, l'enseigne propose de nouveaux espaces comme Kids (pour les 0-13 ans) ou Maison & Design (petit électroménager). L'assortiment proposé compte également les jeux et jouets, les arts de la table et la puériculture. En 2012, la place de marché s'est également étendue au gros électroménager.

Le *merchandising*

Le site Fnac.com présente son assortiment autour de 15 catégories. Les sous-catégories sont accessibles par un menu XXL en *roll-over*. Le moteur de recherche est visible, au milieu en haut. L'accès au compte, la liste de vœux et le panier sont accessibles à droite du moteur. Des éléments de rassurance sont disposés à divers endroits. L'accès aux réseaux sociaux est proposé en *header*, mais également en bas de page, dans une barre de navigation simplifiée. Les services multicanal, comme la livraison gratuite en magasin, sont visibles à divers endroits. Dans certaines sous-catégories, une navigation à facettes est proposée, avec des filtres. Dans d'autres catégories, les offres sont présentées dans un tableau permettant un tri sur des critères.

Les fiches-produits

Si l'on clique sur une fiche-produit (par exemple, la PS4), on remarque que le visuel principal est placé en haut à gauche, au-dessus de quatre autres visuels et d'un accès à une vidéo. À droite du visuel, on trouve la référence, l'accès aux avis, le prix (bien visible en rouge) et les plus Fnac. Encore à droite, on voit le bloc d'actions, avec divers boutons pour l'achat rapide, la mise du produit dans le panier, le retrait en magasin, mais aussi des liens pour l'ajout à la liste de cadeaux (lors de la consultation, fin 2013), l'ajout à la sélection, l'ajout au comparateur ou la configuration d'une alerte sur une baisse de prix éventuelle. En dessous de cette première zone, le site présente, de haut en bas, les garanties Fnac, les prises de parole des experts de l'enseigne, une vidéo, les contenus proposés par l'éditeur (en l'occurrence, Sony), une annonce Google (lors de la consultation, une annonce pour un équipement de télévision par satellite, SkyDSL), les caractéristiques techniques du produit et les avis des internautes. La structure de la fiche peut varier d'un produit à l'autre.

L'animation commerciale

Pour doper le panier moyen, la politique commerciale se donne pour objectif de concentrer les moyens sur les adhérents, d'accompagner les temps forts de l'enseigne (rentrée scolaire, fêtes de fin d'année, périodes de soldes, etc.) et de multiplier les offres associant plusieurs catégories de produits et services (coffrets, offres groupées ou *bundles* en anglais, promotions croisées, etc.). La dynamique commerciale du site est plutôt forte. Ainsi, des offres promotionnelles sont visibles dès la page d'accueil (bandeaux et bannières), ainsi que des stickers de réduction et des prix barrés (offres réservées aux adhérents, repérables par un texte surligné en jaune). Les signaux de prix sont fortement mis en évidence : « Offre adhérent » en jaune, « Offre Fnac » en rouge, « À partir de 7 euros », « Jusqu'à 300 euros de réduction », prix barrés, etc.

Les contenus

Il y a plus de 10 ans, les contenus étaient distincts du site marchand, l'enseigne craignant de mélanger les genres. Aujourd'hui, l'offre est « éditorialisée » et les contenus se mêlent aux propositions commerciales (avis d'experts, guides d'achat, comparatifs, évaluations du laboratoire Fnac). Depuis 2010, 11 » Espaces passion » ont été mis en place (BD, Ciné-Série, Jazz, Manga, Photo, Pop-Rock, Cuisine, etc.), ainsi que cinq sites communautaires autour du *gaming*. En 2013, l'enseigne lance un e-magazine culturel pour les adhérents (AdhésiZ) dont la signature est « *Restez collés à la culture* ». Les avis des clients constituent une part importante des contenus présentés sur le site.

Le tunnel d'achat

Si le client clique sur le bouton « Passer la commande », il entre dans le tunnel d'achat. Un numéro d'appel, très visible, s'affiche en haut afin d'aider le client à passer sa commande. À la première étape (« Panier »), le client précise les options pour les cadeaux et peut entrer un code promotionnel. À la deuxième étape (« Identification »), très classiquement, le client est invité à s'identifier ou à créer un compte. À la troisième étape (« Livraison »), le client précise le mode de livraison (en magasin, en relais colis, à domicile, etc.). À la quatrième étape (« Paiement »), le client choisit le mode de paiement. La cinquième étape (« Confirmation ») permet de confirmer l'enregistrement de la commande en précisant son numéro. Le client peut suivre sa commande sur son espace « Compte » et partager ses achats sur les réseaux sociaux. À droite, un message remercie le client pour sa commande.

***Sources :** Interviews des dirigeants de Fnac Direct ou de Fnac.com, Le Journal du Net, 2005-2012 ; prospectus en vue de l'admission des actions Groupe Fnac aux négociations sur le marché réglementé de NYSE Euronext à Paris ;* **http://www.groupe-fnac.com, http://www.fnac.com**

Questions :

Quel est votre jugement global sur le site Fnac.com et, plus particulièrement, sur sa capacité à déclencher des achats en ligne ?

Comment l'enseigne inspire-t-elle confiance aux visiteurs de Fnac.com ?

Dans quelle mesure les principes de navigation diffèrent-ils d'une catégorie de produits à l'autre ? Est-ce problématique ?

Quelles seraient vos recommandations pour optimiser les fiches-produits de Fnac.com (par comparaison avec celles d'Amazon.com et de Darty.com) ? Justifiez vos recommandations.

D'après-vous, les contenus aident-ils à déclencher des achats ? De quelle façon ? En vous inspirant de concurrents, est-il possible d'améliorer cette approche ?

Quelles seraient vos recommandations pour optimiser le tunnel d'achat de Fnac.com (en comparant avec ceux d'Amazon.com et de Darty.com) ? Justifiez vos recommandations.

Après avoir attiré un nombre important de visiteurs sur le site (chapitre 7), un autre défi de taille consiste à convertir ce flux de visiteurs en clients. Augmenter le taux de conversion (encore appelé taux de transformation) de visiteurs en clients suppose de mettre en œuvre des actions à plusieurs niveaux. Le risque perçu étant l'un des principaux freins à l'achat, il s'agit tout d'abord de rassurer le visiteur, de lui inspirer confiance, et également de l'accompagner dans son processus de commande. Ces deux registres d'action sont complétés par plusieurs démarches autour de l'offre (promotion, présentation et personnalisation), destinées à augmenter à la fois la probabilité d'achat et la valeur du panier.

Après avoir mis en évidence les principaux facteurs qui incitent un internaute à acheter, nous nous arrêterons sur les moyens dont dispose le site pour rassurer le visiteur. Nous aborderons ensuite la question de l'attractivité de l'offre et des moyens pour l'améliorer : le *merchandising* électronique et les mécaniques promotionnelles sont successivement évoqués. Nous exposerons également les enjeux de personnalisation, dans la mesure où la pertinence des offres constitue un levier essentiel pour convertir les visiteurs en clients. Pour finir, nous étudierons les enjeux liés au tunnel de conversion et à l'accompagnement du client pendant le processus de commande.

1. Comprendre les comportements de choix pour augmenter le taux de conversion

Avant de présenter les facteurs qui améliorent la probabilité d'achat sur un site marchand, il est important de donner quelques précisions sur le taux de conversion.

1.1. La faiblesse du taux de conversion

De nombreux sites peinent à transformer les visiteurs en acheteurs (voir chapitre 11 pour des précisions sur les performances commerciales des sites marchands). Le taux de conversion moyen s'élève à seulement 2,6 % pour 2012[1]. Dans le meilleur des cas, il se situe autour de 2,9 % (hôtellerie/voyages), mais, dans la plupart des catégories, il est environ de 1,8 % (électronique grand public, électroménager, habillement). Il baisse à 0,6 % pour l'équipement de la maison, ce qui signifie qu'il faut en moyenne attirer plus de 200 visiteurs pour gagner un acheteur. En 2012, près de 60 % des sites affirment ne pas avoir été en mesure d'améliorer leur taux de conversion par rapport à l'année précédente[2].

Des raisons de fond expliquent la faiblesse de ce taux (comparativement au commerce traditionnel) et les marchands peuvent difficilement lutter : anonymat du client et

1. Bilan e-commerce, 1er trimestre 2013, Fevad (**http://www.fevad.com**).
2. *Le Commerce électronique en France*, édition 2013, CCM Benchmark Études.

manque d'expérience des internautes[1], absence de vendeurs, délais de livraison jugés trop longs, impossibilité de toucher le produit, etc. Par ailleurs, le site marchand est souvent utilisé comme lieu d'information privilégié (voir chapitre 3).

Le faible taux de transformation résulte de trois facteurs combinés[2] :

- un taux de rebond (pourcentage de clients qui quittent le site avant que la page sur laquelle ils arrivent ne soit totalement téléchargée) qui se situe entre 35 % et 50 % selon les secteurs ;
- un taux de refus (pourcentage de visites hors rebonds pour lesquelles l'internaute n'a pas véritablement démarré le processus de visite) qui se situe entre 75 % et 90 % selon les secteurs ; en combinant rebond et refus, cela signifie que seul un visiteur sur dix découvre l'offre proposée par le site marchand (autrement dit, 90 % des visites générées par les investissements en création de trafic sont « perdues ») ;
- un taux d'abandon (pourcentage de visites pour lesquelles l'internaute a démarré le processus de commande ou de réservation, mais ne l'a pas finalisé) qui se situe autour de 60 % (autour de 50 % pour les produits technologiques mais supérieur à 90 % pour les voyagistes).

Un taux de rebond élevé signifie que le profil des visiteurs attirés n'est pas adapté à l'offre proposée, ou que la page d'accueil doit être retravaillée en profondeur. L'analyse des pages vues et du temps passé sur le site indique également dans quelle mesure le site est ou non adapté au profil des visiteurs.

Dans ce chapitre, nous traitons essentiellement des dispositions à prendre pour faire chuter le taux de refus (faire en sorte que les clients s'engagent dans la recherche de produits et le tunnel d'achat) et diminuer le taux d'abandon (faire en sorte que les clients, une fois entrés dans le tunnel d'achat, finalisent leur commande).

1.2. Les principaux facteurs qui expliquent l'achat

Les facteurs qui expliquent pourquoi un visiteur achète ou n'achète pas sur un site marchand sont divers. Si l'assortiment est un facteur déterminant, les résultats paraissent parfois contradictoires en ce qui concerne le prix (un prix bas ne déclenche pas nécessairement un achat). En outre, d'autres facteurs peuvent expliquer l'achat, comme la présentation des produits, les promotions ou les services proposés.

1.2.1. L'assortiment

La probabilité d'acheter sur un site marchand dépend étroitement de l'assortiment. Ce résultat ne devrait pas surprendre outre mesure, car il a été largement démontré pour le commerce traditionnel. Dans une synthèse de plus de 80 études, Pan et Zinkhan (2006)

1. Plus le client est familier de l'Internet et possède l'expérience de l'achat en ligne, plus il achète (Akter, 2012). On peut donc espérer qu'avec le temps, assez naturellement, les dépenses en ligne vont augmenter. Cela ne garantit pas pour autant une croissance des taux de transformation car, avec le temps, de plus en plus de sites marchands sont disponibles. Par ailleurs, les clients comparent de plus en plus les sites entre eux (voir chapitre 3), ce qui fait chuter les taux de transformation.
2. Baromètre de mesure et de suivi des performances des sites de e-commerce en France, 2013, Google / Kantar Media Compete.

montrent que l'assortiment est de loin le premier attribut du choix, devant la qualité des produits, le service et l'ambiance du magasin.

Les décisions d'assortiment sont cruciales car elles positionnent le site marchand (voir chapitre 2), et affectent directement le panier moyen et la marge du site.

> ***Exemple :*** Depuis 2012, Amazon propose, dans la déclinaison américaine du site, ses produits « *add-on* » (produits de grande consommation vendus dans de petits conditionnements) destinés aux célibataires (attirés par le format) et aux foyers modestes (intéressés par les faibles prix unitaires). Ces offres permettent de compléter une commande de plus de 25 dollars et sont éligibles au programme Amazon Prime (livraison gratuite le lendemain).
>
> *Source : d'après Interner Retailer, 2012*

La probabilité d'achat est quasi nulle si le site n'offre pas le produit recherché par le visiteur ou si ce dernier ne peut pas le trouver. Pour que le visiteur puisse trouver le produit qu'il recherche, il convient d'améliorer le *merchandising* et d'optimiser le moteur de recherche interne (voir section 3.1.2). Si le site n'offre pas le produit recherché, il est possible de proposer des produits de substitution.

1.2.2. Le prix

Le prix est l'un des facteurs les plus importants pour expliquer le comportement de choix et d'achat sur un site marchand. Mais contrairement aux idées reçues, ce n'est généralement pas le principal attribut de choix d'un site. La qualité des produits, le respect de la vie privée et la sécurité constituent les trois premiers éléments de motivation, devant le prix et la praticité (Wang *et al.*, 2006). Auprès de certains clients, ces deux derniers éléments sont également devancés par la dimension ludique, les impacts environnementaux et le temps nécessaire à la livraison des produits achetés.

La place du prix dans le processus de choix doit être analysée au cas par cas, sans faire l'hypothèse *a priori* que le prix est le premier facteur explicatif de choix. Dans le commerce conventionnel, par exemple, on sait que seuls 10 à 20 % des clients optent pour le magasin qui offre les prix les plus bas (par exemple, en France, la part des *hard-discounters* comme Lidl ou Aldi baisse d'ailleurs depuis quelques années). Pourquoi en serait-il autrement dans le commerce électronique ?

> Fixer les prix est l'un des processus majeurs du marketing, particulièrement dans le domaine du commerce. Les techniques de fixation des prix en ligne sont peu différentes des techniques conventionnelles. Dans le commerce électronique, la concurrence par les prix est assez vive. Cependant, les recherches montrent que les prix moyens ne sont pas sensiblement plus bas que dans le commerce traditionnel. En revanche, les prix en ligne sont sensiblement plus volatils.
>
> Un site marchand n'a pas systématiquement intérêt à entrer dans une logique de discount. La stratégie optimale dépend de la proportion de clients sensibles au prix (Kocas *et al.*, 2008). D'autre part, pour éviter une concurrence parfaite qui conduirait à une égalisation des prix, il est avant tout conseillé de se singulariser – par un imaginaire de marque, une qualité de services, etc. –, afin de justifier d'une différence de prix.
>
> Cependant, d'autres approches existent afin d'éviter une confrontation directe qui se révélerait dommageable pour l'ensemble des acteurs en place :

- adopter une stratégie de prix aléatoire autour d'une moyenne, pour éviter d'être imité par les concurrents (stratégie « *hit and run* ») ;
- discriminer les prix d'un client à l'autre, selon le prix de réserve (c'est-à-dire le prix maximum que le client est prêt à payer), sachant que les clients sont très différents les uns des autres (revenu, temps disponible, sensibilité aux prix, etc.) ;
- différencier les prix d'un canal à l'autre, ce qui permet de gagner sensiblement en flexibilité pour s'adresser à différentes cibles sans pour autant discriminer les prix ;
- annoncer largement une politique d'alignement des prix, ce qui incite les concurrents à ne pas s'engager dans la voie d'une baisse des prix.

La technique de partition des prix est très utilisée sur Internet. Elle consiste à présenter un prix de base, puis à rajouter des frais de livraison et d'autres charges diverses. Jusqu'à un certain point de complexité, cette technique est bien acceptée. Elle induit même une augmentation de l'intention d'achat et une plus grande satisfaction vis-à-vis du prix. En revanche, quand la structure du prix devient trop complexe, elle est moins performante.

L'avènement du commerce électronique a considérablement dynamisé les ventes aux enchères, technique de fixation de prix ancienne, mais qui n'était presque plus utilisée. Cette technique permet de créer un événement promotionnel et de fixer un prix pour les invendus. Le développement des ventes aux enchères reflète aussi la volonté d'exploiter les différences individuelles en matière de sensibilité au prix et, plus généralement, de maximiser les capacités de production (cas du transport aérien et de l'hôtellerie).

Les meilleurs sites ajustent leurs prix très régulièrement et analysent les conséquences de ces décisions pour les ajuster de nouveau. Sur Internet, une démarche d'expérimentation permanente permet d'identifier les points de rupture, les zones d'indifférence, etc.

Sources : *d'après Xia et Monroe, 2004, Bock et al., 2007 ; Kocas et al., 2008 ; Ratchford, 2009 (voir les références complètes sur livre-ecommerce.fr)*

1.2.3. Les autres facteurs

En plus de l'assortiment et du prix, de nombreux autres facteurs influencent la probabilité d'acheter une fois sur le site :

- **L'image de l'enseigne**. La probabilité d'acheter augmente à mesure que l'internaute devient plus familier avec l'enseigne (Chen et Teng, 2013). Travailler en amont sur l'image de l'enseigne est donc un facteur de performance commerciale.
- **La page d'atterrissage ou *landing page*** (voir section 5.1 dans ce chapitre). L'internaute n'arrive pas toujours sur le site *via* la page d'accueil, mais bien souvent *via* une page intermédiaire dite « page d'atterrissage ». La qualité de cette page influence fortement les performances en matière de transformation.
- **L'expérience de visite** (voir chapitre 6). L'intention d'acheter est directement influencée par le caractère divertissant du site, son esthétique, ainsi que par le degré de plaisir et de stimulation associé à la visite (Jeong *et al.*, 2009). L'immersion dans le site Web favorise l'intention d'acheter. Experian, spécialiste de l'information et de la gestion de la relation client, a mené plusieurs études qui montrent que le taux de conversion peut quadrupler quand la facilité de navigation s'accroît[1]. L'utilisabilité

1. *The 2012 digital marketer*, Experian, page 119. Voir : **http://go.experian.com/forms/experian-digital-marketer-2012**.

du site repose notamment sur la hiérarchisation et l'organisation de l'information, la mise en évidence des boutons d'action (notamment la mise au panier), le choix d'un vocabulaire adapté (*wording*), etc.

- **Le temps passé sur le site et les comportements de visite.** Plus le visiteur passe de temps sur le site, plus la probabilité qu'il réalise un achat est élevée (Lin *et al.*, 2010). Par ailleurs, selon la théorie de l'engagement, quand un client accepte de faire un « petit geste », sa probabilité de faire ensuite un geste plus important augmente. S'il est encouragé à ouvrir un compte, s'identifier, s'inscrire à la *newsletter*, donner son avis, interagir avec les produits (lire, visualiser), visionner une vidéo…, il est probable que ces comportements vont l'engager à poursuivre sa visite et, peut-être, à acheter.
- **La façon de présenter les produits** (voir section 3.1 dans ce chapitre). Comme pour le commerce traditionnel, le *merchandising* électronique est un levier essentiel pour améliorer le taux de transformation. Depuis quelques années, la qualité des visuels, par exemple, s'est considérablement accrue (taille, définition, options de zoom ou de rotation, etc.). Plus globalement, les sites et les réseaux sociaux s'appuient de façon croissante sur les images, au détriment des textes. Le succès de réseaux comme Pinterest, Instagram, Tumblr en témoigne largement (voir chapitre 10).
- **L'information et l'expertise apportées autour des produits** (voir chapitre 6). Des contenus intéressants et mis à jour améliorent l'expérience de visite, rassurent les visiteurs et, finalement, incitent à l'achat.
- **Les évaluations, commentaires et avis de consommateurs.** Depuis 2013, les avis sont certifiés par l'Afnor (NF Z74-051). La confiance accrue des consommateurs va certainement renforcer le poids des avis dans la décision d'achat.

Les notes, évaluations, commentaires et avis ont d'autant plus d'impact qu'ils sont logiques, persuasifs et qu'ils reposent sur des faits précis. Plus l'avis comporte de mots (jusqu'à un certain point), plus il est utile pour les visiteurs. Quand les avis sont rédigés dans le style linguistique de la cible, ils influencent plus le taux de conversion. Les avis franchement négatifs ont plus d'impact que les avis franchement positifs. La crédibilité des auteurs est aussi importante que le contenu des avis.

Par ailleurs, plus les commentaires sont nombreux, plus l'impact sur le visiteur est fort. L'effet de la quantité de commentaires est particulièrement manifeste auprès des visiteurs les moins impliqués, sensibles à ce signal. Les commentaires laissés par les clients ont un impact sur l'intention d'achat, particulièrement auprès des femmes.

L'impact des avis de consommateurs diffère non seulement d'un client à l'autre, mais également d'une catégorie de produit à l'autre et, dans la même catégorie, d'un produit à l'autre. L'impact est supérieur pour les produits d'expérience (ceux dont on ne peut pas se faire une idée avant de l'utiliser effectivement). Il est également plus élevé pour les produits peu connus.

Pour les produits d'expérience, les internautes font davantage confiance aux avis des consommateurs qu'à ceux des marques. Les avis des consommateurs sont par ailleurs jugés plus utiles que ceux des marques. Ces effets sont inversés pour les produits de recherche (ceux dont on peut se faire une idée de la qualité sans en avoir une expérience directe, mais en collectant assez d'informations avant l'achat).

Sources : *d'après Park et al., 2007 ; Awad et Ragowsky, 2008 ; Clemons et Gao, 2008 ; Lee et al., 2008 ; Huang et al., 2009 ; Zhu et Zhang, 2010 ; Baek, Ahn et Choi, 2012 ; Benlian, Titah et Hess, 2012 ; Ludwig et al., 2013 (voir les références complètes sur livre-ecommerce.fr)*

- **Les offres promotionnelles proposées.** Selon le mécanisme promotionnel utilisé, le site marchand incite le visiteur à passer à l'acte ou conduit à une augmentation du panier (voir section 3.2).
- **La personnalisation du site** (voir section 4). La personnalisation des produits présentés et/ou de l'interface en fonction du profil du visiteur (homme ou femme, par exemple) permet d'améliorer la performance commerciale du site.
- **Les services associés à la vente** (voir chapitre 6). Les services rassurent le visiteur, mais conduisent aussi à une augmentation du panier.
- **Les modalités et les frais de livraison** (voir chapitre 9). Les conditions de livraison peuvent déclencher ou, au contraire, décourager l'achat. La livraison est un processus particulièrement critique pour le client dans le domaine des achats fréquents. La découverte tardive des frais de livraison est le premier facteur qui conduit à l'abandon du panier.
- **Les modes de paiement (voir chapitre 4).** Les modes de paiement peuvent encourager ou freiner la transformation, notamment les procédés de sécurisation (qui peuvent parfois – et de façon paradoxale – inquiéter les clients). Sur les terminaux mobiles, le paiement reste encore un frein, mais des solutions conjointes d'identification et de paiement se développent, comme YouConnect proposé en 2012 par Alcatel, en partenariat avec les opérateurs.

> ***Exemple :*** En 2012, Dell a revu de fond en comble son site mobile de façon à augmenter son taux de transformation : nouvelle navigation en HTML5, galerie de photographies pour chaque modèle, liens avec les réseaux sociaux, assistante à l'achat (*click to chat*), outil de comparaison. Pour décider des modifications à apporter, Dell a mené de nombreuses études sur l'ergonomie du site. L'ensemble de ces changements a permis d'augmenter le chiffre d'affaires par visite de 40 %.
>
> *Source : Internet Retailer, 2012*

1.3. Quelques considérations générales sur l'amélioration de la performance commerciale

La performance commerciale du site marchand ne s'améliore pas mécaniquement en développant toutes les fonctionnalités interactives imaginables. Il s'agit d'investir sélectivement sur les fonctionnalités les plus pertinentes pour la cible visée. Il faut également prendre en compte l'hétérogénéité des visiteurs, dans le sens où tous n'attendent pas les mêmes choses du site marchand. Toutefois, améliorer la performance commerciale du site est avant tout une question de cohérence globale de la stratégie marketing.

1.3.1. Investir sélectivement sur les fonctionnalités les plus pertinentes

Les exigences des clients sont sans cesse plus sophistiquées. Pour y répondre, la liste des fonctionnalités qu'un site peut développer est très longue ; cette liste présente par ailleurs la particularité de s'allonger en permanence, au gré des évolutions technologiques. Face à cet enjeu, on peut être tenté de développer sans discernement l'ensemble des fonctionnalités envisageables. Cette course aux fonctionnalités présente toutefois deux inconvénients majeurs : celui du coût tout d'abord, car ces fonctionnalités nécessitent parfois un budget de développement et de maintenance très important ; celui de la confusion, ensuite, dans la mesure où le client est vite perdu quand il est confronté à une interface trop complexe. En outre, la multiplication des fonctionnalités sur un site peut conduire à des temps de chargement des pages rédhibitoires pour les clients (voir chapitres 4 et 11).

Des études montrent par ailleurs que les sites les plus performants commercialement ne sont pas nécessairement ceux qui offrent le plus de fonctionnalités. Proposer les outils les plus sophistiqués ne permet pas de garantir un taux de conversion élevé (Ayanso *et al.*, 2009). Les fonctionnalités qui distinguent le plus les sites performants des autres sont : le partage social, les chèques-cadeaux, les interfaces riches, la variété de modes de paiement, la mise en avant des meilleurs ventes, les offres spéciales et les avis de consommateurs.

Exemple : Le site de Krys a été entièrement refondu pour proposer au visiteur de vivre une expérience numérique tout à fait spécifique, à la fois moderne, ludique et conviviale. Trois nouvelles fonctionnalités ont été mises en place : essayage de lunettes en ligne qui permet aux clients de présélectionner quelques montures en accord avec leur visage (après avoir téléchargé leur photo sur le site, ou utilisé une webcam) ; possibilité de partager cette présélection avec des amis, en connectant leur compte Krys avec leur profil *via* Facebook Connect ; réalisation d'un devis personnalisé. En partageant une sélection de montures avec les personnes de leur choix, les clients recueillent des avis et s'entourent de conseils pour se rassurer… et se décider. Le site marchand propose également des bons de réduction à imprimer, pour inciter les visiteurs à se rendre en magasin afin de finaliser leur achat.

Sources : d'après Jouffroy et al., 2010, krys.com

1.3.2. Prendre en compte l'hétérogénéité des visiteurs

Les facteurs qui déclenchent l'achat ne sont pas identiques d'un visiteur à l'autre. Une recherche conduit notamment à identifier trois groupes de visiteurs (Chen *et al.*, 2010). Pour le premier groupe, la convivialité de l'interface et la possibilité de récupérer les produits en magasin (*click* & *collect*) sont les facteurs les plus importants. Pour le deuxième groupe, la sécurité et la confiance déterminent fortement l'intention d'achat, notamment le cryptage des informations et la présence d'étapes de confirmation. Pour le troisième groupe, l'intention d'achat dépend essentiellement de la possibilité de renvoyer ou d'échanger les produits achetés, de la précision du contrat de vente et de la présence d'un moteur de recherche performant.

Les visiteurs diffèrent notamment en termes de compétences et d'expérience d'Internet. Optimiser le site marchand pour améliorer le taux de conversion suppose donc de prendre en compte cette hétérogénéité. La personnalisation est une voie possible (voir section 4). Mais sans même personnaliser l'offre, la prise en compte de l'hétérogénéité des visiteurs au moment de l'élaboration du site permet d'améliorer les résultats (voir chapitre 6 et le concept de *persona*).

Pour améliorer la performance commerciale du site marchand, il ne s'agit pas seulement d'établir le profil des visiteurs possibles, mais également d'identifier et de hiérarchiser les types de visites (voir chapitre 7). Le visiteur vient-il sur le site pour acheter rapidement un produit qu'il a déjà sélectionné (par exemple, après l'avoir repéré dans un magasin) ? Pour découvrir les nouveautés proposées par l'enseigne ? Pour simplement se réapprovisionner ?

La proposition du site marchand doit clairement s'ajuster au type de visiteur, mais surtout au type de visite. Par exemple, le moteur de recherche interne est critique quand le client se rend sur le site pour simplement se réapprovisionner (voir section 3.1.2). Quand il souhaite découvrir les nouveautés, une rubrique dédiée est nécessaire ; certains sites proposent même un site entièrement dédié aux nouveautés, comme Zappos (**http://www.zappos.com/new-arrivals**). Le *merchandising* doit impérativement s'adapter au contexte de visite.

1.3.3. Penser la cohérence globale de la stratégie commerciale

La performance commerciale du site ne s'améliore durablement que quand l'enjeu est appréhendé de façon globale. Il s'agit de penser d'abord aux grands objectifs avant de penser aux outils et aux actions : inspirer confiance, stimuler le désir d'acheter et permettre d'acheter de façon fluide. Chaque outil, chaque action ne doit s'envisager que par rapport à son potentiel pour atteindre ces objectifs.

L'amélioration de la performance suppose de coupler des activités souvent séparées. Comme l'indique Raphaël Zier en 2011 (Netbooster), « *les agences ont toujours séparé les activités de création de sites, de génération de trafic et de relation client. […] Nos clients ne veulent plus acheter du média, mais faire croître leur* business. *Or, la plupart des sites ne sont pas optimisés en termes de parcours client. Il est possible de faire progresser de 30 % des taux de conversion sur des sites dont le taux ne dépasse généralement pas 2 %. Cela nécessite une approche intégrée de ces différentes expertises* ».

Les ouvrages spécialisés sur la conversion des visiteurs en clients (Faivre-Duboz et Fétique, 2009, Roukine, 2011) insistent sur le caractère systémique de la démarche. Améliorer les performances commerciales d'un site est un but global qui passe par la force de l'offre, la richesse des contenus, la crédibilité du site, la simplicité de l'ergonomie, les incitations à agir, etc.

Exemple : Avec plus de 70 000 titres disponibles et 2 millions de membres en 2013, LOVEFiLM est le leader britannique de la location de DVD (le site opère également en Allemagne). Filiale d'Amazon depuis 2011, le site attire un trafic supérieur à 6 millions de visiteurs uniques par mois. Ce trafic composé est à la fois de prospects qui viennent souscrire un abonnement gratuit et de clients qui viennent choisir leurs films et gérer leur compte. Malgré son succès commercial, les performances de LOVEFiLM en matière de transformation lors du processus d'inscription restent perfectibles. Le site a donc décidé de lancer une démarche de test systématique pour améliorer ses performances. La priorité a été donnée à la page d'accueil et à quelques pages stratégiques dans le processus d'abonnement. Une démarche de tests multivariables a permis d'optimiser simultanément des pages d'atterrissage (*landing pages*), des pages d'inscription, des pages de paniers, des pages de paiement, etc. La philosophie générale d'un tel test consiste à présenter aux visiteurs toutes les permutations possibles d'éléments à tester sur chacune des pages et d'identifier les combinaisons permettant d'atteindre les meilleures performances. Les éléments qui ont été testés sont : la couleur de l'en-tête qui présente le service en quatre étapes ; le texte qui décrit ce service ; le texte autour du bouton d'essai gratuit ; la position du *widget* commercial ; les graphiques sur la page. L'indicateur de succès était le taux de clic sur le bouton « *sign-up* » en bas de la page d'abonnement. Le dispositif a produit 192 combinaisons différentes à tester, à partir de 6 variables et 15 modalités. Au bout de quatre semaines de tests, la meilleure combinaison retenue a permis d'augmenter le taux de conversion de 10 %. La solution de test en mode SaaS (*Software as a Service,* voir chapitre 4) est désormais utilisée en permanence pour optimiser le site.

Sources : d'après http://www.lovefilm.com et Jouffroy, Ber et Tissier, 2010

Cette exigence de cohérence globale repose sur des outils d'analyse qui permettent de vérifier dans quelle mesure les objectifs sont atteints. Il s'agit notamment de comprendre que les phénomènes interagissent entre eux, à l'instar du taux de conversion qui est lié à la qualité du trafic généré. Ainsi, l'analyse peut montrer que certains mots clés (SEA) permettent un meilleur taux de conversion que d'autres : il sera donc souhaitable d'agir en amont sur le taux de conversion, en investissant plus sur ces mots clés et moins sur les autres (voir chapitre 7).

Les 50 sites marchands étudiés par CCM Benchmark Études ont lancé plusieurs chantiers pour améliorer leur taux de transformation. Le principal d'entre eux porte sur l'amélioration globale de l'expérience client, avec un travail de fond sur l'ergonomie (39 %), la refonte du tunnel d'achat (17 %), l'optimisation des parcours de navigation (12 %) ou encore la réorganisation des fiches-produits (10 %). Viennent ensuite des chantiers sur l'ajout de services, comme de nouveaux modes de paiement ou de livraison (17 %), une meilleure qualification du trafic (17 %), le déploiement d'outils CRM (12 %) ou l'accroissement de l'offre (10 %). La personnalisation de l'offre, le travail sur l'animation commerciale ou celui, en amont, sur l'acquisition ne concernent que 5 % des sites. Il est pourtant clair que ces trois pistes permettent également de travailler en profondeur sur l'augmentation du taux de transformation : adapter les interfaces et les offres aux profils des clients, déclencher des achats grâce à des mécaniques promotionnelles efficaces ou encore améliorer la qualité du trafic sur le site (pour éviter d'attirer des visiteurs qui ont peu de chances de transformer leur visite en acte d'achat).

Source : *d'après Le commerce électronique en France, CCM Benchmark Études (2012)*

2. Rassurer les visiteurs et leur inspirer confiance

La perception de risques vis-à-vis de l'achat en ligne et le manque de confiance envers les sites marchands constituent le frein essentiel au développement du commerce électronique. La probabilité d'acheter en ligne dépend donc en grande partie de ces deux facteurs : risque et confiance (McCole *et al.*, 2010). Une recherche a d'ailleurs montré que, pour les nouveaux clients, la confiance pèse plus dans la décision que le niveau de prix (Kim *et al.*, 2012)[1].

La confiance est un mécanisme qui permet au client d'accepter un certain niveau de risque. Logiquement, pour des niveaux de risque perçu très faibles, la confiance n'est *a priori* pas indispensable. En revanche, pouvoir faire confiance est particulièrement crucial quand le client perçoit des risques élevés (Schlosser *et al.*, 2006). D'autre part, parmi les internautes acheteurs, le risque et la confiance constituent des critères d'évaluation et de choix des sites entre eux. Si le site inspire confiance, la probabilité qu'il soit finalement sélectionné par l'internaute est plus forte. La confiance a même été désignée par certains comme un facteur plus important que le prix.

2.1. La notion de confiance relationnelle ou institutionnelle

Lorsqu'il donne sa confiance à un vendeur, le client attend que celui-ci n'exploite pas sa vulnérabilité et honore ses engagements. La confiance envers le vendeur comprend plusieurs dimensions : la crédibilité (compétence de l'entreprise pour vendre au meilleur

1. Pour les clients fidèles, en revanche, le prix pèse plus que la confiance dans la décision d'achat.

prix, bien livrer le client, etc.), la bienveillance (prise en compte par l'entreprise de l'intérêt de ses clients) et l'intégrité (respect par l'entreprise de ses promesses et de ses engagements). La confiance se manifeste aussi par la volonté et la capacité de l'entreprise à résoudre les problèmes qui peuvent survenir après l'achat (Chouk et Perrien, 2004).

Il est possible que la confiance se porte sur le vendeur : on parle alors de confiance relationnelle. Cependant, le client peut aussi avoir confiance dans les mécanismes de protection techniques et légaux, en cas de défaillance du vendeur : on parle alors de confiance institutionnelle. La confiance institutionnelle est renforcée par les pouvoirs publics (exemple de la loi pour la confiance dans l'économie numérique, en France, votée en 2004, voir chapitre 1) et par les organisations professionnelles, notamment la Fevad.

2.2. Pourquoi la confiance est-elle une question cruciale sur Internet ?

Si la question de la confiance est importante pour l'économie en général, elle l'est particulièrement pour le commerce électronique. Les raisons sont nombreuses :

- **La jeunesse des entreprises sur ce canal, la faible réputation des marques et la difficulté à identifier précisément le vendeur.** Aux débuts de l'Internet marchand, en 1998-2000, de nombreuses marques étaient totalement inconnues du public. L'arrivée de distributeurs réputés a fait beaucoup pour le développement du canal électronique (La Redoute, Fnac, etc.). Mais combien de sites marchands peuvent s'appuyer sur une enseigne aussi forte ?
- L'éloignement spatial entre l'**acheteur et le vendeur.** Si, pour de nombreux observateurs, « les frontières disparaissent sur Internet », la notion de proximité psychologique est toujours importante : les distances ne sont pas abolies, mais prennent d'autres formes.
- **Le délai entre l'achat et la livraison.** Ce délai constitue un interstice temporel pendant lequel, dans l'esprit du client, le pire peut se passer.
- **L'absence de contact physique et/ou humain.** L'impossibilité d'examiner et de toucher les produits prive le client d'un sens particulièrement important lorsqu'il s'agit de procéder à un achat, ce qui entretient la suspicion sur la qualité du produit. En outre, l'absence de contact humain, pour une activité éminemment sociale comme le commerce, ne permet pas de réduire les ambiguïtés et de lever les malentendus, le dialogue avec la machine étant souvent de moins bonne qualité que le dialogue avec un vendeur en chair et en os.

2.3. Comment accroître la confiance ?

Pour tenter de limiter les risques perçus par leurs clients, les sites marchands doivent mettre en place des actions destinées à renforcer le sentiment de confiance.

2.3.1. Les actions spécifiquement destinées à rassurer le visiteur

Les responsables du site peuvent envisager une multitude d'actions, notamment :

- Mettre en avant la réputation de la marque ou bien celle de partenaires qui, d'une certaine manière, cautionnent le site.

- Mettre en avant les engagements du site (possibilité de retourner le produit, livraison rapide, paiement en trois fois sans frais, etc.).
- Mettre en avant des références (nombre de clients, nombre de produits vendus, etc.) et des témoignages de clients.
- Mettre en avant des classements, des prix (meilleur site de l'année, etc.), des labels et des certificats (surtout quand ils sont connus et respectés).
- Mentionner explicitement des clauses détaillées de protection des données personnelles et limiter le nombre d'informations nécessaires pour commander.
- Utiliser des procédures d'authentification et des protocoles de paiement sécurisés (voir chapitre 4).
- Rendre l'information « Contact » très accessible sur le site.

La grande majorité des sites marchands (près de 120 000 en France, en 2013) reste tout à fait inconnue des internautes. Pour ces sites, il est particulièrement crucial de rassurer les visiteurs. Au-delà des informations légales, le site doit donner le plus d'informations possible sur « le professionnel qui se cache derrière » et rendre ces informations très accessibles, sur toutes les pages. Des photos (dirigeants, points de vente) peuvent également rassurer les visiteurs. Si le marchand sollicite ses clients par courrier électronique pour obtenir des témoignages, ces derniers peuvent être regroupés dans une rubrique de type « livre d'or ». Les logos des partenaires doivent s'afficher (moyens de paiement sécurisés, logisticiens, etc.). La présence d'une rubrique « Contact » avec un numéro de téléphone fixe visible est importante. Il est préférable d'indiquer un numéro fixe et de faire un transfert d'appel vers un mobile car le fixe rassure le visiteur sur l'existence physique du marchand (locaux, point de vente, etc.).

Source : *Le Journal du Net, 2010*

- Développer une présence, même symbolique, dans le monde réel (point de vente ou de retrait, adresse physique, etc.).
- Permettre au client de joindre l'entreprise pendant qu'il navigue sur le site.
- Permettre au client de se tromper (offres de type « satisfait ou remboursé », possibilité de retourner le produit, y compris en magasin dans le cas d'enseignes multicanal, etc.).

Sur le site, les éléments de rassurance doivent être disposés à plusieurs points du parcours client. Au début de ce parcours, les éléments de rassurance propres au site (un label, par exemple) doivent être visibles dans la partie haute de la page d'accueil, sans que le visiteur ne soit contraint de faire défiler toute la page. D'autres éléments de rassurance doivent être présentés au visiteur lorsqu'il consulte une fiche-produit, à côté du bouton d'action qui permet de mettre le produit au panier (le délai de livraison ou la durée de garantie, par exemple). Tout au long du tunnel d'achat, le visiteur doit être exposé à d'autres éléments de rassurance (le numéro du service client et la sécurisation du paiement, par exemple).

2.3.2. Les actions qui agissent indirectement sur la confiance

Sans être spécifiquement destinées à rassurer le client, certaines actions peuvent atteindre indirectement cet objectif.

Ainsi, une présentation soignée et professionnelle inspire confiance, dans la mesure où la simplicité et la clarté sont synonymes de transparence. La qualité d'un site permet de compenser en partie son manque de réputation. À l'inverse, un site de faible qualité n'inspire pas confiance, même si le vendeur est bien évalué par ses clients (Gregg et Walczak, 2010).

La mise en avant des conditions générales de vente (CGV) inspire confiance, de même que les précisions sur la disponibilité réelle des produits et sur les conditions de livraison.

L'ensemble des éléments qui contribuent à agir sur la confiance correspond aux dispositions, notamment, du Code de la consommation et de la LCEN (loi pour la confiance dans l'économie numérique) en matière de commerce électronique. Il est précisé que la confiance peut également être renforcée par la mise à disposition des internautes d'une FAQ (*Frequently Asked Questions*, ou foire aux questions) ou encore d'éléments explicatifs concernant les principales dispositions, ou la totalité des dispositions, des conditions générales de vente ou de prestations de l'Internet marchand. D'autres éléments juridiques concourent à la confiance, à savoir l'identification claire et précise de l'éditeur du site ou encore la réalisation de déclarations par ce dernier auprès de la Cnil pour les fichiers de ses clients et/ou prospects. Ces informations sont en général contenues dans des sections dénommées « notices légales » ou « informations légales ».

Ces sections constituent une obligation au titre de la loi pour la confiance dans l'économie numérique. Il est précisé que le non-respect des obligations d'identification précitées est puni d'une peine de 1 an d'emprisonnement et de 75 000 euros d'amende (article 6, VI de la LCEN). La même loi précise que les personnes morales peuvent être déclarées pénalement responsables du non-respect des dispositions précitées.

Enfin, il peut être fait référence à des « labels » ou à l'adhésion à des organisations ou syndicats professionnels en matière de commerce électronique. Selon la jurisprudence, il est précisé que la référence à de telles organisations et/ou à leur charte déontologique ou à leurs règles internes constitue des obligations pour l'Internet marchand, qui viennent s'ajouter à celles issues du Code de la consommation, du Code civil ou encore de leurs propres conditions générales de vente.

L'affirmation claire des engagements du site à protéger les informations personnelles a un effet positif sur la confiance, particulièrement quand les risques sont élevés. Les engagements clairs et directs sont préférables aux engagements trop formels à teneur juridique (Pan et Zinkhan, 2006).

Les recommandations de proches sont efficaces pour réduire le risque et inspirer confiance. Non seulement le bouche à oreille électronique génère du trafic, mais il améliore le taux de conversion, *via* son effet sur la confiance. Cet effet est particulièrement prononcé chez les clientes (Garbarino et Strahilevitz, 2004) et, dans certaines cultures, comme une étude a pu le montrer entre des internautes chinois de Hong Honk et des internautes australiens (Sia *et al.*, 2009).

2.3.3. Les facteurs les plus efficaces pour rassurer le visiteur

Si les clients perçoivent plus de risques en ligne, en revanche, les signaux utilisés par les sites pour réduire ces risques sont plus efficaces sur Internet, notamment la réputation du vendeur et les garanties de remboursement.

Pour les sites marchands, les principaux facteurs qui induisent la confiance sont : les outils de navigation, la présentation, les conseils, les clauses de protection de la vie privée, l'absence d'erreurs et la fiabilité de la livraison. Certains facteurs sont importants pour presque tout type de site, comme la réputation de la marque ou les outils de navigation et la présentation. Globalement, on constate que les éléments non spécifiques jouent un grand rôle en matière de confiance, comme le design (Schlosser *et al.*, 2006).

La mise en avant de labels rassure les visiteurs, comme la présence d'une information de qualité sur les produits. En revanche, alors que les visiteurs les plus impliqués sont particulièrement attentifs aux informations, les moins impliqués sont attentifs aux labels. Ces résultats sont conformes à la théorie de l'élaboration cognitive, dans la mesure où une forte implication conduit à considérer les éléments centraux (l'information) plutôt que les éléments périphériques (le signal de qualité apporté par le label).

***Source** : d'après Yang et al., 2006 (voir la référence complète sur livre-ecommerce.fr)*

Une étude américaine menée auprès d'environ 7 000 internautes montre que les facteurs qui améliorent la confiance envers les sites varient assez fortement d'un type de site à l'autre (Bart *et al.*, 2005). Par exemple, les clauses de protection de la vie privée jouent un rôle fondamental pour les sites de voyage, mais jouent un rôle mineur pour les portails.

Des réflexions récentes conduisent à distinguer les actions qui améliorent la confiance du visiteur envers le site et celles qui réduisent sa méfiance (Xiaojuan et Sia, 2009). La personnalisation et le caractère divertissant du site améliorent la confiance, tandis que les fonctionnalités techniques et la qualité de l'information diminuent la méfiance.

Il est donc nécessaire d'analyser au cas par cas quels sont les facteurs qui peuvent inspirer la confiance des clients ou, pour le moins, diminuer leur méfiance.

3. Améliorer l'attractivité de l'offre

Une fois l'offre de base constituée (largeur / profondeur de l'assortiment et niveaux de prix), les enjeux portent sur les voies et moyens dont dispose le site marchand pour améliorer encore l'attractivité de son offre. Nous allons aborder successivement les questions relatives à la présentation de l'offre (*merchandising* électronique) et aux mécanismes de promotions des ventes.

3.1. Le *merchandising* électronique

Les préférences des consommateurs sont plutôt instables. En conséquence, les conditions dans lesquelles les offres sont présentées influencent fortement les comportements d'achat. Le *merchandising* électronique a donc un impact considérable sur l'issue du processus de décision – savoir si le client va ou non acheter, quelle marque il va choisir, etc.

3.1.1. Les enjeux du *merchandising* électronique

Le *merchandising* est une fonction commerciale qui consiste à structurer l'offre et à mettre en scène les produits de façon à prendre en compte les exigences de chaque partie prenante : rentabilité et facilité de réassortiment pour le distributeur ; compréhension de l'offre, rapidité et facilité de choix pour le consommateur ; maximisation de l'exposition, présence et cohérence de sa gamme pour l'industriel. Que deviennent ces enjeux, concepts et techniques de vente dans le commerce électronique (Volle, 2000) ?

Dans les points de vente physiques, les exigences des parties prenantes sont bien souvent incompatibles (Fady, Renaudin et Vyt, 2012). En particulier, l'exigence de rentabilité pour le distributeur et celle de maximisation de la visibilité pour l'industriel. Ou encore, celle de présentation par marques pour l'industriel et celle de présentation par caractéristiques pour le consommateur.

Ces sources de conflits dans le commerce traditionnel proviennent de trois contraintes qui disparaissent partiellement sur les sites marchands :

- **L'optimisation nécessaire de la surface de vente.** Cette contrainte semble largement disparaître avec le commerce électronique. En effet, le coût d'un site n'est pas proportionnel au nombre de pages ou de produits proposés. On peut sans difficulté multiplier les implantations d'un même produit, ce qui ne peut être fait qu'avec parcimonie dans un point de vente physique.
- **La présentation « bidimensionnelle » des produits en rayon.** Ce mode de présentation constitue une contrainte liée au concept même de rayon libre-service, mais le commerce électronique repose sur une tout autre façon de présenter l'assortiment. Certes, l'écran possède également deux dimensions, mais l'utilisation de listes et de moteurs de recherche permet d'accéder aux références d'une façon non linéaire. Ainsi, alors qu'un merchandiseur doit retenir deux ou trois critères au maximum pour structurer l'assortiment, le concepteur du site marchand peut multiplier les clés d'entrée pour coller au plus près aux comportements des clients (par produit, par marque, par style, par usage, etc.). L'organisation des produits par univers, difficile à mettre en place dans la réalité, se trouve considérablement facilitée sur un site.
- **Le stockage des produits dans la surface de vente afin d**'éviter les ruptures de stock. Le commerce électronique offre la possibilité de gérer les risques de rupture d'une façon totalement différente, le stock étant centralisé. La surface de vente ne sert plus de réserve d'appoint.

Toutefois, le *merchandising* en ligne offre autant d'opportunités que de défis. Les questions en suspens sont nombreuses :

- Quelles clés d'entrée utiliser pour catégoriser l'offre ? Comment présenter une offre complexe et proposer plusieurs modes de consultation de celle-ci sans dérouter le client ?
- Faut-il présenter les produits à plusieurs endroits dans le site (double ou triple implantation) ? Comment présenter les nouveautés, les promotions, etc. ?
- Comment continuer à orienter le choix des clients vers telle ou telle référence, alors que l'on ne dispose plus du nombre de *facings* (nombre de références exposées en façade) pour rendre certains produits plus visibles ?
- Comment mettre en œuvre des tactiques de persuasion et de stimulation (achats impulsifs, achats croisés ou *cross-selling*, dérives de vente ou *up-selling*, etc.) ?
- Comment les règles de *merchandising* doivent-elles être adaptées aux mobiles ou aux tablettes, sachant que, si les écrans sont différents, les usages le sont également (en

mobilité avec des contraintes fortes de débit, dans le salon en situation de détente, etc.) ?

- Les modalités actuelles de présentation de l'assortiment (listes, moteurs de recherche, photographies) vont-elles ou non évoluer avec les technologies émergentes de réalité virtuelle ou encore la possibilité de visiter le magasin en 3D ?

3.1.2. Les bonnes pratiques du *merchandising* électronique

En matière de *merchandising* électronique, de nombreuses questions n'ont pas encore de réponses définitives. La problématique du *merchandising* est également très liée à la structure du catalogue électronique qui est utilisée techniquement pour réaliser le site marchand (voir le chapitre 5 entièrement consacré à cette importante question). On peut toutefois formuler quelques préconisations.

Hiérarchiser et donner du sens

Dans les points de vente traditionnels, le *merchandising* repose bien souvent sur une massification de l'offre (grand nombre de produits présentés de face, têtes de gondole, îlots promotionnels, etc.). Sur les sites marchands, les mises en avant sont aussi efficaces que dans les points de vente traditionnels, quelle que soit la catégorie de produit (Breugelmans et Campo, 2011). Le marchand doit donc donner du relief à l'assortiment, en jouant sur la disposition des produits (certaines zones sont plus visibles que d'autres) ou sur la taille des images. Cependant, sur un site marchand, la hiérarchisation des offres est sans doute plus importante que leur simple massification. Les pages doivent être bien structurées et aérées[1].

L'intention d'achat augmente avec la taille de l'image, à l'instar des catalogues où le volume de vente est une fonction logistique (courbe en « S ») de la surface d'exposition. Présenter les produits en mouvement (rotation) améliore également l'intention d'achat. L'utilisation de mannequins virtuels permet non seulement d'améliorer la qualité de la visite (voir chapitre 6), mais aussi d'augmenter la probabilité d'acheter sur le site.

Sources : *d'après Park et al., 2005 ; Fiore, 2005 (voir les références complètes sur livre-ecommerce.fr)*

Si le concepteur du site peut proposer un très grand nombre de clés d'entrée dans l'assortiment, il faut toutefois éviter de dérouter le client. Le distributeur ne doit pas abandonner l'un de ses rôles qui consiste à hiérarchiser les critères les plus pertinents, pour aider le client dans son choix. La capacité à s'adapter aux clés d'entrée utilisées par le client aura un impact positif sur l'intention d'achat. Pour ce faire, le site marchand doit proposer de nombreux outils d'aide au choix : moteur de recherche interne bien visible (en haut à droite), filtres pour sélectionner les produits, (généralement à gauche), outil de comparaison, etc. De nombreux sites mettent en avant des sélections de produits afin de faire remonter temporairement des offres souvent enfouies dans le site.

Il s'agit cependant de trouver un dosage entre une présentation neutre de l'assortiment – de façon à ce que le client s'oriente librement dans l'offre – et une présentation trop « fermée », qui pourrait donner l'impression au client de perdre son libre arbitre et d'être

---

1. Pour en savoir plus, les clients peuvent accéder à un second niveau d'information en faisant passer leur souris sur certaines zones (on parle de «*quick view*») ou en cliquant sur un bouton (généralement marqué d'un «+»). Proposer un second niveau d'information est une pratique qui se généralise car elle permet d'alléger les pages sans renoncer à informer le visiteur le plus complètement possible.

manipulé. À ce titre, Paul-Émile Cadilhac, directeur de Perfomance Interactive, conseille d'éviter notamment les arborescences, les chemins imposés ou les entonnoirs, au profit d'une navigation qui donne de la liberté et permet de passer l'offre en revue.

Le marchand doit par ailleurs traduire sur le site les mises en scène habituelles du *merchandising* : utilitaire, esthétique, économique, etc. (Fady *et al.*, 2012). Il s'agit notamment de structurer et de donner du sens au contexte de vente : quels codes ont été activés pour permettre au client d'interpréter immédiatement le positionnement du site et le guider dans sa découverte de l'offre ?

Optimiser le moteur de recherche

Nombreux sont les internautes qui accèdent à l'offre en utilisant le moteur de recherche. Son optimisation (notamment pour réduire le nombre de requêtes qui n'aboutissent pas) est un levier d'amélioration du taux de conversion. Experian a par exemple mené une étude qui montre que le taux de conversion double quand le visiteur utilise de façon conjointe le moteur de recherche et les filtres (ou « navigation à facettes »), comparativement à une navigation simple dans les catégories de produits (*browsing*)[1].

> ***Exemple :*** Walmart a déployé en 2012 le moteur de recherche Polaris qui aurait permis d'augmenter de 10 % les ventes générées par la recherche interne. Depuis 2013, ce moteur permet également de faire remonter les produits les plus recherchés, qui se vendent le plus, les plus commentés sur les réseaux sociaux (Facebook, Pinterest) ou qui ont les meilleurs avis de consommateurs. Le site a également préparé 600 pages d'atterrissage spécifiques (*landing pages*) pour les termes les plus demandés, comme « vélo ». Cette démarche permet d'orienter plus rapidement les visiteurs vers des sous-catégories indiquées au-dessus des résultats de la recherche.
>
> *Source : Internet Retailer, 2012*

Des technologies avancées d'analyse sémantique permettent d'améliorer la qualité des moteurs de recherche. Une optimisation simple permet cependant déjà d'améliorer les réponses aux requêtes des internautes : positionnement et visibilité du moteur de recherche sur la page, réduction du taux de « zéro résultats » (quand le moteur n'est pas en mesure de répondre à la requête), etc.

On observe bien souvent des taux de « zéro résultats » situés entre 30 % et 50 % avant optimisation du site. Autrement dit, jusqu'à une requête sur deux ne débouche sur rien (quand l'internaute tape un mot clé qui n'est pas dans le thésaurus du moteur). Analyser les mots clés fréquemment utilisés par les internautes permet d'améliorer les réponses du site (par exemple, en établissant des correspondances entre les mots clés afin de rediriger l'internaute vers une catégorie de produits susceptible de répondre à sa demande).

Pour les plus petits sites, Google Enterprise Search s'intègre notamment à des solutions comme Hybris (voir chapitre 4 sur les plates-formes). Cette application gère les synonymes, les erreurs de frappe, les suggestions, etc. (**http://www.google.com/enterprise/search/solutions/#commerce**).

1. *The 2012 digital marketer*, Experian, page 123. Voir **http://go.experian.com/forms/experian-digital-marketer-2012**.

Donner au site une dynamique marchande

Donner au site une dynamique marchande est un facteur essentiel de succès, comme pour la plupart des points de vente. Cette dynamique repose sur la mise en avant de « bonnes affaires » (présence d'offres spéciales sur la page d'accueil, rubrique dédiée aux promotions, top des ventes, etc.), l'affichage de prix barrés, la présence de messages commerciaux (facilités de paiement, ventes flash, offres croisées, etc.), etc.

La dynamique commerciale devra rester cohérente avec le positionnement global du site (sachant que ce positionnement peut parfois varier d'une catégorie de produit à l'autre). Les sites positionnés sur le luxe, par exemple, n'empruntent naturellement pas les mêmes codes.

Le principal défi consiste à pouvoir « parler » de prix sans en faire nécessairement l'axe majeur du positionnement. Cela est particulièrement vrai pour les enseignes qui n'ont pas ce positionnement dans la vie réelle et qui ne peuvent pas se permettre de tenir un discours prix trop agressif qui serait en complet décalage avec leur stratégie habituelle.

La foule est un élément important des environnements commerciaux. De la même façon, sur un site marchand, la présence d'une foule d'acheteurs rassure et stimule les visiteurs. L'un des enjeux consiste aussi à recréer cette impression de foule si caractéristique des lieux marchands à la mode. Aujourd'hui, cette présence para-sociale (présence humaine virtuelle) s'exprime essentiellement par le biais de commentaires postés par les autres acheteurs, ou par des chiffres de vente ou de consultation. On peut toutefois imaginer que dans des univers marchands en 3D, par exemple, la présence d'autres visiteurs puisse être montrée ou simulée.

La présence d'agents de recommandation ou d'agents virtuels améliore l'intention d'achat des visiteurs. Cependant, les effets ne sont pas systématiques.

> La présence d'agents de recommandation ou de conseillers virtuels conduit à une augmentation des intentions d'achat. Ce phénomène s'explique de diverses façons. Les agents permettent notamment d'améliorer la qualité de la prise de décision, tout en réduisant l'effort réalisé pour décider. La présence d'agents renforce également le caractère divertissant et informatif du site. Finalement, les interactions avec les agents génèrent un sentiment de confiance, un autre mécanisme conduisant à une augmentation des intentions d'achat.
>
> ***Sources :*** *d'après Haübl et Trifts, 2000 ; Senecal et Nantel, 2004 ; Holzwath et al., 2006 ; Xiao et Benbasat, 2007 ; Keeling et al., 2010 (voir les références complètes sur livre-ecommerce.fr)*

Gérer l'affichage des ruptures et proposer des produits de substitution

Diminuer les ruptures de stock est avant tout une question de logistique (voir chapitre 9). Il est néanmoins possible d'afficher ou non les ruptures, ce qui devient alors une question de *merchandising*. La bonne approche consiste à adopter une politique transparente doublée d'une démarche d'accompagnement du client.

Il est suggéré d'indiquer rapidement les ruptures de stock, sans quoi l'expérience de visite devient frustrante et la probabilité d'achat baisse (Breugelmans *et al.*, 2006). Une solution consiste à tout afficher, mais à n'autoriser la commande que pour les produits disponibles. L'ordre d'affichage peut aussi être modifié de façon à présenter les produits non disponibles en bas de page. En revanche, la solution radicale qui consisterait à enlever du site les produits non disponibles n'est pas conseillée, notamment du point de vue du référencement de l'offre dans les moteurs de recherche.

Informer le client sur la durée de l'indisponibilité est souhaitable. Proposer un produit de substitution permet d'améliorer légèrement la probabilité d'achat, à condition que le produit suggéré ne soit pas trop cher par rapport au produit manquant. Il est également possible de proposer au client d'être contacté par le marchand quand le produit redevient disponible. D'après les professionnels, le taux de transformation sur ces alertes est proche de 10 % (à comparer aux 2 à 3 % en moyenne).

Hors situation de rupture, il est conseillé d'afficher le niveau de stock. Cet affichage se justifie doublement : pour informer le client en toute transparence (à lui de choisir s'il prend un risque ou non à attendre), mais aussi, en cas de niveau bas, pour communiquer au client une certaine urgence. Des sites vont jusqu'à proposer une rubrique avec les produits disponibles immédiatement en magasin (dans un délai de deux heures).

Encourager l'achat de produits complémentaires

Déclencher des achats complémentaires (*cross-selling*) est un enjeu à la fois critique et complexe pour tout site marchand. En effet, le site marchand ne doit pas seulement permettre de répondre à un besoin formulé par le client en amont de sa visite (par exemple, il se rend sur un site marchand pour acheter des cartouches d'encre car son stock est bientôt épuisé), mais également de révéler des besoins, voire de les susciter.

Pour Christopher Caussin, DG de Kelkoo en 2007, la démocratisation de l'achat en ligne a fait évoluer la façon dont les internautes recherchent des produits. « *Auparavant, ils recherchaient en fonction d'une marque ou d'une caractéristique précise. Désormais, les internautes adoptent aussi des habitudes propres au shopping traditionnel en flânant sur les sites sans avoir forcément d'idées d'achat en tête. Il faut intégrer cette évolution en mettant l'accent sur les promotions ou des produits connexes à ceux recherchés par les internautes.* » Le développement des tablettes renforce ce phénomène.

***Source :** Le Journal du Net, 2007*

Le site marchand doit encourager le client à compléter son panier avec des produits complémentaires au produit de départ (accessoires ou consommables, par exemple), des services (extensions de garantie, par exemple) ou même des produits numériques. Le *cross-selling* peut également porter sur des produits proches (d'autres ouvrages du même auteur, par exemple), voire identiques (deux lots de cartouches d'encre, par exemple).

En amont, le *cross-selling* suppose la mise en place d'un catalogue sophistiqué, de façon à ce que les fiches consultées par le visiteur comprennent des suggestions de produits complémentaires (voir chapitre 5). Il s'agit aussi, pour le marchand, de faire des recommandations issues d'une analyse des achats passés (« ceux qui ont acheté ce produit ont également acheté… ») ou de mettre en place des dispositifs de *merchandising* originaux afin de donner des idées d'achats aux clients.

Les achats complémentaires s'expliquent par les efforts du site (par exemple, sa politique d'animation commerciale qui permettra de mettre un produit en plus dans le panier pour bénéficier d'une livraison gratuite), mais également par la fréquence d'achat du client. En d'autres termes, la probabilité d'acheter des produits complémentaires s'élève quand la fidélité du client augmente. Travailler à fidéliser le client (voir chapitre 10) peut permettre aussi d'augmenter le panier moyen.

***Source :** Kumar et al., 2008 (voir la référence complète sur livre-ecommerce.fr)*

Comme dans le commerce physique, stimuler les achats d'impulsion est un objectif essentiel pour tout site marchand qui veut améliorer sa rentabilité. Sur le Web, il n'est pas aisé d'égaler la performance du *merchandising* traditionnel (dans ce domaine, on peut penser à IKEA comme un modèle). Le plaisir associé à l'immersion dans le site marchand met cependant le visiteur en situation d'acheter des produits non prévus (Park *et al.*, 2012). Un site marchand qui prétend générer des achats d'impulsion doit donc mettre le visiteur en condition : lui donner envie de rester le plus longtemps possible sur le site, de prendre plaisir à découvrir l'assortiment, etc. Si le site marchand se donne pour seul objectif de permettre aux visiteurs d'acheter en trois clics, il est probable que peu d'entre eux réaliseront des achats d'impulsion.

Le site marchand peut également tenter de stimuler activement les achats d'impulsion : en proposant aux visiteurs des produits sympathiques et surprenants (un chantier très amont qui porte sur l'assortiment) ou encore en suggérant des produits complémentaires pertinents pour le visiteur (*cross-selling* et recommandations personnalisées), présentés au bon endroit et au bon moment dans le parcours d'achat (*merchandising*). Il faut cependant veiller à ce que l'objectif qui vise à susciter des achats d'impulsion ne prenne pas le pas sur celui, essentiel, qui consiste à déclencher des commandes (par exemple, quand des produits complémentaires sont proposés au client au moment de finaliser sa commande… ce qui peut le conduire à abandonner son panier).

> ***Exemple :*** La boutique en ligne doit suggérer des idées au visiteur et lui permettre d'acheter des produits coordonnés. De nombreux sites ont été refaits dans cet esprit, comme ceux de Lacoste ou de Levi's. Pour ce dernier, le site propose sensiblement plus de références que les boutiques (choix de tailles). Il permet également de repositionner la marque légèrement plus « premium ». Pour gagner en pertinence, les mises en avant ne sont pas les mêmes d'un pays à l'autre.
>
> *Source : E-Commerce, février et octobre 2010*

Le *merchandising* va prendre des formes très différentes selon l'équipement utilisé. Les mobiles, tablettes et télévisions connectées permettent d'envisager de nouvelles modalités d'interaction homme-machine (navigation plus horizontale sur les tablettes, par exemple). Ces nouveaux équipements induisent par ailleurs une plus grande « éditorialisation » de l'offre, avec le développement de contenus plus riches intégrés aux fiches-produits. Les distributeurs peuvent élaborer ces contenus, en partenariat plus ou moins étroit avec les industriels. À terme, l'enjeu consiste à dépasser le modèle du catalogue comportant des fiches (*product listings*), pour proposer de nouvelles manières d'interagir avec l'offre. Le *merchandising* pourrait alors se renouveler assez profondément.

Par ailleurs, la convergence des formats (notion de « commerce connecté » développée dans le chapitre 3) ne manquera pas d'influencer également fortement le *merchandising* en magasin. Les dispositifs que l'on trouve sur les sites marchands vont progressivement trouver leur traduction dans les magasins physiques (comme l'identification du client à l'entrée du magasin grâce à son téléphone - ce qui permettra alors à l'enseigne de pousser des offres personnalisées - plutôt qu'à la sortie, quand le client tend sa carte de fidélité à l'hôtesse de caisse).

Une étude menée auprès de 65 sites marchands américains montre que, pour améliorer leur *merchandising*, les sites travaillent, pour 72 % d'entre eux, à donner aux clients plus de détails sur les produits (vidéos, visuels de meilleures qualités, descriptions plus complètes). L'objectif visant la personnalisation et la recommandation de produits (suggestions en *cross-selling*, produits substituables en cas de ruptures de stock, personnalisation selon l'ancienneté du client) concerne 62 % des sites. La mise en œuvre de protocoles de test pour améliorer l'utilisabilité du site touche 47 % des sites. L'optimisation multicanal représente un enjeu pour 43 % des sites (affichage de stocks sur les différents canaux, par exemple), et l'optimisation du tunnel d'achat pour 34 % d'entre eux (passage en caisse en un clic ou validation de la commande en une page, par exemple). L'optimisation des fonctionnalités de recherche et de navigation concerne 28 % des sites (navigation à facettes, ou possibilité d'ajouter au panier à partir des résultats du moteur, par exemple).

Source : *The state of retailing online 2013: marketing and merchandising, Forrester*

3.2. Les mécanismes de promotion des ventes

La politique promotionnelle est au cœur de la stratégie commerciale de la plupart des enseignes du commerce. C'est sans doute encore plus vrai pour les sites marchands. Les visites en ligne sont plus utilitaires et orientées vers un objectif précis que les visites dans les magasins conventionnels. Dès lors, le discours pour attirer les visiteurs sur un site marchand sera encore plus orienté « produit / prix » que dans le commerce traditionnel.

3.2.1. Les techniques promotionnelles en ligne

Les offres spéciales constituent le cœur de tout dispositif promotionnel (réduction de prix immédiate). Les offres se diffusent par tous les canaux. Près de 20 % des résultats de recherche dans les moteurs de recherche internes aux sites dépendent des offres promotionnelles et non pas des mots clés entrés par l'internaute. Le Web favorise cependant une multitude de techniques plus ou moins nouvelles : bons de réduction et codes promotionnels, ventes privées et ventes flash, offres de parrainage et jeux-concours.

Des bons de réduction aux codes promotionnels

Le Web marchand est le royaume des techniques promotionnelles classiques, comme les bons de réduction (BR), ou « coupons » en franglais. Des sites et des applications en proposent également pour le commerce traditionnel, la restauration, etc. Certains acteurs se sont spécialisés dans le relais d'offres promotionnelles, notamment d'offres de remboursements et de e-coupons, comme le site Ma-reduc.com ou l'application Shopmium.

Si les gros utilisateurs de ce type de promotion vont probablement rester fidèles aux bons de réduction classiques pendant encore quelques années, les petits utilisateurs, eux, basculent en ligne. Les bons de réduction électroniques présentent l'avantage de toucher une cible différente des bons de réduction traditionnels (Kang *et al.*, 2006).

Les coupons électroniques permettent de toucher des clients différents de ceux qui sont touchés par les coupons classiques : les plus éduqués et les moins impliqués. Ainsi, alors que les clients les plus impliqués considèrent avec attention les coupons classiques, les clients les moins impliqués considèrent plus volontiers les coupons électroniques. D'autre part, les utilisateurs de coupons électroniques sont plus éduqués que les utilisateurs de coupons classiques.

Sources : *d'après Suri et al., 2004 ; Chiou-Wei et Inman, 2008 (voir les références complètes sur livre-ecommerce.fr)*

En prolongement des bons de réduction classiques (diffusés par exemple sur/dans les emballages ou dans les boîtes aux lettres) ou des bons imprimables en ligne, les codes promotionnels se développent fortement. Ces codes sont à faire valoir lors du processus d'achat et permettent une réduction immédiate. Ils sont massivement diffusés par les sites marchands, par courrier électronique, par des affiliés ou des sites spécialisés. Les réseaux sociaux sont également de plus en plus utilisés pour diffuser des codes promotionnels, répondant ainsi à une attente forte des consommateurs (Facebook, naturellement, mais aussi Twitter ou Pinterest).

Shopper Science a mené aux États-Unis une étude qui indique que l'e-mail est la première source pour obtenir des coupons électroniques (pour 74 % des femmes et 72 % des hommes) devant les recherches sur les moteurs (57 % des femmes et 53 % des hommes), les sites dédiés (58 % des femmes et 47 % des hommes) et les sites de marque (48 % des femmes et 36 % des hommes). D'après cette étude, les utilisateurs de coupons électroniques sont aujourd'hui presque aussi nombreux que les utilisateurs de bons de réduction classiques diffusés dans les magasins ou par courrier postal. Les modalités pour utiliser les coupons électroniques sont diverses : l'impression de coupons (69 % des internautes), le chargement de coupons sur une carte de fidélité (59 %), l'usage de codes promotionnels sur les sites (43 %), la présentation à une hôtesse de caisse de coupons stockés sur un mobile (30 %). L'impression de coupons sur des bornes en magasin, la saisie d'un code promotionnel lors du passage en caisse ou le passage au scanner de caisse d'un coupon stocké sur un mobile sont des comportements moins fréquents, mais en augmentation. Si les consommateurs de tous niveaux socio-économiques utilisent les coupons électroniques, les utilisateurs les plus jeunes sont proportionnellement plus actifs que les autres, *via* leur mobile ou les réseaux sociaux.

Sources : *d'après From clipping to clicking – How today's consumers are adapting to new, emerging forms of coupons, Shopper Science, 2013 ; http://www.google.com/think*

De « nouvelles » mécaniques promotionnelles

Internet a également donné une seconde jeunesse à plusieurs techniques promotionnelles, comme les ventes privées, les ventes flash, les jeux-concours ou le parrainage :

- Les **ventes privées** reposent sur une logique de sélectivité où le client « initié », parrainé par un proche, peut bénéficier de bonnes affaires, y compris pour des produits de luxe. Un bénéfice statutaire de reconnaissance est généralement mis en avant.
- Les **ventes flash** reposent sur une logique d'urgence, de pression temporelle. Un bénéfice émotionnel (divertissement) est mis en avant. D'après une étude menée par Experian, les ventes flash relayées par e-mail ont des taux de transformation deux fois plus importants que les autres offres (0,11 % contre 0,08 %)[1].
- Les **jeux-concours** reposent clairement sur un bénéfice ludique. Les caractéristiques du média permettent d'imaginer des mécaniques de jeux originales, fortement virales.
- Le **parrainage**, une technique fort ancienne, trouve un second souffle sur Internet.

1. *Astuces pour des ventes flash réussies*, Experian, 2013.

Les messages publicitaires les plus appréciés sont les bons de réduction (6,4 sur une échelle de 10 points), les offres promotionnelles liées à la fidélité (6,3) et les newsletters liées à un abonnement (5,2), sensiblement devant les messages relayés par des médias classiques, comme la télévision, la radio et les prospectus (autour de 4). La publicité sur les médias sociaux n'est pas plus appréciée (3,2) que les e-mails publicitaires (3,1). La réception de SMS commerciaux vient après (2,3). Les pop-ups et les appels sur mobiles sont rejetés (1,4), comme les appels sur une ligne fixe (1,3).

Source : *Le Baromètre de l'Intrusion, Market Audit pour ETO, 2011*

3.2.2. L'efficacité des offres promotionnelles en ligne

L'efficacité d'une offre promotionnelle n'est pas la même en ligne, dans la mesure où le média est différent, de même que la cible. Le signal promotionnel est encore plus fort *online,* la visibilité de la mise en avant étant généralement accentuée sur le Web. L'effet d'une promotion *online* – toutes choses égales par ailleurs – est donc supérieur à la même promotion dans un supermarché.

Cependant, les coupons électroniques ne sont pas toujours efficaces. En effet, une fois confrontés à la possibilité de donner un code promotionnel, les clients qui ne disposent pas de ce code ont moins de chance d'acheter, ce qui conduit à une baisse du profit total (Shor et Oliver, 2006). D'autre part, plutôt que de segmenter selon la sensibilité au prix, le *couponing* électronique conduit à une segmentation selon l'expertise en matière d'Internet, ce qui conduit à des erreurs de ciblage.

Le taux de clic moyen d'un pop-up promotionnel est de 0,81 %. Cette technique est donc globalement plus efficace que les bannières. En revanche, le taux de clic monte à 1,4 % pour les pop-up présentés dès l'arrivée sur la page, contre 0,65 % pour les pop-up qui se déclenchent après un court délai. Dans ce dernier cas, le pop-up est susceptible d'être considéré par l'internaute comme une interruption. Le taux de clic est supérieur sur les pages de contenu lourdement chargées. Ici, le pop-up est probablement considéré comme une forme de distraction susceptible d'enrichir l'expérience de visite. Dans la plupart des conditions expérimentales, les groupes soumis à un pop-up promotionnel visitent le site plus longuement que le groupe de contrôle qui ne l'est pas.

Source : *d'après Moe, 2006 (voir la référence complète sur livre-ecommerce.fr)*

La baisse des frais de livraison induit une amélioration de la performance commerciale. Cette promotion est d'ailleurs celle qui est préférée par 25 % des internautes français, devant les offres spéciales (21 %), les codes promotionnels (20 %), les primes de type « un gratuit pour un acheté » (12 %), les remises (10 %) et les programmes de fidélité (10 %). Toutefois, les modalités de la baisse ont un impact différent sur la probabilité d'achat, sur le panier moyen et sur la probabilité de réachat.

La suppression des frais de livraison induit une augmentation de la probabilité d'achat. En outre, la dégressivité des frais en fonction des quantités a un impact sur le panier d'achat. En revanche, la probabilité de réachat dépend des frais de livraison de base, plus que de leur dégressivité. Globalement, quand on prend en compte les trois effets (probabilité d'acheter, panier moyen et fidélité), les politiques qui incitent à acheter davantage pour amortir le coût de livraison sont plus efficaces que celles qui conduisent à proposer des frais de livraison fixes, ou même à offrir la livraison.

Source : *d'après Lewis, 2006 (voir la référence complète sur livre-ecommerce.fr)*

Comme dans le commerce physique, les promotions doivent s'inscrire dans un calendrier afin de s'appuyer sur les temps forts commerciaux, qu'ils soient génériques (rentrée des classes, fêtes de Noël, périodes des soldes, etc.), plus spécifiques au secteur (fête des Mères pour les fleuristes, par exemple) ou propres à la marque (anniversaire, par exemple). La saisonnalité est forte dans le domaine du commerce en général, et dans celui du commerce électronique en particulier. Ainsi, par exemple, les sites marchands de bricolage réalisent 28 % de leur chiffre d'affaires au seul mois de mars. La connaissance fine des effets saisonniers permet d'optimiser les investissements commerciaux[1].

Il n'est pas possible de transférer sans précaution les bonnes pratiques promotionnelles du *offline* au *online*. En tout état de cause, il est conseillé de tester en permanence les offres auprès de différentes cibles et selon diverses modalités.

Les 50 sites marchands étudiés par CCM Benchmark Études tentent d'améliorer l'efficacité commerciale de leurs opérations marketing de diverses façons. Le marketing à la performance, la mise en place de recommandations sociales et l'amélioration de l'efficacité des campagnes d'e-mailing par un meilleur travail sur les bases de données constituent les chantiers sur lesquels plus de 50 % des sites ont déjà travaillé (ce dernier sujet constitue toutefois un chantier à venir pour 40 % des sites). Seul un tiers des sites réalise aujourd'hui le développement d'un capital de marque, notamment en utilisant les médias traditionnels, alors que les autres ne l'envisagent pas véritablement. En revanche, le travail sur le développement de la notoriété est à l'agenda pour près de la moitié des sites, en mobilisant des techniques propres au digital. À la date de l'étude, seuls 25 % des sites déploient les stratégies de contenus et ce n'est pas prévu pour plus de 50 % de l'échantillon (ce qui n'empêche pas 70 % des sites étudiés de développer des contenus éditoriaux). En revanche, seuls 25 % des sites intègrent leurs offres dans les contenus éditoriaux de sites partenaires.

Source : *d'après Le Commerce électronique en France, CCM Benchmark Études (2012)*

4. Personnaliser les offres

Personnaliser consiste à établir une correspondance logique et pertinente entre une offre (interface, produit ou service, contenu, message, etc.) et une cible (client précis ou segment de clients). La personnalisation se formalise à partir de règles « si/alors », de la façon suivante : « si la cible possède telle caractéristique, alors il faut lui proposer telle offre ». Par exemple, « si la cible a un revenu annuel brut supérieur à 60 000 euros, alors il faut lui présenter l'offre d'épargne n° 8 (SICAV monétaire avec rendement à 3,2 %), et sinon, l'offre n° 4 (livret A) ».

Les conditions d'efficacité de la personnalisation doivent être maîtrisées sous peine de ne pas en tirer pleinement profit. Mal réalisée, la personnalisation est parfois contre-productive.

1. Étude réalisée en 2013 par WL Panel auprès d'un échantillon de 28 sites marchands qui représentent 38% du e-commerce français en équipement de la maison, équipement de la personne, billetterie et voyages.

4.1. Les formes de personnalisation

La personnalisation peut prendre différentes formes selon le degré d'initiative du client, le type d'informations utilisées ou la nature de ce qui est personnalisé. La personnalisation contextuelle se développe également.

4.1.1. Selon le degré d'initiative du client

Quand on demande directement au client de paramétrer les caractéristiques de son interface, de choisir les contenus qu'il veut voir, ou encore de configurer les options d'un produit, on parle de « *customisation* ». Un exemple basique de customisation consiste à donner à l'internaute la possibilité de choisir un profil et d'entrer dans le site en étant exposé uniquement aux informations qui ont été délibérément choisies pour ce profil.

> ***Exemple :*** Lancé en 2007, le site M&M's permet aux clients d'inscrire un message directement sur les bonbons, mais aussi de personnaliser le conditionnement. Les équipes françaises de Mars n'ont pas été immédiatement convaincues du potentiel de ce concept qui existe aux États-Unis depuis 2002. Le concept a été adapté pour la France et le processus a été expliqué de façon très didactique dès la page d'accueil. Comme l'indique Denis Convert, directeur du développement Europe en 2009, « *nous voulons créer du lien avec le consommateur. Nous pensons que lui proposer un nouveau service pour les moments forts de sa vie, comme une déclaration d'amour, est un bon moyen d'y parvenir* ». My M&M's est rapidement devenu un succès.
>
> *Source : E-commerce, avril 2009*

4.1.2. Selon le type d'informations utilisées

La personnalisation prend également différentes formes selon le type d'informations utilisées pour réaliser la correspondance entre l'offre et client. Le client peut être caractérisé par son profil (qui il est) ou par ses préférences (ce qui l'intéresse).

D'autre part, le profil peut être déclaré par le client ou inféré à partir de son comportement. Il en va de même pour les préférences. Les démarches d'inférence sont indispensables car il est rare que le client donne beaucoup d'informations à l'entreprise : nombre d'entre elles doivent être « devinées » grâce à des algorithmes sophistiqués.

La déclaration du profil ou des préférences est bien distincte de la customisation, dans la mesure où le client ne choisit pas l'offre à laquelle il va être confronté : il se contente de donner des informations à l'entreprise, informations qui seront ensuite analysées pour ajuster l'interface, les contenus, etc.

> ***Exemple :*** Frank & Oak, site canadien de prêt-à-porter pour hommes, propose à ses visiteurs de personnaliser l'offre qui sera affichée. Pour ce faire, l'internaute doit indiquer sa taille, son âge et son style (artistique, décontracté, chic, classique ou encore fonctionnel). Le visiteur peut également se connecter avec son compte Facebook afin d'obtenir une sélection encore plus personnalisée.
>
> *Source : E-commerce, 2012*

Du profil déclaré aux préférences inférées

Dans le cas du *profil déclaré*, le client est amené à donner explicitement des informations personnelles, comme son âge ou son revenu. Dans le cas du *profil inféré*, le client ne donne aucune information à l'entreprise, mais son comportement (navigation, achats, etc.) indique à quel profil il est susceptible d'appartenir. Par exemple, s'il achète de la musique classique, on peut penser avec un certain degré de certitude qu'il a plus de 55 ans, ou avec un degré de certitude encore plus fort qu'il a plus de 24 ans, etc.

Dans le cas des *préférences déclarées*, le client donne explicitement des informations sur ses centres d'intérêt, ses attentes, etc. Dans le cas des *préférences inférées*, le client ne dit rien sur ses préférences, mais elles sont déduites de son comportement. Par exemple, quand il consulte les pages « musique rock », on peut en déduire que ce genre musical constitue l'un de ses centres d'intérêt.

Les variables psychologiques peuvent servir de point de départ aux démarches de personnalisation. Par exemple, si les clients « planificateurs » achètent autant sur Internet que les clients « impulsifs », ils n'en attendent pas la même chose. Les planificateurs apprécient de trouver des informations. En revanche, les impulsifs cherchent à découvrir des choses nouvelles et à vivre des expériences différentes. L'interface marchande d'un client planificateur devrait avant tout favoriser un accès clair et rapide à l'offre, tandis que l'interface d'un client impulsif devrait plutôt valoriser l'expérimentation et la découverte. Si les caractéristiques psychologiques du visiteur semblent bien liées à des préférences en matière de design, reste néanmoins la question centrale de savoir comment concrètement détecter ces traits psychologiques et ajuster les interfaces marchandes en conséquence. Ici, la démarche de customisation semble préférable à celle de personnalisation automatique ou par filtrage collaboratif.

***Source :** d'après Cotte et al., 2006 (voir la référence complète sur livre-ecommerce.fr)*

Le filtrage collaboratif

Certaines démarches de personnalisation reposent sur la technique du filtrage collaboratif (voir chapitre 4). C'est notamment la démarche menée par Amazon, qui lui permet de formuler des recommandations de type « ceux qui ont acheté le produit *x* ont également acheté les produits *y* et *z* ». La démarche consiste à affecter un client à un segment (selon son profil ou ses préférences), puis à regarder comment ce segment de clients se comporte (produits les plus achetés, messages publicitaires les plus appréciés, etc.), pour finalement proposer à ce client les offres et les contenus qui ont eu le plus de succès, dans le passé, auprès du segment auquel il appartient. Le filtrage est réalisé à partir des informations sociodémographiques, des centres d'intérêt déclarés, ou directement à partir des comportements observés, tels que les comportements d'achat ou de navigation.

4.1.3. Selon la nature de ce qui est personnalisé

La personnalisation peut prendre différentes formes, selon la nature de ce qui est personnalisé. On distingue généralement la personnalisation « *on site* » (éléments graphiques de l'interface, produits présentés ou recommandés, prix et moyens de paiement, contenus et services) et la personnalisation « *off site* » (messages publicitaires ou offres promotionnelles diffusés par e-mailing, newsletters, e-mails de relance sur des paniers abandonnés, canaux pour communiquer avec les clients, etc.). Voici quelques exemples de personnalisation sur le site : adaptation de la page d'accueil selon le mot clé utilisé par le visiteur pour rejoindre le site, modification des produits présentés selon la localisation du visiteur, mise en avant du mode de paiement préféré par les acheteurs ayant le même profil que le visiteur, etc.

4.1.4. Une nouvelle piste : la personnalisation contextuelle

Le marketing situationnel, qui a eu beaucoup de succès dans les années 1980, revient en force dans le marketing digital. De fait, si les internautes sont différents les uns des autres (profils et préférences), la vraie source d'hétérogénéité vient plutôt des caractéristiques des sites visités ou du type de visite. Ainsi, le même individu ne se comportera pas du tout de la même façon sur un site de produits culturels, sur un site de voyages ou sur un site de produits alimentaires ou s'il consulte un site à midi au bureau, un soir chez lui ou pendant le week-end.

Ce qui détermine le temps passé sur le site, c'est moins le type d'internaute ou le type de site que le type de visite, qualifié selon deux critères : le moment (en semaine ou pendant le week-end) et le rang (première visite sur ce site, deuxième visite, etc.). Le pourcentage de variance expliqué par le type de visite est de 81 %, contre 7 % pour le type d'internaute et 12 % pour le type de site (Danaher *et al.*, 2006). Concrètement, il est plus important d'adapter le site selon l'heure du jour, le jour de la semaine, le mois de l'année que selon l'âge de l'internaute. Il est par ailleurs essentiel de personnaliser le site selon son expérience plutôt que selon sa catégorie socioprofessionnelle.

L'affichage de produits selon l'historique d'achat ou l'adaptation de certaines caractéristiques du site selon le code postal (par exemple, des contenus) sont des pratiques fréquentes. Une étude américaine menée par Internet Retailer auprès des 500 premiers sites marchands américains montre que 76 % d'entre eux pratiquent la personnalisation des produits et 47 % celle des caractéristiques du site. Les deux formes de personnalisation sont plus fréquentes pour les sites de VAD (respectivement 81 % et 72 %) que pour les distributeurs traditionnels et les *pure players*. Les sites de marque sont les moins personnalisés (respectivement 68 % et 38 %).

Source : *d'après Internet Retailer, 2013*

4.2. Les conditions d'efficacité de la personnalisation

La première condition d'efficacité d'une démarche de personnalisation consiste à ne pas personnaliser aveuglément, mais à adapter la démarche au cas par cas. La seconde condition consiste à mettre en place une procédure efficiente, à partir d'un ensemble de ressources et de compétences adaptées.

4.2.1. L'adaptation de la démarche de personnalisation

Il ne faut pas faire l'hypothèse que tous les clients attendent un fort degré de personnalisation en toutes circonstances. Décider de personnaliser (ou non) est donc la première décision à prendre. Vient ensuite la question de savoir quoi et jusqu'où personnaliser.

La personnalisation ne doit pas être systématique

En matière de personnalisation, les clients perçoivent plusieurs freins, notamment : pour certains, un rejet « en bloc » du principe de personnalisation, en tant que stratégie commerciale ; pour d'autres, des doutes quant à la capacité du site à réellement comprendre leur logique d'achat, le ressenti d'un manque de pertinence du fait de l'absence de prise en compte du destinataire de l'achat et un agacement devant le nombre excessif de suggestions personnalisées (de Pechpeyrou, 2007).

Un des moyens pour diminuer les doutes du client à propos de la capacité du site à comprendre sa logique d'achat consiste à lui indiquer les raisons pour lesquelles le site suggère certains articles spécifiques.

Exemple : Dans l'espace individualisé du client, à chaque recommandation, Amazon.fr propose un lien hypertexte intitulé « Pourquoi nous vous conseillons cet article » ; il détaille les achats passés ou les évaluations des produits achetés, point de départ de la recommandation. L'internaute sait alors que l'article ne lui est pas proposé par hasard. De plus, il a la possibilité d'indiquer qu'il possède déjà l'article recommandé et qu'il n'est pas intéressé par ce conseil.

Source : amazon.fr

Les clients semblent apprécier la personnalisation, mais à condition que le différentiel de prix n'excède pas 20 % par rapport au produit standard et que le sur-mesure apporte un avantage réel : il ne s'agit pas juste de changer la couleur du produit. C'est à la fois l'envie d'être unique et la satisfaction d'avoir réalisé en partie le produit lui-même qui explique l'intérêt du client pour la customisation (Abidi, 2004).

Il est indispensable de trouver un équilibre entre contrôle et assistance, entre liberté et aide au choix. Les dispositifs de personnalisation doivent permettre au client d'exercer un degré de contrôle conforme à ses ressources (temps, compétences, etc.). Il est donc inutile de proposer un système trop ouvert – donc trop complexe – à un visiteur qui ne connaît pas la catégorie de produit, car il sera perdu. Si le client n'est pas impliqué, ou s'il n'a pas d'expertise sur le produit, il est préférable de limiter le nombre d'options possibles, ou de présenter des configurations d'options cohérentes, afin de simplifier sa tâche de décision.

Si la personnalisation est pertinente auprès des clients les moins impliqués, elle semble contre-productive auprès des clients les plus impliqués. En outre, si elle a un effet positif sur la valeur perçue de la visite, cet effet est particulièrement marqué pour les pays dont le système de valeurs est individualiste, comme les États-Unis ou les Pays-Bas. Dans d'autres pays, la personnalisation n'est pas autant valorisée.

***Sources :** d'après Kalika et Bourliataux-Lajoinie, 2001 ; Steenkamp et Geyskens, 2006 (voir les références complètes sur livre-ecommerce.fr)*

En matière de personnalisation, « plus » n'est pas synonyme de « mieux ». Le maître mot est celui de pertinence. Quand le résultat est pertinent, le client accepte le dispositif et y participe bien volontiers.

Exemple : Comme l'indique un client de la SNCF, « *quand je tape une recherche pour un train entre Toulouse et Paris, il y a des publicités qui apparaissent pour des hôtels à Paris… Ça, c'est une forme de personnalisation qui me plaît beaucoup* » (Abidi, 2004). Dans le même esprit, depuis 2013, le site Voyages-sncf.com s'est associé avec Michelin pour proposer aux clients, juste après qu'ils ont confirmé l'achat de leur billet de train, une sélection personnalisée de trois restaurants, consultable sur Restaurant.michelin.fr. Depuis 2012, le site propose par ailleurs une personnalisation de l'interface à partir des informations tirées de Facebook et des données que l'internaute veut bien communiquer au site. Comme l'indique Yves Tyrode, son DG, « *nous personnaliserons l'interface en fonction de qui vous êtes, de ce que vous voulez, de ce que vous aimez* ».

Sources : Abidi, 2004 ; Le Journal du Net, 2013

La personnalisation : mode d'emploi

Une fois acquise l'idée de customiser ou de personnaliser le site – en se fondant sur une compréhension réelle des attentes et des compétences de la cible – de nombreux paramètres restent à affiner. De ces réglages fins dépend en grande partie le succès du dispositif de personnalisation.

Par exemple, l'utilité de la personnalisation, telle que perçue par le client, dépend plus du nombre de modules à personnaliser que du nombre d'options offertes pour chaque module (Dellaert et Stremersch, 2005). L'utilité dépend également de la présence d'une information sur le prix de la configuration complète (plutôt qu'une information sur le prix de chaque module) et de la présence d'une offre par défaut de base (plutôt qu'une offre par défaut sophistiquée). Il s'agit de trouver un équilibre entre une augmentation de l'utilité et une augmentation de la complexité, sachant que la personnalisation agit simultanément sur les deux éléments : plus on personnalise, plus cela devient utile (les offres collent mieux aux attentes)… et complexe !

L'acceptation des dispositifs de personnalisation est également plus forte quand ils ne se traduisent pas par une perte conjointe de qualité de service, notamment en termes de vitesse d'affichage (voir chapitre 4). Pour ne pas détériorer les performances du site, même avec le haut débit, il est important de déclencher les applications personnalisées au moment où le visiteur en a besoin (applets java, tables complexes, etc.).

La personnalisation n'est pas perçue de la même façon pour tous les aspects du mix marketing (offre, prix, communication, etc.). Si elle est assez bien acceptée en matière de configuration de l'offre ou même de communication (recevoir des offres promotionnelles ciblées selon son profil, par exemple), il n'en va pas de même pour les prix.

Le client accepte assez mal l'idée que les prix soient personnalisés, surtout quand la politique tarifaire conduit à proposer de meilleurs prix aux nouveaux clients et de moins bons prix aux clients fidèles. Si de nombreuses techniques de différenciation des prix sont bien acceptées par les clients (comme la mise aux enchères), la différenciation individuelle liée au profil est, en revanche, jugée comme injuste par nombre d'entre eux (Huang *et al.*, 2005). Offrir un prix plus bas aux nouveaux clients ou aux clients qui utilisent un comparateur de prix, par exemple, est jugé comme injuste par environ 80 % des clients. La personnalisation des prix est une question sensible qui conduit à une défiance des clients concernés et à une baisse des intentions de réachat (Grewal *et al.*, 2004).

Exemple : La personnalisation suppose bien souvent l'identification préalable du visiteur. Pour faciliter cette étape, depuis 2013, sur de nombreux sites, les visiteurs anonymes peuvent désormais s'identifier en utilisant leur compte Amazon (à l'instar de Facebook avec sa fonctionnalité « *Connect* » qui représente plus de 55 % des identifications sur les 35 000 premiers sites marchands américains, devant Yahoo! avec 14 % et Twitter avec 6 %). Zappos (filiale d'Amazon) est l'un des sites marchands ayant mis en place cette possibilité. En s'identifiant *via* Amazon, le client accepte de céder au site marchand une partie des informations le concernant. Celles-ci servent ensuite à mieux qualifier le visiteur, afin de lui proposer un niveau de personnalisation supérieur. Chez Zappos, 40 % des nouveaux clients choisissent cette option (un taux de conversion supérieur a d'ailleurs été constaté). Aujourd'hui, les développeurs peuvent mettre en place cette fonctionnalité gratuitement.

Sources : Le Journal du Net, Internet Retailer

La question du respect de la vie privée

Le commerce électronique soulève des questions importantes en matière de respect de la vie privée. La crainte de voir ses informations personnelles divulguées représente un frein au développement du commerce électronique (voir chapitre 1). Le respect proclamé de la vie privée constitue une facette importante de la confiance que l'on peut accorder au site marchand et une dimension essentielle de la qualité perçue d'un site.

De nombreuses informations sont collectées sur un site marchand, en plus de celles qui sont nécessaires à la simple réalisation des transactions. Un individu des années 1970 plongé dans le monde d'aujourd'hui serait sans doute stupéfait du niveau d'accoutumance aux violations répétées de la vie privée auquel sont parvenus les consommateurs en trente ans, depuis le vote de la loi du 6 janvier 1978 sur la protection des données personnelles informatisées (Commission nationale de l'informatique et des libertés, **http://www.cnil.fr**).

La plupart des internautes sont soucieux du fait que les données les concernant soient collectées dans des quantités raisonnables, proportionnelles à leur usage et au service d'une amélioration du service rendu (les clients sont d'ailleurs parfois surpris du manque d'informations dont les entreprises disposent à leur égard). Ils tiennent également à limiter et contrôler eux-mêmes l'utilisation de ces données par des tiers. Ils sont vigilants sur la question des contacts non sollicités ou tout simplement sur la quantité de contacts générés par les dispositifs de marketing direct.

Plus de sept personnes sur dix sont dérangées par le fait que des sociétés stockent des informations personnelles les concernant. Cette proportion est stable depuis plusieurs années, mais on note cependant une augmentation des plus farouches opposants à ces pratiques. Plus des deux tiers se disent mal ou pas du tout informés sur l'exploitation de ces informations par les entreprises et, plus généralement, sur leurs droits en matière de protection des données personnelles. Les consommateurs sont néanmoins prêts à partager de nombreuses informations avec les entreprises, sans condition particulière, en échange d'une contrepartie ou à la condition de pouvoir les corriger eux-mêmes, notamment : les goûts (64 %), l'adresse e-mail ou l'historique des achats (46 %), l'adresse postale ou la date de naissance (43 %). En revanche, certaines informations sont particulièrement sensibles comme : les photos (74 %), le revenu (74 %), l'adresse e-mail d'amis (57 %), le prénom des enfants (41 %), des données biométriques de taille ou de poids (47 %) ou le numéro de mobile (38 %). Le souhait d'obtenir une contrepartie pour la transmission d'informations personnelles est partagé par 3 % des personnes pour les photos, et jusqu'à 15 % pour les goûts ou la date de naissance.

Source : *Le Baromètre de l'Intrusion, Market Audit pour ETO, 2011*

La préoccupation pour le respect de la vie privée varie d'un individu à l'autre. Une recherche académique menée avec la FING (Fondation Internet Nouvelle génération, **http://www.fing.org**) conduit à distinguer quatre groupes d'individus :

- les réticents (24 %), qui acceptent difficilement de donner des informations et ne sont pas sensibles aux avantages qu'ils pourraient obtenir en échange ;
- les désintéressés (31 %), qui sont peu friands d'avantages et qui, surtout, s'opposent à toute marchandisation des données (se faire rémunérer pour donner des informations personnelles) ou à toute autre contrepartie ;
- les négociateurs (25 %), qui sont prêts à se livrer, à condition qu'ils en perçoivent l'intérêt concret (avantages réels, comme des cadeaux ou des baisses de prix) ;

- les bienveillants (20 %), qui acceptent facilement de donner des informations, à condition de recevoir des garanties en termes de confidentialité et de sécurité.

Sur le plan opérationnel, il est nécessaire de garantir aux internautes leurs droits fondamentaux (informations sur la collecte, choix à propos de l'utilisation qui sera faite des données, accès et rectification possibles, etc.).

Au-delà de cette évidence, le site marchand doit mettre en œuvre une politique active pour faciliter l'exercice de ces droits et une politique de collecte explicite qui permette à l'internaute de comprendre précisément à quoi servent les informations collectées.

Les études montrent que les entreprises n'ont pas encore un assez bon niveau en ce qui concerne les pratiques de collecte d'informations et nombre d'entre elles ne respectent pas toujours les recommandations des organismes de protection de la vie privée (Smith et Shao, 2007). Des progrès doivent être réalisés conjointement sur le plan des mentalités – car le concept traditionnel de vie privée est défié sur Internet – et sur le plan des technologies.

4.2.2. Les ressources et les compétences à mobiliser

Alors que la plupart des designers recommandent d'adapter la présentation du site aux caractéristiques du navigateur et de l'écran, seule une minorité de sites en tiennent compte. Cela prouve que la personnalisation, même purement technique, rencontre des obstacles importants. Le développement des techniques de *responsive* design (voir chapitres 4 et 6) devrait permettre de mieux adapter les sites aux caractéristiques des navigateurs et des équipements.

Mettre en œuvre une démarche de personnalisation suppose de mobiliser des ressources et des compétences spécifiques, puis de faire bon usage des applications informatiques et des méthodes pertinentes, notamment de *datamining*. Plus précisément, la personnalisation impose de mettre en place une méthodologie dont les principales étapes sont :

- la collecte d'informations sur les visiteurs, afin de réaliser un profil pour chacun d'entre eux ;
- la mise à jour des profils, au fur et à mesure, selon les nouvelles informations collectées, ce qui suppose de mettre en place un système pour suivre les visiteurs dans le temps, d'une visite à l'autre (identification du visiteur sur le site ou mise en place d'un témoin de navigation ou *cookie*) ;
- l'analyse des données pour réaliser une typologie des clients (les grouper en segments homogènes sur le plan des comportements) ;
- la mise en correspondance en direct, pendant la visite, du profil avec un segment ;
- le développement de règles de gestion « si/alors » pertinentes pour chaque segment ;
- l'application des règles de gestion et l'adaptation concrète de l'interface, des contenus, des recommandations, des publicités au profil du client ou du segment auquel ce dernier appartient ;
- la mesure *a posteriori* de l'efficacité, pour ajuster si nécessaire les méthodes de segmentation et les règles de gestion.

De nombreux outils permettent d'automatiser la personnalisation quand le site marchand s'adresse à plusieurs dizaines de milliers de clients, voire à quelques millions, comme Baynote (**http://baynote.com**), Compario (**http://www.compario.com**), Exact Target/Saleforce (**http://www.exacttarget.com**), Oracle ATG Web Commerce (**http://www.oracle.com**), Personyze (**http://www.personyze.com**), Predictive Intent/Emailvision (**http://www.smartfocus.fr**), Rich Relevance (**http://www.richrelevance.com**) ou encore SDL (**http://www.sdl.com**).

Le choix d'un outil de *merchandising* personnalisable permettant de présenter la bonne offre au bon client et au bon moment (idéalement) est assez complexe. Ce choix renvoie à la problématique de la structuration du catalogue de produits (voir chapitres 4 et 5). Par exemple, est-il possible de gérer plusieurs niveaux de prix pour le même produit, permettant d'afficher tel prix ou telle offre promotionnelle selon le type de client (pays, appartenance au programme de fidélité, etc.) ?

> ***Exemple :*** La société américaine Fab.com propose des produits design (meubles, objets de décoration, etc.) que son P-DG, Jason Goldberg, qualifie de « *modernes, originaux, décalés et uniques pour 90 % d'entre eux* ». Le site marchand, qui a débuté son activité à partir de ventes événementielles, propose désormais un modèle « *full commerce* » et constitue une place de marché regroupant plusieurs milliers de designers. Il s'est lancé en France en 2013, à partir d'une plate-forme qui livrait en Europe depuis 2012. Cette même année, Fab.com a racheté la société allemande MassivKonzept, *start-up* de 30 personnes établie à Homburg afin de pouvoir proposer des fonctionnalités de personnalisation des meubles. Sur son site, on trouve une rubrique « *Designed By You* » qui permet d'accéder à un large choix de meubles à personnaliser (étagères, tables, canapés, sièges, etc.). Une galerie de photos permet d'accéder aux créations des autres internautes.
>
> *Sources : http://eu.fab.com/, Le Journal du Net, 2013*

La personnalisation est une démarche pour laquelle l'apprentissage progressif est crucial. L'entreprise fonctionne par essais / erreurs pour déterminer graduellement les règles les plus pertinentes.

5. Accompagner le client pendant le processus d'achat

Dans le chapitre 6, nous avons évoqué la nécessité de proposer au client potentiel une expérience d'achat fluide et rassurante. Nous avons abordé la question du processus de commande dans la perspective du client et de son expérience. Dans cette section, nous reprenons cette thématique sous un angle plus commercial.

Le processus de commande (également appelé tunnel d'achat) concentre à lui seul une bonne partie des peurs du grand public vis-à-vis du commerce en ligne. De fait, une fraction importante des visiteurs abandonne le site pendant la commande.

Très en amont, l'optimisation du tunnel d'achat suppose de prendre en compte la page d'atterrissage (*landing page*) sur laquelle l'internaute arrive lorsqu'il clique sur une publicité. Il s'agit ensuite d'optimiser le tunnel lui-même, puis la finalisation de la commande (panier d'achat), avant d'envisager éventuellement de lancer une démarche de réactivation commerciale (dans le cas où l'internaute sortirait du tunnel sans acheter).

5.1. Les pages d'atterrissage (*landing pages*)

La page d'atterrissage est la première page du tunnel de conversion. Elle doit donc être conçue pour encourager la transformation du visiteur en client. Les sous-rubriques du site ou les fiches-produits (voir chapitre 5) peuvent servir de page d'atterrissage. Mais il est cependant conseillé d'élaborer des pages spécifiques, afin de maximiser le taux de conversion.

5.1.1. La page d'atterrissage, prolongement de la publicité

La page d'atterrissage est le prolongement de la publicité. Elle peut en reprendre certains éléments (visuel, texte, accroche, ton, etc.) de façon à donner à l'internaute une impression de continuité. Cette page doit également correspondre à la promesse formulée dans la publicité, sans quoi le taux de rebond sera très élevé. Mais rien n'empêche de proposer également d'autres offres en cohérence. Par exemple, un lien qui présente une offre pour le Maroc peut conduire à une page qui propose également quelques autres destinations vers la Méditerranée ou ailleurs, au soleil.

La page d'atterrissage doit être cohérente avec le support dont provient le trafic. Par exemple, le discours sera plus commercial si le trafic provient d'un comparateur.

5.1.2. Le contenu de la page d'atterrissage

La page d'atterrissage doit répondre aux principales interrogations et éventuelles objections de l'internaute (modalités de livraison, conditions tarifaires). Le discours doit être précis et direct, sans oublier des objectifs davantage orientés vers le marketing : rassurer l'internaute (numéro de téléphone, garanties, etc.) et parler de la marque (principaux bénéfices, etc.).

Formellement, les éléments de navigation sont souvent à gauche, les éléments de rassurance à droite, et l'offre commerciale au centre. Le chargement de la page doit être rapide.

Comme l'indique Christophe Cotin Valos (Digitas) en 2009 lors d'une interview donnée au *Journal du Net*, « *plus l'offre est compliquée à comprendre, plus le volume d'informations à donner est important. Et plus l'offre est simple, moins il faut laisser l'internaute se poser des questions, plus vite il faut l'emmener dans le tunnel d'achat* ». Certains *displays* permettent de collecter des informations dans le but de débuter le processus d'achat, avant même le clic. Cela permet alors de diriger l'internaute qui clique plus loin dans le processus de commande.

5.1.3. Le cas où l'internaute n'achète pas

Si l'internaute quitte la page d'atterrissage, il est souhaitable de lui donner la possibilité de retrouver facilement l'offre sur laquelle il avait cliquée, à l'occasion d'une visite ultérieure sur le site marchand. Certains sites regroupent les pages d'atterrissage dans une rubrique. D'autres déposent des témoins de navigation (*cookies*) de façon à ce que l'internaute qui retourne sur le site arrive directement sur la page d'atterrissage. D'autres encore lui proposent également de retrouver son historique de navigation sur le site marchand, afin de le diriger vers la page qu'il avait quittée.

La page d'atterrissage doit toujours proposer une alternative à l'achat, notamment dans la perspective de collecter des données sur le client. Il est possible de proposer la participation à un jeu-concours, l'inscription à une *newsletter* ou un lien vers un réseau social. En *B2B*, il est notamment pertinent de proposer au visiteur de télécharger un livre blanc ou d'être rappelé par l'entreprise.

5.2. Le panier

Le panier est un dispositif par définition incontournable pour tout site marchand, mais ses caractéristiques varient fortement d'un site à l'autre. Certains paniers sont nommés « sac » ou « valise » pour sortir du registre de la grande consommation et de la métaphore du « caddie ». Ce point est assez significatif du souci des détails qui caractérise désormais certains sites marchands. Le panier doit faire l'objet d'une véritable démarche d'optimisation.

Il doit notamment être possible d'ajouter un produit dans le panier sans être dirigé vers la page complète (ce qui nécessite concrètement de revenir en arrière pour poursuivre la visite sur le catalogue). Sur certains sites, une fenêtre s'ouvre et offre au visiteur le choix de commander directement ou de continuer la visite. Sur certains sites, le panier complet est accessible sans quitter la page. Un résumé du contenu est parfois affiché en haut de chaque page (nombre d'articles et montant, par exemple).

Le panier doit être présenté sur une page particulièrement lisible et claire. Il est notamment important de bien distinguer les actions (commander, continuer les achats, etc.). Il doit être possible d'accéder facilement à la fiche-produit, mais également d'enlever des produits du panier.

Il faut veiller à communiquer les informations sur la livraison dès l'étape de remplissage du panier, mais, naturellement, les confirmer lors du processus de commande. Les éléments de rassurance doivent être présentés (numéro du service client, garanties offertes, logo des partenaires bancaires, etc.). Des produits complémentaires peuvent être proposés lorsque le client met un article dans son panier. Pour des sites offrant des produits à fréquence d'achat élevée, comme les supermarchés alimentaires en ligne, la sauvegarde d'un panier type est une fonction essentielle qui facilite le réachat.

5.3. Le tunnel d'achat

Après avoir présenté les étapes usuelles du tunnel d'achat, nous nous penchons sur les modalités d'optimisation.

5.3.1. Les étapes usuelles du tunnel d'achat

Le tunnel d'achat est plus ou moins long selon la complexité du produit. Il est constitué de sept pages environ pour les achats les plus complexes. Il est toutefois conseillé de ne pas dépasser cinq ou six étapes, qui sont généralement les suivantes : l'identification de l'internaute, la confirmation des adresses de livraison et de facturation, la confirmation du panier, le choix des options d'emballage, de livraison et de paiement, la validation finale de la commande, puis la confirmation.

Même si le client s'est déjà identifié pendant la consultation du site, il est recommandé de lui demander une authentification supplémentaire, pour lui signifier clairement qu'il entre dans une zone sécurisée. L'étape de confirmation d'adresse doit permettre d'entrer une nouvelle adresse de livraison et/ou de choisir parmi une liste d'adresses utilisées lors des commandes précédentes.

L'étape de confirmation du panier doit permettre d'enlever certains articles, de modifier les quantités achetées et, éventuellement, d'ajouter de nouveaux articles au panier. Cependant, il ne s'agit pas de perdre de vue l'objectif final : faire en sorte que l'internaute valide sa commande. Cette étape ne doit pas conduire le client à revenir en arrière. À ce stade, le client peut également entrer un code promotionnel.

L'étape du choix des options d'emballage permet de personnaliser l'envoi, avec un message personnel, un emballage cadeau et la possibilité de ne pas imprimer le prix sur les bordereaux de conditionnement, puisque le destinataire du cadeau doit l'ignorer. L'étape du choix des options de livraison permet d'indiquer la vitesse ou le mode de livraison, parfois même le créneau précis (voir chapitre 9).

L'étape du choix des options de paiement permet de sélectionner le mode de paiement (carte bancaire, chèque, téléphone, PayPal, chèque-cadeau, etc.) et d'entrer éventuellement les coordonnées bancaires. À cette étape, il est d'usage de rassurer le client en lui indiquant les modalités de sécurisation, de cryptage et de protection des données (voir chapitre 4). Ce doit aussi être le moment de choisir une adresse de facturation (cas des entreprises, des professions libérales ou même des particuliers qui souhaitent recevoir une facture).

L'étape de validation finale permet de consulter un récapitulatif et de valider définitivement la commande. Elle vaut pour acceptation des conditions générales de vente (CGV).

Après avoir finalisé le processus d'achat, certains sites proposent une page de confirmation qui permet de remercier le client, lui expliquer comment suivre sa commande, lui proposer de s'abonner à la *newsletter*, le convier à partager son achat sur les réseaux sociaux, lui demander son avis, etc. Si la page de confirmation n'agit pas directement sur le taux de transformation (à moins que la page de validation de la commande et la page de confirmation n'en forment qu'une), elle permet en revanche d'enclencher le processus de fidélisation dès la première commande (voir chapitre 10).

5.3.2. L'optimisation du tunnel d'achat

Trois principales raisons expliquent l'abandon des paniers avant la finalisation de l'achat : la découverte trop tardive des frais de livraison, l'indécision du client qui n'est pas prêt à acheter, le souhait du client de comparer les prix avec d'autres sites. Le temps nécessaire pour créer un compte constitue également un frein à l'achat. Il est donc nécessaire d'optimiser le tunnel d'achat de façon à limiter les abandons.

Le tunnel d'achat doit clairement indiquer le nombre d'étapes et la vocation de chacune (par exemple, avec une frise d'avancement). Ainsi, le client suit aisément sa progression dans le processus, et peut revenir en arrière s'il le désire. Certains sites proposent un tunnel d'achat avec des onglets présentés sur une seule page. Grâce à ce dispositif, si l'internaute veut modifier une information déjà entrée, il n'est pas nécessaire qu'il revienne en arrière en suivant un processus linéaire.

Il est conseillé d'indiquer un récapitulatif de la commande sur chaque page : (références, quantités, prix de chaque article, etc.). Ce récapitulatif doit être bien visible. En revanche, il n'est pas nécessaire de permettre à l'internaute de modifier le contenu de sa commande en cours de processus : il s'agit d'une vue permanente du panier et non pas d'un accès dynamique au long du processus de commande.

Pour avancer dans le tunnel d'achat, les boutons « *call to action* », qui appellent une action du client, doivent être explicites et visibles. Le sentiment de ne pas savoir où cliquer pour passer à l'étape suivante est particulièrement frustrant pour l'internaute. De même, quand celui-ci oublie de renseigner un champ, il est n'est pas toujours facile pour lui de comprendre pourquoi le processus se bloque. Là encore, il peut ressentir de la frustration et décider d'abandonner son achat. Même s'il le finalise, l'expérience d'achat aura été pénible et sa probabilité de revenir sur le site peut en souffrir.

Exiger du client qu'il donne trop d'informations pendant le processus de commande peut conduire à une augmentation sensible du taux d'abandon. Les formulaires ne doivent pas rendre obligatoires des informations qui ne sont pas vraiment indispensables. Il est conseillé de collecter prioritairement l'adresse e-mail en *opt-in*, de façon à pouvoir contacter le client ultérieurement afin de compléter la collecte d'informations. La saisie des informations doit être la plus fluide possible, en s'appuyant sur des outils comme le vérificateur d'adresses, afin de détecter les fautes de frappe en temps réel. S'il est nécessaire d'ouvrir un compte pour acheter, il est recommandé de prévoir cette phase en fin de processus.

Certains sites proposent à l'internaute de déplacer des produits du panier vers une liste d'envie ou de « mettre de côté le produit », ainsi que l'exprime Amazon.fr. Cela permet de ne conserver dans le panier que les produits vraiment désirés, mais sans perdre pour autant la trace des intentions d'achat.

Il arrive régulièrement que le panier contienne des produits dont les modalités de livraison ne sont pas les mêmes : produit vendu par le marchand et produit vendu par un partenaire dans le cadre d'une place de marché ; produits de même nature, mais n'ayant pas les mêmes délais de livraison ; produit volumineux nécessitant un rendez-vous et produit retiré en magasin, etc. Quand le panier contient des produits dont les options de livraison ne sont pas les mêmes, il est possible de présenter des onglets pour chaque produit, avec ses options de livraison spécifiques.

> ***Exemple :*** Best Western est une enseigne d'hôtels de trois à cinq étoiles qui regroupe plus de 300 établissements franchisés en France. Internet représente plus de 50 % des ventes, notamment *via* le site Bestwestern.fr (le reste provenant d'affiliés et de partenaires comme Viamichelin). Dans les grandes villes, Internet représente plus de 80 % des réservations. En 2010, le taux moyen de conversion est passé de 1,9 % à 2,4 %. L'enseigne a obtenu cette hausse continue en simplifiant le processus de réservation, en améliorant l'ergonomie du site et en réduisant le temps de chargement. Comme l'indique Stéphane Gautier, le directeur général de l'enseigne en 2010, « *auparavant, notre système de réservation était lié au site américain Bestwestern.com, alors qu'aujourd'hui il est propre au site français. Le nombre de clics nécessaire à la réservation est passé de sept à trois* ». Aujourd'hui, le moteur de recherche propose par défaut une chambre standard avec un lit double, au meilleur prix, ce qui permet au visiteur de gagner encore du temps.
>
> *Sources : http://www.bestwestern.fr, Le Journal du Net, 2010*

5.3.3. L'accompagnement du client

L'accompagnement du client pendant le processus d'achat permet de réduire sensiblement le taux d'abandon, notamment pour les achats les plus onéreux, pour lesquels les clients sont moins confiants, et dont la marge commerciale permet de couvrir les coûts induits par un échange avec un conseiller. Il s'agit alors de donner la possibilité aux visiteurs de poser des questions, et d'obtenir des conseils ou même de simples confirmations (sur les délais de livraison, par exemple, ou sur les possibilités offertes pour retourner le produit).

Exemple : « Une question ? Un expert vous répond ». À la première étape du tunnel d'achat (celle qui consiste à confirmer son panier), La Redoute propose à ses clients d'interagir par téléphone avec un conseiller de l'enseigne.

Sources : http://www.laredoute.fr, http://www.thekooples.com, Le Journal du Net, 2012

Différentes modalités sont envisageables pour engager un échange avec le visiteur lors de son processus d'achat, comme la mise à disposition d'un numéro vert, le *call back* (rappel du client), le *click to chat* et le *click to call* (possibilité de converser en direct avec un conseiller, par messagerie instantanée, par téléphone, voire par vidéo), etc. Des solutions existent sur le marché, comme celle proposées par iAdvize (**http://www.iadvize.com**) ou VirtuOz/Nina, société française qui équipe notamment les sites de la SNCF ou de SFR et rachetée en 2012 par Nuance (**http://www.nuance.com**).

5.4. La réactivation commerciale

Si l'internaute ne valide pas son panier, il est souhaitable de lui donner la possibilité de le retrouver ultérieurement. Les paniers non validés peuvent être conservés pendant plusieurs semaines (ce qui peut toutefois poser des difficultés en matière de stock). Mais si le panier n'est pas récupéré au bout de quelques jours, la probabilité qu'il le soit chute fortement. Certains sites marchands envoient à leurs prospects identifiés des e-mails automatiques de relance. Pour des produits de forte valeur, certains marchands prennent l'initiative de contacter le prospect par téléphone.

Les taux de conversion sur des e-mails de relance peuvent s'élever à 20 %[1]. Cette pratique suppose naturellement d'avoir collecté l'adresse électronique du prospect avant l'entrée dans le tunnel d'achat. Par ailleurs, avant de déployer une politique de relance, il est important de comprendre les raisons qui conduisent les clients à abandonner leurs paniers dans le tunnel d'achat (voir section 5.3.2.). La performance du message de relance dépend largement de son contenu. Ainsi, les taux de conversion sont supérieurs quand : le message se situe sur un plan relationnel plutôt que sur un plan trop commercial (« Besoin d'aide pour finaliser votre commande ? ») ; le message comporte des visuels de produits mis dans le panier plutôt qu'un simple lien ; le message comporte un *call to action* clair (comme « Finalisez votre commande ») ; le message comporte des éléments de rassurance (comme un numéro de téléphone ou le rappel des garanties). Dans les e-mails de relance, il n'est pas conseillé de proposer systématiquement des offres promotionnelles (qui peuvent être mal perçues ou générer des comportements opportunistes). Des promotions peuvent cependant inciter à acheter plus (frais de livraison offerts pour toute commande supérieure à 100 euros, par exemple) ou récompenser la fidélité (un bon de réduction sur la prochaine commande). Concernant le choix du moment , les relances chaudes (2 h) sont plus efficaces que les relances froides (24 h ou plus). Attention toutefois à ne pas brusquer le client potentiel par des relances trop agressives.

1. *Paniers abandonnés – 12 pratiques pour les récupérer*, Emarsys, 2012.

Pour transformer des prospects en clients, il est également possible de mettre en place une démarche de *retargeting* publicitaire (voir chapitre 7). Le principe consiste à faire parvenir à ces prospects des *displays* comprenant un code promotionnel générique, ou encore des produits en relation avec ceux qui ont été consultés ou mis dans le panier avant qu'il soit abandonné. Quand le site marchand communique à la régie des informations précises, il est véritablement possible de personnaliser le *display*. D'après Criteo, l'un des leaders du *retargeting*, les *displays* personnalisés atteignent un taux de clic moyen de 0,6 %, soit six fois plus qu'un *display* standard. Le taux de conversion peut alors atteindre 2 % à 5 %, dans la mesure où le trafic est de bonne qualité.

Comme nous l'avons vu à diverses reprises dans ce chapitre, il n'est pas facile de transposer sur Internet des pratiques de *merchandising* et des mécanismes promotionnels qui fonctionnent dans le commerce traditionnel. Par ailleurs, le Web génère ses propres pratiques dont l'efficacité n'est pas connue à l'avance (personnalisation des interfaces, recommandations de produits, ventes flash, codes promotionnels, etc.). Plus généralement, l'expérience tirée des actions passées n'est pas forcément le meilleur guide, tant les cibles sont volatiles et les technologies mouvantes. Experian a mené une étude qui montre par exemple que deux idées sur trois pour améliorer le taux de conversion ne produisent aucun résultat[1]. Pour Paul-Émile Cadilhac, directeur de Perfomance Interactive, « *il faut rester très pragmatique car la science du e-commerce est très jeune, et agir avant tout sur les leviers d'accroissement rapide des performances* ».

Dans ce contexte, il est conseillé de mener continuellement des tests et des études permettant de prendre les meilleures décisions, au cas par cas. Il est notamment recommandé d'analyser finement les parcours des clients en s'appuyant sur des solutions de « *Web Analytics* » (voir chapitre 11). De nombreuses solutions sont disponibles, comme Google Analytics, IBM Coremetrics, Adobe Omniture, Yahoo! Web Analytics, Webtrends (**http://www.webtrends.com**), ComScore (**http://www.comscore.com**), ou encore AT Internet, ex-Xiti (**http://www.atinternet.com**).

Cela dit, en la matière, la sophistication des outils et la profusion des données générées peut rapidement conduire à perdre pied. Il faut donc que les responsables du site marchand se posent des questions simples, comme : « Quel est le taux d'abandon aux différentes étapes du tunnel d'achat ? », « Quels sont les dix mots clés qui conduisent au meilleur taux de conversion », etc. ? Ces solutions de *Web Analytics* permettent également de choisir entre plusieurs options, afin de déterminer quelles sont les plus efficaces : tailles, positions et couleurs des *calls for action*, ouverture d'un compte avant, pendant ou après le tunnel d'achat, etc.

Identifier des pistes pour améliorer le taux de conversion ne nécessite pas nécessairement de déployer des outils sophistiqués de *Web Analytics*. Des réunions de travail avec le service client, par exemple, peuvent éclairer les responsables du site marchand sur les améliorations les plus critiques. Des études sur l'ergonomie du site peuvent également être menées. Le protocole peut consister à convier un échantillon de clients à réaliser un achat sur le site et à observer l'ensemble des comportements (hésitations, blocages, etc.). De nombreux prestataires proposent de déployer de tels protocoles d'études, comme

1. *The 2012 digital marketer*, Experian, page 126. Voir : **http://go.experian.com/forms/experian-digital-marketer-2012**.

Yuseo (**http://www.yuseo.com**), Converteo (**http://www.converteo.com**) ou Altics (**http://www.altics.com**).

Résumé

La conversion des visiteurs en clients constitue un enjeu essentiel pour tout site marchand, ce qui nécessite des efforts constants de la part du marchand pour améliorer la performance commerciale du site.

La confiance est au cœur des enjeux du commerce électronique, et le site marchand doit mettre en œuvre une véritable politique pour rassurer le visiteur et favoriser ainsi l'éventualité d'un achat. L'amélioration du taux de conversion passe par la mise en œuvre d'une politique à plusieurs niveaux, qu'il s'agisse d'orienter les choix des visiteurs par un *merchandising* efficace ou de stimuler leur envie d'acheter par une opération promotionnelle pertinente.

L'accompagnement du client, dès la page d'atterrissage, dans l'ensemble du tunnel d'achat est impératif pour qui veut éviter l'abandon pendant le processus de commande. Personnaliser l'offre est également une piste pertinente pour améliorer le taux de conversion et développer la valeur du panier moyen.

Les bonnes pratiques du marketing *offline* ne se transposent pas automatiquement sur Internet. Pour un site marchand, la bonne attitude consiste donc à profiter des vertus de ce média pour expérimenter et tester en permanence les actions à mettre en place, afin d'en identifier les conditions de succès et les limites.

Bibliographie

Abidi A. (2004), « Personnalisation, customisation et fidélité sur Internet marchand : une étude exploratoire des perceptions de consommateurs », *Actes du Congrès International de l'Association française du Marketing*, Saint-Malo.

Akhter S.H. (2011), « Who spends more online? The influence of time, usage variety, and privacy concern on online spending », *Journal of Retailing & Consumer Services*, vol. 19, n° 1, pp. 109-115.

Ayanso A. et Yoogalingam R. (2009), « Profiling retail web site functionalities and conversion rates: A cluster analysis », *International Journal of Electronic Commerce*, vol. 14, n° 1, pp. 79-113.

Bart Y., Shankar V., Sultan F. et Urban G.L. (2005), « Are the drivers and role of online trust the same for all web sites and consumers? A large-scale exploratory empirical study », *Journal of Marketing*, vol. 69, n° 4, pp. 133-152.

Breugelmans E., Campo K. et Gijsbrechts E. (2006), « Opportunities for active stock-out management in online stores: The impact of the stock-out policy on online stock-out reactions », *Journal of Retailing*, vol. 82, n° 3, pp. 215-228.

Breugelmans E. et Campo K. (2011), « Effectiveness of in-store displays in a virtual store environment », *Journal of Retailing*, vol. 87, n° 1, pp. 75-89.

Cadilhac P. E., (2013), *L'E-merchandising un atout pour l'e-commerce*, 288 p., Dunod.

Chen Y., Hsu I.C. et Lin C. (2010), « Website attributes that increase consumer purchase intention: A conjoint analysis », *Journal of Business Research*, vol. 63, n° 9-10, pp. 1007-1014.

Chen M.Y. et Teng C.I. (2013), « A comprehensive model of the effects of online store image on purchase intention in an e-commerce environment », *Electronic Commerce Research*, vol. 13, pp. 1-23.

Chouk I. et Perrien J. (2004), « Les facteurs expliquant la confiance du consommateur lors d'un achat sur un site marchand : une étude exploratoire », *Décisions Marketing*, vol. 35, pp. 75-86.

Danaher P.J., Mullarkey G.W. et Essegaier S. (2006), « Factors affecting web site visit duration: A cross-domain analysis », *Journal of Marketing Research*, vol. 43, n° 2, pp. 182-194.

De Pechpeyrou, P. (2007), « Personnalisation du merchandising en ligne : identification des réactions des internautes », Journée de recherche nantaise sur le e-marketing, *Institut d'économie et de management*, Nantes.

Dellaert B.G. et Stremersch S. (2005), « Marketing Mass-Customized Products: Striking a Balance Between Utility and Complexity », *Journal of Marketing Research*, vol 42, pp. 219-227.

Fady A., Renaudin V. et Vyt D. (2012), *Merchandising. Du category management au e-merchandising*, 7e édition, Vuibert, Paris.

Faivre-Duboz T. et Fétique R. (2009), *Web conversion*, Dunod, Paris.

Garbarino E. et Strahilevitz M. (2004), « Gender differences in the perceived risk of buying online and the effects of receiving a site recommendation », *Journal of Business Research*, vol. 57, n° 7, pp. 768-775.

Gregg D.G. et Walczak S. (2010), « The relationship between website quality, trust and price premiums at online auctions », *Electronic Commerce Research*, vol. 10, n° 1, pp. 1-25.

Grewal D., Hardesty D.M. et Lyer G.R. (2004), « The effects of buyer identification and purchase timing on consumers' perceptions of trust, price fairness, and repurchase intentions », *Journal of Interactive Marketing*, vol. 18, n° 4, pp. 87-100.

Huang J., Chang C. et Chen C. (2005), « Perceived fairness of pricing on the Internet », *Journal of Economic Psychology*, vol. 26, n° 3, pp. 343-361.

Jeong S.W., Fiore A.M., Niehm L.S. et Lorenz F.O. (2009), « The role of experiential value in online shopping », *Internet Research*, vol. 19, n° 1, pp. 105-124.

Jouffroy J., Ber G. et Tissier M. (2010), *Internet Marketing*, Electronic Business Group, Paris.

Kang H., Hahn M., Fortin D.R., Hyun Y.J. et Eom Y. (2006), « Effects of perceived behavioral control on the consumer usage intention of e-coupons », *Psychology & Marketing*, vol. 23, n° 10, pp. 841-864.

Kim H.W., Xu Y. et al. (2012), « Which is more important in Internet shopping, perceived price or trust? », *Electronic Commerce Research & Applications*, vol. 11, n° 3, pp. 241-252.

Lin L., Jen-Hwa H.P., Sheng O. et Lee J. (2010), « Is stickiness profitable for electronic retailers », *Communications of the ACM*, vol. 53, n° 3, pp. 132-136.

McCole P., Ramsey E. et Williams J. (2010), « Trust considerations on attitudes towards online purchasing: The moderating effect of privacy and security concerns », *Journal of Business Research*, vol. 63, n° 9-10, pp. 1018-1024.

Pan Y. et Zinkhan G.M. (2006), « Determinants of retail patronage: A meta-analytical perspective », *Journal of Retailing*, vol. 82, n° 3, pp. 229-243.

Park E.J., Kim E.Y. et al. (2012) « Apparel product attributes, web browsing, and e-impulse buying on shopping websites », *Journal of Business Research*, vol. 65, n° 11, pp. 1583-1589.

Peelen E., Jallat J., Stevens E. et Volle P. (2009), *Gestion de la relation client*, 3e éd., Pearson France, Paris.

Roukine S. (2011), *Améliorer ses taux de conversion Web*, 2e édition, Eyrolles, Paris.

Schlosser A.E., Barnett White T. et Lloyd S.M. (2006), « Converting web site visitors into buyers: How web site investment increases consumer trusting beliefs and online purchase intentions », *Journal of Marketing*, vol. 70, n° 2, pp. 133-48.

Shor M. et Oliver R.L. (2006), « Price discrimination through online couponing: Impact on likelihood of purchase and profitability », *Journal of Economic Psychology*, vol. 27, n° 3, pp. 423-40.

Sia C.L., Lim K.H., Leung K., Lee M., Huang W. et Benbasat I. (2009), « Web strategies to promote Internet shopping: Is cultural-customization needed? », *MIS Quarterly*, vol. 33, n° 3, pp. 491-512.

Smith R. et Shao J. (2007), « Privacy and e-commerce: A consumer-centric perspective », *Electronic Commerce Research*, vol. 7, n° 2, pp. 89-116.

Turban E., King D., Viehland D. et Lee J.K. (2010), *Electronic commerce: A managerial perspective*, 6e dition, Prentice Hall.

Volle P. (2000), « Du marketing des points de vente à celui des sites marchands : spécificités, opportunités et questions de recherche », *Revue française du Marketing*, n° 177-178, pp. 83-100.

Wang E.T., Yeh H.Y. et Jiang J.-J. (2006), « The relative weights of Internet shopping fundamental objectives: Effect of lifestyle differences », *Psychology & Marketing*, vol. 23, n° 5, pp. 353-367.

Xiaojuan C. et Sia C.L. (2009), « To trust or to distrust, that is the question-Investigating the trust-distrust paradox », *Communications of the ACM*, vol. 52, n° 5, pp. 135-139.

Pour aller plus loin

Consultez les références complémentaires proposées sur : **http://www.livre-ecommerce.fr**

Sites Internet à consulter

http://www.altics.com

http://www.atinternet.com

http://baynote.com

http://www.cnil.fr

http://www.compario.com

http://www.comscore.comhttp://www.converteo.com

http://www.smartfocus.com

http://www.exacttarget.com

http://www.google.com/enterprise/search/solutions/#commerce

http://www.iadvize.com

http://www.nuance.com

http://www.oracle.com

http://www.personyze.com

http://www.sld.com

http://www.webtrends.com

http://www.yuseo.com

Activités

Questions de révision

1. Quelles sont les composantes du taux de transformation ?
2. Comment augmenter le taux de transformation d'un site marchand ?
3. Quelles actions entreprendre pour rassurer le visiteur ?
4. Quelles sont les bonnes pratiques en matière de *merchandising* électronique, notamment pour encourager les achats d'impulsion ?
5. Quel rôle joue le moteur de recherche interne pour améliorer le taux de conversion ? Comment l'optimiser ?
6. Quelles sont les principales techniques promotionnelles du commerce en ligne ?
7. Citez les différentes formes de personnalisation et décrivez-les brièvement.
8. Dans quelles conditions les démarches de personnalisation sont-elles particulièrement efficaces ?
9. Quels sont les principaux éléments à prendre en compte pour optimiser une page d'atterrissage (*landing page*) ?
10. Qu'est-ce que la réactivation commerciale ?

Exercices de synthèse

1. Visitez trois sites marchands dans trois univers différents et identifiez la façon dont ces sites tentent de rassurer les visiteurs. Commentez les différences entre eux et proposez quelques améliorations possibles.
2. Comparez Darty.fr, Conforama.fr et Cdiscount.com en ce qui concerne leur dynamisme commercial. Discutez vos résultats et proposez des améliorations possibles en vous inspirant d'autres sites que vous connaissez.
3. Entrez une expression clé dans un moteur de recherche comme Google (comme « achat congélateur ») et cliquez sur au moins deux liens sponsorisés. Commentez les pages d'atterrissage.
4. Comparez le tunnel d'achat de Laredoute.fr et celui de 3 Suisses.fr. Lequel des deux vous semble le plus susceptible de déclencher un achat ? Justifiez votre réponse.

Questions à débattre

1. « Le prix est le facteur le plus important pour déclencher un achat ». Discutez cette affirmation, selon les types de client et de produit acheté.
2. Le *merchandising* électronique est-il fondamentalement différent de celui pratiqué dans les points de vente physiques ? La 3D va-t-elle fondamentalement changer les choses ?
3. Les coupons promotionnels sont-ils l'avenir de la promotion des ventes en ligne ?
4. D'après vous, quel est l'avenir de la personnalisation en ligne ? Pensez-vous que la personnalisation contextuelle devienne la forme dominante ?
5. Le principe d'une différenciation des prix vous semble-t-il injuste ? Quelles techniques précisément vous semblent choquantes ? Pour quelles raisons ?
6. Pensez-vous que le respect de la vie privée sur Internet soit fondamentalement menacé ? Quand donnez-vous des informations ? Lesquelles ? En contrepartie de quoi ?
7. Quelle est votre position de principe sur le *retargeting* ? Certaines modalités de mise en œuvre sont-elles préférables à d'autres ?

Chapitre 9

Mise en place de la logistique du commerce électronique

Objectifs pédagogiques

- Comprendre l'importance de la partie logistique du commerce électronique
- Appréhender la spécificité de l'e-logistique
- Décrire les processus d'approvisionnement amont
- Comprendre les processus de stockage et préparation de la commande
- Analyser les processus de la logistique du dernier kilomètre
- Comprendre les modalités de tarification de la livraison
- Intégrer les problématiques de développement durable dans l'offre logistique

Vente-privee.com : la logistique du site

En 2001, Jacques-Antoine Granjon et sept associés créent vente-privee.com. Premier site au monde de ventes événementielles, ce concept répond aux nouveaux comportements des consommateurs et aux attentes des marques. Chaque jour, vente-privee.com produit en exclusivité plusieurs ventes événementielles. Invités par e-mail, les membres (plus de 10 millions, dont 5 millions de clients) découvrent tout d'abord une bande-annonce de la vente, conçue comme un véritable film publicitaire. Tous ces éléments sont produits par vente-privee.com en étroite collaboration avec les marques. Vente-privee.com possède des équipes et des studios (photographie, musique, la « *Digital Factory* ») qu'elle a rassemblés dans ses locaux en Seine-Saint-Denis.

Pendant la vente, d'une durée limitée (entre deux et quatre jours), les membres accèdent aux fins de séries de grandes marques internationales. Ils profitent ainsi de remises allant de -50 à -70 % sur les prix publics conseillés, pour des produits et services appartenant à des domaines très variés : prêt-à-porter, accessoires de mode, jouets, articles de sport, montres, équipement de la maison, *high-tech*, mais aussi vins, jardinage, spectacles et même automobile, immobilier, ou encore abonnement à un FAI ou une chaîne câblée. 65 % du chiffre d'affaires provient des ventes de prêt-à-porter. Vente-privee.com facture aux clients des frais de préparation de la commande. Les frais d'expédition de la commande sont proportionnels au poids et au volume de chaque produit. Ces frais sont connus du client au moment de la finalisation de sa commande sur le site Web.

Dédiée à la mise en place de solutions aux problématiques de déstockage des marques, vente-privee.com offre à ces dernières un dispositif global permettant d'écouler en un temps record (trois à quatre jours en moyenne) de grandes quantités de produits de fins de séries : en moyenne, 60 % des produits sont ainsi vendus dès les premières heures. Véritable canal de distribution alternatif, vente-privee.com garantit en outre aux marques la discrétion nécessaire à la protection de leur image et de leurs réseaux de distribution. C'est en ce sens que vente-privee.com est un club privé.

En 2012, vente-privee.com réalise un chiffre d'affaires de 1,3 milliard d'euros (+22 % par rapport à 2011). Cette croissance est liée à l'internationalisation de l'entreprise. Débutée en 2006 avec le lancement des sites allemand et espagnol, celle-ci se poursuit en 2008, avec l'ouverture du site sur les marchés italien et britannique. Vente-privee.com réalise 50 % de son chiffre d'affaires sur le dernier trimestre de l'année civile.

En 2009, vente-privee.com renforce ses implantations locales, afin de faciliter la collaboration directe avec chaque marché national et notamment les marques locales. Après l'ouverture de ses filiales en Espagne (Barcelone), en Allemagne (Düsseldorf) et au Royaume-Uni (Londres) en 2009, la société ouvre début 2010 des bureaux en Italie (Milan), en Autriche et en Belgique, mais ferme son bureau de Londres à la même période.

Afin de mieux servir les marchés locaux, vente-privee.com dispose également de plates-formes logistiques en Allemagne (Germersheim) et en Espagne (Madrid). L'objectif à terme est de disposer d'un réseau de plates-formes européennes. La mise en place de cette stratégie permettra d'optimiser les opérations tout en réalisant des économies d'échelle à tous les niveaux : expédition, réception et colisage.

Vente-privee.com a traité 9 millions de commandes en 2008, 13 millions en 2009 et 16 millions en 2010, et a vendu 60 millions de produits en 2012, dont plus de 2 millions de bouteilles de vin pour un chiffre d'affaires de 1,3 milliard d'euros. L'organisation logistique de vente-privee.com totalise cinq entrepôts en France : un au Blanc-Mesnil, en Seine-Saint-Denis, un à Mitry-Mory en Seine-et-Marne (20 000 m^2) et trois entrepôts en région Rhône-Alpes sur le site du parc industriel de la Plaine de l'Ain, où l'entreprise s'est installée en 2006. Elle y possède trois plates-formes, dont la troisième, baptisée Lyon 3 (30 000 m^2), a été mise en service au second semestre 2010. La plate-forme Lyon 1 est mécanisée, Lyon 2 est totalement automatisée. La plate-forme du Blanc-Mesnil est équipée afin de gérer les ventes de produits de valeur (bijoux, par exemple). La plate-forme de Mitry-Mory gère les retours de produits renvoyés par les clients (le taux moyen de retour sur les commandes est d'environ 5 %).

Cet outil logistique permet à vente-privee.com d'expédier quotidiennement entre 30 000 et 40 000 colis. La livraison des commandes au client final est réalisée par La Poste pour 95 % des commandes et le reste par des transporteurs privés (notamment pour les produits pondéreux). DHL prend en charge l'expédition des commandes à l'étranger.

Lors de la préparation d'un événement avec une marque, vente-privee.com négocie les quantités de produits qui seront mises en vente et obtient également le fichier informatique de ces produits pour les ajouter à sa base de données (base articles).

En fonction des résultats de chaque vente, les quantités à livrer par la marque sont connues une fois l'événement achevé. Il arrive que les quantités à livrer soient inférieures à celles initialement prévues. En moyenne, un client achète 3,3 produits par commande.

Après la vente, les marques mettent en moyenne 15 jours à livrer les produits. À réception, les palettes sont déchargées, ouvertes pour un contrôle et une vérification des produits livrés. Cette étape est importante, dans la mesure où les articles livrés ne sortent pas directement d'un processus de production, mais d'un processus de déstockage dans lequel de nombreuses erreurs peuvent exister (caractéristiques des produits différentes des échantillons livrés, erreur d'étiquetage). Après cette phase de vérification et une réconciliation informatique (entre la base articles et la base logistique), les articles sont injectés dans la chaîne de préparation des colis.

Selon les sites, les chaînes de préparation sont mécanisées (Lyon 1) ou automatisées (Lyon 2). Une chaîne de préparation (PTS, *Picking Tray System*) comprend une entrée pour les cartons et une pour les produits. Chaque carton reçoit un code-barres, puis un opérateur y place un bon de commande. Les codes-barres de l'un et de l'autre sont associés. Un lecteur optique scanne celui du carton, de façon à le diriger ensuite vers la « gare » où se trouvent les articles de la commande. Un opérateur scanne alors le code-barres et son terminal lui indique quels articles mettre dans le colis avant de le replacer sur la chaîne. La chaîne automatisée de Lyon est capable ensuite de déposer des échantillons produits ou des prospectus ou catalogue dans un colis avant fermeture. Elle peut le faire en fonction du profil « marketing » du client.

Afin d'optimiser la taille du colis, une autre machine (« Jivaro ») de la chaîne pose une poche d'air sous plastique au-dessus des articles, calcule de quelle hauteur réduire le carton, le découpe et le ferme. Le coût du colis représente 20 % du coût de la préparation de la commande. La baisse de volume des colis a permis une baisse de 30 % du nombre de camions nécessaires aux expéditions.

L'avant-dernière étape du processus consiste, grâce à un lecteur de code-barres, à apposer au colis l'étiquette d'expédition indiquant l'adresse du destinataire. Les cartons sont enfin pré-triés par une dernière machine pour les répartir par grand centre régional de tri de la Poste. Puis les colis ainsi regroupés constituent une palette que l'on enveloppe de film noir pour masquer son contenu et éviter les vols pendant l'acheminement. Les palettes sont chargées dans les remorques de la Poste pour la France et de DHL pour le reste de l'Europe. Dès qu'une remorque est pleine, une autre la remplace. Les plates-formes de Lyon livrent ainsi le centre de tri de La Poste à Saint-Laurent-de-Mure, distant de 70 km, qui se charge d'expédier les colis aux clients.

Source : *vente-privee.com*

Questions :

Quelles sont les spécificités du processus de vente de vente-privee.com par rapport à un site marchand classique ?

En quoi ces spécificités influencent et contraignent l'organisation logistique de cette entreprise ?

Que pensez-vous de l'organisation logistique mise en place ?

Les transactions du commerce électronique sont clôturées lorsque le client est livré et après expiration du délai légal de rétractation qui existe dans de nombreux pays. Cette réalité matérielle du commerce électronique a, au début de cette forme de commerce, été largement sous-estimée, voire ignorée par certaines start-up, les conduisant rapidement à la faillite, comme le célèbre supermarché en ligne Webvan (Ring, Tigert, 2001).

Dans le commerce traditionnel, le client se déplace au point de vente pour acquérir une marchandise et, généralement, repart avec celle-ci, assurant ainsi une partie du flux logistique (transport jusqu'au point de consommation). Le client va à la marchandise. La logistique aval du point de vente est donc assurée par le client.

Dans le commerce électronique, c'est l'inverse : la marchandise va vers le client. On assiste donc à une inversion du flux physique sur la partie logistique aval. Ce phénomène n'est pas sans conséquences sur la gestion des flux logistiques.

En effet, contrairement à la logistique traditionnelle du commerce, dans laquelle on livre à un nombre restreint de points de livraison une commande conséquente, le commerce électronique implique la livraison de petites commandes à une multitude de points de livraison, ce qui modifie fortement la problématique des coûts logistiques.

Par conséquent, les distances ne disparaissent pas avec le commerce électronique. Au contraire, elles augmentent. En effet, les commandes sur un site marchand peuvent provenir du monde entier ! Ce qui est fondamentalement modifié dans le commerce électronique, c'est que le coût de cette distance incombe souvent au site marchand car le client ne souhaite pas le supporter. Dans le domaine du commerce électronique, les attentes des clients sont fortes en termes de délai de livraison, de respect des délais annoncés, de la fiabilité de la livraison. Dès lors, la maîtrise de la chaîne logistique est cruciale, car elle permet de réaliser la promesse du commerce électronique : une commande en quelques clics et une livraison rapide.

Pour y parvenir, de nombreux processus doivent être maîtrisés. En effet, la notion de chaîne logistique ne saurait se résumer à la phase de gestion du stock et du transport. Elle implique non seulement une maîtrise de la phase d'approvisionnement auprès des fournisseurs (qualité des prévisions de vente et saisonnalité sont ici fondamentales), une optimisation des coûts de stockage, une parfaite préparation des commandes, une livraison en temps et en heure mais également, vente à distance oblige, la maîtrise de la logistique retour (échange/retour du produit, service après-vente) et une bonne analyse des coûts logistiques et de leur facturation.

La gestion de ce processus constitue une réelle compétence que peu d'entreprises de commerce électronique possèdent totalement. La chaîne logistique comporte un certain nombre d'étapes jusqu'au client final, qui constituent autant de sous-processus à gérer comme tels. Avant de présenter les différents processus de la chaîne logistique dans le cadre du commerce électronique, les spécificités de cette logistique sont présentées afin d'appréhender les défis particuliers de son management, maillon crucial dans le succès d'un site marchand.

1. Comprendre les enjeux de la logistique du commerce électronique

L'inversion des flux de marchandises par rapport au commerce traditionnel complique singulièrement la problématique, tant les exigences des clients en termes de logistique sont élevées. La difficile maîtrise de cette compétence amène les sites marchands à se poser la question de l'externalisation de ces processus à un (ou des) spécialiste(s) de la logistique.

1.1. Les spécificités de l'e-logistique

Par rapport au commerce traditionnel, le commerce électronique nécessite d'ajouter une logistique « aval » à la logistique « amont ». Là où il ne fallait livrer que des entrepôts logistiques ou des magasins (logistique amont), il faut désormais être en mesure de livrer le client chez lui (logistique aval). Dans le commerce traditionnel, le client se déplace jusqu'au magasin et assure cette logistique « aval ».

Dans cette configuration, la logistique du « dernier kilomètre » est donc assurée par le client. La livraison sur un nombre limité de points de livraison facilite également la livraison de commandes groupées, limitant ainsi les coûts de transport. Enfin, les exigences de délais courts en logistique classique n'ont rien à voir avec les exigences des clients de sites de commerce électronique qui se manifestent par des demandes de délais extrêmement courts (dans la journée, 24 h, 48 h).

La logistique du commerce électronique se caractérise dès lors par des éléments très différents de la logistique classique. Les points de livraison sont démultipliés par le simple fait que tout client ayant passé commande doit être livré. D'où la question essentielle de la zone de chalandise du site de commerce électronique.

Outre la multiplication des points de livraison, la logistique du commerce électronique doit également faire face à une multitude de colis de petite taille, contrairement à la logistique classique, ce qui entraîne des coûts de manutention plus élevés. Enfin, livrer le client final nécessite que ce dernier soit présent lors de la livraison. Cette situation n'existe pas dans la logistique classique car les livraisons s'effectuent aux horaires d'ouverture des entrepôts et des entreprises. Or de nombreux clients ne sont pas à leur domicile lors des livraisons, compliquant singulièrement la gestion de cette dernière étape de la chaîne logistique. Par conséquent, la gestion logistique d'un site de commerce électronique ne saurait être celle du commerce classique.

1.2. La zone de chalandise

Contrairement à ce que les débuts du commerce électronique sur Internet le laissaient penser (Lorentz, 1998), il n'est pas possible de livrer tous les clients à un coût acceptable par ceux-ci (voir section 1.3). La distance ne disparaît pas dans le commerce électronique ; elle n'est plus parcourue par les mêmes acteurs. C'est au site marchand de mettre à disposition le produit chez le client. Pire encore, cette distance s'accroît potentiellement au monde entier. Or, un site marchand n'est pas mondial *de facto* ; il le devient par une prise en compte de facteurs locaux dans la conception de son offre en ligne (Volle, 2000). Ainsi, la version en langue anglaise du site marchand ne suffit pas à accroître la zone de chalandise ; il faut également maîtriser la logistique internationale et les procédures douanières !

En outre, le comportement multicanal du client (voir chapitre 3) amène à intégrer la notion de zone de chalandise. En effet, les clients comparent les prix entre canaux de distribution pour de très nombreux biens. Par exemple, c'est particulièrement le cas pour les produits alimentaires pour lesquels la comparaison des prix en ligne est souvent défavorable par rapport aux enseignes concurrentes dans une zone géographique donnée. Dès lors, une approche de tarification qui ne tient compte de ces spécificités géographiques empêche de recruter efficacement des clients en ligne. En outre, le développement de l'usage des téléphones mobiles pour comparer les prix sur le lieu de vente avec ceux en ligne (voir chapitre 4) renforce le caractère localisé des offres en ligne.

Dès lors, il devient rapidement nécessaire de préciser les contours géographiques de la zone dans laquelle le site marchand opère. Est-il possible d'accepter toutes les commandes, quelle que soit leur provenance géographique ? La réponse est certainement négative, du fait de la facturation des frais de transport. D'autres considérations, comme la nature des produits (voir section 3.3.1), entrent en ligne de compte. Le respect de la chaîne du froid constitue, à cet égard, une limite évidente pour certains produits. Les délais de livraison pour les produits frais constituent une autre limite.

Il est donc nécessaire que le site marchand indique clairement à ses clients potentiels les zones de livraison. Certains supermarchés alimentaires en ligne, fortement concernés par la gestion des produits frais et de la chaîne du froid, ont donc décidé de filtrer l'accès au site dès leur page d'accueil par le code postal de l'internaute, afin de communiquer au plus vite au client la possibilité de livraison à son domicile et lui éviter une expérience décevante (voir section 1.3) en fin de commande.

Une zone de chalandise n'est pas figée et plusieurs facteurs peuvent la modifier. L'évolution des techniques d'emballage et de conservation des produits frais a permis à des sites marchands d'accroître leur zone de chalandise. Le site Telemarket a ainsi pu étendre ses livraisons à l'ensemble du territoire français, grâce à une offre d'emballage spécifique et à une organisation logistique fournie par un prestataire logistique. Le développement des ventes peut également accroître les volumes d'expédition et diminuer le coût unitaire logistique. Le site marchand peut donc étendre de façon rentable ses expéditions. Enfin, une politique commerciale peut conduire à offrir les frais de transport aux clients sur une zone supérieure à la zone de chalandise initiale.

1.3. La livraison et la satisfaction client

La promesse du commerce électronique se réalise lorsque le produit arrive effectivement sans dommage chez le client dans les délais prévus. La réalisation de cette promesse est un élément déterminant de la satisfaction client comme de nombreuses études le montrent. Ainsi, une part non négligeable d'internautes annule une commande en ligne en raison des conditions de livraison proposées et une très large majorité considère que les conditions de livraison constituent un élément de choix du site marchand. La livraison reste, pour les clients en ligne les plus réguliers, une véritable source d'insatisfaction (22 % des acheteurs en ligne génèrent 68 % des commandes[1]). En ce qui concerne ce point, les trois caractéristiques les plus importantes attendues par le client sont, dans l'ordre, les suivantes :

- la possibilité de se faire livrer le colis à domicile ;
- la possibilité de suivre le colis ;
- l'information donnée par le site marchand concernant le délai de livraison.

Avec l'accroissement de l'expérience des consommateurs et des sites et l'amélioration de nombreux processus, l'exigence des clients se focalise davantage sur ce dernier maillon de la vente en ligne qui renforce cet enjeu pour les sites marchands.

La dématérialisation du processus d'achat est anxiogène et génère une demande de contrôle sur le processus en ligne : suivi de la commande, traçabilité, information en temps réel. Ce sont donc des fonctions indispensables à inclure dans le processus de traitement de la commande (voir chapitre 5). La commande en ligne génère également une attente de rapidité importante, parfois d'instantanéité dans la disponibilité du produit, à tout le moins de l'information concernant sa livraison. Ainsi, la plupart des clients sont

1. Interview de Christine Lorimy, directrice marketing de Coliposte, octobre 2010, *Le Journal du Net*.

impatients de recevoir leur colis lorsqu'ils effectuent un achat important, tandis qu'ils acceptent une livraison moins rapide lorsqu'elle est gratuite. Les clients qui acceptent de payer plus cher pour être livrés plus rapidement sont d'ailleurs une minorité. L'expérience croissante des acheteurs en ligne conduit à accroître le degré d'exigence. Ces exigences accrues se résument par :

- une demande de délai de livraison court (créneau de livraison inférieur à deux heures) mais surtout, garanti quant à la date et l'heure ;
- une demande de fiabilisation du service consécutive à une sensibilité accrue quant à la qualité de la remise (échec de livraison et mise en instance, heure de livraison, retours, service après vente) ;
- une assurance sur les colis retournés en cas de perte ou d'avarie (voir section 4.2) ;
- un prix adapté/attractif (ce prix étant perçu comme un « coût »).

En France, depuis la loi Chatel (2008), le site marchand est tenu de préciser la date limite de livraison de la commande. Le non-respect de ce délai l'expose à des poursuites pénales.

Par conséquent, la réussite de la livraison constitue un véritable enjeu pour le commerce électronique, dans la mesure où la facilité d'effectuer un achat en ligne ne sera jugée positive que si le processus logistique se révèle efficace. Dès lors, la question est de savoir si le site marchand maîtrise cette compétence ou s'il doit confier ce processus à un spécialiste.

1.4. Faire ou faire faire la logistique ?

La maîtrise du processus logistique est une réelle compétence du point de vue stratégique. Créer une telle compétence et la maîtriser sont parfois des objectifs difficilement atteignables pour des acteurs de petite taille, comme il en existe des milliers sur Internet. Aussi, l'externalisation constitue une solution souvent retenue par les sites marchands. L'offre en matière logistique s'est considérablement étoffée, depuis l'émergence du canal électronique, facilitant cette décision. Afin de formaliser les besoins logistiques, il est néanmoins nécessaire de préparer un cahier des charges logistique.

1.4.1. L'offre de prestations logistiques

L'externalisation de la logistique du commerce électronique est une question délicate, dans la mesure où peu d'acteurs traditionnels de la logistique sont en mesure de répondre de façon totalement satisfaisante sur l'ensemble des exigences de cette logistique particulière. Sur le marché traditionnel de la logistique coexistent différentes offres :

- **Les transporteurs express.** Ce type d'acteurs est souvent spécialisé dans le transport de petits colis dans des délais rapides (24 h, 48 h). Ce sont souvent des entreprises nationales (Chronopost) ou internationales (TNT, DHL, UPS), dont le réseau de livraison ne couvre pas forcément l'ensemble d'un pays. En outre, leur origine *B2B* reste fortement marquée. Les créneaux horaires de livraison proposés restent de l'ordre de la demi-journée et la prise de rendez-vous avec le client final pour la livraison n'est souvent pas proposée. La livraison le samedi l'est rarement, ou à un coût élevé pour le client et le site marchand.
- **Les opérateurs postaux.** L'avantage fondamental de ces opérateurs est leur couverture totale d'un territoire national. Ils sont les seuls dans leur pays à pouvoir livrer

n'importe quel client, du fait de leur réseau de livraison du courrier. En outre, les bureaux de poste constituent une alternative à l'absence des clients. La mise en instance de colis est donc un atout majeur. Il n'en reste pas moins que ces opérateurs ne peuvent prendre en charge que des colis de faible poids (inférieur à 30 kg) et ne sont pas organisés pour certains produits (pondéreux, liquides, chimiques). Il est à noter qu'un opérateur comme La Poste complète son réseau par des réseaux de points relais (offre So Colissimo) afin d'offrir des solutions complètes aux sites marchands.

- **Les spécialistes de la livraison au client final.** Il s'agit souvent de filiales d'entreprises historiques de la vente à distance. En France, on peut citer Distrihome (Yves Rocher), Mondial Relay (3 Suisses), la SOGEP (Redcats). Ces opérateurs spécialisés sont certainement ceux qui maîtrisent le mieux la livraison à domicile.
- **Les réseaux de points de retrait.** Les opérateurs de la logistique traditionnelle ont développé des réseaux de points de retrait pour apporter une offre logistique *B2C* aux sites marchands, sachant que 30 % des livraisons s'effectuent sur points de retrait. Ainsi Chronopost a constitué un réseau – Chrono Relais – de 3 000 points de retrait en s'appuyant sur les buralistes. D'autres spécialistes de la logistique express comme TNT et GLS ont également constitué des réseaux de points de retrait (Relais Colis et Colis Shop). On peut également citer Kiala, entreprise qui développe un réseau de points retraits au niveau européen.
- **L'offre d'Amazon** (Amazon fullfilment)**.** Amazon est un spécialiste mondial du commerce électronique de produits culturels et de produits destinés au grand public. Il a conçu pour ses propres besoins une capacité logistique importante et des processus de gestion associés. Depuis plusieurs années, Amazon commercialise cette capacité auprès des marchands qui utilisent sa plate-forme (Amazon Marketplace), mais aussi pour n'importe quel site marchand. Cette offre s'étend de la prise de commande à la livraison au client final en incluant l'entreposage, la préparation de commande et l'expédition. Elle est donc bien plus étendue que la prestation de transport et livraison.
- **Les coursiers urbains.** Il s'agit d'une offre encore marginale pour le commerce électronique en général. Avec le développement du commerce électronique de proximité (restauration notamment), ces acteurs offrent de réelles capacités pour gérer des délais très courts dans une zone de livraison déterminée, avec une amplitude horaire du rendez-vous réduite (moins de deux heures). Ils représentent également une solution pour les livraisons dans la journée ou en soirée, option qu'offrent certains sites marchands dans les zones urbaines denses (Pixmania et Amazon, par exemple).

1.4.2. Le cahier des charges logistique

L'externalisation de la logistique doit s'effectuer sur la base d'un cahier des charges précis. Il doit comprendre trois éléments indispensables : la stratégie de distribution, les flux physiques générés par l'activité et les flux d'informations liés aux flux physiques. La partie concernant la stratégie de distribution explicite les choix stratégiques opérés par le site marchand (voir chapitres 2 et 3). La partie marketing du cahier des charges doit inclure : le niveau de service en termes de délais, les options de livraison disponibles pour le client final, la zone de chalandise, le niveau frais de port accepté par les clients. Les points essentiels sont donc :

- délais de livraison proposés aux clients ;
- frais de port refacturés au client, par type de délai ;

- type de client (*B2B*, *B2C*) ;
- zone de chalandise et concentration éventuelle des clients sur la zone ;
- personnalisation des envois (étiquette ou conditionnement à la marque).

La deuxième partie concernant les flux physiques doit comprendre au minimum les éléments suivants : nombre de commandes, nombre d'articles par commande, dimensions des produits, stock moyen, fonctionnement avec les fournisseurs. Il est possible de dresser une liste minimale des éléments essentiels à stipuler dans le cahier des charges :

- les produits – famille d'appartenance des produits ;
- les dimensions et poids de ces produits ;
- les contraintes de stockage liées à ces produits (température, produits dangereux, alcools, etc.) ;
- le conditionnement des produits (nécessité d'un suremballage) ;
- le nombre de commandes estimé (par jour ou par mois) ;
- le nombre d'articles par commande ;
- le stock moyen ;
- le nombre de références gérées ;
- le nombre de fournisseurs ;
- le nombre de réceptions attendues sur la base logistique.

La troisième partie du cahier des charges doit comprendre une description des flux d'informations liés aux flux de marchandises envisagés. Il est nécessaire de détailler, dans cette dernière partie, les éléments suivants :

- outil de prise de commande utilisé ;
- outil de transmission des commandes à la base logistique ;
- informations à recueillir de la base logistique et à quelle fréquence ;
- interfaçage informatique avec la base logistique (quelle technologie ?) ;
- informations logistiques à mettre à la disposition des clients (*tracking* des commandes).

La rédaction de ce cahier des charges doit permettre de sélectionner un prestataire logistique. Outre ces éléments objectifs, l'expérience du commerce électronique est un élément d'appréciation essentiel dans le choix du prestataire. En effet, la spécificité du commerce électronique nécessite une organisation adéquate que nombre de prestataires logistiques ne maîtrisent pas.

2. Approvisionner et gérer les stocks (logistique amont)

L'approvisionnement et la gestion des stocks sont des étapes centrales dans l'exploitation d'un site marchand. En effet, le stock constitue un élément fondamental du besoin en fonds de roulement. Son optimisation est ainsi vitale et nécessite une bonne maîtrise des flux d'approvisionnement.

2.1. La gestion des approvisionnements

Pour vendre en ligne, il faut disposer de produits en stock ou être en mesure de les faire livrer au client dans les meilleurs délais. Cela nécessite une prise en considération des cycles de ventes (saisonnalité) et incite fortement à déployer une collaboration en amont avec les fournisseurs, pour optimiser la gestion des stocks au travers d'échanges d'informations automatisés.

En effet, la disponibilité du produit en stock constitue la garantie d'un délai de livraison court pour le client et, très souvent, l'élément essentiel de sa satisfaction (voir section 1.3). Cependant, le stock a un coût élevé et représente souvent une part très importante du besoin en fonds de roulement du site marchand. Par conséquent, l'objectif de la gestion des approvisionnements et des stocks est d'optimiser de façon continue le niveau des stocks en arbitrant entre délai/disponibilité et coût du stock.

> La loi vient soutenir le consommateur en précisant qu'en cas d'indisponibilité du bien ou du service commandé celui-ci doit être informé de cette indisponibilité et bénéficie d'un droit à remboursement sans délai et au plus tard dans les 30 jours du paiement des sommes qu'il a versées. La gestion des approvisionnements est donc essentielle.
>
> Cette difficulté peut cependant être gérée par le fait que le fournisseur peut proposer un bien ou un service d'une qualité et d'un prix équivalents à condition d'en avoir informé de manière claire et compréhensible le consommateur avant la conclusion du contrat.

2.1.1. La gestion de la saisonnalité

De nombreuses activités économiques sont saisonnières. Le commerce électronique n'échappe pas à cette règle. De nombreuses activités, qui ont migré vers le canal électronique, sont des activités saisonnières : vente de fleurs (Saint-Valentin, fête des Mères, etc.), ventes de voyages, billets d'avions, billets de trains, électronique grand public, jouets, etc. Le développement des soldes en ligne dans le secteur de l'habillement conduit également à des pics de demande facilement identifiables. L'analyse des ventes dans le commerce électronique met en évidence une forte concentration des ventes au dernier trimestre de l'année civile, plus ou moins marquée selon les catégories de produits.

Le dernier trimestre de l'année représente 30 % des ventes des adhérents de l'ACSEL (*Association pour le Commerce et les Services En Ligne*). Le mois de décembre représente en moyenne pour les sites marchands, hors voyages, 65 % de volume en plus que la moyenne des autres mois de l'année. Le chiffre d'affaires du mois de décembre représente 42 % de l'activité du quatrième trimestre. Le mois de décembre représente 25 % des ventes annuelles pour un site comme Amazon. La période courant de fin novembre à fin janvier représente par exemple 30 % du chiffre d'affaires du site Pixmania[1].

Certains sites marchands, de par leur positionnement (*C2C*), ont des pics de saisonnalité décalés par rapport aux pics « classiques » ou tentent de gérer la demande en la déplaçant, grâce à des campagnes marketing dont l'objectif est de combler les « creux » de demande ou de déplacer une partie de la demande vers ces périodes.

1. *Journal du Net*, Juin 2012, **http://www.journaldunet.com/ebusiness/commerce/pics-de-ventes-e-commerce/noel-et-les-soldes.shtml**.

> ***Exemple :*** Des sites comme eBay.com, PriceMinister.com ou Deuxfoismoinscher.com (groupe 3 Suisses International) cherchent à développer leur activité de plate-forme d'intermédiation entre particuliers (*C2C, consumer to consumer*) et de tiers de confiance, en incitant les consommateurs à revendre une partie de leurs cadeaux de Noël dont ils ne sont pas satisfaits, créant ainsi du trafic à une période plutôt creuse en termes d'activité entre les fêtes de Noël et les soldes de début janvier. Ainsi, un marketing adapté permet de « lisser » les pics de demande et de déplacer une partie de la demande sur des périodes plus creuses.
>
> *Sources : http://www.priceminister.com, http://www.2xmoinscher.com*

Il est donc impératif que cette saisonnalité soit analysée, anticipée du point de vue des approvisionnements et de la logistique aval. De nombreux sites marchands ont perdu des clients, suite à leur incapacité à livrer des commandes pour les fêtes de fin d'année. Afin d'éviter de telles situations, il est nécessaire de collaborer en amont avec ses fournisseurs pour parvenir à des prévisions de ventes communes, évitant ainsi les ruptures d'approvisionnement. Il est également indispensable d'anticiper ces pics saisonniers avec les prestataires logistiques, pour optimiser le stockage des produits et, plus encore, faire face à l'accroissement temporaire des commandes.

2.1.2. La gestion partagée des approvisionnements (GPA)

Largement utilisées dans la grande distribution alimentaire et dans d'autres secteurs industriels, depuis de nombreuses années, ces méthodes collaboratives entre distributeurs et fournisseurs visent à éviter les ruptures d'approvisionnement, par échange d'informations sous forme de messages EDI (voir chapitre 4). Ces méthodes dénommées « gestion partagée d'approvisionnement » (GPA ou VMI, *Vendor Managed Inventory*) font l'objet d'une normalisation par GS1 (normalisation des méthodes de codage) afin de faciliter leur déploiement. La méthode consiste à déclencher une commande automatique dès que le stock d'un produit atteint un seuil minimum défini par le fournisseur et le distributeur à l'avance par contrat. La commande est envoyée par message EDI et le fournisseur réapprovisionne automatiquement.

Le stock du site Internet est décrémenté au fur et à mesure des commandes passées en ligne. L'atteinte d'un seuil minimum sur le stock de ce produit déclenche une commande automatiquement suivie d'une livraison des quantités ainsi commandées. De cette façon, le réapprovisionnement automatique limite les ruptures de stocks.

Pour faciliter la fonction d'un tel mécanisme, le schéma d'échange de messages EDI et leur enchaînement ont été codifiés.

Lorsque le seuil minimum est atteint, le message INVRPT (*Inventory Report*) est envoyé. Le fournisseur envoie à son tour un message ORDERS (bon de commande), qui est confirmé par le site marchand dès sa réception, si les quantités proposées sont satisfaisantes. Un avis d'expédition est ensuite envoyé DESADV (*Despatch Advice*), puis la facture électronique INVOIC (*Invoice*). Enfin, à réception de la marchandise, le site marchand envoie un dernier message d'accusé de réception RECADV (*Receiving Advice*) pour clôturer la transaction. Il existe une méthode dans laquelle le site marchand ne confirme pas les commandes, mais laisse le fournisseur gérer son stock directement. Cette approche nécessite un historique de ventes suffisant et fiable pour confier l'approvisionnement aux fournisseurs.

Ces méthodes ont toutefois du mal à être adoptées par les sites marchands, qui font souvent face à une multitude de fournisseurs, compliquant le déploiement d'une telle méthode de collaboration. Plus encore, le rapport de force entre partenaires n'est pas toujours favorable aux sites marchands, qui ne sont pas en mesure d'imposer de telles méthodes, comme ont pu les faire les GSA avec leurs fournisseurs.

Par conséquent, il est important, dans la sélection de ses fournisseurs, d'apprécier leur capacité à travailler en EDI ou Web-EDI. Ce n'est toutefois pas nécessaire pour des sites de petite taille, à faible rotation de stocks, car le déploiement de la GPA est coûteux et nécessite un volume de transactions suffisant pour amortir cet investissement. En outre, l'intégration complète de l'EDI à la gestion des stocks nécessite des compétences informatiques et un système d'information apte à intégrer ce type de flux (voir chapitre 4).

La gestion des approvisionnements est donc étroitement liée à la gestion des stocks, comme le montre la GPA. Plusieurs aspects spécifiques au commerce électronique sont à souligner dans le cadre de la gestion des stocks.

2.2. La gestion des stocks

Plusieurs enjeux importants existent pour un site marchand quant à sa gestion des stocks, puisqu'ils constituent un prérequis pour garantir des délais courts aux clients.

2.2.1. Assortiment et stock

Contrairement à un magasin, limité par sa surface commerciale, un site marchand a la possibilité de présenter un nombre bien plus élevé de références, car il n'existe pas de limitation technique à en présenter des milliers. L'assortiment proposé peut donc avoir de la largeur et de la profondeur. Mais un assortiment large conduira inexorablement à un coût de stockage élevé. L'observation des supermarchés alimentaires en ligne montre bien que le nombre de références a été limité et que peu d'entre eux proposent autant de gammes que leurs équivalents physiques. En outre, l'accroissement de la largeur de l'assortiment peut conduire le site à développer de nouveaux entrepôts et limiter ainsi les économies d'échelle liées à un entrepôt unique.

> ***Exemple :*** Amazon.fr s'est diversifié sur 26 catégories de produits. L'enseigne a dû investir dans la construction de plusieurs nouveaux entrepôts en France (quatre en 2013).
>
> *Source : Le Journal du Net*

Par conséquent, si la surface commerciale n'est pas limitée, les coûts de stockage limitent sérieusement l'élargissement sans fin des gammes, auquel de trop nombreux sites marchands ont cru au début d'Internet. Une solution consiste alors à ne pas posséder ses propres stocks et à s'appuyer sur ceux de ses fournisseurs.

2.2.2. Stock en propre ou *drop shipping* ?

Afin de limiter le niveau de ses stocks, le site marchand peut négocier avec ses fournisseurs la disposition de stocks auxquels il peut recourir dès qu'il reçoit une commande sur son site. Il transforme donc un bon de commande en un ordre d'approvisionnement. Cette méthode dénommée *cross-docking* ou *drop shipping* est *a priori* très séduisante car le site marchand ne supporte pas le coût du stockage.

Elle n'est pas sans compter un certain nombre de risques, notamment quant aux délais de livraison du client final. En effet, même si les fournisseurs s'engagent sur des stocks dédiés et des délais de livraison, la réalité montre souvent que la garantie de la disponibilité de ces stocks est loin d'être toujours respectée. En outre, ce coût de stockage, supporté par le fournisseur, se traduira certainement par des coûts d'acquisition des produits plus élevés.

> ***Exemple :*** Fnac.com. « *Nous n'avons en stock qu'une toute petite partie des références que nous proposons sur le site. Pour être précis, sur un million de références proposées, nous n'en avons que 3 000 à Aubervilliers. Mais ce sont celles qui sont les plus demandées. Une autre partie, 97 000 références en tout, est stockée dans les circuits du groupe Fnac, c'est-à-dire la Société française du Livre, les magasins parisiens ou les entrepôts du groupe. Mais elles peuvent être mobilisées très rapidement, ce qui nous permet de livrer en 24 heures près de 100 000 références. Enfin, 900 000 produits, soit la plus grosse partie de notre assortiment, sont chez nos fournisseurs. Mais ce sont des produits moins demandés.* »
>
> *Source : Le Journal du Net*

Dans la pratique, de nombreux sites marchands optent pour une stratégie mixte.

Il est pertinent d'utiliser le *drop shipping* pour les produits volumineux, coûteux en espace de stockage, ou lorsque les fournisseurs maîtrisent bien ce mode de collaboration, comme dans le secteur du livre. Les recherches sur l'organisation du stockage dans le commerce électronique montrent que plus l'assortiment est large, plus les produits proposés sont pondéreux, plus le site recourt au *drop shipping* (Randall Netesinne & Rudi, 2002).

En revanche, les recherches ne permettent pas de conclure à l'existence d'un mode d'organisation particulier qui garantirait une performance supérieure. Elles fournissent également des modèles de décision sur le choix de l'organisation du stockage (Netessine, Rudi, 2006).

Il existe, enfin, un mode d'organisation des stocks pour les distributeurs présents sur plusieurs canaux et possédant des stocks en magasin. Ce mode d'organisation est présenté au chapitre 3, qui traite des stratégies de distribution multicanal.

3. Préparer et emballer la commande (logistique aval)

L'étape suivante dans la gestion logistique d'une commande consiste à la préparer et à l'expédier. Cette préparation nécessite de rassembler le ou les produits commandés, les emballer puis les affecter à un transporteur.

3.1. La préparation de la commande (*picking*)

Cette étape, souvent peu connue du client, est une phase cruciale du processus logistique, tout particulièrement s'il s'agit d'une commande comportant plusieurs produits, ce qui est un cas assez fréquent, du fait des propositions de ventes croisées (voir chapitre 8) ou des options de tarifications proposées en fonction du montant de la commande (voir section 4.2). La gestion de cette étape vise à optimiser le coût de traitement de la commande, qui nécessite souvent une main-d'œuvre abondante. L'automatisation est donc ici recherchée même si elle est difficilement envisageable pour de nombreux produits.

> ***Exemple :*** Zoom sur la préparation des commandes chez Fnac.com – Pendant ce temps, dans l'entrepôt, le travail bat son plein pour préparer les produits nécessaires à la constitution des nouvelles commandes. Depuis 7 heures du matin, l'équipe de *picking*, constituée de deux groupes de cinq personnes (un pour les produits culturels et l'autre pour les produits high-tech), réceptionne les ordres de préparation et prélève les produits dans les différentes travées. Les produits sont placés dans des chariots qui, une fois complets, quittent cette partie de l'entrepôt pour être stockés dans la zone de préparation des commandes.
>
> Une fois les préparations terminées, l'équipe de *picking* s'attelle alors à une autre tâche. Vers 11 heures, elle réceptionne cette fois les articles en provenance des fournisseurs et des magasins Fnac. Tous ces produits, dont certains sont demandés en urgence pour compléter une commande, sont scannés. Ceux destinés au réapprovisionnement entrent en stock et se voient attribuer une place précise dans l'entrepôt. Les autres, destinés à une expédition directe, sont mis en réserve pour passer dans la zone de préparation des commandes. C'est dans cette zone que les colis vont prendre forme. Catégorie par catégorie, tous les produits qui doivent être livrés le jour même sont déposés sur les comptoirs des dix préparatrices. Chaque produit est scanné puis méthodiquement étiqueté. Sur cette étiquette figurent les informations indispensables : le numéro de la commande, le nom du client, le numéro du poste qui l'a traitée, et surtout, l'adresse du casier où l'article doit être entreposé si la commande est composée de différents produits. Un travail précis mais néanmoins soutenu. Une préparatrice ne traite pas moins de 2 000 livres par jour. Le ballet des chariots commence alors. Déposés dans des bacs en fonction de leur numéro de travée, les articles sont pris en charge par un préparateur et rangés dans un casier bien précis. Peu de temps après, un autre préparateur passe dans ces mêmes travées avec un chariot de 40 bacs, pour prélever les commandes déjà complètes et les porter jusqu'à la zone d'emballage. Deux étapes qui permettent de traiter les commandes ne comprenant qu'un seul produit, celles-ci étant acheminées directement aux postes d'emballage. […]
>
> Une fois vérifiées et emballées, les commandes sont mises en facturation. Cette nouvelle étape explique la présence, à chaque poste d'emballage, d'un papier comportant une liste de quelques noms surmontés de l'avertissement « Fraude ». Une fois ce dernier barrage franchi, les factures sont émises et insérées dans les colis. […] Enfin, l'étiquette de routage avec l'adresse postale du destinataire est éditée et collée sur le colis, ainsi que les documents douaniers pour les expéditions hors communauté européenne. Les colis sont acheminés jusqu'à différentes zones de pesage et d'enlèvement en fonction de leur volume et du transporteur qui les prend en charge. Chaque poste est équipé d'un logiciel différent fourni par le transporteur, qui permet de transférer les données vers la société de livraison et d'allouer un code de suivi de commande en ligne. Fnac.com travaille avec trois transporteurs (La Poste, Colissimo et Chronopost) et a mis en place deux enlèvements par jour, un en milieu d'après-midi et le second le soir.
>
> *Source : Le Journal du Net*

Comme le montre l'exemple du site Fnac.com, la préparation de la commande comporte elle-même de nombreuses étapes et requiert un personnel parfois conséquent, surtout en période de pic de demande. La productivité de cette étape est cruciale pour la rentabilité du site Internet et la satisfaction client. L'organisation de cette préparation doit donc faire l'objet d'une attention toute particulière car la disposition des stocks, l'organisation des rayonnages et la procédure de collecte doivent être soigneusement étudiées, afin de garantir la productivité des préparateurs.

L'automatisation de la préparation constitue évidemment une autre piste pour augmenter la productivité à cette étape du processus logistique. L'entrepôt automatisé n'est plus une fiction de nos jours, mais de nombreux produits échappent encore à l'automatisation, particulièrement les produits alimentaires frais ou surgelés. Même les livres et les CD sont des produits difficiles à traiter automatiquement. C'est donc une piste à ne pas négliger, mais qui ne peut être étudiée que lorsque les volumes de traitement le justifient, car l'investissement est souvent conséquent. L'échec cuisant de Webvan aux États-Unis, qui planifiait une distribution de proximité fondée sur des entrepôts fortement automatisés, coûtant 40 millions de dollars, devrait inciter à la prudence quant aux perspectives de l'automatisation (voir Murphy, 2007). Le processus totalement automatisé présente également un risque élevé en cas de panne : l'arrêt des expéditions. Posséder plusieurs chaînes de traitement automatisé a un coût que la plupart des acteurs du commerce électronique ne peuvent économiquement supporter. Aussi, une solution semi-automatisée apparaît souvent la plus adaptée.

Enfin, une attention particulière doit être apportée aux commandes comptant plusieurs produits et à leur traitement. La probabilité qu'un produit composant la commande soit manquant est loin d'être nulle. Par conséquent, le risque de retarder le traitement de la commande et d'entraîner une diminution de la satisfaction client existe.

Il convient dès lors d'anticiper ce phénomène et de lui apporter un traitement qui soit explicité en amont au client. Amazon.fr anticipe cette éventualité depuis de nombreuses années, dès la phase de commande, en demandant clairement au client l'option qu'il choisit en cas d'indisponibilité d'un produit. De nombreux autres sites intègrent désormais cette option dans le processus de traitement de la commande.

L'envoi en plusieurs commandes séparées est plus coûteux pour le site marchand, mais est une source de satisfaction pour le client. Une autre méthode consiste à livrer la commande incomplète mais en facturant le bon montant au client et en l'avertissant clairement de l'absence d'un ou plusieurs produits. C'est le choix d'un site comme Houra.fr. Cela est toujours préférable à ne rien faire et produire de l'insatisfaction client !

Une solution existe pour certaines catégories de produits, lorsqu'il en manque un : lui en substituer un autre. Elle s'est essentiellement développée dans le cadre de la vente de produits alimentaires en ligne. Elle peut être gérée en amont dès le processus de commande en ligne en offrant au client la possibilité d'indiquer s'il autorise le site à effectuer une substitution en cas de produit manquant. Cette option nécessite d'avoir un catalogue de produits et des fiches-produits qui intègrent cette option. Les sites de produits alimentaires possédant leur marque propre ont intérêt à développer une telle stratégie. En revanche, il n'est pas certain que les marques apprécient une telle option.

3.2. L'emballage de la commande

Cet aspect, qui pourrait paraître secondaire dans la gestion du commerce électronique, ne l'est qu'en apparence et des études scientifiques ont prouvé son impact sur la perception du client dans le cadre de la vente de produits alimentaires en ligne (Kämäräinen, 2001). Le *packaging* des produits est un vecteur d'image et de communication pour toute entreprise ; les sacs des distributeurs portent bien leur marque ! Par conséquent, cette question ne doit pas être négligée dans le cadre du commerce électronique, dans lequel elle présente quelques spécificités.

Lorsque les produits sont stockés ou transportés par un prestataire logistique, le risque de vol existe, surtout pour des objets à valeur unitaire élevée. Afin de faire face à cette « démarque inconnue », plusieurs sites de commerce électronique ont cessé d'apposer leur marque sur leur emballage afin de limiter les occasions de vols.

Des sites comme Pixmania.com et Ldlc.com mettent en pratique cette solution. S'ils permettent une réduction de la probabilité de vol, un emballage neutre ou un colis empaqueté sous un emballage noir dense empêchent l'entreprise de communiquer sur sa marque. Afin de limiter ces vols, seule une traçabilité fiable, de bout en bout de la chaîne de livraison, est en mesure de garantir la sécurité des livraisons. Ce n'est malheureusement pas toujours le cas, du fait des limitations des systèmes d'information de nombreux prestataires logistiques.

Il convient également de prendre en considération, lors de l'emballage, non seulement le produit lui-même mais aussi les documents juridiques devant accompagner ce produit. Les dispositions du Code de la consommation précisent en effet qu'au plus tard au moment de la livraison le consommateur doit recevoir par écrit ou sur un support durable à sa disposition :

- la confirmation des informations dont il avait disposé au moment de la commande ;
- une information sur les conditions et modalités d'exercice du droit de rétractation ;
- l'adresse de l'établissement où il peut présenter ses réclamations ;
- les informations relatives au service après-vente et aux garanties commerciales ;
- les conditions de résiliation du contrat, lorsque celui-ci « est d'une durée indéterminée ou supérieure à un an ».

Un dernier aspect de l'emballage des commandes réside dans son coût et, plus spécifiquement, dans sa volumétrie. Optimiser le volume de l'emballage, c'est également minimiser les coûts de transport (voir section 4.1.2).

Lorsque l'entreprise maîtrise de façon sûre ses expéditions, elle peut faire de l'emballage un vecteur de communication non négligeable, voire une innovation.

Exemples : Le site de vente de fleurs en ligne Aquarelle.fr a conçu un emballage spécial pour ses bouquets, qui fait l'objet d'un brevet. L'emballage carton est conçu de telle sorte que sa manipulation soit optimisée sur la chaîne d'assemblage des bouquets commandés et que le bouquet, livré avec un sac remplit d'eau, soit bien calé dans l'emballage.

Source : Le Journal du Net

La société Natoora a développé un emballage spécifique isotherme pour les produits frais, la Natoobox. Protégé par une enveloppe gonflée très isolante et protectrice des chocs, un astucieux dispositif breveté permet de diffuser lentement du froid cryogénique et de maintenir une température interne entre +2 ° C et +8° C pendant plus de 24 heures avec une température extérieure de 25° C en flux laminaire. Deux années de recherche ont permis d'aboutir à cette révolution dans le transport des produits réfrigérés. Le développement d'un tel emballage évite le recours à une logistique respectant la chaîne du froid. Les commandes Natoora sont, en effet, expédiées par Chronopost.

Source : *http://www.natoora.com*

Dans le traitement de la commande, les sites marchands sont amenés à emballer un produit qui est lui-même déjà emballé par le producteur. Cette pratique rentre dans un phénomène plus large, celui du suremballage[1]. La prise de conscience écologique et la mise en œuvre de politiques de développement durable dans les entreprises ont conduit à une remise en cause progressive des pratiques d'emballage des produits. Les emballages ayant été identifiés comme une source de déchets et de gaspillage, les entreprises tentent désormais d'en réduire la taille et la trace carbone.

Il s'agit là d'un défi important pour les sites marchands, dans la mesure où le suremballage s'impose souvent à eux comme l'unique solution du fait des risques de vol durant la phase de transport. Toutefois, quelques sites marchands tentent d'impliquer leurs fournisseurs et les clients afin de réduire ce suremballage.

Exemple : Amazon.com s'efforce de sensibiliser ses fournisseurs à la question du suremballage. Le site tente également de sensibiliser les clients à cet enjeu, en leur offrant la possibilité d'évaluer l'emballage d'un produit (**www.amazon.fr/emballage**). Il collabore avec des producteurs, afin d'obtenir de leur part une livraison sans emballage et de limiter le suremballage. Il travaille avec eux dans l'optique de simplifier l'emballage qui conduit souvent à une insatisfaction lors du déballage, du fait de sa complexité (programme « Déballer sans s'énerver par Amazon »[2]).

Source : http://www.amazon.com

4. Transporter et livrer la commande

Cette dernière étape consiste à expédier la commande. Elle nécessite d'avoir défini des options de livraison et d'avoir établi des options de tarification, afin d'optimiser le coût de ces livraisons. Elle nécessite, par ailleurs, de prévoir les processus logistiques en cas de retour du produit par le client.

4.1. L'expédition de la commande

Le transport de la commande est une phase importante de la logistique tant du point de vue opérationnel (sécurité, casse, détérioration, délai) que financier. Il importe donc de tenir compte de la nature des produits expédiés pour optimiser les coûts liés aux expéditions. Les livraisons internationales amènent d'autres contraintes. La réglementation environnementale constitue également de nouvelles contraintes pour la livraison à domicile.

4.1.1. Type de produits et expédition

La logistique des produits frais ou surgelés est très différente de celle des produits pondéreux ou volumineux, et très différente des produits dématérialisés !

1. Voir par exemple : F. Reniou-Tetterel, E.Monnot (2010), *Suremballage : nécessité ou gaspillage pour le consommateur ?*, 26e Congrès International de l'Association française de Marketing, Le Mans, France, 6-7 mai.
2. Voir **http://www.amazon.com/frustration-free.**

Produits alimentaires frais et surgelés

Les supermarchés en ligne ont rapidement été confrontés à la maîtrise de la chaîne du froid et la commercialisation de produits périssables, qui nécessitent des emballages spécifiques et, plus encore, un transport spécifique. Le site Telemarket avait opté, au départ, pour des camions de livraison avec trois compartiments distincts. Mais cette solution n'a pas été retenue car l'ouverture fréquente des portes ne garantissait pas la température du compartiment froid. Par conséquent, c'est grâce à une solution spécifique d'emballage isotherme que Telemarket est revenu à des camions de livraison classiques.

Produits pondéreux

Ces produits, comme l'électroménager, les téléviseurs ou les meubles, nécessitent de recourir à des transporteurs différents des opérateurs postaux. Il faut donc bien mesurer qu'offrir certains produits à la vente en ligne nécessitera une organisation du stockage et du transport spécifique, qui peut se révéler hasardeuse, car les coûts de transports sont élevés. Cela signifie qu'il faudra faire accepter à l'internaute un changement de tarification des livraisons.

Produits dématérialisés

On oublie que de nombreux « produits » numériques ne sont pas livrés physiquement mais numériquement, par le biais d'un téléchargement direct sur des serveurs. De la musique, des films, des journaux, des livres, des logiciels, des billets de train ou d'avion, des codes-barres (coupons de réduction dématérialisés par exemple), des billets de spectacles sont aujourd'hui disponibles en version numérique téléchargeable.

Dans ce cas de figure, la livraison du produit diffère totalement du processus logistique classique pour le support physique équivalent. Ce qui ne signifie pas que la question logistique disparaisse. Bien au contraire, elle est très présente, mais repose sur des compétences informatiques pour maîtriser la demande de téléchargement.

En premier lieu, se pose la question du terminal de téléchargement et des débits auquel il accède (Wi-Fi, réseau téléphonique 2G ou 3G, réseau haut débit). Certains acteurs ont décidé d'entrer sur le marché des terminaux comme Amazon (Kindle) ou Apple (iPod, iPad, iPhone), afin de maîtriser la distribution des produits et d'offrir au client une expérience de téléchargement satisfaisante. Ainsi, Amazon offre les coûts de la connexion 3G pour le téléchargement de livres numériques (voir cas d'introduction du chapitre 4).

Le téléchargement de fichiers (audio, vidéos, texte, binaires) nécessite une gestion de la bande passante, qui permet d'optimiser le nombre de téléchargements simultanés. La bande passante est coûteuse à acheter et doit donc faire l'objet d'une gestion spécifique, afin de garantir des délais de téléchargement courts en fonction de la taille du fichier.

Les sites importants de téléchargement confient même la gestion de leur bande passante à des sociétés spécialisées comme Akamai (**http://www.akamai.com**). Autre aspect important de la logistique numérique, les fichiers nécessitant un encodage avec des protections matérielles protégeant les droits des ayants droit. Ces technologies, connues sous le nom de DRM (*Digital Rights Management*), sont donc nécessaires pour vendre ces produits sous format numérique.

4.1.2. Optimisation des coûts de transport

L'optimisation des coûts de transports constitue un enjeu majeur dans la maîtrise des coûts logistiques, surtout dans un contexte marqué par une augmentation du coût des carburants et des contraintes réglementaires sur le transport (vitesse, émission de CO_2). En effet, les coûts de transport représentent en moyenne 51 % du coût logistique, contre 36 % pour l'entreposage et 13 % pour les frais administratifs. Plusieurs éléments contribuent à la maîtrise des coûts de transport.

La localisation des entrepôts

Longtemps présenté comme une forme de commerce supprimant les distances, le commerce électronique n'est qu'une substitution des acteurs dans le transport de la marchandise. Par conséquent, les distances entre les marchandises et les consommateurs n'ont pas disparu. Les coûts de transport et les délais de livraison dépendent donc de la localisation de l'entrepôt par rapport à sa zone de chalandise.

Une solution consiste à déployer des entrepôts régionaux, afin de réduire les coûts de transport et garantir des délais de livraisons courts. Cela accroît sensiblement les coûts de stockage. L'arbitrage doit donc être analysé en détail et, sur un territoire comme la France, voire l'Europe, la solution des entrepôts régionaux n'est pas forcément une solution optimale.

De façon générale, il est pertinent de mettre en place un nombre d'entrepôts suffisants en fonction des plates-formes des prestataires logistiques, notamment ceux de l'opérateur postal historique, souvent prestataire incontournable en *B2C*, minimisant ainsi les coûts de transports.

L'optimisation du chargement

Selon les transporteurs, la tarification de la livraison s'effectuera au poids ou au volume. Le nombre de camions est directement lié au volume des colis à livrer. Un des objectifs consiste donc à minimiser la taille des colis, afin de diminuer le nombre de camions nécessaires. Les données volumétriques des produits ne sont pas toujours disponibles. Il faut donc les créer et les ajouter à la fiche-produit. Plus encore, les commandes comportant plusieurs produits nécessitent de calculer la taille et le volume du carton qui comportera les différents produits, et de prendre également en compte la nature des produits (voir section 4.1.1) : difficile de mettre dans un même carton des surgelés et des fruits (voir section 3.2) !

> ***Exemple :*** Chez Telemarket.fr, la taille du carton était calculée par l'ordinateur en fonction du volume des produits. C'est possible grâce à un système informatique 3D, qui pèse et calcule le volume de chaque produit, et l'intègre dans une base de données, en lui attribuant un code-barres. Grâce à cette base de données, le système informatique optimise le remplissage de chaque carton en fonction du poids, du volume des produits et de leur nature.
>
> *Source : Le Journal du Net*

L'optimisation du volume des colis peut également être obtenue directement sur la chaîne de traitement des commandes grâce à des machines de pliages adaptées, capables de visualiser le contenu du colis et de plier celui-ci à la bonne hauteur, économisant ainsi du volume, comme le cas d'introduction du chapitre le démontre.

L'optimisation des tournées

Il s'agit d'un levier d'optimisation important que peu d'entreprises utilisent. Seules 15 % des entreprises françaises utiliseraient un logiciel de gestion des schémas de transport (TMS, *Transport Management System*). Une telle application permet d'optimiser les tournées des livreurs, en fonction de multiples critères, dont le plus important dans le cadre du commerce électronique *B2C* est le nombre d'arrêts (égal au nombre de clients à livrer dans la tournée). Le TMS définit des routes (ordre des livraisons) en minimisant la distance parcourue par le livreur.

> ***Exemple :*** La société Scientific Logistics propose une application de TMS optimisant le nombre de routes et la distance parcourue par un camion. Par rapport à une gestion classique des routes, la solution permet de réduire, pour un cas donné, le nombre de routes de 12 à 7, et diminue le nombre de kilomètres parcourus de 33 %.
>
> *Source : http://www.scientific-logistics.com*

Une société comme UPS a développé une application très sophistiquée capable d'optimiser les tournées et de remplir les camions de façon optimale en fonction de l'ordre de livraisons des colis.

> ***Exemple :*** Dès 1999, UPS met en place un programme dénommé *Product Flow System* (PLS) dont l'objectif est de tirer le meilleur bénéfice du système de traçabilité (PLD, *Package Level Detail*). Grâce à un tel système capable d'anticiper les flux de paquets, UPS est capable d'optimiser le chargement de chaque camion et de charger ce dernier dans l'ordre de livraison, afin de minimiser les temps d'arrêt du livreur.
>
> *Sources : « United Parcel Services: Business Transformation through Information technology », J. Ross et al., MIT Sloan School, Septembre 2002, CISR WP n° 331, 37 p.*

La livraison au client final en *B2C* est une phase délicate et coûteuse, comme on l'a vu à la section 1. Il importe donc de proposer une gamme tarifaire des options de livraison, qui puisse satisfaire différentes attentes des clients. Il appartient également au site de faire comprendre la nécessité d'une facturation des coûts de transport, même si les clients font pression pour ne pas supporter ses coûts.

Enfin, la particularité de la livraison en *B2C* tient à l'accès difficile au client, tant en termes physiques (portes codées) qu'en termes temporels (absence). Il est donc nécessaire de prévoir des points de retrait des commandes. La croissance du commerce électronique incite au développement de ces réseaux de retrait de colis (voir section 1.4). Leur multiplication constitue une réelle opportunité d'accroître la facilité de livrer les clients internautes. Ces réseaux constituent également un point de retour des produits, dans le cadre de la logistique retour (voir section 4.3), qu'il est indispensable de prévoir dans une activité de commerce électronique.

4.1.3. Livraisons à l'international

Le commerce électronique abolit en partie les distances et offre la possibilité aux clients d'acheter des biens et des services dans des pays étrangers. Cette alternative reste toutefois peu développée en 2013, notamment au sein de l'Union européenne, où seuls 9 % des consommateurs et 14 % des entreprises ont commandé en ligne sur un site étranger[1]. Ce

1. Eurostat, 2011.

phénomène s'explique car les clients perçoivent des risques plus élevés: délais de livraison plus longs, coûts de livraison plus élevés, interrogation quant au retour du produit en cas d'insatisfaction, service après-vente du produit, sans oublier la localisation des sites dans des langues accessibles au consommateur[1]. Sur tous ces points, les sites marchands doivent prévoir des réponses appropriées.

Pour proposer une livraison à l'international, outre la disponibilité du site dans d'autres langues que celle d'origine, le site marchand doit expressément réunir plusieurs conditions :

- établir des zones dans lesquelles la livraison est possible ;
- donner des détails concernant les conditions de la livraison à l'étranger (délai de rétractation, politique de retour, service après-vente, garanties applicables) ;
- indiquer le coût de la livraison dans chacune des zones étrangères livrées.

Au-delà de ces éléments visibles pour le client, il importe d'être en mesure de réaliser cette prestation, aussi bien en ce qui concerne la livraison que la relation client (réponse aux e-mails ou aux appels depuis l'étranger). À cet égard, il est nécessaire de sélectionner un prestataire logistique apte à gérer les expéditions à l'étranger et les éventuelles procédures douanières. Les frais de douanes et taxes doivent être anticipés et intégrés préalablement dans les frais de livraison.

Il est intéressant de noter que certains prestataires logistiques offrent de nouvelles opportunités dans ce domaine. DHL a ainsi lancé une place de marché mondiale – One World Avenue (**http://www.oneworldavenue.com**) – pour le prêt-à-porter et les produits de luxe, offrant ainsi la possibilité aux marques d'atteindre des clients dans des pays éloignés ou complexes du point de vue logistique. Pour ce faire, DHL s'appuie sur une plate-forme (Borderlinx) qui autorise les clients à acheter dans des pays même si ce n'est pas prévu à l'origine sur certains sites.

4.1.4. Livraisons et empreinte carbone du commerce électronique

Dans le contexte de la prise de conscience écologique et du réchauffement climatique, les entreprises sont soumises à de nouvelles contraintes écologiques, notamment le bilan carbone, qui vise à « *mesurer les émissions de gaz à effet de serre [...] pour parvenir à une bonne évaluation des émissions directes ou induites par [l'] activité ou [le] territoire. Elle s'applique à toute activité : entreprises industrielles ou tertiaires, administrations, collectivités et même au territoire géré par les collectivités* » (source : ADEME). Comme n'importe quelles entreprises, celles ayant une activité de commerce électronique sont également soumises à cette évaluation de leurs émissions de carbone.

D'une façon générale, par la limitation des déplacements des clients, les sites marchands contribuent à la réduction des émissions de CO_2[2]. Plusieurs études ont mesuré ces réduc-

1. Livre vert, *Public consultation on an integrated delivery market to boost e-commerce in the EU*, Novembre 2012, **http://ec.europa.eu/internal_market/consultations/docs/2012/parcel-delivery/121129_green-paper-parcel-delivery_en.pdf** ; voir aussi : Eurobarometer, « Consumer attitudes towards cross-border trade and consumer protection, Analytical Report », *Flash Eurobarometer 299*, Mars 2011, chapitre 2, Section 2.2, p. 30.
2. J.B. Edwards, A.C. McKinnon et S.L. Cullinane (2009), « Carbon Auditing the 'Last Mile': Modelling the Environmental Impacts of Conventional and Online Non-food Shopping », disponible à l'adresse **http://www.greenlogistics.org.uk/**.

tions, sur des cas précis de sites marchands ou, de façon plus globale, pour le commerce électronique en France[1].

Si le commerce électronique constitue un levier de réduction des émissions carbone, reste encore à améliorer plusieurs aspects de la livraison afin de réduire davantage la trace carbone et optimiser les coûts de livraison. Ainsi, le regroupement des commandes dans un même créneau horaire permet de limiter le nombre de livraisons et d'abaisser la trace carbone de chaque livraison. Il faut toutefois convaincre les clients d'accepter de déplacer leur créneau de livraison. Cela peut se révéler être une tâche délicate, dans la mesure où le commerce électronique implique une promesse de rapidité que le regroupement des commandes dans une même tournée de livraison met à mal. Par conséquent, un argumentaire est nécessaire pour convaincre les clients du bien-fondé d'une telle démarche car ils demeurent encore peu sensibles à l'argument écologique en matière de commerce électronique (Cullinane *et al.*, 2008).

> ***Exemple :*** Le site de vente en ligne de l'enseigne Monoprix met clairement en avant sur son site marchand l'argument écologique dans le choix du créneau de livraison : « *Choisir ce créneau horaire contribue à limiter la circulation des véhicules de livraison et leur impact sur l'environnement* ». Dans la même perspective, le site Houra.fr sensibilise ses clients en créant un « compte écologique », qui permet au client de mieux appréhender les économies d'émission de dioxyde de carbone que ses commandes génèrent.
>
> *Sources : Monoprix.fr, houra.fr*

4.2. La définition et la tarification des options de livraison

La tarification des frais de livraison est un enjeu important pour les sites marchands. Le prix de la livraison est souvent un frein à l'achat en ligne. De nombreuses options de tarification sont possibles et reposent essentiellement sur les modalités de livraison elles-mêmes.

4.2.1. Les options de livraison

Livrer au domicile du client se révèle une dernière étape plus complexe qu'il n'y paraît. En effet, le client n'est pas toujours présent à son domicile lors de la livraison. Par conséquent, la gestion de cette étape nécessite de multiplier les options de livraison et de l'organiser autour d'un rendez-vous ou d'un retrait en point relais.

Livraison à domicile sans rendez-vous

Ce mode de livraison s'appuie essentiellement sur un prestataire logistique qui n'a pas la possibilité de gérer la prise de rendez-vous avec le client final. Si la commande est un produit qui peut être livré dans la boîte aux lettres, alors cette modalité est acceptable pour le client. Cependant, nombre de produits commandés ne peuvent être livrés de cette manière. L'absence du client oblige alors le prestataire à une seconde livraison ou à une mise en instance dans un bureau de poste. Ce fait oblige le client final à se déplacer à ce même bureau de poste, qui a souvent des horaires d'ouverture limités pour des personnes en activité. Par conséquent, ce mode de livraison, même s'il est largement

---

1. Estia-Via a réalisé deux études sur des sites de commerce électronique : Telemarket et Leshop.ch, supermarchés alimentaires en ligne en France et en Suisse. Il a réalisé une étude globale sur le e-commerce pour la Fevad en 2009.

utilisé, n'est pas entièrement satisfaisant du point de vue du client. Si elle est effectuée par un autre prestataire que l'opérateur postal, la mise en instance n'est pas possible et imposera une deuxième livraison très coûteuse.

Il est donc largement préférable de planifier un rendez-vous avec le client final. Le tableau 9.1 présente l'ensemble des options qu'il est possible d'envisager.

Tableau 9.1 : Les options de livraisons en *B2C*

		Horaire de livraison fixé par :	
		Client	**Site marchand**
Lieu de livraison :	**Domicile**	**Cas 1** Exemples : Houra.fr, aquarelle.fr	**Cas 2** Exemples : Pixmania.com
	Point de retrait	**Cas 3** Exemple : Cityssimo	**Cas 4** Exemple : Pixmania.com

Source : adapté de David & Saïdi-Kabeche, 2002

Livraison à domicile avec prise de rendez-vous

Face aux limites de la livraison sans prise de rendez-vous, la livraison à domicile avec prise de rendez-vous s'est peu à peu imposée comme la « bonne pratique » en matière de commerce électronique. Cependant, cette option est complexe à mettre en œuvre, car la plupart des prestataires logistiques ne sont pas organisés pour fonctionner de la sorte. En outre, l'amplitude des horaires qu'ils proposent est souvent limitée à des horaires en journée (8 h-18 h par exemple). Par ailleurs, la plupart des prestataires logistiques ne livrent pas le samedi matin. Or, le client souhaite souvent prendre réception de sa commande avant de quitter son domicile, le matin, ou à son retour, en fin de journée (19 h-22 h). Seules les entreprises qui possèdent leur propre flotte sont en mesure d'organiser des tournées avec des créneaux horaires de faible amplitude (2 heures) en début et fin de journée. L'étude de Punakivi montre clairement que le client final préfère les créneaux restreints (une heure d'amplitude), mais que cette organisation est la plus coûteuse pour les entreprises par rapport à d'autres options de livraison. Quelquefois, lors du choix du créneau horaire de livraison, certains sites « ouvrent ou ferment » des créneaux afin d'optimiser le nombre de livraisons (Tesco.com par exemple).

Livraison sur un point de vente

Face aux enjeux de la livraison à domicile, nombreuses sont les entreprises de commerce électronique qui ont opté pour une livraison sur un point de vente, lorsqu'elles possèdent un tel réseau. L'avantage d'une telle option réside dans le fait que, généralement, l'entreprise s'appuie sur une logistique existante, sans la modifier, et que le client choisit l'horaire qui lui convient en fonction de ses contraintes. Elle permet également de faire supporter au client une partie du coût de livraison, puisque celui-ci se déplace. En outre, cette option offre également la possibilité d'effectuer le processus de paiement sur le point de vente pour les clients les plus réfractaires au paiement en ligne. Le site Fnac.com utilise les magasins Fnac comme points de retrait des commandes prises sur Internet depuis le deuxième semestre 2007. Une enseigne comme Darty offre également une telle possibilité avec un retrait en moins de deux heures pour des catégories de produits données dans certains magasins. Dans le cadre des stratégies multicanal, de telles options sont très pertinentes pour combiner les avantages des différents canaux. Dès lors, la livraison en point de vente devient une modalité essentielle des stratégies cross-canal. La commande en ligne et le retrait en magasin (*click & collect*) permettent même à certaines enseignes de desserrer la contrainte de la disponibilité immédiate du produit en offrant la possibilité de retrait dans les deux heures après la commande (voir chapitre 3).

Livraison dans un réseau de points de retrait

Les entreprises de vente à distance (VAD) n'ont pas attendu l'arrivée d'Internet et du commerce électronique pour développer des réseaux de points de retrait. La Redoute et les 3 Suisses ont, en effet, déployé un réseau de points de retrait dans toute la France, dès les années 1980 : « relais colis ». Ces réseaux se sont, en outre, enrichis de points de vente. Ils recrutent des commerçants (buralistes, par exemple) qui réceptionnent les marchandises et les stockent sur une courte durée jusqu'au retrait par le client. Un tel réseau est, à l'évidence, une ressource essentielle dans la logistique du commerce électronique car sa capillarité est très élevée. Le réseau Mondial Relay des 3 Suisses possède 3 800 points de livraison. C'est moins que les 17 000 bureaux de poste en France, mais cela offre un bon maillage du territoire français.

D'autres réseaux concurrents se développent, comme le réseau Kiala (**http://www.kiala.fr**), qui ambitionne d'offrir une infrastructure de livraison de proximité, à une échelle européenne, aux acteurs européens du commerce électronique, qui doivent encore composer pays par pays pour offrir une telle option. Kiala est actuellement présent en France, Benelux, Grande-Bretagne. Il faut toutefois noter que cette modalité de livraison ne convient pas pour des produits pondéreux ou des produits à forte valeur unitaire (Kiala ne prend en charge que les produits de moins de 20 kg, par exemple). Les colis sont, en effet, livrés dans des magasins qui n'ont pas d'espace de stockage dédié ni protégé.

Face à la montée en puissance de ces réseaux, l'opérateur postal historique français a lancé, en 2007, un concept de point de retrait spécifique au centre-ville urbain : Cityssimo (**http://www.cityssimo.fr**). Il s'agit de boîtes postales de taille conséquente pouvant contenir des petites commandes (livres, caméras vidéo, appareil photos, etc.). Ces points de retrait sont ouverts 24 heures sur 24. Lorsque la commande est mise à disposition, le client est informé par SMS et reçoit un code qui permet de déverrouiller la case postale. L'intérêt est que le client vient retirer sa commande à sa convenance et, surtout, dans des plages horaires qui lui conviennent. Cette modalité ne convient qu'aux produits peu volumineux. La maturité du canal électronique laisse penser qu'elle se développera dans le futur. Ainsi, fin 2012, Google rachète Bufferbox qui développe une offre proche de celle de Cityssimo, tout comme Amazon développe « Amazonlocker » aux États-Unis et en Grande-Bretagne dans les enseignes 7 Eleven et Staples.

La livraison dans un point-retrait de type « *drive* »

Le concept de « *drive* » s'est fortement développé en France dans le e-commerce alimentaire. Ainsi, fin 2013, il existe plus de 2 500 *drives* en France[1]. Après l'échec relatif de la vente de produits alimentaires en ligne au début des années 2000, plusieurs enseignes alimentaires testent le retrait de la commande sur une aire dédiée adossée à un magasin.

1. *Drive Insights*, Novembre 2013, A3 Distrib & Édition Dauvers, **http://www.olivierdauvers.fr**.

Chronodrive en fait même son concept central de distribution. Plusieurs formats se sont finalement développés :

- Le *full drive* : le site physique est entièrement organisé pour que le client bénéficie d'un « service au volant ». Il signale son arrivée sur la zone en s'identifiant depuis une borne en début de parcours, sur laquelle il peut aussi régler sa commande ; il stationne ensuite sur l'aire prévue à cet effet où il attend que l'on remplisse son coffre avec sa commande.
- Le *drive light* : il s'agit la plupart du temps de places de parking aménagées à proximité de l'entrée du supermarché, avec une borne d'appel.
- Le *drive* piéton : ce type de *drive* requiert de la part du client de nombreuses actions pour récupérer sa commande : sortir du véhicule, manifester sa présence (à l'accueil ou à l'arrière du magasin) et souvent participer au chargement de sa commande dans son véhicule.

Le *drive* répond à la problématique du coût du dernier kilomètre et à sa facturation au client pour une catégorie de biens dont le panier moyen s'élève à environ 80 euros. En reportant le coût du transport sur le client, les entreprises peuvent afficher des prix identiques à ceux des magasins de référence de leurs clients.

Le *drive* représente fin 2012 environ 4 % des ventes de produits alimentaires et se développe à un rythme soutenu. Il n'en demeure pas moins qu'il reste une modalité parfois coûteuse pour l'entreprise, notamment dans son format « *full drive* ». Certaines enseignes envisagent de le mutualiser et de le transformer en un point retrait pour des e-marchands.

Les délais de livraison

Commander par Internet est perçu comme un moyen d'accélérer la circulation des marchandises et, pour le client final, d'obtenir les produits plus rapidement que par un canal traditionnel. Cette contraction du temps, propre à la numérisation des échanges, constitue une promesse pour le consommateur de jouir au plus vite de ses achats. Cependant, cette promesse bute sur les aspects logistiques présentés et plus particulièrement la présence du consommateur chez lui pour la réception de sa commande. Parmi les freins identifiés à l'achat en ligne (voir chapitre 1), la disponibilité immédiate du produit est un obstacle de taille qui n'est pas, la plupart du temps, contrebalancé par le gain de temps d'une commande en ligne. Selon Forester Research, 13 % des consommateurs américains préfèrent acheter en magasin car ils veulent le produit tout de suite.

Dans cette perspective, la rapidité de la livraison devient donc un enjeu des entreprises *on line*. Cette problématique n'est ni nouvelle en soi, ni propre au commerce électronique : les acteurs de la vente par correspondance ont déjà identifié depuis longtemps l'enjeu et déployé des offres de livraison rapide, comme le « 24 h chrono » de la Redoute ou la livraison gratuite en 24 h des 3 Suisses en point retrait.

En outre, les recherches sur les attentes des clients montrent que celles-ci sont variables selon les catégories de produits. Par exemple, le délai considéré comme « normal » pour une livraison pour des produits alimentaires est de 4 heures à une journée alors que, pour un ordinateur, le délai attendu est de 4 à 7 jours (Madlberger, Sester, 2005). Il convient donc de développer une offre appropriée de délais de livraison, en fonction des produits vendus sur le site. Par exemple, un fleuriste en ligne doit être en mesure d'offrir une livraison le jour même pour les commandes passées le matin (ce que le site Aquarelle propose sur Paris).

Plus récemment, les acteurs traditionnels de la distribution ont compris l'intérêt de leur réseau de magasins dans cette problématique en offrant la possibilité d'un retrait du produit en magasin dans les deux heures qui suivent la commande en ligne, comme Darty ou la Fnac.

Les *pure players* du e-commerce n'ont pas cette possibilité d'utiliser un réseau de magasins possédant un stock important et un assortiment suffisant. Tout juste peuvent-ils livrer généralement sous 24 h, grâce à des offres de prestataires logistiques ou des réseaux de points de retraits qui se sont développés ces dernières années (Kiala, Relais Colis, Mondial Relay, Adrexo, etc.).

La livraison le jour même de la commande apparaît donc difficile à déployer pour un site marchand. Elle nécessite en effet soit une flotte propre sur des zones de livraison suffisamment denses pour amortir un tel investissement, soit un prestataire apte à fournir cette prestation avec des stocks bien gérés (pour garantir la disponibilité du produit). Cette option de livraison paraît donc réservée à des catégories de produits bien précises, comme les produits périssables.

Exemples : Dans le cas des supermarchés en ligne, seul Monoprix.com propose une livraison dans la soirée (18 h) pour une commande effectuée avant 14 h. En ce qui concerne les produits frais ou périssables, les sites de fleuristes offrent une telle option de livraison : le site Aquarelle propose une livraison dans la journée, uniquement sur la région parisienne (voir conditions de livraison Aquarelle). Florajet.com propose une livraison en quatre heures en s'appuyant sur un réseau de partenaires fleuristes réalisant les bouquets commandés. Au nom de la rose propose une livraison en cinq heures sur Paris.

Dans d'autres catégories de produits, Pixmania offre une option de livraison le jour même, limitée à la région parisienne et aux commandes de moins de 30 kg. Cette option s'appelle « Topchrono » et est proposée par le prestataire du même nom, spécialisé dans la course express.

Sources : Pixmania, Monoprix, Florajet, Au nom de la rose

Alors même que la plupart des sites proposent aujourd'hui une livraison le lendemain, la concurrence se déporte *de facto* vers la capacité à livrer le jour même. Amazon lance une réelle offensive sur ce front logistique : depuis 2009, il propose la livraison le jour-même aux États-Unis dans dix villes américaines. En France, cette option existe pour les régions parisienne, lyonnaise et marseillaise.

Pour les villes américaines, les commandes doivent être passées avant 10 h, 10 h 30, 11 h ou 13 h.

La facturation d'un tel service se fait au prix fort pour les clients qui n'ont pas choisi l'option Amazon Premium (abonnement de 79 dollars par an). La livraison dans le cadre de ce programme coûte 3,99 dollars par produit ; sans cela, la livraison par article est facturée plus de 8,99 dollars. En France, le prix de cette option est de 3,99 euros dans le cadre du programme Amazon Premium (49 euros/an) et 22,99 euros en dehors de ce cadre.

Il n'en demeure pas moins que cette option de livraison le jour même constitue un moyen de se différencier des concurrents et de fournir un service, certes encore onéreux pour le client. Il est loin d'être acquis que cette option de livraison constitue une barrière à l'entrée, comme certains l'annonce. Elle produit surtout de l'image, plutôt que du chiffre d'affaires.

De façon générale, on retiendra qu'un site Internet devrait offrir les options suivantes :

- livraison expresse (lendemain ou sous 24 h) par transporteur express pour les clients les plus pressés de disposer du bien ;
- livraison normale (sous 48 h).

En matière de délai de livraison, la loi est venue protéger le consommateur. En effet, les dispositions du Code de la consommation imposent au fournisseur d'indiquer, avant la conclusion du contrat, la date limite de livraison du bien ou d'exécution du service.

Par ailleurs, la loi précise qu'à défaut le fournisseur est « réputé » avoir délivré le bien ou exécuté la prestation de services dès la conclusion du contrat.

Bien entendu, cette offre doit être facturée au plus juste car, pour nombre de clients internautes, les prix sur Internet s'entendent hors frais de livraison et ceux-ci sont très souvent considérés comme trop élevés.

4.2.2. Les modalités de facturation de la livraison

La facturation de la livraison au client final est un point sensible qui doit faire l'objet d'une attention toute particulière.

Cette culture du « gratuit » s'est largement ancrée chez les consommateurs, souvent peu conscients des frais qu'ils encourent, lorsqu'ils se rendent dans un magasin classique afin d'effectuer leurs achats (Murphy, 2007). Par conséquent, la tarification des frais de livraison constitue, pour nombre de consommateurs, un frein à l'achat, surtout lorsque ce coût n'est pas explicite dès la page d'accueil et n'est découvert qu'en fin du processus de commande.

Par ailleurs, une étude réalisée en Autriche, sur le prix que les clients seraient prêts à payer pour une livraison, illustre bien que les consommateurs ne sont pas au fait des coûts réels de la livraison à domicile (Madlberger, Sester, 2005). Dès lors, le choix parmi les modalités de facturation des frais de livraison dépend de la politique marketing du site (accent sur les prix, sur le service au client).

Facturation gratuite

L'entreprise de commerce électronique ne peut durablement offrir la gratuité des frais de livraison, à moins d'inclure ce coût dans le prix des produits. Le risque est d'amoindrir le positionnement de l'entreprise, dans un univers très compétitif, où les comparateurs de prix jouent un rôle croissant dans la finalisation du choix du site d'achat.

Par conséquent, la gratuité des frais de livraison ne peut pas être une modalité sur le long terme. En revanche, elle peut être offerte aux clients récurrents, dans le cadre d'une stratégie de fidélisation. La gratuité constitue également un levier promotionnel temporaire, visant à l'accroissement de la valeur du panier d'achat, afin de rentabiliser les frais de transport. Par exemple, Amazon.fr offre les frais de livraison pour toute commande supérieure à un montant de 20 euros.

Dans le cadre d'une campagne d'acquisition de clients, une politique de frais de livraison gratuits est un moyen d'attirer de nouveaux clients sur le site. Houra.fr a construit une offre de livraison gratuite pendant la durée de grossesse des femmes enceintes, espérant, ainsi, qu'après la naissance, les commandes continuent d'être effectuées sur son site.

Facturation forfaitaire

Cette modalité est la plus simple du point de vue du client. Chaque commande a un coût unique, quelle que soit la quantité commandée. La question réside ici dans le choix du montant forfaitaire facturé au client. Plusieurs sites optent pour des prix forfaitaires en fonction de critères classiques, comme le montant de la commande. Le critère du montant de la commande peut être croisé avec d'autres comme le poids de la commande, particulièrement pour les produits pondéreux.

Facturation forfaitaire et seuils conditionnels

Le site facture un montant fixe par commande. La valeur du panier d'achat constitue un premier seuil, introduit par le site, afin de favoriser les clients les plus profitables. Cette valeur peut être très différente d'un site à l'autre, en fonction de la nature des articles concernés. Amazon.fr, pour des livres ou des disques, offre la gratuité de la livraison dès 20 euros d'achat, alors que les frais de livraison sont offerts pour des paniers bien plus élevés sur les sites de produits alimentaires. Les conditions peuvent être combinées. Outre la traditionnelle valeur du panier, on trouve également la fréquence d'achat sur le site, comme sur Ooshop.

> ***Exemple :*** Ce cybermarché en ligne a fondé sa politique de prix de livraison en fonction de la fréquence d'achat, du montant du panier et du créneau de livraison choisi par le client. Pour un client récurrent, effectuant plus de 180 euros d'achat toutes les trois semaines, les frais sont offerts. Ils s'élèvent à 3,95 euros pour une commande comprise entre 120 et 150 euros et à 6,95 euros pour une commande entre 90 et 120 euros. Pour les commandes occasionnelles, les tarifs sont plus élevés (9,95 euros pour une commande comprise entre 60 et 120 euros). En outre s'appliquent des bonus ou des malus pour les clients en région parisienne, en fonction de l'horaire du créneau de livraison choisi.
>
> *Source : http://www.ooshop.com*

Le supermarché en ligne Houra.fr a poussé plus loin la logique des frais forfaitaires et des seuils, en fondant son programme de fidélisation sur le montant du panier. Le client accumule des « bornes » qui lui permettent d'obtenir des livraisons gratuites.

Facturation à l'unité commandée

Cette modalité a le mérite, pour le client final, de la transparence et, pour le site marchand, d'une juste facturation. Cependant, elle peut susciter chez le client le sentiment qu'une commande élevée n'est pas favorisée par rapport à une petite commande.

Facturation par abonnement

Le premier site marchand à introduire cette modalité fut Amazon.com aux États-Unis. Le site offre, contre un abonnement annuel de 79 dollars, les livraisons gratuites sur une année, quel que soit le nombre de commandes effectuées par le client. Considérée comme coûteuse, cette modalité permet toutefois de fidéliser la clientèle.

L'objectif de cette modalité est clairement l'augmentation de la fréquence d'achat et la fidélisation du client.

Facturation par bons de livraison

La possibilité d'acheter un carnet de bons de livraison à un prix réduit est une alternative à l'abonnement. Elle peut être jugée trop contraignante par certains segments de clientèle. L'idée consiste à commercialiser un carnet de plusieurs bons de livraison à prix réduit, payable à l'avance. La trésorerie générée par cette avance compense en partie la réduction consentie au client.

Facturation au coût réel

Les transporteurs facturent les frais de livraison en fonction du poids et du volume, notamment pour les commandes vers l'étranger où ces deux critères sont les variables de facturation. Par conséquent, facturer forfaitairement risque d'engendrer des pertes. C'est pourquoi, nombre de sites décident de facturer le coût complet de la livraison au client, en tenant compte des critères de poids et de taille. Le site de produits électroniques grand public Ldlc.com facture les commandes vers l'étranger selon cette modalité.

Facturation proportionnelle au prix de la commande

Cette modalité de paiement consiste à facturer des coûts de transport en fonction du montant de la commande. Ce mode de facturation présente l'inconvénient de pénaliser les produits à valeur unitaire élevée. On risque ainsi de décourager les achats de ces produits. Cette option peut donc convenir à des commandes d'un faible montant. Le site Ldlc.com facture les commandes selon cette modalité pour les livraisons en France.

4.3. La logistique des retours de produits

Plusieurs éléments imposent au site marchand la mise en œuvre d'une logistique « retour ». Par logistique « retour », on dénomme la gestion du flux d'un produit renvoyé par le client au distributeur. Là où le client se déplace en magasin pour rapporter un produit défectueux, le site marchand doit mettre en place des processus de collecte des produits. Dans la vente par correspondance traditionnelle, les taux de retour sont historiquement élevés (environ 25 %). Certains pays ont également des taux de retour élevés, comme l'Allemagne. Le commerce électronique n'échappe pas à ces retours, qui sont compris entre 5 et 10 % des commandes.

Cette logistique est complexe et coûteuse. En effet, il est quasiment impossible de prévoir la demande de transport et de l'optimiser. Il ne serait pas pertinent de l'inclure dans la logistique classique, dans la mesure où la collecte des produits chez les clients (pour quelque raison que ce soit) perturberait l'organisation des tournées de livraison. Par conséquent, il est souvent nécessaire de prévoir des processus séparés pour la logistique « retour ». Celle-ci devrait, en outre, se développer, pour des raisons réglementaires, mais aussi parce que le service après-vente est un moyen de différenciation par rapport à des concurrents.

4.3.1. Logistique retour et contraintes légales

Le commerce électronique est une forme de vente à distance. De ce fait, il est soumis à la même réglementation que les vépécistes traditionnels. Le Code de la consommation, section 2, « Ventes de biens et fournitures de prestations de services à distance », détaille les obligations du vendeur à distance (articles L. 121-16 à L. 121-20-10). Citons, en particulier, l'article L. 121-20, qui offre un délai de rétractation de sept jours à compter de la réception, « *sans avoir à justifier de motifs ni à payer de pénalités, à l'exception, le cas échéant, des frais de retour* ».

Par conséquent, les sites marchands sont soumis au respect de ce délai de rétraction. Cela signifie que n'importe quel client a le droit de retourner un produit au site marchand si ce produit ne lui convient pas. Cette obligation contractuelle impose donc au marchand de prévoir une logistique de retour des produits. Compte tenu du délai de 7 jours dont dispose le consommateur pour exercer son droit de rétractation, la chaîne logistique doit également contenir des dispositions de nature à prouver que le consommateur exerce bien son droit dans le délai de 7 jours.

Ainsi, la preuve de la date de livraison doit absolument être détenue par le fournisseur, qui doit intégrer le retour des accusés de livraison dans sa chaîne logistique.

En outre, depuis novembre 2006 (directive 2002/96-CE relative aux déchets d'équipements électriques et électroniques, DEEE), l'ensemble des distributeurs de produits électroménagers, informatiques et électroniques sont soumis à une obligation de reprise des produits usagés, afin de les recycler dans des conditions satisfaisantes du point de vue écologique. Cette nouvelle obligation légale contraint donc les sites commercialisant ces produits à prévoir une logistique capable de récupérer des produits usagés souvent volumineux (télévision, écran, réfrigérateur). Cela nécessite de prévoir des zones de stockage et, même si le consommateur y participe financièrement (par le biais de « l'éco-participation »), cette obligation est coûteuse. Il n'est pas certain que les principaux sites marchands de ce type de produits aient mis en place une telle organisation, qui peut, bien sûr, être sous-traitée.

La logistique « retour » est un processus complexe, dès lors qu'il s'agit de produits recyclables ou qui peuvent faire l'objet d'un reconditionnement. Cette organisation montre que plusieurs options sont possibles et qu'elles n'ont pas les mêmes conséquences comptables et financières pour le site marchand. D'autres raisons, plus opérationnelles ou stratégiques, expliquent la nécessité de déployer une logistique retour.

4.3.2. Logistique retour et service après-vente

Les avaries durant le transport sont largement possibles, tout comme la livraison d'un produit défectueux. Par conséquent, il est impératif de mettre en place un service après-vente qui inclut la prise en charge des produits défectueux. Il s'agit là d'un élément très important pour le client final et, souvent, insuffisamment pris en considération par les sites marchands.

La politique de service après-vente est perçue par le client comme un élément important de sa décision d'achat et de sa satisfaction. Dans le cadre d'une vente traditionnelle, le retour du produit est le fait du client, qui se déplace au magasin. Dans le cadre de la vente en ligne, cette difficulté est largement perçue par le client et constitue souvent un frein à l'achat.

Par conséquent, le déploiement d'une logistique retour doit absolument être pris en considération, dès la conception de la chaîne logistique, afin de garantir une bonne maîtrise des coûts et plus encore une qualité de service au client final.

Résumé

La logistique du commerce électronique est un enjeu considérable pour un site marchand. En effet, cette étape matérialise la promesse de la commande dématérialisée. Elle doit donc être étudiée de façon très précise, avec un choix sur sa gestion interne ou son externalisation à un prestataire logistique spécialisé. Les attentes des clients sur cet aspect très matériel du commerce électronique sont fortes : rapidité, facilité, fiabilité, traçabilité, ponctualité. Ces exigences sont parfois complexes à satisfaire et à tarifer à un coût acceptable par le client, du fait de l'existence d'une culture de la gratuité encore largement répandue dans l'univers Internet. En effet, la rapidité de livraison exige des stocks qui sont coûteux à maintenir.

L'automatisation du traitement des commandes, pour de très nombreux articles, n'est pas encore possible. Les pertes, vols et avaries sont également des obstacles possibles dans la phase de transport. Plus encore, la phase de livraison au domicile du client se révèle délicate et fait l'objet de tentatives d'amélioration constantes de la part des sites les plus en avance dans la gestion de la satisfaction client, par des modalités nouvelles de livraison (points-relais, *drive*) et des politiques tarifaires adaptées (abonnement ou frais réduits pour les clients fidèles).

Bibliographie

Agatz N., Fleischmann M. et van Nunen J., (2008), « E-fulfillment and multi-channel distribution – A review », *European Journal of Operational Research*, vol. 187, pp. 339-356.

Aldin N., Stahre F. (2003), « Electronic commerce, marketing channels and logistics platforms – a wholesaler perspective », *European Journal of Operational Research*, vol. 144, pp. 270-279.

Colla E. et Lapoule P. (2011), « L'essor du "drive" en France : des synergies à développer et des avantages compétitifs à créer », *Colloque Etienne Thil*, Lille, 19 p.

Cullinane S.L., Edwards J.B. et McKinnon A.C. (2008), « Clicks versus bricks on campus: Assessing the environmental impact of online food shopping », *Proceedings of the Logistics Research Network Conference*, Liverpool, pp. 358-363.

Ducret R. et Durand B. (2010), « e-Commerce et logistique urbaine : la consigne automatique, une alternative d'avenir ? », 9es *Rencontres internationales de la Recherche en Logistique (RIRL)*, Montréal : Canada.

Durand B. et Gonzales-Féliu J. (2012), « French e-grocery models: a comparison of deliveries performances », *Colloquium on European Retail Research*, Paris, France.

Fernie J. et McKinnon A.C. (2009), « The development of e-tail logistics », Chapter 10, pp. 207-232, in *Logistics and Retail Management*, 3e édition, Fernie J. & Sparks L. (eds.), Kogan Page Ltd: London, 256 p.

Gonzalez-Feliu J., Ambrosini C., Gardrat M. et Routhier J-L. (2012), « Comprendre les chaînes de déplacements pour l'approvisionnement des ménages : une approche empirique », *Revue française de Gestion industrielle*, vol. 31, n° 3, pp. 105-122.

Kämäräinen V. et Punakivi M. (2002), « Developing Cost-effective Operations for the e-Grocery Supply Chain », *International Journal of Logistics: Research & Applications*, vol. 5, n° 3, pp. 285-298.

Kull T.J., Boyer K. et Calantone R. (2007), « Last-mile supply chain efficiency: An analysis of learning curves in online ordering », *International Journal of Operations & Production Management*, vol. 27, n° 4, pp. 409-434.

Madlberger M. et Sester A. (2005), « The last mile in an electronic commerce business model – service expectations of austrian online shoppers », *Proceedings of the European Conference on Information Systems*, Regensburg, Allemagne.

Murphy J. (2007), « Grounding the virtual: The material effects of electronic grocery shopping », *Geoforum*, vol. 38, n° 5, pp. 941-953.

Netessine S. et Rudi N. (2006), « Supply chain choice on the Internet », *Management Science*, vol. 52, n° 6, pp. 844-864.

Park M. et Regan A. (2003), « Issues in emerging home delivery operations », Institute of Transportation Studies, University of California, Irvine, *working paper n° UCI-ITS-LI-WP-03-5*. Disponible en ligne à l'adresse : **http://www.its.uci.edu/its/publications/clifs.html**.

Randall T., Netessine S. et Rudi N. (2002), « Inventory structure and Internet retailing: An empirical examination of the role of inventory ownership », *working paper*. Disponible en ligne à l'adresse : **http://www.netessine.com**.

Randall, T., Netessine S. et Rudi N. (2006), « An empirical examination of the decision to invest in fulfillment capabilities: A study of Internet retailers », *Management Science*, vol. 52, n° 4, pp. 567-580.

Rotem-Mindali O. et Salomon I. (2007), « The impacts of E-tail on the choice of shopping trips and delivery: Some preliminary findings », *Transportation Research Part A*, vol. 41, pp. 176-189.

Thirumalai S. et Sinha K.K. (2005), « Customer satisfaction with order fulfillment in retail supply chains: Implications of product type in electronic B2C transactions », *Journal of Operations Management*, vol. 23, n° 3-4, pp. 291-303.

Volle P., (2000), « Du marketing des points de vente à celui des sites marchands : spécificités, opportunités, et question de recherche », *Revue française de Marketing*, n° 177-178, pp. 83-100.

Pour aller plus loin

Consultez les références complémentaires proposées sur : **http://www.livre-ecommerce.fr**

Sites Internet à consulter

http://www.chronopost.fr/transport-express/livraison-colis/site/chronov4/lang/fr/e-commerce

http://www.cityssimo.fr

http://www.fevad.com

http://www.journaldunet.com/ebusiness/commerce/logistique/

http://www.kiala.fr

http://www.mondialrelay.com

http://www.mondialrelay.fr

http://www.sogep.com

http://www.adrexo.fr/

http://www.courses-livraison.com/

Activités

Questions de révision

1. En quoi la largeur et la profondeur de gamme ont-elles une influence sur les coûts logistiques ?
2. Quelles sont les compétences à maîtriser pour livrer des commandes à l'étranger ?
3. Sur quels critères est-il pertinent de sélectionner un prestataire logistique ?
4. Quels sont les avantages et les inconvénients du *drop shipping* ?
5. Comment optimiser les coûts de transport ?
6. En quoi la livraison des produits dématérialisés diffère-t-elle des produits physiques ? Quelles ressources nécessitent-elles ?
7. Comment une commande multiproduits doit-elle être traitée ?
8. Pourquoi certains sites de commerce électronique ne livrent-ils pas sur l'ensemble de la France ? À l'étranger ?
9. Faut-il offrir la livraison gratuite systématiquement ? Argumentez.
10. Pourquoi les réseaux postaux sont-ils devenus des acteurs incontournables du commerce électronique ?
11. Pourquoi l'emballage des produits est-il un point à ne pas négliger dans la préparation de la commande ?
12. Quelles sont les modalités de livraison les plus pertinentes en *B2C* ? Argumentez.

Questions à débattre

1. Pourquoi la logistique des supermarchés alimentaires en ligne n'est-elle pas externalisée ?
2. Quels sont les moyens envisageables pour diminuer les frais de livraison dans le commerce électronique ?
3. Quelles conséquences le développement du commerce électronique peut-il avoir sur l'urbanisme et l'organisation des villes ?
4. Le développement du commerce électronique conduit à une augmentation des livraisons et donc du transport routier par camion. Que pensez-vous de ce mode de commerce dans le cadre du développement durable ?
5. Pourquoi les prestataires logistiques du fret express ne constituent-ils pas toujours une solution pour la livraison du client final ?

6. En ce qui concerne le développement durable, le commerce électronique vous paraît-il un mode de consommation plus vertueux que le commerce traditionnel ? Discutez.

7. Le modèle du « *drive* » peut-il être étendu à d'autres catégories de produits que les produits alimentaires ?

8. La livraison d'une commande le jour même représente-t-elle un avantage compétitif ?

Chapitre 10

Fidélisation et gestion de la relation client

Objectifs pédagogiques

- Connaître les principaux concepts du marketing relationnel
- Comprendre les enjeux du marketing relationnel pour un site marchand
- Connaître les grands principes pour mettre en œuvre une politique de relation client
- Comprendre comment mesurer et améliorer la qualité perçue d'un site
- Identifier les facteurs qui déterminent la satisfaction vis-à-vis d'un site marchand
- Identifier les principaux leviers de fidélisation active
- Savoir comment activer les divers points de contacts
- Comprendre les perspectives offertes par le marketing mobile
- Savoir comment mener des actions de fidélisation
- Comprendre et activer le potentiel d'une démarche communautaire

Société Générale : le Web et le mobile au service de la relation client

La Société Générale est une banque universelle, dont les métiers s'organisent autour de trois pôles : 1) la banque de détail en France ; 2) la banque de détail à l'international, les services financiers (crédit à la consommation, financement des biens d'équipement professionnels, etc.) et l'assurance ; 3) la banque de financement et d'investissement, la banque privée, la gestion d'actifs et les services aux investisseurs. La Société Générale est un groupe international présent dans 76 pays, s'adressant à plus de 32 millions de clients et employant près de 155 000 collaborateurs. Le Produit net bancaire (PNB) de 2012 est stable par rapport à 2011 (23,1 milliards d'euros).

La stratégie marketing de la banque de détail en France

La stratégie marketing de la Société Générale s'appuie sur une marque forte, nourrie par une démarche de *sponsoring* intense (on pense au rugby, depuis plus de 25 ans). La nouvelle signature, installée depuis 2011, est d'ailleurs très cohérente avec ce territoire de marque : « Développons ensemble l'esprit d'équipe ». La stratégie marketing repose également sur une politique d'innovation soutenue. Ainsi plus de 100 cartes bancaires sont proposées aux clients, notamment autour de causes porteuses (la solidarité envers les plus pauvres avec Emmaüs, etc.) et de cibles spécifiques (amateurs de bandes dessinées, golfeurs, supporters du Stade toulousain, fans des Rolling Stones, etc.). La stratégie marketing s'appuie également sur un réseau de 2 300 agences qui fait l'objet d'un réaménagement progressif depuis 2010, autour des concepts de transparence et de proximité.

Le client, priorité stratégique pour le plan « SG 2015 »

La capacité de la banque à répondre aux attentes de ses clients constitue une priorité pour la Société Générale, clairement affirmée dans le plan stratégique SG 2015. La vision stratégique consiste à faire de la Société Générale, « la banque profondément relationnelle, référent sur ses marchés, reconnue pour la qualité et l'engagement de ses équipes ». Sur le plan opérationnel, cette vision se décline avec l'objectif d'atteindre, en France, le meilleur taux de satisfaction clients du secteur d'ici à 2015.

Pour la Société Générale, satisfaire ses clients passe avant tout par l'objectif de « rendre leurs parcours encore plus fluides entre les différents canaux et leur proposer des innovations simples, directement utiles et facilement accessibles, *via* des solutions sur le mobile, par exemple ». En 2010, la banque crée une direction du multicanal afin de superviser la conception de la stratégie multicanal, l'articulation des processus entre les canaux, la responsabilité opérationnelle des centres de relation client et l'exploitation d'Internet. Comme l'indique Jean-François Sammarcelli, directeur général délégué, « *nos clients voient notre qualité de service progresser, et ils nous le disent* ». En 2013, la Société Générale a d'ailleurs été élue « Service client de l'année ». Chaque année, ce service reçoit 40 millions d'appels entrants et traite 5,8 millions d'e-mails.

Société Générale sur le Web, de 1998 à 2010

En France, les aventures de la Société Générale sur le Web remontent à 1998, avec la consultation gratuite des comptes en ligne *via* le service Voonoo. À partir de 2003, la banque propose un modèle intégré, associant étroitement les services en ligne avec le nom de l'enseigne. Fin 2003, la banque compte 850 000 abonnés sur un total de 8,3 millions de clients. Dès 2004, la souscription de produits en ligne est possible pour huit produits, notamment les cartes bleues, les assurances et les livrets d'épargne. Les services sur Internet se prolongent par une alerte mobile par SMS (Messalia). Facturé 4 euros par mois, ce service regroupe 600 000 abonnés en 2004.

Le site a fait l'objet d'une refonte majeure en 2009, avec une page d'accueil plus structurée et une navigation plus intuitive, permettant à la fois la consultation et la transaction à l'aide d'une barre contextuelle. Sur les pages dédiées aux clients, la possibilité de contacter un conseiller est désormais proposée de façon systématique. En 2010, l'audience du site s'élève à 3 millions de clients, pour environ 30 millions de connexions par mois. Le taux d'utilisation du Web des clients de la Société Générale se monte à 52 %, contre 43 % pour la moyenne du secteur bancaire. Le site offre de nombreux simulateurs (prêt personnel, épargne, assurance, etc.). La souscription en ligne a par ailleurs été élargie (comptes titres et PEA, cartes de crédit à la consommation, etc.). Comme l'indique Olivier Chédeville, désormais directeur général de la banque à distance, « *les transactions en ligne commencent à entrer dans les usages des Français* ».

Pionnière des services bancaires mobiles, avec le premier site Wap dès 2001, la Société Générale offre depuis 2008 un portail mobile accessible à partir de tous les terminaux, incluant la gestion des comptes, les informations nécessaires en cas d'urgence, ainsi qu'une partie des offres de services. En 2010, environ 350 000 utilisateurs se sont connectés au site mobile de la Société Générale (contre 120 000 deux ans auparavant). Afin d'accompagner cette transformation, la banque est particulièrement active, avec le lancement d'applications pour iPhone (Apple) en juin 2010 et pour Android en septembre de la même année. L'application a permis de recruter de nouveaux utilisateurs (déjà clients de la Société Générale). La fréquentation du site a également progressé de 66 % en un an, prouvant ainsi que les médias sont plus complémentaires que substituables.

Les activités Internet fixes et mobiles en 2013

Le site Web dédié aux particuliers (**http://www.particuliers.societegenerale.fr**) a fait l'objet de nombreuses améliorations entre 2011 et 2013 : refonte de l'espace dédié aux jeunes, afin de « rendre la banque accessible et plus facile », et de l'espace conseil (simulateurs, guides pratiques, zoom sur, vidéos, etc.). Cet espace conseil propose plus de 700 pages et près de 400 contenus distincts, dont 300 guides pratiques.

Concernant la mobilité, la Société Générale est la première banque à rendre son application iPhone accessible aux non-voyants, en mars 2011. De nouvelles fonctionnalités sont introduites en novembre sur les versions iPhone et Android, comme la messagerie sécurisée, les notifications « *push* », l'authentification simplifiée, une section virement plus intuitive (250 000 virements sont réalisés chaque mois), une consultation des comptes plus conviviale et une nouvelle présentation de la page personnalisée pour suivre l'état des comptes. En mai, les applications mobiles accueillent le nouveau service de gestion de budget, lancé quelques mois plus tôt sur le site Web.

En 2012, les applications sont également portées sur les tablettes (iPad). L'application propose les fonctionnalités qui ont fait le succès de l'application mobile, dans un univers graphique adapté aux potentialités de la tablette d'Apple, notamment les fonctions tactiles. Plusieurs innovations sont par ailleurs proposées : un tableau de bord permettant de suivre toute l'actualité des comptes, un accès personnel, et en toute confidentialité, à tous les membres de la famille, un accès rapide aux contacts (agence et conseiller), des vidéos pour prendre en main les diverses fonctionnalités et l'accessibilité aux non-voyants.

En 2013, le trafic Internet représente 300 millions de connexions sur le site fixe et 304 millions sur le site mobile. Fin 2013, l'application aura été téléchargée plus de 2 millions de fois. Cette même année, les efforts de la Société Générale sont récompensés par le prix de la deuxième meilleure application de « *mobile banking* » au monde, décerné par MyPrivate Banking parmi 200 applications proposées par 50 banques dans le monde. Forte de ses performances en matière de relation client et des nombreuses récompenses reçues depuis 2012, la Société Générale diffuse une campagne télévisée en juillet 2013, orchestrée par Fred & Farid, sur l'engagement de rester la banque n° 1 de la relation client en ligne. L'un des engagements consiste notamment à répondre aux questions des clients sur Twitter en moins de 30 minutes. Un site dédié est créé, accessible depuis tous les supports, pour rassembler toutes les initiatives digitales (**http://www.ideepourvous.fr**).

Comme on peut le constater, pour s'adapter aux technologies et aux nouveaux usages, la relation multicanal de la Société Générale est en constante évolution. Entre 2010 et 2013, les applications pour mobiles et tablettes ont pris une place essentielle dans un dispositif agence-site qui s'était stabilisé à la fin des années 2010. Les pistes d'amélioration sont encore nombreuses. Nul doute que les prochaines années réservent quelques bonnes surprises aux clients de la Société Générale.

Sources : *communiqués de presse du groupe, http://www.societegenerale.com, http://www.particuliers.societegenerale.fr, interviews d'Olivier Chédeville réalisées par Clubic.com (2009), e-marketing.fr (2009 et 2010) et Le Journal du Net (2004 et 2010).*

Questions

Proposez trois indicateurs (différents de ceux utilisés dans le texte ci-dessus) pour mesurer la performance du site sur les dix dernières années.

Comparez la stratégie marketing du site de la Société Générale avec celle de BNP Paribas. Les positionnements sont-ils identiques ? Les cibles sont-elles similaires ? Commentez ces différences éventuelles.

Visitez le site de la Société Générale (**http://particuliers.societegenerale.com**). Formulez un jugement global, en comparant ce site à celui de deux concurrents directs. Reprenez cette question en centrant l'analyse soit sur les nouveaux clients, soit sur les clients fortunés.

Quel est votre point de vue sur la qualité éditoriale du site de la Société Générale ? Comparez avec des sites d'autres banques françaises ou britanniques, qu'il s'agisse de la qualité globale des informations ou des modalités de présentation (usage d'animations, de vidéos, etc.). Reprenez cette question en centrant l'analyse sur les produits d'épargne ou sur les prêts immobiliers.

Quelles sont les principales fonctionnalités de l'application mobile de la Société Générale (iPhone ou Android, en 2013) ? Formulez un jugement sur l'application, accompagné de quelques suggestions d'amélioration.
Formulez quelques recommandations pour améliorer encore la fluidité des parcours entre les différents canaux (agence, sites et application), dans l'optique de mieux satisfaire les clients actuels de la banque. Centrez votre analyse et vos recommandations sur une cible particulière de votre choix.

Le management des relations avec les clients constitue aujourd'hui l'une des priorités des dirigeants (Peelen *et al.*, 2014). Fidéliser les clients est notamment devenu un enjeu essentiel pour la plupart des entreprises. Le contexte économique tendu renforce la nécessité de conserver ses meilleurs clients et de développer le chiffre d'affaires réalisé avec chacun d'entre eux.

La fidélisation passe par le développement d'une meilleure connaissance des clients, en termes de profils ou de comportements. Sur la base de cette connaissance client, il s'agit ensuite de mettre en œuvre des actions pour consolider le lien entre le client et l'entreprise, afin d'accroître le chiffre d'affaires et d'améliorer les résultats (grâce, notamment, à une optimisation des investissements commerciaux).

Satisfaire le client en lui proposant des offres attractives et un service irréprochable est une condition nécessaire… mais rarement suffisante pour le fidéliser. De fait, en une dizaine d'années, les dispositifs de fidélisation se sont répandus dans tous les secteurs de l'économie, y compris celui du commerce. Cependant, comme la maturité des clients s'accroît, les leviers à actionner pour gagner leur confiance doivent évoluer. Les leviers de fidélisation se multiplient et se sophistiquent, de l'e-mail aux communautés de clients, en passant par les programmes de fidélité.

Après avoir exposé quelques grands principes du management de la relation client, nous présentons les démarches qui permettent concrètement de consolider la relation. La première suppose de travailler en profondeur sur les fondamentaux du métier (comme la livraison), de façon à améliorer la qualité délivrée et la satisfaction du client. La seconde suppose de mettre en œuvre des dispositifs de fidélisation active, comme la présence sur l'ensemble des points de contacts, la mise en place d'un programme de fidélisation, ou encore l'animation d'une communauté de clients.

1. Comprendre les concepts, les enjeux et les principes du management de la relation client

Après les concepts de fidélité, de fidélisation et de relation client, nous exposerons les enjeux et les principes du management relationnel des clients dans le domaine du commerce électronique. Un accent particulier est mis sur l'enjeu central de la connaissance client.

1.1. Les concepts du marketing relationnel

La fidélisation d'un portefeuille de clients rentables est au cœur des préoccupations des managers. Par ailleurs, au-delà de la fidélisation, le marketing relationnel vise globalement à consolider le lien entre l'entreprise et ses clients. Pour éclairer ces questions, nous présenterons les concepts de fidélité et de fidélisation, puis la notion de marketing relationnel.

1.1.1. Les concepts de fidélité et de satisfaction

La fidélité est un concept central depuis le début des années 1980. Il importe de maîtriser ses différentes composantes et de comprendre l'articulation avec le concpet de satisfaction.

Les deux composantes de la fidélité

En matière de marketing, être fidèle ne consiste pas seulement à renouveler ses achats auprès du même fournisseur (composante comportementale). La vraie fidélité doit résulter d'une préférence marquée pour ce fournisseur (composante attitudinale). Autrement dit, ce n'est pas seulement le comportement d'achat qui compte, mais aussi son fondement même. Si le client achète une marque par simple habitude, ou par crainte d'en changer, on ne peut pas véritablement parler de fidélité.

Fidéliser consiste donc à générer des transactions monétaires régulières, mais aussi et surtout à créer une préférence forte pour l'enseigne. Certaines marques sont réputées pour avoir des clients très fidèles, comme Harley Davidson ou Apple. D'autres peuvent même s'appuyer sur un grand nombre de fidèles qui ne sont pourtant pas acheteurs du produit, mais acheteurs des signes de la marque. Par exemple, la marque Ferrari vend un petit nombre de véhicules, mais ses nombreux fans achètent des voiturettes de collection, des casquettes et des affiches, etc.

Le niveau de fidélité

Le niveau de fidélité des clients est généralement sous-estimé. Ainsi, dans le commerce alimentaire conventionnel, si les clients visitent plus de trois enseignes dans une même année, ils consacrent près de 75 % de leur budget à leur magasin principal (Volle, 2000). De prime abord, on pourrait penser qu'il est plus facile de passer d'un site marchand à l'autre, comparativement au commerce physique. Mais dans le secteur du commerce électronique, contrairement aux idées reçues, la fidélité est plus élevée que dans le commerce conventionnel (Shankar *et al.*, 2003 ; Huang, 2011).

De nombreux facteurs expliquent ce haut niveau de fidélité sur Internet : le client qui connaît bien un site marchand est plus enclin à l'utiliser de nouveau ; celui qui a eu une bonne expérience avec un site marchand perçoit un niveau de risque beaucoup plus faible, etc.

Le niveau de fidélité des clients est un résultat qui s'acquiert et se consolide chaque jour en investissant de diverses manières (voir sections 2 et 3 dans ce chapitre).

De la fidélité à la fidélisation

La plupart des sites sont confrontés à la même question : comment faire en sorte de fidéliser ses clients ? Cette vaste question fait désormais l'objet d'ouvrages spécialisés. Il en ressort que les trois grandes approches pour fidéliser les clients sont (Peelen *et al.*, 2014) :

- **Satisfaire.** Faire le pari qu'un client satisfait sera fidèle, sachant que de très nombreuses études montrent que ce lien entre satisfaction et fidélité est loin d'être systématique ou linéaire.
- **Verrouiller.** Mettre en place des clauses contractuelles pour empêcher la fuite des clients ou, plus généralement, prendre des dispositions pour augmenter les barrières à la sortie (par exemple, les pénalités pour remboursement anticipé dans le crédit, ou les engagements sur 12 mois dans la téléphonie mobile).
- **Activer.** Mettre en place des actions et des dispositifs variés pour stimuler activement la fidélité des clients. Deux grandes voies s'offrent alors à l'entreprise : la récompense (primes différées, programmes à points, etc.) ou la reconnaissance (services dédiés, privilèges, etc.).

Les déterminants de la fidélité au site marchand

Les déterminants de la fidélité sont multiples, mais la satisfaction demeure le premier d'entre eux. Les coûts de changement d'enseigne ou de produits sont des éléments non négligeables dans les facteurs de fidélité, mais d'autres facteurs existent encore pour comprendre le comportement de fidélité.

La satisfaction, premier déterminant de la fidélité

La satisfaction est le premier déterminant de la fidélité. Cela est particulièrement vrai pour les clients les plus impliqués et pour ceux qui achètent en ligne dans une optique fonctionnelle (acheter au meilleur prix le plus vite possible) plutôt qu'expérientielle (Li *et al.*, 2006 ; Souitaris et Balabanis, 2007 ; Sanchez-Franco, 2009).

Dans le domaine du commerce électronique, la satisfaction explique encore mieux la fidélité que dans le commerce conventionnel. Autrement dit, toutes choses égales par ailleurs, un client satisfait sera plus fidèle à un site marchand qu'un client également satisfait par un point de vente physique (Shankar *et al.*, 2003).

La différence entre commerce électronique et commerce traditionnel ne s'arrête pas au niveau de fidélité (plus fort en ligne) ou au lien entre satisfaction et fidélité (également plus fort en ligne). La troisième nuance tient à la dynamique de la satisfaction. En effet, au fil du temps, la satisfaction va se dégrader, mais cet effet est moins sensible en ligne, comparativement au commerce traditionnel (Shankar *et al.*, 2003).

Pourtant, le lien entre satisfaction et fidélité n'est pas systématique ou linéaire. Une unité de satisfaction supplémentaire ne donne pas automatiquement une unité de fidélité supplémentaire. En général, la fidélité n'augmente qu'au-delà d'un certain niveau de satisfaction. Elle peut également plafonner, même à des niveaux de satisfaction très élevés, en raison d'un phénomène qualifié de « recherche de variété ». Inversement, des coûts de changement peuvent expliquer un bon niveau de fidélité. Par exemple, si le client a déjà configuré une liste de courses sur un site marchand, en constituer une autre sur un site concurrent constitue un coût de changement.

Le rôle des coûts de changement

Les coûts de changement perçus par le client – comme devoir s'enregistrer à nouveau ou apprendre à utiliser un nouveau site – expliquent en partie le degré de fidélité à un site marchand. Dans certains cas, les coûts de changement expliquent mieux la fidélité que la satisfaction (Tsai *et al.*, 2006).

> Les coûts de changement diffèrent selon le niveau de satisfaction. Quand la satisfaction est faible, les coûts de changement sont essentiellement liés à la familiarité avec le site marchand (quand il est coûteux pour le client de devoir apprendre comment fonctionnent les autres sites marchands, autant rester fidèle au site avec lequel il est familier, même s'il n'est pas très satisfait). Quand la satisfaction est très élevée, les coûts de changement sont plutôt émotionnels (le client peut se sentir coupable d'infidélité à l'égard d'une enseigne pour laquelle il éprouve un certain attachement, ou bien il a peur de perdre son statut de meilleur client). Globalement, les coûts de changement comptent surtout pour les clients modérément satisfaits par le site marchand.
>
> ***Source :*** *Balabanis et al., 2006 (voir la référence complète sur livre-ecommerce.fr)*

Pour fidéliser leurs clients, certains responsables marketings peuvent être tentés de mettre en place des dispositifs qui augmentent volontairement les coûts de changement. L'augmentation de ces coûts ne peut cependant fonctionner que si le niveau de satisfaction est déjà élevé (Yang et Peterson, 2004). En outre, les coûts de changement expliquent la fidélité quand le niveau de risque est faible. Quand le risque est élevé, ils ne jouent pas sur la fidélité (Yen, 2010).

Les autres facteurs explicatifs de la fidélité

En plus de la satisfaction et des coûts de changement, d'autres facteurs expliquent la fidélité à un site marchand :

- La **valeur délivrée** par le site - en plus de son effet sur la satisfaction - peut aussi avoir un effet direct sur la fidélité (voir chapitre 6). Cette valeur tient notamment à la largeur de l'assortiment. Autrement dit, plus l'assortiment est large (à condition qu'il reste cohérent pour permettre des actions de *cross-selling*), plus le client est fidèle (Huang, 2011).
- Le niveau de **confiance et la réputation du site marchand** ont un effet significatif sur la fidélité. Autrement dit, il est important d'investir sur la marque, et non pas seulement sur la qualité du service. Pour les distributeurs multicanal, l'image *offline* agit également sur la fidélité *online*.
- L'existence de concurrents - ainsi que leur pertinence sur le marché - détermine **le niveau de fidélité des clients**. Plus les alternatives sont nombreuses et répondent aux attentes des clients, moins la satisfaction explique la fidélité.
- La **fidélité** explique aussi la satisfaction, ce qui constitue une boucle vertueuse. La satisfaction explique la fidélité et la fidélité renforce la satisfaction.

Pour fidéliser les clients, il faut déterminer quels facteurs, concrètement, conduisent le client à être fidèle. Des chercheurs et consultants américains ont montré que la fidélité à l'égard d'un site marchand dépend de huit grands facteurs (voir figure 10.1).

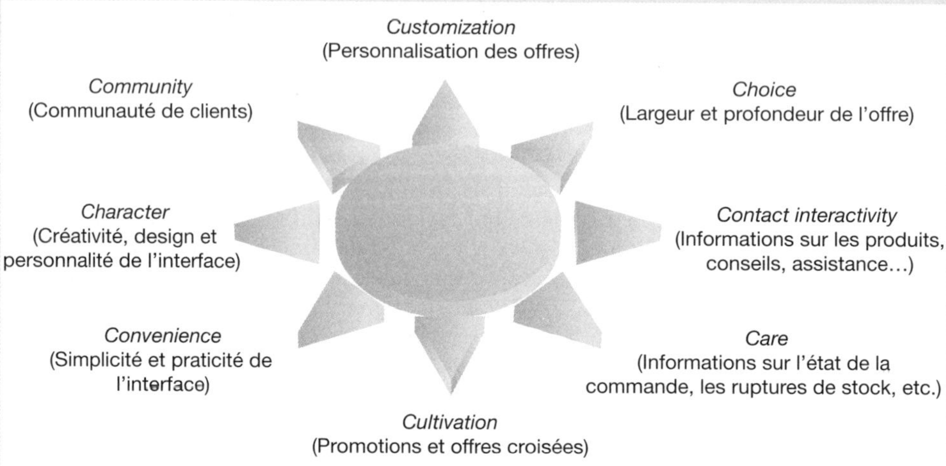

Figure 10.1 : Le modèle des 8C de la fidélité (d'après Srinivasan et *al.*, 2002).

Nous aborderons ces points plus loin dans le chapitre : la qualité de service et la satisfaction (voir section 2), ou les démarches actives de fidélisation, comme le développement d'un programme de fidélisation ou encore l'animation d'une communauté de clients (voir section 3).

La personnalisation - abordée dans le chapitre 8 sous l'angle du taux de conversion - est également un levier de fidélisation. Des études montrent que la personnalisation de l'interface a plus d'impact sur la rétention que celle des contenus. Par ailleurs, la personnalisation au niveau individuel (*one-to-one*) n'est pas plus efficace que celle au niveau du segment (*one-to-some*), alors qu'elle est beaucoup plus complexe et coûteuse. Deux raisons fondamentales expliquent l'attitude positive du client par rapport au dispositif de personnalisation : la satisfaction personnelle de participer et la satisfaction de constater que l'entreprise sait répondre aux besoins de ses clients. L'attitude des clients les moins experts s'explique par le premier mécanisme (participation), alors que les clients les plus experts sont sensibles au second (réactivité par rapport aux besoins).

Source : *Kwon et Kim, 2012 ; Lee et al., 2012 (voir les références complètes sur livre-ecommerce.fr).*

1.1.2. La notion de marketing relationnel

Si de nombreuses actions menées par les marques visent à fidéliser les clients, en encourageant un réachat régulier tout en développant une préférence pour la marque achetée, les stratégies commerciales et marketing s'intègrent maintenant dans une démarche plus large, dite de « marketing relationnel » (ou marketing client).

Celui-ci recouvre « *l'ensemble des démarches menées par l'entreprise pour analyser, planifier, réaliser et contrôler les actions destinées à initier, stabiliser, intensifier et réactiver les relations de l'entreprise avec l'ensemble de ses parties prenantes, notamment ses clients, de façon à créer une valeur* » (Bruhn, 2003). La valeur créée par l'entreprise aux yeux du client (valeur perçue) a pour contrepartie la valeur monétaire apportée par le client à l'entreprise (flux de revenus nets actualisé, ou *Customer Lifetime Value*).

Cette démarche globale vise donc à renforcer le lien entre le client et l'entreprise, en améliorant la qualité de la relation, ce qui suppose de déployer des moyens importants et des technologiques sophistiquées pour mettre en œuvre les processus commerciaux (recruter les clients, allonger la durée de vie de clients actuels, développer le chiffre d'affaires par client, reconquérir les clients perdus).

Le premier changement majeur dans le domaine du marketing relationnel est intervenu au milieu des années 1990, avec le développement d'actions publi-promotionnelles visant des objectifs de moyen terme (primes différées, programmes de fidélisation à points, etc.). Le deuxième changement majeur est intervenu au début des années 2000, avec le déploiement de technologies informatiques comme les applications de CRM (*Customer Relationship Management*) et plus généralement, le développement des technologies de contact comme les centres d'appel.

Cependant, le management de la relation client ne conduit pas seulement à intégrer des technologies dans le domaine commercial et marketing, il s'agit d'une véritable transformation de l'entreprise tout entière. Avec le management relationnel, on doit s'attendre à de profonds changements sur de nombreux plans : la philosophie qui oriente l'activité de l'entreprise, le niveau d'analyse des clients, les concepts pour représenter le marché et les moyens d'actions utilisés, les objectifs poursuivis et les modes d'organisation adoptés (voir tableau 10.1).

L'expérience montre – comme les rares études disponibles sur le sujet – que les entreprises en général, et les sites marchands en particulier, allouent encore massivement leurs budgets de marketing et communication au recrutement de nouveaux clients, plutôt qu'à la fidélisation des clients actuels. Les entreprises les plus avancées en matière de marketing relationnel consacrent plus de 30 % de leurs budgets à la fidélisation, ce qui n'est pas nécessairement suffisant. Une réallocation des budgets semble nécessaire. Il faut toutefois observer que le coût de la fidélisation dépasse de loin la fraction du budget marketing et communication consacrée explicitement à cet objectif. D'une certaine manière, l'ensemble des efforts pour améliorer la qualité de service devrait être considéré comme un investissement de fidélisation, notamment après l'achat.

Tableau 10.1 : Du marketing classique au marketing relationnel

	Marketing classique	Marketing relationnel
Philosophie des affaires	La même chose pour tous	À clients différents, offres et services différents
Niveau d'analyse des clients	Client moyen (voire segments de clients)	Individus
Concepts centraux du marketing	Image, réachat, préférence, fidélité	Confiance et engagement, attachement à la marque, valeur du client (*Customer Lifetime Value*)
Moyens d'action	Médias de masse, publicité à la télévision et prospectus	Médias directs, courrier postal ou électronique, téléphone
Objectifs	Part de marché, rentabilité des produits	Part de client, taux de rétention, rentabilité des clients
Organisation	Structure par produit, ou groupes de produits	Structure par marché, groupes de clients ou processus (prospection/fidélisation, par exemple)

Exemple : Aunomdelarose.fr, leader multicanal de la vente de roses en bouquets, est l'un des précurseurs du commerce en ligne en France. Le site consacre plus de 30 % de son budget marketing et communication à la fidélisation des clients, soit environ 4 % de son chiffre d'affaires. Mais pour Farid Djouad-Guibert, directeur général du site, « *la clé consiste à tenir ses promesses. Il faut toujours éviter de susciter de la déception, être pointu sur la qualité des produits et surtout, offrir un service après-vente irréprochable* ». Pour ce faire, l'enseigne s'appuie sur deux centres de contacts. Le premier, externalisé, gère essentiellement les demandes mineures. Le second, géré en interne, traite les demandes plus complexes, comme les demandes de remboursement ou les erreurs de livraison. En ce qui concerne l'e-mailing, Aunomdelarose.fr ne souhaite pas sursolliciter ses clients fidèles. Un mailing mensuel est diffusé. Celui-ci contient des offres sur les produits phares, mais ne se contente pas de diffuser des propositions commerciales. Aunomdelarose.fr a également mis en place un système de fidélisation, dont l'efficacité repose notamment sur une forte générosité (à la sixième commande, le site offre à son client fidèle un rabais équivalant à 10 % du montant des cinq premières commandes). Les clients possédant une carte de fidélité réalisent environ 25 à 30 % du chiffre d'affaires. Le directeur général s'estime très satisfait du rendement des investissements en fidélisation. Ce portefeuille de clients fidèles a également permis au site marchand de mieux résister au plus fort de la crise économique, en 2009. Comme l'indique Farid Djouad-Guibert, « *grâce à la fidélisation, nous avons amorti le choc. Nous ne regrettons pas nos efforts.* ».

Sources : www.aunomdelarose.fr ; E-Commerce, 2010

1.2. Les enjeux du marketing relationnel

Les enjeux du marketing relationnel (ou marketing client) dépassent largement la question de la fidélisation. D'une façon générale, il s'agit de croître dans des environnements plus concurrentiels et parfois saturés, de se différencier à travers la qualité de la relation et non plus seulement la qualité de l'offre, ou encore de développer un contact direct avec le client final pour mieux capter la valeur ajoutée. Le management relationnel conduit même parfois à réorganiser l'entreprise en prenant le client comme meilleur alibi. Pour les industriels, il s'agit aussi de contourner en partie les intermédiaires pour gagner en pouvoir de marché.

Mais quels sont les enjeux spécifiques du marketing relationnel pour un site marchand ? Pourquoi la connaissance des clients constitue-t-elle un enjeu particulièrement important ?

1.2.1. Les enjeux relationnels pour un site marchand

Aucune entreprise ne peut se priver de faire des efforts pour développer la relation avec les clients, en particulier dans le domaine du commerce électronique. Jeff Bezos, fondateur d'Amazon.com, alors qu'un journaliste lui posait la question de savoir quel était le *business model* de son entreprise, aurait répondu : « *Customer focus, customer centric, customer obsession.*[1] ». De fait, l'entreprise, qui se disait « la plus grande librairie sur Terre » à ses débuts, n'est plus aujourd'hui structurée autour d'une catégorie de produits précise. C'est un distributeur dont l'assortiment n'est plus limité que par la volonté de ses clients. Tout ce qui peut se vendre sur Amazon est vendu sur Amazon ! Fondamentalement, il ne s'agit plus de trouver des clients pour les produits référencés, mais de trouver de nouveaux produits à vendre pour les clients.

1. « La focalisation sur le client, l'entreprise centrée sur le client, l'obsession du client. »

Il serait cependant simpliste d'affirmer que la mise en œuvre d'une démarche de relation client dans le secteur du commerce électronique est juste « **une question de survie** ». Identifier les enjeux du relationnel dans ce secteur nécessite une analyse fine : certains enjeux sont moins forts que dans le commerce traditionnel, alors que d'autres sont plus importants.

Ce qui ne constitue pas un enjeu central

Relativement au commerce traditionnel, les enjeux du marketing relationnel pour les sites marchands ne s'expriment pas en termes de **saturation**. Le marché n'est clairement pas saturé (les taux de croissance dépassent encore les 20 % au début des années 2010 et sont supérieurs à 15 % en 2013).

La question de la **réorganisation autour du client** n'est pas non plus centrale pour les sites marchands : leur petite taille (comparativement aux géants de la distribution qui emploient plusieurs centaines de milliers de personnes), leur jeunesse et leur réactivité organisationnelle les met à l'abri des travers qui caractérisent généralement les grandes organisations bureaucratiques. D'une certaine manière, ayant été créés récemment, les sites marchands sont nés « orientés client ».

Dans le secteur du commerce électronique, le **pouvoir de marché** n'est généralement pas un enjeu, dans la mesure où, soit les acteurs sont trop petits pour entrer dans une recherche de taille critique permettant l'obtention d'un véritable pouvoir de marché, soit ils sont adossés à de grands groupes de distribution et, de fait, disposent déjà d'un pouvoir de marché (Darty.com, Carrefour.fr, Cdiscount, Voyages-SNCF, Pixmania, etc.). Pour les sites marchands gérés par des industriels, en revanche, la possibilité de regagner en pouvoir de marché par rapport aux distributeurs constitue parfois un enjeu important (voir chapitre 2).

> Les relations commerciales diffèrent des relations humaines. Elles peuvent être aussi coopératives, mais sont jugées moins émotionnelles, moins intenses et plus superficielles. Quand on compare les relations commerciales fondées sur le face-à-face avec des êtres humains (caissières ou vendeurs en magasins, conseillers de vente par téléphone, etc.) avec celles fondées sur des interfaces technologiques (agents virtuels, caisses automatiques, sites marchands, etc.), les clients considèrent ces dernières comme moins coopératives et plus efficaces pour les tâches formelles et fonctionnelles (comme acheter/payer).
>
> ***Source :*** *Keeling et al., 2013 (voir la référence complète sur livre-ecommerce.fr)*

Ce qui constitue un enjeu central

Pour les sites marchands gérés par des industriels, **la possibilité de garder un contact direct** avec les clients constitue un enjeu capital. Il en va de même pour les distributeurs *brick & mortar*, dans la mesure où le site marchand permet des contacts individualisés, alors que dans le commerce physique, la relation est encore bien souvent anonyme.

Pour la plupart des sites marchands, les enjeux actuels du marketing relationnel sont très commerciaux. Il s'agit avant tout d'augmenter **la fréquence de visite et le panier moyen** (montée en gamme, achats croisés, etc.). Par ailleurs, être en mesure d'allonger **la durée de vie du client** est particulièrement critique sur Internet dans la mesure où le coût d'acquisition d'un client est plus important que dans le commerce physique, et où, par ailleurs, le retour sur investissement de la rétention est supérieur au commerce traditionnel (Reichheld et Schefter, 2000).

Au-delà de ces enjeux commerciaux à court terme, la relation client permet également d'accompagner **l'élargissement de l'assortiment** à l'instar de la démarche suivie par Amazon. Comme dans toute activité commerciale, la largeur de l'assortiment constitue un facteur essentiel de la fidélité (qui agit sur la fréquence d'achat, le panier moyen, etc.). Réciproquement, la probabilité qu'un client achète dans plusieurs catégories de produits est supérieure si ce client est fidèle (*vs* nouveau). L'élargissement de l'assortiment et la fidélité fonctionnent de concert.

Les sites marchands sont exposés aux phénomènes de diffusion virale ou d'activisme en ligne (avis et commentaires, expressions de mécontentement sur les réseaux sociaux, etc.). Le management de la relation client doit donc prendre en compte **la dimension *C2C* d'Internet**. Il ne s'agit pas seulement d'une relation verticale entre un client et une entreprise (*one-to-one*), mais de relations horizontales multiples entre les clients (*customers-to-customers*), plus ou moins stimulées et encadrées par l'entreprise (voir section 3 sur le management d'une communauté de clients en ligne).

Si la fidélisation constitue assurément le premier objectif du marketing relationnel, aujourd'hui, **la recommandation** constitue également un objectif pour de nombreuses entreprises (le bouche à oreille positif autour de la marque présente notamment l'avantage de baisser les coûts d'acquisition). Ainsi, de nombreuses entreprises ne mesurent plus seulement la satisfaction et la fidélité, mais également le nombre de clients qui recommandent la marque ou l'entreprise, notamment *via* avec le Net Promoter Score[1].

1.2.2. Les enjeux spécifiques de la connaissance client

Renforcer la relation client suppose en premier lieu de mieux connaître ses clients. Dans ce domaine, les principaux enjeux sont les suivants :

L'identification des visiteurs constitue le premier enjeu. Le dépôt de cookies (voir chapitre 4) sur le disque dur du visiteur permet la traçabilité, mais il est hautement préférable d'inciter le visiteur à créer un compte (en général, cette création est systématique lors de la première commande). La création de comptes est simplifiée par la mise en ligne d'un formulaire allégé pour les simples visiteurs (les comptes des clients étant plus complets). L'identification par un profil créé au préalable sur un réseau social facilite grandement l'opération. En un clic, l'internaute peut s'identifier sur le site visité. Outre l'adresse e-mail du nouvel inscrit, les informations publiques du profil peuvent être transférées. Compte tenu de la popularité du réseau, la fonctionnalité « Facebook Connect » se développe rapidement. Des alternatives existent néanmoins (voir chapitre 8).

- La connaissance client ne se limite pas au profil (nationalité, âge, revenu, centres d'intérêt, etc.). La connaissance des achats est aussi fondamentale (quels produits et catégories sont achetés, quels produits sont achetés ensemble ou devraient l'être mais ne le sont pas, etc.).
- Sur Internet, les comportements des visiteurs laissent de multiples traces : le site d'où vient le client, le temps passé sur le site, les rubriques consultées, la page par laquelle le client est sorti du site, etc. Cependant, la connaissance des clients n'est pas un objectif

1. **http://en.wikipedia.org/wiki/Net_Promoter.**

en soi. Il ne faut donc pas essayer de tout connaître du client, mais seulement ce qui permet de renforcer le lien et d'améliorer l'efficacité des actions marketing.

- Un des principaux enjeux consiste à fusionner des informations éparses pour avoir une vue aussi complète que possible du client. Les systèmes d'information sont largement sollicités de façon à constituer une vision à 360° du client sur l'ensemble des canaux, y compris le mobile et la tablette (voir chapitre 3).
- Mettre en œuvre une démarche de connaissance client n'est pas seulement utile pour mieux cibler les messages afin d'en augmenter l'efficacité, voire pour éventuellement réduire les investissements en communication. Cela peut aussi servir à prendre des décisions concernant les fondamentaux du site marchand (assortiment, *merchandising*, etc.). Par exemple, un site marchand peut découvrir que certains clients sont particulièrement attirés par certains produits et développer l'assortiment en conséquence.
- Il faut impérativement mesurer les retombées des actions marketing, malgré les difficultés méthodologiques et techniques, malgré le coût et le temps nécessaires pour mettre en œuvre sérieusement ces mesures (voir chapitre 11). Les responsables marketing doivent répondre aux préoccupations des dirigeants, notamment des financiers, en ce qui concerne la baisse ou la simple maîtrise des coûts commerciaux. Une meilleure mesure de l'efficience des moyens engagés, grâce à une meilleure connaissance des clients, est désormais incontournable. Sur Internet, la traçabilité des contacts favorise le développement des méthodes de mesure de l'efficacité marketing.

1.3. Les principes de management de la relation client dans le domaine du commerce électronique

La mise en œuvre d'une démarche relationnelle repose sur quelques grands principes : le changement d'horizon temporel, le renforcement du lien émotionnel et fonctionnel, la mise en œuvre de processus relationnels, l'activation de leviers au cas par cas, la mobilisation de l'organisation tout entière et l'élaboration d'une véritable stratégie clients.

1.3.1. Le changement d'horizon temporel

Changer d'horizon consiste à transformer une suite de rencontres ponctuelles en une relation continue (voir figure 10.2). Le passage d'une suite de transactions ponctuelles à une relation continue conduit l'entreprise à voir le client dans la durée (augmentation de la fréquence des transactions, prise en charge des expériences client par l'entreprise, contractualisation éventuelle de la relation). Le site marchand peut se poser les questions suivantes : combien de temps le client reste-t-il fidèle à l'entreprise ? Combien d'argent est-il susceptible de rapporter durant sa vie de client, en termes de chiffre d'affaires ou de marge (*Customer Lifetime Value*[1]) ? Sur quelle durée l'entreprise peut-elle amortir et rentabiliser son investissement de départ (c'est-à-dire son coût d'acquisition) ?

1. **http://en.wikipedia.org/wiki/Customer_lifetime_value.**

Figure 10.2 : D'une transaction ponctuelle à une relation continue.

Sur le plan de la connaissance client, changer d'horizon temporel impose de mémoriser l'historique de la relation entre le client et l'entreprise, ce qui constitue un défi important en termes de systèmes d'information. Les sites marchands étant plus ou moins nés à la même époque que la notion de valeur client, et les systèmes d'information des sites marchands étant par ailleurs suffisamment sophistiqués pour réaliser les calculs nécessaires, les entreprises ont adopté les méthodes de suivi et de valorisation du client dans le temps. Le degré de sophistication de calcul de la valeur client peut varier d'un commerçant à l'autre (une majorité d'entreprises se limite à la segmentation RFM[1]). Néanmoins, cette notion est désormais connue. La valeur client peut même être le fondement de la valorisation financière du site marchand.

1.3.2. Le renforcement du lien émotionnel et fonctionnel

Au fil du temps, la relation peut devenir de plus en plus qualitative et « épaisse », au sens où la dimension commerciale va progressivement être complétée par des dimensions moins économiques (sentiments de proximité, de confiance, d'attachement, etc.). Le lien entre le client et l'entreprise peut être plutôt émotionnel ou plutôt fonctionnel. Les sites marchands sont surtout associés à des notions de praticité, d'utilité, de rapidité, de choix, etc. (Michel et Vergne, 2004), autant d'associations à la marque très fonctionnelles. La dimension émotionnelle est encore peu présente. Cela ne signifie pas qu'il est impossible de créer un lien émotionnel avec un site marchand, mais simplement qu'en l'état actuel des choses, les sites marchands sont avant tout perçus à travers leurs caractéristiques fonctionnelles.

1. **http://en.wikipedia.org/wiki/RFM_(customer_value).**

Le site marchand peut jouer sur quatre dimensions afin de créer de la valeur pour le client : l'esthétique, le jeu, l'excellence du service (y compris à travers la qualité de l'offre) et l'efficience. Une fois activées, ces différentes dimensions vont influencer l'identité du site, sa personnalité. Cette dernière est appréhendée à travers cinq « traits » : le site est-il enthousiasmant, authentique, solide, sophistiqué ou agréable ? La recherche montre que des traits spécifiques sont fortement associés à certaines valeurs activées par le site. Ainsi, celui-ci est jugé solide quand la valeur délivrée repose sur l'excellence du service. C'est en activant les valeurs d'esthétique et de jeu que le site peut développer une personnalité moins fonctionnelle, plus émotionnelle.

Source : *Shobeiri, Laroche et Mazaheri, 2013 (voir la référence complète sur livre-ecommerce.fr)*

Une étude menée en 2010 par l'AACC (Association des Agences Conseil en Communication) montre que la qualité de la relation entre les clients et les sites marchands est satisfaisante, dans la mesure où le secteur du commerce électronique se classe en quatrième position (sur les 15 secteurs étudiés), devant les produits cosmétiques, l'assurance et l'automobile. Pourtant, la question est de savoir comment progressivement approfondir la relation avec ses clients, en s'ouvrant à d'autres dimensions relationnelles (sentiment de confiance, attachement à la marque, etc.) ?

1.3.3. La mise en œuvre de processus relationnels

La démarche qui consiste à « fidéliser les clients » recouvre des objectifs variés. Plus précisément, le marketing relationnel suppose de mettre en place simultanément plusieurs processus : recruter de nouveaux clients, retenir les clients actuels, développer le chiffre d'affaires par client, reconquérir les clients perdus, etc.

Au cœur du marketing relationnel, on trouve les processus de **rétention** (faire en sorte que le client reste client plus longtemps) et de **développement** (faire en sorte que le client dépense plus). Cependant, depuis quelques années, les responsables marketing ont bien compris l'interaction forte entre **recrutement** et fidélisation. La qualité des clients recrutés – faible sensibilité aux prix et aux promotions, valeur économique potentielle, solvabilité, faible risque de départ, etc. – facilite les démarches ultérieures de fidélisation. Peu d'entreprises ont mis en place un processus de **reconquête**. Cela dit, ce processus est sans doute amené à se généraliser dans les entreprises. Les études existantes montrent que la gestion des réclamations est un enjeu important pour les sites marchands. Une réclamation mal gérée a un impact particulièrement négatif sur les nouveaux clients.

1.3.4. L'activation de leviers au cas par cas

En matière de fidélisation ou de relation client, il n'y a pas de recette miracle. Ainsi, les leviers pour créer du trafic ne sont pas les mêmes que les leviers pour fidéliser. Le prix est un facteur essentiel pour attirer du trafic, mais c'est aussi le facteur le moins important pour fidéliser (Reibstein, 2002). De nombreux autres facteurs expliquent la probabilité de réachat, notamment l'assistance au client et la qualité du service de livraison.

Les leviers de fidélisation changent au cours de la relation. Ainsi, la qualité de l'expérience de visite (en termes de contrôle perçu et de plaisir) joue essentiellement pour fidéliser un nouveau client. Par la suite, d'autres facteurs vont jouer pour fidéliser les clients réguliers (Hernandez *et al.*, 2009). Il est donc important de différencier les leviers pour transformer un client nouveau en client régulier et ceux pour transformer un client régulier en client fidèle.

Tous les sites marchands ne gèrent pas la relation client de la même façon. Cela est dû au fait que les facteurs de fidélisation varient sensiblement d'un type de produit à l'autre. Par exemple, les facteurs qui fidélisent à un site de livres ne sont pas les mêmes que ceux qui fidélisent à un site de voyages (Harris et Goode, 2004) : pour un site de livres, le niveau de satisfaction est essentiel, alors que, pour un site de voyage, la fidélité s'explique avant tout par le degré de confiance.

L'efficacité des leviers étant difficile à anticiper (voire à comprendre), la bonne attitude consiste à tester en permanence divers leviers et mécanismes de fidélisation, de façon à identifier ceux qui sont les plus performants pour chaque produit et chaque cible.

1.3.5. La mobilisation de l'organisation tout entière

Certains experts prétendent que le management de la relation client est « une affaire trop sérieuse pour la laisser exclusivement aux spécialistes du marketing ». De fait, tous les acteurs peuvent ou doivent y contribuer plus ou moins. Les questions de logistique sont par exemple au cœur des démarches de fidélisation (voir chapitre 9).

Le management de la relation client est parfois un vœu pieu qui peut aller à l'encontre d'autres impératifs de l'entreprise (sécurité, rapidité, rentabilité à court terme, etc.). Les processus métier doivent donc favoriser le renforcement des relations au quotidien. Il en va ainsi des achats, une fonction centrale dans les entreprises de commerce. Les acheteurs doivent acheter, non pas seulement en raison du meilleur prix, à l'issue de rudes négociations, mais en fonction des préférences des meilleurs clients.

Il est sans doute plus facile de mobiliser l'entreprise sur des problématiques de relation client quand il s'agit d'un site marchand, comparativement à une entreprise en réseau de grande taille où l'orientation client doit être déployée sur des populations considérables (plusieurs dizaines de milliers de collaborateurs dans une enseigne comme Carrefour ou Leclerc). Par ailleurs, l'orientation client dans une entreprise de commerce électronique ne vient pas en porte-à-faux avec d'autres directions, comme c'est parfois le cas chez les distributeurs *bricks & mortar* (dans ces organisations assez anciennes, la direction des achats ou la direction de l'exploitation pèsent sensiblement plus que le marketing client… qui peine à faire entendre sa voix).

1.3.6. L'élaboration d'une véritable stratégie clients

La plupart du temps, notamment sous la pression des fournisseurs de technologies ou en raison d'un fort mimétisme, les entreprises abordent le sujet de la relation client sous l'angle des dispositifs ou des outils (le *community management*, les applications mobiles, etc.). Cette façon de procéder épuise les équipes, désoriente les clients et diminue l'efficacité globale des investissements marketing (incohérences, absence de synergies entre les outils, etc.). La bonne façon de procéder consiste à élaborer une stratégie clients avant de se poser la question des outils (Volle *et al.*, 2012). Pour formuler une telle stratégie, il est important de pouvoir répondre à des questions fondamentales : quelles sont les cibles relationnelles (à distinguer des cibles marketing et des cibles de communication) ? Quelle proposition de valeur relationnelle faire aux clients ? Quel genre d'expérience faire vivre au client ? Quels sont les processus relationnels prioritaires ?, etc.

2. Améliorer la qualité perçue et la satisfaction

Pour les responsables d'un site marchand, améliorer la satisfaction des clients constitue un levier essentiel pour les fidéliser. Pour ce faire, il faut travailler à améliorer la qualité de service délivrée aux clients, ce qui suppose de bien comprendre comment les internautes jugent la qualité d'un site marchand. Pour satisfaire les clients, il faut également développer une politique de service afin de les accompagner après l'achat.

2.1. L'amélioration de la qualité de service perçue

La transformation d'une relation humaine en relation homme-machine constitue probablement la plus grande différence entre la qualité délivrée dans le commerce traditionnel et le commerce électronique (même s'il est vrai que des dispositifs permettent aujourd'hui d'humaniser les sites, comme les agents virtuels, voir chapitre 6). L'amabilité, l'empathie et la compétence du personnel déterminent grandement la qualité de service. Mais qu'en est-il pour le commerce électronique ?

2.1.1. Mesurer la qualité de service perçue

La notion de qualité peut être appréhendée de plusieurs façons. Pour les certificateurs de type ISO, il s'agit, avant tout, de respecter des normes et des spécifications techniques, de délivrer une qualité constante quel qu'en soit le niveau de qualité absolue (notion de fiabilité) et/ou d'offrir une solution durable et performante (nombre de fonctions réalisées par le produit X, capacité à les réaliser pleinement).

Pour les responsables marketing, la qualité est entendue comme le degré de supériorité de l'offre relativement à celles des concurrents. Il s'agit d'une qualité perçue par le client et non d'une qualité objective. On considère aussi que le jugement de qualité résulte de la différence entre la qualité attendue et la qualité délivrée. Les attentes des clients sont donc critiques pour comprendre le jugement de qualité qu'ils peuvent porter sur tel ou tel produit/service.

Des services de notation sont disponibles sur le Web. Ainsi, Bizrate (**http://www.bizrate.com**) note plusieurs dizaines de milliers de sites marchands, dans une vingtaine de catégories[1]. Les sites sont notés sur une batterie d'indicateurs d'expérience client (pendant et après l'achat), comme le design du site, l'assortiment, les prix (relativement à ceux des concurrents), la diversité des options de livraison, le suivi des commandes, le service client, la ponctualité de la livraison, etc. Bizrate indique également le niveau de satisfaction général vis-à-vis du site, l'intention de revenir et celle de recommander. Bizrate accorde également un label aux sites les plus performants (*Circle of excellence*).

Parallèlement, au fil du temps, plusieurs méthodologies rigoureuses ont été développées pour mesurer la qualité de service d'un site marchand, afin d'aider les responsables à identifier les zones de progrès.

Les principales méthodologies disponibles sont :

- **E-tail Q** (Wolfinbarger et Gilly, 2003). La qualité de service est mesurée en 14 items, organisés en quatre dimensions : design de l'interface, services offerts au

1. Voir **http://www.bizrate.com/ratings_guide/guide**.

consommateur, fiabilité de la livraison/respect des engagements, sécurité/respect de la vie privée.

- **Netqual** (Bressolles, 2004). La qualité de service est mesurée en 18 items, organisés en cinq dimensions (voir tableau 10.2).
- **E-Servqual** (Parasuraman *et al.*, 2005). La qualité de service est mesurée en 22 items, organisés en quatre dimensions : efficacité, disponibilité, livraison, respect de la vie privée.
- **E-tail SQ** (Rolland et Freeman, 2010). La qualité de service est mesurée en 15 items, organisés en cinq dimensions : facilité d'usage, contenu informationnel, fiabilité de la livraison, sécurité et respect de la vie privée, service après achat.
- **E-Serfqual** (Ding *et al.*, 2011). La qualité de service est mesurée en 12 items, organisés en quatre dimensions : contrôle perçu (sentiment pour le visiteur de connaître à l'avance les réactions du site marchand [prévisibilité de la navigation], le temps nécessaire pour réaliser un achat et les informations qui seront données sur chaque page), praticité du site (pour créer un compte, réaliser une transaction, etc.), service client (disponibilité, réactivité, bienveillance du service), respect des engagements (notamment par rapport à la livraison).

Tableau 10.2 : La mesure de la qualité délivrée par un site marchand (d'après Bressolles, 2004)

Facilité d'utilisation	Il est facile de se déplacer et de trouver ce que l'on cherche sur ce site.
	Il est facile de chercher de l'information sur ce site.
	L'organisation et la mise en page de ce site facilitent la recherche d'information.
	Ce site est facile à utiliser.
	La mise en page de ce site est claire et simple.
Fiabilité	Ce site respecte les délais de livraison.
	Sur ce site, je reçois les marchandises rapidement.
	Sur ce site, le service après-vente est excellent.
	J'obtiens exactement ce que j'ai commandé.
Design	Ce site est visuellement attirant.
	Ce site est joli.
	Ce site fait preuve de créativité.
Sécurité/confidentialité	Je pense que ma vie privée est protégée sur ce site.
	Je fais confiance à ce site pour ne pas utiliser mes informations personnelles à mauvais escient.
	Globalement, j'ai confiance en la sécurité de ce site.

Informations	L'information sur ce site est précise.
	L'information sur ce site est pertinente.
	Ce site fournit une information détaillée sur les produits et services proposés.

2.1.2. Les facteurs de qualité les plus critiques

Dans les services, en général, et dans le commerce, en particulier, le personnel en contact joue un rôle fondamental dans le management de la relation client. En matière de commerce électronique, d'autres facteurs prennent plus d'importance, comme l'interface marchande (voir chapitre 6).

La facilité d'usage de l'interface, le design du site, la fiabilité de la livraison, le respect de la vie privée et la qualité des contenus sont les facteurs qui jouent un rôle sur la qualité perçue, quel que soit le type de site (Ladhari, 2010).

De nombreuses études montrent que la facilité d'utilisation de l'interface est le facteur le plus discriminant pour expliquer la qualité perçue d'un site marchand. Les recherches les plus récentes, dans la mesure où elles portent moins sur la qualité de la visite que sur la qualité totale de la prestation, montrent que la livraison joue un rôle particulièrement critique (Dholakia et Zhao, 2010).

Les critères de qualité les plus importants ne sont pas les mêmes pour tous les internautes. Il est donc souhaitable de segmenter les clients selon les critères de qualité qui sont pour eux les plus importants et qui varient également selon le type de site.

Si le design de l'interface constitue le premier facteur de qualité pour tous les visiteurs, les services offerts sont particulièrement importants pour les clients réguliers, de même que la fiabilité de la livraison et le respect des engagements (Wolfinbarger et Gilly, 2003).

La culture du visiteur joue un rôle important sur la valeur perçue. Dans les pays caractérisés par un système institutionnel et juridique faible (Slovénie, Pologne, etc.), l'effet des dispositifs de protection du visiteur – en termes de respect de la vie privée et de sécurité – est plus fort que dans les autres pays. Dans les pays caractérisés par un fort degré d'individualisme (États-Unis, Australie, etc.), c'est le plaisir lié à l'expérience de visite qui explique fortement la valeur perçue. En revanche, dans les pays caractérisés par un faible degré d'individualisme, la valeur perçue vient plutôt du caractère utilitaire de l'expérience. Dans les pays caractérisés par une forte identité nationale (Russie, Pologne, etc.), l'effet de la congruence culturelle entre le visiteur et le site est plus fort que dans les autres pays.

Source : *Steenkamp et Geyskens, 2006 (voir la référence complète sur livre-ecommerce.fr)*

2.2. L'amélioration de la satisfaction

La satisfaction est parfois confondue avec la qualité perçue. Alors que la qualité perçue est un jugement assez rationnel sur la performance d'un produit/service, la satisfaction est une réaction plus émotionnelle, contingente et transitoire, qui résulte d'une expérience personnelle et directe avec le produit/service. Comparativement au commerce traditionnel, les sentiments sont moins marqués sur Internet, tant du côté positif (chaleur, attachement) que du côté négatif (colère, irritation, frustration, etc.). La satisfaction est donc plus lisse, moins extrême.

La satisfaction des internautes vis-à-vis des sites marchands est élevée. Ainsi, l'*American Customer Satisfaction Index* (**http://www.theacsi.org**) montre que la satisfaction vis-à-vis des sites marchands est de 82 (sur une échelle de 0 à 100), devant celle à l'égard des moteurs de recherche (76), des réseaux sociaux (68) ou des portails d'information (73)[1]. À titre de comparaison générale, l'indice global, tous secteurs confondus, est de 76. Les meilleurs distributeurs traditionnels ont un indice supérieur à la moyenne des *pure players*. L'indice d'Amazon.com, le meilleur de sa catégorie, est de 85.

2.2.1. Les facteurs de satisfaction les plus critiques

La qualité perçue est généralement considérée comme une composante essentielle de la satisfaction. Si le responsable marketing veut améliorer la satisfaction de ses clients pour les fidéliser, il doit donc travailler à améliorer la qualité perçue.

Cependant, la qualité de service délivrée semble être de plus en plus un facteur « basique », dans la mesure où elle dégrade la satisfaction si elle n'est pas perçue comme élevée, mais sans conduire pour autant à une forte amélioration de la satisfaction si elle est perçue comme élevée[2]. Ainsi, dans l'étude menée Bressolles et Durieu (2006), pour plus d'un tiers des internautes, aucune des composantes de la qualité n'est significativement liée au niveau de satisfaction.

Il existe donc d'autres déterminants de la satisfaction. La facilité d'usage et le degré d'interactivité de l'interface agissent significativement sur le niveau de satisfaction, comme la disponibilité du service client (Jaiswal, 2010).

> Certains facteurs ne jouent que positivement sur la fidélité des clients (l'accessibilité des responsables, le processus de paiement et l'anonymat), alors que d'autres ne jouent que négativement sur leur fidélité (la livraison, quand elle n'est pas conforme à ce qui était attendu). Par ailleurs, certains facteurs, les plus critiques, jouent à la fois sur la fidélité et sur l'infidélité (le traitement des réclamations, loin devant les prix relatifs ou les modalités de retour des produits). D'autres encore ne jouent pas un rôle déterminant, ni sur la fidélité, ni sur l'infidélité.
>
> ***Source :*** *Ramanathan 2010 (voir la référence complète sur livre-ecommerce.fr)*

Pour améliorer la satisfaction des clients, il est important de prendre en compte les divers facteurs qui interviennent aux différentes phases du processus d'achat et d'avoir une approche dynamique de la satisfaction. Ainsi, la largeur de l'offre est un facteur de satisfaction important avant l'achat, alors que le service client devient plus critique après l'achat (Endo *et al.*, 2012).

L'amélioration de la satisfaction des clients est loin d'être une science exacte. En l'espèce, chaque site marchand doit réaliser l'analyse. La démarche débute par une analyse des

---

1. ACSI E-business report, 2012 et 2013. Voir **http://www.theacsi.org.**
2. La terminologie d'élément « basique » provient des travaux menés par S. Llosa depuis environ 15 ans. Pour un exemple appliqué au commerce et disponible en accès libre (**http://www.afm-marketing.org**) : Lichtlé M.C., Llosa S. et Plichon V. (2001), « La contribution des éléments d'une grande surface alimentaire à la satisfaction du client », *17e Congrès international de l'Association française de Marketing*, Deauville.

niveaux de satisfaction ou d'insatisfaction pour chaque type de clients. Elle se poursuit par un examen des causes, en distinguant les causes de satisfaction et celles d'insatisfaction, qui peuvent être très différentes. Sans compter que ces déterminants du niveau de satisfaction/insatisfaction peuvent se transformer au cours du temps : le client évolue, ses points de comparaison aussi. Le site marchand devra donc mener régulièrement cette analyse pour s'assurer qu'il actionne bien les leviers de satisfaction les plus pertinents.

2.2.2. Le développement d'une politique de services

L'ajout de services à l'offre devient désormais incontournable pour les distributeurs. Ces services sont de nature différente et se déploient sur des canaux toujours plus nombreux. Il importe donc de définir une réelle politique en matière de services.

L'importance des services dans le commerce actuel

Aujourd'hui, les clients ne s'attendent pas seulement à un bon niveau de service, ils l'exigent. Le développement des services dans le secteur du commerce est une tendance de fond auquel le commerce électronique n'échappe pas. Pour un site marchand, le développement d'une politique de services améliore significativement la satisfaction et la fidélité (Wallace *et al.*, 2004). Les distributeurs multicanal sont d'ailleurs perçus comme apportant plus de services que les autres, ce qui leur confère un avantage concurrentiel certain.

Alors que les services offerts par les sites marchands étaient assez élémentaires lors de l'avènement du commerce électronique, vers la fin des années 1990, l'offre de services s'est aujourd'hui considérablement développée. Le commerce électronique est sans doute la première révolution commerciale qui n'induit pas mécaniquement une baisse de service (Volle, 2000b).

Une typologie de services

En matière de commerce, on distingue les services vendus et les services rendus :

- les services vendus : compléments de vente (garanties, assurances contre le vol, maintenance sur site, etc.), services continus (téléphonie, etc.) et services discrets (réparation, liste de mariage, etc.) ;
- les services rendus : services de confort (horaires, emballage cadeaux, etc.) et services techniques (livraison, installation ou pose, retouche, etc.).

Plus spécifiquement, la nature numérique du commerce en ligne permet le développement d'une foule d'autres services. De fait, la plupart des fonctionnalités suivantes sont aujourd'hui presque considérées comme incontournables :

- préalablement à l'achat : informations et conseils ; recommandation de produits adaptés au visiteur ; proposition de substitution d'un article en rupture de stock par un autre article, etc. ;
- lors de l'achat : choix des modalités de paiement et facilités de financement ; visualisation de l'état d'avancement des commandes en cours, regroupement de commandes, etc. ;
- après l'achat : remplacement d'un article en attente dans une commande non livrée ; consultation de l'historique des commandes passées ; contenus nombreux, utiles et objectifs (didacticiels, vidéos, magazines, etc.).

Le compte client

Proposer à ses clients d'accéder à son compte est naturellement un service de base que doit offrir tout site marchand. L'expérience montre cependant que certains sites sont meilleurs que d'autres sur cette question. Les bonnes pratiques sont repérables dès la phase d'ouverture du compte. Si le client peut parfaitement comprendre qu'il est nécessaire d'ouvrir un compte à l'occasion d'un achat, il est préférable de lui en proposer l'ouverture à la fin du processus de commande, et non pas au début, afin d'éviter de faire chuter les taux de conversion (voir chapitre 8). Il est en outre conseillé de ne lui demander que les informations nécessaires (le site peut compléter le profil ultérieurement). Par exemple, il n'est pas judicieux de lui demander son adresse postale pour l'achat d'un produit dématérialisé, ou son numéro de téléphone s'il ne comprend pas l'usage potentiel qui peut en être fait. Pour rendre les choses plus faciles, certains sites génèrent automatiquement un compte client à partir des informations collectées lors du processus de commande. Le compte client permet de consulter les informations relatives aux commandes passées, au programme de fidélité (nombre de points, par exemple) et de gérer ses abonnements grâce aux flux d'informations du site marchand (alertes par e-mail- ou envoi de newsletters, par exemple). Sur certains sites, le compte client permet aussi de gérer un carnet d'adresses (plusieurs adresses de livraison ou de facturation) et les coordonnées bancaires (si le client utilise plusieurs cartes ou modes de paiement).

Certains sites proposent des fonctionnalités avancées, comme la possibilité d'imprimer la facture de chaque achat, de consulter le mode d'emploi ou le didacticiel des produits achetés, de gérer une liste de souhaits, de bénéficier de codes promotionnels. Dans le cas d'achats réguliers, le fait de conserver les préférences du client permet un nouvel achat plus rapide. Ainsi, les cybermarchés proposent une ou plusieurs listes de courses, de façon à pouvoir renouveler très facilement l'achat.

Le service client

Le service client est un dispositif important pour maintenir le contact avec les clients, notamment quand ces derniers sont confrontés à des défaillances (une erreur de livraison, par exemple). Pour un site marchand, la satisfaction des clients par rapport au centre de contact influence significativement le niveau de satisfaction et de fidélité (Park *et al.*, 2011 ; Endo *et al.*, 2012).

> Les efforts des sites marchands pour traiter les réclamations de leurs clients sont essentiels pour construire et maintenir une bonne relation. Le rôle du service client est particulièrement critique lorsque le client est confronté à une défaillance : problèmes de livraison (les plus fréquents), difficultés à naviguer, problèmes liés au paiement, etc. Quand le client reconnaît l'effort de l'entreprise pour résoudre le problème (ce qui est le cas dans environ un cas sur deux), ses chances de revenir sur le site sont trois fois supérieures (42 % contre 13 %). La satisfaction des clients quant au traitement de leurs réclamations est l'un des plus forts déterminants du niveau de fidélité.
>
> ***Sources :*** *Holloway et Beatty, 2003 ; Ramanathan, 2010 ; Pizzuti et Fernandes, 2010 (voir les références complètes sur livre-ecommerce.fr)*

Une bonne part des contacts est progressivement déportée vers des médias moins coûteux que le téléphone (l'échange d'e-mails ou de tweets, notamment). Il ne faut pourtant pas sous-estimer le rôle du centre de contact pour créer une relation plus forte, plus émotionnelle, avec les clients (Park *et al.*, 2011). Plus les contacts se fluidifient et se digitalisent, plus les (rares) contacts humains sont déterminants (lorsqu'ils sont positifs, naturellement).

Pour la 15e édition du Trophée Qualiweb[1] (2013), Vente-privee.com prend la première place, suivi de Nespresso et de Dior Parfums. Le classement résulte d'une enquête menée auprès de 315 sites dans 17 secteurs d'activité. Chaque entreprise a reçu sept e-mails mystères : quatre demandes d'information, une réclamation, un problème technique sur le site et un témoignage de sympathie. La moyenne des taux de réponses reste stable (autour de 70 %). En revanche, certains secteurs se distinguent par leurs très bons résultats. Les sites de VAD (incluant les *pures players*) détiennent un taux de réponse supérieur à 90 %, et sont suivis par les sites de mode/accessoires (84 %) et de beauté (83 %). Malgré une attente forte des consommateurs sur les délais de réponse, ceux-ci se maintiennent autour de 24 h. Certains secteurs se démarquent néanmoins en traitant 50 % des messages en moins de deux heures, comme les jeux en ligne. Les messages sont de plus en plus personnalisés : 50 % des entreprises procèdent à des reformulations explicites ou implicites (contre 25 % en 2012) et 64 % privilégient des réponses individualisées, rédigées au cas par cas (contre 54 % en 2012). En revanche, le nombre de fautes de frappe ou d'orthographe augmente considérablement, passant de 29 % à 40 %. Depuis 2013, le baromètre porte également sur le traitement des demandes par les réseaux sociaux. Aujourd'hui, seuls 7 % des clients utilisent les réseaux sociaux pour contacter les services client. L'étude montre également que les performances sont nettement perfectibles, dans la mesure où seuls 43 % des messages publics sont traités (paradoxalement, les messages privés sont traités comme les e-mails). Les réponses sont en revanche de meilleure qualité que celles envoyées par e-mail. Par ailleurs, les réponses reçues par les réseaux sociaux ont plus d'impact que celles reçues par e-mail (proportion de clients agréablement surpris ou très satisfaits).

Source : *E-commerce Magazine, 2013*

Les services multicanal

Depuis la fin des années 2000, le multicanal s'impose comme une réalité, notamment avec l'explosion des usages sur les téléphones mobiles et les tablettes (voir chapitre 3). La satisfaction des clients (ou leur frustration) vient de plus en plus de la capacité (ou de l'incapacité) des enseignes à proposer des parcours clients fluides qui combinent plusieurs canaux (cross-canal).

Les attentes des clients en la matière portent essentiellement sur la transparence (notamment des stocks et des prix) et la praticité (par exemple, le retour en magasin des produits achetés sur le Web). Aujourd'hui, environ la moitié des enseignes leaders répondent à ces attentes fondamentales[2]. On peut donc considérer que le commerce est au milieu du gué, d'autant que les enseignes de petite et moyenne taille sont en retard sur ces leaders.

Comme nous l'avons exposé dans le chapitre 3, le cross-canal est un cheminement. Les services prioritaires – les « basiques » – portent notamment sur la localisation des points de vente sur le site, les retours en magasin et la convergence des programmes de fidélité. Il est important que ces services soient bien délivrés afin d'envisager le développement de services plus pointus (comme la digitalisation des points de vente ou l'intégration des réseaux sociaux).

1. Ce trophée récompense la qualité de la relation client en ligne des sites Web français.
2. Commerce cross-canal : pratiques et performance, 2012 (**http://www.diamart.fr**).

La mise en œuvre d'une politique de services

Pour développer une politique de services, il ne s'agit pas seulement d'offrir un grand nombre de services. Il faut faire en sorte qu'un grand nombre de clients les utilisent et donner à ces services une place centrale dans le positionnement du site (relativement à d'autres axes de positionnement, comme le choix ou le prix). Par ailleurs, il ne s'agit pas seulement de développer un portefeuille de services, mais également une culture de service au client, ce qui suppose parfois des changements organisationnels importants (recrutement et formation, évolution des systèmes de rémunération, recours à des partenaires, etc.). Toutefois, pour éviter de tomber dans le piège de « la roue de la distribution » (hausse progressive des prix consécutive à une augmentation du niveau de service, ce qui permet à des discounters de pénétrer sur le marché), il est recommandé de proposer les services en option (ne pas les inclure dans le prix).

Pour limiter les coûts, il est également recommandé de proposer des services en libre accès (*self-care*). La simulation d'un crédit à la consommation, la consultation d'un mode d'emploi électronique sont des exemples de services automatisés.

Comme la plupart des commerçants, les sites marchands sont amenés à mettre en place des centres d'appels pour gérer les relations avec les clients. Ces centres interviennent généralement après l'achat, dans une perspective d'assistance (*hotline*) ou de service après-vente. Toutefois, les appels peuvent également avoir lieu avant l'achat, notamment avec les dispositifs de *click to call* ou de *call-back* qui se développent (voir chapitre 8).

L'amélioration de la satisfaction des visiteurs et des clients constitue une voie majeure de fidélisation. Il est cependant inutile d'espérer fidéliser les clients si les éléments de base du métier ne sont pas maîtrisés, notamment l'interface (voir chapitre 6) et la logistique (voir chapitre 9). Cependant, à mesure que ces principes sont de mieux en mieux maîtrisés, il devient nécessaire de mettre en place une politique de fidélisation active.

Une recherche récente menée en France auprès d'environ 1 800 acheteurs de deux sites marchands montre que les huit facteurs identifiés par Srinivasan *et al.* (2002) jouent un rôle sur la fidélité des clients. Plus précisément, le design du site, la largeur du choix et la qualité des contacts (aptitude du site à maintenir un contact régulier avec le client et à le tenir informé) améliorent la crédibilité perçue du site marchand (la première dimension de la confiance). Le respect de la vie privée, la personnalisation, l'interactivité, le respect des engagements et l'animation d'une communauté améliorent la bienveillance perçue du site (l'autre dimension de la confiance). Les deux dimensions de la confiance améliorent l'engagement du client (l'une n'est pas plus importante que l'autre). À son tour l'engagement influence positivement le réachat. Les leviers relationnels n'agissent pas directement sur la fidélité, mais, *via* leur influence, sur la confiance, puis sur l'engagement.

Note : dans cette recherche, l'engagement désigne « le sentiment d'affiliation et d'identification du consommateur envers la marque/ l'enseigne, ainsi que son implication dans la relation commerciale ».

Source : *N'Goala et Cases, 2012 (voir la référence complète sur livre-ecommerce.fr)*

3. Mettre en place une politique de fidélisation active

Les sites qui investissent en marketing relationnel réussissent à mieux fidéliser leurs clients (Yoon *et al.*, 2008). Cet investissement ne doit pas se résumer à l'envoi d'e-mails et à la multiplication des promotions (qui restent naturellement importantes), mais doit permettre de développer la capacité du site marchand à interagir avec ses clients.

L'interactivité et le dialogue avec les clients sont essentiels. Ainsi que l'indiquaient de façon prémonitoire les auteurs du *Cluetrain Manifesto* (Levine *et al.*, 2000) voilà plus de dix ans, les marchés sont des conversations.

Depuis 2009, la crise économique a renforcé le basculement des dispositifs de relation client vers le digital. Comme l'indique Yan Claeyssen, président d'ETO, « *de plus en plus d'acteurs proposant des cartes de fidélité ou des* consumer magazines *ont réduit le volume postal au profit du contenu et de l'offre de services en ligne, du Web 2.0 et de l'e-mail. [...] La crise a poussé les entreprises à piloter plus finement leur budget marketing, et ce au profit du Web. Il s'agit d'une tendance qui existait déjà avant la crise et que cette dernière n'a fait qu'accélérer* ».

Exemple : King Jouet, qui compte 225 magasins en France en 2013, multiplie les opérations de marketing pour fidéliser les clients, en croisant efficacement *online* et *offline*. L'enseigne a lancé son site en 2005 (**http://www.king-jouet.com**) et se classe désormais, avec plus d'un million de visiteurs uniques par mois au pic de la saison, en deuxième position dans l'univers du jouet, derrière Oxybul Éveil & Jeux (**http://www.eveiletjeux.com**). Un programme de fidélité fonctionne depuis 2006, auquel l'adhésion est gratuite. À l'origine, pour devenir un « chouchou du King », les clients devaient entrer un code unique disponible en magasin (imprimé sur le ticket de caisse), afin d'inciter les internautes à se rendre dans l'un des points de vente de l'enseigne (l'une des vocations du site étant de créer du trafic dans le réseau). Aujourd'hui, depuis la refonte du programme King Premium en 2013, l'inscription se fait en ligne (l'enseigne offre par ailleurs un bon d'achat de 10 euros à tout nouvel inscrit). Les adhérents bénéficient notamment de deux journées avec une remise de 10 % (sur le site et dans les magasins), du retour des produits achetés sans ticket, etc. Ils ont également accès à un espace comprenant des actualités, des jeux, des trucs et astuces, des contes et des histoires, des cartes d'invitation, etc. Comme l'indiquait Benoît Chopin, directeur de King-Jouet.com en 2007, « *avec ces différentes propositions ludiques, nous créons un univers de marque destiné à établir un rapport affectif entre le client et nous* ». Depuis 2012, l'enseigne déploie des écrans tactiles dans les points de vente. Comme l'explique Aline Logié, responsable Commerce digital chez King Jouet en 2012, « *le principal avantage de ces écrans connectés est qu'ils permettent d'offrir un choix XXL dans un espace XXS [de 800 à 1 500 m², les plus grands magasins peuvant stocker jusqu'à 10 000 références]* ». King Jouet propose également un service *drive*, accessible depuis le site et permettant de se faire livrer en 90 minutes. Depuis le site, il est également possible de réserver des jouets et d'aller les chercher plusieurs jours après dans le magasin de son choix. Un service de d'emballage cadeau est également proposé.

Sources : http://www.king-jouet.com ; Le Journal du Net, 2007 ; Relation Client Magazine, 2009 ; Improveeze, 2012

Une politique de fidélisation active peut consister à mettre en place un programme de fidélisation. Cependant, de nombreux sites marchands font du marketing relationnel sans pour autant déployer un programme de fidélité. D'autres actions contribuent efficacement à fidéliser, comme la présence sur de multiples points de contact (bureau de l'ordinateur, messagerie électronique, réseaux sociaux, téléphone mobile, etc.) ou le développement d'une communauté de clients.

3.1. Une présence sur l'ensemble des points de contacts

Pour établir progressivement une relation continue avec ses clients, le site marchand va déployer une stratégie qui consiste à être présent sur de nombreux points de contact (*touch points*) : le bureau de l'ordinateur, la messagerie électronique, le Web, les réseaux sociaux ou le téléphone mobile.

3.1.1. La présence sur le bureau de l'ordinateur

Se rendre sur un site constitue une démarche active De fait, pour augmenter la fréquence des contacts, le site peut aussi venir vers le client et non pas seulement attendre que celui-ci vienne vers lui. Le lieu de rencontre le plus immédiat est précisément le bureau de l'ordinateur, que le client va consulter plusieurs fois par jour.

Le marchand peut donc proposer à son client de télécharger une petite application à placer sur son bureau. Depuis 2007-2008, on parle de « widget », contraction des termes « **windows** » et « **gadget** ». Les widgets sont de petites applications qui agrègent des informations de toutes sortes (textes, photos, vidéos, etc.), accessibles directement sur le bureau de l'internaute, sans qu'il ait à ouvrir son navigateur. Ces applications agissent comme des favoris (ou signets) et permettent d'accéder sans cliquer à des contenus en ligne poussés par le site marchand. Pour un site, convaincre ses clients de placer un *widget* sur leur bureau permet de renforcer la relation.

> ***Exemple :*** Le widget proposé par le site vente-privee.com permet d'informer les clients des ventes en cours, mais aussi de consulter l'état d'avancement de leur commande. Celui d'eBay regroupe et réactualise les enchères qui portent sur les objets suivis par l'internaute, de façon à lui éviter de consulter plusieurs pages. Le widget de la SNCF, l'un des tout premiers en France, permet de s'informer sur les horaires de trains. Celui de Cdiscount met en avant les dernières ventes flash, tandis que celui de la Fnac permet à l'internaute de suivre l'actualité musicale de son style préféré. Le widget de shopping.com, particulièrement utile en période de soldes, permet de suivre les réductions de prix pour une sélection de produits.
>
> *Source : Le Journal du Net, 2009*

Les *widgets* peuvent remplacer avantageusement les e-mails, notamment pour la diffusion d'offres promotionnelles (pour les ventes flash, par exemple). Les clients apprécient beaucoup le dispositif, dans la mesure où l'installation du *widget* résulte d'un vrai choix de leur part.

Aujourd'hui, les applications sur les mobiles ont largement dépassé les *widgets* sur les bureaux. Mais d'une certaine façon, ceux-ci auront permis d'éduquer les internautes à surfer non pas sur un site complet, mais *via* une application qui propose une sélection de fonctionnalités et des informations en *push*. Derrière ces diverses applications, l'enjeu principal est bien de permettre aux sites marchands d'être en relation continue avec leurs clients, que la continuité soit temporelle ou spatiale. L'enjeu marketing est d'être présent partout et tout le temps (on parle de marketing ubiquitaire).

3.1.2. La présence dans la messagerie électronique

Être présent dans la messagerie électronique des clients recouvre une variété de techniques : aux messages d'alerte et aux e-mails de fidélisation (e-mails relationnels), on peut ajouter les lettres électroniques (newsletters) et les magazines de marques en ligne (webzines).

Les alertes par e-mail

De nombreux sites proposent aux internautes de configurer des alertes de façon à être tenus au courant des nouveautés. Cela peut concerner les sites marchands (tel artiste sort un nouvel album, ou tel écrivain publie un nouvel ouvrage), mais également les sites de vente aux enchères (tel type d'objet est mis en vente).

Les e-mails de fidélisation (e-mails relationnels)

À la différence des e-mails de prospection (voir chapitre 7), les e-mails de fidélisation s'adressent à des internautes déjà clients, de façon à leur faire bénéficier d'offres promotionnelles dédiées. Les clients apprécient en général les e-mails qui émanent des sites auxquels ils sont fidèles (Cases *et al.*, 2010). Le syndicat national de la Communication directe (SNCD) a mené une étude en 2013 qui montre que 68 % des répondants acceptent de recevoir des messages commerciaux de marques dont ils sont les clients (*vs* 25 % quand ils n'en sont pas clients)[1]. L'e-mail est par ailleurs un outil qui présente un très bon retour sur investissement (d'après l'association américaine du marketing direct, **http://www.the-dma.org**, relayée en France par le SNCD, **http://www.sncd.org**).

Le site marchand peut utiliser l'e-mail pour mettre en place des actions de « *cross-selling* » (vente croisée de produits complémentaires), afin de développer la valeur du client dans le temps. Les e-mails peuvent également servir à cultiver la relation (on parle de « *nursing* »), sans nécessairement viser à déclencher un achat immédiat (pour remercier le client, pour évaluer son degré de satisfaction, lui demander son avis, etc.). Donner à l'internaute des marques de considération permet naturellement d'améliorer la qualité de la relation.

Il est recommandé de planifier les e-mailings dans le temps, selon le cycle de vie du client : e-mailing de confirmation quelques instants après la commande, e-mailing d'information sur l'envoi de la commande quelques heures ou jours après, e-mailing de remerciement comportant un questionnaire sur le niveau de satisfaction, e-mailing comprenant une offre de *cross-selling* à J+7, nouvelle offre à J+30, etc.

L'intégration d'une solution d'e-mailing dans une application de CRM permet d'automatiser l'envoi des messages (à partir de règles définies préalablement) et donc d'alléger considérablement la tâche de l'équipe marketing.

Il faut cependant trouver le bon niveau de pression commerciale et ne pas harceler le client. Pour cela, il peut être utile de mesurer le niveau réel de pression commerciale et le niveau perçu. Lors de l'inscription, il est recommandé de demander aux clients de préciser la fréquence avec laquelle ils souhaitent être contactés par le site marchand. Il faut toujours garder la bonne distance avec ses clients, ce qui peut se révéler difficile, dans la mesure où les outils de marketing électronique sont sensiblement moins coûteux que les outils conventionnels.

De fait, certains sites marchands mettent trop de pressions commerciales sur leurs clients, avec des e-mails quotidiens. Si les courriers ne sont pas pertinents ou sont trop fréquents, le risque d'insatisfaction est élevé, ainsi que le risque de désabonnement.

1. Mobile Marketing Attitude, 2013, SNCD (**http://www.sncd.org**).

Exemple : Créée en 1997, Aquarelle.com est un site marchand de vente et de livraison de fleurs à domicile qui a réalisé un chiffre d'affaires de 30 millions d'euros en 2012, avec 750 000 commandes livrées par an. L'enseigne compte seulement trois points de vente (deux à Paris et un à Rennes) et produit ses propres bouquets dans une manufacture localisée dans l'Oise. Entre 1998 et 2004, la fréquence d'envoi des e-mails était faible (1 à 2 par an). Par ailleurs, les e-mails étaient tout à fait identiques d'un client à l'autre, copiés sur le catalogue papier. Depuis 2005, en revanche, les actions d'e-mailing sont plus fréquentes et plus ciblées. Pour Aquarelle.com, l'objectif consiste principalement à inciter les clients à réaliser une deuxième commande proche dans le temps de la première. La base de clients a été segmentée (prospect, 1re commande, membre ou non-membre du club, deux ou trois commandes, n'ayant pas commandé depuis…, etc.) et de nombreux tests ont été menés pour déterminer les campagnes les plus efficaces (taille des bouquets, prix, cadeaux, produits complémentaires, présence ou non d'une annonce à écouter, etc.). Depuis lors, des campagnes automatisées sont lancées (attention à ne pas rester sur ses acquis, il faut sans cesse tester et adapter les offres). Le rendement de cette nouvelle stratégie d'e-mailing se situe à 7 %, comparativement à l'approche non ciblée. La politique d'e-mailing accompagne la diversification des activités, afin de stimuler des ventes croisées (coffrets cadeaux, chocolats et bougies parfumées).

Sources : d'après Le Journal du Net, 2013 ; Chaibi, 2007 (voir la référence complète sur livre-ecommerce.fr)

Les e-mails personnalisés sont plus efficaces que les e-mails anonymes, comme le montre une étude menée par 1000mercis auprès des abonnés du MoneyMag de BNP-Paribas (voir tableau 10.4). Globalement, le degré de personnalisation des messages renforce le sentiment d'interactivité (Song et Zinkhan, 2008) et améliore l'attitude envers l'émetteur du message.

Tableau 10.4 : Degré de personnalisation et taux de clic (d'après 1000mercis, auprès des abonnés de MoneyMag de BNP-Paribas)

Niveau de personnalisation	Taux de clic
E-mail sans personnalisation	7,5 %
Personnalisation large (signe zodiacal)	14,8 %
Personnalisation fine (prénom, sticker « bonne fête » avec envoi le jour de la fête)	18,6 %
E-mail individualisé (mise en avant d'un produit précédemment sélectionné dans la liste)	22,7 %

Il est rare que la totalité du contenu soit personnalisée. Il est plutôt d'usage de proposer quelques blocs communs, accompagnés de quelques blocs personnalisés. La personnalisation peut se faire en se fondant sur le profil du client (comme l'âge ou le sexe), ses préférences déclarées (comme les centres d'intérêt), mais également ses historiques d'achat (produits achetés, score RFM, etc.). La segmentation de la base client est un préalable à la mise en place d'une démarche de personnalisation (Peelen *et al.*, 2014). Comme le précise Yan Claeyssen, président d'ETO, « *attention aux segmentations inexploitables. On ne segmente pas pour se faire plaisir, mais pour agir* ».

En 2013, 67 % des internautes ont au moins deux adresses électroniques (15 % en ont quatre). L'adresse principale est utilisée pour la correspondance et les achats, l'adresse secondaire pour les jeux-concours et les échanges avec les marques dont ils ne sont pas clients. Plus de 60 % des adresses principales ont plus de 5 ans, ce qui démontre une assez forte pérennité. Les adresses secondaires sont en revanche plus périssables. L'e-mail reste le canal préféré des répondants pour recevoir de l'information commerciale (46 %), loin devant le site de la marque (32 %), les courriers postaux (10 %) ou les réseaux sociaux (5 %).

Source : *Email Attitude, 2013, SNCD (http://www.sncd.org)*

Les lettres électroniques (newsletters)

La frontière entre l'e-mail et la *newsletter* est parfois floue. La différence tient soit au contenu, soit au mode de diffusion. Alors que l'e-mail contient avant tout des offres promotionnelles, la lettre permet de diffuser un contenu plus élaboré (textes, infographies, photos, vidéos) qui vise autant le déclenchement d'un comportement d'achat que l'entretien de la relation.

La lettre électronique est généralement poussée vers le client. Elle est parfois diffusée sous forme de Podcasts ou de fichier PDF (généralement en *B2B*), ce qui la différencie nettement de l'e-mail. Cela dit, une diffusion de la *newsletter* dans le corps de l'e-mail permet d'augmenter le taux d'ouverture et de lecture.

Exemple : Au-delà de la création de trafic, Voyages-sncf.com se donne pour objectif de fidéliser ses clients (60 % des achats sont le fait d'anciens clients), avec une politique très active en matière d'e-mailing. En 2011, le site a diffusé 6 millions de newsletters chaque semaine, dans plus de 30 versions différentes. La personnalisation se fait en fonction de l'appartenance du client au programme relationnel (S'Miles par exemple), son historique d'achat, sa localisation géographique et son degré d'affinité avec tel ou tel produit. En plus de la *newsletter*, le site diffuse trois types de campagnes marketing : 1) pour faire découvrir et mieux connaître le site, en début de cycle de vie du client ; 2) pour inciter à l'achat de produits complémentaires (par exemple, quand le client achète un billet Paris-Bordeaux, le site lui fait parvenir une proposition avantageuse pour une nuit d'hôtel à Bordeaux) ; 3) pour rythmer sa vie de consommateur, avec des campagnes thématiques liées aux moments de l'année ou à sa propre actualité (anniversaire, par exemple). Les messages – formulation et ton – sont adaptés selon les connaissances dont on dispose sur les clients. La fréquence des envois est modulée d'un client à l'autre, afin de trouver un bon équilibre.

Sources : Ateliers de la Performance Client (La Poste), Le Journal du Net

D'un site marchand à l'autre, les newsletters ne se ressemblent pas. On peut distinguer plusieurs modes de communication :

- **Le mode promotionnel.** Ce format de lettre est le plus répandu. Il s'agit d'offres de prix très explicites, parfois dès l'objet de l'e-mail. À la différence du mailing de fidélisation qui propose rarement plus d'une offre, la lettre promotionnelle peut comporter plusieurs dizaines d'offres.
- **Le mode éditorial.** Fortement cohérente avec la stratégie de l'enseigne, cette lettre contient beaucoup de contenus éditoriaux ; elle met seulement quelques produits en avant (autour d'une thématique) et rappelle les services associés. La lettre n'est pas seulement commerciale, elle est destinée à véhiculer l'expertise de la marque. Elle contient, en retour, la possibilité de poser une question ou de contacter un conseiller.
- **Le mode alerte.** Très ponctuelle, cette lettre permet de présenter les nouveaux produits et les nouvelles collections, sans mention du prix.

Dans les newsletters, à la différence des e-mails, le contenu doit être plus informatif que commercial. L'ouverture est une chose, mais la lecture en est une autre. Bombardés de messages, les internautes ne prendront le temps de lire la *newsletter* que si elle propose des informations qualitatives (éclairage original, astuce utile, veille pertinente, etc.). Une présentation sobre aide à renforcer la crédibilité du message, notamment en *B2B*. Des liens cliquables permettent d'alléger le texte de la *newsletter.*

La *newsletter* peut devenir un rendez-vous, à la condition de la diffuser avec une fréquence constante (la fréquence mensuelle est conseillée) et une structure stable (rubriques). La mise en avant d'éditorialistes humanise la relation et engendre un plus fort attachement au support.

L'usage de la vidéo se développe dans les e-mails. Si le format doit y être très court (moins d'une minute), il est possible d'envisager des vidéos plus longues, à condition qu'elles soient chapitrées. La vidéo améliore sensiblement le taux de consultation des newsletters, mais les coûts de production et de diffusion ne doivent pas être négligés.

La possibilité de se désabonner est une obligation légale. Le désabonnement doit être facile pour le destinataire (mention claire en bas du message) afin de garantir un lectorat intéressé.

L'inscription aux newsletters s'explique d'abord par la recherche de bonnes affaires et de promotions (39 %). Cependant, la curiosité et la recherche d'information sont des motivations presque aussi fortes (36 %). Le désabonnement, quant à lui, s'explique par la quantité de messages reçus (54 %) et le fait que ceux-ci ne soient pas adaptés (51 %). La lassitude (« contenu trop similaire ») est une raison moins importante (41 %). Comme l'indique le SNCD, « *face à des internautes de plus en plus exigeants, il devient capital de doser la pression marketing et d'être pertinent* ».

***Source** : Email Attitude, 2013, SNCD (http://www.sncd.org)*

3.1.3. La présence éditoriale sur le Web

La diffusion de contenus (produits ou non par la marque) constitue l'un des principaux moyens pour construire une véritable culture de marque et, plus concrètement, pour animer une communauté (Bô et Guével, 2009). Ainsi, l'attachement à la marque et les contenus constituent les deux principales raisons pour lesquelles les internautes suivent les marques sur les réseaux sociaux (46 %), devant les jeux-concours (33 %) et les événements (26 %)[1].

Pour être appréciés, les contenus diffusés peuvent présenter une forte dimension ludique (plutôt en *B2C*) ou informative (plutôt en *B2B*). En tout état de cause, ils doivent être riches, pertinents et à jour, et ne pas aborder frontalement les aspects commerciaux (**http://www.brandcontent.fr**).

Les partenariats entre marques et producteurs de contenus sont nombreux. Tout un ensemble de prestataires peuvent également accompagner les enseignes dans leur démarche pour développer des contenus (**http://www.acteursdubrandcontent.fr**).

1. Social Media Attitude, 2013, SNCD (**http://www.sncd.org**).

La tendance actuelle consiste à « éditorialiser » l'offre (mêler plus étroitement les contenus et les offres). Dans cette perspective, les contenus peuvent être proposés le long du parcours d'achat (des liens vers des guides d'achat, par exemple) ou dans les fiches-produits (voir chapitre 8).

Les contenus peuvent également être associés à des rubriques particulières du site marchand (par exemple, une rubrique « curation ») ou présentés sur des sites dédiés (par exemple, un blog). Classiquement, les magazines de marque servent aussi à diffuser des contenus. On les trouve désormais au format papier (*print*) ou *online*.

Les magazines de marque électroniques (webzines)

Depuis des décennies, dans le commerce traditionnel, les distributeurs diffusent des magazines de marque (ou *consumer magazines*) dont les tirages dépassent le million d'exemplaires pour certains d'entre eux. Ces magazines peuvent naturellement être dématérialisés pour en réduire le coût de diffusion, mais également pour permettre de moderniser le format (lecture moins linéaire adaptée au Web, vidéos, etc.). C'est un support assez versatile qui sert à la fois des objectifs d'image et de commerce, dans une optique de fidélisation. À bien des égards, ce support se rapproche aussi du site de marque.

> ***Exemple :*** En 2013, Fnac.com a lancé un e-magazine culturel pour les adhérents (L'AdhéziF) dont la signature est « Restez collés à la culture ». Chaque mois, autour d'une thématique centrale (littérature érotique, *high-tech*, etc.), la parole est donnée aux bloggeurs et aux vendeurs. Très visuel, le magazine présente notamment une sélection de produits sur un ton humoristique (« Inspirez-moi ») et met en avant les événements majeurs de l'enseigne.
>
> *Sources : Interview de Bertrand Gstalder, Le Journal du Net, 2012 ; http://www.fnac.com*

Les *consumer magazines* classiques et les magazines *online* sont deux supports complémentaires. Leur point commun est de parler de l'entreprise (ses valeurs, ses métiers, etc.) et de l'univers associé aux produits vendus (le bricolage, la mode, etc.). Si les contenus multimédias sont nombreux, les coûts de production d'un magazine *online* peuvent être comparables à ceux de la version papier (hors coût de diffusion, naturellement). De façon à limiter les coûts, il est conseillé de développer des contenus similaires entre les deux versions, mais de les traiter différemment selon le support, papier ou Web.

Les blogs

Certains sites marchands choisissent de prolonger la relation avec leurs clients par un blog (voir chapitre 7). Le ton des blogs est souvent plus personnel et les informations différentes de celles diffusées sur les supports plus institutionnels, magazine *online* compris. Le blog contient nettement moins d'informations commerciales que les newsletters. Aux États-Unis, 125 des 500 premiers sites marchands proposent un blog à leurs clients[1].

> ***Exemple :*** En 2012, Quechua (Oxylane) a créé *Hiking on the Moon*, un média 360° pour les amoureux de la montagne, qui se décline sur de multiples formats : blog, *newsletter*, Web TV et magazine trimestriel (*print* et *online*). La vocation de ce dispositif est de « partager notre passion pour la montagne, la nature, le voyage et les sports *outdoor*, été comme hiver, en

1. « How Top 500 retail chains use social media », Internet Retailer, 2013.

laissant à l'image une place centrale ». Sur le site, disponible en français, en anglais et en espagnol, on trouve des articles sur les voyages, une galerie photos, un calendrier des événements liés à la thématique, des vidéos, etc. Chaque numéro comporte près de 100 pages de rédactionnel avec des sujets sur le Chili, l'Inde, le Népal, la Patagonie, etc. Disponible sur le Web, le premier numéro a été tiré à 5 000 exemplaires. Il est distribué dans les offices de tourisme, hôtels et autres lieux de passage dans le pays du mont Blanc, ainsi que dans certains magasins Decathlon. La Web TV propose des reportages de quelques minutes sur des aventures humaines. Chaque mois, un sujet est réalisé en coproduction avec la chaîne Montagnes TV. Un blog vient compléter le dispositif de *brand content*, dont les billets sont relayés sur les réseaux sociaux. Trois rubriques sont proposées : « *Travel* » pour un voyage autour du monde, « *Outdoor* » pour vivre des expériences de randonnée et « *On the Moon* » pour donner aux visiteurs « une dose d'inspiration quotidienne ».

Source : http://www.hikingonthemoon.com, Relation Client, 2013

Les rubriques ou les sites dédiés à la « curation »

La « curation » est une tendance qui se développe fortement sur les sites marchands. Cette démarche consiste à mettre en avant une partie de l'assortiment (une sélection plus « personnelle » autour d'un style, les nouveautés, etc.) et à enrichir avec des contenus. La curation est une démarche qui s'adresse bien souvent aux visiteurs fréquents du site, afin de maintenir leur intérêt dans la durée.

Exemple : L'offre de Zappos (vente de chaussures et d'accessoires en ligne) est réputée pour être très large, avec près de 130 000 modèles proposés par plus de 1 000 marques. Pour les visiteurs qui veulent découvrir rapidement les nouveautés mises en avant chaque jour par le site (« *Exciting items from Zappos hand-picked daily to inspire you*[1] »), celui-ci a conçu une plate-forme de curation très visuelle dénommée Glance. Couplée aux réseaux sociaux (Facebook, Twitter et Pinterest), la plate-forme repose fortement sur les fonctions de partage (bouton « j'aime »). Comme l'indique Carrie Whitehead, *product manager* chez Zappos, « *la possibilité d'aimer un produit est un des concepts clés pour bâtir une communauté, et cela aide les utilisateurs à découvrir des produits et internautes aux préférences identiques aux leurs* ».

Source : Le Journal du Net, 2013

3.1.4. La présence sur les réseaux sociaux

Les réseaux sociaux constituent assurément un phénomène majeur dans le monde du Web (Balagué et Fayon, 2010). Leur nombre, leur diversité, et surtout l'intensité de leur usage (un quart des pages vues sur Internet le sont *via* Facebook, par exemple, devenu troisième site mondial dès 2010) appellent nécessairement une réponse de la part des entreprises.

Les sites marchands ne peuvent pas être absents de ce nouveau territoire qui se dessine depuis le milieu des années 2000. Si la logique du site marchand consiste à faire venir le client sur le territoire de l'enseigne, une présence dans les réseaux sociaux consiste pour cette dernière, de façon symétrique, à venir sur le territoire des clients. À ce propos, les Anglo-saxons utilisent la métaphore du pêcheur (« *fish where the fishes are* » ou «pêcher là où se trouvent les poissons »).

Une présence sur les réseaux sociaux peut permettre de générer du trafic sur le site Web (voir chapitre 7). Mais les réseaux sociaux constituent un territoire en eux-mêmes, que

1. Des offres inspirantes sélectionnées quotidiennement par Zappos pour vous.

les sites marchands peuvent envisager d'investir à des fins relationnelles, non pas pour vendre, mais pour dialoguer avec leurs clients (voir section 3.3. et les développements sur les communautés de clients). Les réseaux sociaux peuvent également appuyer la démarche de service car de plus en plus de clients contactent le service client par ce canal (voir section 2.2.2).

L'abonnement à des flux RSS ayant perdu de son attrait, en dehors d'un usage entre professionnels (voir chapitre 7), Twitter est un outil qui semble promis à un bel avenir, car il s'inscrit dans la mouvance du micro-blogging sur téléphone mobile. Média de l'immédiateté créé en 2006, Twitter compte désormais plusieurs centaines de millions d'utilisateurs dans le monde, dont environ 3 millions de twittos actifs en France en 2013[1].

Les entreprises peuvent utiliser Twitter comme un outil de veille, afin de suivre en temps réel les messages postés à leur propos ou sur les concurrents. En émission, les entreprises utilisent Twitter pour diffuser des informations générales sur les produits/services et sur l'entreprise (son actualité, celle de ses dirigeants, partenaires, etc.). Plusieurs entreprises ont également pris la décision d'utiliser un ou plusieurs comptes pour diffuser des informations sur l'après-vente, mais aussi pour répondre à des questions posées par leurs clients.

Sur ce média, la marque doit adopter un ton plus informel et réagir très vite. Les contraintes d'espace (140 caractères au maximum) induisent l'usage d'un vocabulaire codé que l'entreprise doit naturellement apprendre à maîtriser. Les réponses de la marque peuvent être rendues publiques, ce qui permet d'informer rapidement l'ensemble des abonnés au compte. Ce canal va se développer dans les années qui viennent mais, pour le moment, les sites marchands les plus avancés ne traitent que 2 % à 5 % des contacts par Twitter[2]. Fait remarquable, la plupart de ces sites répondent en moins de 30 minutes.

3.1.5. La présence sur le téléphone mobile

Le téléphone mobile est une modalité d'accès au Web en très fort développement (voir chapitre 4). En 2013, le taux de pénétration du mobile sur la population des 15-60 ans est supérieur à 110 %, ce qui fait du mobile le seul média à la fois universel et individuel. L'Internet mobile se démocratise, en parallèle des développements technologiques récents (voir chapitre 4). La fréquence d'usage progresse régulièrement.

Les perspectives de développement du marketing sur mobile sont considérables : diffusion de publicités géo-contextuelles et d'offres promotionnelles (couponing mobile, ou m-coupons), programmes de fidélisation dématérialisés, navigation sur Internet (avec des liens et des bannières), communication de liens profonds vers des sites Web (codes 2D), télévision mobile personnelle (en *streaming*, grâce notamment à la 3G/4G), paiement sans contact, etc.

Le mobile est de plus en plus utilisé par les sites marchands pour consolider les relations qu'ils entretiennent avec leurs clients. Ci-après, nous développons deux pratiques marketing en fort développement : l'envoi de SMS (ou ses variantes) et le développement d'applications mobiles.

1. Usages et pratiques de Twitter en France : focus sur les Twittos actifs, Ipsos, 2013.
2. Best Buy's social response to customer service, Internet Retailer, 2013.

En 2012, 67 % des mobinautes français passent plus de 2 h par jour sur leur équipement. Les usages concernent essentiellement la recherche d'information, la comparaison de prix ou de produits et l'orientation (plus de 70 % des mobinautes). La commande ou la réservation en ligne ne concernent qu'environ 10 % des répondants. D'autres fonctions sociales sont également privilégiées, comme le jeu ou l'écoute de musique (près de 50 % des mobinautes). Moins de 5 % des répondants utilisent les QR codes ou Tag 2D.

Les mobinautes ont des attentes fortes vis-à-vis des marques qui utilisent le smarphone pour communiquer avec eux : coupons et bons de réduction (68 %), offres commerciales (65 %), invitations exclusives (55 %), informations sur les produits (46 %), recommandations et conseils non commerciaux (43 %), programme des animations sur la marque ou le point de vente (37 %).

L'envoi d'offres commerciales géolocalisées se développe rapidement. On estime que 6 mobinautes sur 10 acceptent désormais d'en recevoir. Les programmes de fidélité sont amenés à se dématérialiser progressivement, soit sur les applications mobiles, soit sur les smarphones (près de 50 % des mobinautes le souhaitent).

Source : *Mobile Marketing Attitude, 2012 et 2013, SNCD (http://www.sncd.org)*

Les SMS, SMS+ et MMS+

Si les SMS commerciaux ne sont pas aujourd'hui bien acceptés, car jugés trop intrusifs, le mobile peut être utilisé pour prévenir le client que sa commande est envoyée ou que son colis est arrivé, pour avertir le client fidèle de ventes flash ou de changements de prix, ou encore pour l'inciter à participer à un jeu-concours. Dans ces circonstances, le message reçu sur le mobile est accepté, voire valorisé quand il permet d'améliorer la qualité de service.

Exemple : Depuis 2003, France Loisirs utilise le mobile pour développer le panier moyen de ses clients avec des campagnes SMS de type « –15 % sur le deuxième livre acheté ». Ces campagnes permettent de créer du trafic en magasin. L'enseigne teste en permanence des offres variées sur différents types de clients (clients adhérents/anciens adhérents, clients magasin/clients VAD, etc.). Le coût pour mille (CPM) est beaucoup plus faible qu'avec le courrier postal, avec des rendements très satisfaisants. France Loisirs relance également ses clients n'ayant pas rempli leur engagement d'acheter au moins un livre par trimestre. À l'issue de cette période d'apprentissage, France Loisirs retire de son expérience que le marketing mobile n'est pas réservé aux plus jeunes, les femmes de 35-55 ans étant tout à fait réceptives à cette forme de communication.

Source : Guide du marketing mobile, AFMM, 2007-2010 (http://www.afmm.fr)

Le nombre de SMS envoyés en France ne cesse de croître (+130 % entre mars 2010 et mars 2013, soit une augmentation de 95 % du nombre de SMS envoyés par personne)[1]. Plus de 50 % des possesseurs de mobiles ont déjà envoyé un SMS à une société pour recevoir du contenu en échange (SMS+) : formulaire pour communiquer des informations, résultat d'un jeu « *instant win* », etc. Les différents formats devraient progresser dans les années qui viennent, tant en termes de pénétration que de fréquence. Les possesseurs de mobile seront également plus actifs, envoyant plus régulièrement des SMS+ et des MMS+ pour recevoir du contenu en échange.

1. Observatoire des services mobiles, 2013, ARCEP (**http://www.arcep.fr**).

Les applications mobiles

Malgré la démocratisation de l'Internet mobile, le marketing mobile n'est qu'à ses premiers balbutiements. Jusqu'à une période récente, les sites marchands se contentaient de diffuser des SMS essentiellement transactionnels (notification de livraison, par exemple) ou promotionnels. Comparativement au Japon, le marché de référence mondial, les usages sont nettement moins sophistiqués en Europe. La période 2011-2013 est cependant celle du développement massif du marketing mobile (**http://www.afmm.fr**). L'un des vecteurs de ce développement réside dans la diffusion des applications sur iPhone depuis 2009, suivie par les autres systèmes d'exploitation (Android, Windows Phone, etc.). Le développement du marché des smartphones et des tablettes va naturellement continuer de stimuler les usages applicatifs.

Du point de vue marketing, les applications sur smartphones permettent aux clients de s'informer et d'acheter en ligne. Mais le développement de services liés à la mobilité constitue également l'une des grandes motivations pour développer une application, notamment pour les distributeurs multicanal. Il ne faut pas non plus écarter la dimension divertissante de certaines applications, car la consolidation de la relation entre l'enseigne et ses clients passe aussi par le décadrage de l'expérience dans le registre non marchand. Certains secteurs sont aujourd'hui plus concernés que d'autres, notamment la banque (35 % des mobinautes), le transport/voyage (22 %), les médias (20 %), les nouvelles technologies (17 %) ou encore la distribution (10 %)[1].

Exemple : Fnac.com a lancé son application mobile en 2009, avec l'objectif de faire du mobile un canal complémentaire aux canaux actuels (magasins et site marchand), à la fois pour générer des ventes (avec un objectif de 3 % des ventes de Fnac.com dès 2013), développer l'audience des canaux digitaux, mais aussi consolider la relation avec l'enseigne en développant des services innovants. Pour Bertrand Gstalder, P-DG de Fnac.com, « *tout l'enjeu au départ était d'identifier les principaux usages inhérents au mobile, afin d'y répondre par des services adaptés* ». L'application permet d'acheter sur tout le catalogue Fnac.com et de payer en ligne. Plusieurs modalités d'accès à l'offre sont proposées : meilleures ventes, nouveautés, promotions, recommandations, etc. Des fiches-produits adaptées à l'interface mobile sont également proposées. Le compte client offre les fonctionnalités classiques du site marchand (une liste d'adresses, le suivi des commandes en cours, etc.) et permet également de consulter des offres réservées aux adhérents. Il est aussi possible de configurer des alertes SMS ou de rechercher des magasins. Comme l'indique Bertrand Gstalder, « *il ne faut pas penser uniquement au taux de transformation. Ainsi, le mobinaute peut découvrir toute une palette d'informations depuis l'application : les caractéristiques techniques d'un produit, les avis utilisateurs, le suivi de commande, etc.* ». Une analyse des usages a permis d'identifier les terminaux les plus utilisés et d'optimiser spécifiquement l'interface de ces modèles. L'ergonomie reste un chantier permanent, afin de présenter plus d'offres et plus de mises en avant, tout en gardant la navigation la plus intuitive possible. Une application a été spécifiquement développée pour la billetterie (Tick&Live), afin de fournir en temps réel des informations sur les disponibilités et de permettre aux clients de recevoir des m-tickets sur leurs terminaux. En 2013, l'enseigne a également lancé une application LaboFnac permettant de consulter tous les guides de l'enseigne. Le bilan de ces initiatives est positif puisque quatre ans après le lancement de la première application, plus de 2 millions d'entre elles ont été téléchargés.

*Sources : d'après Guide du marketing mobile, AFMM, 2007-2010 (***http://www.afmm.fr***) ; E-Commerce Magazine, 2012 ; Jouffroy et al., 2010 (voir la référence complète sur livre-ecommerce.fr)*

1. Mobile Marketing Attitude, 2012, SNCD (**http://www.sncd.org**).

3.2. La mise en place d'actions promotionnelles et de programmes de fidélisation

Pour établir progressivement une relation continue avec ses clients, le site marchand peut mettre en œuvre de nombreuses actions promotionnelles, actions qui vont prendre parfois un caractère plus systématique et plus ambitieux dans le cadre de programmes de fidélisation.

3.2.1. Les actions promotionnelles

Pour Philippe Ingold (PromoResearch, **http://www.cles-promo.com**), la promotion recouvre « *l'ensemble des techniques qui ont pour but de créer un changement dans le comportement de consommation des clients. Cependant, à la différence de la publicité, qui met en avant un bénéfice permanent, la promotion des ventes vise à offrir un avantage temporaire* ». Les actions promotionnelles constituent le quotidien de tout commerçant, a fortiori sur Internet, où le discours sur les prix tient une place particulièrement forte. De nombreuses actions promotionnelles ont pour objectif d'inciter à l'achat pendant la visite, afin d'améliorer le taux de conversion (voir chapitre 8). Nombreuses sont également les actions destinées à augmenter la fréquence d'achat ou le panier moyen, avec des offres croisées sur des produits complémentaires (*cross-selling*). De fait, les promotions ne servent pas qu'à recruter de nouveaux clients. Elles sont utiles pour développer le chiffre d'affaires auprès des clients actuels. Dans ce dernier cas, on parle d'offres promotionnelles « fidélisantes ».

La nature des offres promotionnelles fidélisantes

Bien paramétrées, les actions promotionnelles sur les frais de livraison peuvent inciter à acheter plus et/ou plus souvent (voir chapitre 8).

Exemple : Aux États-Unis, le programme Amazon Prime permet de bénéficier de la livraison gratuite en deux jours, sans montant minimum d'achat, contre un abonnement de 79 dollars par an. Plus de 19 millions de produits sont éligibles pour une livraison « Prime » (soit 10 % de l'assortiment). Depuis quelques années, les adhérents au programme peuvent également accéder à plus de 40 000 films et séries en *streaming*, ainsi qu'à plus de 350 000 titres Kindle à emprunter. En 2012, 34 % des clients d'Amazon sont membres du programme. Ces clients dépensent 6 % de plus par commande que les autres clients (48,5 dollars contre 46 dollars), pour un montant annuel de 1 200 dollars (contre 600 dollars pour les autres clients).

Source : Internet Retailer, 2013

En plus des offres spéciales, qui constituent la majorité des offres promotionnelles (comme dans le commerce traditionnel), les primes sont fréquentes sur Internet, y compris les primes numériques (fichiers musicaux, jeux vidéo, etc.).

Sur Internet, les offres de remboursement sont nombreuses. Elles prennent le nom de « *cash back* » quand elles sont cumulées dans une cagnotte à l'occasion de plusieurs achats. Plusieurs acteurs proposent du *cash-back*, comme Fabuleos /Maximiles (**http://www.fabuleos.fr**), Cashstore (**http://www.cashstore.fr**) ou eBuyClub (**http://www.ebuyclub.com**). Ces acteurs sont regroupés dans le syndicat national du Marketing à la Performance (**http://www.s-n-m-p.com**).

Exemple : Créé en 2004, Cash Store est un site de *cash back* qui rassemble environ 550 000 membres en 2013. Ces derniers peuvent bénéficier d'offres de remboursement auprès de plus de 1 300 marchands partenaires. Le mécanisme de *cash back* permet de récupérer de l'argent sonnant et trébuchant pour chaque achat réalisé chez les partenaires (une fois atteinte la cagnotte de 15 euros). Le site propose également des avis de consommateurs et des codes promotionnels généralement cumulables avec la mécanique de *cash back*.

Source : www.cashstore.fr

Les jeux-concours sont rarement mentionnés parmi les actions promotionnelles fidélisantes, car il est vrai que nombre d'entre eux visent à collecter des adresses électroniques de prospect. Cependant, les jeux-concours sont également utilisés pour qualifier des bases de clients, ce qui permet d'enrichir le profilage des clients avec des mécanismes incitatifs directs (par exemple, à chaque information donnée, le client peut rejouer pour gagner ; plus il se dévoile, plus il a de chances de gagner). Réussir un jeu-concours est devenu un exercice difficile, tant le genre s'est sophistiqué. Une bonne connaissance de la cible, par exemple, va déterminer les aspects ergonomiques, la mécanique du jeu (loterie avec tirage au sort ou jeu « instant-gagnant »), ainsi que les dotations. Ces dernières doivent renforcer l'image du site marchand, en étant cohérentes avec les univers de produit vendus, et avec son positionnement.

Les offres fidélisantes les plus appréciées par les internautes sont la gratuité d'un service, notamment la livraison (16 %), le code promotionnel (12 %), l'offre spéciale (11 %) et la prime de type « un produit acheté = un produit gratuit » pour 9 % des répondants. Le *cash back* (remboursement d'une somme d'argent en fonction des montants dépensés) est apprécié par 8 % des internautes. Cependant, d'après cette étude, 28 % des internautes préfèrent participer à un programme de fidélisation (voir plus bas)[1].

La diffusion des offres promotionnelles online

La *newsletter* est un vecteur essentiel pour diffuser les offres promotionnelles. Une fois sur le site, les promotions sont parfois présentées dans une rubrique dédiée. Le dynamisme commercial du site est toutefois renforcé par la présentation des offres promotionnelles dans l'ensemble des rubriques visitées, avec une mise en avant forte dès la page d'accueil.

La fidélisation peut être enclenchée dès la page de confirmation (à la fin du tunnel d'achat), qui constitue un espace idéal pour diffuser des offres promotionnelles à valoir sur un prochain achat.

Les offres promotionnelles sont également diffusées sur divers sites qui regroupent des avis de consommateurs, des réductions et des bons plans, des codes promotionnels, des offres de remboursement, etc. Les sites dédiés à la diffusion d'offres promotionnelles attirent un trafic très important (voir chapitre 7). Par exemple, le site d'offres promotionnelles locales Groupon/Citydeal, qui fait désormais partie des 20 premiers sites en France, atteint plus de 6,5 millions de visiteurs uniques par mois en 2013 (contre 3,5 millions en 2010)[2].

Cependant, les offres promotionnelles sont par définition éphémères : leur durée de vie est limitée. Même les offres fidélisantes ne peuvent atteindre des objectifs de moyen terme. De fait, pour fidéliser durablement, il est souvent nécessaire de mettre en place des programmes de fidélisation.

1. Étude réalisée par Maximiles et publiée dans *Le Journal du Net*, 2011.
2. Top 15 des sites « e-commerce » les plus visités, Chiffres clés, Fevad, 2013.

3.2.2. Les programmes de fidélisation

Les programmes de fidélisation se sont considérablement développés depuis le milieu des années 1990. Sur un échantillon de près de 300 marques étudiées par Vertone dans 27 secteurs d'activité, 80 % d'entre elles proposent un programme de fidélité[1]. En France, on compte plus de 400 programmes de fidélisation dans le secteur du commerce. De très nombreux sites marchands en proposent également.

Les programmes de récompense et de reconnaissance

L'enseigne doit être généreuse pour espérer fidéliser ses clients, voire même espérer changer leur comportement. Cependant, être généreux ne signifie pas forcément redonner 5 % du chiffre d'affaires. Le client n'attend pas seulement une ristourne. Ce qu'il attend en retour de sa fidélité, c'est aussi moins de stress, plus de rapidité, plus de reconnaissance.

Les programmes de fidélisation jouent donc sur deux registres : la récompense ou la reconnaissance. Les systèmes de **récompense** permettent de gagner des points en échange d'un comportement d'achat ou d'autres actions (visiter tel site, ouvrir tel e-mail, répondre à telle enquête, consulter telle vidéo promotionnelle, etc.). Les systèmes de **reconnaissance** permettent de bénéficier de services uniques ou de privilèges, sur un registre plus symbolique (ventes privées ou produits en exclusivité, par exemple).

Les programmes de récompense (ou programmes à points) présentent l'avantage de la simplicité et de la lisibilité pour l'internaute, mais aussi le défaut majeur de pouvoir être copiés facilement par les concurrents. S'ensuit alors une spirale ou chaque distributeur est amené à redonner un peu plus à ses clients, jusqu'à perdre une partie importante de sa marge (sachant que, dans les activités de distribution, la marge nette est très faible, autour de 2 à 3 %).

Les programmes de reconnaissance sont plus qualitatifs et plus complexes à mettre en œuvre. S'il est rare de réussir à changer durablement le comportement des clients (augmentation de la fréquence de visite ou du panier moyen), en revanche, ces programmes présentent un intérêt défensif évident (stabilisation du taux de rétention).

> ***Exemple :*** Easyvoyage a lancé son club en partenariat avec Maximiles, avec l'ambition d'animer une communauté de voyageurs qui souhaitent partager leurs expériences touristiques. Le site propose un système de notation permettant aux membres les plus impliqués et les mieux notés de gagner des points et d'accéder potentiellement à quatre statuts (de touriste à voyageur d'exception). Les membres bénéficient d'avantages et d'offres exclusives, selon leur statut : bons de réduction sur des coffrets cadeau, accès à des salons VIP dans les aéroports, abonnement offert à des magazines numériques, etc. Pour favoriser les échanges entre voyageurs et personnaliser la démarche, les membres sont conviés à renseigner un maximum d'informations sur leur profil (pire et meilleur souvenir de voyage, musique ou plat préféré, etc.). Fournir ces renseignements permet aussi de gagner des points. Le club contient également un système de messagerie privée afin de pouvoir prendre contact avec un autre voyageur et lui poser des questions précises sur un hôtel pour lequel il a déposé un avis ou sur une ville dans laquelle il a séjourné. Les membres de la communauté reçoivent également les actualités du club *via* leur messagerie. En 2013, la communauté compte 130 000 inscrits.
>
> *Source : E-commerce Magazine, 2013*

1. Les programmes de fidélité s'invitent sur les réseaux sociaux, Relation Client, 2013.

Les programmes mutualisés

Un site marchand peut développer son propre programme de fidélisation ou rejoindre un programme de fidélisation mutualisé. Il est conseillé d'opter pour un programme mutualisé quand la fréquence d'achat ou quand les montants dépensés sont trop faibles pour motiver le consommateur. En effet, dans ces situations, le site marchand ne peut pas offrir à ses clients la possibilité de bénéficier rapidement des fruits de sa fidélité. Le programme mutualisé offre également une visibilité intéressante et peut parfois être considéré comme un outil d'acquisition (voir chapitre 7).

Certains sites marchands préfèrent mettre en place leur propre programme, quitte à se faire épauler par des prestataires, dans la mesure où les retombées des programmes mutualisés sont souvent diluées (le client n'attribue pas la prime gagnée à tel ou tel site marchand, à la différence des programmes en propre).

Par ailleurs, la participation à un programme mutualisé n'empêche pas de mettre en place d'autres dispositifs de fidélisation en parallèle : le programme mutualisé permet de recruter de nouveaux clients en déclenchant un premier achat, alors que le programme de fidélisation propriétaire prend le relais pour stimuler des achats ultérieurs.

Sur ce marché très concurentiel, plusieurs prestataires proposent leurs services, notamment Maximiles Group (**http://fr.maximilesgroup.com/**), Laser Loyalty (**http://www.lasergroup.eu**), eBuyClub, acteur historique du *cash back* et des codes promotionnels (**http://www.ebuyclub.com**), et Affinion International (**http://www.affinioninternational.fr**).

Exemple : Créé en 1999, Maximiles Group est une société de services marketing *online* qui gère un programme de fidélisation en ligne mutualisé entre plusieurs enseignes (le groupe est également actif sur d'autres expertises, comme le marketing direct, les panels en ligne ou le marketing sur mobile). Depuis le début du commerce électronique, de nombreux programmes de fidélisation se sont lancés, mais un seul a survécu. En 2013, Maximiles compte 8 millions de membres en Europe (France, Royaume-Uni, Espagne et Italie), dont 3,7 millions en France (contre respectivement 4,1 et 2,2 en 2008). Plus de 150 sociétés ont délégué leur programme de fidélisation au groupe Maximiles. Parmi elles, 120 sont partenaires du programme éponyme (Expedia, Achat VIP, Voyages-sncf.com, Nocibé, Wine and Co, ParuVendu, etc.). Maximiles est le seul programme de fidélisation paneuropéen. Comme le précise le site Web, « *Maximiles fédère des sites partenaires autour d'un programme mutualisé de fidélisation. Le programme fonctionne avec un système de points que gagnent les internautes pour leurs achats et leurs actions sur les sites partenaires. Le programme est très attractif pour les membres car ils peuvent collecter des maximiles sur de multiples sites. Une fois gagnés, ils peuvent échanger leurs points contre les cadeaux qu'ils auront choisis* ». Les partenaires sont uniques, dans chaque catégorie, et bénéficient du trafic total de Maximiles, sans devoir partager avec un concurrent. Le programme de fidélisation maximiles.com constitue le cœur historique de l'activité, mais ce n'est pas le seul service proposé par l'entreprise. Aujourd'hui, 40 % de l'activité sont réalisés en marque blanche (mise à disposition de solutions de fidélisation pour les sites marchands, missions de conseil qui s'appuient sur les compétences développées depuis la création). Depuis 2013, Maximiles propose aux entreprises de créer des programmes de fidélité sur mobiles (au sein d'applications existantes). Une activité d'études marketing en ligne a également été lancée en 2007 (en 2013, elle comprend 750 000 panélistes en France). Un département de marketing direct complète l'édifice. En France, il réalise des campagnes auprès des 1,3 million de membres en *opt-in* e-mails et 2,3 millions de membres en *opt-in* courrier postal. En support de ces activités, Maximiles comprend une équipe de sourcing de cadeaux (plus de 800 produits au catalogue), une équipe de relation client (pour éditer les relevés de points et les billets de spectacle, envoyer les cadeaux, répondre aux emails et aux appels téléphoniques), ainsi qu'une équipe de développeurs.

Sources : fr.maximilesgroup.com, Le Journal du Net, 2007-2010

3.3. Le développement d'une communauté de clients

La mise en réseau des consommateurs a permis l'émergence de communautés de clients d'une marque ou d'une enseigne. Il est désormais difficile pour l'entreprise d'ignorer leur existence. Dès lors, une démarche volontariste se révèle nécessaire au travers de la mise en œuvre d'un gestionnaire de communauté (*community manager*). Il existe de nombreux espaces virtuels dans lesquels les communautés se déploient, mais l'un d'entre eux, Facebook, nécessite d'être bien maîtrisé en raison de son nombre d'utilisateurs.

3.3.1. Le phénomène communautaire depuis Internet

Comparativement à un segment de clients, une communauté de clients constitue un regroupement horizontal d'individus au sein duquel des liens vont se tisser. Les membres de la communauté ont conscience d'appartenir à un groupe et entretiennent des relations directes entre eux (Cova, 1995).

La création de liens produit intrinsèquement de la valeur pour les membres. Il peut s'agir d'une valeur hédonique et émotionnelle (le plaisir de la rencontre et de l'échange, la découverte de nouvelles choses, etc.), d'une valeur fonctionnelle (l'échange d'information, de conseils, etc.) ou d'une valeur sociale (la reconnaissance de son statut par les autres membres de la communauté, etc.). La dimension identitaire de la communauté est parfois forte : quand un membre de la communauté s'estime proche des valeurs de la marque, cette communauté reflète partiellement qui il est.

L'engagement dans une communauté virtuelle repose sur plusieurs processus : le partage, l'apprentissage, la co-construction (contribuer à la performance d'une organisation en participant à diverses activités), le soutien (défendre une cause, une personne, etc.) et la socialisation (adopter progressivement les codes de la communauté). L'engagement peut porter sur des thématiques ou sur la communauté elle-même (qui devient alors une « fin en soi »). La participation active à une communauté renforce le lien émotionnel avec la marque, développe la confiance et augmente la fidélité.

Source : *Brodie* et al., *2013 (voir la référence complète sur livre-ecommerce.fr).*

Les technologies ne créent pas le phénomène communautaire, mais le renforcent considérablement. Les communautés virtuelles constituent donc un phénomène social qui s'est développé parallèlement au média Internet. Cette technologie permet des regroupements affinitaires (par centre d'intérêt), flexibles et réversibles au gré des envies, qui s'affranchissent en partie des distances géographiques. Ce média permet également une forme d'anonymat et d'expression identitaire un peu décalée, ce qui est difficile dans le monde réel.

Dans le domaine marchand, des communautés se créent autour de produits, de marques, d'activités et de hobbies… En matière de commerce électronique, le phénomène communautaire a été rapidement identifié comme un levier stratégique, bien avant l'explosion des réseaux sociaux (Armstrong et Hagel, 1995).

La participation à la communauté renforce significativement la fidélité du client. La création d'une communauté de clients ne constitue pas « le » levier majeur de fidélisation – l'assortiment et les services viennent naturellement loin devant –, mais le développement d'une communauté constitue assurément un levier intéressant pour de nombreux sites marchands. Aujourd'hui, l'animation de communautés semble plutôt s'imposer dans des secteurs comme les médias, le luxe, les grandes causes ou les groupes (Chéreau, 2012). Le commerce électronique serait-il en retard ? Pourtant, de nombreux sites marchands sont légitimes pour se lancer dans le développement d'une communauté.

3.3.2. La mise en place d'une démarche communautaire (*community management*)

Un site marchand peut adopter une démarche plus ou moins ambitieuse pour s'inscrire dans une dynamique communautaire. Dans certains cas, l'enseigne se contentera d'offrir à la communauté les moyens d'échanger, de participer, de s'exprimer, etc. La force de ces liens faibles vient plus de leur nombre que de leur intensité : plus les commentaires, avis, opinions, etc. sont nombreux, plus la communauté crée de la valeur. Les enseignes généralistes se contentent le plus souvent de cette approche, car créer de toutes pièces une véritable communauté est plutôt réservé aux marques identitaires très impliquantes.

Dans d'autres cas, l'enseigne tentera de développer activement une communauté de clients engagés. Cette démarche peut se révéler fructueuse, mais reste complexe à mettre en œuvre. Les enseignes qui s'adressent à une cible plus étroite et qui commercialisent des produits/services fortement impliquants peuvent envisager de travailler dans cette direction. En effet, quand la cible est plus étroite, la dimension identitaire (partager des valeurs) et la dimension sociale (être écouté, soutenu, aidé…) supplantent la dimension fonctionnelle (trouver la bonne information, le bon plan). Il arrive même que les membres se rencontrent réellement pour prolonger, dans la vraie vie, la relation nouée sur le Web.

Une solution intermédiaire entre le simple soutien à une communauté existante composée d'individus faiblement impliqués et la création d'une véritable communauté à partir de rien consiste à développer un module communautaire au sein d'un programme de fidélisation déjà existant, notamment quand ce programme fonctionne comme un club (l'adhésion est payante, et seule une faible proportion des clients en est membre).

Exemple : « Between Us » est le nom du réseau social de Bénéteau, fabricant français de bateaux de plaisance. Ce réseau s'adresse aux possesseurs d'un bateau de la marque et offre la possibilité d'échanger son bateau avec les membres du Bénéteau Yacht Club (BYC). Cet échange permet de découvrir à la fois d'autres mers et d'autres modèles de la marque. Le réseau impose la notation des membres, ce qui facilite l'échange en rassurant les deux parties. L'échange n'est pas forcément simultané, ce qui multiplie les opportunités, mais permet également aux deux parties de se rencontrer avant l'échange. Quelques mois après son lancement, le programme a été enrichi d'un blog, puis d'un forum. L'accès au site est naturellement réservé aux membres du BYC, ce qui suppose d'enregistrer préalablement son bateau et de s'acquitter d'une cotisation de 70 euros pour deux ans. Ainsi que l'indique le site du réseau, « avec le Bénéteau Yacht Club, vous entrez dans un monde à part. Faire partie du cercle très privé des clients Bénéteau vous donne en effet droit à des privilèges exclusifs : l'accès à l'annuaire des membres, l'échange de bateaux grâce à "Between Us", des informations techniques sur votre bateau, des tarifs privilégiés sur la boutique BYC ». Jugée très pertinente par un jury de professionnels, la stratégie de fidélisation de Bénéteau a reçu le E-Marketing Award 2010.

Sources : www.beneteauyachtclub.com et Le Journal du Net, 2010

Mettre en place une démarche communautaire nécessite de proposer des outils aux membres, puis d'encourager par divers moyens une participation active et qualitative. Il s'agit ensuite d'écouter les conversations entre les membres, de comprendre les rapports d'influence au sein de la communauté et d'agir de façon subtile (trouver la bonne distance, avec une modération souple et empathique). Il est recommandé de travailler en trois temps : développer la confiance pour agréger les membres, puis la sympathie envers l'enseigne, et enfin l'envie de collaborer afin de cocréer avec les membres de la communauté (Ertzscheid *et al.*, 2010). Il est par ailleurs important de repérer les principaux ambassadeurs (les membres les plus actifs, ceux qui parlent de la communauté à l'extérieur, etc.), de façon à pouvoir les fidéliser.

> ***Exemple :*** Pour Anne-Laure Constanza, fondatrice d'Enviedefraises.fr (vêtements de grossesse tendance et glamour), pour construire une communauté, il est important de donner la parole aux clients. « *Nous avons toujours fait participer notre communauté sur des sujets allant bien au-delà des seuls vêtements et couvrant tous les moments de la grossesse. L'idée est de mettre la marque en retrait pour parler de nos clientes [l'une des pages les plus consultées est l'interview de la future maman de la semaine]. Tout ceci nous permet de développer un capital émotion et sympathie unique et très fort.* »
>
> *Source : Le Journal du Net, 2013*

L'investissement communautaire est certainement pertinent pour de nombreux sites marchands. En revanche, pour que la démarche porte ses fruits, il ne faut pas en sous-estimer le coût, notamment humain, surtout quand la communauté prend une certaine ampleur (ce qui est souhaitable car l'intérêt d'une communauté tient souvent à sa taille).

L'un des autres obstacles à la mise en place d'une démarche communautaire tient à la crainte des marques de perdre le contrôle sur la communauté. Il est possible qu'une crise survienne à un moment ou un autre, mais cette crainte ne doit cependant pas constituer un obstacle. En revanche, l'entreprise doit se préparer sérieusement à converser avec ses clients (exercice auquel elle n'est bien souvent pas habituée) et déployer les compétences nécessaires pour soutenir une telle démarche (une conversation n'est pas une publicité).

Il ne faut pas surestimer le degré de participation des membres de la communauté (Peddibhotla, 2013). La participation « naturelle et spontanée » relève plutôt du mythe. L'observation du taux de fans actifs sur Facebook (autour de 3 %) montre assez clairement que la plupart des personnes qui ont aimé une page (pour en devenir fan) sont peu actives par la suite[1]. L'entreprise doit donc animer activement sa communauté pour encourager des échanges nombreux et qualitatifs.

Le succès d'une communauté dépend du degré de participation de ses membres. Il existe plusieurs formes de participation. On peut notamment distinguer ce qui relève strictement du rôle de membre (les comportements indispensables pour utiliser les services) et ce qui n'en relève pas (*in-role vs extra-role behaviors*). Les comportements qui relèvent du rôle de membre sont activés par les efforts du *community management*. En revanche, ceux qui n'en relèvent pas (recommander la communauté, aider les membres, aider l'entreprise à s'améliorer) s'expliquent essentiellement par les bénéfices que les clients tirent de leur participation à la communauté (une meilleure image de soi, des récompenses spécifiques ou la possibilité d'être soi-même aidé). Ces bénéfices tiennent essentielle

1. Autrement dit, ces fans « inactifs » interagissent peu avec la marque *via* les boutons « J'aime », « Partager » ou « Commenter ».

ment à la nature de la communauté et aux profils de ses membres. Cela dit, le *community management* peut jouer sur les bénéfices perçus. Les efforts de l'entreprise pour animer la communauté expliquent donc largement la participation des membres, et donc le succès de l'entreprise.

Source : *Yen* et al., *2011 (voir la référence complète sur livre-ecommerce.fr)*

Dans la mesure où l'animation d'une communauté requiert des compétences spécifiques ainsi que des ressources dédiées, le métier de « *community manager* » se développe depuis 2008-2009. Pour les dirigeants de Blue Search, cabinet de conseil en RH, le *community manager* a pour mission de « *développer, étendre et maintenir un groupement d'internautes rassemblés autour de pôles d'intérêts communs* via *des plates-formes communautaires comme les réseaux sociaux, les blogs, les forums, les wikis...* » (Jouffroy *et al.*, 2010). Plus précisément, il s'agit de façonner l'identité de la communauté (donner vie à ses valeurs), de la structurer (recruter les membres, trouver les relais), de l'animer (susciter les échanges, faire respecter les règles éthiques, accueillir les nouveaux membres) et de participer à son évolution, y compris sur le plan technique.

Les compétences attendues d'un *community manager* sont à la fois techniques et relationnelles. Il doit savoir produire du contenu (éditorial, photos, vidéos, etc.), mais aussi être à l'aise avec la thématique de la communauté. Il est également indispensable qu'il soit en étroite relation avec la direction de l'entreprise, de façon à pouvoir prendre part aux échanges de façon pertinente et réagir dans les plus brefs délais. En un mot, il doit être à même de représenter l'entreprise en toutes circonstances. S'il est possible d'externaliser cette fonction ou d'employer des collaborateurs juniors, la plupart des experts recommande que le *community manager* soit un collaborateur expérimenté.

Le site marchand peut également renforcer sa communauté en organisant des événements. Un couplage étroit du *community management* avec les services qui organisent déjà des activités avec les clients (communication événementielle) peut se révéler très judicieux.

3.3.3. La gestion d'une communauté sur Facebook

Le réseau social Facebook est un succès planétaire rassemblant plus d'un milliard de membres au niveau mondial et 22 millions en France. Ce réseau s'est sophistiqué au fil des ans et offre la possibilité, pour une marque ou une enseigne, de gérer des « fans » au travers d'une « fan page » qui requiert une gestion spécifique.

La notion de « fan page »

Depuis leur lancement par Facebook en 2009, les « fan pages » sont devenues (presque) incontournables pour toute grande marque qui se respecte. Certaines marques atteignent plusieurs millions de fans. Environ 40% des membres de Facebook sont fans d'au moins une marque, soit environ 10 millions de personnes pour la France, et plus d'une centaine de millions dans le monde (**http://www.socialbakers.com**).

À la différence d'un groupe qui s'apparente à un forum permettant des échanges horizontaux entre membres, une « fan page » est un dispositif plus vertical, qui permet à une marque de s'adresser à une communauté de fans. Comme l'indiquent Cédric Deniaud et Fabrice Kobik[1] (Jouffroy *et al.*, 2010), « *la fan page est un lieu privilégié sur Facebook,*

1. Respectivement directeur de l'agence The Persuaders et Internet & CRM Manager, KIA Motors France.

où la marque peut fédérer les membres qui se déclarent "fan", et qui sont donc autant de potentiels ambassadeurs ».

L'animation d'une « fan page »

Créer la page constitue seulement la première étape. Pour que l'effet communautaire fonctionne véritablement, il faut se donner les moyens d'animer la page quotidiennement. Il est possible de diffuser des offres promotionnelles, afin de créer du trafic sur le site (voir chapitre 7). Mais l'intérêt de Facebook se révèle surtout dans les modalités plus relationnelles qui sont offertes pour animer la communauté.

Pour animer la page, il est possible de poster des statuts sur le mur et de laisser éventuellement les fans poster eux-mêmes des messages visibles par les autres membres (ce qui introduit donc un certain degré d'horizontalité dans les échanges). Si le fan n'a pas bloqué cette fonctionnalité, les messages postés sur le mur apparaîtront aussi sur les murs des fans, permettant donc une forte « viralité ». Il est également possible de créer plusieurs onglets, afin d'intégrer des photos, des vidéos, des animations flash.

Le développement d'applications Facebook permet également d'enrichir les interactions entre la marque et ses fans. Certaines applications sont utiles (formulaires d'inscription), d'autres divertissantes (jeux-concours, retransmission d'un événement). Ces applications peuvent être entièrement développées, ou paramétrées à partir de briques applicatives fournies par Facebook. Facebook a agréé quelques dizaines de prestataires dans le monde, afin de garantir la qualité des applications. Quelques prestataires proposent des applications en marque blanche, comme Fanzy (**http://www.fanzy.com**).

Pour éviter de lasser les fans, et pour en recruter de nouveaux, la diffusion régulière de contenus peut être complétée par l'organisation d'événements plus visibles. Une stratégie de communication « *drive to page* » permettra de créer du trafic sur la page. La présence du widget Facebook sur le site ou sur les autres outils de communication *on line* donne plus de visibilité à la page. La diffusion de l'adresse de la page sur l'ensemble des supports de communication accélère également la croissance de la base de fans.

> ***Exemple :*** L'enseigne Intermarché anime une page sur Facebook nommée « Vive les bébés » qui rassemble 744 000 fans au mois de décembre 2013 (contre 145 000 fans en janvier 2011, soit une progression de plus de 500 % en trois ans). La vocation de la page est de « partager des astuces, des conseils et des bons plans pour faciliter la vie des parents », accroche suivie de la précision suivante : « Intermarché, avec son rayon puériculture, s'engage à être moins cher sur les produits indispensables au quotidien de votre bébé ». Au-delà du mur qui comporte de multiples conseils, recettes, astuces et témoignages, une application de troc est proposée, de façon à pouvoir « échanger sans rien dépenser » (jouets, livres, vêtements, mobilier).
>
> *Sources : www.facebook.com/vivelesbebes, http://sensduclient.blogspot.com*

L'outil de back office proposé par Facebook permet de connaître le profil des fans (âge, sexe, etc.). Une page de fans constitue un lieu d'observation privilégié. Cette observation permanente doit permettre au site marchand de mieux comprendre ses clients les plus fidèles (mais aussi parfois ses détracteurs), pour interagir de façon encore plus pertinente et, finalement, renforcer le lien entre l'enseigne et son marché.

> Les réseaux sociaux concernent de plus en plus de gens et leur usage est intensif. Ainsi, 63 % des internautes sont des socionautes et 74 % d'entre eux se connectent au moins

une fois par jour (en moyenne 105 minutes par semaine sur Facebook). Parmi les socionautes, 98 % se connectent *via* un ordinateur, mais les autres usages progressent : 62 % *via* un smartphone, 28 % *via* une tablette et environ 10 % *via* la télévision connectée. Les utilisateurs peuvent être spectateurs ou contributeurs. Pour ceux qui contribuent, 31 % des avis correspondent à une recommandation…, mais 49 % à une critique ou à une plainte. Les socionautes attendent que les marques leur proposent des offres promotionnelles, des conseils et la possibilité de donner leur avis (plus de 80 %). Seuls 30 % des fans attendent les applications et les jeux-concours.

Source : *Social Media Attitude, 2013, SNCD (http://www.sncd.org)*

3.3.4. Les autres réseaux sociaux au service de la fidélisation

Plus de 90 % des internautes sont membres de Facebook. Cependant, alors que la croissance de ce réseau ralentit en France depuis 2013, d'autres réseaux généralistes connaissent une forte augmentation de leur fréquentation. Il peut s'agir de réseaux généralistes comme Twitter ou Google+ (autour de 35 %), mais aussi de réseaux plus spécialisés comme LinkedIn (30 %), Pinterest ou Instagram (entre 5 et 10 %). Le pourcentage d'internautes qui n'utilisent qu'un seul réseau social est ainsi en forte baisse (34 % en 2013 contre 48 % en 2012)[1]. Les sites marchands utilisent eux aussi YouTube pour développer la relation avec leurs clients.

Les logiques de fidélisation peuvent varier d'un réseau social à l'autre (en raison de leurs cibles, de motivations spécifiques ou de dispositifs techniques propres à certains réseaux). Les fondamentaux restent cependant les mêmes d'un réseau à l'autre : il s'agit d'engager une conversation avec les membres (mais aussi *entre* les membres), autour de contenus et d'offres promotionnelles.

Résumé

Un site marchand qui consacrerait des efforts considérables à la conquête de nouveaux clients, mais qui négligerait l'opportunité de les fidéliser ne serait pas viable économiquement. Les coûts d'acquisition étant de plus en plus élevés (voir chapitre 7), il est indispensable de pouvoir amortir cet investissement initial sur une plus longue durée. La fidélisation est donc devenue l'un des objectifs prioritaires des sites marchands. Fondamentalement, il s'agit d'inciter le client à revenir, à dépenser plus et plus souvent. Pour ce faire, il est avant tout nécessaire de satisfaire les clients, c'est-à-dire de travailler sur l'amélioration de la qualité perçue.

Toutefois, au-delà de ce travail de fond qui constitue un préalable à toute autre action, de nombreux sites mettent en place des démarches de fidélisation active, qui conduisent à stimuler l'ensemble des points de contacts (alertes par e-mails, tweets, newsletters, magazines *online*, blogs, etc.). La diffusion de contenus riches et pertinents participe à consolider la relation avec les clients. Le marketing sur les équipements mobiles permet aussi de prolonger la relation (SMS, notifications *push*, etc.). Les offres promotionnelles, et plus encore les programmes de fidélisation, permettent également de retenir les clients (objectif de rétention/durée de vie) et de développer le chiffre d'affaires réalisé auprès de

1. Social Media Attitude, 2013, SNCD (**http://www.sncd.org**).

chacun d'entre eux (objectif de valeur client). S'il s'agit non seulement de consolider la relation entre les clients et le site (*one-to-one*), mais aussi de développer les relations entre clients (*customer-to-customer*), les communautés constituent une démarche aujourd'hui mise en œuvre avec succès par quelques entreprises.

Les démarches qui visent à fidéliser et, plus largement, à consolider le lien entre le client et l'entreprise ne sont pas encore arrivées à maturité. Toutefois, le développement des technologies sur le Web participe largement à la diffusion des pratiques du marketing relationnel (ou marketing client).

Bibliographie

Armstrong A. et Hagel J. (1995), « Real profits from virtual communities », *McKinsey Quarterly, n° 3, pp. 127-141.*

Balagué C. et Fayon D. (2010), *Facebook, Twitter et les autres. Intégrer les réseaux sociaux dans une stratégie d'entreprise*, Pearson Village Mondial, Paris.

Bhatnagar A. et Ghose S. (2004), « A latent class segmentation analysis of e-shoppers », *Journal of Business Research*, vol. 57, n° 7, pp. 758-767.

Bô D. et Guével M. (2009), *Brand content : comment les marques se transforment en médias*, Dunod, Paris.

Bressolles G. (2004), « Proposition d'une échelle de mesure multidimensionnelle de la qualité de service des sites Web commerciaux : NETQUAL », *Actes du xx*[e] *Congrès international de l'Association française du marketing*, Saint-Malo. Document accessible gratuitement en ligne.

Bressolles G. et Durrieu F. (2006), « Une typologie prédictive de la satisfaction en ligne par la qualité de service électronique », *Actes du xxii*[e] *Congrès international de l'Association française du marketing*, Nantes. Document accessible gratuitement en ligne.

Bruhn M. (2003), *Relationship marketing*, Pearson Education, Londres.

Cases A.S., Fournier C., Dubois P.L. et Tanner J.F. (2010), « Web site spill over to email campaigns: The role of privacy, trust and shoppers' attitudes », *Journal of Business Research*, vol. 63, n° 9-10, pp. 993-999.

Chéreau M. (2012), *Community management. Comment faire des communautés Web les meilleurs alliées des marques*, 2e édition, Dunod, Paris.

Cova B. (1995), *Au-delà du marché. Quand le lien apporte plus que le bien*, L'Harmattan, Paris.

Dholakia R. R. et Zhao M. (2010), « Effects of online store attributes on customer satisfaction and repurchase intentions », *International Journal of Retail & Distribution Management*, vol. 38, n° 7, pp. 482-496.

Ding D.X., Hu P.J.H. et Sheng O.L. (2011), « e-SELFQUAL: A scale for measuring online self-service quality », Journal of Business Research, vol. 64, n° 5, pp. 508-515.

Endo S., Yang J. et Park J. (2012), « The investigation on dimensions of e-satisfaction for online shoes retailing », Journal of Retailing and Consumer Services, vol. 19, n° 4, pp. 398-405.

Ertzscheid C., Faverial B. et Guéguen S. (2010), *Le community management. Stratégies et bonnes pratiques pour interagir avec vos communautés*, Diateino, Paris.

Harris L.C. et Goode M.M.H. (2004), « The four levels of loyalty and the pivotal role of trust: A study of online service dynamics », *Journal of Retailing*, vol. 80, n° 2, pp. 139-158.

Hernandez B., Jimenez J. et Martin M.J. (2009), « Adoption vs acceptance of e-commerce: Two different decisions », *European Journal of Marketing*, vol. 43, n° 9/10, pp. 1232-1245.

Huang C.Y. (2011), « Excess loyalty in online retailing », International Journal of Electronic Commerce, vol. 16, n° 2, pp. 115-133.

Jaiswal A.K., Niraj R. et Venugopal P. (2010), « Context-general and context-specific determinants of online satisfaction and loyalty for commerce and content sites », Journal of Interactive Marketing, vol. 24, n° 3, pp. 222-238.

Jouffroy J., Ber G. et Tissier M. (2010), *Internet Marketing*, Electronic Business Group, Paris.

Ladhari R. (2010), « Developing e-service quality scales: A literature review », *Journal of Retailing and Consumer Services*, vol. 17, n° 6, pp. 464-477.

Levine R., Locke C., Searls D. et Weinberger D. (2000), *The Cluetrain Manifesto*, Basic Books.

Li D., Browne G.J. et Wetherbe J.-C. (2006), « Why do Internet users stick with a specific Web site? A relationship perspective », *International Journal of Electronic Commerce*, vol. 10, n° 4, pp. 105-141.

Michel G. et Vergne J.-F. (2004), « Comment expliquer l'attachement aux e-marques ? Application aux sites de vente en ligne », *Actes du xx*e *Congrès international de l'Association française du marketing*, Saint-Malo. Document accessible gratuitement en ligne.

Parasuraman A., Zeithaml V.A. et Malhotra A. (2005), « E-S-Qual: A multiple item scale for assessing electronic service quality », *Journal of Service Research*, vol. 7, n° 3, pp. 213-233.

Park J.K., Chung H.E. et Rutherford B. (2011), « Social perspectives of e-contact center for loyalty building », Journal of Business Research, vol. 64, n° 1, pp. 34-38.

Peddibhotla N.B. (2013), « Why different motives matter in sustaining online contributions », Electronic Commerce Research and Applications, vol. 12, n° 2, pp. 90-102.

Peelen E., Jallat F., Stevens E. et Volle P. (2014), *Gestion de la relation client*, 4e édition, Pearson France, Paris.

Reibstein D.J. (2002), « What attracts customers to online stores, and what keeps them coming back? », *Journal of the Academy of Marketing Science*, vol. 30, n° 4, pp. 465-473.

Reichheld F.F. et Schefter P. (2000), « E-loyalty: Your secret weapon on the Web », *Harvard Business Review*, vol. 78, n° 4, pp. 105-113.

Rolland S. et Freeman I. (2010), « A new measure of e-service quality in France », *International Journal of Retail & Distribution Management*, vol. 38, n° 7, pp. 497-517.

Sanchez-Franco M.J. (2009), « The moderating effects of involvement on the relationships between satisfaction, trust and commitment in e-banking », *Journal of Interactive Marketing*, vol. 23, n° 3, pp. 247-258.

Shankar V., Smith A.K. et Rangaswamy A. (2003), « Customer satisfaction and loyalty in online and offline environments », *International Journal of Research in Marketing*, vol. 20, n° 2, pp. 153-175.

Song J.H. et Zinkhan G.M. (2008), « Determinants of perceived web site interactivity », *Journal of Marketing*, vol. 72, n° 2, pp. 99-113.

Souitaris V. et Balabanis G. (2007), « Tailoring online retail strategies to increase customer satisfaction and loyalty », *Long Range Planning*, vol. 40, n° 2, pp. 244-261.

Srinivasan S.S., Anderson R. et Ponnavolu K. (2002), « Customer loyalty in e-commerce: An exploration of its antecedents and consequences », *Journal of Retailing*, vol. 78, n° 1, pp. 41-50.

Tsai H.-T., Huang H.-C., Jaw Y.-L. et Chen W.K. (2006), « Why online customers remain with a particular e-tailer: An integrative model and empirical evidence », *Psychology & Marketing*, vol. 23, n° 5, pp. 447-464.

Volle P. (2000a), *Études et recherches sur la distribution*, Economica, Paris.

Volle P. (2000b), « Du marketing des points de vente à celui des sites marchands : spécificités, opportunités et questions de recherche », *Revue française du Marketing*, 177/178 pp. 83-100.

Volle P. (coordonné par) (2012), Stratégie clients, Pearson France, Paris. Ouvrage collectif auquel ont contribué les membres du Center for Customer Management.

Wallace D.W., Gieseb J.L. et Johnson J.L. (2004), « Customer retailer loyalty in the context of multiple channel strategies », *Journal of Retailing*, n° 80, pp. 249-63.

Wolfinbarger M. et Gilly M.C. (2003), « ETailQ: Dimensionalizing, measuring and predicting e-tail quality », *Journal of Retailing*, n° 79, pp. 183-198.

Yang Z. et Peterson R.T. (2004), « Customer perceived value, satisfaction, and loyalty: the role of switching costs », *Psychology & Marketing*, vol. 21, n° 10, pp. 799-822.

Yen Y.S. (2010), « Can perceived risks affect the relationship of switching costs and customer loyalty in e-commerce? », *Internet Research*, vol. 20, n° 2, pp. 210-224.

Yoon D., Choi S.M. et Sohn D. (2008), « Building customer relationships in an electronic age: The role of interactivity of e-commerce web sites », *Psychology & Marketing*, vol. 25, n° 7, pp. 602-618.

Pour aller plus loin

Consultez les références complémentaires proposées sur : **http://www.livre-ecommerce.fr**

Sites Internet à consulter

http://www.1000mercis.com

http://www.acteursdubrandcontent.fr

http://www.affinioninternational.fr

http://www.afmm.fr

http://www.arcep.fr

http://www.bizrate.com

http://www.brandcontent.fr

http://www.cashstore.fr

http://www.ciao.fr

http://www.cles-promo.com

http://www.ebuyclub.com

http://www.fabuleos.fr

http://www.fanzy.com

http://www.journaldunet.com

http://www.lasergroup.eu

http://fr.maximilesgroup.com/

http://www.the-dma.org

http://www.sncd.org

http://www.s-n-m-p.com

http://www.socialbakers.com

Activités

Questions de révision

1. Quelles sont les deux composantes de la fidélité ?
2. Citez les trois approches que les entreprises peuvent mettre en œuvre pour fidéliser leurs clients.
3. Quels sont les facteurs explicatifs de la fidélité à un site marchand ?
4. Pourquoi la satisfaction joue-t-elle un rôle différent pour les sites marchands (comparativement au commerce traditionnel) ?
5. Que recouvre le marketing relationnel (ou marketing client) et quels en sont les principaux enjeux pour un site marchand ?
6. Expliquez brièvement quelques principes de management de la relation client.
7. Quels sont les facteurs de qualité les plus critiques pour un site marchand ?
8. Qu'est-ce que le *brand content* et quelles formes peut-il prendre ?
9. Citez et présentez brièvement les techniques de marketing direct utilisées par les sites marchands pour consolider les liens avec leurs clients.
10. Qu'est-ce qu'une communauté de clients ? Dans quelle mesure et de quelles façons une marque peut-elle utiliser ce dispositif à son profit ?
11. Quelles sont les compétences attendues d'un bon *community manager ?*

Exercices de synthèse

1. Comparez trois comptes clients dans un même univers de concurrence. Lequel préférez-vous ? Pourquoi ?
2. Abonnez-vous à trois newsletters. Jugez-les de façon comparative et formulez quelques recommandations d'amélioration.
3. Identifiez une campagne multicanal utilisant le mobile et le Web. Décrivez précisément le mécanisme. Formulez quelques recommandations pour en améliorer l'efficacité.
4. Rendez-vous sur le magazine *online* ou le blog d'une enseigne de votre choix. Proposez des améliorations possibles.
5. Comparez l'application mobile et le site de deux marchands. Donnez votre jugement sur l'application mobile, et proposez quelques améliorations réalistes, tant sur le plan du design que sur le plan des fonctionnalités.
6. Présentez cinq campagnes promotionnelles *online* qui vous semblent particulièrement efficaces. Discutez de leurs mérites comparés.

7. Rendez-vous sur trois sites de *cash back* membres du SNMP (**http://www.s-n-m-p.com**). En tant que client, lequel serait le plus susceptible de vous donner envie d'ouvrir un compte ? Pourquoi ?
8. Visitez les pages du club d'Easyvoyage et comparez-les avec un ou deux programmes concurrents dans le même secteur. Formulez des recommandations pour en améliorer l'efficacité.

Questions à débattre

1. Dans quels contextes la satisfaction du client joue-t-elle un rôle déterminant sur son degré de fidélité ? Expliquez pourquoi.
2. Dans quelle mesure les démarches de curation permettent-elles de fidéliser les clients ? Cette tendance est-elle durable ? Quelles en sont les limites ?
3. Quelles sont les dernières avancées en matière de marketing sur mobile ?
4. Les notifications *push* vous semblent-elles constituer l'avenir du marketing direct ? Pourquoi ?
5. Le micro-blogging vous semble-t-il constituer une démarche pertinente pour les sites marchands ? Pour lesquels en particulier ?
6. Quels sont les services multicanaux qui renforcent la fidélité des clients, et dans quelle mesure ?
7. Les programmes de fidélisation en ligne vous semblent-ils efficaces ? Pour quelles raisons ?
8. Un site marchand doit-il nécessairement envisager le développement d'une communauté de clients ? Expliquez pourquoi.
9. Dans quelle mesure les pages de fans sur Facebook permettent-elles de gérer une communauté au sens plein du terme ? Pourquoi ?
10. La présence des sites marchands sur Facebook vous semble-t-elle globalement convaincante ? Quelles sont pour vous les trois enseignes de référence ?
11. Comment la *gamification*, c'est-à-dire la mobilisation des mécanismes de jeux, peut-elle enrichir la relation client dans le secteur du commerce électronique ?

Chapitre 11

Pilotage de la performance d'un site marchand

Objectifs pédagogiques

- Comprendre les diverses facettes de la performance d'un site marchand
- Connaître les principaux types d'outils de suivi de la performance
- Construire le tableau de bord d'un site marchand en fonction des objectifs stratégiques et du modèle d'affaires
- Identifier les indicateurs de performance pour les processus de support et commerciaux
- Identifier les principaux indicateurs de performance marketing et financière
- Comprendre les limites de l'analyse pour quelques indicateurs clés, comme le nombre de visiteurs uniques ou le taux de conversion
- Développer une analyse managériale à partir d'un tableau de bord
- Comprendre les enjeux d'une analyse globale de la performance des activités de vente en ligne (sur les canaux, les parties prenantes, les activités et processus de l'entreprise)
- Comprendre les enjeux spécifiques liés à la mesure de l'efficience des moyens engagés
- Comprendre l'intérêt de la démarche « *test & learn* »

Allocine.fr : pilotage et innovation du leader francophone de l'information cinématographique en ligne

À son origine, en 1993, AlloCiné est un service d'informations téléphoniques sur les programmes de cinéma, qui s'est imposé grâce à un numéro téléphonique non surtaxé mnémotechnique (40 30 20 10). Si AlloCiné est surtout orienté sur la promotion des nouveautés en salles et en DVD, ainsi que l'information concernant la programmation en salles, son site Internet, lancé dès 1997, offre également une base de données couvrant tous les films qui ont été diffusés en France, avec une information très riche qui constitue la première base de données francophone de vidéos (80 000 films, 5 000 séries télévisées et 290 000 personnalités du cinéma référencés). En décembre 2012, AlloCiné compte 8,9 millions de visiteurs uniques en France. C'est le troisième site de vidéos en France et le 33e site français en termes d'audience (source : Médiamétrie/NetRatings). En 2013, Fimalac rachète AlloCiné pour l'adjoindre à d'autres sites issus du rachat de Webedia.

En plus de mettre à disposition des internautes une banque de données sur tous les films sortis en France, AlloCiné leur propose de s'inscrire sur le site, leur permettant de poster sur les forums et de donner leur avis sur les films. Des blogs y sont hébergés. Chaque film, chaque acteur, chaque réalisateur possède son propre forum que toute personne inscrite est libre d'enrichir. Un ensemble de fonctionnalités permet aux utilisateurs de participer directement au contenu éditorial en créant de nouvelles fiches séries ou film.

En 2008, AlloCiné crée le Club 300, qui rassemble les contributeurs et les experts ciné/séries. La plupart sont des membres influents et fidèles du site AlloCiné, mais d'autres sont aussi des blogueurs extérieurs qui partagent leur passion. En janvier 2009, AlloCiné ouvre sa plate-forme éditoriale aux contributions des internautes sur la rubrique « Séries TV », puis sur les films.

Outre la réservation de billets de cinéma, le site tire ses revenus de la publicité diffusée dans les bandes-annonces des films et de services aux professionnels du cinéma. En effet, les renseignements sur les vidéos les plus consultées sont une source d'information très importante pour les acteurs du monde cinématographique. Premier portail du cinéma, AlloCiné vend également ses contenus et ses services à l'ensemble des portails Internet généralistes et aux opérateurs de téléphonie mobile.

Pour AlloCiné, la bande-annonce représente plus qu'un support de communication. Telle que le site la propose, elle est un outil de promotion des films à part entière pour les distributeurs de films. Les besoins de mesures sont donc multiples :

- déterminer l'audience totale du support vidéo ;
- identifier les bandes-annonces plébiscitées par le public ;
- disposer d'indicateurs spécifiques permettant d'évaluer le réel intérêt des internautes pour chaque vidéo.

Grâce à ses outils d'analyse des visites, AlloCiné a pu démontrer qu'au-delà de l'exposition aux vidéos, les mesures des bandes-annonces ont un réel caractère prédictif sur les entrées en salles. « *Nous avons pu constater une corrélation réelle entre le succès des bandes-annonces et celui du box-office* ». À l'inverse, les performances de sa bande-annonce peuvent prédire le désintérêt pour un film. Ce fut le cas, par exemple, de l'un des films les plus attendus de 2009 : l'adaptation d'un manga culte. La bande-annonce fut massivement consultée en ligne. Cependant, le taux très élevé de lectures incomplètes ainsi que la durée moyenne de lecture traduisaient la forte déception des internautes, confirmée par les records en salles.

« *Notre expérience ainsi que les indicateurs d'intérêt* "rich media" *nous permettent d'avoir une casquette de conseillers auprès des distributeurs de films. Les indicateurs de consultation détaillée transcrivent la perception de la bande-annonce par l'internaute : satisfaction et déception sont clairement visibles à travers les statistiques, et complétées par les commentaires postés par les internautes.*

Parmi toutes les métriques vidéo que nous suivons au quotidien, il est un indicateur qui fut un véritable révélateur pour nous : le taux de lectures complètes de nos vidéos. Nous avons créé une nouvelle offre sur la base de ce seul indicateur. En effet, constater que plus de 60 % de nos vidéos étaient lues en totalité a immédiatement révélé le potentiel d'exposition après ces vidéos, mais également la capacité de monétiser cette audience. »

De là est née l'offre inédite « *post roll trailer* », qui propose à l'internaute, dès la fin de la bande-annonce demandée, une seconde bande-annonce susceptible de l'intéresser. Contrairement aux premières bandes-annonces, il ne s'agit pas d'un choix de l'internaute, mais d'un réel choix marketing, dont le contenu est parfaitement ciblé et maîtrisé. Ce succès est également dû au ciblage et à la qualité du contenu proposé dans ces secondes vidéos. « *Pour chacune des vidéos en* post roll trailer, *nous poussons des bandes-annonces de même tendance que celle initialement choisie par l'internaute* ». Le ciblage de ces contenus est affiné en permanence *via* les analyses « *rich media* » déterminant la performance de chacune des combinaisons de vidéos proposées. « *Par ailleurs, nous veillons à ce que ces secondes bandes-annonces ne viennent pas concurrencer les premières. Cet effet teasing est très apprécié par nos distributeurs.* »

Les annonceurs ne sont facturés que lorsque 25 % au moins de ce « *post roll trailer* » sont vus par l'internaute. Côté distributeurs de films, le bénéfice est double : toucher précisément la cible choisie et ne payer que les bandes-annonces utiles.

Le contenu externe représente un autre levier permettant d'accroître l'exposition des vidéos. « *Nous avons choisi de déporter nos vidéos sur des sites externes : blogs et sites spécialisés pour l'essentiel* via *un player exportable* ». Le *tracking* permet, pour chaque bande-annonce, de distinguer l'audience générée en interne et *via* les supports externes. « *Les vidéos déportées représentent aujourd'hui 10 % de l'audience totale des vidéos AlloCiné.* » De plus, et au-delà de cette audience additionnelle, ces contenus externes constituent autant de points de contacts avec les internautes et de points d'entrée vers le site Allocine.fr. L'effet sur l'apport de trafic est alors double : multiplication des sources de trafic non payantes et effet bénéfique sur le référencement du site Allocine.fr.

La valorisation de l'audience est au cœur de la stratégie d'AlloCiné. L'entreprise a donc choisi de donner un accès direct aux données d'audience *via* la plate-forme AlloCiné Pro. Cet outil est principalement destiné aux professionnels du cinéma (distributeurs, producteurs, exploitants, attachés de presse). Ils peuvent ainsi suivre au quotidien l'intérêt porté à leur film et ajuster, le cas échéant, leurs achats d'espaces publicitaires.

AlloCiné Pro compte aujourd'hui plus de 5 000 abonnés. L'ensemble de ces interfaces sont automatiquement alimentées, *via* un *Web service*, par les données AT Internet, solution de *Web analytics* utilisée par AlloCiné pour piloter la performance de son site Internet. L'intérêt de la solution est son offre « *rich media* », qui fournit des données fines sur les contenus vidéos développés au format Flash Video (ainsi que les *players* déportés) que d'autres solutions classiques de *Web analytics* ne sont pas en mesure de fournir.

Sources : *allocine.fr, http://fr.wikipedia.org/wiki/AlloCine, AT Internet, Journal du Net*

Questions :

Quel est le modèle d'affaires du site Allocine.fr ? Quel est son modèle de revenu ?

Selon vous, quels sont les indicateurs clés du tableau de bord d'un tel site ?

En quoi les outils de mesure spécifiques au média vidéo ont-ils été la source d'une innovation commerciale et un enrichissement du modèle de revenus ?

Discutez de la transférabilité d'une telle innovation commerciale à d'autres sites marchands.

De nombreux responsables de sites marchands citent l'évaluation de la performance comme une priorité stratégique. Cependant, les acteurs et experts du commerce électronique s'accordent à dire que les capacités d'analyse actuelles ne permettent pas véritablement d'optimiser les ressources engagées. L'analyse de la performance des sites marchands est une jeune discipline qui va nécessairement progresser dans les années qui viennent (Bucklin et Sismeiro, 2009). Cette nécessité s'est encore renforcée récemment, avec la prise de conscience de la valeur des données collectées quotidiennement par les sites marchands. Cette connaissance fine du client est possible à condition de développer tant les outils et les méthodes que les compétences d'analyse, puis de les traduire en actions.

De fait, avec le développement du commerce électronique, les outils et méthodes de gestion de sites Web se sont multipliés. Le Web analytics, popularisé par Google et ses outils d'analyse de trafic « Google Analytics » (Descombes et al., 2010 ; Cliffton, 2010), est devenu la principale méthode pour évaluer la performance d'un site Web.

Loin de remettre en cause cette méthode et ses outils, on ne peut toutefois limiter l'analyse de la performance d'un site marchand aux seuls indicateurs de conversion du trafic en clients (Roukine, 2009). La performance présente des facettes diverses : technique, logistique, commerciale, marketing et financière. Le chiffre d'affaires et la rentabilité sont notamment des indicateurs que l'on ne peut plus ignorer. Le développement de stratégies multicanal complique encore l'évaluation de la performance d'un site marchand.

Dans ce chapitre, nous proposons une approche globale du pilotage de la performance d'un site marchand, qui vise à fournir les éléments incontournables à considérer pour apprécier cette dernière. Notre approche repose sur les différents processus identifiés dans cet ouvrage qui conduisent à la réalisation d'une vente en ligne et à sa clôture après livraison. Par performance, il faut entendre l'atteinte de l'objectif que l'entreprise s'est fixé pour son site marchand (efficacité) et l'utilisation des ressources qu'elle a mises en œuvre pour l'atteindre (efficience).

Ce chapitre s'intéressera donc au pilotage stratégique et opérationnel de la performance d'un site marchand en distinguant trois étapes dans la réalisation d'une vente en ligne : l'acquisition de trafic, la conversion des visiteurs en clients et le développement des ventes. Pour réaliser ces différents processus, le site marchand s'appuie sur des infrastructures techniques et logistiques qui contribuent également à la performance globale.

Après avoir présenté la démarche de pilotage d'un site marchand et la construction de son tableau de bord, nous établirons ensuite les principaux indicateurs constitutifs de ce tableau de bord en examinant les processus de support des transactions en ligne (infrastructures technique et logistique), puis les processus identifiés dans l'ouvrage (acquisition, conversion, développement). Le modèle de performance analysé dans ce chapitre peut se représenter sous la forme d'un schéma (voir figure 11.1). Plus encore, il constitue une véritable démarche opérationnelle globale d'amélioration continue d'un site marchand.

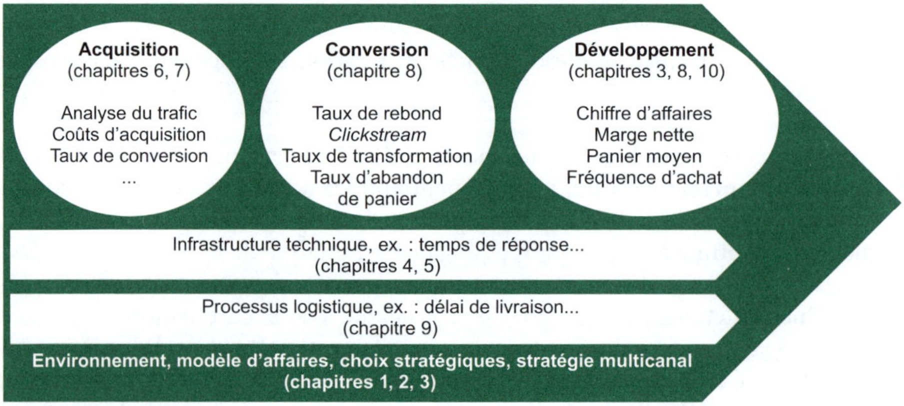

Figure 11.1 : Modèle de la performance d'un site marchand.

Enfin, l'analyse de la performance fait l'objet d'une réflexion qui vise à dépasser la seule accumulation d'indicateurs au sein d'un tableau de bord pour introduire une vision holistique et dynamique du management d'un site marchand. C'est en reliant les indicateurs entre eux, puis en adoptant une vision multicanal des activités, que l'analyse de la performance prend tout son sens.

1. Concevoir le tableau de bord du site marchand

La conception d'un tableau de bord de pilotage nécessite de définir les objectifs avec précision, puis de les décliner en indicateurs. La démarche requiert ensuite de collecter les informations éparses pour construire les indicateurs. De solides compétences et expertises sont ainsi requises pour se livrer à des analyses à partir de ces indicateurs.

1.1. Définir les objectifs stratégiques à atteindre

Construire un tableau de bord pertinent nécessite que la stratégie du site soit clairement définie. En effet, selon la finalité assignée au site, le contenu du tableau de bord sera différent. Dans les chapitres 2 et 3, nous avons abordé la définition de la stratégie. Il est possible de distinguer quelques grands positionnements stratégiques à partir desquels l'orientation du tableau de bord sera définie. Le choix du modèle d'affaires influence fortement cette dernière et la mesure de la performance. En outre, la stratégie du canal électronique peut évoluer dans le temps, surtout si l'entreprise procède par paliers. Il convient donc de faire évoluer le tableau de bord et les critères de performance.

1.1.1. Finalité stratégique du canal électronique et orientation du tableau de bord

Le contenu du tableau de bord varie en fonction du rôle du site dans la stratégie de commercialisation.

Le site de marque

Lorsque le positionnement stratégique du site consiste à développer la présence d'une marque sur Internet, les objectifs ne consistent pas directement à traduire cette présence en ventes. Dès lors, la performance du site s'aligne plutôt sur la notoriété de la marque. La visibilité et la réputation constituent alors deux leviers majeurs (voir chapitre 7). Les indicateurs de performance porteront davantage sur le développement du trafic sur le site, dans ses dimensions quantitatives et qualitatives. L'expérience de navigation sur le site constituera également une variable importante de la performance (temps de visite, profondeur de visite, parcours de navigation, etc.).

Le site de vente

Lorsque la finalité du site est la vente de prestations en ligne ou de produits, la mesure de la performance s'orientera clairement vers des indicateurs commerciaux liés aux différents processus de conversion des visites en achats. La rentabilité des ventes s'appréciera notamment en intégrant les coûts d'acquisition du trafic (voir chapitre 7) et les coûts de rétention (voir chapitre 10).

Le site relation client

Si le site poursuit une finalité relationnelle, l'appréciation de sa performance différera des deux cas précédents. En effet, le site vise prioritairement à soutenir une relation client, que celle-ci ait été initiée en ligne ou dans d'autres réseaux (agences, distributeurs, etc.)

Par exemple, les sites de banques en ligne n'ont pas une vocation première de vente. Ils offrent des services aux clients dans une relation de long terme. Par conséquent, les indicateurs de performance chercheront à mesurer des usages et leur fréquence (nombre de visites par mois, nombre et types d'opérations effectuées). Il en va de même pour les marques et enseignes qui gèrent un programme de fidélité en ligne, comme des sites tels maximiles.com ou programme-voyageur.sncf.com.

Le site complément du réseau de distribution physique

Dans le cas d'une stratégie multicanal (voir chapitre 3), l'entreprise utilise l'ensemble des canaux de façon combinée afin d'accroître son chiffre d'affaires. Dès lors que la complémentarité des canaux de distribution est le fondement d'une telle stratégie, il importe de comprendre que les ventes peuvent se réaliser sur un autre canal que le canal électronique. Par conséquent, l'analyse de la performance reposera davantage sur les apports du canal électronique aux autres canaux de ventes (centre d'appels, catalogue, réseau physique, agences) que sur l'analyse de la conversion des visites en vente sur le site marchand. L'essentiel est dès lors de pouvoir suivre l'influence relative des canaux en termes de performance (voir chapitre 3). Il s'ensuit que le taux de transformation des visites en ventes n'est pas un indicateur pertinent dans une telle perspective. Dans une stratégie multicanal, le canal électronique peut également avoir une vocation de gestion de la relation client pour poursuivre ou compléter l'expérience en magasin (programme de fidélité géré depuis le site Web, par exemple, suivi des facturations en ligne, service après-vente). La performance s'appréciera donc plutôt à partir du nombre de clients qui ont effectivement activé un compte en ligne après un achat dans un autre canal ou encore d'après le nombre de clients qui utilisent prioritairement le canal électronique dans un tel dispositif. L'enjeu majeur dans une telle configuration consiste à déployer un système d'information apte à tracer les parcours des clients sur l'ensemble des canaux (voir chapitres 3 et 4).

1.1.2. Modèles d'affaires et conception du tableau de bord

Deux grandes catégories de modèles d'affaires (business models) existent sur Internet : les modèles transactionnels et les modèles relationnels (voir chapitre 1).

Dès lors que l'entreprise s'inscrit dans un modèle d'affaires de type transactionnel, la rentabilité repose sur la marge nette dégagée par les opérations d'achat et de vente. C'est donc la rentabilité des ventes qui constitue la question centrale. Aussi, après la phase de constitution d'un portefeuille clients, l'analyse de la performance doit-elle se focaliser sur la rentabilité des ventes et des différentes actions marketing pour les développer. Dans le cas particulier des modèles d'affaires reposant sur le modèle de revenus fondé lui-même sur l'abonnement, la performance passe par la capacité de l'entreprise à maintenir un taux de réabonnement.

Dans le cas des modèles relationnels, l'entreprise n'effectue aucune vente. Elle se rémunère par la mise en relation. Dès lors, la quantité et la qualité du trafic qu'elle génère sont des éléments cruciaux de sa réussite commerciale. Mais il ne faudrait pas limiter l'analyse de la performance à ce seul aspect, dans la mesure où le nombre et la qualité des partenaires commerciaux déterminent largement l'attractivité du site. Par exemple, pour les sites de cash-back, il importe autant de générer du trafic que de nouer des partenariats avec des sites qui proposent le programme de réduction. En effet, les internautes cherchent à obtenir des réductions sur des sites renommés et pour de nombreuses catégories de produits.

1.1.3. Stratégie par paliers et tableau de bord

Compte tenu du risque que représente le lancement d'une activité en ligne, de nombreuses entreprises préfèrent adopter une approche progressive (voir chapitre 2). La montée en charge de l'activité en ligne amène l'entreprise à définir des objectifs pour chaque phase du développement. Il importe donc de concevoir un tableau adapté à chacune d'entre elles.

La première phase de la présence en ligne vise généralement à maîtriser l'environnement Internet et à faire connaître la présence de la marque ou de l'enseigne en ligne. Le tableau de bord ne sera alors pas centré sur le trafic et l'analyse des visites, mais davantage sur la notoriété du site et l'image de marque (création du site, acquisition de trafic, développement d'une marque, etc.) Il faut se souvenir qu'Amazon a mis dix années avant de dégager un bénéfice !

Si le site évolue vers une version plus relationnelle avec, par exemple, un programme de fidélité géré en ligne, le contenu et la navigation dans le site deviennent les éléments sur lesquels l'entreprise doit centrer son attention en termes de pilotage.

Enfin, si le site évolue vers la vente en ligne, il devra alors développer un tableau de bord incluant des indicateurs sur la conversion des visiteurs en clients et les coûts d'acquisition des clients en ligne.

1.2. Décliner les objectifs en indicateurs

Une fois les objectifs stratégiques définis, on doit les décliner en objectifs opérationnels mesurables et quantifiables. Le tableau de bord est l'outil par lequel le management suit l'évolution des actions dans les différents processus conduisant à la réalisation (ou non) des objectifs. En fonction du volume d'affaires et de l'importance du site dans la stratégie globale de l'entreprise, le tableau de bord général d'un site marchand doit pouvoir se décomposer en différents tableaux de bord opérationnels (par processus ou par fonction selon l'approche retenue), par exemple un pour le trafic manager, un autre pour le responsable *merchandising*, un autre encore pour le responsable logistique, etc. Le management général obtient un tableau synthétique de ces différents tableaux.

Chaque tableau de bord est composé d'indicateurs (KPI en anglais, pour Key Performance Indicators) facilitant le suivi de l'activité dans le temps. Un bon tableau de bord comporte un nombre limité d'indicateurs (moins de dix en général), modérant ainsi la surcharge informationnelle des managers, et facilitant son appropriation. En outre, une représentation graphique des indicateurs (avec des seuils d'alerte) est souvent préférable à des tableaux de chiffres touffus et peu lisibles. Une telle représentation de l'information facilite la lecture et permet d'identifier rapidement les éléments qui nécessitent une action managériale. Dans cette perspective, la définition d'un seuil d'alerte par indicateur améliore sensiblement l'appropriation de tels outils de gestion.

Chaque indicateur doit faire l'objet d'une réflexion spécifique, qui en assure la faisabilité et la pérennité. En effet, l'obtention des données nécessaires à sa construction représente souvent des difficultés, dans la mesure où les systèmes d'information opérationnels ne sont pas conçus pour délivrer de telles informations décisionnelles. En outre, la construction de certains indicateurs peut être coûteuse, du fait de la volumétrie des données ou de la complexité des extractions et traitements à effectuer au sein des systèmes de gestion opérationnels. Il est important d'envisager la fréquence des mises à jour des indicateurs (temps réel, horaire, journalière, hebdomadaire, mensuelle, trimestrielle, annuelle) dès la phase de conception, afin de s'assurer de la faisabilité de tels rafraîchissements, souvent coûteux. Aussi, il est essentiel d'envisager cette problématique lors du choix d'un système de commerce électronique (voir chapitre 4).

Il est également nécessaire de s'assurer de la qualité des données utilisées pour construire les indicateurs des tableaux de bord (Ponniah, 2010). L'expérience montre que la fiabilité des données issues des systèmes d'information est souvent limitée. Afin d'en assurer une meilleure qualité, une démarche de gouvernance des données peut être entreprise. Une telle démarche doit rendre les données :

- **Accessibles.** Les données sont accessibles, quels que soient le format ou la source.
- **Disponibles.** Les données sont disponibles pour les utilisateurs et les applications, en temps voulu, quels que soient l'emplacement ou le mode d'utilisation.
- **Fiables.** Les données sont complètes et précises.
- **Cohérentes.** La signification des données est cohérente et il est possible de les rapprocher à travers les systèmes et les processus.
- **Sécurisées.** Les normes de sécurité et de confidentialité sont appliquées.

Chaque indicateur est rattaché à un responsable au sein de l'entreprise, à qui l'on confie l'objectif associé à l'indicateur. Lors de la phase de conception du tableau de bord, le management a identifié les processus d'action et de correction des opérations nécessaires en cas de non-atteinte des objectifs.

1.3. Consolider des informations éparses

Une étape importante dans la construction des tableaux de bord reste la consolidation des informations disséminées dans différents systèmes d'information internes et externes (Quagini et Tonchia, 2010). En effet, des données essentielles, comme les données techniques, logistiques, de paiement ou de marketing (publicité, affiliation, e-mailing, *retargeting*), proviennent, dans la majorité des cas, des solutions logicielles de tiers. La multiplication des canaux d'acquisition de trafic et leur sophistication accrue ces dernières années ont nécessité la mise en œuvre d'outils de suivis des campagnes d'acquisition. Outre les classiques cookies qui permettent de tracer les actions de l'internaute, des tags dédiés à chaque campagne ont progressivement été déployés sur les sites marchands afin de suivre toutes les actions marketing simultanées (voir chapitre 7). Des outils de gestion des tags sont donc indispensables dans la collecte des données de performance[1].

La constitution d'un entrepôt de données (datawarehouse) est souvent la solution à un tel état de fait. Elle se révèle cependant techniquement complexe et souvent coûteuse, donc hors de portée des petites structures, bien que quelques solutions open source ou SaaS émergent[2]. Par conséquent, une attention particulière doit être portée aux processus de collecte des informations, à leur régularité et à leur fiabilité.

1. Google met à disposition un outil de gestion de tags, Google Tag Manager. Des outils plus complets existent, comme celui de la société Eulerian, Tag Master (voir *http://www.google.com/tagmanager/*, **http://www.eulerian.com/solution/eulerian-tag-master/**).
2. On peut citer la solution *open source* Qlikview pour construire des tableaux de bord ou Jirafe pour une solution Saas dédiée au e-commerce.

Il existe une grande variété d'outils de pilotage : les outils de ***Web analytics***, les modules de ***reporting*** proposés dans les progiciels de commerce électronique, les outils pour traiter des données en provenance de tiers et les outils d'intégration, qui sont les plus sophistiqués.

Les outils de Web analytics – Popularisés par la solution gratuite de Google, ils se sont multipliés. Ces outils focalisés sur le tunnel de transformation du trafic en ventes constituent souvent une solution pour les sites marchands de faible ou moyenne envergure. La solution Google Analytics offre, par exemple, une solution gratuite de suivi de l'acquisition de trafic (origines géographiques, canal d'acquisition, etc.) Elle intègre également une analyse du parcours client (profondeur de la visite, parcours sur le site) et de la conversion. Elle permet aussi d'analyser directement l'efficacité des campagnes Adwords. Google Analytics est une API ouverte (voir la définition d'une API, chapitre 4), qu'utilisent de nombreuses autres solutions complémentaires offrant des analyses enrichies des performances du site marchand.

Les sites marchands utilisent souvent des solutions d'analyse plus sophistiquées, comme SiteCatalyst d'Adobe/Omniture. Il n'est pas rare que certains sites marchands importants croisent les données de plusieurs sources (celles de l'hébergeur, celles de leur solution analytique) afin d'obtenir une meilleure fiabilité de leurs données.

Les modules de reporting des progiciels de commerce électronique – De nombreux sites marchands utilisent un progiciel spécialisé pour gérer leurs transactions en ligne (voir chapitre 4). Qu'ils soient *open source* ou propriétaires, ces progiciels offrent, la plupart du temps, un module d'analyse des données. Par exemple, Prestashop propose un module « Statistiques » comprenant de nombreux indicateurs sur la navigation, les ventes, les canaux d'acquisition et leur coût. La solution Magento offre également un module « *Analytics & reporting* ». Il n'en demeure pas moins que ces outils comportent de nombreuses limitations et ne permettent guère la modification des rapports ou tableaux de bord, notamment l'intégration de données externes.

Les outils pour les données des tiers – De nombreuses données nécessaires à l'analyse de la performance d'un site marchand proviennent de plates-formes de sites tiers, comme les hébergeurs, les régies publicitaires en ligne (Ad Servers), les plates-formes d'affiliation, d'*e-mailing*, les *marketplaces*, les comparateurs de prix, les intermédiaires pour les places de marché, les programmes de *cash-back*, etc. S'il est parfois possible de récupérer les données dans ses propres outils, peu de plates-formes offrent des solutions d'export automatisé de leurs données. En outre, dans le cadre d'une stratégie multicanal en ligne (vente sur site propre et ventes sur des *marketplaces* comme eBay.fr, Amazon.fr, Priceminister.com, Fnac.com ou Pixmania.com), l'analyse des ventes devra consolider les données des différents canaux, chacun possédant des particularités. Il existe en outre des outils spécialisés comme Terapeak, qui offrent des fonctions d'analyse spécifiques à eBay (optimisation des enchères).

Les outils d'intégration – L'abondance des données (volumétrie) et des sources nécessite souvent d'en intégrer certaines qui proviennent de plusieurs applications informatiques, internes ou externes. Cela sera particulièrement nécessaire dans le cadre d'une stratégie multicanal. Dès lors, la solution d'entrepôt de données (*datawarehouse*) est le choix technique qui rendra possible une telle intégration dans un référentiel unique. Il existe des solutions adaptées aux besoins des sites marchands, comme AT Connect de la société AT Internet, ou certaines solutions d'Unica. Cependant, une telle solution, pour intéressante qu'elle soit, doit encore être complétée avec des données sur des processus physiques, comme ceux de la chaîne logistique, ou encore les données de paiement et de fraude.

Sources : *www.google.com/analytics, www.google.com/analytics/apps, http://www.prestashop.com/fr/allfeatures#stat, http://www.terapeak.fr/, http://www.magentocommerce.com/product/features/analytics-and-reporting/view*

1.4. Réunir les compétences analytiques nécessaires

Le déploiement des outils analytiques pour construire les tableaux de bord de pilotage requiert des ressources et des compétences spécifiques. Une étude américaine menée par le eTailing Group montrait, dès 2006, que l'analyse de la performance constitue une compétence clé sur laquelle les sites cherchent à se renforcer. D'après cette étude, chaque site consacre en moyenne 20 heures par semaine à analyser sa performance (soit un emploi à mi-temps)… mais 80 % des répondants déclarent que ce n'est pas suffisant !

Par ailleurs, les sites marchands sont amenés à maîtriser davantage de canaux d'acquisition de clients (voir chapitres 3 et 7), dans un environnement où le nombre de concurrents croît chaque année (voir chapitre 1). Dès lors, l'efficacité des campagnes et des méthodes devient un enjeu considérable. La tendance à l'accroissement des coûts d'acquisition (baisse tendancielle des taux de clics, etc.) amène les sites marchands à une culture de l'efficacité des actions marketing, qui nécessitent de solides compétences pour analyser l'efficacité et l'efficience des actions engagées.

Les outils sont assez largement disponibles, et le vrai coût pour analyser la performance réside davantage dans les ressources humaines. Ainsi, selon certains experts, 10 % seulement du budget doivent être consacrés à l'outil lui-même et 90 % à l'analyse des données par une personne qualifiée.

Dès lors, l'acquisition de compétences analytiques devient véritablement un facteur clé de succès (Davenport et Harris, 2008). Ces compétences sont de plus en plus spécialisées, dans la mesure où les outils se sophistiquent, et l'efficacité est toujours plus difficile à atteindre. Ainsi, un trafic manager ne peut à lui seul embrasser l'ensemble des problématiques d'acquisition, même s'il les pilote. Il devra s'adjoindre des compétences spécifiques à la gestion de l'affiliation (affiliation manager), des serveurs de publicité, de la gestion des campagnes d'e-mailing (chef de projet « délivrabilité », par exemple), mais aussi celles d'un responsable de l'usabilité du site pour analyser le parcours et le taux de transformation des visites en vente, ou encore d'un community manager pour la gestion de la présence du site sur les réseaux sociaux. À l'heure actuelle, ces compétences étant peu développées dans les établissements de formation, elles sont donc rares et chères ! L'augmentation des volumes de données, liée à la multiplication des outils de suivi des actions marketing, contribue à faire émerger des situations, pour certains sites marchands, typiques de celles du « Big Data[1] ». De telles situations nécessitent de nouvelles compétences techniques et analytiques encore difficiles à trouver sur le marché français.

2. Analyser les performances des processus de support : les infrastructures techniques et la logistique

La réalisation des transactions marchandes nécessite des infrastructures techniques (voir chapitre 4). Tout comme la logistique participe à la satisfaction du client (voir chapitre 9), la disponibilité du site, sa réactivité lors de la visite participent à la performance globale d'un site marchand. Il est donc nécessaire de développer des indicateurs de gestion spécifiques à ces infrastructures du commerce électronique.

1. **http://fr.wikipedia.org/wiki/Big_data**

2.1. La performance des infrastructures techniques

Les principaux indicateurs de la performance d'une infrastructure technologique auxquels un manager doit être attentif sont les suivants :

- **Le taux de disponibilité du site marchand.** Ce taux se mesure par le pourcentage de connexions au site qui aboutissent. Il s'agit d'une mesure essentielle, puisque toute indisponibilité constitue une perte de visiteurs et donc une perte de chiffre d'affaires potentiel. La plupart des hébergeurs garantissent contractuellement des taux de disponibilité. Une heure d'indisponibilité du serveur Web sur une année engendre un taux de disponibilité de 99,98 % ; une journée, à un taux de disponibilité de 99,7 %. Il faut cependant garder à l'esprit qu'une indisponibilité de 24 h peut à la rigueur être acceptable, si elle est répartie sur une année (ne serait-ce que pour des opérations de maintenance), mais qu'elle ne peut l'être de façon continue. Au-delà des conséquences en termes de chiffre d'affaires, celles en termes d'image peuvent être plus importantes encore. En outre, il faut être attentif à la disponibilité des objets tiers présents sur les pages du site (bannières publicitaires, widgets) qui peuvent, par leur indisponibilité, amoindrir l'expérience de navigation.

- **Les temps de réponse aux requêtes des visiteurs.** Cet indicateur permet de mesurer la réactivité du site. Il mesure le temps que met une requête à être traitée (en millisecondes). Elle peut se compléter par un indicateur de temps de chargement moyen d'une page. Ces temps de réponse sont des éléments perçus par le visiteur lors de sa navigation : plus elle est fluide, meilleure est la perception du client quant à l'expérience de visite. Un site qui met du temps à charger des pages perd des clients ! Plusieurs éléments sont à considérer pour piloter cet indicateur : le poids de chaque page (en kilo-octets), la volumétrie de visite et la bande passante nécessaire. Lors de la conception technique des pages, il faut être attentif à leur poids – notamment avec le développement des différents éléments multimédias (en particulier les vidéos) –, qui augmentent sensiblement la taille des pages. Il faut en outre veiller à optimiser tous les éléments graphiques de chaque page. La bande passante disponible doit également être dimensionnée de telle sorte que les temps de réponse sont le plus bas possible, particulièrement en période de fort trafic (période de pointe, comme celles des fêtes ou des soldes). Pour les sites à fort trafic, le recours à une solution de CDN (*Content Delivery Network*) est souvent indispensable pour garantir cette fluidité de la navigation[1].

- **L'analyse des logs d'erreur.** Les serveurs Web génèrent des fichiers qui enregistrent toutes les requêtes qu'ils gèrent. Ces fichiers de « logs » sont la base des analyses de navigation. Ils génèrent également des fichiers d'erreurs. Leur suivi permet de détecter des pages indisponibles, des fichiers absents ou des erreurs dans les liens hypertexte du site.

- **Le taux de fraude.** Cet indicateur mesure la qualité des commandes. La fraude obère la rentabilité d'un site. Elle doit donc faire l'objet d'un suivi particulier lors de la phase de traitement des commandes (voir chapitre 4). Des solutions logicielles existent, qui facilitent la détection de la fraude. Il est important de compléter ce dispositif par une analyse humaine des fraudes détectées, qui apportera une appréciation que les logiciels n'offrent pas.

---

1. Pour une définition des CDN, voir **http://fr.wikipedia.org/wiki/Content_Delivery_Network**.

2.2. La performance logistique

La livraison de la commande dans le temps imparti constitue un défi de taille dans le commerce électronique (voir chapitre 9). Afin de piloter la performance de ce processus essentiel à la satisfaction client, il convient de définir des indicateurs de gestion et de les inclure dans le cahier des charges des prestataires logistiques si le site marchand recourt à des prestataires externalisés. Outre les indicateurs classiques en gestion d'entrepôt (productivité dans la préparation des commandes, rotation des stocks, etc.), les indicateurs suivants sont les principaux permettant de mesurer la performance du processus logistique pour les ventes électroniques :

- **La fiabilité de l'expédition.** L'indicateur peut se définir comme le rapport entre le nombre total de commandes expédiées à temps sur le nombre total de commandes expédiées. Cet indicateur est particulièrement important pour les sites qui recourent au drop-shipping (voir chapitre 9), dans la mesure où la non-maîtrise du stock fait peser un risque sur la disponibilité du produit et la date d'expédition.
- **Les délais de livraison.** Cet indicateur se définit comme le nombre de commandes livrées dans les délais annoncés au client lors de sa commande sur le total des commandes expédiées. Il peut être affiné lorsque le site marchand précise, lors de la passation de commande, le créneau horaire de la livraison (respect de l'horaire de livraison par le livreur).
- **Le taux de mise en instance.** La mise en instance consiste à stocker provisoirement le colis en entrepôt, en point relais ou encore en agence postale, suite à une livraison infructueuse au domicile du client (absence, impossibilité d'accès au domicile). La mise en instance évite une seconde livraison et s'avère la solution la plus retenue lorsque le prestataire ne peut définir, avec le client final, un créneau de livraison. Cette mise en instance est souvent perçue négativement par le client final. Aussi, la minimisation de cet indicateur constitue un objectif à atteindre.
- **Le taux de commandes incomplètes.** Cet indicateur permet de suivre la fiabilité de la préparation des commandes, particulièrement dans le cadre des commandes multi-lignes (plusieurs produits). Cet indicateur permet également d'identifier les produits pour lesquels les stocks indisponibles sont la cause d'une livraison incomplète.
- **Le taux de perte (colis perdus ou volés).** On calcule l'indicateur en rapportant le nombre de commandes non parvenues au nombre total de commandes. Cet indicateur doit être suivi avec attention en lien avec le prestataire logistique.
- **Le taux de commandes endommagées.** C'est le nombre de commandes livrées avec un produit défectueux divisé par le nombre total de commandes. Le colis a été abîmé dans le transport et est refusé par le client à la réception.
- **Le taux de retour.** C'est le nombre de commandes retournées par les clients pendant la durée légale de rétractation divisé par le nombre total de commandes. Le taux de retour a toujours existé dans la vente à distance. Un taux élevé nécessite une logistique spécifique et diminue le chiffre d'affaires et la marge nette du vendeur.
- **Le coût moyen d'une expédition.** Le coût d'une livraison est un élément central de la rentabilité d'un site marchand. Aussi, le suivi du coût moyen d'une livraison doit faire l'objet d'un suivi régulier. Le calcul précis du coût de livraison permettra de calculer la marge par commande, un indicateur financier important (voir plus loin).

3. Analyser les performances commerciales : de l'acquisition de trafic au développement des clients

Le pilotage commercial d'un site marchand destiné à générer des transactions électroniques doit suivre le cheminement de l'internaute, de la simple visite à l'achat répété. C'est pourquoi il est recommandé de mettre en place des indicateurs pour chaque processus : création de trafic, conversion, rétention et développement du chiffre d'affaires par client.

3.1. La performance du processus de création de trafic

La capacité du site à générer du trafic de qualité va fortement influencer la performance totale du site. Les investissements en matière de visibilité et de réputation étant très élevés (voir chapitre 7), il est naturellement indispensable d'étudier de près la performance du site sur ce processus clé. Les indicateurs suivants sont les plus utilisés :

- **Le nombre de visiteurs uniques.** Le nombre de visiteurs uniques (VU) représente le nombre d'internautes différents qui ont consulté le site pendant une période donnée (généralement un mois). En réalité, cet indicateur mesure plutôt le nombre d'ordinateurs uniques qui se sont connectés pendant la période (via leur adresse IP qui est connue, grâce au dépôt d'un cookie sur le disque dur). Si le même internaute se connecte à partir de deux ordinateurs, ou si l'internaute efface ses cookies et revient sur le site, le nombre de VU sera biaisé à la hausse. L'inscription des visiteurs et l'attribution d'un identifiant unique permettent de mesurer le trafic avec plus de précision. Il est également recommandé d'exclure l'activité des robots (indexation ou monitoring) et certaines adresses IP qui peuvent fausser l'analyse (consultation du site par le personnel de l'entreprise, les concurrents, etc.).
- **Le taux de rebond (*ou bounce rate*).** Ce taux représente le pourcentage de visiteurs qui n'ont consulté qu'une seule page. On considère que le visiteur « rebondit » s'il clique sur un lien externe au site, ferme la fenêtre, clique sur le lien « précédent » ou tape une autre URL. Les taux de rebond atteignent communément 40 %. Un taux de rebond élevé (relativement aux concurrents directs, par exemple) peut s'expliquer de diverses manières. On peut penser que les clients trouvent ce qu'ils cherchent sur la page d'accueil (ce qui est tout de même peu probable) ou, au contraire, qu'ils ne sont pas satisfaits du contenu et quittent le site immédiatement. Cette insatisfaction peut provenir des contenus proposés (intrinsèquement inadaptés) ou bien de la stratégie de création de trafic (les internautes sont incités à cliquer sur des liens peu explicites, voire trompeurs). Dans ce dernier cas, le visiteur arrive et repart aussitôt, avec le sentiment d'avoir été floué. Les sites soucieux de leur réputation doivent donc proscrire ce type de démarche.
- **Les pages d'atterrissage.** Le trafic ne converge pas nécessairement vers la page d'accueil du site (voir chapitres 6 et 7). De fait, quelles sont les pages sur lesquelles les visiteurs atterrissent ? Le taux de rebond est-il identique pour l'ensemble de ces pages ? Autrement dit, certaines pages sont-elles plus performantes que d'autres ? L'optimisation des pages les plus critiques permettra d'augmenter le trafic utile (le nombre d'internautes qui visitent effectivement le site). Parallèlement à cette optimisation, le responsable fera prioritairement pointer les liens sponsorisés vers les pages les plus performantes.

- **Les sources de trafic.** D'où proviennent les visiteurs ? Les sources naturelles (accès directs, moteurs de recherche, etc.) sont-elles plus importantes que les sources issues des campagnes marketing (liens sponsorisés, *display*, mailing, affiliés, etc.) ? Quels sont les derniers sites visités ou les liens sponsorisés activés pour arriver sur le site ? Ces indications sont naturellement importantes pour piloter les investissements marketing.
- **Les catégories de visiteurs.** Certains sites ont mis au point une catégorisation des visiteurs (autrement appelée « typologie » des visiteurs). Dans ce cas de figure, les responsables ne se contentent donc pas de suivre le trafic global, mais sont attentifs au trafic de chaque profil de visiteurs.

Une étude menée en 2013 par Google et Kantar Media Compete montre que le taux de rebond varie sensiblement d'un secteur à l'autre : il se situe autour de 35 % pour le secteur du *high-tech*, de l'électroménager ou du voyage en ligne, mais il est proche de 50 % pour l'habillement. Le taux de refus (pourcentage de visites hors rebonds pour lesquelles l'internaute n'a pas démarré le processus de visite) se situe entre 77 % pour les voyagistes et 91 % pour l'habillement. En un mot, seule une visite sur dix se traduit par une véritable découverte de l'offre.

Source : *Baromètre de mesure et de suivi des performances des sites de e-commerce en France, 2013, par Google et Kantar Media Compete*

Le trafic n'est pas réparti uniformément dans la journée, la semaine, le mois ou l'année. Croiser les comportements selon les moments de consultation permet de mieux comprendre les usages du site par les internautes, et donc de saisir comment se construit la performance. Les visiteurs de semaine sont-ils les mêmes que ceux du week-end ? Le temps passé sur le site le lundi est-il identique à celui du mercredi ? Le taux de conversion est-il supérieur en fin de journée ? Au mois de mars ? Etc.

Certaines pages et fonctionnalités sont plus signifiantes que d'autres, du point de vue de l'entreprise (elles transmettent des informations essentielles) ou du point de vue des clients (elles agissent fortement sur la qualité de l'expérience et sur le degré de satisfaction). Par exemple, AT Internet distingue les pages selon leur degré d'implication, de 1 (pages peu importantes) à 5 (pages très importantes). Identifier la performance spécifique des pages notées 4 ou 5 permet de piloter plus étroitement la performance du site.

Mesurer la performance des investissements marketing suppose de pouvoir relier chaque achat d'un internaute (ou toute autre réponse que l'on souhaite expliquer, comme l'inscription à un formulaire) à chaque action marketing. Par exemple, cet achat est-il lié à l'exposition à tel *display* (ou à tel autre), ou encore à la présence de tel lien sponsorisé ? S'il n'est pas réaliste de chercher à comprendre ce qui détermine chaque réponse de chaque internaute (même si on limite les investigations aux achats), les équipes marketing peuvent cependant tenter de déterminer globalement quels sont les leviers les plus efficaces pour chaque type d'action. Par exemple, on peut arriver à la conclusion que 4 % des visites proviennent du lien sponsorisé n° L26 (celui qui comporte le terme « à saisir »), ou que 2 % des achats sont consécutifs à une exposition au *display* n° D9 diffusé par une régie sur des sites féminins, du 3 au 17 avril. Ces efforts ne sont pas vains, car ils permettent de rendre compte des sommes importantes qui sont investies et de justifier les investissements futurs vis-à-vis de la direction générale. Si les résultats ne sont pas valides à 100 %, au moins peuvent-ils être fiables (à condition que les méthodes soient robustes). Autrement dit, les résultats comporteront certainement une part d'erreur, mais si cette erreur est constante, cela permettra des comparaisons dans le temps ou entre les sites. De cette façon, la boucle d'apprentissage pourra se mettre en place sur la base des diverses expérimentations (alléger les *displays*, favoriser les liens sponsorisés, augmenter l'affiliation, optimiser les pages d'atterrissage, etc.)

3.2. La performance du processus de conversion

Le taux de conversion est l'indicateur le plus emblématique pour mesurer la performance du processus de conversion des visiteurs en clients. De nombreux ouvrages lui sont d'ailleurs consacrés (par exemple Roukine, 2009 ou Faivre-Duboz et Fétique, 2010). Cependant, si le simple calcul d'un taux de conversion moyen constitue une première étape nécessaire, son analyse n'est pas sans poser des difficultés. Par ailleurs, le taux de conversion doit être complété par d'autres métriques caractérisant le processus de transformation des visites en ventes.

La Fevad indique que, pour 2012, le taux de conversion moyen s'élève à 2,6 % (calcul réalisé sur 40 sites *B2C* composant l'indice iCE 40[1]). Ce taux varie fortement d'un secteur à l'autre. D'après CCM Benchmark, il évolue de 0,6 % en moyenne dans le secteur de l'équipement de la maison à 2,9 % pour l'hôtellerie et le tourisme, en passant par 1,8 % pour l'habillement et l'électroménager/*high-tech*. Ce taux est en moyenne de 3 % pour les *pure players*, contre 1,9 % pour les acteurs *clic & mortar*.

Sources : *Bilan du e-commerce 2012, Fevad, voir http://www.fevad.com, Le Commerce électronique en France, édition 2013, CCM Benchmark, voir http://www.ccmbenchmark.com*

3.2.1. Le taux de conversion (ou taux de transformation)

Le taux de conversion des visiteurs en clients doit donc être analysé avec prudence, dans la mesure où de nombreuses visites ont pour premier et seul objectif de chercher de l'information (voir chapitre 7). Cela doit donc inciter à réajuster les taux de conversion vers le haut, en considérant les visites purement informatives à part dans l'analyse.

Le taux de conversion dépend étroitement de la catégorie de produits : il faut donc se méfier des comparaisons abusives. De même qu'il serait peu pertinent de comparer le taux de transformation d'une épicerie avec celui d'un hypermarché, il n'y a aucune raison de comparer le taux de conversion d'un site de biens culturels avec celui d'un site de produits alimentaires. A priori, seules les comparaisons entre deux périodes, pour une même catégorie de produit, ont véritablement un sens.

Le taux de conversion dépend étroitement du trafic. Si les actions mises en œuvre pour drainer des visiteurs conduisent à attirer des clients ayant une faible probabilité d'achat (parce qu'ils ne sont pas dans la cible, par exemple) ou sur la base d'une fausse promesse, le taux de conversion sera mécaniquement faible. La politique d'achat de mots clés peut ainsi avoir une incidence directe sur le taux de conversion. Il est donc utile de calculer le taux de conversion propre à chaque source de trafic.

---

1. L'indice iCE40 est un indicateur produit par la Fevad qui permet de mesurer l'évolution du chiffre d'affaires à partir d'un panel de 40 sites e-commerce et de plusieurs plates-formes de paiement en ligne. Voir **http://www.fevad.com/etudes-et-chiffres/indice-du-commerce-electronique-ice-2#topContent**.

Pour finir, calculer un taux de conversion moyen peut poser des problèmes d'analyse. En effet, faire une moyenne pour quelques milliers d'individus, parfois quelques centaines de milliers, conduit à masquer les différences. Or, il a été montré depuis longtemps que le taux de conversion individuel – la probabilité de faire un achat – augmente au cours du temps (Moe, 2004). Plus le visiteur visite fréquemment un site, plus sa probabilité d'achat augmente. Par conséquent, un site qui recrute massivement de nouveaux clients peut voir son taux de conversion stagner ou même baisser, en raison de cet afflux de nouveaux visiteurs. Il est donc indispensable de suivre des cohortes de clients dans le temps pour analyser la vraie évolution du taux de conversion, avant de tirer quelque conclusion que ce soit.

Une étude menée en 2013 par Google et Kantar Media Compete montre que le taux de conversion par visite est systématiquement inférieur au taux de conversion par visiteur (les acheteurs réalisant souvent plusieurs visites avant d'acheter), mais que cet écart varie d'un secteur à l'autre. Ainsi, dans le secteur du *high-tech*, le taux de conversion par visite est de 3,5 %, alors que le taux de conversion par visiteur est de 6,9 %. Ces chiffres sont respectivement de 0,2 % et 0,3 % dans le voyage en ligne, de 2,1 % et 3,2 % dans l'électroménager ou encore de 1,8 % et 3,4 % dans l'habillement.

Le taux d'abandon (pourcentage de visites pour lesquelles l'internaute a démarré le processus de commande ou de réservation, mais ne l'a pas finalisé) varie entre 52 % pour le secteur des produits *high-tech* et 98 % pour les voyagistes, et se situe généralement autour de 60-65 % pour l'habillement, l'électroménager, etc.

Source : *Baromètre de mesure et de suivi des performances des sites de e-commerce en France, 2013, par Google et Kantar Media Compete*

3.2.2. Les autres indicateurs de conversion

En complément du taux de conversion, d'autres indicateurs sont incontournables :

- **La rémanence.** Il est rare qu'un visiteur achète lors de sa première visite. Il est donc parfois amené à revenir plusieurs fois sur le site pour finaliser (ou non) son achat. Le taux de rémanence mesure la proportion des visites réalisées par les mêmes individus (sur le total des visites) et la durée de rémanence mesure le temps entre la première visite et le retour sur le site. La rémanence doit s'analyser selon les catégories de produits. Ainsi, le processus d'achat en ligne d'un voyage à l'étranger est plus long (six semaines en moyenne en France) que celui des produits alimentaires (quelques heures ou quelques jours).
- **Le nombre de clients.** Compte tenu du nombre de visiteurs uniques, le taux de conversion va se traduire par un nombre de clients actifs. Calculé pour une période donnée (le mois ou l'année), ce nombre est naturellement un indicateur de performance essentiel.
- **Le nombre de pages vues.** Il ne s'agit pas seulement de faire venir des internautes sur le site, mais de faire en sorte qu'ils consultent effectivement le site. En prolongement du taux de rebond, le nombre de pages vues indique la profondeur de la visite.
- **Les pages et les contenus les plus consultés.** Un pilotage plus précis indiquera les pages ou les rubriques les plus consultées (ou les moins consultées), permettant de piloter plus précisément la performance des pages les plus importantes (inscription, paiement, etc.) Il est également possible d'analyser la performance de tous les éléments

de contenu (documents à télécharger, vidéos à consulter, etc.) et de repérer à quel moment ils sont consultés (début de parcours, milieu de parcours, etc.).

- **Les parcours.** Une analyse plus sophistiquée permettra d'identifier des types de parcours (points de départ, étapes, cheminements, etc.). À cet égard, l'analyse du tunnel de conversion est particulièrement importante, car il s'agit naturellement d'une séquence tout à fait critique pour améliorer la performance commerciale du site.
- **Le temps passé sur le site (ou le temps passé en moyenne par page).** Le temps passé sur le site indique le degré d'intérêt des internautes vis-à-vis du site. Quand ils consacrent du temps à naviguer sur un site, cela indique a priori que le site répond à leurs attentes. Cet indicateur est toutefois à manier avec prudence car il peut aussi révéler des difficultés à trouver les bonnes informations.
- **Les indicateurs d'engagement.** De nombreux indicateurs révèlent le degré d'engagement des internautes vis-à-vis du site, comme le fait de demander des informations complémentaires (« click to chat », par exemple), d'envoyer un message, d'utiliser certaines fonctionnalités interactives, de regarder une vidéo, de télécharger un livre blanc, de déposer un commentaire ou un avis, de laisser son e-mail ou ses coordonnées, etc. Ces mesures indiquent le degré d'interactivité du site et in fine, la qualité de l'expérience de visite. On peut calculer un ratio entre les actions et les transactions. Par exemple, le pourcentage de visiteurs qui se sont inscrits à un formulaire suite au téléchargement d'un livre blanc, ou le pourcentage d'achats consécutifs à l'usage de la fonctionnalité « click to chat ».
- **Le taux d'abandon des paniers.** Certains visiteurs vont assez loin dans le processus d'achat, mais ne concluent pas pour autant la transaction et abandonnent leur panier en cours de route. L'analyse du taux d'abandon peut se révéler très instructive pour améliorer la performance du site : qui abandonne ? À quel moment dans le processus ? Etc.
- **Les comportements d'achat intermédiaires.** On peut fort bien élaborer des indicateurs pour capturer les comportements intermédiaires qui mènent logiquement à un achat, comme : placer un produit dans le panier, entrer dans le tunnel d'achat, communiquer des informations personnelles, donner ses coordonnées bancaires, etc. Il est également important (quand la fonctionnalité existe) d'analyser l'usage que les internautes font de la liste d'envie ou de la possibilité de mettre certains produits de côté pour un achat ultérieur.

On peut mesurer la performance du site en combinant divers indicateurs en un seul, à l'instar des scores de RFM (Récence Fréquence Montant). Ainsi, à titre d'exemple, AT Internet propose de calculer « le quotient comportemental d'un site », une mesure synthétique de l'intérêt porté par les internautes au site et composée des indicateurs suivants : pages vues par visites, pages vues par minutes, pages vues par visites entrantes, taux d'entrée des visites et temps passé par visite.

3.3. La performance du processus de développement

Le site marchand doit non seulement convertir les visiteurs en clients, mais aussi les garder le plus longtemps possible. Par ailleurs, pendant cette période d'activité, il doit également augmenter le volume d'affaires réalisé avec chacun d'entre eux. Le chiffre d'affaires réalisé avec un client pendant une certaine période se décompose en deux éléments : le panier moyen (en valeur) multiplié par la fréquence d'achat. Compte tenu de l'augmentation des coûts d'acquisition des clients, cette activité de développement est aujourd'hui essentielle pour permettre aux sites marchands d'être rentables (et tous ne le sont pas).

3.3.1. La durée de vie d'un client

Plus longtemps le client reste actif, plus le coût d'acquisition du client est facilement amorti (voir chapitre 10). Les sites marchands se donnent donc pour objectif de stimuler les achats de leurs clients pendant la plus longue durée possible. Allonger la durée de vie des clients (customer lifetime) est parfois un objectif explicite, notamment pour les sites qui fonctionnent par abonnement. Être en mesure d'analyser la durée de vie d'un client suppose de pouvoir le suivre dans le temps, ce qui induit la nécessité de pouvoir l'identifier nommément.

Les principaux indicateurs de rétention sont :

- **Le taux de *churn*.** Ce taux se mesure par le pourcentage de clients de l'année n – 1 qui ne sont plus clients de l'entreprise en année n. Ce taux est très utilisé dans des secteurs comme la téléphonie. On parle aussi d'un taux d'attrition, qui est l'exact inverse du taux de rétention. Quand on veut mettre en évidence un pourcentage de clients toujours actifs en année n, mais qui dépensent sensiblement moins qu'en année n – 1 (on peut alors penser que ces clients vont bientôt cesser de commercer avec l'entreprise), on parle d'un taux de semi-attrition (Peelen et al., 2009).
- **La durée de vie moyenne d'un client.** Idéalement, il est intéressant de calculer la durée de vie moyenne pour chaque type de client, ou chaque source du recrutement. C'est finalement à ce moment ultime que le responsable est en mesure de dire si le trafic à partir duquel les clients ont été recrutés était ou non de bonne qualité.

3.3.2. La fréquence d'achat

Si le panier moyen est volatil, la fréquence d'achat l'est encore plus. Il est donc tout à fait important de suivre cet indicateur de performance. Cependant, la fréquence d'achat n'est pas primordiale pour toutes les activités marchandes. Ainsi, par exemple, on n'achète pas un appareil photo ou une paire de lunettes chaque mois, ni même chaque année. Le délai entre deux achats sera parfois préféré à la fréquence d'achat. Dans certaines activités, cet indicateur sera même laissé de côté car jugé non pertinent (achat d'une piscine, par exemple).

Compte tenu du nombre de clients, la fréquence d'achat va se traduire par un nombre de transactions. Calculé pour une période donnée (la semaine, le mois ou l'année), le nombre de transactions est un indicateur commercial et financier incontournable pour mesurer la performance d'un site à vocation marchande.

D'après CCM Benchmark, la plupart des sites (70 % des sites à fort trafic et 100 % des sites à faible audience) se donnent pour priorité d'augmenter le nombre de transactions sur leur site (***vs*** la priorité qui consisterait à augmenter le panier moyen). L'augmentation du panier est uniquement une priorité significative dans le secteur du tourisme et de l'hôtellerie. La plupart des sites qui visent l'augmentation du nombre de transactions envisagent d'atteindre cet objectif par l'acquisition de nouveaux clients (et non par une augmentation de la fréquence d'achats). C'est particulièrement vrai pour les petits sites (77 % sont exclusivement tournés vers l'acquisition contre 44 % pour les plus importants). L'augmentation de la fréquence d'achat est une priorité pour 29 % des sites dans le secteur le plus mature, à savoir le tourisme. Ce chiffre tombe à 22 % dans l'habillement et à 14 % dans le secteur de l'équipement de la maison.

Source : *Le Commerce électronique en France, édition 2013, CCM Benchmark, voir http://www.ccmbenchmark.com*

3.3.3. Le panier moyen

Le panier moyen est un indicateur essentiel dans toute activité marchande. En ligne, le panier moyen est bien souvent supérieur au panier physique (notamment pour répartir les frais de livraison sur un plus grand nombre d'articles, ou pour pouvoir bénéficier de frais réduits lorsque le site a mis en place une politique incitative). Toutefois, ce n'est pas toujours le cas : le panier moyen peut varier d'un type de client à l'autre, d'une saison à l'autre, etc. Autrement dit, il est important de suivre cet indicateur de façon assez fine, car il reflète fortement la pertinence des choix commerciaux : cibles visées, cross-*merchandising*, offres promotionnelles croisées, tarification des frais de livraison (voir chapitre 9), etc.

Afin de ne pas se laisser abuser par le calcul d'un panier moyen, il est utile d'élaborer une typologie des paniers. Un site de produits d'électronique peut, par exemple, distinguer le panier moyen propre aux achats d'équipements et le panier moyen spécifique aux achats de consommables.

Il est également pertinent de distinguer le panier moyen en nombre d'articles et le panier moyen en valeur monétaire. De cette façon, on peut analyser l'effet spécifique de politiques commerciales qui visent à influer sur le nombre d'articles achetés (par exemple, les offres promotionnelles liées à l'achat d'un article supplémentaire) et ne pas le confondre avec de nombreux autres phénomènes qui peuvent jouer sur la valeur monétaire du panier (comme une montée en gamme plus ou moins assumée par le client, ou des effets inflationnistes).

La Fevad indique que, pour 2012, le montant moyen d'une transaction s'élève à 87,5 euros, soit une baisse de 3 % par rapport à l'année précédente. En revanche, pour cette même année, le nombre de transactions s'élève en moyenne à 16 (contre 13,7 l'année précédente), ce qui conduit à une forte hausse de la dépense par acheteur en ligne (1 400 euros en 2012, contre 1 230 euros l'année précédente). Les mêmes tendances se confirment pour 2013 (baisse du nombre de transactions plus que compensée par une hausse de la fréquence d'achat). Les internautes semblent durablement faire de plus en plus des achats de faible montant sur Internet. D'après CCM Benchmark Group, les petits achats sont particulièrement fréquents dans les secteurs suivants : bijouterie, biens culturels, articles de sport, accessoires automobiles et jouets.

Sources : *Bilan du e-commerce 2012, Fevad, voir http://www.fevad.com, Le Commerce électronique en France, édition 2013, CCM Benchmark, voir http://www.ccmbenchmark.com*

4. Analyser la performance relationnelle et financière du site

La performance d'un site marchand ne se limite pas aux aspects techniques, logistiques ou commerciaux. Une analyse complète ne saurait oublier la performance relationnelle (notamment le degré de satisfaction des clients) et la performance financière.

4.1. La performance relationnelle

À l'ère du marketing relationnel et de l'expérience d'achat, la satisfaction constitue naturellement une mesure de performance incontournable, de même que quelques autres mesures plus affectives ou sociales.

4.1.1. La satisfaction des clients

Les enjeux de qualité perçue ont été traités précédemment (voir chapitre 10). Toutefois, la qualité perçue étant une évaluation assez objective de la performance du site, pour compléter l'analyse « côté client », la satisfaction est un indicateur largement utilisé.

À condition de donner aux clients les moyens de réclamer en cas d'insatisfaction, le nombre de réclamations indique « en creux » le degré de satisfaction des clients. Notons que les verbatim constituent une source importante d'analyse des retours client. Certains prestataires se spécialisent sur ces questions, comme kp-am (**www.kpam.fr**).

Cependant, la mesure de la satisfaction résulte généralement d'une démarche volontaire de la part des responsables, sous la forme d'une enquête destinée spécifiquement à mesurer le degré de satisfaction des clients.

La plupart des applications proposent des modules d'enquêtes, mais des prestataires spécialisés aident également les plus grands sites à collecter les données dans de meilleures conditions, puis à analyser les résultats. Des prestataires se proposent d'accompagner les sites pour mener à bien des enquêtes de satisfaction, à l'instar de CRM Metrix (**www.crmmetrix.com**).

> Des technologies récentes permettent d'appréhender la satisfaction des clients de façon indirecte et non intrusive, à partir du contenu des échanges que ces clients entretiennent avec l'entreprise. La mesure de satisfaction peut notamment être dérivée des commentaires déposés sur une boîte vocale : les termes utilisés par le client, ainsi que le ton employé indiquent la nature (positive ou négative) et l'intensité de son opinion (on parle d'analyse de sentiments). Après calibration sur un échantillon de quelques milliers de messages, le système de détection des clients peut être automatisé.
>
> ***Source :*** *d'après Chang et Jang, 2009 (voir la référence complète sur livre-ecommerce.fr)*

4.1.2. Les autres mesures relationnelles

La mesure de satisfaction n'épuise pas toute la richesse de la relation potentielle entre l'internaute et le site (Peelen et al., 2009). Certains internautes ne sont pas seulement satisfaits de tel site, mais l'aiment, sont fiers d'en être les clients, sont prêts à en parler positivement ou à parrainer des proches, etc. Il existe donc de nombreuses mesures relationnelles, au-delà de la satisfaction, comme :

- **L'attachement du client au site.** L'attachement du client au site peut se mesurer directement, par le biais d'une enquête ; le degré de préférence, par exemple, traduit un certain engagement affectif. Des mesures relationnelles plus qualitatives peuvent également être envisagées (Peelen et al., 2014). La volonté de rester en contact avec le site peut également se mesurer par des indicateurs très concrets, comme le nombre d'abonnés à la newsletter, le nombre de fans sur Facebook ou de followers sur Twitter.
- **Le NPS** (Net Promoter Score)**.** Le NPS (pourcentage de clients qui recommanderaient l'enseigne à un ami ou un proche, auquel on soustrait le pourcentage de ceux qui ne la recommanderaient pas) est un indicateur qui tend à s'imposer à la place de la mesure de la satisfaction. En plus d'une simple collecte du score de recommandation auprès d'un échantillon de clients, certaines enseignes recueillent également du verbatim, afin de comprendre les raisons qui poussent les clients à recommander ou non l'entreprise. Il existe désormais des prestataires spécialisés dans la mesure du NPS, comme Satisfactory (**www.satisfactory.fr**).

4.2. La performance financière

Tout site marchand doit se doter d'indicateurs de performance financière. On peut notamment considérer les indicateurs suivants :

- **Le chiffre d'affaires et la marge commerciale.** Comme pour toute activité commerciale dont le modèle de revenu est d'abord transactionnel, la marge commerciale dégagée par la revente de produits en l'état est un indicateur de performance signifiant. Les ventes de services et autres prestations viennent compléter le chiffre d'affaires de façon plus ou moins prononcée selon les modèles d'affaires (voir chapitres 1 et 2).
- **Le chiffre d'affaires net.** Toute activité commerciale – a fortiori lorsqu'elle est réalisée à distance – engendre un risque de non-paiement. Le chiffre d'affaires net tient compte des moindres recettes liées au non-règlement de certaines factures, phénomène courant en B2B, mais qui n'est cependant pas absent du B2C (dans la téléphonie, le crédit à la consommation, les biens d'équipement, etc.).
- **Le chiffre d'affaires par produit… et par client.** Les commerçants calculent habituellement une performance par référence et par famille (ou catégorie) de produit. Cependant, il ne faut pas oublier que la connaissance fine des clients dans le secteur du commerce électronique permet également de calculer un chiffre d'affaires (voire même une marge) par client.
- **La marge par commande.** Il est intéressant de calculer la marge par commande, notamment pour élaborer une politique tarifaire pertinente en matière de livraison.
- **La rentabilité du site.** Mesure ultime de la performance, la rentabilité du site est souvent complexe à établir, selon les modalités suivies par l'entreprise pour calculer les coûts et pour répartir les coûts fixes. La notion même de rentabilité d'un site marchand peut rapidement perdre toute signification dans le cas d'enseignes qui font circuler les clients entre plusieurs canaux. Comment répartir entre les canaux les investissements destinés à établir et entretenir la réputation de l'enseigne ? À quel canal attribuer la vente si tout le processus de choix est réalisé en ligne avant de se concrétiser par une vente en magasin ? Telles sont les questions majeures auxquelles les responsables d'enseignes doivent répondre pour calculer la rentabilité d'un site marchand.

5. Piloter et améliorer la performance globale du site marchand

Analyser et piloter la performance d'un site marchand ne consiste pas à accumuler des indicateurs sur l'ensemble des facettes (technique, logistique, commerciale, marketing et financière). Après avoir sélectionné les principaux indicateurs, il s'agit de les croiser – de les relier – pour mieux comprendre le sens de chacun. Il s'agit également de déterminer les causes de cette performance afin de concentrer les investissements futurs sur les leviers les plus critiques et, potentiellement, les plus efficaces.

L'amélioration continue de la performance suppose également d'adopter une attitude de « test & learn ». C'est la mise en place de procédures d'optimisation – et non l'application de recettes magiques – qui permettra d'améliorer la performance du site par un apprentissage permanent. Il importe alors de faire évoluer les indicateurs en fonction de ces améliorations techniques et/ou commerciales.

Finalement, nous encourageons les responsables de sites marchands à envisager une large panoplie d'indicateurs – au-delà des activités de vente en ligne – afin de piloter leurs activités de façon plus stratégique. Aujourd'hui, la question n'est plus seulement de piloter le site de commerce électronique, mais plutôt de piloter la digitalisation globale des activités marchandes.

5.1. Comprendre les relations entre indicateurs

Chaque indicateur apporte une information intéressante, mais c'est la combinaison des indicateurs qui permet de formuler un diagnostic pertinent, comme le démontrent les deux cas suivants :

- Lorsque le trafic augmente quantitativement (plus de visiteurs uniques), mais que la qualité se dégrade (moins de visiteurs faisant partie du cœur de cible), le taux de conversion se dégrade également. Par conséquent, si l'on étudie le taux de conversion sans se préoccuper des autres aspects de la performance, l'analyse manquera totalement de pertinence.
- Le temps passé n'indique pas nécessairement que le site répond aux attentes des internautes. Au contraire, il peut indiquer une difficulté à trouver les informations. C'est en croisant le temps passé avec le nombre de pages vues, le taux de conversion ou le niveau de satisfaction, que l'on peut porter un diagnostic plus fiable sur le sens à donner à cet indicateur. Ainsi, lorsque le temps passé augmente conjointement avec le taux de conversion, on peut conclure que le site est performant.

Chaque tableau de bord doit proposer une grappe d'indicateurs logiquement reliés qui, utilisés ensemble, permettront au responsable de suivre la performance de ses activités.

5.2. Identifier les causes de la performance

Il importe de ne pas limiter le pilotage de la performance à la construction d'un tableau de bord et à une collection d'indicateurs. En effet, il est nécessaire de mettre en évidence les liens de cause à effet existants entre ces indicateurs, ce qui n'est pas aisé et plaide pour une culture de l'expérimentation permanente.

5.2.1. La démarche générale

Le pilotage d'un site marchand suppose bien souvent de mixer des indicateurs de moyens et des indicateurs de résultats. En croisant ces deux indicateurs, on peut estimer l'efficience des différents leviers qui sont mis en œuvre.

Par exemple, le responsable du site peut corréler le nombre de visites mensuelles (résultat) avec les investissements consacrés à l'achat de mots clés (moyen). Il peut également corréler la satisfaction des clients (résultat final) avec la capacité du site à répondre rapidement aux requêtes des visiteurs (résultat intermédiaire), capacité qui s'explique elle-même par les investissements dans les infrastructures technologiques (moyen).

Rendre compte de l'efficience des moyens mis en œuvre pour atteindre un certain niveau de performance suppose de piloter les investissements techniques et commerciaux par le biais d'indicateurs pertinents.

En ce qui concerne les indicateurs techniques « classiques », on retient le plus souvent : le taux de disponibilité du site, le temps de réponse du site, le nombre de requêtes non abouties. Ces indicateurs permettent d'apprécier les investissements réalisés dans les infrastructures techniques (qualité de l'hébergeur, bande passante, équilibre de charge, accélérateur de trafic, etc.).

Parmi les indicateurs commerciaux usuels, on trouve : le coût d'acquisition des clients (voir chapitre 7), le coût de livraison des commandes (voir chapitre 9) et le coût d'administration des clients. Sur un plan plus qualitatif, on peut également considérer les investissements réalisés pour proposer une interface marchande de qualité, des contenus riches et variés, etc. (voir chapitre 6).

5.2.2. Les difficultés rencontrées

Les technologies utilisées limitent encore la capacité des responsables à suivre les internautes dans le temps, même si les outils de suivi progressent rapidement ces dernières années, notamment avec les cookies de post-impression (post view) et post clic qui permettent désormais un suivi dans le temps (généralement de 7 à 30 jours). La réalité des comportements multicanaux est désormais si complexe qu'il reste encore délicat de vouloir lier tel résultat à tel investissement sans des outils dédiés aptes à identifier les différents parcours clients sur les divers leviers marketing utilisés.

Comme l'indique Avinash Kaushik, expert renommé en Web analytics, « au début de l'Internet, les choses étaient simples car tout se passait pendant la même session ». Aujourd'hui, les expériences sur le Web sont devenues plus riches et plus complexes et les métriques « pan-session » devraient être plus largement utilisées.

> ***Exemple :*** Voici un exemple concret qui montre à quel point les processus d'achat multicanaux sont devenus complexes. Un samedi parmi d'autres, Arnaud, un internaute lyonnais de 26 ans désirant acheter un nouveau lecteur MP3 depuis déjà quelques mois, se rend dans un magasin Fnac, accompagnant son amie qui veut faire un cadeau à sa mère (compte tenu de la réputation de l'enseigne et du choix offert, cette dernière est certaine de faire plaisir à sa mère). À ce stade, son idée est surtout de présélectionner quelques modèles, façon également d'utiliser intelligemment son temps pendant que son amie hésite longuement pour choisir le cadeau… En rentrant chez lui, il consulte le site Pixmania.fr, qu'il connaît pour avoir acheté un appareil photo à Noël dernier. Il réalise ensuite une recherche sur Google et

clique sur un lien sponsorisé vers Rueducommerce.fr, un site dont il a vaguement entendu parler, mais qui propose deux des trois modèles qu'il envisage d'acheter (suite à sa visite au magasin Fnac, plus tôt dans la journée). Il consulte longuement les fiches-produits de Fnac.com, Pixmania.fr et de Rueducommerce.fr. Pas encore convaincu d'avoir trouvé le bon modèle et le bon vendeur, il renonce pour l'instant à acheter son lecteur MP3. Le dimanche passe (occasion de fêter l'anniversaire de sa future belle-mère). Le lundi, dans le métro, en se rendant sur son lieu de travail, il tombe sur une publicité qui propose une offre spéciale sur l'un des trois appareils qu'il avait vus à la Fnac. Il décide alors de l'acheter sans plus tarder, ***via*** son smartphone (qu'il n'avait pas sur lui samedi, lorsqu'il était à la Fnac, mais qui lui aurait certainement permis de comparer les prix directement dans le magasin… ce qu'il fera la prochaine fois, naturellement).

Dans une situation assez réaliste comme celle-là, l'achat est-il entièrement déclenché par la publicité dans le métro ? Autrement dit, est-ce le seul investissement marketing pertinent pour déclencher une vente ? La visite de la Fnac n'a-t-elle pas joué un rôle dans le processus d'achat ? Les investissements consentis par Pixmania.fr pour développer des contenus sur son site étaient-ils vains (puisqu'Arnaud n'a pas acheté directement suite à cette visite) ? Le « *retargeting* » (voir chapitre 7) mis en place par Rueducommerce.fr était-il inutile, sachant qu'Arnaud n'a pas rallumé son ordinateur depuis lundi ?

Dans cet exemple, c'est l'affichage qui semble jouer un rôle. Mais les autres leviers tiennent également une place non négligeable ; ils auraient bien pu déclencher l'achat (ce qui est peut-être le cas pour un autre client). Cet exemple montre à quel point il est difficile de lier un comportement d'achat à un investissement marketing, compte tenu de la complexité des comportements et des multiples canaux proposés. Il n'est évidemment pas beaucoup plus facile de le faire pour un grand nombre d'achats que pour un achat isolé. Analyser la totalité des transactions (ou même seulement un échantillon) oblige à des simplifications peu réalistes.

Un tel exemple démontre bien l'enjeu désormais central dans la gestion des budgets marketing, celui du multi-touch ou ce que Google appelle le « Zero Moment of Truth[1] ». Mettre en œuvre une démarche d'analyse de l'efficacité des différents canaux au travers de la définition d'un modèle d'attribution (voir chapitre 7) est absolument nécessaire pour apprécier le rôle relatif de chacun dans la conversion. C'est une démarche désormais impérative pour piloter et optimiser les budgets marketing. Les outils comme Google Analytics, avec sa fonction « Entonnoir multicanaux », ou encore Eulerian Attribution[2] fournissent désormais les éléments nécessaires pour apprécier l'importance relative des canaux et affecter les budgets en fonction des objectifs poursuivis.

Les difficultés auxquelles les responsables font face pour identifier les origines de leur performance ne sont pas seulement techniques. Comme le souligne avec vigueur A. Kaushik, « je suis stupéfait de voir que les campagnes marketing ne visent pas à augmenter le nombre de visiteurs, mais à augmenter le nombre de visites, ou que les actions marketing ne visent pas à consolider les relations avec les clients ni à augmenter leur valeur à terme, mais à améliorer les taux de rebond et les taux de conversion ». Dans la réalité, en effet, les analyses de performance ne sont pas assez orientées clients et sont essentiellement consacrées à l'optimisation de court terme. Il reste donc une marge de progression considérable, dans les années qui viennent, pour améliorer les protocoles d'analyse de la performance.

1. **http://www.google.com/think/research-studies/2012-zmot-handbook.html**
2. **http://www.eulerian.com/solution/eulerian-attribution/**

5.3. Tester et apprendre (*test & learn*)

L'accumulation d'expérience dans les activités marchandes en ligne va probablement permettre de prendre de meilleures décisions à l'avenir. Cependant, en matière de commerce électronique, il est certainement dangereux de trop s'appuyer sur le passé pour décider : les comportements des internautes évoluent trop vite, de même que les technologies. De fait, la meilleure posture consiste à mettre en œuvre des tests réguliers, afin d'explorer comment améliorer la performance du site (« test & learn »).

Les outils de Web analytics avancés permettent non seulement de réaliser un reporting des activités sur le site, mais également d'identifier de nouveaux segments de clientèle, de découvrir des opportunités pour améliorer la conversion, d'optimiser la conception du site, etc. Dans le domaine technique, de nombreux tests peuvent être également conduits sur les choix d'infrastructure, les montées en charge, les temps de réponse en simulant des interactions types de clients fictifs localisés dans différentes villes.

Certains éditeurs, à l'instar d'Omniture, distinguent les produits de reporting (SiteCatalyst) et les produits d'optimisation (Discover). Il en va de même pour ATG, qui présente un module d'analyse et de test dans sa plate-forme ATG Commerce, mais qui propose en complément un ensemble de solutions pour améliorer la performance du site marchand (ATG Optimization).

Une série d'expérimentations menées dans le secteur *B2B* (vente d'instruments médicaux) montre qu'une mesure de la performance à différents stades des processus de navigation et d'achat permet de tester l'amélioration du taux de conversion consécutive à une modification de la politique commerciale. Par exemple, l'annonce d'une offre de livraison gratuite sur la page d'accueil conduit à une augmentation sensible du nombre de clients. Alors que le site attire 28 clients pour 400 visites dans la situation de contrôle (absence de l'annonce sur la page d'accueil), on arrive à 44 clients dans la situation expérimentale (présence de l'annonce sur la page d'accueil).

Source : *D'après Wilson, 2010 (voir la référence complète sur livre-ecommerce.fr)*

Les modèles d'optimisation de la performance qui sont désormais proposés par la recherche académique permettent, en croisant les données issues de différentes sources, d'optimiser les décisions marketing en quasi-temps réel. Ainsi, un modèle proposé par Bonfrer et Drèze (2009) permet d'ajuster les campagnes d'e-mailing de prospection seulement une heure après les premiers envois, en fonction des premiers résultats.

La tendance de fond qui consiste à mesurer la performance en temps réel pour ajuster en conséquence les différents leviers d'action en est au stade des balbutiements. Elle promet néanmoins de bouleverser les pratiques de pilotage dans les années qui viennent.

Quels sont les indicateurs effectivement utilisés par les sites marchands pour mesurer leur performance ? Une étude réalisée au Royaume-Uni auprès de 252 sites montre trois principaux ensembles d'indicateurs : les ventes et le nombre de transactions (utilisés par plus de 95 % des sites), la marge, le nombre de clients, le nombre de visiteurs et la valeur du panier moyen (environ 80 % des sites marchands), le nombre de pages vues, le nombre de visiteurs uniques, la marge par commande, « l'usabilité » de l'interface (environ 70 % des sites). Le taux de conversion est utilisé par moins de 60 % des sites et le coût d'acquisition par 45 %. Les indicateurs de performance logistiques sont utilisés par seulement 40 % des sites. Les indicateurs de performance en termes de développement et de rétention sont peu utilisés (environ 25 % des sites). Métrique reine dans le secteur de la grande consommation, la part de marché est très rarement utilisée dans le secteur du commerce électronique (environ 15 % des sites). Les indicateurs de performance financière dominent, devant les indicateurs marketing, les indicateurs de relation client et les indicateurs processuels (en ce qui concerne notamment la livraison), qui arrivent en dernier. On constate que les indicateurs commerciaux traditionnels (comme le nombre de transactions) dominent les indicateurs propres au Web (comme le nombre de visiteurs uniques). Toutefois, les auteurs de l'étude constatent que les usages en matière de pilotage de la performance diffèrent d'un site à l'autre, notamment en fonction de la taille (les plus gros étant naturellement les plus sophistiqués). Les plus jeunes entreprises ne font pas moins bien que les plus anciennes, mais en revanche, les *pure players* utilisent plus d'indicateurs que les entreprises mixtes.

Source : *D'après Gunawan, Ellis-Chadwick et King, 2008 (voir la référence complète sur livre-ecommerce.fr)*

5.4. Élargir la panoplie des indicateurs de performance, pour un pilotage stratégique du e-business

Dans la perspective d'un pilotage plus stratégique des activités électroniques – en suivant l'évolution actuelle du e-commerce vers le e-business –, la panoplie des indicateurs de performance devra certainement s'élargir.

5.4.1. L'impact sur les autres canaux

Il s'agira tout d'abord de considérer l'impact du canal Internet sur les autres canaux (voir chapitre 3) ; en d'autres termes, de mesurer les conséquences du commerce en ligne sur les activités commerciales de l'entreprise. Une première question est naturellement de savoir dans quelle proportion les ventes en ligne se substituent aux ventes réalisées sur des canaux traditionnels (agences, centre d'appels, catalogue, etc.) et dans quelle mesure les ventes en ligne sont ou non additionnelles. À cet égard, le développement du commerce mobile ne simplifiera pas l'analyse, car cet outil ubiquitaire constitue à la fois un canal spécifique et un outil d'aide à la décision dans d'autres canaux.

Cependant, l'analyse ne saurait se limiter à ces questions de substitution d'une forme de vente par une autre. Il est important de bien comprendre dans quelle mesure et selon quelles modalités le canal Internet soutient l'ensemble de l'activité commerciale. Le client est-il plus rassuré, mieux informé, plus exigeant, grâce à la consultation préalable du site marchand ? La vente est-elle plus rapide, plus relationnelle, plus facile, sachant qu'elle repose sur une meilleure information préalable ? Le client est-il globalement plus satisfait de l'enseigne, suite à l'introduction du canal électronique ?

Voilà donc autant de questions essentielles, qui permettront finalement de déterminer si l'introduction du canal électronique a modifié ou non la performance de l'ensemble.

5.4.2. L'impact sur les autres parties prenantes

Il s'agira par ailleurs de prendre en compte une plus grande variété de parties prenantes, dans la mesure où les chaînes de valeur – en intégrant de nombreux partenaires – sont plus complexes et plus hétérogènes. L'entreprise pourra être amenée à envisager de nouveaux indicateurs relatifs aux partenaires, aux clients, aux investisseurs, etc. Ainsi, les places de marché, outre la satisfaction du client final, doivent prêter une attention particulière à la satisfaction des vendeurs qu'elles hébergent, sous peine de voir leur performance diminuer.

À titre d'exemple, une entreprise comme My Major Company (**www.mymajorcompany.com**) peut difficilement se contenter de mesurer sa performance à travers le chiffre d'affaires. Elle devra intégrer des indicateurs comme le nombre de candidats – artistes désirant faire produire leurs œuvres, nombre d'artistes produits, nombre d'événements réalisés (show cases, concerts, interviews, passages en radios, etc.), le nombre de producteurs individuels inscrits, le nombre de producteurs actifs, la mise moyenne, les activités de bouche à oreille sur les réseaux sociaux (qui permettent en partie de lancer les artistes), etc. Le cas AlloCiné présenté en introduction de ce chapitre constitue également un bon exemple de complexification progressive de la chaîne de valeur nécessitant un ajustement des indicateurs de performance (incorporant des experts, puis des internautes inscrits, des professionnels du cinéma, etc.)

5.4.3. L'impact sur l'ensemble des activités et processus

Dans une perspective encore plus stratégique que les précédentes, il s'agira de rendre compte de l'impact des activités électroniques sur l'ensemble des activités réalisées par l'entreprise et des processus qu'elle met en œuvre. Autrement dit, l'entreprise doit non seulement évaluer la performance des processus liés directement au e-commerce (ainsi que nous l'avons montré avec les infrastructures techniques et la logistique), mais elle doit aussi évaluer la performance des processus communs aux activités traditionnelles et aux activités électroniques, ainsi que la performance des processus traditionnels lorsqu'ils sont impactés par la numérisation.

À titre d'exemple, la banque Accord (**www.banque-accord.fr**) pourra évaluer l'impact de la digitalisation partielle de ses activités sur la façon d'accorder un crédit en magasin, qui constitue le mode de prospection traditionnel. Cette digitalisation peut contribuer à réduire le risque de défaillance, accélérer le temps de réponse au client, consolider les liens avec les partenaires (en l'occurrence les enseignes comme Auchan, Leroy Merlin ou Décathlon), renforcer les compétences des conseillers, fidéliser les employés, etc.

Une étude réalisée aux États-Unis auprès de plus de 450 responsables de sites marchands (Zhuang et Lederer, 2003) a mis en évidence, voilà presque dix ans, que l'introduction du commerce électronique a potentiellement cinq impacts majeurs sur les activités : l'efficience du back office (facturation, suivi des colis, contrôle des données, efficacité opérationnelle, etc.), le développement commercial (nouvelles cibles, connaissance des clients, ventes additionnelles, etc.), la gestion des stocks, la réduction des coûts et le service client (proximité, interactivité…)

Autrement dit, la digitalisation des activités a des conséquences importantes sur la performance globale de l'entreprise. Ne pas adopter une vision large de la performance conduirait à sous-estimer fortement l'impact des nouvelles technologies commerciales sur l'ensemble de l'activité.

Résumé

Réussir son site marchand nécessite de développer un pilotage approprié grâce à un tableau de bord global, déclinable en plusieurs tableaux plus opérationnels, par fonction ou par processus, pour les entreprises ayant atteint un niveau de complexité organisationnelle plus élevé.

Dans un univers concurrentiel de plus en plus intense, le pilotage de la performance passe par une analyse fine des processus de support (infrastructure et logistique), comme des processus commerciaux. Pour ces derniers, il s'agira plus précisément de déterminer les indicateurs pertinents pour piloter les processus d'acquisition du trafic (sous contrainte de coûts d'acquisition qui devront être maîtrisés), de conversion des visiteurs en clients et de développement du chiffre d'affaires dans le temps.

L'analyse de la performance ne serait pas complète si l'on n'ajoutait pas aux analyses centrées sur les processus des mesures de la performance relationnelle (notamment la satisfaction des clients et leur propension à recommander le site) ainsi que des mesures de la performance financière, les enjeux de rentabilité étant importants.

Des outils variés sont désormais disponibles pour mener à bien ces analyses, même si les difficultés techniques ne sont pas toutes résolues. Par ailleurs, de nombreuses compétences sont nécessaires pour mener ces analyses. Les ressources et les compétences analytiques constituent désormais un avantage concurrentiel pour les sites qui savent les mobiliser.

Parmi les conditions nécessaires pour piloter les activités électroniques de façon pertinente, il faut insister sur la nécessité d'envisager le pilotage sur un plan opérationnel autant que sur un plan stratégique : en intégrant l'impact du commerce en ligne sur la stratégie de commercialisation multicanal, sur les nombreuses parties prenantes qui composent la chaîne de valeur et, globalement, sur tous les processus et activités qui sont plus ou moins impactés par la digitalisation récente des activités commerciales.

Bibliographie

Bonfrer A. et Drèze X. (2009), « Real-time evaluation of e-mail campaign performance », *Marketing Science*, vol. 28, n° 2, pp. 251-263.

Bucklin R. E. et Sismeiro C. (2009), « Click here for internet insight: Advances in clickstream data analysis in marketing », *Journal of Interactive Marketing*, vol. 23, n° 1, pp. 35-48.

Clifton B. (2010), *Advanced web metrics With Google analytics*, 2nde édition, John Wiley & Sons.

Davenport T. H. et Harris J. G. (2008), *L'Analytique, nouvel outil stratégique*, Pearson France, Paris.

Descombes S., Manaches S. et Boydell A. (2010), *Google analytics*, Pearson France, Paris.

Faivre-Duboz T. et Fétique, R. (2010), *Web conversion : stratégies pour convertir vos visiteurs en clients*, Dunod, Paris.

Florès L., (2012), *Mesurer l'efficacité du marketing digital*, Dunod, Paris.

Kaushik A. (2011), *Web Analytics 2.0 : Mesurer l'impact de votre site Internet et des réseaux sociaux pour optimiser votre activité et répondre aux attentes de vos visiteurs*, Eyrolles, Paris.

Malo N. et Warren J. (2009), *Web analytics : mesurer le succès et maximiser les profits de votre site Web*, Eyrolles, Paris.

Mogollon M. et Raisinghani M. (2003), « Measuring ROI in e-business: A practical approach », *Information Systems Management*, vol. 20, n° 2, pp. 63-81.

Peelen E., Jallat F., Stevens E. et Volle P. (2014), *Gestion de la relation client*, 4e édition, Pearson France, Paris.

Ponniah P. (2010), *Data warehousing fundamentals for IT professionals*, 2nde édition, Wiley-Blackwell.

Quagini L. et Tonchia S. (2010), *Performance measurement: Linking balanced scorecard to business intelligence*, Springer Verlag, Berlin.

Roukine S. (2009), *Améliorer ses taux de conversion Web. Vers la performance des sites au-delà du Webmarketing*, Eyrolles, Paris.

Zhuang Y. et Lederer A.L. (2003), « An instrument for measuring the business benefits of e-commerce retailing », *International Journal of Electronic Commerce*, vol. 7, n° 3, pp. 65-99.

Pour aller plus loin

Consultez les références complémentaires proposées sur **http://www.livre-ecommerce.fr**

Sites Internet à consulter

http://www.atinternet.com/

http://www.converteo.com/

http://help.atinternet-solutions.com/FR/analyses/linkgeneralanalyse_fr.htm

http://www.kaushik.net/

http://www.nicolasmalo.com/

http://pignonsurmail.typepad.fr/pignonsurmail/

http://www.web-analytique.com

http://www.digitalanalyticsassociation.org

http://www.webanalyticsdemystified.com

http://www.webanalyticsprofits.com/

http://www1.woozweb.com/homeview

Activités

Questions de révision

1. Quels sont les indicateurs les plus appropriés pour les sites visant des objectifs de marque ? Et pour des sites fortement relationnels ?
2. Citez les indicateurs les plus pertinents pour les sites ayant adopté un modèle d'affaire relationnel.
3. Expliquez quels types d'outils permettent de piloter un site marchand.
4. Quels sont les processus dont la performance doit être mesurée ?
5. Définissez le taux de rebond, le taux de conversion et le taux de churn (ou taux d'attrition).
6. Quels sont les principaux indicateurs pour mesurer la performance du processus d'acquisition des nouveaux clients ?
7. Citez quelques indicateurs d'engagement du client.
8. Expliquez la différence entre les indicateurs de moyens et les indicateurs de résultats.

Exercices de synthèse

1. Établissez un projet de site marchand commercialisant des produits et des services. Après une rapide étude de la demande, estimez le marché que vous envisagez de développer. Traduisez cette demande potentielle en chiffre d'affaires prévisionnel. Décomposez ce chiffre d'affaires en panier d'achats moyen, en tenant compte du prix moyen de vos produits ou prestations. Estimez le nombre de ventes annuelles nécessaires pour réaliser un tel chiffre d'affaires. Intégrez le coût de traitement logistique de vos ventes et un taux de retour des produits de 5 %. En utilisant un taux moyen de conversion de 2 % (taux moyen constaté en France en 2012), estimez le trafic nécessaire pour obtenir le volume de ventes envisagé. Interrogez-vous sur les moyens et les coûts d'obtention d'un tel trafic. Quels sont les canaux d'acquisition de trafic qui vous semblent les plus rentables ? Estimez les coûts d'une telle stratégie d'acquisition. Pour finir, évaluez la profitabilité de votre site. Qu'en concluez-vous quant aux actions marketing nécessaires pour le rentabiliser ? Appuyez-vous sur les données de l'étude 2012 de la Fevad pour mener à bien vos analyses (voir **http://www.fevad.com/uploads/files/Etudes/chiffrescles/chiffres_cles2012.pdf**).
2. Choisissez quatre indicateurs de moyens, quatre indicateurs de résultats et représentez les liens qui peuvent exister ces différents indicateurs. Expliquez.

Questions à débattre

1. Le panier moyen est-il un bon indicateur de mesure de la performance d'un site marchand ?
2. Le site Pêcheur.com (voir chapitre 2) publie dans l'entreprise une batterie d'indicateurs en temps réel sur l'activité du site. Certains indicateurs (**http://www.pecheur.com/performance.asp**) sont également publiés sur le site mensuellement. Que pensez-vous de cette utilisation des indicateurs en interne ? En externe ?
3. Comment développer une culture de « *test & learn* » dans les entreprises ?
4. Les mesures de performance en temps réel vont-elles se développer ? De quelle façon ? Comment faut-il interpréter les données de performance en temps réel ? Quelles conséquences ont-elles sur l'organisation?
5. Les difficultés technologiques pour suivre les internautes sur plusieurs sessions et sur plusieurs canaux vont-elles être levées ?
6. Les mesures de performance pour un site marchand mobile demeurent-elles identiques à celles d'un site marchand classique ? Qu'en est-il des indicateurs pour les tablettes ou à destination des télévisions connectées ?

Index des marques

D

E

F

G

H

I

K

L

T

U

V

W

Y

Z

Index des notions

Symboles

A

B

C

D

E

F

G

N

O

P

Q

R

S

T

U

V

W

X

Y

Z

PETER ROSIEN (HG.)

Mein Credo